Knaur

Von Franz Konz sind außerdem erschienen:
1000 ganz legale Steuertricks
Der Goldene Konz (mit CD-ROM »Taxman compact«)
Der Kleine Konz
Das Reisemobil-Bordbuch

Über den Autor:

Franz Konz gilt als ein Fachautor, bei dem man bis ins Innerste spürt, daß er seinen Lesern helfen will. Dies belegen nicht nur seine millionenfach verbreiteten Steuerratgeber, dies bekunden auch seine zahlreichen Beiträge zur gesunden Lebensweise und die vielen tausend Menschen, die sich in dem von Franz Konz gegründeten Bund für Gesundheit e. V. in 52525 Heinsberg zusammengefunden haben.
Franz Konz ist als ehemaliger Steuerinspektor und Revisor bei Wirtschaftsprüfungsgesellschaften und Verbänden heute ein kompetenter Ratgeber und Kämpfer für den gebeutelten Steuerzahler. Millionen treue Leser nutzen jedes Jahr seine Bestseller *1000 ganz legale Steuertricks* und *Der Kleine Konz*.

Franz Konz

1000 Tips und Tricks für Selbständige und zur Existenzgründung

Neue unschlagbare Ideen, sich ohne viel Geld eine sichere Existenz aufzubauen ■ Ade, Arbeitslosigkeit! ■ So übertrumpft man die Konkurrenz

Knaur

Besuchen Sie uns im Internet:
www.droemer-knaur.de

Originalausgabe Dezember 1999

Redaktion: Verlagsbüro Dr. Andreas Gößling und Oliver Neumann GbR, München
Zeichnungsideen: der Verfasser
Zeichnungen: Kunstmaler Walter Haehn, Köln
Umschlaggestaltung: Agentur Zero, München
Satz: MPM, Wasserburg
Druck und Bindung: Ebner Ulm
Printed in Germany
ISBN 3-426-82285-7

5 4 3 2 1

Inhalt

Nutze Deine Talente!
Wenn nur die besten Vögel sängen,
herrschte Schweigen im Wald.
(R. W. Emerson)

Vorwort

Liebe Leserin, lieber Leser,
glaub mir, das ist kein Buch nach dem Motto: »Ich hab' die besten Ratschläge, damit Du als Selbständiger reich wirst – ich muß sie nur erst oft genug an die Dummen verkaufen.«
Mir kannst Du es abnehmen: Ich habe mich schon sehr früh selbständig gemacht und meinen sicheren Inspektoren-Posten an den Nagel gehängt.
Und ich habe es nie bereut.
Ich verstehe eine ganze Menge vom Selbständigsein und weiß, worauf es dabei ankommt.
Ich war Revisor in einer Wirtschaftsprüfungsgesellschaft, Unternehmensprüfer, besaß einen eigenen, erfolgreichen Verlag und konnte viel, viel Berufserfahrung in allen Branchen des wirtschaftlichen Lebens sammeln.
Du kannst mir glauben, daß ich überall fein die Ohren gespitzt habe. Und das soll Dir hier zugute kommen.
Ich hab's zum Millionär gebracht – und das gleiche gelingt Dir, wenn Du nicht gerade ein Industriemanager bist, nur als Selbständiger. Denn der verdient im Schnitt ein Drittel mehr als ein Angestellter. **Also ran an die jetzige Auflage dieses Buches! Sie wurde stark aktualisiert und mit vielen neuen Ratschlägen versehen. Vor allem wurden von mir viele Existenzgründungstips zugefügt, die es in sich haben.**
Du wirst erstaunt feststellen, daß Du Dir oft mit ein paar Mark eine eigene Existenz aufbauen kannst. Da brauchst Du Dich dann nicht einmal auf den steilen Pfad zu begeben und um Fördermittel betteln zu gehen.
Dieses Buch schrieb ich – wie Du erkennen wirst – nicht für lahme

Theoretiker, sondern wie alle meine anderen Bücher auch, besonders für den flotten Praktiker. Es soll Dich heiß machen aufs Aktivwerden, heiß machen aufs Geldverdienen, heiß machen auf Deinen künftigen Erfolg. Vor manchen Fehlern, die Du in der ersten Zeit Deines Selbständigseins machen wirst, kann ich Dich nicht immer bewahren – aber auch daraus kannst Du ja lernen.

Möge dieses kleine Werk denen dienen, die mehr aus sich machen und etwas in ihrem Leben erreichen wollen.

Ich hoffe, der Erfolg stellt sich auch bei Dir recht bald ein.

In diesem Sinne bin ich Dein Verfasser

Träume nicht nur davon – schaff es!

Erfolg: die einzige unverzeihliche Sünde
gegen unsere Mitmenschen.
(A.Bierce)

1. Einführung

Vier, die es geschafft haben

Gute Vorbilder sind dazu da, daß man Ihnen nacheifert. Existenzgründer gibt es viele, doch zum unternehmerischen Erfolg gehört Mut zum Risiko, eine Nase für die richtige Marktlücke – und nicht zuletzt ein bißchen Glück und das Gespür für die richtige Gelegenheit.
Kommt all dies zusammen, kann sich sogar der ganz große Erfolg einstellen.
Die ich Dir hier vorstelle, das sind die Besten – alle, die auch einmal 1
klein anfangen müssen, mögen sich mit meinen Vorschlägen ab ➤ Rz 750 befassen.

Bill Gates: Auf Erfolg programmiert

Erfolgreiche Unternehmer nehmen die Dinge nicht, wie sie sind. Status 2
quo – das gibt es für sie nicht. Visionen, Optimismus, Glaube an scheinbar Unmögliches, Vertrauen in die eigenen Fähigkeiten – das macht sie aus. Und so liest sich auch manche Biographie bekannter Wirtschaftsgrößen wie ein Märchen – die alte Geschichte vom Tellerwäscher, der zum Multimillionär wird.
Das Paradebeispiel für unternehmerischen Erfolg der 90er Jahre ist zweifellos Bill Gates. Sein Aufstieg zu einem der reichsten Männer und erfolgreichsten Unternehmer der Welt ist ein modernes Erfolgsmärchen.
Gerade mal 18 Jahre war der begeisterte Computerfreak, als er gemeinsam mit seinem Schulfreund Paul Allen seine erste Firma »Traf-O-Data«

gründete. Die Geschäftsräume des Zwei-Mann-Betriebs: die Garage der Familie Gates. Erster Jahresumsatz: gerade mal 20 000 Dollar.
Damals steckte die Entwicklung von Personalcomputern noch in den Kinderschuhen. Die Geräte waren unerschwinglich teuer und unglaublich schwierig zu bedienen. Nur wenige Experten kamen vor allem mit der hochkomplizierten Computersprache zurecht. Daß nur 20 Jahre später in jedem zweiten deutschen Haushalt ein PC steht, davon hätte damals niemand auch nur geträumt.
Gates und sein Kumpel Allen sahen das anders. Für den amerikanischen Computerhersteller MITS entwickelten sie die erste allgemein verständliche Computersprache. Mit unglaublichem unternehmerischem Weitblick erkannten sie, welche ungeheure Marktchance hinter dieser neuen Technik steckt.
Gates gab kurzerhand sein Jurastudium auf und legte den Grundstein zu der Firma, ohne die heute im Bereich Computer nichts mehr läuft: 1975 gründete er Microsoft. 1979 erzielte er mit gerade mal 13 Mitarbeitern bereits einen Jahresumsatz von 3 Millionen Dollar.
In weiser Voraussicht sicherte sich Gates für seine Software-Entwicklungen jeweils die Rechte und konnte so seine genialen Software-Lösungen an Hardware-Hersteller in aller Welt verkaufen. Auch in seiner Unternehmensführung zeigte sich Bill Gates unkonventionell. Bei Microsoft gibt es kaum Hierarchien. Gates setzt auf konsequente Teamarbeit und strikte Leistungskontrolle. Die Leistung jedes Mitarbeiters wird halbjährlich neu bewertet.
Zu den Entwicklungen aus dem Hause Gates gehören MS-DOS, Word und Windows. Seit 1986 ist Microsoft eine Aktiengesellschaft. Der Börsenwert des ehemaligen Zwei-Mann-Garagenbetriebs: mehr als 20 Milliarden Dollar. Seit 1993 ist Microsoft mit einem Jahresumsatz von 4 Milliarden Dollar der unumstrittene Marktführer in der Software-Branche.

GUTER RAT: Falls Du kein Genie wie Bill Gates bist: Genies brauchen Verstand, Intelligenz, Talent; normale Selbständige Ausdauer, Fleiß.

Luciano Benetton: Die Modemasche für alle

Keine Fußgängerzone, keine Einkaufspassage, ob in Mailand, Wien, 3
Wanne-Eickel oder Zwickau, ohne das grüne Benetton-Logo. Obwohl Tausende von Läden in der ganzen Welt unter dem gleichen Logo firmieren, gehören sie doch nicht dem gleichen Unternehmer. Luciano Benetton verkauft nämlich nicht nur Kleider, sondern gleich ein ganzes Marketing-Konzept. Er war einer der ersten Unternehmer in Europa, die ihre Geschäftsidee per Franchising an Subunternehmer verkauften. Die unter Vertrag stehenden Einzelhändler müssen ihre Läden alle mit der gleichen Inneneinrichtung ausstatten und natürlich bei den Benetton-Fabriken einkaufen.

Dabei hat alles mit einem Pullover angefangen. Luciano Benetton, geboren im italienischen Treviso, mußte bereits als Kind arbeiten, um zum Lebensunterhalt der sechsköpfigen Familie beizutragen. Er jobbte im Lager einer Kleidergroßhandlung und verdingte sich als Hemdenverkäufer. Damals war er 14 Jahre alt. Seine Schwester Giuliana nähte Pullover für einen ansässigen Textilproduzenten. Dabei kam den beiden Geschwistern die Idee, Pullover in modischen Farben anzubieten.

Der findige Benetton-Sproß widmete sich fortan neuen Färbetechniken. Sein Ziel: ein Verfahren, mit dem nicht die Rohwolle, sondern das fertige Kleidungsstück eingefärbt werden konnte. Dahinter steckte eine geniale Marketingidee. Denn so konnten Kleidungsstücke auf Vorrat produziert und erst kurz vor der Auslieferung eingefärbt werden. Damit konnte Benetton sehr kurzfristig auf alle kommenden Modetrends reagieren. Auf diesem Prinzip fußt bis heute das Erfolgsrezept des Pullovergiganten Benetton.

1958 begann er, seine selbstgestrickten Pullover zu vertreiben. 1961 waren es bereits 20 000, die jedes Jahr das Haus verließen. Schließlich war der Absatz so groß, daß eine eigene Fabrik nötig wurde. Zur gleichen Zeit gründete Benetton gemeinsam mit seinen Brüdern das Bekleidungsunternehmen Benetton. Noch im selben Jahr öffneten die ersten Läden ihre Pforten. Zunächst nur in Italien, dann in ganz Europa.

GUTER RAT: Blick stets nach vorn: Wie verändert sich der Markt, wie könnte er sich verändern? Kann ich mich rechtzeitig darauf einstellen?

Sascha Hancke und Jürgen Peter: Erfolg auf rheinische Art

Das amerikanische Märchen vom kometenhaften Aufstieg junger, dynamischer und begeisterter Existenzgründer funktioniert auch in Deutschland, zum Beispiel in Aachen. An der dortigen Technischen Hochschule schrieben sich 1984 die Computerfreaks Jürgen Peter und sein Freund Sascha Hancke zum Informatikstudium ein. Während die Studienkollegen zur Aufrechterhaltung des Monatsbudgets kellnerten oder Getränke auslieferten, löteten Sascha und Jürgen in ihrer Studentenbude Platinen zusammen, reparierten Computerteile und verkauften die selbstgebastelten Rechner an ihre Kommilitonen. Bald schon waren die beiden Bastler die erste Anlaufstelle für Aachener Studenten, um billig an einen Computer zu kommen.
Drei Jahre später mußten sich die beiden Newcomer entscheiden: Jürgen Peter und Sascha Hancke wagten den Sprung ins kalte Wasser und stellten die ohnehin sporadischen Studienbemühungen ein. Sie gründeten eine eigene Firma und mieteten sich ein erstes richtiges Ladenlokal.
Bald allerdings mußten die Exstudenten erkennen, daß mit dem bloßen Verkauf von Rechnern nicht das große Geld gemacht werden konnte – der Konkurrenzkampf mit den großen Hardware-Häusern war einfach zu hart. »Schlüsselfertige PC-Lösungen« – das war der Weg zum Erfolg der Hancke & Peter GmbH: Kunden werden vor dem Kauf beraten, Software und Hardware werden installiert und angepaßt. Zudem werden die Anwender geschult, mit den neuen Computern auch fachgerecht umzugehen.
Probleme hatten die Existenzgründer allerdings massenhaft: Die erste Hausbank der jungen Firma tat sich mehr als schwer, den Finanzbedarf des aufstrebenden Unternehmens auch nur annähernd zu befriedigen.

Den Bankern war das rasche Wachstum des jungen Unternehmens offenbar nicht ganz geheuer – sie weigerten sich, trotz verheißungsvoller Umsatzzahlen, den Kreditspielraum von Hancke & Peter zu erweitern.

Erst der Wechsel der Bank brachte Abhilfe: Die Konkurrenz zeigte sich aufgeschlossener und stellte die Investitionsmittel zur Verfügung – mit Erfolg, wie sich zeigte: 1994 erwirtschaftete das Computer-Unternehmen runde 60 Millionen Mark.

Um die rasant wachsende Firma auch weiterhin im Griff zu behalten, sind Sascha und sein Freund Jürgen dazu übergegangen, einzelne Geschäftsbereiche – wie Verkauf oder Logistik – als kleine, selbständige und somit überschaubare Betriebe auszugliedern. Der Wahlspruch der erfolgreichen Existenzgründer: »Lieber eine Flotte kleiner Schnellboote als ein Schlachtschiff.«

GUTER RAT: Du solltest nicht alles selbst beherrschen wollen, wenn Dein Unternehmen wächst. Gib einzelne Bereiche an andere gegen entsprechend profitable Verträge oder Geschäftsanteile ab, falls Dein Unternehmen einmal zu groß wird.

Artur Fischer: Vorsprung durch Köpfchen

Manche Unternehmer gründen ihr gesamtes Lebenswerk auf eine zün- **5**
dende Idee – nicht so Artur Fischer aus dem schwäbischen Tumlingen. Silvester 1994 feierte er seinen 75. Geburtstag – und konnte auf nicht weniger als 5300 angemeldete Patente zurückblicken. Die Fischer-Gruppe erwirtschaftet in ihren in- und ausländischen Gesellschaften mit mehr als 2300 Mitarbeitern einen Umsatz von über 450 Millionen Mark.

Es gibt sie noch – die hemdsärmeligen Unternehmer- und Erfindertypen à la Daniel Düsentrieb, die der Ärger über eine Unzulänglichkeit des Alltags dazu treibt, aus purem Trotz eine bahnbrechend neue, unglaublich praktische und obendrein verblüffend einfache Lösung zu

entwickeln. Im Jahr 1949 mußte Fischer zum Beispiel feststellen, daß es mit der herkömmlichen Fototechnik nicht möglich war, ein vernünftiges Foto mit Blitz von seiner Tochter zu machen – die damaligen Pulverblitze funktionierten nie gleichzeitig mit dem Kameraverschluß. Fischers Lösung:
Der elektrische »Fotoblitzer«, der synchron mit dem Kameraauslöser blitzte. Auf der »Photokina« 1950 war Fischers Patent der Branchenrenner – der Fotoriese Agfa kaufte in den Folgejahren 12 Millionen »Fotoblitzer«.
Die Erfindung, die den Namen Fischer aber bis in die heutigen Tage bekannt hält, ist noch viel einfacher: Bis nach dem Krieg war es ein schwieriges Unterfangen, eine Schraube oder einen Haken in einer Wand zu befestigen. Mit Hammer und Meißel mußte ein faustgroßes Loch geschlagen werden, ein Stück Holz wurde eingepaßt und dann alles zugegipst. Und wenn alles trocken war: wieder gestrichen oder tapeziert – dann konnte die Schraube in die Wand. Fischers Lösung waren kleine Plastikdübel, die insbesondere durch ihre spreizbaren, abstehenden Schwänzchen auffielen. In der Bau- und Heimwerkerbranche erntete er Hohn und Spott. Fischer indes brachte seine Kritiker schnell zum Verstummen, als er kurzerhand einen seiner Firmenwagen an einen Dübel hängte. Heute produziert seine Firma täglich über sechsmillionenmal die kleine unscheinbare Erfindung, die dem genialen Tüftler damals wahrscheinlich aus purer Verzweiflung über die umständliche Eingipserei eingefallen ist.

GUTER RAT: Nie das Nachdenken über aller Arbeit vergessen: Wie kann ich es noch besser hinkriegen?

TIP: Wenn Du besser als Dein Chef denken kannst, dann zwitschere ab!

Auslöser war eine unmögliche Mission. **Andreas Schweneker,** 33, sollte 6
vor drei Jahren für eine Uhrenfirma ein Konkurrenzprodukt zu Swatch entwickeln. Schweneker suchte Inspiration in einer Kneipe und kam mit einer Idee wieder heraus: Warum nicht Uhren herstellen, die wie Briefmarken aneinanderhängen, sich abknicken und mit Klebefolie überall befestigen lassen? Weil das Blödsinn ist, sagte sein Chef. Das haben die Taschenuhrträger auch zum Erfinder der Armbanduhr gesagt, dachte Schweneker. Er machte sich selbständig, bastelte aus Knetmasse einen Prototyp und entwickelte daraus S.T.A.M.P.S. Eine Million Mark investierte er – ohne Risikofinanzierung durch die Banken wäre das undenkbar gewesen. Dieses Jahr hat Schwenekers Hamburger Firma Timehouse bereits fünf Millionen Mark umgesetzt, sein Vertriebsnetz reicht von den USA über Skandinavien bis Asien. Der Verkaufshit in Japan: das Modell »Geierwally« mit Alpenpanorama. Die Uhren kosten im Viererriegel 199 Mark. Schweneker plant, S.T.A.M.P.S. auch am Automaten zu verkaufen – wie Briefmarken eben.

TIP: Analysiere mal den Erfolg des Verfassers

Ich biete mit meinen Büchern nicht die übliche trockene Darstellung 7
eines Fachbuchs. Ich schreibe nur aus meiner eigenen praktischen Erfahrung und vor allen Dingen authentisch. Ich schreibe unmittelbar für den Leser.
Ich schreibe nicht, wie die meisten Autoren, für meinen eigenen Profit, sondern habe nur den meiner Leser im Auge.
Ich schreibe nicht, um mich damit in den Vordergrund zu stellen, mein eigenes Ansehen zu vergrößern oder mit gelehrter Rede und vielen Fremdwörtern darzutun, wie gebildet und wissend ich im Gegensatz zu meinen Lesern bin.
Und nun setz das mal für Deine eigene unternehmerische Tätigkeit um:

- Biete Deinen Kunden zuerst beste Information über Dein Warenangebot. Präsentiere es geschickt und durch eine ideenreiche, aber schlichte, einfache, sofort eingängige sprachliche Darstellung in Deiner Werbung.
- Stelle die Vorzüge Deines Angebots deutlich dar – und sieh zu, daß Dein Kunde tatsächlich voll davon profitiert.
- Denk zuerst an den Vorteil Deiner Kunden und zuletzt an Dich. Dann stellt sich später Dein Erfolg zwangsläufig ein.

Du siehst: Ob ich nun Bücher an den Mann bringe und Du sich selbst reinigende Klodeckel – es ist im Grunde dasselbe.

TIP: Gib Deine Erfahrungen an andere weiter – es zahlt sich aus

8 Wer die Erfahrungen anderer Menschen verwertet, muß keine bitteren eigenen machen. So dachte ich mir. Und es funktionierte. Und *wie* es funktionierte! Mein zweites Buch fand – wie mein erstes – wieder reißenden Absatz.

Obschon es ganz billig auf schlechtem Papier gedruckt und nur mit einem dünnen Buchdeckelchen versehen war. Aber auf diesem Deckel war eine Meute reißender Hunde abgebildet. Und darunter stand der Titel ...

Aber alles der Reihe nach, lieber Leser:

Also, da wagte es einer – noch dazu ein ehemaliger Inspektor aus ihren eigenen Reihen – in einem ungebremst lockeren, flotten Stil das damals noch ehrfurchtgebietende, heute nur noch zum Lachen und Weinen und Kopfschütteln reizende deutsche Steuerrecht bester preußischer Tradition in seiner Berechtigung anzuzweifeln und sich darüber lustig zu machen. Das war ... Ja, was war das denn?

Das war jedenfalls die Höhe! Die Höhe für die an demokratische Verhältnisse noch (bis heute!) nicht gewöhnte Beamtenschaft. So sann sie auf Abhilfe. Und dazu hatte sie damals wie heute die schärfste Waffe in der Hand, die der Staat neben seiner Polizei und seinem Kriegsheer

besitzt: die Steuerfahndung. Die war und ist dank ihrer Vollmachten früher wie heute in der Lage, in Null Komma nichts den wohlhabendsten Unternehmer in einen armen Schlucker zu verwandeln. Und so geschah es auch bei mir.
Als die Fahnder, von Rachegelüsten beseligt, bei mir zum ersten Mal erschienen und alle Steuertrick-Bücher beschlagnahmten und sämtliche Arbeits- und Geschäftsunterlagen konfiszierten, da dachte ich – vom Staat bankrott gemacht – nach, was ich denn nun meinen Lesern an Stoff und noch nie Gehörtem in einem neuen Buch bieten könne. Was lag da näher, als eins über ... na, was denn wohl?
Klar! Du hast richtig getippt: eins über die Steuerfahndung selbst! (Titel unter den Brutalo-Hunden: *Wie schütze ich mich gegen Steuerfahndung?)* Denn mit denen hatte ich ja nun die »besten« Erfahrungen gemacht ... Mein Gott, war das Werk auf dem billigen Papier von damals und dem brisanten Inhalt ein Erfolg! Ende 1999 wird es übrigens wieder in den Buchhandlungen unter dem Titel »1000 Tips und Tricks zu Steuerfahndung und Schwarzgeld« zu haben sein. Noch 'n bißchen spannender und trickreicher unter dem neuen Namen (aber ohne die kläffenden Hunde). Du erfährst Unglaubliches und blickst hinter alle Geheimnisse, Möglichkeiten und Grenzen der Finanzmaschinerie der deutschen Beamtenherrschaft. Mein Erfahrungsschatz ist schließlich stark angewachsen ...

GUTER RAT: Nutze die Gunst der Stunde! Gönne Deinen Mitmenschen viel von Deinem erworbenen Wissen. Sei nicht zu ängstlich, für eine bessere Welt zu kämpfen!

Manche halten den Unternehmer für einen räudigen Wolf,
den man totschlagen muß, andere für eine Kuh,
die man ununterbrochen melken kann.
Nur wenige sehen in ihm ein Pferd, das den Karren zieht.
(Winston S. Churchill)

9 Die neun Todsünden des Unternehmers

1. Angst

10 Wenn Du Angst hast, durch Deine Existenzgründung Geld zu verlieren, dann bewirb Dich lieber für eine Beamtenlaufbahn – das ist sicherer. Ein – kalkuliertes – Risiko ist der Preis, den Du für unternehmerischen und damit finanziellen Erfolg zahlen mußt. Wenn Du Dir und Deiner Geschäftsidee sicher bist, dann verfolge Deinen Plan mit ganzem Einsatz, mit all Deinem Geld und ohne ängstliches Zaudern.
Bedenke: Angst führt zu halben Entscheidungen, zu falschen Kompromissen und letztendlich zum unternehmerischen Scheitern.

2. Engstirnigkeit

11 Wer Chancen nicht erkennt, weil sie unkonventionell sind, in dessen Adern fließt kein Unternehmerblut. Nur durch Innovationen erlangst Du den entscheidenden Vorsprung vor der Konkurrenz. Bessere Ideen, alternative Büroorganisation, kalkuliertes Auslagern von Leistungen – das alles sind Deine Möglichkeiten, der Konkurrenz eine Nasenlänge vorauszueilen.
Bedenke: Setzt Du bei der Wahl Deiner Mittel immer nur auf Altvertrautes, dann bleibst Du stets nur Durchschnitt.

3. Leichtsinn

12 Schnelles Geld ist zumeist unsicheres Geld. Wenn Du dennoch versuchen möchtest, Teile Deines Betriebskapitals durch Warenterminspekulationen oder obskure ausländische Beteiligungen mit unwahr-

scheinlichen Gewinnaussichten oder überhöhten Zinsen zu vermehren, dann ist Dir nicht mehr zu helfen.
Bedenke: Gier ist oft stärker als Vernunft. Doch die wenigsten Existenzgründer haben ihr Betriebsvermögen durch Zocken vermehrt.

4. Protzerei

Nobelkarosse, Designermöbel, Champagner zum Frühstück – wenn Du 13
glaubst, diese Accessoires machen einen erfolgreichen Geschäftsmann aus, dann kauf sie Dir. Aber wundere Dich nicht, wenn Deine Kasse nach solchen Aderlässen zweifelhafter Notwendigkeit nicht mehr ausreichend für die nächste Rechnung gefüllt ist.
Bedenke: Je eher Du Dir nach der Geschäftseröffnung die Statussymbole des unternehmerischen Erfolgs leistest, desto eher kann Dir der Gerichtsvollzieher den Kuckuck draufkleben.

5. Schlamperei

Das kreative Chaos gibt es nicht. Zumindest nicht bei einem Unterneh- 14
mer, der seine Rechnungen pünktlich – stets unter Ausnutzung des Skontos – bezahlt, säumige Kunden fristgerecht mahnt und dem Finanzamt komplette Belege, eine ordentliche Buchführung und pünktlich abgegebene, sorgsam gefertigte Abschlüsse präsentiert. Ein Auftraggeber, bei dem Du einen Termin verpaßt, wird sich fragen, ob Du der richtige Geschäftspartner für ihn bist.
Bedenke: Kunden, die Du durch Schlamperei verlierst, werden ihre schlechten Erfahrungen mit Deiner Firma meistens weitererzählen.

6. Unfreundlichkeit

Griesgrämigkeit und Unwirschsein kannst Du Dir als Selbständiger nie 15
und nirgendwo erlauben. Deine Kunden kommen nicht wieder, wenn sie sich über eine patzige Antwort von Dir ärgern. Sie kommen gern zu der Firma zurück, wo sie zuvorkommend und liebenswürdig bedient worden sind.
Bedenke: Deine Kunden sind Dein Kapital, und Kapital behandelt man pfleglich.

7. Ungeduld

16 Investitionen müssen sich rechnen – aber nicht bereits morgen oder übermorgen. Wenn Du nur auf schnellen Gewinn aus bist, ohne langfristig zu planen, kann es passieren, daß Dir der finanzielle Atem ausgeht, bevor Du die Gewinnzone erreichst. Sei realistisch und bereite Dich darauf vor, auch eine wirtschaftliche Talsohle zu durchschreiten, ohne gleich alles hinschmeißen zu müssen.
Bedenke: Brichst Du eine Investition zu früh ab, ist das dafür bereits ausgegebene Geld unwiederbringlich verloren.

17 8. Ungepflegtheit

Achte stets und überall und immer auf gepflegte Fingernägel!
Und das auch, wenn Du Handwerker bist. Verstohlen blicken die meisten Menschen dem anderen auf die Finger – und beurteilen ihn danach. Wenn Deine Finger einen Kunden abstoßen, nutzt alles gute Reden nichts mehr! Nur primitive Proleten lassen sich mit einem ein, der nicht mal seine Finger pflegt. Wie mag es da in seinem Innern erst aussehen! Auch Du verzichte auf Geschäfte mit solchen Menschen!

18 9. Lauheit

Wer Dich noch nicht persönlich kennt, muß schon anfangs einen guten Eindruck von Dir gewinnen! Zu Beginn verlorenes Terrain ist später kaum wiedergutzumachen. Dein Händedruck sollte fest sein, aber dem anderen nicht weh tun. Führe ihn nicht lässig von oben herab. Und schüttele die Hand des anderen nicht zu lange. Sonst muß der ja annehmen, Du leidest unter Parkinson ... Lege auch nie Deine andere Tatze noch darüber. Nimm seine ganze Hand in Deine und drücke etwas kräftiger als er zu. Es ist eine Art Visitenkarte, die Du ihm so überreichst.
Und: Begegne unfairen Angriffen nie unfair.
Damit kannst Du nicht überzeugen! Vergiß nie Deine Souveränität! Bleibe stets sachlich und gelassen! Stehe zu Deinen Fehlern, rechtfertige Dich jedoch nicht und vermeide jede Diskussion darüber.

Der Unterschied zwischen Erfolg und Mißerfolg ist der Unterschied zwischen Richtigmachen und Fast-Richtigmachen.

(Edward Simmons)

Test: Bist Du ein Unternehmertyp? 19

Du steckst in den Startlöchern, willst Dein Leben verändern, Dein Schicksal selbst in die Hand nehmen. Doch längst nicht jeder ist für die unternehmerische Selbständigkeit geboren.
Du brauchst nämlich nicht nur Fachkenntnisse für Deine Geschäftsidee oder Deine neue Firma. Du mußt darüber hinaus auch menschliche Fähigkeiten und Charaktereigenschaften mitbringen, die einen Unternehmer erst ausmachen: Durchhaltevermögen, Zielstrebigkeit und Entschlußkraft sind nur einige davon. Gerade in der Gründungsphase hängt alles von Dir und Deiner Willenskraft ab.

Erfolg ist die Kunst, dem Sinnvollen das Rentable vorzuziehen.

(Helmut Nahr)

Trick

Ich trau mich nicht!

Willst Du ewig zu den Schwachen und Verlierern gehören? Bis zum Ende Deines Lebens 'ne graue Maus bleiben? Immer nach der Flöte eines anderen tanzen? Frage Dich doch endlich mal, warum Du Dich ständig wie ein Wurm am Boden windest. Und frage Dich vor allem, für wen Du Dich abmühst! Befreie Dich jetzt von all Deinen Minderwertigkeitskomplexen! Du bist doch nicht dümmer als die anderen. Und wenn Du Dich dafür hältst, dann laß Dir von Franz Konz sagen:
Das ist Deinen zukünftigen Kunden völlig wurscht. Hauptsache ist für die nur, daß Du ihnen Vorteile verschaffst und ihnen gibst, was sie möchten. Noch niemand wurde direkt als Unternehmer geboren!

20 Der große Unternehmertest

Die folgenden Fragen helfen Dir herauszufinden, ob in Deinen Adern Unternehmerblut fließt. Du erhältst Auskunft, wie fit Du für die Anforderungen bist, die das Leben als eigener Chef an Dich stellt. Außerdem bekommst Du noch notwendige Tips, wie Du Deine persönlichen Startvoraussetzungen fürs Unternehmerleben verbessern kannst.
Beantworte die Fragen spontan und natürlich wahrheitsgemäß. Es nützt gar nichts, Dich selbst zu beschwindeln, um nachher ein besseres Ergebnis zu erreichen. Nur so kannst Du ermitteln, was für ein Unternehmertyp Du wirklich bist.

1. Welche Antwort trifft auf Dich zu?

Ich bin mit meinem momentanen Job unzufrieden,
a) weil ich keine Chance habe, eine verantwortungsvolle Position einzunehmen. (2)
b) weil ich kaum Chancen habe, in den nächsten Jahren mehr zu verdienen. (1)
c) weil ich mich mit meinem Chef und meinen Kollegen nicht verstehe. (0)

2. Welche Antwort trifft auf Dich zu?

Ich möchte mich selbständig machen, weil
a) ich die Herausforderung mag. (2)
b) mir meine Arbeit keinen Spaß macht. (1)
c) ich mein eigener Herr sein will. (2)
d) ich mich nicht ausgelastet fühle. (3)
e) ich zuwenig verdiene. (1)

3. Bist Du risikofreudig?

a) Ja, in jedem Fall. (2)
b) Manchmal. (3)
c) Eher nicht. (1)

4. Wie steht Dein Partner zu Deinem Plan, Dich selbständig zu machen?

a) Ich bin mir der vollen Unterstützung durch meinen Partner sicher. (3)
b) Mein Partner steht der Sache skeptisch gegenüber. (0)
c) Mein Partner ist eher gleichgültig. (1)

5. Welche Aussage trifft am ehesten auf Dich zu?

a) Ich lege großen Wert darauf, meine Abende und Wochenenden mit meiner Familie zu verbringen. (0)
b) Wenn es eng wird, arbeite ich schon mal durch, achte aber darauf, daß meine Freizeit nicht zu kurz kommt. (1)
c) Ich vergesse bei der Arbeit oft die Zeit. Dann können es auch mal 60 Stunden und mehr in der Woche sein. (3)

6. Welche Aussage trifft am ehesten auf Dich zu?

a) Ich bin in Topform und hatte in den letzten Jahren auch keine nennenswerten Erkrankungen. (3)
b) Ich fühle mich manchmal richtig ausgepowert. (0)
c) Hin und wieder bin ich ein bißchen schlapp, aber das vergeht auch wieder. (1)

7. Wie würdest Du Deine finanzielle Situation einschätzen?

a) Ich spare seit Jahren auf meine Selbständigkeit und habe einige Rücklagen für den nötigen Anschub. (3)
b) Mein momentaner Lebensstandard ist mir sehr wichtig. Ich will mich auf keinen Fall verschlechtern. (0)
c) Ich habe nichts angespart, kann mich aber einschränken, wenn es unbedingt sein muß. (2)

8. Wie reagierst Du auf Streßsituationen?

a) Ich raste leicht aus, schmeiße alles hin und brauche dann eine Weile, bis ich mich beruhigt habe. (1)

b) Wenn es ganz dick kommt, schlägt mir das schon mal auf den Magen. Durch die Anspannung mache ich dann leicht Fehler. (1)
c) Unter Streß kann ich am besten arbeiten. (2)

9. Wie würdest Du in folgender Situation reagieren?

In drei Tagen steht eine wichtige Prüfung an (Meisterprüfung, Diplom usw.), und Du konntest Dich aus Zeitmangel bis jetzt noch nicht richtig vorbereiten.
a) Jetzt noch etwas zu tun hat keinen Zweck. Ich überlege, ob ich mich abmelden soll. (1)
b) Ich sage mir: »Das schaffe ich schon« und setze mich auf den Hosenboden. (3)
c) Ich ärgere mich über mich selbst, weil ich eigentlich seit Wochen lernen wollte. (1)

10. Wie würdest Du Deine kaufmännische und betriebswirtschaftliche Ausbildung beurteilen?

a) Mir sind die Grundbegriffe schon geläufig; an einer entsprechenden Weiterbildung komme ich aber nicht vorbei. (1)
b) Ich habe umfangreiche Qualifikationen und bereits kaufmännische Erfahrung in meiner bisherigen Tätigkeit gesammelt. (3)
c) Ich verfüge über ein solides Wissen, habe aber wenig Praxiserfahrung. (2)

11. Welche Aussage trifft am ehesten auf Dich zu?

a) Ich gebe meinen Mitarbeitern stets exakte Anweisungen, die sie genauestens befolgen sollen. (1)
b) Wenn es irgendwie geht, mache ich so viel wie möglich selbst. Auf die wenigsten Leute kann man sich verlassen. (0)
c) Gute Leute sind Gold wert. Ich weiß, wie wichtig sie für meinen Betrieb sind. (3)

12. Du bist mitten in der Gründungsphase. Plötzlich wird das Geld knapp. Was tust Du?

a) Ich spreche mit meiner Bank und versuche, mir zusätzlichen Spielraum zu verschaffen. (2)
b) Ich behalte das für mich, da niemand etwas von meiner angespannten Situation wissen soll. (0)
c) Ich mache erst mal weiter. Geld wird schon irgendwie reinkommen. (0)

13. Du achtest stets darauf, daß Dein Lager gefüllt ist, weil Du Deine Kunden prompt bedienen willst. Ein Unternehmensberater weist Dich darauf hin, daß Du durch die Lagerhaltung zuviel Kapital bindest. Wie reagierst Du?

a) Meine Geschäfte sind bisher gut gelaufen. Ich wüßte nicht, warum ich etwas ändern sollte. (0)
b) Ich halte nur noch die Umsatzrenner auf Lager und versuche, mit meinen Lieferanten günstigere Konditionen zu vereinbaren. (3)
c) Ich rechne für jeden einzelnen Artikel aus, wie hoch der Lagerbestand sein muß, um immer alle Kunden zügig bedienen zu können. (1)

14. Seit einigen Monaten geht Dein Umsatz permanent zurück. Was tust Du?

a) Ich versuche herauszufinden, warum meine Kunden ausbleiben und was die Konkurrenz besser macht. (3)
b) Ich stecke mehr Geld in die Werbung. (1)
c) Ich frage den Firmenkundenberater meiner Hausbank um Rat. (0)

DIE AUFLÖSUNG:

Addiere die Punktezahl hinter den Antworten, die Du angekreuzt hast. Der Selbstcheck stellt kein ultimatives Urteil über Deine unternehmerischen Fähigkeiten dar. Er soll Dich lediglich auf Stärken und Schwächen hinweisen.

24 bis 38 Punkte:
Herzlichen Glückwunsch. In Deinen Adern fließt Unternehmerblut! Deine persönlichen Voraussetzungen, Deine Motivation und Arbeitseinstellung sind idealtypisch. Du bist bestens qualifiziert und hast unternehmerisches Gespür. Deine Fähigkeiten sollten nicht weiter im Angestelltendasein verkümmern. Mache den entscheidenden Schritt in die unternehmerische Selbständigkeit – Dein bisheriger Chef wird einen ernstzunehmenden Konkurrenten bekommen.

12 bis 23 Punkte:
Du hast alle Grundvoraussetzungen, Dich selbständig zu machen. Doch Dein Temperament und Deine Ungeduld könnten Dir hin und wieder ein Schnippchen im Geschäftsalltag schlagen. Damit Du Dein unternehmerisches Ziel nicht aus den Augen verlierst, mußt Du ganz besonders darauf achten, planvoll vorzugehen. Und wenn zu Anfang nicht alles nach Wunsch läuft, darfst Du nicht gleich die Flinte ins Korn werfen, sondern solltest ruhig auf das Know-how von professionellen Beratern zurückgreifen.

bis 11 Punkte:
Du hast alle Fragen sehr ehrlich beantwortet. Das spricht für Dich und Deine Fähigkeit, Dinge realistisch zu beurteilen. Damit bringst Du bereits eine wichtige Unternehmereigenschaft mit. Bevor Du jedoch den Schritt in die Selbständigkeit wagst, solltest Du Dir genau vor Augen halten, was auf Dich zukommt. Unwägbarkeiten und gelegentliche Rückschläge scheinen nämlich nicht Deine Sache zu sein. Gerade als Existenzgründer mußt Du jedoch damit leben können.

Frage Dich:
- Bin ich bereit, für ein paar Jahre auf meinen Urlaub zu verzichten?
- Bin ich bereit, zukünftig meine freie Zeit nicht mehr in den Vordergrund zu stellen?

- Bin ich bereit, mich zukünftig länger finanziell einzuschränken, um alles meinem Ziel unterzuordnen, endlich ein freier Mensch zu sein?
- Bin ich bereit, mich mit Härte allem entgegenzusetzen, was mich abhalten will, dieses Ziel zu erreichen?
- Bin ich bereit, zukünftig auf Rauchen und Alkohol zu verzichten, weil beides mich in den Augen von Geschäftspartnern und Kunden in ein schlechtes Licht setzt, Krankheiten heraufbeschwört und mein Fitsein untergräbt?

Es hat sich noch für jede Karriere von Vorteil erwiesen, die Fehler, aus denen man lernen kann, möglichst früh zu machen.

(Winston S. Churchill)

TIP: Was hält die bekannte Management-Beratung Booz-Allen & Hamilton von neuen deutschen Unternehmen?

Sie meint: Im Vergleich zu anderen Nationen konzentrieren sich die 21
Deutschen auf die Entwicklung eines Produkts oder einer Dienstleistung, optimieren es immer weiter. Sie vergessen aber, es zu verkaufen. Sie denken zuwenig darüber nach und testen auch nicht, ob der Markt ihr Produkt will. Das bedeutet: Existenzgründer müssen von Beginn an integriert denken, sämtliche Facetten ihrer Unternehmung gleichwertig beachten.

Und was das Beschaffen von Kapital betrifft: »Ein deutscher Banker schaut bei solchen Verhandlungen, ob das Formular richtig ausgefüllt ist; ein amerikanischer aber achtet darauf, ob der Jungunternehmer Feuer in den Augen hat. Amerikanische Geldgeber sind risikofreudiger. Sie verzahnen sich frühzeitig mit einem jungen Unternehmen.«

Stelle Dich also auf die deutsche Mentalität ein und mache das Beste daraus!

22 Das Wichtigste in Kürze

Die ersten sieben Tips.

So machst Du Dir selbst Dampf, Dein Unternehmen erfolgreich zu führen:

- Erinnere Dich auf dem Weg zu einem neuen Ziel an alte Erfolge und das gute Gefühl, das Du dabei hattest.
- Große Aufgaben verlieren ihren Schrecken, wenn Du sie »kleindenkst«, sie in handliche Pakete zerlegst und hintereinander angehst.
- Fokussiere die Chancen und Möglichkeiten, die für Dich in einer Aufgabe stecken. Allzu oft überschätzt man die Risiken des Handelns und unterschätzt die Vorteile.
- Stelle Dir die Frage nach dem Sinn Deiner Arbeit. Ist sie spannend? Was würde Dich wirklich interessieren, und was hält Dich davon ab, Deine Situation zu verändern?
- Unterschätze nicht die Kraft der Gedanken – auch der negativen: Sich selbst erfüllende Prophezeiungen sind Überlegungen, die dadurch zur Realität werden, daß Du Dich vor ihnen fürchtest.
- Verzweifle nicht an schwierigen Aufgaben und Problemen. Gerade dort hält das Leben Chancen für Dein persönliches Wachstum bereit.
- Verschiebe nicht Dein Glück auf morgen – übernimm sofort Verantwortung für Dich.

Wer mehr darüber wissen will, dem empfehle ich Sprengers Buch *Mythos Motivation – Wege aus der Sackgasse.*

23 Checkliste zur Selbständigkeit

Die folgende Checkliste zeigt Dir in einem kurzen Abriß die wichtigsten Stationen auf Deinem Weg in die Selbständigkeit. Sie dient Dir in der Planungsphase Deiner Existenzgründung als Leitfaden. Sie gibt Dir außerdem die Möglichkeit, alle wichtigen Fragen in der richtigen Reihenfolge zu klären. Zu allen Punkten findest Du unter den entsprechenden Stichworten im Hauptteil des Buches nützliche Tips.

1. Prüfe zuerst Deine Geschäftsidee auf Herz und Nieren 24

Vergewissere Dich, daß Du mit Deinem Angebot Chancen auf dem Markt hast.

Daran mußt Du denken:
- Kannst Du eine fest umrissene Käufergruppe nennen?
- Kennst Du Deine Kunden und ihren Geschmack?
- Wie ist die Nachfrage nach Deinem Angebot heute/in zwei Jahren?
- Kennst Du die Branche aus dem Effeff?
- Wie sieht das Angebot Deiner direkten Konkurrenten aus?
- Wie kannst Du Dein Angebot attraktiver machen?

2. Lege Dein Konzept schriftlich nieder 25

Verfasse Dein Konzept auf jeden Fall auf Papier, auch wenn Du es bis ins letzte Detail im Kopf hast. Das hilft Dir, bei der Planung wirklich strategisch vorzugehen.

Das muß drinstehen:
- Ziel Deines Unternehmens
- kurze Marktanalyse
- mögliche Geschäftsverbindungen, etwa zu Lieferanten
- erwarteter Umsatz
- Gewinnerwartung
- Kapitalbedarf
- Kosten (Mieten, Einrichtung usw.)

3. Beantrage Fördermittel 26

Es gibt unzählige Fördertöpfe, die Du anzapfen kannst. Erkundige Dich zeitig, die Verfahren sind oft langwierig.

Daran mußt Du denken:

- Wenn Dir Deine Hausbank nicht weiterhelfen kann oder will, suche am besten einen professionellen Förderberater auf.
- Die meisten Gelder bekommt man nur für zukünftige Investitionen, deshalb gib vorher kein Geld aus.

27 4. Treffe Vorsorge für die Zukunft

Als Selbständiger mußt Du Dich selbst um Deine soziale Absicherung und Altersversorgung kümmern. Auch Dein Geschäftsalltag birgt viele Risiken, gegen die Du Dich abzusichern hast.

- Gegen welche Risiken mußt Du Deinen Betrieb zwingend absichern?
- Wer zahlt, wenn Du wegen Krankheit ausfällst?
- Welche Möglichkeiten bieten Dir private Renten- bzw. Lebensversicherungen?
- Führe auf jeden Fall die gesetzliche Rentenversicherung aus der Zeit Deiner abhängigen Beschäftigung weiter.

28 5. Prüfe den Standort Deines Betriebs

Die beste Geschäftsidee nutzt Dir nichts, wenn Du nicht nah genug an Deinen Kunden dran bist. Davon hängt Dein Überleben nach der Gründung ab.

- Prüfe, wie es mit der Verkehrsverbindung ausschaut, ob es dort genügend kaufkräftiges Publikum gibt, wie hoch die Löhne dort liegen, wie weit es mit Park- und Abstellplätzen und Lkw-Zufahrtmöglichkeiten her ist, was die nähere Konkurrenz alles zu bieten hat, wie langfristig Du einen Mietvertrag bekommst.

  Bist Du Rechtsanwalt oder Steuerberater, dann wirst Du Dich fragen, für welche Klientel Du am liebsten arbeitest. In einem Arbeiterviertel ist natürlich wenig zu holen.

  Nur als Journalist oder Schriftsteller spielt es keine Rolle, an welchem Standort Du Dich selbständig machst.

Deshalb vergewissere Dich:
- Wie groß ist Dein Einzugsbereich?
- Wie stark ist dort die Konkurrenz vertreten?
- Wie ist das sonstige Geschäftsumfeld in Deiner Nachbarschaft?
- Gibt es in unmittelbarer Nähe Publikumsattraktionen?

6. Wähle die richtige Rechtsform 29

Von der Rechtsform hängt maßgeblich Dein unternehmerisches Risiko ab. Deshalb wähle sie mit Bedacht.

Die wichtigsten Entscheidungskriterien sind:
- Willst Du Dich allein oder mit mehreren Partnern selbständig machen?
- Willst Du Fremdkapital in Deine Firma holen?
- Kannst und willst Du mit Deinem Privatvermögen haften?

7. Sichere vorher die Finanzierung ab 30

Mit der Finanzierung steht und fällt Dein Geschäft. Hier mußt Du mit spitzem Bleistift rechnen. Fehler können sich bitter rächen.

Daran mußt Du denken:
- Wie hoch ist Dein Kapitalbedarf?
- Wie viele Eigenmittel bringst Du ins Geschäft ein?
- Kannst Du der Bank Sicherheiten bieten?
- Ist Dein Kreditkonzept der aktuellen Zinssituation angepaßt?
- Ist Deine Zahlungsfähigkeit fürs erste Geschäftsjahr sichergestellt?
- Ohne Eigenmittel kannst Du Dich höchstens im Dienstleistungsbereich selbständig machen.

8. Vergiß nie den Hauptteilhaber an Deiner Firma: das Finanzamt 31

Gib acht, daß Du von Anfang an keine Mark zuviel zahlst. Laß nur niedrige Einkommensteuervorauszahlungen zu. Gerade in den ersten

Jahren kannst Du viele Anlaufkosten geltend machen und dadurch eine Menge Geld sparen.

Darauf mußt Du achten:

- Trenne bereits vor der Gründung Privat- und Geschäftsausgaben sorgfältig.
- Hohe Vorlaufkosten zahlen sich später aus, weil Du sie vom Gewinn abziehen kannst.
- Gilt für Deine Branche ein pauschaler Vorsteuer-Durchschnittssatz? Nimm ihn in Anspruch: Du hast von Anfang an genug am Hals.
- Eventuell kannst Du Deinen Ehepartner in Deinem Betrieb unterbringen, um dessen Lohn schon bei Betriebsbeginn steuerlich absetzen zu können – während er dann doch wieder der Familie zufließt.

32 9. Leiste Dir eine gute Werbung

Damit Dein Angebot auch von Anfang an ankommt, mußt Du Deiner Firma ein unverwechselbares Outfit verpassen.

Daran mußt Du denken:

- Hast Du Dich für die richtige Werbemethode entschieden?
- Ist Deine Außenwerbung aus einem Guß (Logo, Briefköpfe, Werbegeschenke?
- Paßt Deine Inneneinrichtung zu Deinem Firmenimage?
- Hast Du Deine Geschäftseröffnung bestens organisiert?

33 10. Schiebe die Gründungsformalitäten nicht hinaus

Hier mußt Du Dich anmelden:

- Finanzamt
- Gewerbeamt
- Krankenkasse (wenn Du Angestellte hast)
- Arbeitsamt (wenn Du Angestellte hast)

Trick

Auch ohne eigene Erfahrungen kannst Du zu was kommen!

Wenn Du die Ideen anderer Schlaumeier nutzt und sie dann auf ein 34
neues Gebiet überträgst:

> ### Entwickelt vom Leibarzt des Dalai Lama: Die Kraft der 5 Tibeter jetzt in Kapseln.
>
> Die Kraft der Tibeter gibt es ab sofort auch in der Apotheke. Der Mönch Yuin Shindoui, einer der Leibärzte des jungen Dalai Lama, hat die Kapsel nach einem uralten Rezept entwickelt. Yuin Shindoui nimmt die bei uns neue Kapsel mit dem Namen »Die 5 Tibeter« seit Jahren selbst. Holen Sie sich die neue Aktiv-Kapsel mit dem Namen »Die 5 Tibeter« aus der Apotheke. Mit der Neuheit im rezeptfreien Bereich der Nahrungsergänzungsmittel tun Sie viel für sich.
> Jetzt gibt es diese Kapseln auch in unseren Apotheken. Fragen Sie nach »Die 5 Tibeter« der Firma Abecas. Sie bekommen dann Kapseln, die Ihr Leben besser machen. Der Leibarzt des Dalai Lama sagt:
>
> - Die 5-Tibeter-Kapseln aus der Apotheke harmonisieren die Energie, steigern Glücksgefühle, geben innere Ruhe und Gelassenheit.
> - Die 5-Tibeter-Kapseln aus der Apotheke sind ein Jungbrunnen, der jede Zelle vitalisiert.
> - Die 5-Tibeter-Kapseln aus der Apotheke beleben die Sinne, schenken den Organen, dem Darm und dem Gehirn Zusatzkraft.

»Aber das ist doch Betrug!« rufst Du.

Richtig! Aber es ist einer, den keiner merkt.
Du weißt doch: Die Welt will betrogen sein!

Erkenne diese raffinierte Masche eines Existenzaufbaus:

Da hängt sich einfach einer an den Erfolg eines anderen dran!

35 Nämlich an den des Primitivwerks von Kelder, »Die 5 Tibeter«, das den Käufern weismacht, sie würden mit fünf bequemen Gymnastikbewegungen gesund bleiben und ewige Jugend erlangen.

Der tolle Trick: Die obige Anzeige gaukelt nun den Millionen Lesern der »5 Tibeter« vor, sie müßten jetzt nicht mal mehr die paar Schlappi-Übungen machen – sie würden sich die auch noch ersparen können, wenn sie die Kapseln des Mönchs Shindoui gemächlich vor dem Fernseher schlucken. Und sich dabei einbilden, genug für ihren Kreislauf und die Sauerstoffdurchblutung ihrer Fettmassen getan zu haben.
Das geradezu Geniale dieser Gaunermasche, für die sich nicht mal die »vornehmen« Apotheken zu schade sind, um sie aufzunehmen: In der Anzeige wird nicht einmal gesagt, was der dumm aus der Wäsche guckende Dalai-Lama-Leibarzt da alles in den Kapseln drin hat. Vielleicht etwas Baldrianextrakt, der Ruhe und Gelassenheit vortäuscht, dazu ein paar Weizenkeime, die von 60 Billionen menschlicher Zellen etwa 10 Stück aktivieren können, dazu vielleicht ein paar Gramm Chemiezucker, die Darm und Gehirn für einige Augenblicke die angekündigte Zusatzkraft schenken, dafür aber die Zähne zum Zerfaulen bringen. Raffiniert: Wenn niemand weiß, was in so einer Kapsel für ein billiger Dreck drinsteckt, kann auch niemand behaupten, betrogen worden zu sein: mit was denn?

Hut ab vor dieser für die Massenmenschen nur schwer erkennbaren Gaunerei.

»Mich wundert, daß Du das alles so leicht und gelassen siehst ...«

Nun, in den Kapseln wird ja nicht gerade so schlimmes Gift drin sein, wie das in den chemischen Medikamenten stets der Fall ist. Die für eine kurze Zeit eine Krankheit unterdrücken, um sie später dann noch schlimmer und endlich chronisch werden zu lassen.

»Es können eigentlich nur Pflanzen und Nahrungsergänzungsmittel sein. Sonst wäre eine Werbung in dieser geschickten Form gar nicht möglich«, meinst Du.

Richtig. Aber das höchst Erstaunliche daran ist doch die Tatsache, daß Tausende von Menschen die vielleicht BSE-verseuchten Gelatinekapseln mitsamt ihrem völlig unbekannten Inhalt kaufen und gläubig schlucken!
(Was Du daraus entnehmen kannst, daß diese Anzeige über längere Zeit in den Gazetten zu sehen war – das Geld dafür also aus dem Verkauf leicht aufgebracht werden konnte.) Verrückt:
Die Leute schlucken etwas, von dem sie auch nicht den blassesten Schimmer haben, was sich darin verbirgt. Ihr Glaube an etwas Unbekanntes entzündet sich allein deshalb, weil eine Zeitung oder ein Fernsehspot es bringt und ein bekannter, mit dem Geheimnis des Dalai Lama behafteter Name genannt wird.

Warum? Weil ihnen etwas Erfreuliches verheißen wird. Nämlich: ganz bequem gesund bleiben und alt werden, ohne daß dafür auch nur ein Finger gerührt werden muß.

Ergo: Wenn die Menschen mit solch riesiger Dummheit geschlagen sind, daß sie sich etwas völlig Fremdes in ihren (sicherlich für kaum als schützens- und achtenswert angesehenen) Körper hineinkippen, dann haben sie es auch nicht anders verdient. Was auch genauso auf alle die Medikamente, Röntgen- und radiologischen Bestrahlungen und Chemiespritzen zutrifft, die sie sich von den Schulmedizinern verpassen lassen und die sie am Ende immer kränker machen.

Wenn es also Medizinern staatlicherseits erlaubt ist, die Menschen zu verdummen, sie zur Mehrung ihres eigenen Wohlstands krankzuhalten und dabei noch als am höchsten angesehene Berufsgruppe zu gelten, ja, wer bin ich denn, daß ich Dir hier davon abraten könnte, es denen bzw. der 5-Tibeter-Anzeige nachzumachen ...?

Problem Scheinselbständigkeit

36 Die Rentenkassen sind leer. Das ist ja längst kein Geheimnis mehr. Und wer, glaubst Du, muß die Chose wieder ausbaden? Die Beitragszahler sind bereits bis aufs Hemd geschröpft, deshalb haben die Rentenkassen jetzt die hart arbeitenden Selbständigen im Visier. Sie machen Jagd auf sogenannte »Scheinselbständige«. Der Gesetzgeber unterscheidet zwischen selbständiger und abhängiger Beschäftigung. Wer beispielsweise nur für einen Auftraggeber arbeitet und selbst keine Angestellten hat, der gilt nach der neuesten Lesart als »abhängig beschäftigt«. Was das für Dich bedeutet? Die Konsequenz wird Dir wahrscheinlich die Zornesröte ins Gesicht treiben. Wer als abhängig beschäftigt gilt, muß nämlich Sozialabgaben zahlen. Die Rentenversicherer jagen zur Zeit 2,4 Millionen freie Mitarbeiter, Subunternehmer und Handelsvertreter. Und werfen ihnen Scheinselbständigkeit vor, um die Rentenkasse anzufüllen.

Ein Beispiel: Du hast Dich als Grafiker selbständig gemacht. Ein großer Verlag bietet Dir regelmäßig Arbeit an. Damit es einfacher geht, arbeitest Du gleich in der Grafikabteilung des Verlages. Deine Buchhaltung macht Deine Frau. Damit alles seine Ordnung hat, hast Du mit Deiner besseren Hälfte ebenfalls einen Arbeitsvertrag abgeschlossen.
Der Verlag zahlt Dir Honorare für Deine Arbeit, die ihr frei aushandelt. Jetzt glaubst Du natürlich, Du seist auf der sicheren Seite. Vergiß es. Nach Bonner Lesart bist Du nämlich nicht selbständig, sondern ein »Arbeitnehmerähnlicher Selbständiger«, und damit mußt Du auch Sozialabgaben zahlen.

Ich zeige Dir nun, wie Du Dich vor diesen Geldgeiern schützen kannst. Entwickle eine Gegenstrategie! Die geht so:

Wenn Du zwei der folgenden vier Punkte erfüllst, giltst Du bereits als 37
scheinselbständig. Dann paßt Du so auf:

TEST:

1. Du bist regelmäßig für einen einzigen Auftraggeber tätig.
2. In der Art und Weise, wie Du arbeitest, bist Du von anderen Arbeitnehmern nicht zu unterscheiden, d.h., Du arbeitest im Unternehmen Deines Auftraggebers wie ein Angestellter, bist also an feste Arbeitszeiten und die Weisungen des Chefs gebunden.
3. Du trittst am Markt nicht als eigenständiger Unternehmer auf, hast kein eigenes Geschäftsbriefpapier, keine Firmenadresse usw.
4. Du beschäftigst keine Angestellten. (Fest angestellte Familienangehörige – auch wenn sie einen Arbeitsvertrag haben – zählen in diesem Fall nicht zu den fest Angestellten.)

Achtung: Wenn zwei der vier Punkte zutreffen, mußt Du aufpassen wie ein Windhund – oder zahlen.

Der Gesetzgeber unterscheidet drei Gruppen:

1. Selbständige: Wenn nur eines der oben genannten Merkmale auf Dich zutrifft, giltst Du bereits als echter Selbständiger. Du bist dann prinzipiell nicht sozialversicherungspflichtig.

2. Arbeitnehmerähnliche Selbständige: Zwei der Punkte treffen auf Dich zu. Du arbeitest beispielsweise für nur einen Auftraggeber und hast keine eigenen Angestellten. In diesem Fall mußt Du in Zukunft 19,5 Prozent Rentenversicherungsbeitrag bezahlen. Du kannst Dich von der Rentenversicherungspflicht befreien lassen, wenn Du vor dem 10. Dezember 1998 eine private Lebens- oder Rentenversicherung abgeschlossen hast. Doch Achtung: Die monatlichen Beiträge müssen mindestens so hoch sein wie die für die gesetzliche Rentenversicherung. Du kannst aber Deine Policen noch nachträglich aufstocken. Das ist kein Problem.

3. Scheinselbständige: Wenn Du zwei der vier Punkte von oben erfüllst und nicht nachweisen kannst, daß Du tatsächlich auf eigene Kappe arbeitest, dann sieht es schlecht für Dich und Deine Brieftasche aus. Dann bist Du nämlich voll abgabenpflichtig. Mehr als 40 Prozent Deines Honorars müssen bei kleineren Beträgen an die Sozialversicherung abgeführt werden. Die Hälfte davon muß Dein Auftraggeber zahlen. Möglicherweise war das dann der letzte Auftrag, den Du von ihm bekommen hast.
Jetzt fragst Du Dich sicher, wie Du Dich als junger Selbständiger und vielleicht auch als Auftraggeber von freien Mitarbeitern gegen so eine Ungerechtigkeit schützen kannst. Das zeige ich Dir im folgenden.

Wie Du Dich selbst schützen kannst:

1. **Gründe einfach eine GmbH.** Das ist die sicherste Methode gegen den Vorwurf der Scheinselbständigkeit. Dabei ist es egal, ob Du eine Ein-Mann-GmbH gründest oder noch weitere Gesellschafter aufnimmst. Diese Sicherheit hat aber auch ihren Preis. Wie Du weißt, muß eine GmbH im Gegensatz zu Freiberuflern Gewerbesteuer zahlen. Zum Glück aber erst ab einem Gewinn über 48 000 DM.

2. **Suche Dir weitere Kunden.** Wenn Du noch andere Kunden hast, bist Du gleich zweimal auf der sicheren Seite. Erstens kann Dir der Gesetzgeber keine Scheinselbständigkeit vorhalten. Zudem bist Du tatsächlich nicht von der Gunst eines einzelnen Auftraggebers abhängig. Tips und Tricks, wie Du an neue Kunden kommst, kannst Du im Kapitel »Das kostet Dich ein neuer Kunde« nachlesen.

3. **Benimm Dich wie ein Unternehmer.** Was soll das heißen? fragst Du jetzt. Ganz einfach. Wenn Du hin und wieder mal für Deine Firma inserierst oder auf eine Messe gehst, machst Du nicht nur Werbung, mit der Du neue Kunden fängst. Du zeigst damit auch Marktpräsenz und trittst – wie es der Gesetzgeber von Selbständigen fordert – als Unternehmer auf dem Markt auf.

4. **Halte alles schriftlich fest.** Auch wenn Du selbst freie Mitarbeiter beschäftigst, mußt Du aufmerksam sein. Wenn sich herausstellt, daß Du einen Scheinselbständigen beschäftigst, mußt Du als Unternehmer die Hälfte der Sozialabgaben tragen. Deshalb: am besten vertraglich festlegen, daß es sich um ein freies Dienstverhältnis handelt, d. h. der freie Mitarbeiter arbeitet bis auf die Auftragsbeschreibung und die Deadline völlig eigenverantwortlich. Er ist nicht weisungsgebunden.

5. **Achte auch auf Kleinigkeiten.** Der Freie darf nicht in den Geschäftsbetrieb integriert werden. Er darf also weder einen eigenen Schreibtisch haben, auch kein Türschild, keine Visitenkarten. Du darfst dem Freien auch kein Gehalt überweisen, sondern bezahlst ihn nach Rechnung. Am besten in unregelmäßigen Abständen und unterschiedlich hohen Summen. So bist Du auf der sicheren Seite.

Trick

Auch alle Ausgaben vor der Gründung sind steuerlich absetzbar

Führe Buch über Dein gesamtes Tun im Zuge der Geschäftsgründung. Jeder Kilometer, den Du zu Deinem Steuerberater, zur IHK oder zur Bank gefahren bist, ist als vorweggenommene Betriebsausgabe abzugsfähig. Das gleiche gilt für Deine Telefonkosten, Standortbesichtigungen, Maklerprovisionen und Fachliteratur, wie auch die Kosten für dieses Buch und der Bücher über Steuerfahndung und Betriebsprüfung usw. Entsteht Dir so für das erste Geschäftsjahr ein Verlust, kannst Du diesen mit Deinen Einkünften aus der früheren Tätigkeit rückwirkend bis zu zwei Jahren verrechnen. Verbleibt noch immer ein Rest an negativen Einkünften, kannst Du diese als Einzelunternehmen oder Personengesellschaft von den zukünftigen steuerpflichtigen Jahresgewinnen Deines Unternehmens abziehen. 38

Die geschickteste Art, einen Konkurrenten zu besiegen,
ist, ihn in dem zu bewundern, worin er besser ist.
(Peter Altenberg)

2. Fördere den Umsatz Deines Unternehmens

Zeig Dich schon zu Beginn von Deiner besten Seite 39

Eine x-beliebige Ware über den Ladentisch reichen kann jeder. Ein Angebot erstellen, das tatsächlich ins Schwarze trifft, beim Kunden ankommt, den entscheidenden Umsatzschub bringt – dazu gehört mehr als nur ein glückliches Händchen.
Das Zauberwort heißt Marketing. Während große Unternehmen sich ganze Abteilungen leisten, um ihr Angebot auf Vordermann zu bringen, verlassen sich die meisten Kleinunternehmer auf ihr Glück. Dabei ist gerade für Dich ein starker Auftritt wichtig. Nur so kannst Du Dich als Newcomer dauerhaft gegen die Konkurrenz behaupten.

So testest Du Deine Geschäftsidee auf Herz und Nieren 40

Du hast die zündende Geschäftsidee und willst natürlich eher heute als morgen loslegen. Zaudern hat noch nie zu Deinen Stärken gehört, und Du denkst Dir: »Wer wagt, gewinnt.« Keine Frage: Wer den Einstieg in die Selbständigkeit wagt, muß ins kalte Wasser springen.
Doch gerade am Anfang mußt Du planvoll vorgehen. Bevor Du Dich gänzlich in den Gründungstaumel stürzt, solltest Du Dir die Zeit nehmen und Deine Geschäftsidee prüfen.

GUTER RAT: Dein Kunde ist die wichtigste Person Deines Betriebes – egal ob er Dich anruft, Dir faxt, Dir schreibt oder persönlich vor Dir erscheint, um seinem Ärger Luft zu machen.

Wie Du den Durchblick bekommst

1. Lesen

41 Für nahezu jedes Produkt und jede Dienstleistung gibt es in Deutschland einen Verband (Adressen findest Du im »Taschenbuch des öffentlichen Lebens«, das in jeder Bibliothek zu finden ist). Bei Deinem Fachverband kannst Du erste Informationen anfordern. Hier bekommst Du auch eine Liste mit Fachzeitschriften, in denen eine Menge Nützliches für Dich drinsteht.

2. Fragen

Deine zuständige Industrie- und Handelskammer bietet spezielle Gründungsberatungen an. Hier kannst Du Dich schnell und unverbindlich beraten lassen. Auch die Arbeitsämter bieten diesen Service an. Die Experten können Dir beispielsweise auf Anhieb sagen, ob Deine Idee tatsächlich neu ist oder ob die Konkurrenz Dir längst voraus ist.

Trick

Scheue Dich nicht, Fragen zu stellen

42 **Die meisten Menschen beantworten Fragen gern. Sie helfen einem Newcomer auch meist uneigennützig. Sei es bei der Bank, beim Steuerberater, ja manchmal sogar bei einer Behörde. Laß nichts im unklaren. Du ersparst Dir so, Fehler zu begehen oder vieles umsonst zu machen.**

3. Umschauen

Auf Fachmessen kannst Du nicht nur einkaufen und Kontakte knüpfen, 43
Du kannst auch wunderbar beobachten, was die anderen machen. Beim Ausstellungs- und Messe-Ausschuß der Deutschen Wirtschaft e. V. (AUMA) in Köln bekommst Du ausführliche Terminpläne aller Messen im In- und Ausland. Nimm Dir die Zeit und besuche eine Messe – das kann auch eine kleinere regionale Veranstaltung sein. Hier findest Du nicht nur Anregungen, Du kannst auch gleichzeitig die Konkurrenz beobachten und sehen, wie es die anderen machen. Auf den meisten Messen kannst Du auch Fachveranstaltungen besuchen.

Messekarten bekommen

Viele Messen sind nur für Fachbesucher geöffnet – als Noch-Privat- 44
mann kommst Du nicht ohne weiteres rein. Doch wird meist jede Messe von ein oder mehreren Fachverbänden betreut – die Möbelmesse etwa vom Verband der Deutschen Möbelindustrie. Ein Anruf beim richtigen Verband kann Dir auch als Outsider die Messetore öffnen.

Der 5-Schritte-Kurzcheck für Deine Geschäftsidee 45

1. Schritt

Wie langlebig ist Deine Idee? Willst Du eher ein Trendprodukt verkaufen oder Dienste anbieten, die in ein, zwei Jahren vielleicht überflüssig sein könnten, weil sich der Zeitgeschmack geändert hat oder die Technik bessere Lösungen bietet? Falls Du auf einer Modewelle mitschwimmst, denke zeitig über Alternativen nach.

2. Schritt

Auch Deine Freunde und Bekannten können sich nützlich machen. Und zwar, indem sie Dir für Probeverkäufe zur Verfügung stehen. Am besten tust Du, als wolltest Du tatsächlich ein Geschäft abschließen. Versuche also auch hart zu verhandeln und bitte Deine Freunde, Dein Angebot genau zu prüfen. Auf diese Weise kannst Du schon mal Schwachstellen ausmerzen.

3. Schritt

Jetzt ist es an der Zeit, einen ersten Kostenplan aufzustellen. Liste schon mal grob auf, was Du investieren mußt, wieviel Geld Produktion, Vertrieb, Mieten und Werbung voraussichtlich verschlingen. Am Schluß schlägst Du noch einmal 15 bis 20 Prozent als Sicherheitspuffer drauf. Wenn alles im grünen Bereich liegt, okay. Ansonsten mußt Du Dich nach günstigeren Alternativen umschauen. Am besten sofort, noch kannst Du alles korrigieren.

4. Schritt

Kannst Du Dein Geschäftsvorhaben allein stemmen, reicht ein kleiner exklusiver Mitarbeiterstab aus, oder brauchst Du gleich eine Riesencrew? Unterschätze auf keinen Fall die Personalfrage. Vor allem, wenn Du Spezialisten brauchst, mußt Du Dich zeitig umschauen, ob Du an entsprechend gute Leute rankommst.

5. Schritt

Die Konkurrenz schläft nicht. Du kannst nur besser als die anderen sein, wenn Du deren Leistungen kennst. Als Maßstab solltest Du Dir den Marktführer oder erfolgreichsten Konkurrenten suchen. Vergleiche genau, in welchen Bereichen Dein Konzept besser oder schlechter ist. So kannst Du ganz einfach Vorteile ausmachen. Mehr zur Konkurrenzanalyse ➤ Rz 62.

Gute Absatzstrategie heißt,
die Welt aus der Sicht des Kunden zu sehen.

Wissen macht erfolgreich 46

Ein neuer Geschmack sollte den Kampf um die Marktanteile endgültig entscheiden. Coca-Cola brachte vor einigen Jahren das braune Kultgetränk mit einem völlig neuen Rezept auf den Markt. Damit wollte der Getränkemulti aus Atlanta den stärksten Konkurrenten Pepsi endgültig auf den zweiten Platz verweisen. Nur ein Jahr später rührte Coca-Cola die braune Limonade wieder nach altbewährtem Rezept an. Der Grund: Niemand wollte das neue Produkt haben.
Wer den Willen der Verbraucher ignoriert oder glaubt, er könne dem Kunden etwas aufzwingen, der schaut auf lange Sicht in die Röhre. Das gilt für Getränkeriesen genau wie für den Bäcker an der Ecke.
Doch die geniale Produktidee fällt nicht vom Himmel. Freund Zufall trifft selten den Zeitgeschmack. Und auch die beste Spürnase kann einmal danebenliegen. Bei großen Unternehmen ist Marktforschung deshalb schon seit Jahren eine Selbstverständlichkeit. Dort verläßt kein Produkt die Hallen, das nicht auch von Marktforschern auf Herz und Nieren getestet wurde.

Das bringt Dir Deine persönliche Marktforschung 47

Auch kleine Betriebe können die Methoden der Marktforscher nutzen. Für Existenzgründer ist das Abstecken des eigenen Markts ein absolutes Muß – es entscheidet, ob der Laden läuft oder ob das Geschäft zum Scheitern verurteilt ist.

Drei Fragen sind dabei maßgeblich:

1. **Trifft Dein Angebot? Willst Du das richtige Produkt verkaufen? Kommt Deine Dienstleistung an?**
2. **Hast Du für Dein Geschäft den richtigen Standort gewählt?**
3. **Wirst Du genügend Abnehmer bzw. Kunden finden?**

Beispiel: Bäckermeister Mehlig möchte eine kleine Bäckerei eröffnen. Er hat einiges gespart, den Rest schießt die Bank dazu. Per Inserat sucht er sich ein Ladenlokal. Nach kurzer Zeit bekommt er ein lukratives Angebot. Der Verkaufsraum ist hell und freundlich, außerdem gehört eine moderne Backstube zum Laden. Mehlig will jetzt natürlich wissen, wie seine Marktchancen stehen. Ein Marktforschungsteam zu engagieren ist ihm zu teurer. Also beschließt er, sich selbst zu helfen. Zunächst macht er eine kleine Standortanalyse.

Du an seiner Stelle würdest dabei so vorgehen:

48 Bestimme zuerst das geschäftliche Einzugsgebiet

Auf einer Straßenkarte kreist Du es ein. Dann markierst Du alle Deine Konkurrenzbetriebe. Dabei helfen Dir Branchenbücher, die zum allgemeinen Gebrauch in der Industrie- und Handelskammer ausliegen, oder einfacher noch die Gelben Seiten der Telekom. Du kannst aber auch eine Liste beispielsweise aller Bäckereien von der örtlichen Industrie- und Handelskammer anfordern.
Um die Größe Deines Einzugsgebiets richtig einzuschätzen, mußt Du außerdem bedenken: Wie sind die Verkehrsverbindungen? Ist etwa eine Bushaltestelle in der Nähe? Als Faustregel gilt: Fußgänger gehen selten länger als zehn Minuten zu einem Laden. Auf jeden Fall solltest Du an einem Werktag das Gebiet sondieren. Spaziere ruhig einmal die Straßen entlang und gib genau acht, wie viele Passanten unterwegs sind und an Deinem zukünftigen Geschäft vorbeikommen.

49 TIP Die gute Lage ist alles

Bahnübergänge, Brücken oder mehrspurige Straßen sind stets natürliche Grenzen für Dein Einzugsgebiet. Verkaufsfördernd wirken sich sogenannte Frequenzbringer aus. Das können Parks, große Unternehmen oder auch Einkaufszentren sein. Das zieht die Leute an.

Für Bäckermeister Mehlig war die Sache schnell klar. Seine zukünftige Bäckerei lag direkt gegenüber der Mensa, außerdem gab es mehrere Bürohäuser in nächster Umgebung, die nur teilweise über eine Kantine verfügten. Allein durch die Studenten und die Büroangestellten war er sich eines breiten Laufpublikums sicher.

Prüfe nach, ob Dein Angebot stimmt 50

Beziehe die Daten dafür direkt vom Kunden

Eine einfache Methode, Dein Angebot genau auf die Wünsche Deiner 51
Kunden abzustimmen, ist die Kundenbefragung.
Hier gibt es mehrere Möglichkeiten.

Schriftliche Befragung

Du kannst einen Fragebogen neben die Kasse legen oder ihn Deinen Kunden mit nach Hause geben.
Folgende Regeln solltest Du dabei beachten:

- Frage niemals nach Namen und Adresse der Kunden! Das darfst Du 52
  aus datenrechtlichen Gründen nicht, und keiner will das beantworten.
- Stelle möglichst wenige, gezielte Fragen. Wenn Du Deine Kunden mit seitenlangen Fragebögen nervst, erreichst Du nur eins: Das Papier wandert in den Mülleimer.

Hier der einfache Fragebogen von Bäckermeister Mehlig:

> Kleine Anfrage der Bäckerei Mehlig
>
> Lieber Kunde, nun sagen Sie mal:
> Sind Sie mit meinem Angebot rundum zufrieden?
> ja ❑ nein ❑
> Welche Leistungen und Angebote wünschen Sie sich zusätzlich?
> Was fehlt Ihnen noch in unserem Angebot an Waren?
> 1. ______________________________
> 2. ______________________________
> 3. ______________________________

53 Suche das Gespräch

Noch einfacher kommst Du an Informationen, wenn Du mit Deinen Kunden redest. Das hört sich selbstverständlich an, ist es aber nicht, denn gezielt fragt kaum jemand. Während des Verkaufsgesprächs kannst Du aber auch einiges erfahren. Du solltest auch Deine Mitarbeiter – etwa die Verkäufer – immer wieder darauf hinweisen, Dir alle Kundenwünsche vorzutragen.

54 Lerne, Kritik für Dein Geschäft zu nutzen

Es ist noch kein Meister vom Himmel gefallen. Verstehe deshalb Kundenbeschwerden stets als Anregung. Und Kunden, die merken, daß ihre Kritik und Anregungen aufgegriffen werden, werden zufriedene Kunden.

55 Sonstige Quellen für die Kundenanalyse

Als Existenzgründer in größeren Sparten als der einer Bäckerei ist es besonders wichtig für Dich zu wissen:
- was Deine Kunden wollen,
- wo sie sitzen
- und welchen Preis sie für Deine Produkte und Dienstleistungen zu zahlen bereit sind.

56 So kommst Du günstig an die Verbraucherdaten ran

Tageszeitungen

Die meisten großen Zeitungsverlage machen regelmäßige Leseranalysen. Sie erfassen dabei viele interessante statistische Daten – nicht nur über das Lese-, sondern auch über das Kaufverhalten der Leserschaft in ihrem Verbreitungsgebiet. Anzeigenkunden stellen sie diese Daten in der Regel kostenlos zur Verfügung. Dazu forderst Du einfach mit Deinem Firmenbogen deren »Medienunterlagen« an.

Großverlage

Die großen deutschen Verlagshäuser wie Bauer, Jahreszeiten, Gruner + Jahr, Spiegel oder Burda stellen ihren Anzeigenkunden ebenfalls die Ergebnisse ihrer Marktforschungsabteilungen zur Verfügung. Dazu gehören auch detaillierte Branchenbilder mit Berechnungen über die Absatzmöglichkeiten einzelner Produkte und Dienstleistungen. Kostenpunkt: etwa 30 Mark. 57

Wirtschaftsdienst

Presseartikel aus Zeitungen, Fachzeitschriften zu Märkten, Produkten und Unternehmen bietet der MID (Marktinformationsdienst GmbH in Düsseldorf). Du kannst von dort auch Werbeveröffentlichungen der Konkurrenz beziehen. Kostenpunkt: ab 100 Mark.

Konsumforschung

Bei der Gesellschaft für Konsumforschung (GfK) in Nürnberg kannst Du eine sogenannte Kaufkraftkarte bestellen. Sie zeigt in insgesamt neun Farbabstufungen die jeweilige Kaufkraft der Konsumenten in den einzelnen Regionen der Bundesrepublik. Die Karte kostet etwa 90 Mark. 58

Datenbanken

Industrie- und Handelskammern, Handwerkskammern und viele Banken haben Zugriff auf elektronische Datenbanken. Der Zugriff ist für Mitglieder bzw. Kunden meistens kostenlos. Die Kammern und Berufsverbände erheben außerdem auch eigene Daten zu vielen Branchen. Zum Beispiel über Umsätze und betriebliche Kennzahlen einzelner Branchen in den Kammerbezirken.

Geh nach diesem Schema vor, wenn Du Erfolg haben willst: 59

1. Mache eine Marktanalyse: Frage Dich, ob Deine Produkte bzw. Dienste ankommen und vom Markt akzeptiert werden können.
2. Stelle einen Betriebsplan über Dein Vorgehen im einzelnen auf.

3. Stelle klar, ob Du zur Durchführung Deiner Pläne genügend Eigen- und Fremdkapital zusammenbringst.
4. Erarbeite Möglichkeiten, wie Du an Großaufträge gelangen kannst.

Das bieten Dir die Profi-Agenturen

Absatzforscher

60 Der größte und renommierteste ist A. C. Nielsen, Institut für Absatzforschung in Frankfurt. Hier erfährst Du genau, wie der Handel in Deiner speziellen Branche strukturiert und organisiert ist, wie sich die Umsätze in den letzten Jahren entwickelt haben und vor allem, wie das Einkaufsverhalten der Konsumenten ist. Die Arbeit der Profi-Agentur ist jedoch nicht billig. Unter 8000 Mark ist nichts zu machen.

Marktforscher

61 Beim Arbeitskreis Deutscher Marktforschungsinstitute e. V. (ADM) in Offenbach erhältst Du eine Liste aller deutschen Marktforschungsinstitute. Die Agenturen machen regelmäßig repräsentative Umfragen im großen Stil. Du kannst eine oder mehrere Fragen »bestellen«. Die Ergebnisse sind sehr aussagekräftig, aber auch entsprechend teuer. Eine Frage kostet beispielsweise 1300 Mark.

Konkurrenz belebt das Geschäft.
(Sprichwort)

62 Die besten Tips liefert Dir die Konkurrenz

Selbst gestandene Unternehmer machen häufig einen verhängnisvollen Fehler: Sie sind so sehr mit ihrer eigenen Firma beschäftigt, daß sie vergessen, die Konkurrenz im Auge zu behalten.
Du mußt die Stärken und Schwächen Deiner Konkurrenten genauso gut kennen wie Deine eigenen, dann besitzt Du einen erheblichen strategischen Vorteil.

Beispiel: Bäckermeister Mehlig hat vor einem halben Jahr seine Bäckerei eröffnet. Die Bilanz der ersten beiden Quartale ist zufriedenstellend. Die Umsatzzahlen stimmen. Inzwischen hat er auch viele Stammkunden aus der Gegend. Doch immer noch, so beobachtet er, nehmen die meisten Kunden den längeren Weg zum Bäcker zwei Ecken weiter auf sich.
Natürlich will Mehlig wissen, woran es liegt. Schließlich beauftragt er einen Bekannten, im Konkurrenzgeschäft systematisch alle Geschäftsbereiche zu vergleichen. Das Ergebnis ist verblüffend: Obwohl sich die Produktpalette kaum unterscheidet, gehen vor allem viele Mütter und Väter mit kleinen Kindern zur Konkurrenz. Der Grund: Dort gibt es eine größere Auswahl von Apfeltaschen und Vollkornbrötchen, die vor allem bei kleinen Kindern gut ankommen. Und von denen die Mütter glauben, sie seien gesünder als die üblichen Semmeln. Vor allem bietet er etwas sehr Billiges an: den guten alten Brotkuchen, der aus Abfallbrot, kostengünstig und mit Rübenkraut dunkel gefärbt, herzustellen ist. Und schließlich hat der andere noch was anzubieten: feines amerikanisches Eis aus einer Eistheke.

Das Beispiel von Bäckermeister Mehlig hat gezeigt: Manchmal sind es nur Kleinigkeiten, die entscheiden, ob ein Kunde bei Dir oder der Konkurrenz kauft. Wenn Du in regelmäßigen Abständen – zweimal im Jahr genügt – eine systematische Konkurrenzanalyse machst, behältst Du die Nase vorn. 63

Hier ein Beispiel für Deine Checkliste 64

	[KONKURRENZ]			[EIGENE FIRMA]		
	gut	mittel	schlecht	gut	mittel	schlecht
Produktqualität	❑	❑	❑	❑	❑	❑
Sortimentsbreite	❑	❑	❑	❑	❑	❑
Preis	❑	❑	❑	❑	❑	❑
Lage	❑	❑	❑	❑	❑	❑
Service	❑	❑	❑	❑	❑	❑
Lieferzeiten	❑	❑	❑	❑	❑	❑
Werbung	❑	❑	❑	❑	❑	❑

Und so füllst Du die Tabelle aus

Du vergleichst die Leistung Deines Betriebs mit der Deines stärksten Konkurrenten. Zuerst markierst Du die Position des Marktführers in der Tabelle. Dann trägst Du die eigenen Daten in das Schema ein. Die Kreuzchen verbindest Du durch Linien. Je größer der Abstand zwischen den Linien ist, desto größer ist das Defizit Deines Betriebs gegenüber der Konkurrenz. Auf einen Blick kannst Du sehen, wo Du gezielt Stärken ausbauen oder Schwachstellen abbauen mußt.

Trick

Wende Dich ans Statistische Bundesamt!

65 **Schreib denen, Du habest eine neue Existenz gegründet und wärest dankbar, wenn sie Dir zusätzliches Informationsmaterial über die von Dir gewählte Branche nebst branchentypischen Gewinn- und Verlustrechnungen zukommen ließen (Adressenliste siehe Anhang).**
Daraus kannst Du dann erkennen, wie sich die Kostenstruktur bei den anderen darstellt, vermagst so wertvolle Schlüsse für Dich zu ziehen und zu erkennen, wo Du vom großen Durchschnitt abweichst.

Ich will wirklich nicht alles Land.
Ich will nur das Land, das an meines angrenzt.
(Amerikanischer Pionier-Spruch)

Trick

Finde etwas, was keine Firma ihren Kunden bisher bietet oder bieten kann.

66 **Egal, was es auch ist: einen besonders guten Dienst oder Service, ein besonders gutes Produkt oder eine andere, beeindruckende Masche!**

Die Konkurrenz ist keine Konkurrenz für Dich, wenn Du besser bist! 67

Das gilt nicht nur für den Bäcker, das gilt für alle selbständigen Berufe. Ja, in einer guten Geschäftslage kann es sogar vorteilhafter für Dich sein, Konkurrenten ganz in der Nähe zu haben:

– wenn Du Deinen Kunden mehr Auswahl bietest,
– wenn Du Deinen Kunden Besseres bietest,
– wenn Du Deinen Kunden Neues bietest.

Als nunmehr selbständiger Bäcker könntest Du beispielsweise:

– nicht nur Brot, Brötchen und die üblichen süßen Sachen feilhalten, sondern auch Herzhafteres, wie etwa Zwiebel-, Lauch- oder Brokkolikuchen. Oder leckere Hackfleischklopse (die am besten schmecken, wenn Du viele Anteile altbackene Brötchen dazugibst). Oder feine Quiche-Lorraine-Stücke und hausgemachtes Käsegebäck. Oder frische, gut belegte Pizzastücke, die Du in der Phase der Eröffnungszeit besonders riesig und billig anbietest.
– den üblichen trockenen Streuselkuchen mit vielen Apfelstücken im Teig füllen. Oder die nichtssagende Sahne für die Torten stärker süßen. Oder statt der üblichen Papierverpackung die Kuchenstücke in einen bebilderten und mit einem Werbeaufdruck für Deine Firma versehenen, aufklappbaren Pappkarton stellen.
– Dich an Deine Ferien in fremden Ländern erinnern und die Kunden mit frischen, auf der Zunge zergehenden Doughnuts aus den USA verwöhnen. Oder mit den feinen Blätterteigteilchen, voll Vanille-, Schoko- oder Mokkacreme. Oder die Berliner nicht rund, sondern länglich backen und statt mit Marmelade mit viel Vanillecreme oder Apfelmus füllen.

»Humor ist der effektivste Weg in die Brieftasche anderer Leute.
Humor ist besser als 'ne Knarre.
Denn wenn die Leute lachen, merken sie nicht,
daß sie ausgeraubt werden.«

(Paul Weiland, Werbefilmer)

68 Das unverwechselbare Gesicht für Deine Firma

Marketing-Experten nennen es »Corporate Identity« – hinter dem Begriff verbirgt sich eine ganz einfache Sache: das unverwechselbare Gesicht einer Firma. Für Großunternehmen ist es längst eine Selbstverständlichkeit. Sie schießen große Summen in die Entwicklung und Förderung ihres Firmenbilds. Dahinter steckt die Idee, daß das Logo oder der Firmenname beim Betrachter, sprich Kunden, unwillkürlich eine angenehme oder unangenehme Assoziation hervorruft. Der Mercedes-Stern steht für soliden Luxus, der Lufthansa-Kranich für Mobilität, der diagonale Balken des Branchenführers Deutsche Bank steht für aufstrebende Bilanzen und Erfolg, der Rhombus des Hamburger Sport-Vereins für Klotzigkeit. Die beiden ersten sind positiv, die beiden letzteren wegen ihrer Kälte negativ zu werten. Während das von Camel gewählte Dromedar für die tierische Dummheit des Verbrauchers wieder bestens gewählt ist.

69 Dein Firmenbild

Das Firmenbild ist auch für Dich als Kleinunternehmer ein wichtiges Werbemittel. Es bestimmt maßgeblich, wie Du beim Kunden ankommst. Ob Du jung, dynamisch, kreativ wirkst oder eher gediegen, edel, konservativ. Willst Du Zuverlässigkeit oder Geschwindigkeit zu Deinem Markenzeichen machen, oder paßt eher Frische, Vitalität, Gesundheit zu Deiner Firmenphilosophie?

Merke: Ein guter Ruf kommt nicht von allein. Du mußt schon etwas dafür tun.

Wichtige Punkte für das Firmenprofil 70

Markennamen

Namen sind nicht Schall und Rauch. Sie sind es, die Produkte zu Rennern, Firmen über alle Grenzen hinweg zum Begriff machen. Jedes Kind weiß, was Spüli, ein Fön oder ein Walkman ist. Der Fön steht mittlerweile für alle Haartrockner. Dabei war es früher ein bestimmtes Gerät der Firma Braun, das diesen Namen trug.
Auch Du kannst Deinem Geschäft ein einmaliges und unverwechselbares Image geben. Namen setzen Signale, wecken Assoziationen, sind das Erkennungsmerkmal für Deine Firma.

> **Beispiel:** Die Duisburger Brauerei-Unternehmerin Doris König war eine der ersten, die es wagte, ein alkoholfreies Bier auf den Markt zu bringen. Nach einer kurzen Entwicklungsphase war es soweit. Das Bier sollte in die Geschäfte. Die hauseigene Werbeabteilung machte folgende Namensvorschläge: Götterfunken, Goldkehlchen, Freitags Freibier. In diesem Augenblick war der Geschäftsführerin der König-Brauerei klar: Das wird ein Ladenhüter.
> Dann wandte sie sich an einen Spezialisten für Markennamen. Das Bier ist heute ein Verkaufsschlager in ganz Europa. Der Name: Kelts.

So findest Du einen Namen, der einschlägt

Ein guter Name läßt sich schwer auf dem Reißbrett konstruieren. Meist dauert es eine Zeitlang, bis der Funke überspringt und Du weißt: Der ist es. Hilfreich ist es, in einer größeren Runde zu überlegen. Du kannst Dich mit Freunden oder der Familie zusammensetzen und ein Brainstorming machen: einfach drauflosreden. Jeder sagt, was ihm gerade zu einem Namen einfällt. Bei solchen Gelegenheiten werden die besten Ideen geboren.

Hier ein Leitfaden, der Dir weiterhilft:

- Der Name kann mit Eigenschaften zusammenhängen – etwa Schnelligkeit und Termintreue, Sauberkeit und Frische, Luxus und Exklusivität, Umweltbewußtsein und Naturverbundenheit.
- Du kannst auch mit Assoziationen spielen. Der Name muß also nicht direkt in Zusammenhang mit Deiner Leistung stehen. Shell verkauft Benzin und keine Meeresfrüchte, Apple Computer keine Äpfel, Icebear verkauft Pullover und eben keine Eisbären.
- Der Ton macht die Musik. Auch ein guter Klang, eine ungewöhnliche Silbenkonstruktion kann einen guten Namen ausmachen. Der Name Twix ist genauso eine Kunstkonstruktion wie Twingo oder Vectra.

Laß Deinen erdachten Namen schützen

71 **Wenn Du einen guten Namen gefunden hast, kannst Du ihn schützen lassen. Damit Dir die Konkurrenz Deine Idee nicht klauen kann, meldest Du sie zur Sicherheit beim Patentamt in München an.**

72 Namen und Rechtsformen

Je nach Rechtsform Deines Betriebs mußt Du bei der Namensgebung bestimmte Regeln einhalten.

- **Kleinunternehmer:** Als solcher bist Du bei der Wahl Deines Namens völlig frei. Wenn Du jedoch eine Phantasiebezeichnung wählst, muß sie allerdings Deinen Namen als Zusatz tragen. Also »Solaris Sonnenstudio, Anton Becker« oder »Sieh klar – Brillen und Kontaktlinsen Rudi Sturm«.
- **GmbH:** Der Name muß einen Bezug zum Gegenstand der Firma haben (»Baustoffe«, »Fallschirmbau und Service«, »Backwaren«) oder den Namen eines Gesellschafters enthalten. Der Zusatz »Gesellschaft mit beschränkter Haftung« ausgeschrieben oder als Abkürzung ist Pflicht.

- **KG:** Der Name eines Komplementärs mit dem Zusatz KG ist vorgeschrieben.
- **OHG:** Mindestens ein Gesellschafter muß mit seinem Namen herhalten. Außerdem muß der Zusatz OHG dabeistehen.

Trick

Wähle keinen bereits existierenden Namen

Eine gute Idee für einen Firmennamen ist noch nicht alles. Hat nämlich 73
schon jemand vor Dir diese Idee gehabt und seine Firma auf diesen Namen eintragen lassen, kann Dich das teuer zu stehen kommen: Bei einer Namensänderung mußt Du die neue Eintragung ins Handelsregister bezahlen, natürlich neue Firmenschilder, Telefonbucheinträge, Briefpapier und Kataloge. Im schlimmsten Fall – nämlich dem, wenn die andere Firma mit den älteren Rechten Dich verklagt – sind noch Anwalts- und Gerichtskosten fällig.

Also: Vor der Firmentaufe aufgepaßt! Wie kannst Du erfahren, ob es bereits eine Firma mit dem Namen gibt, den Du Deinem Gewerbebetrieb verpassen möchtest? Da gibt es zwei Möglichkeiten: Deine örtliche Industrie- und Handelskammer recherchiert für Dich, ob Dein Firmenname bereits existiert. Vorteil: Es kostet Dich keinen Pfennig; Nachteil: Die Recherche findet nur im Kammerbezirk statt.
Wenn Du ganz auf Nummer Sicher gehen möchtest, mußt Du eine professionelle Wirtschaftsauskunftei mit einer deutschlandweiten Recherche beauftragen. Das kostet zwar ein paar hundert Mark, dafür mußt Du aber auch keine Angst mehr zu haben, eines Tages von einem »Namensvetter« verklagt zu werden.

Das Firmenlogo 74

Firmennamen und Logo gehören untrennbar zusammen. Es springt sofort ins Auge und erinnert den Kunden an Deine Firma. Sicher fallen

Dir auch ein paar bekannte Logos ein: die Audi-Ringe, das gelbe M von McDonald's.
Das Firmenlogo kann ein Symbol sein oder auch der stilisierte Anfangsbuchstabe Deines Namens.
Bei der Gestaltung Deines Firmenlogos solltest Du zurückhaltend sein. Hier ist weniger mehr. Wenn Du die berühmten Logos großer Unternehmen betrachtest, wird Dir sicher auffallen, daß sie sehr schlicht sind.

Achte darauf, daß es

- sich sofort einprägt,
- unverwechselbar,
- unkompliziert
- und auffallend ist.

75 Dein Slogan

Du kannst mit Deinem Firmennamen noch eindrucksvoller werben, wenn Du ihn mit einem Verkaufsargument – einem Slogan – verbindest. Der Slogan sagt mit wenigen Worten, was das Besondere an Deinem Produkt, Deiner Leistung ist. Er spricht quasi dem Kunden aus der Seele.
Ein guter Slogan ist kurz und knapp, er ist einprägsam und leicht lesbar. Versuche, die Gefühle Deiner Kunden anzusprechen. Das geht am besten, wenn Du Dich in Deine Kunden hineinversetzt.
Einige Beispiele guter Slogans:

- Otto … find' ich gut.
- Mach Plus bei Plus!
- Tetra Pak – irgendwie clever
- Wo ist der Deinhard?
- Campari – was sonst
- It's not a trick – it's a Sony!

Unordnung – wo nichts am rechten Platz ist.
Ordnung – wo am rechten Platz nichts ist.
(Spruch)

Dein Auftreten nach draußen (Selbstdarstellung) 76

Bei unzähligen Gelegenheiten kommst Du mit Deinen Kunden in Berührung. Laß keine Chance ungenutzt, für Dich und Deine Firma zu werben.

Wo Dein Name, Dein Logo, Dein Slogan überall hingehören:

- auf alle Geschäftspapiere – Visitenkarten, Rechnungen, Briefpapier, Umschläge, Vordrucke, Bestellungen, Angebote, Etiketten und Verpackungsmaterial;
- auf alle Werbeträger – Anzeigen, Werbegeschenke;
- auf Teile der Ladeneinrichtung – Spiegel, Wandschirme, Polster;
- auf die Arbeitskleidung Deiner Mitarbeiter;
- auf Firmenwagen.

Ein paar Tips zur Gestaltung

Schriftart

Mit der Wahl der Schriftart kannst Du bereits etwas über Deine Unternehmensphilosophie aussagen.

Schriftcharakter

Diese Schriftarten wirken sehr sachlich. Für Geschäftsbriefe sind sie ideal und für Broschüren und Bücher am besten lesbar:

Garamond (Stempel) – Times – Sabon

Diese eher filigranen Schrifttypen wirken schlank und elegant:

Caslon – Optima – Souvenir

Hier sind alle Striche gleich dick. Sie sind typisch für die neue Sachlichkeit und wirken eher nüchtern:

Helvetica – Avantgarde – Futura

77 Geschäftsbriefe: Deine Visitenkarte per Post

Briefe in unverständlichem Deutsch, mit zerzaustem Layout und dann noch auf miesem Papier zu verschicken – das können sich heute nur noch Behörden leisten. Die haben ja auch keine Kunden zu verlieren. Du als Unternehmer mußt aber bedenken: Das Erscheinungsbild Deiner Firma nach außen ist mit dafür verantwortlich, wie Du auf dem Markt ankommst.

78 Äußere Form

Dein Briefpapier mit Deinem Briefkopf ist oft das erste, was potentielle Kunden von Dir zu sehen bekommen. Hier hast Du die Gelegenheit, zu repräsentieren.
Also: Natürlich wird Deine Geschäftspost nicht auf schlechtem grauem Papier erledigt, auch wenn Du das aus Umweltgründen vielleicht für chic hältst. Denn inzwischen weiß wirklich jeder, daß es auch umweltfreundlich hergestelltes Papier gibt, was nicht aussehen muß, als hätte es in einer Pfütze gelegen. Bei der Papierqualität darf es ruhig etwas teurer sein – Wasserzeichen ist obligatorisch. Aber übertreibe nicht. Geschäftspost auf Büttenpapier – das gibt es wirklich – erweckt eher den Anschein von Protzerei.
Dein Briefkopf und die Fußnote sollten natürlich alle wichtigen Daten enthalten, die der Kunde über Deine Firma braucht: Name, Anschrift, Telefon, Fax, eventuell E-Mail-Adresse, Bankverbindungen, Gerichtsstand. Das alles übersichtlich auf einer Seite anzuordnen, dazu bedarf es schon eines gewissen grafischen Verständnisses. Laß Dir Deine Geschäftspost – und natürlich auch gleich die Visitenkarten – lieber von einem Fachmann entwerfen. Die paar Hunderter zahlen sich im Endeffekt aus.

79 Inhalt

Doch ist die äußere Form des Geschäftsbriefs auch noch so hübsch – was nützt das alles, wenn Bandwurmsätze, Substantivierungen oder

Bürokratendeutsch den Leser das Gähnen lehren? Mit einem frischen, unverkrampften Schreibstil machst Du dem Adressaten hingegen das Lesen zu einem Vergnügen.

Aufbau 80

Bei so manchem Brief vergeht dem Empfänger schon von weitem die Lust am Lesen: Ein einziger fetter Textblock ohne Absätze – das vermittelt dem normalen Leser: Vorsicht – langweilig, langatmig und schwer verständlich. Faustregel für jeden Briefschreiber daher: Kein Absatz länger als sechs Zeilen. Im Zweifel lieber zwei Seiten beschreiben als die Information auf eine Seite quetschen.

Formulierung 81

Wer schwafelt, verliert. Es gibt nur wenige Leute, die so extravagant und witzig schreiben, daß das Lesen zum Vergnügen wird. Bleibe also mit Deinen Formulierungen lieber auf dem Boden der Tatsachen: Knapp und präzise – so will der Empfänger die Informationen serviert bekommen.

Falsch: »Der Frühling spannt sein grünes Band über das Land, und gleich den Bienen wollen auch wir nun wieder fleißig werden und Ihnen das neueste Meisterwerk unserer Marketing-Abteilung übersenden …«
Richtig: »Die neue Saison steht vor der Tür. Grund genug für uns, Ihnen unseren aktuellen Katalog zu schicken.«

Satzlänge 82

Bei Deutschlands Boulevardblatt Nummer eins, der *Bild-Zeitung,* soll es eine Redaktions-Anordnung geben: Kein Satz länger als sieben Worte. Erfolg: Die *Bild-Zeitung* wird von jedem verstanden. Ganz so plakativ wie *Bild* sollst Du Deine Geschäftsbriefe natürlich nicht verfassen. Aber wenn ein Satz über mehr als zwei Zeilen läuft, solltest Du Dir schon Gedanken machen, ob Du ihn nicht dem Leser zuliebe in zwei Sätze aufteilen kannst.

> **Falsch:** »Wir bitten um Entschuldigung für die Produktionsverspätung, die Ihnen entstanden ist, weil unser Firmenwagen, der einen Unfall hatte, nicht rechtzeitig in Ihrem Lager eingetroffen ist.«
> **Richtig:** »Für die Ihnen entstandene Produktionsverspätung bitten wir um Entschuldigung. Unser Firmenwagen hatte einen Unfall und traf deswegen nicht rechtzeitig in Ihrem Lager ein.«

Wortwahl

83 Nichts macht ein Schreiben langweiliger als ausgeprägte Substantivierungen, Passivformulierungen und veraltetes Deutsch. Also: Schmeiß solche Wortungetüme aus Deinen Geschäftsbriefen und ersetze sie durch allgemeinverständliche und umgangssprachliche Worte.

> (Veraltetes Deutsch)
> **Falsch:** »Für die Mühewaltung Ihrerseits bedanken wir uns.«
> **Richtig:** »Vielen Dank für Ihre Mühe.«
>
> (Passivformulierungen)
> **Falsch:** »Der Katalog wurde speziell entwickelt für …«; »Es wird leider zu Lieferschwierigkeiten kommen.«
> **Richtig:** »Unsere Designer haben den Katalog speziell entwickelt für …«; »Leider rechnen wir mit Lieferschwierigkeiten.«
>
> (Substantivierungen)
> **Falsch:** »Die Anrechnung des Mehrumsatzes auf Ihre Skontostaffel wird zu einer Rabatterhöhung bei Ihrer nächsten Bestellung führen.«
> **Richtig:** »Wir rechnen den Mehrumsatz Ihrer Skontostaffel an und werden Ihnen deswegen bei Ihrer nächsten Bestellung gern einen höheren Preisnachlaß einräumen.«

Kontrolle 84

Niemand, der professionell Schriftstücke verfaßt, wird sofort nach dem letzten Punkt das Geschriebene ausdrucken, kuvertieren und in die Post geben beziehungsweise ins Faxgerät stecken.
Regel Nummer eins: immer gegenlesen lassen. Auch dem sorgfältigsten Schreiber unterlaufen Fehler: Tippfehler, halbe Sätze, falsch geschriebene Namen, logische Ungereimtheiten. Laß daher alles, was Du geschrieben hast, von einem Mitarbeiter noch einmal kontrollieren. Ermutige schüchterne Angestellte, nicht mit Kritik zu sparen – immerhin geht es nicht um Deine Eitelkeit, sondern darum, daß Dein Kunde einen einwandfreien Geschäftsbrief erhält.
Ist gerade niemand zur Endkontrolle greifbar, mußt Du auf die Notlösung zurückgreifen: Den Brief eine halbe Stunde liegenlassen, Dich zwischendurch mit etwas anderem beschäftigen und dann das Schriftstück noch einmal Wort für Wort korrekturlesen.

Trick

Überlasse nichts dem Zufall!

Bevor Christopher M. Kadereit, 40, und Mike E. Kopac, 37, ins Food-Geschäft einstiegen, analysierten sie über ein Jahr lang den Markt, stellten Wirtschaftspläne auf, brüteten über Strategien – und fanden ihre Nische zwischen Fischbrötchen und Hamburger Sandwiches. »Wir wollten Fast-food ohne das obligatorische Billig-Image anbieten, gesünder und abwechslungsreicher«, sagte Kaldereit. Dann eröffnete er mit seinem Partner in Hamburg den ersten Mike's Sandwich Market. Die dreieckigen Stullen waren ein Renner, zwei weitere Filialen wurden eröffnet. Um die teuren Läden besser zu nutzen, ließ das Duo bald auch nachts Sandwiches produzieren, die morgens an Tankstellen und Airlines ausgeliefert wurden. Auch der Lieferservice lief bald wie geschmiert. Heute belegen über 100 Mitarbeiter in Hamburg täglich zwischen 15 000 und 20 000 Schnitten.
In den nächsten fünf Jahren wollen die beiden Unternehmer per Fran-

chise-System ihr Sandwich-Imperium über ganz Deutschland ausbreiten. Heute machen sie bereits einen Umsatz von mehr als acht Millionen Mark. »Damit liegen wir genau im Plan«, sagt Kaldereit. *(ZEIT magazin)*

Weise Dich nicht als kleinlich aus!

85 **Wenn Du die Kosten für eine Werbebriefaktion nicht gescheut hast, dann darfst Du natürlich auch bei der Portofrage nicht knauserig sein. Das soll heißen: Auf den beiliegenden Brief oder die beiliegende Karte für die Rückantwort gehört natürlich in das Briefmarkenkästchen die Formulierung »Porto zahlt Empfänger« oder »Die Gebühr zahlen wir für Sie«. Manch ein potentieller Kunde ist von dieser kleinen Geste so entzückt, daß er nun doch auf Deinen Werbebrief antwortet. Also merke: Mit der Porto-frei-Methode bekommst Du auf Deine Mailings den größtmöglichen Rücklauf.**

Willst Du auf die nur vage interessierten Kunden verzichten und nur Antwort von potentiellen Käufern auf Dein Mailing bekommen, dann mußt Du bei der Frage der Frankierung der Rückantwort genau das Gegenteil machen: »Ein Mark, die sich lohnt« oder aber gar kein Spruch im Briefmarkenfeld zwingt den Empfänger des Mailings, die Rückantwort selbst zu frankieren. Und das werden natürlich nur die tun, die auch etwas von Dir wollen.

Mit Kleinanzeigen solltest Du es auf jeden Fall versuchen!

86 **Das ist die preiswerteste Art der Werbung. Aber beschränke Dich hier auf kurze, klare Aussagen. Denn nur die werden gelesen. Schon zwei Ankündigungen in einer Anzeige sind zuviel. Entweder Du wirbst damit, daß Du einen tollen Preis oder nur reine Bio-Ware anbietest. Beides zusammen ist zuviel!**

Beispiel: Als bester Blickfang bieten sich Dir Punkte an:

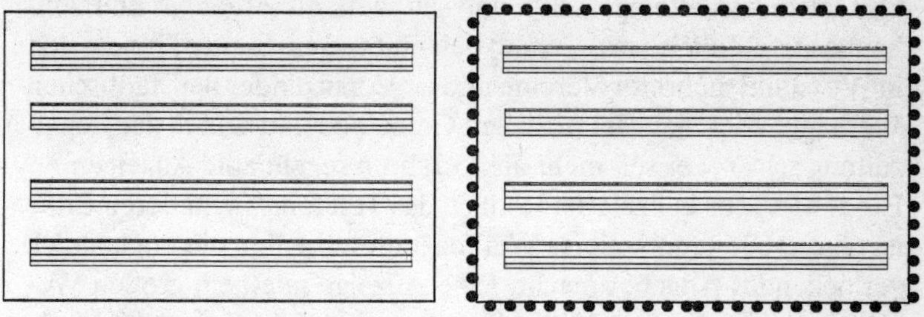

GUTER RAT: Die Menschen sind werbemüde geworden. Kein Wunder bei diesem ständigen Bombardement. Nur in den typischen Anzeigenblättern darf man noch eine gewisse Aufmerksamkeit erwarten.

Preissenkungen sind deshalb so problematisch, weil sie vom Käufer sofort als Eingeständnis minderer Warenqualität betrachtet werden.

(Peter L. Stanford)

Das kostet Dich ein neuer Kunde 87

Neue Kunden laufen nicht von selbst in Deinen Laden. Die Zeiten der sogenannten sanften Akquisition – hin und wieder mal eine Anzeige im Gemeindeblatt oder einer Festschrift eines ortsansässigen Vereins – sind vorbei. Der Markt ist dichter geworden, die Konkurrenz aggressiver. Das gilt für nahezu alle Branchen. Die klassischen Akquisitionsmethoden sind Anzeigen, Messen, Kundenbesuche, Mailings und Telefonaktionen. Doch der Königsweg des einen kann der Holzweg für einen anderen Unternehmer sein. Maßgeblich ist nämlich nicht nur die Zahl der Kundenkontakte, sondern auch das erzielte Auftragsvolumen. Und das vergessen viele Unternehmer.

88 **Beispiel:** Raumausstatter Redlich hat einen gutgehenden Laden. Der Betrieb ist alteingesessen und seit mehr als 70 Jahren im Familienbesitz. Redlich – in der Stadt bekannt wie ein bunter Hund – sitzt im Vorstand mehrerer Vereine und ist Vorsitzender der städtischen Werbegemeinschaft. Im örtlichen Gemeindeblatt und in der Lokalzeitung schaltet er seit mehr als 25 Jahren regelmäßig Anzeigen.
Eines Morgens klingelt bei Redlich das Telefon. Am anderen Ende ist eine große renommierte Werbeagentur, die ihm ein unglaublich verlockendes Angebot macht. Eine Anzeige in einem großen Wochenmagazin, das eine Millionenauflage hat, für ganze 8000 Mark. Redlich schlägt ein.
Die Bilanz seiner Anzeigenaktion: 8000 Mark für das Nachrichtenmagazin, 250 Mark monatlich für die Lokalanzeigen. Welche Anzeige nun aber mehr Kunden gebracht hat, kann Redlich nicht sagen.

Viele Mittelständler und Neugründer machen es wie Redlich. »Werbung muß sein«, denken sie sich und rühren kräftig die Werbetrommel. Daß längst nicht jedes Mittel den gewünschten Effekt hat, bleibt dabei zunächst unbedacht. Da werden Mailings verschickt, Telefonagenturen beauftragt, Messen besucht und Anzeigen geschaltet, doch unterm Strich kommt nichts dabei heraus. Solche Fehlinvestitionen solltest Du vermeiden. Werbung ist nur sinnvoll, wenn

- genügend potentielle Kunden und nicht irgend jemand damit erreicht wird;
- die dadurch erzielten neuen Aufträge auch ein attraktives Volumen haben.

Was ist passiert: Eine Anzeige in einer überregional verbreiteten Zeitung und Zeitschrift ist für ein kleines Einzelhandelsgeschäft einfach eine Nummer zu groß. Kaum ein Neukunde wird mehr als 50 Kilometer fahren, um das Geschäft von Paul Redlich zu besuchen.
In der Lokalpresse ist die Anzeige schon besser aufgehoben. Nur: Redlichs Laden ist alteingesessen und in der ganzen Stadt bekannt. *Neue* Kunden werden kaum durch eine Kleinanzeige auf das Geschäft stoßen.

Was hätte er besser machen können: Mehr hätte Paul Redlich eine gezielte Werbeaktion gebracht. Zum Beispiel **Werbebriefe** mit einer unverbindlichen Einladung zum Geschäftsbesuch, in einem Neubaugebiet verteilt. Hier sitzt genau die Käufergruppe, die Redlich ansprechen will: junge Familien, die sich neu einrichten.

Wichtige Fragen:

Diese zwei Fragen mußt Du Dir bei der Neukundengewinnung stellen: 89

1. Wer ist Deine Zielgruppe?
2. Wie kannst Du sie am besten erreichen?

Die fünf klassischen Methoden der Werbung

Anzeigen 90

Anzeigen sind der Imageträger für Produkt und Firma schlechthin. Sie erzielen ihre volle Wirkung jedoch nur als Teil einer größeren Kampagne. Damit sich der Firmenname oder die beworbene Ware richtig einprägt, muß die Anzeige mehrmals geschaltet werden.
Große Publikumszeitschriften und überregionale Tageszeitungen sind eigentlich nur etwas für große Firmen, die Markenartikel vertreiben wollen. Wenn Du Dein neues Geschäft vorstellen willst, bist Du in der lokalen Presse gut aufgehoben. Zum Gewinn von neuen Kunden ist sie nicht unbedingt geeignet.

KOSTEN 91

Anzeigenkosten sind von Medium zu Medium völlig unterschiedlich. Deshalb hier nur ein Beispiel:
Eine halbe Schwarzweißseite, Fachzeitschrift, Auflage 80 000, zehnmal geschaltet, kostet etwa 32 000 Mark. Erfahrungswerte zeigen, daß bei

einer solchen Anzeige ein neuer Kunde mindestens 500 Mark kostet. Daher rentieren sich solche Aktionen nur, wenn das Auftragsvolumen entsprechend hoch ist.

GUTER RAT: So sparst Du bei der Anzeigenwerbung
Immer noch geben deutsche Unternehmen den Löwenanteil ihres Werbebudgets für Werbung in Zeitungen und Zeitschriften aus. Geld, das Du in Anzeigen investierst, ist meist gut angelegt. Allerdings mußt Du nicht alles bezahlen, was die Verlage von Dir verlangen.

Hier zwei kleine Tricks, wie Du bei der Print-Werbung Kosten sparen kannst:

- **Feilschen**

Eigentlich simpel, doch im Umgang mit großen Verlagen befällt manch einen kleinen Unternehmer eine Art lähmende Ehrfurcht. Das ist grundfalsch: Verlage sind auch nur Wirtschaftsunternehmen, die es sich nicht leisten können, Kunden zu vergraulen. Deswegen kann es gar nichts schaden, wenn Du versuchst, den Anzeigenpreis runterzuhandeln. Ein gutes Argument bei solch einer Verhandlung ist sicherlich der Hinweis, daß Du bislang all Deine Rechnungen für frühere Anzeigen pünktlich bezahlt hast – das ist nämlich nicht die Regel.

Trick

Laß Deine Schwester eine Werbeagentur gründen

92 **Willst Du viel Geld in die Zeitungswerbung stecken, dann lohnt sich auf alle Fälle eine Werbeagentur in der Familie. Ist eine solche da, dann läßt Du zukünftig alle Aufträge für Anzeigen über diese laufen. So kriegst Du stets einen Rabatt von 15% eingeräumt.**

Du hast nichts weiter zu tun, als eines Deiner Familienmitglieder eine Gewerbeanmeldung beim Gewerbeamt abgeben und entsprechende Briefbögen drucken zu lassen. Will keine Verwandte ihren Namen dafür hergeben, dann melde die Werbeagentur auf Deinen Namen an. Den Du auf dem Briefbogen entsprechend tarnst. Heißt Du zufälligerweise Oskar Lafontaine, dann druckst Du auf den Brief Deiner neuen Agentur:

O. L.

Werbeagentur
Oskar Lafontaine
Glasboden 3
71343 Pirmasens

GUTER RAT: Einen weiteren Rabatt kann eine Werbeagentur ergattern, wenn sie sich verpflichtet, hin und wieder übriggebliebene Werbeflächen der Zeitung zu belegen. Die werden dann nicht an bestimmten Tagen, sondern je nach Bedarf eingefügt.

- **Gedrucktes unter die Lupe nehmen**

Jede in einer Zeitung oder Zeitschrift erschienene Anzeige mußt Du kritisch unter die Lupe nehmen. Stimmen die vorgegebenen Farben? Wie ist die Druckqualität? Stimmt die vereinbarte Positionierung? Gibt es etwa Rechtschreibfehler? Findest Du eine Unzulänglichkeit, mußt Du dem Verlag auf jeden Fall gehörig auf den Schlips treten. Bei kleineren Fehlern kannst Du sicherlich einen Rabatt für die nächste Anzeige rausschlagen, bei schwerwiegenden Patzern muß der Verlag Deine Anzeige in der nächsten Ausgabe noch mal abdrucken – kostenlos und fehlerfrei, versteht sich.

Das sagt Dir ein erfolgreicher Unternehmer:

- Weise stets echte Vorteile gegenüber Deiner Konkurrenz nach.
- Beschränke den Umfang Deines Betriebs auf Deine finanziellen Möglichkeiten.
- Setze stets die neuesten technischen Geräte ein.
- Stelle nur fähige Mitarbeiter ein, die ihrer Aufgabe voll gewachsen sind
- Erwirb Spezialkenntnisse (besonders das Know-how in Einzelfragen).
- Schenke dem Geschäftsgewinn – und nicht dem Umsatz – die größte Aufmerksamkeit.
- Strebe immer nach vorn – sieh für jedes halbe Jahr eine Neuerung oder Verbesserung in Deinem Unternehmen vor.

93 Werbebriefe

Neuerdings überschwemmt eine ganze Flut von diesen, in Neudeutsch auch Mailings genannt, die Briefkästen. Nicht ohne Grund. Der Werbebrief ist eine einfache, günstige und sehr wirksame Methode, neue Kunden anzusprechen. Das Ganze funktioniert aber nur unter zwei Bedingungen:

1. Ganz entscheidend ist die Qualität der Adressen. Je präziser sie ausgewählt sind, desto geringer sind die Streuverluste. Adressen kannst Du übrigens kaufen.
2. Der Werbebrief muß professionell gestaltet sein, um beim Kunden anzukommen.

KOSTEN

Für einen Werbebrief (Text, Beilagen und Rückantwortkarte), der nicht gleich im Papierkorb landet, mußt Du inklusive Porto mit etwa 2 Mark pro Stück rechnen. Die Rücklaufquote eines guten Mailings liegt bei etwa zwei Prozent. Bei 500 Adressen kostet Dich Dein neuer Kunde also 100 Mark.

Mach aus einem Neugierigen einen Käufer

Geh auf potentielle Kunden geschickt ein. Viele wollen sich nur mal informieren und sind bloß neugierig und unentschlossen. Dräng Dich ihnen nicht auf und berichtige nie direkt ihre Meinungen.
Setz bei Deinen Antworten auf ihre zaghaften Einwände immer davor: »Was Sie sagen, ist völlig richtig. Man könnte aber auch der Meinung sein ...«
Versuche nie, Dich durch Fachwörtergebrauch klüger zu machen, als es der mutmaßliche Käufer ist. Klar, daß Du den Kunden nicht bedrängst und die Worte »Wir« und »Ich« nicht in den Mund nimmst. Und über die Konkurrenz wirst Du nie etwas Schlechtes sagen, sondern besser von den Vorzügen sprechen, die *Du* anzubieten hast.

Telefonwerbung 94

Neue Kunden via Telefon anzusprechen gehört inzwischen zu den klassischen Werbemethoden. Genau wie beim Versenden von Werbebriefen steht und fällt die Sache mit der Auswahl der richtigen Adressen bzw. Telefonnummern. Die Telefonakquisition gehört allerdings ausschließlich in die Hände von Profis. Spezielle Direktmarketing-Agenturen beschaffen die Adressen und rufen Deine Kunden an. Zur Kontrolle liefern sie Dir von jedem Gespräch ein Protokoll. Die Nachbereitung gehört übrigens auch zum Service einer guten Agentur.
Achtung: Versicherungen und Geldanlagen dürfen nicht per Telefon verkauft werden.

KOSTEN

Ein Kontakt kostet etwa 20 Mark. Erfahrene Telefonverkäufer haben in der Regel einen Rücklauf von mindestens fünf Prozent. Hier mußt Du mit Kosten um 500 Mark für jeden neu zugeführten Kunden rechnen.

So ergatterst Du eine Telefon-Geheimnummer

Und das ohne Dir eine teure ISDN-Anlage zuzulegen.
Wenn Du durch Vertreter, Gläubiger oder den Amtsschimmel telefonisch belästigt wirst und die Post Dir keine geheime Telefonnummer zugesteht, melde einfach einen neuen Anschluß auf eine flugs gegründete GbR (Gesellschaft bürgerlichen Rechts) oder einen eigenen eingetragenen Verein an. Die Post kann Dir dies nicht verwehren.
Ist die neue Leitung, die ja nicht auf Deinen Namen eingetragen ist, installiert, bezahl einfach nicht die nächste Telefonrechnung für Deinen alten Anschluß. Ergebnis: Wird die alte Nummer angewählt, stellen Gläubiger, Vertreter und Amtsschimmel fest, daß da auf einmal »kein Anschluß unter dieser Nummer« mehr ist.
Läuft das Tonband, zahlst Du die (alte) Rechnung und meldest den (alten) Anschluß ab – die Post sperrt sonst aufgrund der gleichen Adresse (nicht weil die Post das Recht dazu hat, sondern weil sie die Macht dazu hat) auch die neue »Geheimnummer«.
Mit den neuen ISDN-Anlagen ist es jedoch einfach, sich Telefonnummern geben zu lassen, von denen keiner etwas weiß.

95 Messen

Messen werden traditionell am meisten von Betrieben besucht, die überregional tätig sind. Doch auch kleine und mittlere Unternehmen können sich über die Industrie- und Handelskammern günstig an Gemeinschaftsständen beteiligen. Das geht schon ab 10 000 Mark.
Die Grenze nach oben ist offen. Die Zahl der Kundenkontakte ist auf Messen allerdings ungewöhnlich hoch. Nur: Nicht jeder Kontakt ist auch ein Auftrag. Auch hier mußt Du mit etwa 500 Mark pro neuem Kunden rechnen.

GUTER RAT:
Dein Kunde trägt Dir seine Wünsche vor. Deine Pflicht ist es, diese zu seinem und Deinem Profit zu erfüllen.

Kundenbesuche 96

Früher waren »Kaltbesuche« nach dem Zufallsprinzip – sprich ohne Anmeldung – gang und gäbe. Ein Vertreter stellte beim Klinkenputzen unangemeldet die neuesten Angebote vor. Heute ist das nur noch selten üblich – etwa beim Verkauf von Staubsaugern oder Kosmetika. Zur Neukundengewinnung sind Kaltbesuche ungeeignet, weil die Erfolgschance kaum berechenbar ist.

Reich wird man nicht durch das,
was man verdient, sondern durch das,
was man nicht ausgibt.

(Henry Ford I)

Spar Dir eine Eröffnungsfeier!

Die kostet Dich nur Zeit und Geld. Die sich da blicken lassen, wollen nur ihre Bierchen saufen und das Büfett plündern – aber später nichts bei Dir kaufen. Laß lieber Laufzettel in der näheren Umgebung verteilen, daß Du neu da bist und was Du zu bieten hast. 97

98 Das Internet – für Existenzgründer eine feine Sache

Das Internet hat sich in den vergangenen fünf Jahren mit großer Geschwindigkeit zu einem der bedeutendsten Kommunikationsmittel entwickelt. Es gibt kaum eine Firmenvisitenkarte, auf der neben Postanschrift, Telefon- und Faxnummer nicht auch noch eine E-Mail- und Homepage-Adresse zu finden ist.
Gerade für Dich als Existenzgründer birgt das Internet viele Vorteile: Informationssuche, Werbung, Verkauf, Kommunikation und vieles mehr kannst Du einfach und vor allem kostengünstig über das World Wide Web abwickeln.
Wenn Du bis jetzt noch keine Erfahrung in Sachen Surfen, Homepages und Hyperlinks hast, laß Dir sagen: Selbst als blutiger Anfänger brauchst Du nicht mehr als einen halben Tag, um Dich sicher und sinnvoll im Web zu bewegen. Voraussetzung: Du beherzigst die wichtigsten Tips, die ich Dir in den folgenden Abschnitten nahelege.

99 Du kannst das Internet auch passiv nutzen

Die erste Begegnung mit dem Internet wirst du sicher nicht als Informationsanbieter machen, sondern als Nutzer, User oder Surfer. Das Internet ist ein weltweiter Marktplatz für Informationen, die Du Dir als Existenzgründer nutzbar machen kannst. Stell Dir nur einmal vor: Statt wie bisher in mühsamer Telefonierarbeit oder in wochenlangem Briefwechsel mit der richtigen Behörde die für Dich passenden Richtlinien für Existenzgründerförderung zu bekommen, genügen nun einige Mausklicks. Denn: Alle wichtigen Ämter, Behörden und Ministerien sind mit einer eigenen Homepage im Internet vertreten. Und dort findest Du mit Sicherheit die Informationen, die Du suchst. Ein anderes Beispiel: Gerade als Firmenanfänger mußt Du Deine Finanzen immer im Blick haben. Täglich einen Kontoauszug von der Bank holen kostet Zeit und Mühe. Per Internet-Banking hast Du alle Deine Konten tagesaktuell im Blick und kannst sogar noch Überweisungen vom Computer ausführen lassen.

E-Mail – die schnelle Post 100

Auch die E-Mail – die elektronische Post per Internet – bringt Dir viele Vorteile: Der Informationsaustausch per E-Mail ist praktischer, billiger und oftmals sogar schneller als der per Fax. Briefe aus dem E-Mail-Postfach kann Dein Geschäftspartner sich auch dann anschauen, wenn er gerade auf Geschäftsreise in Miami/Florida ist. Sobald er mit seinem Laptop online geht, wird er automatisch über eine neu eingegangene E-Mail benachrichtigt. Die Beantwortung der Mail dauert nur einige Minuten; per Knopfdruck geht die Mail an den Absender zurück. Natürlich kannst Du auch eine E-Mail statt nur an eine Adresse an 20, 50 oder 400 Adressen verschicken. Die Kosten – nämlich die Telefongebühren und die Minutenkosten Deines Online-Providers – bleiben die gleichen.

Handwerkszeug 101

Aber bevor die Reise ins Internet losgeht, brauchst Du natürlich erst einmal die entsprechende technische Grundausstattung. Vorher noch ein guter Rat zum Computer-Kauf: Die Preise für Computer fallen so rasant, daß man fast zuschauen kann. Das Modell, das man vor einem Jahr gekauft hat, kostet heute gerade noch die Hälfte. Aber glaube nicht, daß Du einfach nur ein halbes Jahr mit dem Computerkauf warten mußt, um ein Spitzengerät zum supergünstigen Preis zu erwerben. Denn: Geschwindigkeit und Speicherplatz von Computern wachsen zwar, dafür bringen die Software-Hersteller wie Microsoft aber auch laufend neue Programme auf den Markt, die Dir auch den schönsten und neuesten Computer bis knapp an die Leistungsgrenze zumüllen. Mit einem veralteten Computer kannst Du also all die neuen Programme gar nicht laufen lassen. Diese Spielchen treiben Software- und Hardware-Produzenten schon seit Jahren. Deshalb: Wenn Du Dir einen Rechner kaufen willst, tu es gleich, Warten lohnt nur scheinbar. Und außerdem: Wie willst Du denn Deine Geschäfte betreiben, wenn Du ein halbes Jahr ohne Rechner bist?

102 **Die Grundausstattung**

Der **Prozessor** entscheidet über die Geschwindigkeit, mit der die Programme laufen. Standard ist derzeit eine Taktfrequenz von 300 Megahertz (MHz). Für alles, was darüber liegt – 400, 450, 500 oder gar 550 MHz und mehr – gilt: Schön, aber noch nicht unbedingt notwendig.
Der **Hauptspeicher** ist für den Betrieb des Computers notwendig. Hier gilt die Faustformel: Viel hilft viel. 64 Megabyte (MB) sind ausreichend, besser – und nicht viel teurer – sind 128 MB.
Hardware-Cache ist der interne Zwischenspeicher. Er beschleunigt die Berechnungen des Prozessors. 256 Kilobyte reichen völlig aus.
Die **Festplatte** ist der große Datenspeicher des Computers. Hier werden das Betriebssystem (etwa Windows 95) und die Anwendungssoftware (beispielsweise Internet-Browser, Finanzverwaltungsprogramme oder Textverarbeitungen) gespeichert. Empfehlenswert ist eine Festplatte, die eine Größe von nicht weniger als 1,6 Gigabyte hat – mehr kann aber auch nicht schaden.
Grafikkarten organisieren das Zusammenspiel zwischen Bildschirm und Computer. Allein fürs Internet-Surfen reicht eine Grafikkarte von 1 Megabyte Leistung. Sie sollte bei einer Auflösung von 1024 mal 768 Bildpunkten 65 000 Farben darstellen können. Übrigens: Wenn Du zur Entspannung noch das ein oder andere grafikintensive Computerspielchen laden möchtest, brauchst Du allerdings eine Grafikkarte mit 2 Megabyte Leistung.
Das **CD-ROM-Laufwerk** liest Daten von einer CD-ROM in den Computer ein. Laufwerke mit einer zwanzigfachen Umdrehungsgeschwindigkeit reichen für den Hausgebrauch völlig aus – mehr ist nur Show.
Das **Modem** sorgt für den Datentransfer zwischen dem Computer und dem Internet-Server. Mit einer Übertragungsrate von 33 600 Bits pro Sekunde surft es sich bereits recht komfortabel durchs Netz. Ideal für den schnellen Internet-Verkehr ist allerdings ein ISDN-Anschluß zusammen mit einer ISDN-Karte im Computer. Aber Vorsicht: ISDN kann unter Umständen ein teurer Einstieg in eine Technik von gestern sein.
Die Telekom hat nämlich schon eine weitere Innovation in der Hinterhand: ADSL. Die neue ultraschnelle Übertragungstechnik funktioniert

mit herkömmlichen Kupferkabeln. Bevor Du bei der Telekom also als ISDN-Neukunde vorstellig wirst, informiere Dich eingehend, wie weit die ADSL-Technik bereits gediehen ist.
Auf den **Monitor** starrt man stundenlang – er sollte deswegen keinesfalls ein Billigprodukt sein. Achte beim Kauf darauf, daß Dein Monitor das Gütesiegel TCO 95 (strahlungsarm) besitzt. Bei der Bildschirmgröße gilt: 15 Zoll (Durchmesser) reichen aus, 17 Zoll sind optimal, 21 Zoll teuer und dekadent.

Partner-Wahl 103

Neben der Technik brauchst Du nun den richtigen Internet-Provider. Ein Provider ist eine Dienstleistungsfirma, die für Firmen und Privatleute die Verbindung zum Internet über ihren Großrechner (Server) herstellt. Sie berechnen dafür eine monatliche Grundgebühr plus einen Betrag je nach Nutzungsdauer – analog zur Telefonrechnung. Der bekannteste Internet-Provider ist T-Online, es gibt aber auch noch eine Menge anderer Firmen, über die Du Dich ins Netz einloggen kannst. Viele dieser Firmen sind nur regional tätig – es lohnt sich also für Dich, zwei oder drei Computerhändler in Deiner Stadt nach den günstigsten Providern zu fragen.

Kleines Einmaleins des Surfens 104

Voraussetzung fürs Internet-Surfen ist neben der Hardware (siehe oben) ein Internet-Browser (englisch »to browse« – etwas mit den Augen überfliegen). Das ist eine Art elektronische Lesehilfe fürs Internet. Mit dem Browser kannst Du Dir Internetseiten anschauen, zu vorherigen Seiten zurückspringen, die Adressen Deiner Lieblingsseiten als Lesezeichen – Bookmark – speichern. Die beiden bekanntesten Browser werden von den Firmen Netscape (Navigator) und Microsoft (Explorer) hergestellt.
»Was ist eigentlich Surfen?« fragst Du Dich als Internet-unerfahrener Firmengründer. Ganz einfach: Als Surfen bezeichnet man die Bewegung von einer Internet-Seite zu einer anderen. Du steuerst eine Seite an, indem Du entweder die komplette Internet-Adresse – URL genannt

– in das Adreßfeld Deines Browsers eintippst. Die URL des Wirtschaftsmagazins DM etwa lautet *http://www.dm-online.de.* Richtiges Surfen funktioniert aber meistens über Hyperlinks. Ein Link ist eine Textstelle oder ein Bild, das mit einer Internet-Adresse unterlegt ist. Klickt der Surfer nun mit der Maus auf den Link, gelangt er automatisch zur unterlegten Adresse.

Manchmal wirst Du beim Surfen aber auf das Problem stoßen, daß Du gar nicht weißt, wo Du zu suchen anfangen sollst, weil Du nicht mal eine Adresse zu Deinem gesuchten Thema hast. Stell Dir beispielsweise vor, Du möchtest Dich im Internet über Haftpflichtversicherungen informieren, kennst aber keine Homepage, die sich mit diesem Thema befaßt. Hier helfen Dir Suchmaschinen weiter. Suchmaschinen durchforsten das riesige Angebot im Word Wide Web nach vorher eingegebenen Suchstichworten – etwa »Haftpflichtversicherung« – und listen alle relevanten Homepage-Adressen auf. Die bekanntesten Suchmaschinen sind Yahoo *(http://www.yahoo.de),* Lycos *(http://www.lycos.de),* Alta Vista *(http://www.altavista.com)* oder Fireball *(http://www.fireball.de).*

Wenn Du beim Surfen auf Seiten stößt, die für Dich wichtig sind und die Du von Zeit zu Zeit wieder besuchen möchtest, dann mußt Du Dir die URL nicht mühsam aufschreiben und bei Bedarf eintippen. Du legst die Adresse der interessanten Seite einfach als Lesezeichen – Bookmark – in Deinem Browser ab. So erstellst Du mit der Zeit eine Liste Deiner ganz persönlichen Internet-Favoriten.

105 Nutze das Internet aktiv!

Mehr als 15 Prozent aller Unternehmen werben im Internet. Als agiler Jungunternehmer nutzt Du selbstverständlich auch das Netz der Netze als Werbeplattform. Damit erreichst Du nämlich Kunden in der ganzen Welt. Es macht keinen Unterschied, ob jemand in Brasilien oder in Pirmasens am Computer sitzt. Deine Seite kann theoretisch alle 50 Millionen Internet-Nutzer in der Welt erreichen. Aber bedenke: Wenn Du schon so ein Riesenpublikum ansprechen kannst, dann langweile die Leute nicht mit einer öden Homepage. Hier meine Tips, damit Deine Internetseite ein echter Hingucker wird.

Du bist kreativ und hast gute Ideen, als Existenzgründer fehlt Dir aber die Zeit, Deine Homepage selbst zu entwerfen und ins Netz zu stellen. Also wendest Du Dich an Profis, die die Arbeit für Dich tun. Jetzt die Tips, damit Du weißt, worauf Du bei der Auswahl Deiner Multimedia-Agentur achten solltest:
Laß Dir kein X für ein U vormachen. Bevor Du Dir also etwas andrehen läßt, mußt Du Informationen sammeln. Nimm Dir die Zeit und setze Dich abends mit einem Glas Wein an den Computer und surfe selbst ein bißchen rum. Aber neben allem Spaß darfst Du natürlich die Arbeit nicht vergessen. Wenn Du alles gesehen hast, was Dich persönlich interessiert, dann wirf ruhig einen Blick in die Seiten Deiner Konkurrenten. So kannst Du Dir besser eine Vorstellung machen, wie Deine Seite später mal aussehen soll.
Bevor Du Dich für eine Multimedia-Agentur entscheidest, verlange Referenzen. Auf diesem Markt tummeln sich nämlich viele Einsteiger, die wenig Erfahrung haben. Wer keine Referenzen hat, soll Dir zumindest eine interaktive Demonstration liefern. Laß Dich auf keinen Fall mit Präsentationsmappen oder einer Diashow abspeisen.
Bei der Gestaltung Deiner Homepage mußt Du folgende Standards erfüllen:

1. Aktualität: Das Besondere am Internet ist seine absolute Aktualität. Kataloge, Zeitungen und Zeitschriften veralten und müssen auf eine aktualisierte Neuauflage warten, im Internet dagegen kannst Du immer und jederzeit alle Informationen auf den neuesten Stand bringen. Deshalb: Wenigstens einmal pro Woche solltest Du auf Deiner Homepage etwas ändern, Angebote und Preise aktualisieren. Das Medium verlangt es.

2. Animationen: Alles, was sich bewegt, macht an. Animierte Bilder – das ist chic und längst nicht so kompliziert, wie es scheint. Mit ein bißchen Übung kannst Du sogar selbst Bewegung in Deine Bilder bringen. Auf den Homepages der großen Softwarehersteller kannst Du Dir ganz umsonst Animationsprogramme herunterladen.

3. Adresse: Lediglich die eigene E-Mail-Adresse zur Kontaktaufnahme anzugeben reicht nicht aus. Viele Surfer haben entweder keine elektronische Adresse, oder sie wollen vielleicht persönlich bei Dir vorbeischauen. Deshalb immer auch Fax, Telefon und Postanschrift nennen.

4. Fondfarbe: Dunkle Hintergrundfarben auf den Homepages sind in und sehen sehr elegant aus. Aber bedenke: Ein schwarzer oder dunkelblauer Hintergrund mit heller Schrift ist nicht unbedingt lesefreundlich.

5. Schriften: Wenn Du viel Text auf Deiner Web-Site hast, mußt Du auf die verschiedenen Schrifttypen achten. Auf dem Bildschirm sehen die nämlich oft ganz anders aus als ausgedruckt. Doch keine Bange. Allein das Betriebssystem Windows 95 bietet mehr als 70 unterschiedliche Schriftarten.

6. Wasserzeichen: Die kennst Du sicher aus der guten alten Zeit des teuren Briefpapiers. In der multimedialen Welt gibt es so etwas auch. Als Hintergrund machen sie auf den eher langweiligen Textseiten eine Menge her. Nachteil: Es dauert länger, bis sich die Seite aufgebaut hat. Das strapaziert die Geduld der Nutzer.

7. Slideshow: Mit schönen Fotos, die wie bei einer Diashow nacheinander ablaufen, kannst Du prima werben. Erstens sind bewegte Bilder immer ein Anziehungspunkt. Außerdem hast Du jetzt die Möglichkeit, Dein Produkt, Deine Firma, Fotos von Dir und Deinen Mitarbeitern werbewirksam ins Netz zu stellen.

8. Logo: Selbstverständlich gehört Dein Logo auf Deine Firmen-Homepage. Es soll so plaziert sein, daß es gut sichtbar ist und jeder Deine Seite sofort erkennt. Auch hier kannst Du Bewegung reinbringen. Mit dem oben genannte Animationsprogramm kannst Du das Logo dazu bringen, sich zu drehen oder zu blinken. Deiner Phantasie sind keine Grenzen gesetzt. Hauptsache ist, es fällt auf.

9. Suchmaschine: Wenn Du eine umfangreiche Internet-Site hast, weil beispielsweise Dein Katalog oder Preislisten abrufbar sind, dann solltest Du eine Suchmaschine installieren. Dabei können Deine Kunden einen Begriff eingeben und werden dann automatisch auf die richtige Seite geführt.

Kostenlos Werben im Internet 106

Die schönste Homepage nutzt Dir nichts, wenn Du sie nicht bekanntmachst. Dafür gibt es mehrere Möglichkeiten, die wenig oder gar nichts kosten.

Suchmaschinen: Die großen Internet-Suchmaschinen bieten Homepage-Besitzern die Möglichkeit, ihr Angebot in wenigen Sätzen vorzustellen und Suchbegriffe einzugeben, bei denen die Suchmaschine auf Deine Seite verweisen soll. Beispiel: Deine Homepage, über die Du Zubehör für Rollerskates verkaufen willst, meldest Du mit den Stichworten »Rollerskates, Freizeit, Sport, Rollschuhe, Skating u. ä.« bei der Suchmaschine an. Internet-Surfer, die nun in der Suchmaschine einen dieser Begriffe eingeben, bekommen automatisch die Adresse und die kurze Beschreibung Deiner Homepage angezeigt.

Banner-Tausch und Link-Tausch: Eine Hand wäscht die andere – tu Dich mit anderen Homepage-Anbietern zusammen und tauscht wechselseitig Hinweise auf Eure Seiten aus. Das kann ein einfacher Text-Link – also ein kurzer Hinweis auf Dein Internet-Angebot – sein oder ein etwas aufwendigerer Banner-Tausch. Dabei tauschen Du und Dein Partner Werbebanner – das sind farbige Anzeigenflächen – aus und installiert sie, natürlich verlinkt, auf Euren Homepages. Der Erfolg von Banner-Tauschaktionen liegt auf der Hand: Deine Homepage-Adresse gewinnt größere Bekanntheit im Internet – Du ziehst dadurch mehr Surfer auf Dein Angebot.

Biete Zusatznutzen: Das schönste Angebot für Rollerskates-Zubehör (siehe oben) nutzt nichts, wenn Du nicht genug interessierte Surfer auf Deine Seite ziehen kannst. Also biete doch neben Deiner Verkaufspalette noch interessante Zusatzinformationen für Rollerskater an: Etwa Termine von Skater-Treffen, die besten Skate-Plätze in Deutschland, Tips und Tricks zur Materialpflege, Muster für Übungsprogramme. Denn merke: Jeder interessierte Skater, der wegen des Zusatznutzens auf Deiner Homepage vorbeischaut, ist ein potentieller Kunde für Dein eigentliches Produkt.

107 Internet-Infos für Existenzgründer

Nutze das Internet als schnellen und kostengünstigen Lieferanten von Informationen. Im folgenden stelle ich Dir einige Homepage-Adressen zu verschiedenen Themen, Dein Geschäft betreffend, vor. Natürlich kannst Du auch selbst über Suchmaschinen und »Link-Sammlungen« weitersurfen.

107.1 Bist Du zum Existenzgründer geeignet?

Bist Du ein Unternehmertyp?

Persönlichkeitstest der Volksbanken und Raiffeisenbanken.
http://www.vrnet.de

Existenzgründerleitfaden: Startvoraussetzungen

Die »Gründerstadt« bietet eine Reihe von Selbsttests, anhand deren Du Deine Eignung als Unternehmer überprüfen kannst.
http://www.gruenderstadt.de/Gesundheitsamt/gesundheitsamt.html

Unternehmertest?

Die Handelskammer Hamburg-Börse listet Fragen auf, die Du vor dem Einstieg in die Selbständigkeit bedenken solltest.
http://www.ihk.de/hamburg/Services/Existenz/intexi01.htm

Checklisten zur Existenzgründung

Hier werden einige Checklisten bereitgestellt, die Dir helfen, einen Überblick über Deine Chancen und Möglichkeiten bei der Existenzgründung zu bekommen.
http://www.bayartz.de/specials/exist.htm

Persönliche Voraussetzungen

Das Informationszentrum für Existenzgründungen in Baden-Württemberg (ifex) bietet eine Broschüre an, die Voraussetzungen für eine Existenzgründung und empfohlene Eigenschaften eines Existenzgründers eingehend behandelt.
http://www.ifex.de/info/lehrmaterialien/lehr_exist.htm

BMWi: »Der Existenzgründungsberater« – PC-Lernprogramm

Das Bundesministerium für Wirtschaft und Technologie (BMWi) hat ein interaktives Lernprogramm entwickelt, das über die Chancen und Risiken einer Firmengründung informiert. Das Programm kann als .zip-Datei (2,5 MB) heruntergeladen werden (Mindestanforderung: PC mit einem 386er Prozessor)
http://www.bmwi.de/existenzgruendung.html

Die richtige Konzeption 107.2

innovation-aktuell

Online-Zeitschrift mit Ideen und Anregungen zu neuen Produkten. Mit kostenlosem Newsletter. Ein Angebot des Gabler Verlags und von Symposion Publishing.
http://www.innovation-aktuell.com

Nebenjob-Zentrale: Geschäftsideen

Wöchentlich aktualisierte Liste von Geschäftsideen, jeweils mit Erläuterung und Risikobewertung. Dabei handelt es sich überwiegend um Ideen für den Dienstleistungsbereich.
http://www.nebenjob.de/idee.html

Unternehmensideen

Das Informationszentrum für Existenzgründungen in Baden-Württemberg (ifex) zeigt Möglichkeiten, wie Du Konzepte zur Existenzgründung entwickeln kannst.
http://www.ifex.de/info/lehrmaterialien/lehr_exist.htm

Kreativitätstechniken
Wenn die zündende Idee noch fehlt: FOCUS Online erläutert Techniken, anhand derer Du Dein schöpferisches Potential gezielt einsetzen kannst.
http://focus.de/D/DB/DB38/DB38A/db38a.htm

Nachfrage und Konkurrenten

Ratschläge der Sparkasse Kamp-Lintfort zur Recherche und Einschätzung des Marktpotentials, der Zielgruppe und der zu erwartenden Konkurrenz.
http://www.sparkasse-kamp-lintfort.de/d118_070896.html

107.3 Franchising

Franchising

Ausführliche Einführung in das Franchise-Wesen. Bereitgestellt vom Unternehmensberater Edgar Warnecke.
http://www.edgarvormhuy.de/fran1.htm

DM Online: Franchising

DM Online informiert Dich ausführlich über das Thema.
http://www.dm-online.de

franchise-net

Ein umfassendes Informationsangebot zum Thema – u. a. Basis- und Expertenwissen, Checklisten, deutsche und europäische Franchise-Verbände mit Adressen-Pool von europaweit 800 Franchise-Anbietern einschließlich wochenaktueller Nachrichten per E-Newsletter. Ein Service der Mühlhaus & Moers Agentur für Kommunikation GmbH.
http://www.franchise-net.de/

IHK Köln: Franchising

Die IHK Köln informiert Dich über die Vor- und Nachteile des Franchising und gibt Dir Ratschläge für Gespräche und Vertragsgestaltung.
http://www.ihk-koeln.de/existenzgruendung/redaktionelles/franchis.htm

Gründerbörse

Das Versicherungsbüro Schraps hat für Franchisenehmer 100 Angebote mit Kontaktadressen in einer Tabellenübersicht zusammengestellt. Weitere 300 Angebote kannst Du per E-Mail abrufen.
http://www.schraps.de/html/existenzgruenderboerse.html

Die optimale Finanzierung

107.4

Finanzbedarfsplan

Die Handelskammer Hamburg-Börse zeigt, wie Du den Finanz- bzw. Kapitalbedarf Deines neu zu gründenden Unternehmens errechnest.
http://www.ihk.de/hamburg/Services/Existenz/fplan.htm

BMWi/Gründerzeiten: »Gründungsfinanzierung«

Themen zu allgemeinen Finanzierungsangelegenheiten sowie eine Checkliste zur Erstellung eines Kapitalbedarfsplans. Die Tips kannst Du in Form einer .pdf-Datei mit Hilfe des Programms Acrobat Reader herunterladen.
http://www.bmwi.de/existenzgruendung.html

Schritte zum richtigen Kapitalbedarf

Die Autoren erklären die Funktion und Errechnungsmethode des Kapitalbedarfsplans anhand eines Beispielplans.
http://www.euro-sofac.com/d150_070948.html

Kapitalbedarf

Die Zeitschrift *Focus* zeigt Dir, wie Du errechnen kannst, wieviel Geld Du für den Start Deines Unternehmens brauchst.
http://focus.de/D/DB/DBY/DBY07/dby07.htm

»WISO«-Thema: Stichprobe – Banken und Existenzgründer

Journalisten der ZDF-Sendung »WISO« haben die Qualität von Beratungsleistungen von Banken für potentielle Existenzgründer geprüft.
http://www.zdf.de/ratgeber/WISO/Archiv/Themen_1999/14705/index.html

Vergleich Dispo-/Ratenkredit

Die ARD-Sendung »PlusMinus« hat eine Beispielrechnung erstellt. Außerdem kannst Du mit Hilfe einer herunterladbaren Excel-Datei die beste Wahl vor dem Hintergrund Deiner eigenen konkreten Situation ermitteln.
http://www.wdr.de/tv/plusminus/aktuell/990223_1.html

BVK – Bundesverband Deutscher Kapitalbeteiligungsgesellschaften

Mit Informationen zum Thema Risikokapital/Venture-Capital in Deutschland. Außerdem mit einer interaktiven Datenbank, in der Kapitalsuchende nach der für sie passenden Venture-Capital-Gesellschaft suchen können.
http: //www.bvk-ev.de/

Gründungsfinanzierung: Damit Du ein festes Fundament schaffst

Überblick der Deutschen Ausgleichsbank über die notwendigen Schritte zur Kapitalbeschaffung. Mit Hinweisen zum Eigenkapital, zu Bankgesprächen, Förderprogrammen, Bürgschaften und Krediten.
http://www.dta.de/noframes/newsline/Faxabruf/dta_grue.html

Kreissparkasse Köln: Downloads

Die Kreissparkasse Köln bietet eine Reihe von Planungstools als Excel-Dateien zum kostenlosen Herunterladen. Im Angebot sind Umsatz- und Liquiditätspläne sowie Kapitalbedarfs-, Kosten- und Gewinnpläne. Außerdem können hier Checklisten für verschiedene Arten von Versicherungen bezogen werden.
http://www.ksk-koeln.de/view.aip?Downloads

Selbständige – Liquiditätsplan

Im laufenden Geschäft kann es durchaus vorkommen, daß Dein Unternehmen – obwohl es Gewinne aufweist – auf einmal in Zahlungsschwierigkeiten gerät. Durch eine konsequente Liquiditätsplanung kannst Du dieses Risiko minimieren und Dein Unternehmen auf festere finanzielle Füße stellen. Hier erfährst Du, wie das funktioniert.
http://www.manfred-kunde.de/htmdocs/tips_finpl.htm

Wissenswertes

Die IHK Köln bietet Beispiele für Investitions-, Umsatz- und Ertrags-, Liquiditäts- und Finanzierungspläne zur Ansicht an.
http://www.ihk- koeln.de/existenzgruendung/redaktionelles/index.htm

BMWi/Starthilfe: Finanzplan

Hinweise zur Erstellung eines Finanzplans und zu Finanzierungsquellen. Die Broschüre liegt als .pdf-Datei (391 KB) zum Herunterladen bereit.
http://www.bmwi.de/existenzgruendung.html

Umsatz- und Liquiditätspläne

Vorgefertigte Excel-Arbeitsmappe »Umsatz- und Liquiditätsplan« vom Rheinisch-Bergischen TechnologieZentrum. Hier herunterladbar.
http://www.tz-bg.de/tzappl/tips.htm

Typische Fehler

Allgemeine Ratschläge, was Du bei der Finanzierung vermeiden solltest.
http://focus.de/D/DB/DBY/DBY12/DBY12A/DBY12AA/dby12aa.htm

Kleinere Brötchen

Die *Wirtschaftswoche* zeigt, wie man mit wenig Startkapital und kleinem Risiko den Sprung in die Selbständigkeit schafft.
http://www.wiwo.de/wwkarriere/50_existenz.htm

Die passenden Fördertöpfe 107.5

Übersicht Förderprogramme

Tabellarische Aufstellung der wichtigsten Förderprogramme für Existenzgründungen.
http://www.wlo.de/foerder1.html

DtA – Deutsche Ausgleichsbank

Die Deutsche Ausgleichsbank (DtA) informiert Dich ausführlich über ihre Förderprogramme. Zusätzlich kannst Du mit dem Förderprogrammberater einfache Beispielrechnungen mit Deinen eigenen Planzahlen durchführen.
http://www.dta.de

Arbeitsförderung des BMA

Das Bundesministerium für Arbeit und Sozialordnung (BMA) fördert Trainingsmaßnahmen, die Einstellung von Langzeitarbeitslosen (Eingliederungsvertrag) und neuer Mitarbeiter (Einstellungszuschuß bei Neugründungen), gewährt einen Lohnkostenzuschuß.
http://www.bma.bund.de/de/arbeit/arbeitsmarkt/foerderung/index.htm

BMWi: Förderdatenbank

Die Förderdatenbank des Bundesministeriums für Wirtschaft und Technologie (BMWi) informiert über die aktuellen Förderprogramme des Bundes, der Länder und der EU für die gewerbliche Wirtschaft. Sie enthält die vollständigen Richtlinientexte sowie zusätzliche Informationen. Die Zeitschrift kann in Form einer .pdf-Datei (262 KB) heruntergeladen werden.
http://www.bmwi.de/foerderdb

DM Online: Kapital vom Staat

Überblick über aktuelle staatliche Förderprogramme. Unter welchen Bedingungen gibt es öffentliche Finanzierungshilfen?
http://www.dm-online.de

Öffentliche Finanzierungshilfen

Überblick der IHK Würzburg/Schweinfurt über öffentliche Mittel und die Voraussetzungen für ihren Erhalt.
http://www.wuerzburg.ihk.de/Seiten/service/ser_finz.htm

Fördermöglichkeiten für den Mittelstand

Mit Hinweisen auf Mittelstands-Förderprogramme von Bundes- oder Länderministerien und/oder deren mit Förderfragen beauftragten Institutionen. Außerdem einige privatwirtschaftlich angebotene Förderprogramme für den Mittelstand.
http://www.midas-net.de/midasfoerder.html

EUFIS

Das EU-Förderinformationssystem der Bank für Sozialwirtschaft bietet Möglichkeiten der Informationsrecherche und des fachlichen Austauschs zu Förderprogrammen und Förderpolitiken der Europäischen Union. Teilweise kostenpflichtig; kostenloser Testzugang kann beantragt werden.
http://www.sozialbank.de/EUFoerderung/Startseite.htm

IHK Köln: öffentliche Finanzierungshilfen

Einführung in die Beantragung eines Förderprogramms sowie tabellarischer Überblick über einige Programme, angeboten von der IHK Köln.
http://www.ihk-koeln.de/existenzgruendung/redaktionelles/I_finan_.htm

ERP – Innovationsprogramm

Das Programm fördert die Entwicklung oder Verbesserung von Produkten, Verfahren und Dienstleistungen sowie deren Markteinführung, insofern es sich dabei um Neuheiten für das geförderte Unternehmen handelt.
http://www.kfw.de/d_kfw/invest/foerder/c_foerder/c_foerder10. htm

Förderkreditprogramme der KfW

Die Kreditanstalt für Wiederaufbau bietet einige Förderprogramme an, die auch für Existenzgründer interessant sein können.
http://www.kfw.de/d_kfw/invest/foerder/f_foerder.htm

Förderprogramme der Deutschen Ausgleichsbank

Die Deutsche Ausgleichsbank (DtA) bietet eine Reihe von Fördermaßnahmen für Mittelständler und Freiberufler an.
http://www.dta.de/noframes/financeline/fl_gr_in.html

Infobroker: Eurofonds

Online-Datenbank im EU-Infobroker-Service des österreichischen Wirtschaftsministeriums. Enthält Informationen zu Förderprogrammen der Europäischen Union, die auf kleine und mittlere Unternehmen (KMU) ausgerichtet sind. Mit Suchfunktion. Kostenlose Registrierung notwendig.
http://www.eurofunds.at/

Beihilfen und Darlehen der EU

Übersicht über sämtliche Fördermaßnahmen der Europäischen Union. Für kleine und mittelständische Unternehmen (KMU) sowie Existenzgründer eventuell besonders interessant.
http://europa.eu.int/comm/sg/aides/de/de.htm

107.6 Der richtige Start in die Selbständigkeit

Gründung einer GmbH

Die IHK Braunschweig bietet eine kompakte Übersicht über die Schritte an, mit denen Du die Gründung einer GmbH angehen solltest.
http://www.braunschweig. ihk.de/gmbh.htm

Kleine AG

Die »kleine Aktiengesellschaft« ist für Existenzgründer seit 1994 eine Alternative zur GmbH, KG oder Einzelfirma. Die Zeitschrift *impulse* erklärt die Vor- und Nachteile dieser Rechtsform.
http://nbc04.bch.de/publish/oneartikel.asp?rubrik=irue1198&stw=kleineag

Gesellschaft mit beschränkter Haftung

Die Industrie- und Handelskammer Aachen erklärt die Rechtsform und die Gründungsvoraussetzungen für eine Gesellschaft mit beschränkter Haftung (GmbH).
http://www.aachen.ihk.de/Kurzinfo/ku_gmbh.htm

Merke: Einen fertigen GmbH-Mantel kannst Du oft preiswert übernehmen. Sogar mit Verlustvorträgen, so daß Du in den ersten Jahren keine Steuern zu zahlen hast. In der *FAZ* werden sie hin und wieder angeboten.

Rechtsformentscheidung

Welche Möglichkeiten gibt es, ein Unternehmen zu gründen? Ifex online erklärt, welche Rechtsformen für welche Zwecke passend sind.
http://www.ifex.de/info/lehrmaterialien/lehr_exist.htm

Tips zur Existenzgründung: Rechtsform

Ausführlicher Text des Rheinisch-Bergischen TechnologieZentrums zum Thema. Behandelt die Handelsregistereintragung, die Einzelfirma, die stille Gesellschaft, die offene Handelsgesellschaft (OHG), die Kommanditgesellschaft (KG) und die Gesellschaft mit beschränkter Haftung (GmbH).
http://www.tz-bg.de/tzappl/recht.htm

Das optimale Personalmanagement 107.7

Die Nebenjob-Zentrale

Die Nebenjob-Zentrale bietet neben einer Stellenvermittlung im Teilzeitbereich (Nebenerwerb, 630-Mark-Jobs) Nachrichten und Hintergrundinformationen rund um den Arbeitsmarkt nicht nur für Nebenjobber. Samt Hinweisen in Sachen Arbeitsrecht, Interviews mit Jobbern sowie Praxis- und Steuertips.
http://www.nebenjob.de

Möglichkeiten und Grenzen der Arbeitszeitgestaltung

Eine Einführung in die verschiedenen Möglichkeiten der Arbeitszeiteinteilung von Mitarbeitern (Gleitzeit, Teilzeitarbeit, Job-Sharing, Altersteilzeit, Schichtarbeit) sowie in die rechtlichen Rahmenbedingungen der Arbeitszeitgestaltung (Tarifverträge, Betriebsvereinbarungen)
http://www.hausarbeiten.mikro.net/data/bwl/bwl-arbeitszeitgestaltung.html

Abgrenzung freie Mitarbeiter

Kurzinfo der IHK Köln über den Einsatz von freien Mitarbeitern.
http://www.ihk-koeln.de/existenzgruendung/redaktionelles/freier.htm

Stern online: Mitarbeiter für die Hälfte

Hinweise zu Möglichkeiten von Unternehmen, sich die Einstellung von Personal bezuschussen zu lassen. Behandelt Fördermittel für die Einstellung von Uni-Absolventen, Arbeitslosen und in Handwerksbetrieben.
http://www.stern.de/startup/basics/tip15.html

Die beste Gesprächsführung bei Einstellungsgesprächen

Hinweise, wie Du als Arbeitgeber ein Einstellungsgespräch erfolgreich gestaltest.
http://www.braintrain.de/ArtGfEin.html

Mitarbeiter suchen via Internet

Diese Tour der Internet-Akademie stellt Umfang und Recherchemöglichkeiten des Internet-Stellenmarkts vor. Sie gibt Ratschläge sowohl zur Stellen- als auch zur Mitarbeitersuche und listet die wichtigsten Online-Jobbörsen in einer kommentierten Link-Sammlung auf.
http://www.akademie.de/tours/jobmarkt/index.html

FOCUS: Ihr erster Personalplan

Tips von FOCUS Online zur Personalsuche, Stellenausschreibung und Einstellung von neuen Mitarbeitern.
http://focus.de/D/DB/DB39/DB39B/DB39BD/db39bd.htm

Personal

Das Lernmodul von ifex online beschäftigt sich mit Personalbedarfsplanung, -beschaffung, -auswahl, -führung sowie arbeitsrechtlichen Fragestellungen.
http://www.ifex.de/info/lehrmaterialien/lehr_exist.htm

Rechnungswesen leichtgemacht 107.8

reisekosten.de

Mit diesem kostenlosen Dienst kannst Du Deine Reisekosten kalkulieren und den steuertechnisch günstigsten Abrechnungsmodus ermitteln. Die Angaben werden gespeichert und können beliebig oft abgerufen werden.

http://www.reisekosten.de/f_main.html

Buchhaltung Online

Aktuelle Tips und Tricks rund um die Buchführung. Mit Tabellen zu steuerlichen Absetzungen für Abnutzung (AfA) von Wirtschaftsgütern, Online-Bilanzanalysen sowie Gerichtsurteilen zur Buchhaltung.

http://www.debit.de

ZDNet: Downloads zu Finanzen

Aus dem Download-Bereich von ZDNet Deutschland kannst Du verschiedene preisgünstige Buchhaltungsprogramme herunterladen. Bei den Programmen handelt es sich um sogenannte Shareware, die kostenlos getestet werden darf. Erst nach Ablauf einer bestimmten Frist wird der Kaufpreis fällig.

http://www.zdnet.de/download/subjects/busfin-wf.htm

»Das Sprungbrett«: EDV und Buchhaltung

Im Artikel »Wichtige Selbstkontrolle« erklärt »Das Sprungbrett« die Vorteile selbstgeführter, EDV-gesteuerter Buchführung und gibt Hinweise dazu, wie Du das passende Software-Paket auswählst. Checklisten helfen Dir dabei, Deine speziellen Anforderungen an die Software zu ermitteln.

http://www.das-sprungbrett.de/index_bf.htm

Aufbruch: Belegverwaltung

Eine wichtige Grundlage der Buchhaltung ist der effiziente Umgang mit Belegen. Hier findest Du Hinweise und Tips zur Verwaltung Deiner Belege, Deiner Kasse und Deines Girokontos. Bereitgestellt von der Steuerkanzlei Spahn.
http://www.aufbruch.de/marktplatz/infothek/beleg.htm

Grundsätze ordnungsgemäßer Buchführung

Lange detaillierte Einführung in die Buchführung.
http://www.edgarvormhuy.de/gob.htm

Stern online: Das kosten Angestellte

Hier findest Du Hinweise zur Kalkulation von Personalkosten unter Einbeziehung von Lohnnebenkosten (Sozialversicherung) sowie Feiertagen, Urlaubstagen und Krankheitstagen.
http://www.stern.de/startup/basics/tip04.html

107.9 Ordentlich versichert

Stern online: Risiken absichern

Informationen über die Möglichkeiten, sich gegen Havarien im Geschäftsalltag zu versichern. Mit Hinweisen zur Betriebshaftpflicht, Produkthaftpflicht, Betriebsunterbrechungs-Versicherung, Betriebsinhaltsversicherung und Elektronikversicherung.
http://www.stern.de/startup/basics/tip08.html

Betriebliche Versicherungen

Die Industrie- und Handelskammer Köln erklärt, welche Versicherungen Du für Deinen Betrieb benötigst.
http://www.ihk-koeln.de/existenzgruendung/redaktionelles/I_vers_.htm #E17E8

Ratgeber – die eigene Firma

Versicherungen Online, ein Web-Angebot eines Zusammenschlusses deutscher Versicherungsunternehmen, hat einen Katalog von Versicherungsfragen für Firmeninhaber zusammengestellt.
http://www.versicherungen.de/ratgeber/liste.asp?Thema1=2107

GDV: Glossar Versicherung

Der Gesamtverband der Deutschen Versicherungswirtschaft bietet ein Glossar von Fachtermini zum Bereich Versicherungswesen an.
http://www.gdv.de/meinung_aktuelles/glossar/glossar.htm

Dein Recht als Existenzgründer 107.10

Carl Heymanns Verlag: Rechtslexikon

Der Carl Heymanns Verlag hat sein Rechtslexikon, das auch als Taschenbuch und auf CD-ROM erhältlich ist, im Internet zur Verfügung gestellt. Zahlreiche Rechtsbegriffe können nach Stichwörtern nachgeschlagen werden.
http://www.heymanns.com/html/recht/ratgeber_recht/rechtslexikon/Lexikon.htm

Online-Recht

Die Entscheidungssammlung »Online-Recht« ist mit mehr als 300 Urteilen, Beschlüssen und Einstweiligen Verfügungen deutscher Gerichte sowie derzeit über 170 redaktionellen Leitsätzen die größte auf ihrem Gebiet. Die fortlaufend ergänzten Entscheidungen und Leitsätze kannst Du im Volltext durchsuchen. Neben diesem Angebot gibt es eine umfangreiche Gesetzessammlung zum Thema.
http://www.online-recht.de

Jurathek

Die Jurathek bietet praktische und gut verständliche Informationen zu vielen Bereichen des Rechts und zum Thema Steuern an. Das Angebot ist nach Rechtsgebieten unterteilt.
http://www.jurathek.de/inhalt.html

Recht & Steuern

CompuServe bietet im BusinessCenter unter »Recht & Steuern« aktuelle Informationen zum Thema Recht an sowie Beiträge aus der Praxis von Rechtsanwälten, etwa zur Steuerreform. Zudem ist die Sammlung deutscher Gesetze zu empfehlen.
http://www.compuserve.de/bc_recht/ressort1

ARD: »Ratgeber Recht«

Die ARD bietet hier nützliche Tips und Tricks zu allen Fragen des Rechts. Daneben werden Urteile zu vielen Rechtsgebieten und rechtlich relevante Links gesammelt. Zusatzinformationen zu den »Ratgeber Recht«-Sendungen des ARD gibt es natürlich auch.
http://www.wdr.de/tv/recht

Verlag Recht und Praxis

Der Verlag Recht und Praxis bietet auf seiner Web-Site ein vielfältiges, sehr umfassendes Informationsangebot zum Thema Recht, samt umfangreicher Links.
http://www.vrp.de

DufaIndex

In dieser kostenpflichtigen Datenbank der Firma Dumrath & Fassnach können bundesweite Handelsregisterinformationen von 1985 bis heute abgefragt werden.
http://www.dufa-index.de

GmbH-Gesetz – Gesetz betreffend die Gesellschaften mit beschränkter Haftung

Volltext des Gesetzes.
http://www.compuserve.de/bc_recht/gesetze/gmbhg/index.html

HGB – Handelsgesetzbuch

Volltext des Gesetzes.
http://www.compuserve.de/bc_recht/gesetze/hgb/index.html

Wie Du dein Unternehmen richtig managst 107.11

Glossar zur Logistik

Eine Erklärung der wichtigsten Begriffe zum Logistikwesen mit kurzer Einführung.
http://www.wirtschaft.fh-dortmund.de/~winkels/stichw.htm

Mitarbeiterkommunikation sorgfältig planen

Wie Du die innerbetriebliche Kommunikation effektiv und wirksam gestalten kannst.
http://www.snafu.de/~herbst/planen.htm

Betriebsorganisation

Dieses Lernmodul des ifex beschäftigt sich u. a. mit folgenden Fragen: Welche Aufgaben hat die Betriebsorganisation? Welche Voraussetzungen sind zu schaffen? Sind Überlegungen zur Betriebsorganisation auch in einem Ein-Personen-Unternehmen notwendig?
http://www.ifex.de/info/lehrmaterialien/lehr_exist.htm

Projektmanagement

Eine theoretische Betrachtung in Stichpunkten zur Frage, was man unter Projektmanagement versteht.
http://home.t-online.de/home/MB999/control1.htm

BMWi/Gründerzeiten: Controlling

Der BMWi-Newsletter führt in das Thema Controlling ein. Als .pdf-Datei herunterladbar.
http://www.bmwi.de/existenzgruendung.html

Controlling

Dieses Lernmodul informiert u. a. über die Aufgaben und den praktischen Nutzen des Controlling für Existenzgründer.
http://www.ifex.de/info/lehrmaterialien/lehr_exist.htm

107.12 Einkauf und Produktion leichtgemacht

resale service

Internationale Online Börse für gebrauchte Maschinen und Anlagen. Hier kannst Du nach kostengünstiger Ausstattung für Dein Unternehmen suchen.
http://www.resale.de/inhalt.htm

Preisauskunft.de

Eine kostenlose Suchmaschine für Warenangebote im Internet. Mit ihr kannst Du Dir den günstigsten Online-Anbieter heraussuchen und die Ware gegebenenfalls direkt bestellen. Samt kostenlosem Newsletter und vielen aktuellen Tips rund ums Geldsparen.
http://www.preisauskunft.de

CompuNET

Online-Marktplatz für Zulieferkomponenten: Maschinenbau, Anlagenbau, Elektrotechnik/Elektronik und Meß-/Regeltechnik. Ein kostenloser Service der TU Darmstadt.
http://www.compunet.de

Wer liefert was?

Online-Version des Zulieferer-Verzeichnisses. Eine kostenlose Recherche ist begrenzt möglich; Abfragen in größerem Umfang bedürfen einer kostenpflichtigen Anmeldung.
http://www.wlwonline.de

www.beschaffung.net

Das Kompetenzzentrum Informationstechnik im Einkauf (KITE) informiert Dich über das Umfeld von Beschaffung und Logistik unter besonderer Berücksichtigung innovativer Informationstechnologien.
http://www.beschaffung.net

IHK-Recyclingbörse

Eine bundes- und europaweite Datenbank zur überbetrieblichen Vermittlung von verwertbaren Produktionsrückständen und Abfällen. Hier findest Du Informationen dazu, wie Du Recyclingprodukte in den Produktionsprozeß integrieren bzw. eigene betriebliche Abfälle vermeiden oder weiterverwerten kannst.
http://recy.ihk.de/recy

Wie Du Dein Marketing und Deinen Vertrieb organisierst 107.13

Direktportal

Ein Informationsangebot für das Direkt-Marketing, eine Marketing-Methode, die sich immer mehr durchsetzt. Mit Nachrichten, Hintergründen, Newslettern, Veranstaltungen.
http://www.direktportal.de

AdGuide Germany

Web-Verzeichnis und Suchmaschine für On- und Offline-Werbung sowie Marketing allgemein.
http://www.adguide.de

Guerrilla Marketing Online

Online-Zeitschrift auf englisch für alle diejenigen, die sich mit Marketing beschäftigen. Besonders geeignet für kleinere Unternehmen. Läßt sich auch als täglicher oder wöchentlicher Newsletter beziehen. Die

Zeitschrift ist ein Ableger der erfolgreichen »Guerrilla«-Serie von Marketing-Büchern.
http://www.gmarketing.com/main.html

RKW: Marketing

Der Online-Dienst »RODi« des Rationalisierungs-Kuratoriums der Deutschen Wirtschaft e. V. (RKW) bietet eine Einführung in das Marketing. Mit Anleitung zu einer erfolgreichen Werbestrategie.
http://www.rkw.de/rodi/werbung.htm

DtA: Marketingkonzept

Die Deutsche Ausgleichsbank unterstützt Dich mit Leitfragen und Checklisten bei der Erstellung Deines Marketingkonzepts.
http://www.dta.de/noframes/businessline/Marketing/mar_intr.ht ml

MarketingBrain

Eine Online-Marketing-Zeitschrift aus der Schweiz. Mit Nachrichten und vielen Tips zum erfolgreichen Marketing.
http://www.marketingbrain.ch

Sales Profi

Das Online-Angebot der Zeitschrift *Sales Profi,* einer monatlichen Publikation für professionelle Verkäufer. Mit Auszügen aus der aktuellen Ausgabe, Online-Archiv der jüngsten vergangenen Ausgaben sowie weiterführenden Links und Informationen zu CAS-(Computer Aided Selling-)Software.
http://www.salesprofi.de

Vasilij's Verkaufstips

Tips für Verkäufer; kurz, aber leicht nachvollziehbar formuliert. Themen sind u. a. Psyche kennen, Vorurteile über Bord werfen, erfolgreich sein, mehr Termine erhalten, Einwände benutzen, Nein sagen, überzeugt sein.
http://www.ratej-verkauf.ch

FOCUS Online: Wählen Sie die passenden Absatzwege

Wie bringt man seine Produkte an den Kunden? Hier wirst Du über die Vor- und Nachteile des Direktvertriebs sowie des Vertriebs über Zwischenhändler informiert.
http://focus.de/D/DB/DB39/DB39D/DB39DC/db39dc.htm

Verkäuferwerkstatt

Verkaufen will geübt sein: Hier findest Du Tips zur Verbesserung Deiner Verkaufstechnik.
http://www.p-forum.de/exp/vwerkst.htm

Stern online: Verkaufen wie Profis

Wie Du Dein Produkt wirksam verkaufst. Tips zur Ermittlung der Kundenbedürfnisse, zur Produktpräsentation, zur Preisverhandlung und zum Verkaufsabschluß.
http://www.stern.de/startup/basics/tip11.html

Tips und Tricks zum Thema Außenwirtschaft 107.14

Kooperationsbörse des RKW

Die Kooperationsbörse des Rationalisierungs-Kuratoriums der Deutschen Wirtschaft (RKW) bietet Kontakt zu ausländischen Unternehmen, die eine geschäftliche Zusammenarbeit mit deutschen Firmen eingehen möchten.
http://www.rkw.de/g5-info.htm

IHK Hamburg: EU-Programme

Die IHK Hamburg bietet einen Überblick über Fördermöglichkeiten der EU für Investitionen im Ausland speziell für kleine und mittlere Unternehmen (KMU).
http://www.hamburg.ihk.de/share/html/aussenwirtschaft/service/aussenw_eu.htm#oben

Verzeichnis internationaler Organisationen

Die Wirtschaftskammer Österreich stellt Dir Informationen der Europäischen Union zur Verfügung. Themen sind Handelspolitik, internationale und regionale Organisationen.
http://aw.wk.or.at/eu

AHK

Alle deutschen Auslandshandelskammern.
http://www.ihk.de/ahk/ahkhome.htm

AWBL Online – Deutsche Außenwirtschaftsberatungen

Absatz- und Exportförderprojekte für deutsche Unternehmen im Auftrag des Bundesministeriums für Wirtschaft. Konzeption und Umsetzung von Markt- und Vertriebsanalysen, Projektstudien sowie Durchführung von Absatz- und Exportförderungsmaßnahmen für die mittelständische Wirtschaft.
http://www.awbl.de

bfai – Bundesstelle für Außenhandelsinformationen

Bei der bfai findest Du ausführliche Verweise auf Außenhandelsinformationen, u. a. mit einer Zolldatenbank, einer Datenbank für Außenwirtschaftsförderung und wirtschaftliche Zusammenarbeit sowie Publikationslisten.
http://www.bfai.com/

108 So wird Dein erster Messeauftritt zum vollen Erfolg

Bereits vor mehr als 700 Jahren trafen sich Händler aus ganz Europa und dem Orient, um ihre Waren – Gewürze und Stoffe, Spitzen und Glas – vorzustellen. Der Ort des Geschehens: Die Leipziger Messe.

Weit mehr als 10 Millionen Besucher finden sich heute jedes Jahr auf dem Messeplatz Deutschland ein – dem bedeutendsten der Welt. Über 100 internationale Messen werden hier jedes Jahr abgehalten. Für Handel und Industrie sind die jährlichen Treffen von unschätzbarer Bedeutung. Doch das Terrain Messe ist nicht allein von großen Unternehmen besetzt. Auch für Dich als Kleinunternehmer bieten Fachmessen eine einmalige Gelegenheit, Verbindungen zu knüpfen, einzukaufen und Kunden zu finden. Aber bedenke: Dabeisein ist nicht alles. Ein Messeauftritt will gut vorbereitet und geplant sein.

Finde die richtige Messe

Es gibt unzählige große und kleine Messen in Deutschland. Um die richtige Fach- und Regionalmesse zu finden, wendest Du Dich am besten an den Ausstellungs- und Messe-Ausschuß der Deutschen Wirtschaft e. V. in Köln.

TIP Sammle Erfahrungen! 109

Mach mal einen Probebesuch. Schau Dir in Ruhe eine Messe Deiner Branche an. Dort kannst Du auch mit anderen Ausstellern sprechen und sie nach ihren Erfahrungen fragen.

Wenn Du weißt, auf welche Messe Du später willst, fertige Dir am besten eine Checkliste an. Folgendes muß draufstehen: Anmeldeformalitäten, Standmiete, Herstellung der Exponate, Erstellen von Werbetexten, Fotos für Fachpresse und Besucher, Werbung im Ausstellungskatalog. Sei bei der Wahl Deines Standorts in der Messehalle ruhig selbstbewußt. Die Nähe eines erfolgreichen Konkurrenten garantiert Dir auf jeden Fall viel Publikumsverkehr.
Achtung: Vergiß nicht, nach Fördermitteln zu fragen.

Vergiß die Werbung nicht

Zur Messe mußt Du Dich werbemäßig voll ins Zeug legen. Immerhin willst Du Dich von Deiner besten Seite zeigen. An Deine Kunden verschickst Du natürlich persönliche Einladungen. Auch die Fachpresse darfst Du nicht vergessen einzuladen.

110 Originelle Werbung zahlt sich aus

Mit einem originellen Messe-Einladungsschreiben kannst Du auf Dich aufmerksam machen. Das muß gar nicht so teuer sein. Karte, Porto und ein kleines Geschenk, das kostet zusammen gerade mal 5 Mark. Du mußt nur gute Ideen haben. Ein paar Tips gebe ich Dir jetzt schon als Anregung:

1. Gefällige und originelle Aufmachung: Wer seine Kunden mit schwarzweiß kopierten Vordrucken bombardiert, wird kaum Interesse wecken. Entscheide Dich statt dessen für eine ausgefallen gefaltete Karte, beispielsweise in der Form eines für Dein Geschäft typischen Produkts – das kann ein Fernseher, ein Auto oder eine ausgestanzte Kaffeekanne sein.
Solche nett gemachten ideenreichen Schreiben stechen aus dem Stapel von plumpen Messeeinladungen garantiert heraus.
Auch beim Inhalt Deines Einladungsschreibens solltest Du nicht ins Schwafeln kommen. Der Kunde will nützliche Informationen. Viele junge Unternehmer neigen dazu, in die Einladung alles mögliche über ihr neues Geschäft zu schreiben. Außer ihnen selbst interessiert das ehrlich gesagt niemanden. Du machst diesen Fehler nicht, weil Du Deinen Kunden Lösungen präsentierst und ihnen sagst, warum es sich lohnt, Deinen Stand zu besuchen.

2. Kleine Geschenke erhalten die Freundschaft – und bringen neue Kunden. Neben dem wirkungsvollen Anschreiben setzen kluge Unternehmer – und ein solcher bist Du ja – auf Einladungsverstärker, das sind kleine, nicht allzu wertvolle Messe-Geschenke. Der Einladung beigelegt, erhöht ein solches Give-away die Chance, auf Resonanz zu stoßen. Eine gute und erfolgversprechende Methode stelle ich Dir hier vor. Das Prinzip ist ganz einfach: Locken und Belohnen. Das kannst Du erreichen, wenn beispielsweise der Einladung ein Gutschein für ein kleines Geschenk beiliegt. Besonders schön ist es, wenn die Geschenke in einem engen Zusammenhang zu Deinem Produkt stehen. So habe ich einmal gesehen, daß ein Faßhersteller kleine Miniaturfässer – randvoll mit leckeren Süßigkeiten – verschenkt hat. Wenn Dir nichts einfällt, kannst Du auch dem Einladungsschreiben ein Los beilegen mit dem Hinweis: »Bitte an unserem Stand in die Lostrommel werfen.« Als Gewinn lockt dann irgendein nützlicher Gegenstand – ein CD-Player, ein edler Füllhalter oder – warum nicht – eine Kiste mit gutem Wein.

Extratip:
Hüte Dich vor Plattheiten und beleidigendem Schnickschnack, wie etwa ein halber Zehnmarkschein, der dem Einladungsschreiben beigelegt ist, mit der Aufforderung, die andere Hälfte am Stand abzuholen.

Du mußt unverwechselbar sein

Du mußt nicht mit Champagner und Kaviar aufwarten (das tun schon genug andere). Wenn Du originell, aber passend auftrittst, wirst Du die Besucheraugen auf Dich ziehen. Der Messestand muß natürlich ansprechend sein – wichtig ist vor allem, daß Dein Firmenlogo unverwechselbar rüberkommt.

Trick

Verteile die Aufträge

Offene, begehbare Stände ziehen eher Publikum an. Geschlossene 111
Tresen wirken dagegen wie eine Barriere. Als Messeneuling kannst Du Dich auch von professionellen Messebaufirmen beraten lassen.

Damit am Stand nicht das totale Chaos ausbricht, solltest Du schon ein paar Tage vorher die Aufgaben unter Deinen Mitarbeitern verteilen.

Selbstverständlich müssen immer genügend Getränke für die Besucher vorrätig sein. Für das Standpersonal entwirfst Du einen Gesprächsleitfaden. Vorgefertigte Formulare mit einer Rubrik für die Anschrift der Kunden und Besucher und einer Sparte für besondere Vermerke sollten bereit liegen. Und: jeden Abend Manöverkritik mit Deinen Leuten machen. So kannst Du schnell noch Nachlässigkeiten ausbügeln.

112 Betreue die Kunden rundum

Der erste Eindruck zählt. Kaum ein Besucher kommt ein zweites Mal zu Deinem Stand, wenn ihm bei seiner ersten Visite nicht genügend Aufmerksamkeit geschenkt wurde. Achte deshalb darauf, daß niemand lange allein steht. Denk immer daran: Mehr als Neinsagen kann der andere nicht. Lieber ein bißchen aufdringlicher sein und nachfragen, als sich einen Kunden durch die Lappen gehen lassen. Merke: Deine Leute müssen eindeutig als Standpersonal Deiner Firma zu erkennen sein. Dazu müssen nicht alle im Einheitslook rumrennen. Es genügt, wenn sie einheitliche Accessoires – Krawatten oder Halstücher mit Firmenlogo – tragen.

Trick

So kriegst Du auch den schwierigsten Kunden rum:

Du mußt Dich auf die Persönlichkeit des zu umwerbenden Käufers voll und ganz einstellen! Übe Dich in der Kunst, auch mit unsympathischen Kunden fertig zu werden.

Setze Deinen ganzen Ehrgeiz da hinein, such auch die härteste Nuß zu knacken, sosehr Dir das auch stinken mag. Sage Dir: Ich bin allen fachlich und sachlich überlegen! Da kann mir keiner das Wasser reichen. Und aus diesem Überlegenheitsgefühl heraus triumphiere ich letztlich auch über den miesesten Charakter. Als es da gibt:

- **den Egoisten**
  Für den ist nur das richtig, was *er* sagt. Er will nur das haben, was *er* sich in den Kopf gesetzt hat. Hier hast Du aber den Vorteil, nicht auf

seine Gefühle eingehen zu müssen, sondern nur auf sachliche Argumente.

- **den Zauderer**
  der sich nur schwer entscheiden kann. Er ist das genaue Gegenteil. Ihm gegenüber weise auf den guten Ruf des Erzeugnisses hin und wie sehr es seinem Ansehen, seinem Aussehen, seiner Bequemlichkeit und was auch immer dient.
- **den Keine-Zeit-Habenden**
  Gibst Du dessen Wünschen nach, vergrault das meist Deine anderen Kunden. Besänftige ihn zwischendurch mit einem »Gleich bin ich ganz für Sie da!«
- **den Nörgler**
  An allem hat er etwas auszusetzen. Der kleinste Kratzer ist für ihn der Grund für eine 50prozentige Preisminderung. Laß Dich von ihm nicht auf 100 bringen, sondern höre ihm gut zu. Und dann bringe ruhig Deine sachlichen Argumente an.
- **den Reichen**
  Du erkennst ihn daran, daß er sich Billiges erst gar nicht ansieht. Der will nur beste Qualität. Lobe ihn für seinen guten Geschmack, für die Wahl, daß er auf Qualität mehr achtet als auf einen niedrigen Preis. Dann wirst Du ihm meist auch etwas Zusätzliches andrehen können.

Vergiß die Erfolgskontrolle nicht 113

Alles ist zusammengepackt, der größte Streß ist vorbei. Jetzt geht es ans Nachbereiten. Am einfachsten ist es, alle Kontakte systematisch in drei Kategorien einzuteilen: A steht für die wichtigen Kontakte, etwa neue Kunden, die gleich geordert haben. Unter B können beispielsweise Stammkunden fallen, um die Du Dich sowieso kümmerst, und unter C fallen alle, die nur eben mal vorbeigeschaut haben. Selbstverständlich werden auch die C-Kunden nach der Messe mit Prospekten oder Produktinformationen versorgt. Sodann erstelle die vereinbarten Angebote, besuche die Kunden bis spätestens zwei Wochen nach der Messe. Wenn Du hier schlampig bist, war die ganze Messegeschichte umsonst: Bleib am Ball!

Vergiß nicht: Auch Kunden, die nicht auf der Messe waren, kannst Du mit Infos über Deinen Messeerfolg versorgen. Vielleicht kommen sie ja beim nächsten Mal.

114 Ziehe Schlußbilanz

Erst mehrere Wochen nach der Messe kannst Du eine echte Kosten-Nutzen-Analyse machen. Jetzt siehst Du, was Dir die neuen Kontakte gebracht haben und in welchem Verhältnis sie zu den Kosten stehen. Laß den Kopf nicht hängen, wenn es beim ersten Mal nicht ganz so gut gelaufen ist, wie Du vielleicht gehofft hast. Auch Tendenzen können Dir zeigen, wo Du beim nächsten Mal die Schwerpunkte setzen sollst. Wenn es gutgelaufen ist, weiter so.

Trick

Nutze die Ausstellerbefragung

115 **Die Veranstalter machen in der Regel eine Ausstellerbefragung. Die Auswertungen kannst Du anfordern. Daraus kannst Du bestens sehen, wie die Messe für Deine Konkurrenz gelaufen ist.**

Mit einer guten Verpackung wickelt man nicht nur die Waren ein, sondern auch den Käufer.
(Werner Mitsch)

So gewinnst Du Stammkunden 116

Dein wichtigstes Kapital sind Deine Kunden – deshalb mußt Du sie hegen und pflegen. Denn Kundenpflege kostet längst nicht soviel wie das Gewinnen von Neukunden. Verprellte Kunden sind dagegen eine denkbar schlechte Werbung für Dein Geschäft.

Beispiel: Belinda Bleibtreu hat seit zwei Monaten einen Laden für Designer-Möbel in bester Innenstadtlage. Doch trotz verlockender Sonderangebote muß Belinda feststellen: Der größte Teil ihrer Kundschaft findet nach einmaligem Besuch nicht wieder in ihr Geschäft zurück. Sie ist ratlos, bis ihr ein empörter Kunde die Leviten liest: Über eine halbe Stunde habe er warten müssen, ehe eine Verkäuferin ihn beachtet habe. Die vor zwei Wochen bestellten Metallstühle seien immer noch nicht eingetroffen. Als der Kunde fragte, wann denn mit der Lieferung zu rechnen sei, habe er als Antwort lediglich ein Schulterzucken bekommen. Jetzt wolle er die Stühle nicht mehr haben. Bei der Konkurrenz seien sie zwar um einiges teurer, dafür werde er aber korrekt bedient, und die Ware werde frei Haus geliefert.

Leider unterschätzen immer noch viele Geschäftsleute die Bedeutung 117
eines guten Kunden-Services. Der Kunde wird wie ein lästiger Bittsteller behandelt. Dabei ist er eigentlich der Arbeitgeber des selbständigen Unternehmers.

TIP: Vergiß diesen Plan nie!

Rahme Dir Deine Grundsätze ein und hänge sie Dir in Deinem Büro 118
auf, so daß Du sie jederzeit siehst! Meinetwegen auch an die Innenseite der WC-Tür – damit Du immer wieder daran erinnert wirst und sie nie aus den Augen verlierst.

Dein Existenzgründungsplan

- Mein Unternehmen soll wachsen und gedeihen und groß und stark werden.
- Meine Kunden gehen mir über alles. Ihre Wünsche und ihre Vorteile aus unserer Verbindung haben für mich höchste Priorität.
- Mein Ziel ist
  für den folgenden Monat: ______________________
  für das kommende halbe Jahr: ______________________
  für das nächste Jahr: ______________________
  für die nächsten drei Jahre: ______________________
  für die nächsten sechs Jahre: ______________________
  für die nächsten zehn Jahre: ______________________

Die wichtigsten Kniffe, wie Deine Kunden Dir treu bleiben

119 **Freundlichkeit**

Das oberste Gebot im Umgang mit Kunden. Es kostet Dich keinen Pfennig, zu lächeln. Also tu es. Der Dienst am Kunden beginnt schon mit Kleinigkeiten. Eine freundliche Begrüßung, wenn er den Laden betritt, ist selbstverständlich. Stammkunden werden natürlich mit Namen angesprochen. Achte auch darauf, daß Deine Angestellten sich ebenfalls entsprechend verhalten.

Ambiente

120 In einer ansprechenden, freundlichen Umgebung fühlt sich Dein Kunde wohl. Bei längeren Verkaufsgesprächen kannst Du Deinen Kunden ruhig eine Tasse Kaffee oder ein Glas Saft anbieten. Eine ruhige Sitzecke – vielleicht mit einer Espressobar –, in der sie in Ruhe auswählen können; Probier- und Schmökerrunden, die zum Verweilen einladen. Damit unterscheidest Du Dich vor allem von den großen Massenanbietern.

Sorge dafür, daß Deine Kunden einen festen Ansprechpartner haben. Das ist vor allem bei größeren Aufträgen wichtig. Dieser »Kundenpate«

kümmert sich um alle Anfragen, leitet Informationen weiter und betreut den Kunden rundum. Denn mancher Kunde hat schon das Handtuch geschmissen, weil offensichtlich keiner im Laden so richtig Bescheid wußte.
Oft kommst Du nicht daran vorbei, Aushilfen anzuheuern. Gerade in Stoßzeiten sorgen sie dafür, daß der Laden läuft. Aber aufgepaßt: Inkompetentes Personal kann Dir selbst geduldige Kunden vertreiben. Gerade als Kleinunternehmer sind Beratung und Service Deine Trümpfe gegenüber den Branchenriesen. Diese Chance mußt Du auf jeden Fall nutzen. Nimm Dir also die Zeit, auch kurzfristig eingestellten Aushilfen eine kurze Einführung zu geben. Im Zweifelsfall lohnt es, ein paar Mark mehr Lohn für eine ausgebildete Fachkraft zu zahlen.

Trick

Mittelmäßig sein kann jeder

Solange Du Dich noch auf Deine eigenen Vorstellungen versteifst, was 121
Deine Kunden möchten oder was sie eigentlich kaufen sollten oder gar müßten, bist Du ein schlechter Geschäftsmann.

Auch hier: Vergiß nicht nachzufassen.

Das beste Geschäft macht man oft nach dem Geschäft – das ist eine alte 122
Kaufmannsweisheit. Mit anderen Worten: Melde Dich bei Deinen Kunden, auch wenn der ursprüngliche Auftrag schon abgewickelt ist. Eine kurze Nachfrage, ob sie beispielsweise Ersatzteile benötigen oder irgendeine andere Serviceleistung in Anspruch nehmen wollen.
Ein guter Ruf ist die beste Werbung für Dich. Wenn Du für bekannte Unternehmen oder Großkunden in Deiner Umgebung gearbeitet hast, halte nicht damit hinterm Berg. Ein exquisiter Kundenkreis spricht für Dich und Dein Unternehmen. So kannst Du von Anfang an bei Neukunden Vertrauen schaffen.
Für viele Kunden ist Termintreue und schneller Service ausschlaggebend bei der Wahl des Dienstleisters. Das gilt auch für Kleinigkeiten

wie das Beantworten von Anfragen oder Zuliefern von Ersatzteilen. Wenn es mal nicht so schnell gehen kann, sorge auf jeden Fall dafür, daß Dein Kunde unterrichtet wird. Ruf ihn an und erkläre ihm, warum er warten muß. Zeige ihm, daß er wichtig für Dich ist.

Mit kleinen Geschenken bringst Du Dich immer wieder angenehm in Erinnerung. Passende Anlässe sind Geburtstage, Jubiläen oder Feiertage wie Ostern und Weihnachten. Aber übertreibe es nicht. Üppige Geschenke hältst Du nur für besondere Kunden bereit. Ansonsten reicht eine gute Flasche Wein, ein Blumenstrauß oder ein Stoffhase für die Kinder. Du solltest möglichst auch nach Feierabend verfügbar sein. Wenn Du Dich als Handwerker niederläßt, kannst Du mit Notdiensten abends und am Wochenende Deine Kunden an Dich binden. Am besten richtest Du eine spezielle Rufweiterschaltung ein, unter der immer ein Mitarbeiter erreichbar ist. Kunden, die wissen, daß sie sich in Notsituationen auf Dich verlassen können, bleiben Dir auch sonst treu.

123 **Der Kunde ist König! Überrasche ihn ab und zu mal mit neuen Vorschlägen und Ideen, die ihm Gewinn bringen können – und nicht nur immer mit neuen Angeboten. Einem König gegenüber begegnet man respektvoll und höflich – seine Wünsche sind stets allen andern Arbeiten vorzuziehen.**

Nichts verschönt und verjüngt mehr,
als das intensive Leben, Freude und Glück
um sich herum zu verbreiten,
anstatt Kummer und Schmerz.
(Emerson)

Trick

Stell dich voll und ganz auf Deine Kunden ein!

124 **Deine Dienstleistungen müssen auf den einzelnen Kunden zugeschnitten werden:**

- Vermarkte also Deine Produkte oder Dienstleistung mit persönlicher Note. Sprich nicht Massen, sondern den einzelnen Menschen an.

- Beachte bei allem, was Du unternimmst, die Bedürfnisse Deiner Kunden und benutze die Informationen über deren Wünsche, um den Service zu verbessern.

Übe Selbstkritik 125

Nicht immer sagt ein Kunde, was ihm nicht paßt. Verprellte Käufer ziehen oft von dannen, ohne daß Du weißt, warum. Damit das nicht passiert, solltest Du regelmäßig eine Qualitätskontrolle Deiner Leistungen durchführen. Vor allem größere Unternehmen machen öfter Fragebogenaktionen, in denen sie ihre Kunden befragen – ob sie mit dem Service zufrieden sind, ob die Beratung stimmt, ob alle Wünsche erfüllt werden? Wenn Dir die Fragebogenaktion zu aufwendig ist, kannst Du auch einfach im Gespräch nachfragen.
Das beste Beschwerdemanagement nutzt Dir nichts, wenn Du die Reklamationen nicht ernst nimmst. Wütende Kunden wollen vor allem ihren geballten Ärger irgendwo abladen. Die oberste Regel bei allen Kundenbeschwerden lautet deshalb: zuerst einmal zuhören. Schärfe das auch Deinen Mitarbeitern ein. Ansonsten sind Reklamationen Chefsache. Eine Entschuldigung per Brief oder ein persönlicher Anruf können Wunder wirken und selbst das aufgebrachteste Gemüt besänftigen.

Gastlichkeit lohnt sich

Es gibt viele Gelegenheiten, den Kontakt zu Deinen Kunden zu verstärken. Auch außerhalb der normalen Geschäftsbeziehungen. Du kannst beispielsweise zu besonderen Anlässen einladen – das kann eine Hausmesse sein oder ein Tag der offenen Tür.
Egal ob es sich um eine Glückwunschkarte handelt, eine Einladung zur Messe oder ein besonderes Angebot: Sprich immer alle Kunden persönlich an. »Sehr geehrte Damen und Herren« klingt nicht nur unpersönlich und steif, es zeigt auch, daß Du kein echtes Interesse an Deinen Kunden hast. Die direkte, namentliche Ansprache schafft dagegen eine private individuelle Atmosphäre. Wenn ein guter Kunde Deinen Laden betritt, wird er natürlich von Dir persönlich begrüßt. Auch wenn ein

anderer Mitarbeiter ihn weiter bedient. Diesen Chefbonus solltest Du auf jeden Fall nutzen: Die meisten Leute fühlen sich geschmeichelt, wenn der Chef persönlich sich um sie kümmert.

Trick

Selber garantieren zahlt sich aus

126 **Deine Kunden werden gern wieder bei Dir einkaufen, wenn sie das Gefühl haben, Deinem Geschäft und Deinen Waren vertrauen zu können. Da wirkt eine eigene Garantiekarte mit dem Namenszug Deines Geschäfts Wunder. Die Kunden erhalten die Karte zusammen mit dem Produkt. Wenn sie, so können sie darauf lesen, die Karte mit ihrer Adresse an Dich zurückschicken, haben sie ein halbes Jahr Garantie auf das gekaufte Produkt. Neben dem Imagegewinn, den Du einheimst, wenn Du derart offensiv für die Qualität Deiner Waren wirbst, bekommst Du ganz nebenbei auch die Adressen von Kunden, die in Deinem Geschäft gekauft haben.**
Übrigens riskierst Du mit einer solchen Garantieaktion weniger, als Du vielleicht denkst. Denn: Auf die meisten größeren Waren, wie etwa Elektrogeräte oder Hifi-Bausteine, gibt es ohnehin eine Herstellergarantie.

Merke: Dein Kunde ist kein Fremder für Dich. Er ist der wichtigste Arbeitgeber in Deinem Geschäft!

Dein großer Auftritt zum Start

»Bescheidenheit ist eine Zier ...« – doch nichts für den Geschäftsstart. 127
Damit sich der Geschäftserfolg von Anfang an einstellt, mußt Du kräftig auf die Pauke hauen.
Für den Eröffnungstag ist »klotzen, nicht kleckern« angesagt.

Beispiel: »Wir haben uns etwas Besonderes einfallen lassen« – Kay Rundlich hat gerade ein Herrenkonfektionsgeschäft eröffnet. Er setzt auf Übergrößen für Herren, besonders Hemden, Pullover, Jacketts gehören zum Sortiment. Am Tag der Eröffnung hat er eine große Anzeige in der örtlichen Tageszeitung geschaltet. Dem dicksten Kunden des Tages hat er darin einen Warengutschein über 300 Mark versprochen. Rundlichs Idee war ein Treffer. Am ersten Tag war der Laden bereits gerammelt voll. Mit seinem Wettbewerb hat er gleich zwei Fliegen mit einer Klappe geschlagen. Die Käufergruppe, die er ansprechen will – nämlich dicke Männer – kam in Scharen. Auch die Resonanz in der örtlichen Presse war mehr als zufriedenstellend: Die Tageszeitung und beide Anzeigenblätter berichteten ausführlich und mit mehreren Fotos vom ungewöhnlichen Wettbewerb.

Für den Eröffnungstag sind Deine Phantasie und Kreativität gefragt. Hier ein paar Tips, wie Du gut ankommst.

1. Wähle den richtigen Zeitpunkt 128

Kurz vor Weihnachten oder Ostern sind die umsatzstärksten Zeiten im Einzelhandel, entsprechend viele Neueröffnungen gibt es in diesen Wochen.
Doch bedenke: Die dritte Neueröffnung in einer Woche zieht keinen Kunden mehr an. Wenn es Dein Zeitplan erlaubt, starte nicht so dicht an den großen Festen. Ungünstig ist außerdem die Saure-Gurken-Zeit in den Sommermonaten Juli und August. Während der Ferienmonate

sind viele Leute im Urlaub. Deshalb lieber davor oder kurz danach eröffnen.
Wichtig für Deinen Termin sind auch andere Großereignisse. Ein Jahrmarkt oder eine Sportveranstaltung kann Dir schon einen Strich durch die Rechnung machen.

129 **2. Errege Aufmerksamkeit**

Nur die Ladentür aufsperren genügt nicht. Du mußt kräftig die Werbetrommel rühren und alle Register ziehen. Auch in den Wochen vor der Eröffnung.
Du kannst beispielsweise vor dem Einzug bereits ein riesengroßes farbiges Schild mit blinkender Leuchtreklame an Dein Schaufenster hängen, auf dem Du das neue Geschäft ankündigst: »Hier eröffnet am ... ... die Herrenboutique Chic und rund.«

130 **3. Bereite Wurfsendungen vor**

Ein günstiges und wirksames Werbemittel sind Handzettel und Prospekte. Du kannst sie ganz gezielt in bestimmten Wohngegenden verteilen oder der Tageszeitung beilegen lassen. Wichtig auch hier: professionelles Aussehen. Auf Prospekte und Handzettel gehört selbstverständlich Dein Firmenlogo, außerdem ein Blickfang, der sogenannte Eyecatcher. Das können beispielsweise Worte mit Signalwirkung wie »Topangebot« oder »supergünstig« sein. Du kannst aber auch eine fetzige Schlagzeile wählen: »Hier erwartet Sie ein dickes Ding.«

131 **Bedenke:** Deine Werbebotschaft muß auf jeden Fall einfach, klar und deutlich sein. Lange Satzungetüme sind tabu. Die Rückseite der Handzettel kannst Du übrigens für eine kleine Skizze mit Wegbeschreibung nutzen.

4. Erzeuge Spannung

132 Daß Du Dein Eröffnungsereignis per Anzeige ankündigst, ist selbstverständlich. Doch Anzeige ist nicht gleich Anzeige. Du kannst die Sache spannender machen, wenn Du zwei Anzeigen schaltest. Drei Tage vorher kündigst Du – natürlich mit Firmenlogo – die Eröffnung an. »In

drei Tagen ist es soweit ...« oder »Noch dreimal schlafen, dann haben wir Sie ...« Am Tag der Eröffnung kommt die zweite Anzeige.
Denk daran: Du mußt dem Leser einen Grund bieten, in Deinen Laden zu kommen.

Mit attraktiven Eröffnungsangeboten lockst Du Kunden in Deinen 133
Laden. Das kann ein besonders günstiger Einführungspreis für ein Produkt sein, aber auch eine zusätzliche Serviceleistung, zum Beispiel eine Wartung frei oder ähnliches.
Achtung: Du darfst nur einzelne Produkte verbilligt anbieten. Auf keinen 134
Fall darfst Du auf Dein gesamtes Sortiment einen Rabatt geben. Damit verstößt Du gegen das Gesetz gegen den unlauteren Wettbewerb (UWG). Im Zweifelsfall fragst Du besser noch mal bei Deiner Industrie- und Handelskammer nach.

Überrasche Deine Einweihungsgäste mit kleinen Geschenken. Hier ist vor allem Originalität gefragt. Der Wert des Geschenks ist weniger wichtig. Gern gesehen sind Werbeartikel mit praktischem Nutzen. Selbst die Standards wie Feuerzeuge, Lineale oder Kugelschreiber, mit einem witzigen Aufdruck und Deinem Firmenlogo versehen, kommen besser an als Wimpel oder Fähnchen, die direkt in die Mülltonne wandern.

Vielleicht kannst Du auch einige Highlights setzen und aus Deiner Geschäftseröffnung ein Ereignis machen, von dem die Öffentlichkeit spricht. Mit besonderen Einfällen kannst Du viel Publikum anziehen. Hier ein paar Vorschläge:

1. Autogrammstunde mit bekannten Sportlern und Künstlern
2. Gewinnspiele
3. Hüpfburg
4. Karussell
5. Modenschau
6. Pantomimen
7. Tombola
8. Zauberer

- **Dein Kunde ist zu wertvoll, als daß Du mit ihm streiten oder ihm gar zeigen sollst, um wieviel klüger Du bist als er. Es gibt keinen Selbständigen, der je einen Streit mit seinem Kunden gewonnen hat.**

Selbstverständlich mußt Du auch für das leibliche Wohl Deiner Gäste und Kunden sorgen. Dabei steht Dir die ganze kulinarische Palette zur Verfügung: von rustikal mit Bier und Würstchen bis zum edlen Büfett mit Champagner und Lachs.
Vergiß nicht, Einladungen zu verschicken. An die Vertreter der Stadt etwa, den Bürgermeister oder den Beigeordneten, Deine Standesorganisation, Vereine, Lieferanten und die Nachbarschaft. Sie alle können Dir helfen, wichtige Kontakte aufzubauen. Vergiß nicht, die Lokalpresse einzuladen. Vor allem mit lokaler Prominenz hast Du gute Chancen, mit einem Artikel in der Zeitung zu erscheinen.

Wenn Narren nicht auf den Markt kämen,
würden gesprungene Töpfe niemals verkauft.
(Orson Welles)

Verkaufe wie ein Profi

135 Schlag einmal den Stellenteil Deiner Tageszeitung auf: Auf mindestens einem Viertel der Seiten werden händeringend gute Verkäufer gesucht. Zu Recht: Was nützt die beste Betriebsorganisation, wenn die Produkte einfach nicht an den Mann gebracht werden? Folgerichtig gehören Verkäufer – gute Verkäufer natürlich – zu den bestbezahlten Leuten in einem Unternehmen. Du als Existenzgründer hast zu Anfang aber in der Regel noch nicht die Finanzkraft, 300 000 Mark pro Jahr für einen Starverkäufer auszugeben, wie es in großen Unternehmen üblich ist. Also mußt Du für Deinen Betrieb Dein eigenes Verkaufswunder sein. Jetzt nur keine falsche Scheu – auch die besten Verkäufer kochen nur mit Wasser. Wenn Du die Grundkniffe für den richtigen Umgang mit potentiellen Kunden beherrschst, wirst Du auch Deine Waren erfolgreich losschlagen. Im folgenden wirst Du mit dem kleinen Einmaleins des Verkaufens, Verhandelns und des richtigen Telefonierens vertraut gemacht.

Es geht ums Geld

Es geht – Du magst es bedauern oder nicht! – den meisten Menschen heute nur um das liebe Geld! Ist aber auch verständlich, wo der Staat uns fast die Hälfte unserer sauer erarbeiteten Verdienste abnimmt. Die Leute vergleichen die Preise sehr genau – und Du als kommender Kaufmann mußt das in Rechnung stellen. Also: Sei stets genauestens informiert über die Preise Deiner Konkurrenz! Ausnahme: Du bietest etwas an, wo Du konkurrenzlos bist. Wie etwa als Messer- und Scherenschleifer. Oder als Porträtist in Silhouettenschnitten (➤ Kapitel 9) 136

Mach aus Zeitungsanzeigen das Beste!

Gute Dienstleistungen sind die beste Werbung für Deine Firma. Das spricht sich am schnellsten herum. Wenn Du daneben noch werben willst, so ist das Verteilen von Handzetteln in Deiner nächsten Umgebung am effektivsten. Wenn Du auch noch in kleineren Lokalzeitschriften werben willst, so merke Dir: 137

- Versuch nicht, jeden Leser der Zeitung anzusprechen. Sprich mit der Überschrift nur potentielle Kunden an, die aus ihr gleich die wichtigsten Informationen entnehmen können.
- Mit einer schlagkräftigen Aufmachung weckst Du die Aufmerksamkeit der Leser am meisten. Sie wird aber von potentiellen Kunden oft als unseriös empfunden. Wähle statt dessen eine direkte, ansprechende Aufmachung, die originell wirkt und Zuverlässigkeit ausstrahlt.
- Stelle in der Anzeige dar, was Du Besonderes für den Leser tun kannst.
- Wähle einen Stil, der zu der veröffentlichenden Zeitung paßt.

Die richtige Strategie

Ziele definieren

138 Bevor Du Dir Gedanken über die richtige Verkaufsstrategie machst, mußt Du natürlich wissen, welche Prioritäten Du überhaupt verfolgst. Beantworte für Dich persönlich folgende Fragen:
- Welche Waren und Dienstleistungen werde ich voraussichtlich im kommenden Jahr herstellen bzw. anbieten?
- In welchem räumlichen Umkreis möchte ich meine Produkte absetzen?
- Welche Marktposition möchte ich unter meinen Konkurrenten einnehmen?
- Mit welcher Spezialisierung möchte ich mir eine Marktnische schaffen?

Wissen ansammeln

Die Einkäufer der Firmen, denen Du Deine Produkte verkaufen willst, erwarten einen kompetenten Gesprächspartner. Du mußt nicht nur die Güte Deiner Produkte anpreisen können, Du mußt auch beispielsweise gesamtwirtschaftlich oder umweltpolitisch argumentieren, Du mußt bei Themen wie Rationalisierung und Kostenrechnung mitreden können. Hört sich erschreckend an, kann man aber bewältigen.

Hier einige Informationsquellen, mit deren Hilfe Du Dir ein solides Wissen aneignen kannst:
- überregionale Tageszeitung,
- Fachliteratur,
- Fachmessen,
- Seminare,
- Gespräche mit Kollegen.

Sieh beim Prospektversand nicht auf den Pfennig

Du hast Deinem Infobrief eine Rücksendungskarte angefügt, worauf 139 die umworbenen Kunden ihre Bestellungen aufgeben können. Im Portofeld hast Du einbringen lassen: »1 DM, die sich lohnt.«
Falsch! Selbst der Vermerk »1 DM, falls Marke zur Hand« erbringt Dir nicht die gewünschte Resonanz. Die Bestellquote ist nur bei der Angabe »Porto zahlt Empfänger« die beste!

Gib Unkenntnisse ruhig zu!

Versuche nie, mit Halbwissen oder vorgetäuschtem Wissen zu protzen. 140 Es gibt nichts Unangenehmeres, als wenn Dein Kunde Dir im Gespräch auf die Schliche kommt. Besser fährst Du, wenn Du einfach zugibst, daß Du Dich bei einem Thema nicht genug auskennst. Vielfach wird Dich Dein Gesprächspartner mit Freuden belehren – wer liebt es nicht, sein Wissen weiterzugeben?

Kundenbesuche planen

Kundenbesuch ist nicht gleich Kundenbesuch. Je nachdem, was Du 141 genau erreichen willst und wie gut Du den Kunden schon kennst, unterscheidest Du zwischen Routinebesuchen, Reklamationsbesuchen, Informationsbesuchen, Servicebesuchen und natürlich Verkaufsbesuchen. Bevor Du nun jedoch ins Büro Deines Kunden spazierst, mußt Du Dir folgende Vorbereitungsfragen gestellt haben:

- Was ist mein Besuchsmotiv?
- Welche konkreten Ziele will ich erreichen?
- Wie ist mein letzter Besuch verlaufen?
- Welche Unterlagen und Informationen brauche ich für diesen Besuch?

Reklamationen sind Chancen

142 Eine Reklamation ist erst einmal natürlich nicht angenehm. Der Kunde ist mit dem Produkt, das er von Dir bezogen hat, nicht zufrieden. Andererseits stecken in Reklamationen auch Chancen für Dich und Deine Firma. Wenn der Kunde nämlich das Gefühl hat, er wurde mit seiner Beschwerde ernst genommen und konnte sich richtig Luft machen, wird er letztendlich von Deinem Geschäft sogar noch eine bessere Meinung haben als zuvor. Denn: Es kann immer mal etwas schiefgehen – das versteht im Prinzip jeder. Wichtig ist wie gesagt nur, daß Du die Reklamation entsprechend ernst nimmst.
Höre Dir die Beschwerden Deines Kunden in Ruhe an und unterbrich ihn nicht. Notiere Dir die wichtigsten Punkte. Sorge dafür, daß dem Kunden der entstandene Schaden ersetzt wird – das kann neben einem fehlerfreien neuen Produkt noch ein zusätzlicher Service sein, wie etwa ein kleines Werbegeschenk oder ein Strauß Blumen.

143 Nutze die Reklamation zum Abschluß eines Neugeschäfts. Und das geht zum Beispiel so: Du überreichst Deinem Kunden einen Gutschein für einen Preisnachlaß von 5 Prozent bei seinem nächsten Besuch. Im Normalfall wird der Kunde bestrebt sein, diesen Preisvorteil auch zu realisieren, und kauft demnächst wieder bei Dir.
Die meisten Kunden sind glücklich, wenn sie Anerkennung bekommen. Deswegen mußt Du Dir vor jedem Besuch noch einmal die Persönlichkeit Deines Kunden vor Augen rufen: Welche Erfolge hatte er? Welche Ämter bekleidet er? Was sind seine Hobbys? Welche Gemeinsamkeiten habt Ihr?
Auch ist es für Dich von besonderer Wichtigkeit, den Verlauf des Gesprächs so weit wie möglich vorzuplanen. Denn: Je mehr Gesprächssituationen Du bereits im voraus durchdacht und je mehr Argumente und Gegenargumente Du Dir zurechtgelegt hast, um so geringer ist die Wahrscheinlichkeit, daß Dein Gesprächspartner Dich auf dem falschen Fuß erwischt. Auch hierzu ein kleiner Fragenkatalog:

– Welche speziellen Probleme hat der Kunde, bei deren Lösung ich helfen könnte?
– Welche Produkte kann ich anbieten?
– Wie ist das vorangegangene Gespräch verlaufen?
– Wie werde ich ins Gespräch einsteigen?
– Welche neuen Informationen erwartet der Kunde von mir?
– Warum könnte der Kunde eventuell verärgert sein?

Eigenes Verhalten (Verkaufsstrategie) 144

Einem Stammkunden eine Ware zu liefern, die er schon seit Jahren bezieht, hat nichts mit Verkaufen zu tun. Verkaufen heißt: Jemandem etwas anbieten, für das er bislang noch gar keinen Bedarf hatte. Also mußt Du alle Register ziehen, um Deinen Kunden zu überzeugen. Dazu gehört natürlich auch Dein allgemeines Auftreten. Ein Besucher in auberginefarbenem Anzug und weißen Tennissocken, der auf den ersten Blick durch seine fettigen, strähnigen Haare und seine lückenhafte Rasur auffällt, hat es ungleich schwerer, sein Produkt an den Mann zu bringen, als sein gepflegter Konkurrent. Abgesehen von den reinen Äußerlichkeiten kann man sich besonders durch ungehöriges Benehmen den ganzen Kundenbesuch versauen. Nur die wenigsten Geschäftspartner reagieren positiv auf kumpelhaftes, polterndes Benehmen. In den allermeisten Fällen fährst Du gut, wenn Du die essentiellen Benimmregeln beachtest:

– Schaue nicht an die Decke oder in den Katalog, wenn der Kunde redet.
– Fläze Dich nicht auf dem angebotenen Stuhl, als wäre es Dein eigener Fernsehsessel.
– Unterbrich den Kunden nicht in seiner Rede.
– Platze nicht in ein Gespräch, das Dein Kunde gerade führt, einfach hinein.
– Schaue nicht in Schriftstücke des Kunden, die auf dem Tisch liegen.
– Rauche nicht ungefragt, auch wenn ein Aschenbecher auf dem Tisch steht.

Trick

Leiste immer ein bißchen mehr als die Konkurrenz!

145 **Sondere Dich ab vom Üblichen! Laß es nicht beim allgemeinen Standardangebot bewenden. Habe immer etwas mehr zu bieten als Deine Mitbewerber.**
Nur durch das Abheben vom gewöhnlichen Tun der Masse zeigst Du Überlegenheit, füllt sich Dein Bankkonto!

Trick

Die beste Verkaufstaktik

146 **Die solltest Du als Selbständiger unbedingt wissen. Du hältst es nicht für möglich, aber sie lautet: Höre nie auf zu fragen!**
Das muß allerdings nur dem Zweck dienen:
1. die genauen Bedürfnisse Deines Kunden kennenzulernen,
2. ihm aufnahmebereiter zuhören zu können.

GUTER RAT: Wer fragt, der führt!

147 Richtig verhandeln

Als Existenzgründer kannst Du Dir einer Sache ganz sicher sein: Du bekommst nichts geschenkt, sondern mußt um alles kämpfen. Aufträge, Neukunden, Kredite, Zahlungsaufschübe, Außenstände – vor jedem Geschäftsabschluß steht erst einmal die Verhandlung mit Deinem zukünftigen Vertragspartner. Hierbei mußt Du beweisen, daß Du Deinem Gegenüber gewachsen bist. Nicht umsonst heißt es: »Der Weg in die Pleite ist mit schlechten Gesprächen gepflastert.« Wer laufend seine Geschäftsverhandlungen schlecht führt, wird trotz guter Produkte und Dienstleistungen auf Dauer im Wettbewerb nicht bestehen.

Eine ausgefeilte Verhandlungstechnik bringt Dir dagegen so manchen Vorteil: Du überzeugst Neukunden, Aufträge mit Dir abzuschließen. Du verhandelst mit der Bank erfolgreich um eine Aufstockung Deiner Kreditlinie. Du setzt bei Deinen Beschäftigten Sonderschichten durch. Die Kunst des Verhandelns ist nicht angeboren – jeder kann sie erlernen. Beherzige die folgenden Hinweise, und Du wirst auch bei schwierigen Gesprächen standfest bleiben.

Dein Ziel: der Kaufvertrag

Achte darauf, daß Dein Kunde freundlich von Deiner Sekretärin (auch Frau oder Partnerin) begrüßt und nach seinem Wunsch für ein Getränk befragt wird. Laß einen kleinen Small talk folgen, der den Sinn hat, die Atmosphäre etwas zu lockern und dem Kunden erwartungsvolle Entspannung zu verschaffen. Dann gehst Du zum sachlichen Teil über und versuchst ihn von den Vorteilen zu überzeugen, die ihm ein Geschäftsabschluß mit Dir einbringen kann. Im Auge behältst Du am Ende immer den Kaufvertrag. 148

Bereite Dich gründlich vor 149

Bevor Du Dich mit Deinem Gesprächspartner an einen Tisch setzt, mußt Du Dir darüber klar sein, was der andere will. Was Du in der Verhandlung erreichen willst, weißt Du ja bereits. Aber um dem Gespräch die gewünschte Richtung geben und auf unvorhergesehene Wendungen richtig reagieren zu können, mußt Du Dich bemühen, die Welt einmal aus den Augen des Gegenübers zu sehen.
Welche Informationen wird er wohl von Dir fordern? Welche Argumente will er hören? Ein detailorientierter Käufer etwa möchte Zahlen, Daten, Fakten über Deine Produktion, über Deine Liefertermine und über Deine Kapazitäten hören. Hier mußt Du im Vorfeld des Gesprächs alle relevanten Zahlen vorbereiten, um sie dann griffbereit zu haben. Hast Du es hingegen eher mit einem ergebnisorientierten Menschen zu

tun, mußt Du nicht mit Zahlenkolonnen aufwarten – das würde Dein Gegenüber im schlimmsten Falle langweilen. Er will eher von Dir wissen, was er für sein Geld im Endeffekt bekommt – das Wie ist zweitrangig.

Zum kleinen Einmaleins jedes Verhandlungsprofis gehört es, vor dem Gespräch alle wichtigen Argumente, die für sein Angebot sprechen, aufzulisten. Denn: In der Hitze der Diskussion überlegt es sich meist schlecht. Brillante Formulierungen fallen Dir dann meist nicht ein – es sei denn, Du hast sie Dir im Vorfeld schon zurechtgelegt. Wenn Du bei der Vorbereitung noch einen Schritt weiter gehen willst, dann machst Du Dir Gedanken, welche Einwände Dein Gesprächspartner gegen Deine Argumente ins Feld führen könnte. Hierbei hilft wieder der Trick mit dem geistigen Rollentausch: »Was würde ich an seiner Stelle für unbequeme Fragen stellen?« Zu jedem Gegenargument legst Du Dir nun natürlich eine stichhaltige Erwiderung parat.

150 Wenn Du ganz auf Nummer Sicher gehen willst – und bei einem Verhandlungsgespräch über einen Großauftrag solltest Du das –, dann kannst Du die Situation einmal mit einem Bekannten durchspielen, der sich in die Rolle des Kunden versetzen soll.

GUTER RAT: Die beste Vorbereitung nützt gar nichts, wenn Dein Verhandlungspartner von völlig anderen Voraussetzungen ausgeht oder – was noch schlimmer ist – von der gesamten Materie, die Du mit ihm bereden willst, keine Ahnung hat. Also solltest Du auch dafür sorgen, daß Dein Gesprächspartner informiert ist. Am besten schickst Du ihm einen Tag vor dem Gesprächstermin die entsprechenden Unterlagen. Doch bedenke: Niemand möchte mit ein bis zwei Kilo Informationen zugeschüttet werden. Versende lieber eine Mappe mit ausgewählten Schriftstücken, die leicht in einer halben Stunde zu lesen sind.

Beginne stets locker vom Hocker

Jetzt ist es soweit: Du bist im Büro Deines Verhandlungspartners 151
angelangt, hast abgelegt und wirst an den kleinen Konferenztisch gebeten. Nach dem ersten Austausch von Grußformeln hast Du nun Gelegenheit, das Gespräch in lockerer Atmosphäre beginnen zu lassen. Eine kleine Plauderei zu Anfang und dazu ein lächelndes Gesicht – das signalisiert Deinem Gesprächspartner, daß Du nicht verbissen aufs Geschäft aus bist, sondern daß Dein Horizont durchaus weiter reicht. Für den einleitenden Small talk kannst Du fast jedes Thema anschneiden: von der schwierigen oder leichten Anfahrt über das gewonnene Fußball-Länderspiel vom Vorabend bis hin zur Designer-Büroleuchte, die Dir auch sehr gut gefällt. Vermeide aber potentielle Fettnapfthemen, wie zum Beispiel Politik oder Religion. Die können schlimmstenfalls in einer Auseinandersetzung enden – bevor die eigentliche Verhandlung begonnen hat.

Stelle den Kunden stets in den Mittelpunkt 152

Bedenke, wenn es jetzt in die eigentliche Verhandlung geht, daß Du etwas von Deinem Gegenüber möchtest. Also sind folgerichtig nicht Deine Wünsche, Einschätzungen und Erwartungen ausschlaggebend, sondern immer die Deines potentiellen Kunden. Das heißt, es werden nicht Aspekte Deiner Produktionserfordernisse, Deiner Trendeinschätzungen und Deiner Umsatzerwartungen das Gespräch beherrschen, sondern die des anderen. Du mußt im Gespräch natürlich schon abklären, ob Ihr mit Euren Einschätzungen einigermaßen übereinstimmt – das geht dann mit Fragen wie »Sie sind doch auch der Meinung, daß gerade in diesem Marktsegment noch enorme Potentiale liegen?« oder »Würde das nicht wunderbar in Ihre Frühjahrskollektion passen?« Das darf natürlich nicht aufdringlich wirken, so daß der Gesprächspartner den Eindruck gewinnen könnte, Du willst ihn belehren. Aber richtig dosiert zeigen solche Einschätzungen, daß Du nicht nur an Deinen eigenen Nutzen denkst, sondern daß beide Vertragspartner von einem Geschäftsabschluß Vorteile hätten.
Außerdem – und diesen Hinweis solltest Du immer im Hinterkopf

behalten – sind die meisten Menschen eitel und deswegen sehr dafür empfänglich, daß über sie, ihre Geschäfte und ihre Probleme gesprochen wird.

153 **GUTER RAT:** Die Eitelkeit Deines Gesprächspartners bezieht sich im Zweifel nicht nur auf das Geschäftliche, sondern auch auf sein Privatleben. Das kannst Du gut ausnutzen. Daran ist gar nichts Schlimmes, denn wer bekommt nicht gern Anerkennung von seinem Gesprächspartner? Manchmal liefert Dir der Verhandlungspartner von selbst den Anlaß für eine ausgiebige Anerkennung Deinerseits: Hat er eine schwere Erkältung, wirst Du natürlich staunend bemerken, mit welchem Durchhaltevermögen er immer noch seinen Job macht. Hat er ein Segelfoto auf dem Tisch, kommt von Dir natürlich eine Anerkennung, daß Segeln ein Kindheitstraum von Dir ist.
Das hört sich alles zunächst ein wenig untertänig an, verfehlt aber meist nicht die Wirkung, denn: Du zollst Deinem Gegenüber persönliche Anerkennung, und so etwas hört jeder gern.

154 Bleibe stets direkt am Thema (Gesprächsführung)

Bei aller Psychologie ist es für Dich natürlich entscheidend, daß Du während der Verhandlung alle für Dich wichtigen Punkte klären kannst: Ist der Kunde generell interessiert? Was will er anders haben? Wie kann ich ihm entgegenkommen? Sind wir uns über Preise und Mengen einig? Manche Gesprächspartner neigen nämlich auch bei wichtigen Verhandlungen dazu, vom Hundertsten ins Tausendste zu kommen und sich in Nebensächlichkeiten festzubeißen. Hier mußt Du das Heft in der Hand behalten und dem Gespräch wieder die richtige Richtung geben. Das geht natürlich nicht, indem Du Deinen Gesprächspartner einfach mit einem Satz wie »Das führt jetzt aber zu weit; lassen Sie uns lieber noch mal über die Preiskonditionen reden« abbügelst. Die natürliche Reaktion wird Verärgerung sein. Besser ist es, wenn Du mit gezielten Fragen die Verhandlung wieder in die richtige Bahn lenkst. Dazu eignen sich sogenannte offene Fragen – also Fragen, auf die man nicht mit ja oder nein antworten kann. »Wie beurteilen Sie denn jetzt meine Vorkalkulation?« – das ist eine Frage, auf die Dein Gegenüber auf jeden Fall eine begründende Antwort liefern muß. Folge: Du erfährst nicht nur, ob ihm Dein Preis paßt oder nicht, sondern auch etwas über den Hintergrund seiner Einstellung.

GUTER RAT: Sei generell sparsam mit Fachausdrücken. Normalerweise verhandelst Du mit einem kaufmännischen Leiter und nicht mit einem erklärten Fachmann. In diesem Fall hätte der exzessive Gebrauch von Fachwörtern lediglich den Sinn, Dein Gegenüber zu beeindrucken. Tut es aber in den meisten Fällen gar nicht! Eher wird Dein Verhandlungspartner irgendwann das Interesse verlieren, weil er Deiner Argumentation nicht mehr folgen kann. Also: Bemühe Dich, Deine Gründe so einfach, klar und verständlich vorzubringen, daß man sie schon beim ersten Hören verstehen und nachvollziehen kann, ohne tausendmal nachzuhaken.

Nutze Kritik – Du lernst nur dadurch! 155

Natürlich wird Dein Verhandlungspartner bestrebt sein, Einwände, Zweifel und Gegenargumente zu Deinem Angebot anzubringen – das gehört zum Geschäft, damit will er Dich verunsichern und später den Preis drücken. Deine Strategie muß daher sein, mit Kritik clever umzugehen, sie zu entkräften und im besten Fall sogar in ein Pro-Argument für Dich zu verwandeln. Dazu gehört erst einmal eine gewisse Gleichmütigkeit. Wenn Du auf Widerspruch wie eine beleidigte Leberwurst mit Einwänden wie »Das stimmt ja gar nicht« reagierst, zeigst Du Schwäche.

Beste Abwehrtaktik – egal, was Dir Dein Gegenüber gerade an den 156
Kopf geworfen hat – ist erst einmal Verständnis. Hört sich komisch an, hat aber gleich zwei Vorteile: Zum einen fühlt sich der Kritiker mit Sätzen wie »Ja, das kann ich verstehen, daß Sie das vermuten …« oder »Da ist was dran, was Sie sagen …« ernst genommen. Sein Einwand, so

glaubt er, wird nicht einfach rundweg abgebügelt, sondern in die Diskussion mit einbezogen.

157 Natürlich hast Du Dir im Vorfeld der Verhandlung über alle möglichen Einwände von seiten des Kunden Gedanken gemacht und das passende Gegenargument parat. Und nachdem Du seinen Einwand ernst genommen hast, ist er nun auch gern bereit, Deine Argumente anzuhören.

158 Zweiter Vorteil der Bestätigungstaktik: Sie gibt Dir schlicht und einfach Zeit, Dir ein Gegenargument zu überlegen, falls Du keines in petto hattest. Den gleichen Effekt – nämlich Zeit schinden zum Nachdenken – hat es, wenn Du den Einwand Deines Gesprächspartners einfach noch mal wiederholst: »So, Sie sind also der Meinung, daß ich mit meinem derzeitigen Fuhrpark meinen Lieferverpflichtungen nicht nachkommen kann ...« Inzwischen ist Dir etwas eingefallen, und Du kannst den anderen widerlegen, ohne dabei ins Stottern zu kommen.

159 Führe keine reinen Preisgespräche!

Geht es ans Eingemachte, also an den Preis, den der Kunde für Deine Produkte oder Dienstleistungen zu zahlen bereit ist, kommt es besonders darauf an, einen kühlen Kopf zu bewahren. Erste Regel: Laß Dich nicht auf eine reine Preisdiskussion ein. Wenn Dir Dein Gesprächspartner vorwirft, mit dem Preis weit über seinen Vorstellungen zu liegen, darfst Du nicht einfach nur antworten: »Aber das ist schon so knapp wie möglich kalkuliert, da kann ich nicht noch weiter runtergehen.« Du mußt Argumente bringen, warum der Preis gerechtfertigt ist: »Bedenken Sie, daß unsere Produkte auch über der marktüblichen Qualität liegen«; »... daß wir Sie innerhalb von zwölf Stunden nach Bestellung beliefern können.«

Wenn Du Dich im Preis bewegst – was ja schließlich der Sinn von Verhandlungen ist –, dann aber nur unter der Bedingung, daß Dein Gesprächspartner dafür auch etwas tut: Beispielsweise kann er größere Stückzahlen ordern oder einen längeren Vertrag anbieten. Wenn Du nämlich ganz ohne Gegenleistung Deinen Preis senkst, vermutet Dein Kunde zu Recht, daß Du ja noch reichlich Luft in Deinem Angebot hast und Du vielleicht noch ein wenig billiger wirst.

GUTER RAT: Ein beliebter Verhandlungstrick, der sich immer wieder bewährt, ist der, in unwesentlichen Teilbereichen seufzend und schweren Herzens Zugeständnisse zu machen, aber in der eigentlichen Sache steinhart zu bleiben. So kannst Du beispielsweise als letzte großartige Geste anbieten, die erste Lieferung sowie die bisher erfolgten Probesendungen nicht zu berechnen. Klingt wie ein großes Geschenk, macht aber vielleicht weniger aus, als wenn Du zwei Prozent mit dem Gesamtpreis heruntergehst. 160

Bleib beim Finale ganz gelassen

Wenn jeder seine Argumente vorgebracht hat und noch immer keine Einigung erzielt worden ist, passiert schon mal etwas Merkwürdiges: nämlich gar nichts. Beide Seiten schweigen sich an. Vorsicht: Das ist eine reine Nervenprobe, denn die ganz natürliche Reaktion geht dahin, das merkwürdige Schweigen zu beenden – indem man noch mal mit dem Preis nachgibt. Genau das will Dein Gegenüber aber und schweigt deswegen eisern. Also mußt Du genauso eisern zurückschweigen, den Kontrahenten dabei fest im Auge. Das signalisiert: Ich bin mir mit meinem Preis sehr sicher.

Natürlich hast Du Dir vor der Verhandlung einen Minimalpreis überlegt, bis zu dem Du runtergehen kannst, ohne Verlust zu machen. Weigert sich der Verhandlungspartner beharrlich, auf diesen letzten Preis einzugehen, mußt Du das Gespräch konsequent abbrechen und den Raum verlassen. Gehe ganz langsam hinaus. Du wirst sehen, in neun von zehn Fällen gibt der andere nach und ruft Dich zurück. 161

Zehn Verkaufstechniken haben sich in der Praxis besonders bewährt: 162

1. Stelle dem Kunden alle Vor- und Nachteile des Kaufs nebeneinander.
2. Nenne ihm zwei oder drei alternative Lösungen.
3. Frage ihn nach dem letzten Einwand: »Ist dies der einzige Grund für Ihr Zögern?« Entkräfte dieses Motiv dann mit Argumenten.

4. Schlage den Abschluß vor, indem Du eine Zusammenfassung des Gesprächs vorträgst.
5. Wenn Dein Kunde positiv gestimmt ist und nur noch mit sich ringt, ermuntere ihn mit einem: »Sie tun schon das Richtige!«
6. Behalte Dein Verhandlungsziel immer vor Augen.
7. Nimm Dir genügend Zeit für Deine Verhandlungen.
8. Argumentiere nur mit konkreten Vorteilen für den Kunden.
9. Begegne Vorwänden und Einwänden nur sachlich und gelassen.
10. Betreue Deine Kunden auch nach dem Kauf noch weiter.

GUTER RAT: Unterlasse zarte Erpressungsversuche zum Kauf, damit er auch weiter zu Dir kommt. Fühlt er sich übervorteilt, siehst Du ihn nie wieder.

TIP Härte gegenüber anderen zeigen?

Erfülle Dir Deinen Traum, endlich Entscheidungen allein zu treffen. Nicht eingebunden zu sein in ein Gebilde, wo Du links und rechts, oben und unten um Erlaubnis fragen mußt. Das rät ein sog. »Erfolgsbuch«: Vorschriften sind für Doofe, Ellbogen schaffen Platz in alle Richtungen, und die Vernunft kann sehen, wo sie bleibt.
»Wenn Blut fließt, sei's drum. Hauptsache, es ist nicht Dein eigenes.«
Aber Rasierklingen an den Ellbogen? Nein – das ist nicht der wahre Jakob. Das wird von anderen schnell erkannt, und Du stürzt bald damit ab.
Pfiffigkeit bei klarem Verstand – dazu rät Dir der Autor hier in diesem Buch.
Zeige aber Härte gegen Dich! Schule Deinen Willen! Kräftige Deine Ausdauer! Mach Dich fit vom Scheitel bis zur Sohle! Verschaff Dir geistige Klarheit! Lebe bestens und brauche dafür doch nur ein paar Mark. All das kannst Du erreichen, wenn Du das unter ➤ Rz 677 empfohlene Buch gelesen hast. (Und das ist kein billiger Trick, Dich zum unnützen Geldausgeben zu bringen – einen besseren Rat kriegst Du im ganzen Leben nicht mehr!)

Das Geschäft droht zu platzen 163

»Das ist mir viel zu teuer!«
Beantworte das sofort mit: »Wenn ich Sie richtig einschätze, habe ich es bei Ihnen doch mit einem klugen Menschen zu tun. Der im Inneren genau weiß: Was nichts kostet, das ist auch nichts!«

Richtig telefonieren 164

Sicher: Der harte Kampf von Angesicht zu Angesicht gehört zu den Königsdisziplinen des Verhandelns. Aber auch an der Telefonstrippe wurde schon so manches gute Geschäft angebahnt – oder aber verdorben. Denn glaube nicht, der telefonische Geschäftskontakt sei einfacher, nur weil Du Dein Gegenüber nicht siehst. Ein erfolgreiches Telefonat erfordert ebensoviel Strategie, Fingerspitzengefühl und Vorbereitung.
Das gilt natürlich nicht nur für Dich, sondern auch für Deine Angestellten. Besonders solche Firmen, die einen Großteil ihrer Aufträge übers Telefon abwickeln, kommen nicht umhin, ihr Personal zu schulen. Für Dich als Existenzgründer muß das nicht heißen, daß Du Tausende von Mark für teure Telefonseminare investieren mußt. Für den Anfang reicht es durchaus, wenn Du denjenigen Mitarbeitern, welche in der Regel mit den Kunden am Telefon sprechen, die wichtigsten Regeln erklärst.

Acht goldene Regeln des Telefonierens (kannst Du ruhig auch als 165
Merktafel in jedes Büro hängen) gilt es zu beachten.

Begrüße den Partner komplett 166

Wer ein Gespräch entgegennimmt, kann sich frühzeitig den Zorn des Anrufers zuziehen, wenn er sich nicht richtig meldet. Die richtige Reihenfolge: Zuerst die Firma, dann der Name, gefolgt von »Guten Tag, was kann ich für Sie tun?« Übrigens: Ein langer Firmenname wird nicht verständlicher, wenn Du ihn lustlos herunterleierst.

Achte auf Dein Sprechtempo

167 Auch wenn es sich banal anhört, mußt Du immer darauf achten, langsam und deutlich zu sprechen. Das Gehirn arbeitet ja bekanntermaßen weitaus schneller, als der Mund spricht. Wer versucht, dieses Ungleichgewicht durch Schnellsprechen à la Dieter Thomas Heck zu kompensieren, überfordert den Gesprächspartner.

Notiere Namen

Sich Namen zu merken ist nicht einfach. Deswegen notierst Du Dir praktischerweise den Namen Deines Gesprächspartners, sobald er ihn nennt. Das hat zwei Vorteile: Du kannst ihn im Gespräch immer mal wieder mit Namen anreden – das schmeichelt jedem. Seinen Namen hört man immer gern. Außerdem ist es auch nicht gut, jemandem Nachrichten zu hinterlassen wie diese: »Herr Specht oder Spich oder so ähnlich hat angerufen.«

Ermittle die Anliegen genau

Eine todsichere Methode, Kunden zu verärgern, ist die, nicht genau zu notieren und weiterzugeben, was sie nun eigentlich wollen. Der genervte Kundenausruf: »Aber das habe ich doch alles bereits Ihrem Kollegen geschildert« verheißt nichts Gutes. Der Kunde fühlt sich zu Recht nicht ernst genommen und hat das letzte Mal bei Dir gekauft.

Kläre vollständig auf

Wenn Du während des Gesprächs merkst, daß der Anrufer sich nicht völlig in der Materie auskennt, mußt Du ihm erst mal das nötige Know-how verschaffen – ansonsten bestellt er vielleicht Produkte, die er gar nicht braucht. Dein Kunde will am Telefon das Gefühl vermittelt bekommen, daß Deine Firma nicht einfach nur Umsatz machen will, sondern ihm das passende Produkt für seine Bedürfnisse anbieten möchte.

Vermittle kompetent

Nicht immer bist Du oder Dein Mitarbeiter direkt der richtige Ansprechpartner für den Anrufer. Dennoch ist es mehr als unhöflich, einfach nur mit den Worten »Moment bitte« oder »Ich verbinde« den Anrufer in der Leitung versauern zu lassen. Bevor Du die Trenntaste am Apparat drückst, sage dem Anrufer auf jeden Fall, an wen Du ihn weiterverbinden willst. Dazu ist es hilfreich, ihm die Durchwahlnummer des betreffenden Mitarbeiters zu nennen – falls die Verbindung nicht klappt, kann er dann direkt an der richtigen Stelle anrufen.

Laß Dich nicht stören

Es kommt immer wieder vor, daß Dich ein Kunde anruft, während Du gerade in einem wichtigen Gespräch bist oder kurz vor einem wichtigen Termin stehst. Die schlechtere Variante ist, daß Du versuchst, den Anrufer eilig abzufertigen. Der fühlt sich entsprechend schlecht bedient und überlegt es sich das nächste Mal, ob er wieder Deine Firma anruft. Hingegen wird es jeder Anrufer verstehen, wenn Du ihm kurz erklärst, daß Du im Moment nicht genug Zeit hast, ihn aber in 20 Minuten (dann aber auch wirklich!) zurückrufen wirst.

Trick

Wie Du beim Verhandeln gut zum Zuge kommst

So machen es die Asiaten: Sie bleiben stets äußerst höflich, kämpfen aber um jede Handbreit Boden. Wenn sie einmal bei einem weniger wichtigen Punkt nachgeben, so stellen sie das stets als besonders großzügiges Entgegenkommen heraus. Der Verhandlungspartner kann dann kaum anders, als ebenfalls Zugeständnisse zu machen. Ihr Motto: Wer nimmt, muß auch geben können – wer verdienen will, muß auch opfern können.

So wimmelst Du lästige oder nervende Anrufer ab

Greif zu einem Bogen Papier und zerknülle ihn langsam. Das Knistern ist beim Anrufer als elektrische Störung zu hören. »Ich kann Sie leider nicht mehr verstehen«, sagst Du und hängst ein ...

Bleibe stets freundlich

Eigentlich eine Selbstverständlichkeit, die aber viele anscheinend immer wieder vergessen. Ein ganz einfaches Mittel ist es, beim Telefonieren zu lächeln – jawohl, lächeln. Das sieht Dein Gegenüber zwar nicht, aber er merkt es auf jeden Fall an Deiner Stimme.

Vergiß es nie!

168 **Bis heute hat noch kein einziger Unternehmer eine Auseinandersetzung mit einem Kunden gewonnen!**

169 Die wichtigsten Tricks für eine positive Gesprächsführung

1. Führe keine Gespräche ohne direkten Blickkontakt mit Deinem Partner.
2. Das bedeuten seine Blicke: Wenn er Dich von oben herab mit schief geneigtem Kopf ansieht, dann denkt er: Dir bin ich längst gewachsen. Verengt sich sein Blick, ziehen sich seine Stirnfalten zusammen, so heißt das nicht, er ist Dir böse – er konzentriert sich nur voll auf das, was Du ihm gerade sagst. Wenn er Dich von unten anblickt, dann hast Du bei ihm gute Chancen, Dein Ziel zu erreichen. Setz also Dein Bemühen fort und schau auch ihn freundlich von unten an. Sieht er Dich mit stechendem Blick an, hast Du keine Aussichten, ihn umzustimmen: Seine Meinung ist unveränderbar. Schaut er Dich

nicht an oder weicht er Deinen Augen aus, sieht er nach unten, so fühlt er sich unsicher. Bring also noch bessere Argumente vor, um ihn zu überzeugen.

3. Vor einer größeren Zuhörerschaft solltest Du Dir einen interessanten Beginn ausdenken, welcher die Zuhörer in Spannung auf das Kommende versetzt – sonst schlafen sie bald. Steige gleich ins Thema ein (ich z. B. beginne immer mit einem kleinen auf das Thema bezogenen Lied) oder setz ein humorvolles Zitat voraus, wie etwa: »Der Kopf ist jener Teil des Körpers, der uns am meisten im Wege steht.« Du kannst ebenso mit einer aktuellen Nachricht anfangen. Fesselnd wirkt auch ein persönliches Erlebnis oder ein persönliches Ereignis. Alles andere ist dann nur noch ein Kinderspiel. Am Ende faßt Du schließlich alles Wesentliche nochmals kurz zusammen. Und wirst so mit Applaus vom Auditorium entlassen werden.

Andere Länder, andere Sitten 170

Auch als Newcomer kann es Dir durch einen glücklichen Zufall – vielleicht einen Messekontakt oder eine Vermittlung durch die Außenhandelskammer – passieren, daß Du ein Gespräch mit einem ausländischen Kunden führen mußt.

Das heißt für Dich jetzt natürlich nicht, daß Du Deine ägyptischen Gäste im Kaftan empfangen sollst oder beim russischen Kunden mit vier Flaschen Wodka unterm Arm vorsprechen mußt – übertriebene Anpassung ist zumeist lächerlich und wirkt einem eventuellen Abschluß eher entgegen.

Allerdings gibt es von Land zu Land unterschiedliche Arten von Fettnäpfchen, in die Du als deutscher Verhandlungspartner hineintreten kannst, wenn Du Dir gewisser Gepflogenheiten nicht bewußt bist. Hier ein paar Hinweise:

Arabische Staaten

Die linke Hand ist – übrigens wie in allen islamischen Ländern – tabu, sie gilt als unrein. Wenn Du mit ihr ein Geschenk überreichst oder –

schlimmer noch – mit der linken Hand Dein Gegenüber berührst, machst Du Dich nachhaltig unmöglich.
Und wenn Politik bei allen geschäftlichen Besprechungen ein ungeeignetes Thema ist, so ist es das ganz besonders im Gespräch mit arabischen Kunden (Stichwort »Israel«).

China

Konfuzius sagt, Ungeduld sei eine Schwäche – also wirst Du beim Gespräch mit einem potentiellen Geschäftspartner aus dem Reich der Mitte lächelnd und geduldig bleiben sowie laute Äußerungen und kritische Bemerkungen unterlassen. Direkte Ablehnungen eines Angebots gelten in China als unhöflich – also wird sich so manches »Nein« auf Deine Fragen hinter einem freundlichen »Ja, aber« verstecken.
Beim Essen gilt es als ausgesprochen ungehobelt, die ständigen Toasts, Trinksprüche und guten Wünsche Deines Geschäftspartners nicht lächelnd zu erwidern.

Japan

Eine kurze Verbeugung und ein Lächeln – so begrüßt man einen japanischen Kunden. Das gute alte Händeschütteln stößt bei einem Japaner auf Unverständnis. Die Visitenkarten werden wie Geschenke ausgetauscht – mit beiden Händen überreichen und mit beiden Händen entgegennehmen. Wenn Du Dich richtig unbeliebt machen willst, kritzelst Du Notizen auf die Visitenkarte des Geschäftspartners.

Kanada

»Ich kenne Ihr Land – ich war bereits einmal in New York und in Florida« – mit diesem Satz machst Du Dir die meisten Kanadier todsicher zum Feind. Nichts hassen sie mehr, als mit dem übermächtigen Nachbarland USA in einen Topf geworfen zu werden.

Schweden

Beim Kontakt mit schwedischen Kunden oder potentiellen Geschäftspartnern ist außergewöhnliche Pünktlichkeit angebracht. Auch mündlich getroffene Verabredungen werden penibelst erfüllt. Unbeliebt machst Du Dich, wenn Du bei einer Einladung zum Essen auf das Wohl des Gastgebers trinkst.

Spanien

Der spanische Tagesablauf ist geprägt von der – für unsere Verhältnisse außerordentlich langen – Mittagspause. Eine Geschäftsbesprechung, die Du auf 13 Uhr datierst, könnte von einem spanischen Kunden durchaus als Zumutung empfunden werden.

Südkorea

Asiatische Zurückhaltung ist im Umgang mit Südkoreanern besonders gefordert. Lautes Lachen ist unfein. Noch schlimmer – und hier unterscheiden sich Koreaner und Chinesen ganz gewaltig – ist es, sich im Beisein anderer die Nase zu putzen. Übrigens: In Korea haben die Herren Vortritt!

USA

Für Amerikaner, die ja keine »Sie«-Anrede kennen, ist es ganz normal, sich unter Geschäftsfreunden mit Vornamen anzusprechen. Hat Dir ein Amerikaner erst mal angeboten, ihn »Bob« zu nennen, und Du bleibst aus falscher Scheu doch lieber bei »Mister Smith«, ist das eine grobe Unhöflichkeit.

GUTER RAT: Dieses Wort sieh Dir mal genau an: *Unternehmen.* Die Bezeichnung hat man früher den Menschen gegeben, die was *unternehmen!* Die rührig sind und neue Ideen entwickeln! So kommst Du zu was: indem Du etwas Besonderes leistest. Indem Du in Deinem Beruf Spezialist bist und mehr als andere leistest. Indem Du eine Leidenschaft für Deinen Beruf entwickelst. Ohne Leidenschaft wirst Du nie etwas Besonderes leisten können.

Lerne die Körpersprache kennen – und Du bist überlegen!

171 Achte bei Verkaufsverhandlungen darauf, was im Unterbewußtsein des Partners vorgeht

Diese Körpersprache	**bedeutet im stillen**
Beißt sich auf die Lippen	Nachdenklich sein, Zeit zu gewinnen suchen
Füße um die Stuhlbeine legen	Unsicherheit, Halt suchen
Hand von oben herab geben	Will dominierend sein
Finger zum Mund führen	Verlegenheit, nachdenklich oder hochkonzentriert
Reiben der Hände	Selbstgefälligkeit
Verschränken der Arme	Ängstlichkeit
Zurücklehnen des Oberkörpers	Ablehnend/verschlossen
Öffnen des Mundes	Erstaunen, will unterbrechen
An die Nase greifen	Verlegen, sich ertappt fühlen
Brille hochschieben	Sucht Zeit zu gewinnen
Blickkontakt vermeiden	Unsicherheit, Arroganz, Konzentration
Runzeln der Stirn	Entrüstung, Bedenken
Handflächen sind zum Dach geformt	Sich gegen Einwände wehren
Mit dem Zeigefinger auf den Tisch schlagen	Nachdrücklichkeit
Der Zeigefinger wird gehoben	Will belehren oder tadeln
Trommeln mit den Fingern	Nervosität, Ungeduld
Spielen mit einem Stift	Angst, Angriff, Nervosität
Armbewegungen ausufernd	Zeigt Sicherheit

Dich kriegt so leicht keiner klein – denn Du besitzt immer die besseren Gegenargumente! 172

Hier sind sie:

Auf den Einwand des Kunden: »Der Preis ist zu hoch!«
antwortest Du: »Richtig! Unser Preis ist hoch – und eben weil der Preis hoch ist, haben Sie die Gewißheit, daß es sich um eine Spitzenware handelt.«

Auf den Einwand des Kunden: »Können Sie den Preis nicht herabsetzen?«
antwortest Du: »Könnte ich – aber dann müßte ich auch die hochwertige Qualität meines Produkts mindern. Und das wollen Sie doch sicher nicht…«

Auf den Einwand des Kunden: »Ich möchte es mir noch mal überlegen – also bis …«
antwortest Du: »Sie meinen, Ihnen ist die Ware zu teuer, nicht wahr? Aber dafür erhalten Sie auch …«

Auf den Einwand des Kunden: »Sie treffen mit Ihrem Angebot leider nicht unsere Erwartungen.«
antwortest Du: »Dann schildern Sie mir doch diese bitte genau. Ich werde mich für Sie zerreißen, alles wunschgemäß zu erfüllen.«

Auf den Einwand des Kunden: »Diesen Preis kann ich meinem Chef gegenüber nicht vertreten.«
antwortest Du: »Wo sehen Sie denn die Grenze? Vielleicht kann ich Ihnen doch noch etwas entgegenkommen bei einer schärfen Nachkalkulation.«

Auf den Einwand des Kunden: »Ihr Konzept ist nichts wert!«
antwortest Du: »Sie sagen, unser Konzept sei nichts wert. Bitte versuchen Sie doch, mir das etwas deutlicher klarzumachen.«

Auf den Einwand des Kunden: »Leider ist das nicht zu machen!«
antwortest Du: »Warum meinen Sie das? Wir werden uns eben doppelt für Sie anstrengen!«

Auf den Einwand des Kunden: »Sie machen uns hier weis, es gäbe nur Positives in dieser Angelegenheit.«
antwortest Du: »Ich bin Ihnen sehr dankbar für diesen Hinweis. Wir profitieren schließlich alle beide, wenn wir das Negative nicht unter den Tisch kehren. Sehen wir uns also gleich einmal an, ob diese Aspekte wirklich die Vorzüge überdecken können.«

Werbung ist die Kunst, auf den Unterleib
zu zielen und die Brieftasche zu treffen.
(Peter Sellers)

173 So kannst Du auch als Freiberufler die Werbetrommel rühren

Längst nicht jeder darf werben, wie er will. Die sogenannten Kammerberufe – Anwalt, Apotheker, Arzt und Steuerberater – müssen sich den rigiden Vorschriften der jeweiligen Kammer beugen. Wegen der starren Standesregeln ist für solche Freiberufler die Kundenakquise immer noch eine gefährliche Gratwanderung. Sie dürfen zwar über ihre Tätigkeiten sachlich informieren. Auf keinen Fall aber ist es erlaubt, direkt Kunden zu werben.
Doch mit ein bißchen Geschick und Einfallsreichtum kannst Du auch als selbständiger Freiberufler wirkungsvoll auf Dich aufmerksam machen. Anbei ein paar Tips, wie Du Dich als Einsteiger von der etablierten Konkurrenz abheben und Deine Kundenkartei füllen kannst. Wichtig dabei ist, daß Du Deinen Bekanntheitsgrad steigerst, ohne Deine Leistungen und Fähigkeiten direkt anzupreisen.

Spezielle Tips für Anwälte 174

Zeig, was Du kannst, indem Du Fachvorträge hältst

Als Anwalt kannst Du einen neuen Kundenkreis erschließen, wenn Du Dein Wissen in Fachvorträgen präsentierst. Das kann beispielsweise bei der IHK zum Thema Handelsrecht oder zum Bereich Gesellschaftsrecht sein. Bei solchen Vortragsveranstaltungen triffst Du viele andere Selbständige, die sich bei Bedarf an Dich erinnern und Deine Dienste in Anspruch nehmen werden. Auch Volkshochschulen, Fahrschulen und Vereine sind dankbare Foren. Meistens findet sich dann auch schnell ein Thema, das von rechtlicher Relevanz ist und über das Du ein oder zwei Abende referieren kannst.

Kompetenz in den öffentlichen Medien darstellen

In Deiner regionalen Zeitung oder im örtlichen Gemeindeblatt kannst Du versuchen, regelmäßig eine Kolumne zu veröffentlichen. Themen, die gut ankommen, sind zum Beispiel Recht im Urlaub, Erbrecht, Mietrecht, Fachfragen zu Immobilien, Hausbau und allgemeinen Haftungsbedingungen.
Du kannst auch in Deiner Praxis eine Hotline einrichten. Hier können Kunden Informationen zu Standardsituationen – etwa einer überfahrenen Ampel, Geschwindigkeitsüberschreitung oder Eigenbedarf bei Mietwohnungen – abrufen. Natürlich gegen eine Gebühr.

Laß Dich in die Kartei des Anwaltssuchdienstes aufnehmen

In Köln gibt's einen Anwaltssuchservice. In diese Kartei kann sich jeder Anwalt mit Hinweis auf Spezialgebiete und bestimmte Erfahrungsbereiche, etwa besondere Sprachkenntnisse oder Erfahrung mit speziellen Rechtsthemen, eintragen lassen. Die Anwaltskammer vermittelt potentielle Klienten über diesen Suchservice.

Beweise Ausdauer!

175 **Jeder kleine Verleger ist natürlich besessen darauf, einen Bestsellerautor unter Vertrag zu bekommen. Wie einer namens Rommerskirchen es mit allen Tricks schaffte, mit einem bekannten Autor ins Geschäft zu kommen, das lies hier mal, um zu begreifen, daß sich mit Ideen und Unnachgiebigkeit alles erreichen läßt:**

»Der Einsiedler stellte sich tot. Doch Rommerskirchen warf unbeirrt weiter seine Köder aus. Er fragte regelmäßig nach, ob denn die Flaschenpost, die er täglich ins Meer werfe, schon angespült worden sei, oder er schickte Briefumschläge mit dem Hinweis: ›Achtung! Nur öffnen bei gelöster Stimmung! Sonst gleich wegwerfen!‹ Als der hartnäckige Verleger dann noch Material über seine Idee und ein Bild von sich mitschickte, brach das Eis. Rommerskirchen trug auf dem Foto ein T-Shirt mit dem Nietzsche-Zitat: ›Man muß noch Chaos in sich haben, um einen tanzenden Stern gebären zu können.‹
›Wenn ich das Signatur-Feuilleton so sehe und Sie auf dem Foto, dann packt es mich doch‹, antwortete Janosch endlich. Von einem Treffen wollte er jedoch nichts wissen: ›Sie wollen mich besuchen? Bloß das nicht. Besuch ist für mich ein halber Weltuntergang!‹ Doch dann erhielt der unbeirrbare Herr Rommerskirchen, der in der letzten Phase täglich einen Brief an den dickköpfigen Insulaner geschickt hatte, schließlich doch die Unterschrift unter seinen Verlagsvertrag.« (Auszug aus *stern*)

176 Spezielle Tips für Ärzte

Biete Deine medizinische Betreuung auch im Urlaub an

Als Arzt mußt Du nicht nur die medizinische Grundversorgung offerieren. Wenn Du Deinen Patienten ein bißchen Luxus bietest, kannst Du sie auch schnell als Stammkunden gewinnen. Trotz Gesundheitsreform und knapper Kassen sind auch bei Ärzten besondere Dienstleistungen

gefragt. Wenn Du die Gesundheitspflege zum Freizeiterlebnis machst, sind Deine Patienten auch gern bereit, zu zahlen.
In einigen Großstädten etwa bieten Ärzte Gesundheitsurlaube an. In angenehmer Ferienumgebung – etwa auf einer Kanareninsel oder im Allgäu – veranstalten sie Kochkurse für Diabetiker oder spezielle Gymnastikkurse für Patienten mit Haltungsschäden. Dabei mußt Du nicht einmal die ganze Reise organisieren. Du kannst auch beispielsweise kleinere Reiseveranstalter ansprechen, um mit ihnen zusammenzuarbeiten. Deine ärztliche Leistung wird dann als Zusatzangebot in einen Pauschalurlaub integriert. Du kannst auch direkt mit Hotels in Kurorten verabreden, daß Du sie mit Deinen Patienten besuchst.

Bleib mit Deinen Patienten per Post in Verbindung

Ein guter Service, den Dir Deine Patienten lohnen werden, ist ein regelmäßiger Newsletter. Das muß nur ein einfacher Brief mit Hinweisen auf lokale oder jahreszeitliche Besonderheiten sein. Alle Patienten bekommen diesen Brief mit Allergie-Infos, in denen Du darauf hinweist, wann welche Pollen fliegen und wie man sich davor schützt. Auch im Vorfeld der klassischen Urlaubszeiten zu Ostern, vor den Sommerferien oder kurz vorm Winterurlaub kannst Du per Newsletter nützliche Tips geben. Damit bindest Du Deine Patienten stärker an Deine Praxis. Solche Infos werden auch gern weitergereicht. So findest Du im Handumdrehen neue Patienten.

Neue Kunden gewinnst Du mit einem Gesundheits-Check

Auch die Zusammenarbeit mit Sportvereinen und Fitneßcentern erhöht Deinen Bekanntheitsgrad und bringt Dir neue Kunden. Du kannst dort Vorträge zur Verletzungsprävention halten oder einen Fitneß-Check anbieten. Viele werden sich an Deinen Namen erinnern, wenn sie dann tatsächlich ärztlichen Rat brauchen.

177 Spezielle Tips für Apotheker

Mach durch phantasievolle Schaufensterwerbung auf Dich aufmerksam

Der einzige Kammerberuf, der seine Leistung im Schaufenster präsentieren darf, ist der des Apothekers. Nutze diese Chance und sorge dafür, daß Du immer eine originelle Dekoration hast. Der Phantasie sind hier keine Grenzen gesetzt. Achte darauf, daß Du immer einen Gesundheitsbezug herstellst. Etwa mit einem Slogan wie: »Der optimale Schutz gegen Sonnenbrand – Ihr Apotheker hilft kompetent.« Auch die typische Erkältungszeit im Herbst gibt Dir die Chance für eine zündende Werbung: »Damit Sie den Winter überstehen – Ihr Apotheker hilft garantiert.«

Trick

Wage das Außergewöhnlichste!

Ein findiger Apotheker hat sich mit einer ganz besonderen Schaufensteraktion einen deutschlandweiten Bekanntheitsgrad erworben: Er stellt Monat für Monat neue Medikamente aus, die seiner Meinung nach überteuert und wirkungslos sind. Unter dem Motto »Der Scheiß des Monats« werden die nutzlosen Mittelchen angeprangert.
Natürlich liegt besagter Apotheker im Dauerkrach mit der gesamten Pharmaindustrie – doch der Werbeeffekt bringt ihm reichlich Neukunden ein.

Hilf Deinen Kunden mit pflanzlichen Heilmitteln

Du kannst auch Deine Kompetenz beweisen, indem Du auf uraltes Apothekerwissen zurückgreifst. Statt einfach nur die Mittelchen der Pharmaindustrie zu verhökern, kannst Du für viele Lebenslagen bewährte Hausmittel anbieten. Das reicht vom Einsatz pflanzlicher Heilmittel bis hin zur giftfreien Schädlingsbekämpfung.

Umwelttests steigern Deinen Bekanntheitsgrad und bringen Kunden

Jeder Apotheker muß über ein kleines Labor verfügen. Das kannst Du gut für spezielle Leistungen nutzen. Biete Deinen Kunden beispielsweise Umwelttests an. Du kannst mit wenig Aufwand die Qualität des Trinkwassers prüfen, pH-Wert-Analysen von Kosmetika erstellen oder Schadstoffnachweise in Lebensmitteln vornehmen.

Dein Kunde
Er ist keine Rechnungsnummer.
Er besitzt wie Du Vorurteile.
Er besitzt wie Du Gefühle des Ärgers und der Wut.
Er besitzt wie Du viele, viele Fehler!

Vergiß das auf keinen Fall: 178

1. Werbung treiben ist das Wichtigste für Deinen geschäftlichen Erfolg. Sei es durch schmuckes Aussehen auch des kleinsten Verkaufsbüdchens, sei es durch ständige Kleinanzeigen in Zeitschriften, Prospekten, sei es durch Verteilen von Handzetteln, sei es durch das Verteilen kleiner, pfiffiger Aufmerksamkeiten zu den Geburtstagen Deiner Kunden oder an Feiertagen.
2. Sieh für die Werbung zum Geschäftsbeginn 10 Prozent des zu erwartenden Umsatzes vor – später etwa 3 Prozent.
3. Plane nicht nur zur Eröffnung, sondern auch für später – auch und gerade dann, wenn Dein Geschäft gut läuft. Kein Pilot stellt den Motor ab, wenn das Flugzeug mit Höchstgeschwindigkeit fliegt.
4. Planen heißt: **Schriftlich** einen Plan niederlegen und ihn ausnahmslos zu verfolgen. Und ihn so aufzuhängen oder sichtbar unter die Schreibtisch-Glasplatte zu legen, daß Du immer wieder darauf stößt.
5. Informiere Deine Kunden ständig über neue Angebote Deinerseits.
6. Fertige daneben noch einen Liquiditäts-, Umsatz-, Ertrags- und Kostenplan. Damit besitzt Du auch bei der Bank Trümpfe in der Hand, wenn Du mit Kredit arbeitest oder arbeiten willst.

Sind doch die Banker verpflichtet, sich nach § 18 des Kreditwesengesetzes (KWG) »fortlaufend aktuell über Ihre wirtschaftlichen Verhältnisse zu unterrichten«, wenn Du einen Kredit bei ihnen unterhältst oder gar überschreitest.
Die Bank verpflichtet Dich manchmal darüber hinaus, bestimmte Auflagen zu erfüllen.

- Sie will Deine Geschäftsbücher immer wieder weitgehend überprüfen
- Sie will regelmäßig Zwischenzahlen erhalten, wie etwa ED Saldenbilanzen mit deren betriebswirtschaftlichen Auswertungen.
- Sie will Deine geschäftlichen Planungsunterlagen einsehen.

179 Franchising – Ideen auf Pump

Wenn es um eine gute Geschäftsidee geht, setzen immer mehr Existenzgründer auf ein sicheres Pferd. Sie machen sich nicht mit einer eigenen Idee selbständig, sondern leihen sich eine. Franchising nennt man das. Das Wort kommt ursprünglich aus dem Französischen und bedeutet Lizenz.
Hinter dem Prinzip Franchising verbirgt sich folgendes: Der Franchise-Anbieter stellt sein komplettes Firmenkonzept – inklusive Marketing, Einkauf, Betriebsplanung bis hin zur Inneneinrichtung – zur Verfügung. Der Franchise-Nehmer zahlt dafür eine Grundgebühr und gibt einen bestimmten Prozentsatz seines Umsatzes ab. Zu den bekanntesten und erfolgreichsten Franchise-Systemen gehören zum Beispiel McDonald's, OBI und Benetton. Neben den ganz Großen gibt es aber auch kleinere Franchise-Systeme für Dienstleister und Handwerker.
180 Die Höhe der Grundgebühr hängt von mehreren Faktoren ab. Jaloucity – die Franchise-Nehmer verkaufen Rollos und Jalousien – beispielsweise verlangt 10 000 Mark Einstiegsgebühren. Außerdem mußt Du noch etwa 80 000 Mark für Einrichtung, Ware und Vertriebssystem selbst investieren. Bei McDonald's mußt Du dagegen schon mit 50 000 Mark für den Einstieg rechnen. Die Anfangsinvestitionen liegen bei stolzen 1 250 000 Mark.

Beispiel: Die Broschüre des Franchise-Gebers Pizza-Pazza-Lieferservice versprach alles und mehr. Selbständig auf eigenen Füßen stehen, ein florierendes Unternehmen und gute Umsätze. Bernhard Traugott hatte schon länger vom Schritt in die Selbständigkeit geträumt. Jetzt schien alles zum Greifen nah. 600 000 Mark Umsatz im Jahr sei Standard bei Pizza-Pazza, so die Geschäftsleitung. Bernhard Traugott zögerte nicht lange und unterschrieb den Franchise-Vertrag – für fünf Jahre. Nach dem ersten Geschäftsjahr kam dann die Ernüchterung. Die erreichte Umsatzzahl: schlappe 200 000 Mark. Der Flop war eigentlich vorprogrammiert: Die ortsansässigen Pizzerien boten bedeutend bessere Ware – und die meisten lieferten auch aus. Doch Traugott war per Vertrag gezwungen, die schlechtgehende Ware abzunehmen – und das noch vier Jahre lang.

Es gibt eine Vielzahl von oft wenig bekannten Franchise-Systemen, und zwar in den Bereichen: **181**

- Autozubehör (Funk, Radio, Telefon),
- Balkonausbau,
- Bausanierung,
- Dessous-Fachgeschäfte,
- Fenster- und Wintergartenvertrieb,
- Gebäudereinigung,
- Geländersysteme,
- Jalousien, Fensterdekorationen,
- Kanalreinigung,
- Kfz-Fensterfolien,
- Kochschulen,
- Markisenvertrieb,
- Mauerwerksisolierungen,
- Parfümerien,
- Parkettstudios,
- Schädlingsbekämpfung,
- Schlafmöbel aus Naturmaterialien (Verkauf),

- Selbstbauheizungen,
- Systeme für Fahrzeugeinrichtungen,
- Vermietung von Arbeitsmaschinen,
- Wasseraufbereitung,
- Werbung im Außenbereich.

182 Dein Schreiben sollte so abgefaßt sein:

> Betrifft: Info über Ihr Franchise-Konzept
>
> Sehr geehrte Damen und Herren,
> ich interessiere mich für spezielle Informationen. Bitte teilen Sie mir mit, wieviel Startkapital Sie erwarten, und ob darüber hinaus noch Kosten auf mich zukommen.
>
> Gern würde ich weiter von Ihnen wissen:
> – Führen Sie Betriebsvergleiche durch?
> – Kann ich eigene Angebote unterbreiten?
> – Welche Preisbindungen bestehen?
> – Welche bestimmten Abnahmeverpflichtungen existieren?
> – Garantieren Sie Gebietsschutz?
> – Wie lange existiert Ihre Firma in Deutschland?
>
> Mit freundlichen Grüßen,
> Unterschrift

Verlangst Du mehr zu wissen, so hat das für Dich diesen Sinn:

- Dein künftiger Geschäftspartner nimmt Dich ernst;
- Du bekommst schnell einen Überblick über die Leistungen des Franchise-Gebers;
- schickst Du dieses Schreiben an mehrere Adressaten, erhältst Du gute Vergleichsmöglichkeiten.

Mehr als 400 Franchise-Geber gibt es allein in der Bundesrepublik. Die meisten der Geschäftskonzepte sind tatsächlich erprobt und der Erfolg deswegen halbwegs kalkulierbar. Aber auch in dieser Branche tummeln sich mittlerweile schwarze Schafe, die überhöhte Gebühren abzocken und wenig dafür bieten. Wenn Du Dich fürs Franchising entscheiden solltest, mußt Du die Seriosität Deines Anbieters sorgfältig prüfen.

Das mußt Du vorher wissen

Der erste Kontakt mit einem Franchise-Geber läuft meistens über den 183
Postweg. Du bekundest Dein Interesse und bekommst dann eine Broschüre zugeschickt. Vergiß nicht: Du bist Kunde des Franchise-Gebers. Er wird Dir sein Angebot also in den schillerndsten Farben darstellen. Wenn Du Dich näher für die Geschäftsidee interessieren solltest, mußt Du dem anderen kräftig auf den Zahn fühlen. Seriöse Anbieter legen Dir – ohne besondere Aufforderung! – eine Muster-Rentabilitätsrechnung vor. Achte vor allem darauf, daß Gebietsschutz gewährleistet wird. Dann hast Du die Garantie, daß auch bestimmt nicht ein halbes Jahr nach Deiner Eröffnung 20 Meter weiter der gleiche Laden aufmacht. Beachte: Franchise-Verträge sind sehr kompliziert. Deshalb kann man kaum allgemeingültige Regeln nennen. Der Deutsche Franchise-Verband nennt Dir auf Anfrage Rechtsanwälte, die Erfahrung mit der Materie haben.

Franchise-Unternehmen 184

Firma	Branche	Franchise-Betriebe	Jahres-umsatz in DM*
Photo Porst	Fotohandel	2332**	1 Million
Eismann	Tiefkühlkost	1364	680 000
Foto-Quelle	Fotohandel	1261**	keine Angabe
Schülerhilfe	Nachhilfe	556	125 000
Quick-Schuh	Schuhhandel	471	800 000
Studienkreis	Bildung	435	240 000
First Reisebüro	Reisebüros	423	keine Angabe
Musikschule Fröhlich	Musikpädagogik	421	keine Angabe
McDonald's	Restaurants	400	4,55 Millionen

Firma	Branche	Franchise-Betriebe	Jahres-umsatz in DM*
Sunpoint	Sonnenstudios	386	450 000
OBI	Baumärkte	300	15 Millionen
Cleanpark	Autowäsche	285	220 000
Ayk Beauty Sun	Sonnenstudios	283	500 000
Wap WaschBär	Autowäsche	250	250 000
TUI UrlaubCenter	Reisebüros	248	keine Angabe
Yamaha	Musikschulen	240	keine Angabe
Portas	Fenster, Türen	238	1 Million
Getifix	Hausservice	228	400 000
GaSiTec	Gastechnik	226	340 000
Ihr Platz	Drogeriewaren	170	1,75 Millionen
Happy Shop	Kioske	150	keine Angabe
Kleenothek	Textilreinigung	150	300 000
NBB Baubedarf	Baumärkte	111	ab 500 000
Aufina	Immobilienmakler	110	keine Angabe
Biffar	Türen	110	1,2 Millionen

* pro Franchise-Nehmer im Durchschnitt (Quelle: Deutscher Franchise-Verband)
** samt Film- und Bildstellen

185 Worauf Du beim Franchising auf jeden Fall achten mußt:

1. Der Erfolg eines Franchise-Systems hängt maßgeblich von der Erfahrung des Lizenzgebers ab. Prüfe deshalb genau, ob der Anbieter über genügend Kompetenz verfügt. Systeme, die nicht länger als zwei Jahre auf dem Markt sind und noch wenige Partnerbetriebe haben, sind meist in der Testphase. Hier solltest Du vorsichtig sein. Auch Dein Laden gehört dann zu den Testobjekten!
2. Die Gebühren für die einzelnen Franchise-Systeme sind zwar sehr unterschiedlich. Es gibt aber für die einzelnen Branchen durchaus

Richtwerte. Wenn die Gebühr ungewöhnlich hoch ausfällt, solltest Du die Finger davon lassen. Gleiches gilt für die Investitionssumme und die Einkaufspreise, die Du abdrücken mußt.

3. Neben der Geschäftsidee stellen seriöse Franchise-Geber ihrem Geschäftspartner ein umfassendes Leistungspaket zur Verfügung. Standardleistungen sind unter anderem eine umfassende Standortanalyse, Schulungen und regelmäßige Marketing-Aktionen. Mit weniger solltest Du Dich nicht zufriedengeben.
4. Viele Selbständige verrechnen sich, wenn es um die Kosten geht. Dein Erlös darf nicht nur die Kosten decken, die Dir Dein Franchise-Geber nennt. Vergiß nicht die Zusatzkosten, wie Altersversorgung und soziale Absicherung. Mehr darüber im Kapitel »Vorsorge«.
5. Hüte Dich vor Verträgen mit allzu kurzer Laufzeit. Als Faustregel gilt: Je höher die Investitionssumme, die Du noch mit einbringen mußt, desto länger muß die Vertragslaufzeit sein. Du willst ja schließlich mehr, als nur Dein investiertes Geld zurückzubekommen.

Weitere Informationen erhältst Du beim Deutschen Franchise-Verband e. V. (DFV), Paul-Heyse-Str. 33, 80336 München, Tel. 0 89/53 50 27. Fordere alles an.

Das alles solltest Du bei einem Franchise-Geber 186
unter die Lupe nehmen:

- Die Leistungen des Franchise-Gebers sollten klar erkennbar sein und im späteren Vertrag stehen.
- Der Franchise-Geber sollte möglichst eingetragene Waren- bzw. Markenzeichen besitzen.
- Bei aktuellen Betriebsführungsproblemen sollten Beratungen gewährleistet sein.
- Betriebsdatenvergleiche sollten regelmäßig zur Verfügung gestellt werden.

- Es werden Schulungen, Seminare für Dich und evtl. Deine Mitarbeiter angeboten.
- Dir sollten Daten über die Branche und den Markt zur Verfügung gestellt werden.
- Es haben sich deutliche Vorteile des Systems gegenüber Konkurrenzangeboten erwiesen.
- Der Franchise-Geber sollte mindestens fünf Jahre sein System anbieten und gute Referenzen vorweisen.
- Am Standort des jeweiligen Angebots bzw. der Dienstleistung sollte große Nachfrage bestehen.
- Das Franchise-System sollte deutliche Wettbewerbsvorteile bieten.
- Es sollten klare Anleitungen und Hinweise zur erfolgreichen Geschäftsführung gegeben werden.
- Bestehe darauf, daß Dir Nachweise über eine größere Zahl erfolgreicher Franchise-Nehmer vorgelegt und deren Adressen genannt werden. Es ist außerdem empfehlenswert, sich mit einigen dieser Franchise-Nehmer auszutauschen.
- Die Geschäftsidee sollte einmalig und konkurrenzlos sein.
- Der Franchise-Geber sollte Dich über Finanzierungsmöglichkeiten beraten.
- Informiere Dich, ob das Franchise-System mit öffentlichen Mitteln gefördert wird.
- Frage nach, ob der Franchise-Geber Mitglied im Deutschen Franchise-Verband e. V. ist.
- Es sollte einen Konkurrenzschutz (Gebietsschutz) unter den Franchise-Nehmern geben.
- Gehe sicher, daß die besuchten Betriebe keine Testprojekte sind.
- Du solltest das Franchise-Angebot ohne Zeit- und Entscheidungsdruck prüfen.
- Die Kosten (einmalige und laufende) sollten klar festgelegt werden.

Gewinne durch Seminare

Wenn du Dich noch nicht ganz fähig zum Bewältigen von betriebswirt- 187
schaftlichen Problemen und zum Führen erfolgreicher Kundengespräche fühlst, dann wisse:
Dafür gibt es Einführungs- und Fortbildungskurse.
Unter Beachtung des Grundsatzes »Aus der Praxis für die Praxis« werden für solche Fälle Seminare angeboten, die mit Einzelberatung und Gruppenarbeit Informationslücken schließen und Lösungen für Probleme im Dialog mit anderen Selbständigen finden.
Wende Dich dazu etwa an die Wirtschaftsakademie DIVERSA (Forstwiese 19, 55471 Külz, Tel. 0 67 61/9 30 00, spezialisiert auf Weiterkommen und Erfolg im Beruf und beim Selbständigsein) und zum Beispiel an die Unternehmensberatung Dr. Frank Grätz (Dietrich-von-Dorendorp-Str. 2a, 51429 Bensberg, Tel. 0 22 04/8 17 46, 8 11 40, 8 57 28, Spezialist für Existenzgründungen). Fordere von den beiden Informationsmaterial unter Bezug auf dieses Buch. Oder, wer es bescheidener will, der wende sich an die Volkshochschulen.

Manche Männer halten sich für Organisationsgenies,
weil es ihnen gelingt, mit zwei Frauen gleichzeitig
befreundet zu sein, ohne daß
die eine etwas von der anderen weiß.
(Gerhard Uhlenbruck)

3. Organisation

So läuft Dein Laden reibungslos

Nichts gegen kreatives Chaos – kein Mensch verlangt von Dir, daß die Bleistifte auf Deinem Schreibtisch wie Orgelpfeifen, messerscharf gespitzt, nebeneinander liegen. Doch ohne ein Mindestmaß an Organisation kommst auch Du nicht aus. Der lässige Umgang mit Papier ist gerade bei Gründern ein weitverbreitetes Übel. Kein Wunder – Du hast alle Hände voll zu tun, wer will sich da noch um die Ablage kümmern. Das wird dann großzügig aufs Wochenende verschoben. Und dann aufs nächste ... 188

Das perfekt organisierte Büro 189

Ordnung ist kein Selbstzweck. Das Chaos kostet Dich nämlich nicht nur viel Zeit zum Suchen, im schlimmsten Fall geht Dir auch noch ein Geschäft durch die Lappen, weil Du es schlicht und einfach verschlampt hast.

Beispiel: Lampen-Designer Lux kann sich nicht über Kundschaft beklagen – seine handgearbeiteten Modelle sind bei zahlungskräftigen Kunden sehr begehrt. Leider verbringt Lux seine Zeit lieber in der Werkstatt als im Büro. Dort herrscht das blanke Chaos. So ist es kein Wunder, daß Lux, obwohl genug Geld in der Kasse ist, Monat für Monat einige hundert Mark an Mahngebühren für verbummelte Rechnungen zahlt, sowie den Kunden ständig Preisnachlässe für nicht eingehaltene Liefertermine gewähren muß. Besonders dick kommt es, als ein Kunde von Lux eine gesamte Lieferung im Wert von 13 000 Mark zurückgehen läßt, weil er den Originalauftrag eine Woche später noch einmal schriftlich abgeändert hat – dieser Brief fand im Luxschen Büro leider nie zur ursprünglichen Bestellung.

190 Die PAWA-Methode

Das wichtigste Utensil in einem gut organisierten Büro ist ein großer Papierkorb. Gewöhne Dir an, wirklich alles, was Du nicht brauchst, wegzuwerfen. Werbebriefe, Zeitungen, Zettel mit alten Notizen – in den meisten Büros türmen sich Stapel mit unnützem Zeug.

Du bekommst das aber leicht in den Griff, wenn Du Dir das PAWA-Prinzip zu Herzen nimmst.

- **P** heißt »Papierkorb«. Denk daran – alles, was Du nicht **wirklich** brauchst: weg!
- **A** heißt »aktiv werden«. In Deine persönliche **Aktionsbox** kommt alles, was Du selbst und sofort erledigen mußt.
- **W** heißt »weitergeben«. Wenn das Papier für einen Deiner Mitarbeiter wichtig ist, gibst Du es sofort dorthin weiter. Ansonsten: ab in den Papierkorb.
- **A** heißt »Ablage«. Alles, was Du aufheben mußt – Rechnungen, Bestellungen, Lieferscheine, Preislisten – kommt in Deine **kurzfristige** Ablagebox.

Bestell nicht zu viele Geschäftsbögen!

Ständig gibt es darauf irgendwas zu ändern. Oder besser zu gestalten. 191
Spare Geld mit einer kleinen Auflage: Kleinvieh macht auch Mist!

Vergiß nie: Zweimal wöchentlich die Ablagebox leeren und die Papiere in die entsprechenden Ordner einsortieren.
Gewöhne Dir an, soviel wie möglich sofort zu erledigen. Du hast zwei Möglichkeiten: Entweder, die Sache ist dringlich, und es ist klar, was zu tun ist. Also mach es. Wenn Du dagegen eines dieser typischen »Ich-weiß-nicht-genau-was-damit-zu-tun-ist«-Dinge in der Hand hast, gibt es nur eines: Du mußt eine Entscheidung treffen. Entweder die Sache ist tatsächlich wichtig oder kommt in die berühmte Ablage P – sprich in den Papierkorb.
Auf keinen Fall einen Extrastapel anlegen, um den Du Dich angeblich »morgen kümmern« willst.

Man muß das Geld nicht mit dem Hintern
verdienen, sondern mit dem Kopf.

Die Ablage – das Herzstück Deines Sekretariats 192

Die Ablage wird in vielen Büros stiefmütterlich behandelt – zu Unrecht. Sie ist das Zentrum der Informationen. Richtig geführt, hast Du mit einem Griff alles, was Du brauchst. Eine schlampig geführte Ablage ist sinnlos. Dann kannst Du es auch sein lassen und einfach Deinen ganzen Papierkram in eine Kiste schmeißen.

Es gibt drei Punkte, die eine gute Ablage ausmachen:

- Du findest jedes Schriftstück innerhalb von zwei Minuten;
- Du kannst einfach neue Ordner hinzufügen, ohne das ganze Ordnungssystem umschmeißen zu müssen;
- überflüssig gewordene Papiere (abgelaufene Fristen usw.) lassen sich aussortieren, ohne daß Du alles durchforsten mußt.

Bei der Bezeichnung der Kategorien mußt Du streng logisch vorgehen. Schon manches Schriftstück ist auf Nimmerwiedersehen verschwunden, weil es unter einem völlig abwegigen Stichwort abgelegt wurde.
Am besten benutzt Du allgemeine Überschriften, etwa »Werbung«, »Kunden«, »Lieferanten«.

193 **GUTER RAT:** Das erste Stichwort sollte ein Hauptwort sein. Erst dann folgen Beifügungen wie »neue« oder Daten und Jahreszahlen. Das macht die Sache übersichtlicher. Also: »Kunden – neue« und nicht »Neue Kunden«. Mit diesem Verfahren kannst Du auch besser Unterverzeichnisse hinzufügen – »Kunden – regional«, »Kunden – Sachsen«.

Weitere Ordnungsprinzipien:
- alphabetisch,
- chronologisch,
- inhaltlich.

194 Kampf den Karteileichen

Kennzeichne Deine Papiere mit einem Ablaufdatum. Dann kannst Du später auf einen Blick sehen, was in den Reißwolf oder Papierkorb gehört. Um Gottes Willen aber keine Belege, Rechnungen und Quittungen. Die Unterlagen in Deinen aktuellen Ordnern sollten nicht älter als ein Jahr sein. Alles andere kannst Du in – säuberlich beschrifteten – Kisten aufbewahren. Was leider für das Finanzamt sein muß. Aber auch Du willst später vielleicht mal irgend etwas nachsehen.

195 Wenn sich bereits Aktenmüll und Papierstapel in Deinem Büro türmen, mußt Du das **4-Stufen-Aktionsprogramm** anwenden:

1. Behandle Deine tägliche Post und alle neu hereinkommenden Papiere nach dem PAWA-Prinzip.
2. Dann legst Du Ordner mit allgemein und gut verständlichen Beschriftungen an. Nimm Dir jeden Tag eine halbe Stunde Zeit, ein oder zwei Papierstapel nach der PAWA-Methode zu durchforsten.

3. Wenn sich schon viel Aktenmüll in Deinem Büro angesammelt hat, mußt Du auch einmal einen Samstag opfern, um der Situation wieder Herr zu werden.
   Merke: Arbeite immer einen ganzen Ordner am Stück durch.
4. Spätestens nach vier Wochen sollte Dein Büro in Schuß sein. Ab jetzt aktualisierst Du alle drei Monate Deine Ordner.

Trick

Ordnung ist das halbe Leben!

Gewöhne Dir an, Deinen Schreibtisch aufzuräumen und alle herumliegenden Papiere entsprechend einzusortieren, bevor Du Dein Geschäft verläßt: So hast Du eine gute Kontrolle, daß Du auch nichts vergessen hast. Was dringend am nächsten Tag erledigt werden muß, bleibt auf dem Schreibtisch gut sichtbar liegen. Und nur das.

Standardisierte Formulare 196

Du kannst viele Routineabläufe straffen, indem Du mit Formularen arbeitest. Im Geschäftsalltag läßt sich vieles standardisieren: Bestätigungen, Terminvereinbarungen, Zusagen, Absagen sind meistens gleich. Lediglich Name, Adresse und Datum ändern sich. Für all diese Fälle kannst Du Musterbriefe entwerfen. Die Maske speicherst Du im Computer.

Trick

Von Anfang an professionell – oder gar nicht!

Wenn Du Deine künftige Kundschaft auf selbst am PC zusammen- 197
gebasteltem Briefpapier ansprichst, fällst Du gleich unten durch. Richte Dich hier und in allem anderen nach bereits erfolgreichen Unternehmen. Da ist alles aus einem Guß.

Dich werden sie sonst nie als seriösen und professionellen Geschäftsmann anerkennen. Und wenn Du schon jemand in Dein Büro läßt, dann muß das auch ein Büro und keine bunt zusammengewürfelte Bruchbude sein – sonst warte lieber, bis Du Dir etwas Besonderes erlauben kannst.

GUTER RAT: Studiere zuerst gründlich, was sich in Deiner Branche tut und was da üblich ist. Bevor Du Dir einen Nasenstüber nach dem anderen holst.

So mußt Du nur noch die entsprechenden Adressen einfügen. Und im Einzelfall auch eine neue Textpassage.
Deine Notizen werden meist schnell von Dir auf irgendeinen Zettel gekritzelt, wer kennt das nicht. Leider haben diese Zettelchen zwei erhebliche Nachteile: entweder Du findest sie nicht mehr oder Du verstehst Deine eigene Notiz nicht mehr. Zu wem gehört eigentlich die Telefonnummer? Was war um 15 Uhr – heute oder morgen? Was wollte Herr Meier – zurückgerufen werden, oder ruft er selbst wieder an? Oder kommt er um 15 Uhr vorbei? Oder ist Herr Meier um 15 Uhr unter der ominösen Telefonnummer zu erreichen?

198 **GUTER RAT:** Entwirf Dir einfach eigene kleine Notizformulare am Computer. Drei Platzhalter genügen schon: Name, Datum, Art der Anfrage. Fertig. Wenn Du kein PC-Freak bist, schaff Dir einen Kalender an, in den Du alle Termine und Aufgaben sofort eintragen kannst, weil er neben Deinem Telefon liegt. Fährst Du weg, so steckst Du ihn immer ein. Die freien Seiten hinten dienen Dir als Auftragsbuch usw.

Tips für die Büroeinrichtung 199

Die lästige Papierarbeit geht sehr viel schneller von der Hand, wenn Dein Schreibtisch ergonomisch ausgestattet ist.

Es gibt ein paar einfache Regeln, die Dir weiterhelfen:
Als Rechtshänder stellst Du am besten das Telefon links auf den Schreibtisch. Dann hast Du die rechte Hand zum Schreiben frei. Noch sinnvoller ist es, wenn Du auf Schnurlose umsteigst. Die hast Du immer griffbereit. Computer und Ordner haben dann rechts ihren Platz. Achte vor allem darauf, daß der Bildschirm im richtigen Winkel zum Fenster steht. Vergiß nicht Deine beiden Boxen für Aktion und Ablagen!

Hier eine Checkliste mit den wichtigsten Büroutensilien: 200

- Ablageboxen (»Sofort erledigen«, »Zu bezahlen«, »Termine«),
- Adreßkartei,
- Aktenordner,
- Briefumschläge,
- Büroklammern,
- Computer,
- Fax,
- Formulare,
- Klarsichthüllen,
- Klebeband,
- Kopierer,
- Marker,
- Notizblock,
- Papier,
- Schere,
- Schreibtischlampe,
- Tacker,
- Taschenrechner,
- Terminkalender,
- Visitenkarten.

GUTER RAT: Der erste Eindruck gibt oft genug den Ausschlag. Ein Kunde, der Dich in Deinen Büroräumen besucht, wird mit großer Sicherheit auch kritisch den Blick schweifen lassen: Flecken auf dem Teppichboden? Überquellende Aschenbecher? Kabelsalat unter dem Schreibtisch? Vergilbte Unterlagenstapel? Aufgerissene Stuhlpolster? Denke daran: Deine Räume sind Deine Visitenkarte. Deine Produkte und Dienstleistungen können noch so attraktiv sein – die Kunden werden im Zweifelsfall den Konkurrenzbetrieb wählen, der sich um ein ansprechendes Ambiente für Besucher bemüht.
Zugegeben: Nach einigen Monaten und Jahren in den eigenen Räumen wird man leicht betriebsblind und gewöhnt sich an so manchen Mangel. Gegen diesen Schlendrian gibt es aber ein ganz einfaches Mittel: Bitte doch von Zeit zu Zeit einen Freund oder Bekannten, der selten oder noch gar nicht in Deiner Firma war, Deine Räume einmal kritisch unter die Lupe zu nehmen und Dir alsdann schonungslos die Meinung zu geigen.

201 So stimmen Deine Termine

Kein Geschäftsmann kann sich Schlamperei in Terminfragen erlauben. Deine Kunden bist Du dann schnell los. Und nicht nur das: Wenn Du wirklich wichtige Fristen verpaßt, kann es teuer werden.

Beispiel: Lampendesigner Lux hat mal wieder einen fetten Auftrag abgestaubt. Das italienische Edelrestaurant Da Cassatti hat für die neue Innenausstattung bei Lux nachgefragt. Cassatti möchte auf jeden Fall etwas mit Glas und Marmor und bittet Lux um ein Angebot. Der vereinbarte Termin: 15. März. Lux hat aus den Erfahrungen der Vergangenheit gelernt. Mehr als einmal ist ihm ein Geschäft durch die Lappen gegangen, weil er den Termin zur Angebotsabgabe verschwitzt hat.

Also macht er sich sofort an die Arbeit. Bisher hat er noch nie größere Mengen Marmor gebraucht. Ein neuer Lieferant muß her. Lux erkundigt sich bei einem befreundeten Kollegen und bekommt auch prompt zwei Adressen. Noch am selben Tag fordert er die Preislisten an, die er zur Kalkulation seines Angebots dringend braucht.
Dann widmet er sich wieder seinem Tagesgeschäft. Zwei Wochen später findet er in seinem Kalender zufällig eine Notiz »Angebot abgeben«. Erst jetzt fällt ihm ein, daß die angeforderten Preislisten immer noch nicht da sind. Es hilft nichts. Das Angebot muß raus. Lux kalkuliert also blind. Ein Verlustgeschäft droht.

Mit einem vernünftigen Terminmanagement wäre das nicht passiert. 202
Und das ist sehr viel einfacher, als es scheint. Es gibt inzwischen ausgefeilte Termin-Software. Dein Computer erinnert Dich dann automatisch an wichtige Daten. Es reicht aber auch ein Karteikasten oder ein einfaches Notizbuch mit Tageseinteilung.

Terminplanung und Kontrolle per Karteikasten 203

Du brauchst: Einen Karteikasten mit 31 Unterteilungen für die Tage und 12 für die Monate

Vorn in den Karteikasten kommt die Tageseinteilung, dahinter die Monatseinteilung. Jeden Termin ordnest Du jetzt entsprechend ein. Gewöhne Dir an, Kontrolltermine einzurichten. Wenn Du bis spätestens zum 15. eines Monats etwas brauchst, muß Dein Kontrolltag vier Tage davor sein.
Lampendesigner Lux wäre nicht in Bedrängnis geraten, wenn am 10. eine Erinnerung in seinem Kalender gestanden hätte. Dann wäre immer noch genügend Zeit gewesen, sich die Listen per Fax schicken zu lassen. Falls Du viele langfristige Aufträge bearbeitest, kannst Du auch pro Vorgang und Auftrag drei verschiedenfarbige Karten verwenden – beispielsweise weiß, grün und rot. Die weiße Kundenkarte steht für Deinen

ursprünglich geplanten Termin, die grüne dient als Kontrollkarte. Wenn Du bei der roten Karte angekommen bist, heißt das »keinen Aufschub mehr«.

Für die Westentasche

Ein kleines Ringbuch mit Monatseinteilung kann Dir auch gute Dienste leisten. Für jeden Kunden heftest Du ein gesondertes Blatt zum entsprechenden Termin ein (oder vermerkst diesen im Buch selbst). Wenn die Sache erledigt ist, kommt das Blatt zum nächsten Termin. Auf diese Weise hast Du nicht nur einen immer aktuellen Terminkalender. Du kannst das Notizbuch gleichzeitig als tragbare Kundenakte nutzen.

Trick

Vor die Wahl zwischen zwei Möglichkeiten ...

204 **... sind wir oft gestellt und zögern dann vielfach die Entscheidung hinaus. Nein! Das darf Dir nie passieren! Daher: Wenn es um Geringfügiges geht, entscheide Dich sogleich. Über Wichtiges schlafe eine Nacht und triff dann ohne weitere Umschweife Deine Wahl. Danach vergiß alle sonstigen Entscheidungsmöglichkeiten. Denke an den alten Spruch: Wem jede Entscheidung schwerfällt, der kommt zu keiner.**

So bekommst Du selbst den stressigsten Tag in den Griff 205

Wer kennt das nicht als Selbständiger – Zwölf-Stunden-Tag im Dauerstreß, und die Arbeit wird nicht weniger. »Mein Tag müßte 30 Stunden haben«, das hört man oft bei Selbständigen – gerade in der Gründungsphase. Doch Streß entsteht auch durch mangelnde oder falsche Organisation. Jeder kennt die Zeitfresser. Permanent klingelt das Telefon, Mitarbeiter stellen Fragen, unerwarteter Besuch taucht auf. Das Wesentliche bleibt dann liegen.
Sogenannte Zeitexperten haben Bücher mit mehr oder weniger nutzbringenden Tips zum Thema Zeitmanagement gefüllt. Ein vielleicht für Dich brauchbarer Ratschlag: »Steh eine Stunde früher auf, dann hast Du eine Stunde mehr Zeit.«

Beispiel: Malermeister Munter versteht die Welt nicht mehr. Jeden Tag bis 20 Uhr im Betrieb. Dazu noch die Wochenenden. Und immer noch liegen unerledigte Aufträge, Bestellungen, Angebote – eben ein Riesenpapierwust – auf seinem Schreibtisch. Ein Wochenende mit der Familie hat er seit Ewigkeiten nicht mehr gehabt, Freunde beim Sport zu treffen ist sowieso nicht drin.
In Munters Leben spielt Freizeit keine Rolle mehr: »Ich wußte teilweise nicht mehr, wo mir der Kopf steht.« Das war, bevor Munter die Zeitfresser in seinem Arbeitsalltag dingfest machte. »Irgendwann ist mir aufgefallen, daß ich unglaublich viel Zeit mit Routineaufgaben verbringe«, erzählt Munter. Für viele Chefs ist das typisch: eben mal so nebenher noch schnell dies und das erledigen. Ein paar Kundentelefonate führen, einen unangemeldeten Vertreter empfangen. Und schon ist der Vormittag vorbei. Seit einem halben Jahr macht Munter sich einen festen Tagesplan, von dem er nur in Notfällen abweicht. Sein Fazit: »Es ist unglaublich. Ich leiste genausoviel wie früher. Brauche aber nur die Hälfte der Zeit dafür.«

Wenn Du ein paar grundlegende Regeln beachtest, kannst auch Du viel Zeit gewinnen und locker durch den Tag kommen.

> Das beste Büro kann man auf den hinteren Sitzen eines Autos unterbringen.
>
> *(Paul Getty)*

206 **1. Fixiere Deinen Tagesplan schriftlich**

Das ist die goldene Regel der Zeitplanung. Schreibe alles, was Du tun mußt, auf. Wenn etwas schwarz auf weiß auf dem Papier (Terminkalender) steht, wird es verbindlicher. Du wirst es sehen. Es fällt dann nicht mehr so leicht, diese Dinge zu verschieben. Wenn Du eine komplette Liste mit allen Vorhaben für den Tag hast, setzt Du Dir für jeden Punkt einen festen zeitlichen Rahmen. Notiere hinter jedem Punkt, wie lange Du dafür brauchst, wann genau Du damit beginnen willst und wann die Sache beendet sein soll.

GUTER RAT: Verplane nie mehr als 60 Prozent Deiner Zeit. Den Rest brauchst Du als Puffer für Unvorhergesehenes und Verzögerungen.

207 **2. Erledige Wichtiges zuerst**

Dein Tagespensum füllt wahrscheinlich eine Riesenliste. Das darf Dich aber nicht abschrecken. Längst nicht alles ist so wichtig, daß es sofort erledigt werden müßte. Eine einfache ABC-Einteilung hilft Dir, die Dinge nach Wichtigkeit zu ordnen. Unter A fallen nur sehr wichtige Dinge, die Du selbst erledigen mußt. Den Rest kategorisierst Du – je nach Wichtigkeit – mit B und C.

Konzentriere Dich zunächst einmal auf A. Den Rest solltest Du, soweit es geht, delegieren. Wenn Du Dir nicht ganz sicher bist, wie eine Aufgabe zu beurteilen ist, dann helfen Dir folgende drei Fragen:

- Warum muß es gemacht werden?

- Warum muß es heute sein?
- Warum muß ich es tun?

Überlade Deinen Tagesplan nicht, gewöhne Dich Schritt für Schritt an planvolles Vorgehen. Wer sich zuviel abverlangt, scheitert.

3. Schaff Dir täglich eine stille Stunde 208

Pläne sind dazu da, daß man sich an sie hält. Das klingt wie eine Binsenweisheit. Doch immer wieder passiert es gerade Geschäftsleuten, daß sie sich von vermeintlich wichtigen Dingen ablenken lassen. Es fällt Dir leichter, konsequent nach Plan zu arbeiten, wenn Du zwei oder drei Fixtermine am Tag einrichtest. Du brauchst eine stille Stunde am Tag, in der Du völlig ungestört bist. Das heißt, kein Telefonat, kein Besuch, absolut keine Störung. Du wirst sehen, daß Du in dieser stillen Stunde doppelt soviel wegschaffst wie sonst.

Eine weitere Stunde für Post und Telefonate. Gewöhne Dir an, alle Rückrufe zu bündeln. Das hat gleich mehrere Vorteile. Erstens unterbrichst Du nicht eine andere Arbeit durch Anrufe. Außerdem hält man sich erfahrungsgemäß kürzer, wenn noch mehrere Anrufe anstehen.

Falls Du mehrere Mitarbeiter hast, solltest Du auch für sie jeden Tag einen festen Besprechungstermin festlegen. In der Regel genügt morgens und abends ein kurzes Meeting, um die tagesaktuellen Dinge zu bereden.

Hab keine Angst vor dem Delegieren. Gerade Neugründer können schwer loslassen. Und wollen – verständlicherweise – alles unter Kontrolle behalten. Doch dadurch halst Du Dir zu viele Routineaufgaben auf, die ein anderer genauso gut erledigen kann. Konzentriere Dich auf Deine Kernaufgabe, die Führung Deines Ladens.

4. Für Zeitfresser fertige ein Protokoll 209

Deine stille Stunde kannst Du natürlich nicht in die Rush-hour legen. Du mußt also zunächst herausfinden, wann am Tag die heißen Phasen sind. In der Regel weißt Du selbst am besten, wann es so richtig rundgeht. Trotzdem solltest Du zwei oder drei Tage lang ein Störprotokoll führen.

Du wirst erstaunt vom Ergebnis sein. Ein Störprotokoll ist einfacher, als es sich anhört. Ein Zettel mit Stundeneinteilung auf dem Schreibtisch genügt. Mach einfach bei jedem Anruf oder Besuch einen Strich. So siehst Du schnell, wann am meisten los ist. Dann kannst Du auch Deine Fixtermine wunderbar in Deinen Tagesplan integrieren.

GUTER RAT: Versuche nie, gegen Deine innere Uhr zu arbeiten. Wenn Du morgens nur langsam anläufst, hat es keinen Zweck, wichtige Kundenbesprechungen auf 8 Uhr früh zu legen. Belaß es dann lieber bei Routineaufgaben und leg richtig los, wenn Du fit bist.

210 **5. Lege Zeitlimits fest**

Kundengespräche oder Vertreterbesuche arten schon einmal aus. Man quatscht sich fest, und der Nachmittag ist dahin. Setze Dir deshalb selbst eine Deadline für solche Treffen. Keiner nimmt es Dir übel, wenn Du zeitig erklärst, daß Du hinterher noch einen Termin hast. Falls Du bereits eine Sekretärin hast, so weise sie an, Dich nach einer Viertelstunde anzurufen und an einen »Soforttermin« zu erinnern. Wenn nicht, plaziere einen Wecker auf Deinen Schreibtisch, den Du vorher entsprechend eingestellt hast.

211 Deine Langzeitplanung

In der Alltagshektik verliert man oft den Blick fürs Ganze. Du bist zwar mit großen Plänen und hochstrebenden Zielen an den Start gegangen, doch dann verlierst Du Dich im Alltagsgeschäft. Die Geschäftserweiterung, die neue Filiale, der neue Geschäftszweig werden von Jahr zu Jahr verschoben, weil noch anderes zu tun ist. Das muß nicht sein. Erfolgreiche Unternehmer lassen ihr Fernziel nie aus den Augen. Im Gegenteil, sie steuern gezielt darauf hin – in kleinen Schritten, aber konsequent und geradlinig.

Beispiel: Als Christiane Schönborn Freunden und Bekannten von ihrer Vision erzählte, wurde sie von allen belächelt. Völlig übergeschnappt, dachten die meisten. Ehrgeizig war die junge Kauffrau schon immer. Von einer PR-Agentur mit Full-Service träumte sie seit ihrer Ausbildung. Als sie eine kleine Erbschaft machte, rückte der Traum in greifbare Nähe. Sie stellte zwei Journalisten und einen Grafiker ein und legte los. Aus der kleinen Klitsche entwickelte sich schnell ein gutgehendes Marketing-Büro, das inzwischen auch große Unternehmen zu seinen Kunden zählt. Konsequent hat sie andere Unternehmen aus dem Medienbereich an sich gebunden – eine Druckerei, Video- und TV-Spezialisten, Layouter und Werbefachleute. Unermüdlich hat sie Kontakte geknüpft. Die Ferien verbrachte sie in den ersten Jahren mit Weiterbildungen. Sprachkurse im Ausland und Fachseminare standen auf dem Programm. Der Einsatz hat sich gelohnt. Die gelernte Bankkauffrau gilt in der Branche als PR-Spezialistin für medizinische Geräte im Mittelstands-Marketing. »Es hat ein paar Jahre gedauert, aber jetzt bin ich fast am Ziel«, sagt Christiane Schönborn.

GUTER RAT: Was Dich selbst betrifft, so rate ich Dir, Dir ganz schnell einen Lebenszeitplan aufzustellen. Ohne ihn verzettelst Du Deine Zukunft. Lege fest, was Du erreichen willst:

1. Geschäftlich (z. B. Dein eigener Herr sein, andere übertrumpfen, kreativ sein wollen).
2. Privat (z. B. finanzielle Unabhängigkeit erreichen, einem Partner imponieren, es anderen zeigen, eine Traumvilla besitzen)

1. Was willst Du? 212

Natürlich weißt Du genau, was Du willst. Schließlich hast Du es geschafft, Dein eigener Chef zu werden. Und wenn Du strategisch geschickt vorgehst und zum richtigen Zeitpunkt zupackst, kommst Du Schritt für Schritt Deinem Ziel näher.

Ein altes chinesisches Sprichwort sagt: »Schau immer genau in die Richtung, in die Du gehen willst.« Einen ersten Schritt in Richtung Selbständigkeit hast Du bereits getan. Und was Du werden willst, ist klar: erfolgreich.

Jetzt nimm Dir einmal die Zeit und schreibe in einfachen Worten auf ein Blatt Papier, was Du ganz konkret für Dich und Dein Unternehmen erreichen willst. Ganz egal, was es ist, schreib es auf. Willst Du mit Vierzig genug Geld verdient haben, um nicht mehr arbeiten zu müssen? Willst Du Marktführer werden? Später einmal eine ganze Kette von Läden besitzen?

Im zweiten Schritt splittest Du Deinen Lebenstraum auf:

- Wo willst Du in 15 Jahren stehen?
- Wo mußt Du dann logischerweise in fünf Jahren sein?
- Was kannst Du innerhalb von zwölf Monaten tun, um Deinem Ziel näher zu kommen?

Du wirst sehen, wenn Du versuchst, diese Dinge aufzuschreiben, konkretisieren sich ganz automatisch Pläne, die vorher nur nebulös in Deinem Kopf vorhanden waren. Gleichzeitig fallen unrealistische Vorstellungen durch das Raster.

GUTER RAT: Ziele sind etwas Schönes und Positives. Denk daran, wenn Du sie aufschreibst.
Was positiv formuliert ist, erscheint auch besser und weniger bedrohlich. Also: »Ich will zehn neue Großkunden gewinnen.« Nicht: »Ich darf keine Kunden verlieren.«

2. Was kannst Du?

213 Zu jeder wirksamen Strategie gehört eine Bestandsaufnahme. Du kannst keine sinnvollen Maßnahmen ergreifen, wenn Du nicht genau weißt, wo Du stehst. Das ist eine nicht ganz einfache Selbstanalyse. Und wieder geht es ans Aufschreiben. Dieses Mal listest Du exakt Deine Stärken und Schwächen auf.

Bist Du vielleicht ein Verkaufsgenie? Oder sind Zahlen Deine heimliche Leidenschaft? Bist Du besonders kreativ? Oder hast Du ein Händchen für Handwerkliches? Überlege genau, was Du brauchst, um Deinem Ziel näher zu kommen. Jetzt siehst Du genau, welche Deiner Fähigkeiten Du ausbauen kannst, wo Du an Dir arbeiten mußt und wo Du einfach eine Alternative suchen mußt, weil Dein Potential nicht ausreicht.

3. Was mußt Du tun? 214

Jetzt bist Du schon einen großen Schritt weiter. Du weißt, was Du willst und was Du kannst. Nun heißt es, die richtige Entscheidung zu treffen. Es ist an der Zeit, einen detaillierten Maßnahmenkatalog zu entwerfen. Mußt Du einen Französischkurs besuchen, weil Du viele Geschäftspartner im französischsprachigen Ausland hast oder weil Du auf diesen Markt möchtest? Fehlt vielleicht zu Deiner neuen Produktidee noch ein bißchen technisches Know-how? Am einfachsten und besten ist es, Du gehst von oben nach unten vor.

Also: 1. Jahresziel: Französisch lernen.
2. Informationen über Kurse einholen.
3. Freiraum schaffen.
4. Anmelden.

Auf diese Weise integrierst Du die notwendigen Schritte für Dein Fernziel in Deinen Arbeitsalltag.

4. Vergiß die Kontrolle nicht 215

Selbst der beste Plan ist nicht vor Änderungen sicher. Gerade bei langfristigen Projekten ist es deshalb ganz wichtig, daß Du regelmäßig gegencheckst. Was heißt das? Selbst dem glücklichsten Händchen geht einmal etwas daneben. Und nicht alle äußeren Umstände lassen sich perfekt kalkulieren. Unvorhergesehenes kann Dich zwingen, Deinen Weg neu zu überdenken. Wenn alles wie am Schnürchen läuft, weiter so. Doch wenn sich Widerstand regt, sofort gegenchecken.

Drei Fragen mußt Du Dir stellen:

- Sind Deine Grundannahmen überhaupt noch richtig, oder haben sich die Umstände geändert?
- Sind Deine geplanten Schritte noch angemessen, oder solltest Du besser auf Alternativen zurückgreifen?
- Wie sieht es mit Deinem Zeitplan aus? Ist er realistisch, oder mußt Du ein bißchen was zugeben?

Nimm Dir einmal im Jahr die Zeit, auf diese Weise Dein Vorgehen zu hinterfragen. Du kannst daraus ruhig eine Art Ritual machen – am Tag vor Weihnachten, an Silvester, zu Deinem Geburtstag. Solche Termine bieten sich besonders gut an, weil man sie nicht so leicht verschwitzt. Außerdem läufst Du nicht zu schnell Gefahr, Dich in etwas zu verrennen und durchzuhängen.

Trick

Begeistere Dich für Dein Tun!

Und Du begeisterst andere mit. So macht das Geldverdienen Spaß. Mit Freude bei der Sache sein – das motiviert Dich immer wieder neu. Das schafft Dir dann auch die nötige Ausstrahlung bei Deinen Kunden.

216 **Sieh die Dinge nüchtern**

Wenn es doch einmal passiert, daß Dich der große Frust packt, hilft ein einfacher Trick. Versuche, Dir in Deiner momentanen Situation folgende Frage zu stellen: Was wäre das Schlimmste, was eintreffen kann, wenn ich die nächste Etappe nicht wie geplant erreiche? Die Folgen sind nämlich oft gar nicht so dramatisch, wie es zunächst erscheint. Das soll Dich nicht von Deinem Plan abbringen. Aber Relativierung vermindert den Streß, und Du hast wieder einen klaren Kopf.

Wenn Du merkst, daß Du ständig hinter Deiner Planung herhinkst, hilft nur eines – noch detaillierter und präziser planen. Je detailgenauer Du Dein Ziel aufsplittest, um so besser. Schraube jedes Vorhaben auf ganz überschaubare Monatsziele zurück. Die trägst Du dann in Deinen

Kalender ein. Du kannst Dir auch einen entsprechenden Plan an Deine Pinnwand oder einfach so über den Schreibtisch hängen. Nach dem Motto: Was man ständig vor Augen hat, nimmt man sich zu Herzen.

Trick

Leiste Dir keine Halbheiten!

Laß keinen merken, daß Du als kleiner Krauter anfängst. Nur als 217
Handwerker darfst Du bei Deinen Kunden in Jeans erscheinen. Oder als bekannter Star im Fernsehstudio. Oder als Bestsellerautor in Deinem Verlag.
Ansonsten lege die letzte Mark in elegante, höchstqualitative Bekleidung an. Lieferanten und Kunden möchten nur mit Dir zu tun haben, wenn Deine Person und Deine Umgangsformen Vertrauen erwecken. So ist nun mal die Welt – passe Dich ihr an. »Aus Prinzip« und Sturheit an den liebgewonnenen, bequemen oder abgetragenen Klamotten festhalten zu wollen – diese Einstellung zeigt schon jetzt, daß Du es im »höheren« Geschäftsleben zu nichts bringen wirst. Merke: Entweder Du sitzt im feinen Anzug in einem Mercedes, oder Du liegst im schmierigen Anzug darunter.

Chef: Einer für alle, alle gegen einen.
(Gerhard Uhlenbruck)

So kommst Du bestens mit Deinen Mitarbeitern aus 218

Teile aus – aber richtig

Als Chef bleibt es Dir nicht erspart: Wenn irgendwas nicht so läuft, wie 219
Du es willst, mußt Du den Fehler finden und Deine Mitarbeiter sachlich, aber bestimmt darauf hinweisen. Das Problem dabei: Wer läßt sich schon gern maßregeln? Viele Mitarbeiter reagieren verschnupft oder

gar persönlich beleidigt. Folge: Das Betriebsklima sinkt, und Du beginnst zu überlegen, ob Du die nächste Kritik aus Rücksicht lieber unausgesprochen läßt. Hier hilft nur die richtige Strategie beim Kritisieren.

Beginne positiv: Egal, was Du Deinem Mitarbeiter an Kritik reindrücken möchtest, beginne erst mal mit einem kleinen Lob. Das bessert die Stimmung und vermittelt den Eindruck, daß Du Dein Gegenüber nicht generell für einen schlechten Angestellten hältst.

Nicht vor versammelter Mannschaft: Kritik darfst Du generell nur dann austeilen, wenn Du mit dem entsprechenden Mitarbeiter allein bist. Ansonsten kommt schnell der Eindruck auf, Du wolltest ihn vor seinen Kollegen bloßstellen – und dann bewirkt Deine gutgemeinte Kritik mit Sicherheit gar nichts.

Werde nicht drastisch: Auch wenn Du Dich über einen Mitarbeiter richtig geärgert hast, nützt es gar nichts, wenn Du ihn herunterputzt. Geschehenes ist eh nicht zu ändern. Der Bemängelte muß eher das Gefühl bekommen, mit Dir zusammen im Gespräch Probleme und Lösungen zu diskutieren. Bedenke zudem: Ein gutes Wort und ein Lob ersetzen oft eine Gehaltserhöhung.

220 **GUTER RAT:** Viele Chefs meinen, einem neuen Mitarbeiter erst einmal eine Schonzeit gewähren zu müssen, bevor sie ihn kritisieren. Das kann richtig sein, wenn es sich bei seinen Fehlern um Kleinigkeiten handelt. Sind es jedoch echte Patzer, die Dein neuer Mann am laufenden Band fabriziert, dann mußt Du so bald wie möglich mit ihm sprechen – und wenn es zwei Wochen nach seinem ersten Arbeitstag ist. Das aus zwei Gründen: Einmal werden solche Fehler sonst zur Gewohnheit und lassen sich nur schwer wieder abstellen. Zum anderen wird Dein Mitarbeiter während der Schonfrist der Überzeugung sein, seine Arbeit wäre korrekt – die kalte Dusche einer verspäteten Kritik kommt dann um so unangenehmer.

Deshalb:

- **Halt die Leine kurz!**
  Sonst sind die Folgen fatal. Die Mitarbeiter dürfen sich keine eigenen Regeln schaffen! Von Anfang an mußt Du klare Anordnungen geben, wonach man sich zu richten hat. Chef sein heißt: führen und bestimmen.
- **Reagiere sogleich und eindeutig auf Verstöße.**
  Das heißt am gleichen Tag. Eindeutig bedeutet, verbindlich und verständlich. Mach deutlich, daß Du bei weiteren Verstößen härter vorgehen wirst. Drohe nicht gleich mit der Kündigung. Wirksame Mittel sind das Verschieben einer Gehaltserhöhung, der Ausschluß von weiterer Förderung und Beförderung, die Kürzung von freiwilligen Zahlungen, die Gehaltskürzung per Änderungskündigung oder die Abmahnung.
- **Kündige nur vollziehbare Maßnahmen an!**
  Maßnahmen also, die Du tatsächlich auch vornehmen willst und kannst. Sonst verlierst Du an Autorität und Glaubwürdigkeit – und wirst nicht mehr respektiert (was übrigens auch für die Kindererziehung gilt). Merke Dir: Es ist nicht Deine Aufgabe, von den Mitarbeitern geliebt zu werden. Wichtiger ist, daß Du als Chef geachtet wirst.
- **Drücke bei Fehlern nicht beide Augen zu.**
  Es sei denn, bei Nebensächlichkeiten – sonst aber nie! Autoritätsverlust kannst Du Dir nicht erlauben. Du bist der Chef.
- **Scheue Dich nicht, Härte zu zeigen!**
  Wenn es sein muß, statuiere auch einmal ein Exempel und trenne Dich von einem Mitarbeiter. Das hat meist heilsame Wirkung auf die anderen. Sonst aber gilt:

Hab ein offenes Ohr 221

Mitarbeiter, die mit Dir sprechen wollen, müssen immer das Gefühl haben, daß Du Deine ganze Aufmerksamkeit ihnen und ihrem Anliegen widmest. Auch wenn das Problem aus Deiner Sicht vielleicht nicht zu den drängendsten der Firma gehört, solltest Du keinesfalls nur mit halbem Ohr lauschen oder offensichtlich uninteressiert erscheinen. Bedenke: Für Deine Sekretärin beispielsweise ist ein chronisch defekter

Kopierer ein Problem, das ihren gesamten Berufsalltag bestimmt. Also: Nimm die Probleme ernst und vermittle Deinem Gegenüber auch genau dieses Gefühl.
Zeige Reaktionen auf das, was Dir Dein Gesprächspartner erzählt. Einfaches Kopfnicken, ab und zu ein bestätigendes Lächeln – das wirkt Wunder. Andersherum kannst Du eine Gesprächssituation dauerhaft vergiften, wenn Du, während der andere spricht, gelangweilt an die Decke starrst oder gar in Gähnen ausbrichst.
Merke: Deine Mitarbeiter erwarten von Dir Bestätigung für ihre Arbeit und Motivation. Sie wollen nicht nur als Rollenträger verwaltet, sondern als Mitglieder eines Teams sanft dirigiert werden.

222 Wenn Du Zweifel bei der Neueinstellung hast

Eigentlich ein guter Mann, der da seine Bewerbung bei Dir abgegeben hat. Aber Du willst auf keinen Fall jemanden, der in seinem alten Job wegen Trunksucht, Diebstahls, Werkspionage oder ähnlich gravierenden Fehlverhaltens aufgefallen ist.
Ein einfaches Mittel ist hier der Anruf beim alten Arbeitgeber. Der ist nämlich aus Gründen der Schadensabwehr gesetzlich verpflichtet, Dir über solche eklatanten Taten seines Exmitarbeiters Auskunft zu geben. Schweigt er darüber, kannst Du ihn später – falls etwas passiert – vor den Kadi ziehen. In aller Regel jedoch wird der Exarbeitgeber auf Mitarbeiter, die bei ihm großen Ärger verursacht haben, nicht gut zu sprechen sein und gern seine Erfahrungen an Dich weitergeben.

Wenn der beste Angestellte kündigt

223 Schön ist es nicht, wenn Deine fähige Sekretärin, Dein genialer Programmierer oder Dein erfolgreicher Verkäufer plötzlich die Kündigung einreicht. Aber es hilft jetzt gar nichts, beleidigt zu sein und kein Wort mehr mit der »treulosen Tomate« zu reden. Ein Mitarbeiter, der geht, wird schon seine handfesten Gründe dafür haben – und je mehr dieser Gründe Du kennenlernst, um so besser für Dich, Deine Erfahrung und Deinen Betrieb.
Nutze also das Abschiedsgespräch als Chance, offen und ehrlich von

einem Insider gesagt zu bekommen, was ihm nicht paßt. Denn wenn Dein scheidender Mitarbeiter nicht das Gefühl hat, daß Du ihm unendlich böse bist, wird er Dir freimütig Schwachstellen in Deinem Betrieb nennen, die es auszumerzen gilt. Und auch, wenn Dir manche Vorwürfe vielleicht haltlos vorkommen und Du Dich nun doch ärgerst, bewahre auf jeden Fall kühlen Kopf und laß Deinen Gesprächspartner ausreden. Denn ein finaler Streit nützt Dir gar nichts – eine ehrlich gesagte Meinung hingegen viel.

Wie Du Deine Verkaufsmannschaft fit machst 224

In den allermeisten Gewerbearten lebst Du von zufriedenstellenden Umsatzzahlen – mit anderen Worten, vom Verkaufserfolg. Und da Du in Deinem Geschäft nicht alles selber machen kannst, mußt Du zwangsläufig auf einen oder mehrere Verkäufer zurückgreifen.
Leider ist kompetentes und fachlich geschultes Verkaufspersonal in vielen Geschäften eine Seltenheit. Der eine kennt nicht das gesamte Sortiment, der andere kann ein Produkt nicht richtig vorführen, und der nächste weiß nicht, wie lange eine Nachbestellung dauert. Das sind jedoch die Grundlagen des Verkaufsgeschäfts – das mußt Du Deinen Mitarbeitern einfach einbleuen. Im Gespräch mit dem Kunden helfen oft ein paar ganz einfache Kniffe:

Drei Argumente, die Umsatz bringen:

1. »Millionen Kunden können nicht irren.«
   Ein Hinweis, daß das Produkt zu den meistgekauften gehört, zieht bei solchen Kunden, die einen unsicheren Eindruck machen. Doch Vorsicht: Bei Kunden mit exklusivem Geschmack geht dieser Schuß total nach hinten los. Da muß das Argument eher heißen: »Das ist etwas für den ganz speziellen Geschmack – das kauft nicht jeder.«
2. »Davon haben wir nur noch zwei Stück auf Lager.«
   Diese kleine Bemerkung bewirkt beim Kunden zweierlei: Zum einen glaubt er, daß dieses Produkt bereits von vielen Leuten

gekauft wurde. Zum anderen keimt in ihm die Angst, er könne unter Umständen zu spät kommen, wenn er nicht sofort zuschlägt.

3. »Das habe ich auch bei mir zu Hause stehen.«
   Ganz klar: Wenn selbst der erfahrene Verkäufer, der sich ja auf dem Markt auskennen muß, genau dieses Produkt gewählt hat, dann kann das nicht schlecht sein.

So kaufst Du besonders günstig ein

225 Die meisten Geschäftsleute versuchen – auch alte Hasen –, hauptsächlich über den Preis und den Umsatz Gewinn zu machen. Tatsächlich beginnt das Geschäft aber schon beim günstigen Einkauf. Ein Prozent Ersparnis beim Einkauf kann Dir genausoviel Gewinn bringen wie zehn Prozent mehr Umsatz. Die ganz Großen im Wirtschaftsleben haben das schon längst bemerkt und nutzen diese Erkenntnis denn auch reichlich aus, indem sie ihren Zulieferern das Wasser abgraben und ihnen die Preise diktieren. Bei Einsteigern sind diese rigiden Methoden Gott sei Dank nicht üblich. Trotzdem kannst auch Du beim Einkauf eine Menge Geld sparen, das Du ja gerade am Anfang dringendst brauchst. »Innovative Beschaffungsstrategien« heißt das im Fachjargon. Dahinter stecken im Grunde einfache, aber sehr pfiffige Ideen.

226 **Bei Preisagenturen arbeiten Profis für Dich**

Seit ein paar Jahren sind Preisagenturen aus dem Geschäftsleben nicht mehr wegzudenken. Diese Agenturen besorgen alles, was Du willst, von der Büroeinrichtung bis zum Sargdeckel. Das Prinzip ist sehr einfach. Die Agentur recherchiert für Dich, wo Du die gewünschte Ware zum günstigsten Preis bekommst. Als Entlohnung verlangt sie in der Regel bis zu 30 Prozent der Preisersparnis. Das ist immer noch ein sehr gutes Geschäft für Dich. Ein Kölner Schreibservice konnte bei der Anschaffung für die Büroersteinrichtung durch die Zusammenarbeit mit einer solchen Agentur über 20 000 Mark sparen – das entsprach etwa 40 Prozent der ursprünglich veranschlagten Summe. Es gibt inzwischen sogar Agenturen, die international arbeiten und auch Daueraufträge übernehmen. Aber auch regional gibt es mittlerweile viele kleinere Agenturen, die sich bestens auskennen und Dir alles Gewünschte auch aus der Umgebung besorgen. Das kann für Dich durch die geringeren Lieferkosten noch einmal Preisvorteile bringen. Die Adressen von solchen Agenturen findest Du im Branchenbuch.

Die Zusammenarbeit mit Preisagenturen ist gerade für Neulinge ideal. Du hast ja anfangs alle Hände voll zu tun und kaum Zeit, Dir einen ausgiebigen Marktüberblick zu verschaffen, wenn es um die Einrichtung Deines Büros oder sonstige Anschaffungen geht. International arbeitende Agenturen bieten Dir einen weiteren, nicht zu unterschätzenden Vorteil: Du bist dann nämlich nicht wie die Konkurrenz auf bestimmte Platzhirsche der Branche, die oft eine ganze Region beliefern, angewiesen. Die oft sehr viel günstigeren Lieferanten aus dem Ausland können auch sehr erfrischend für die Produktpalette sein, weil ihr Angebot eben ein bißchen anders ist.

Du sparst am meisten, wenn Du präzise Vorgaben machst. Du mußt lediglich angeben, was genau Du haben möchtest. Folgende Angaben braucht die Agentur: Die Art des gesuchten Produkts – wenn es geht, lieferst Du am besten eine genaue Typbezeichnung. Du solltest auch angeben, welche Garantie- und Serviceleistungen für Dich wichtig sind. Ein supergünstiger Computer macht sich im Endeffekt nicht bezahlt, wenn Du bei Ausfällen niemanden findest, der Dir das Gerät repariert. Wichtig ist auch eine Zeitvorgabe. Gib also an, wann Du spätestens die gewünschten Sachen brauchst.

Bedenke: Aufträge, die Du einmal vergeben hast, sind verbindlich. Auch wenn Du Dich entschließen solltest, die Waren nicht zu kaufen, mußt Du der Agentur die Provision zahlen.

Als Orientierung – und als Maßstab für ihre Preiskalkulation – nehmen die Agenturen einen offiziellen Durchschnittswert, wie es ihn beispielsweise für Gebrauchtwagen gibt. Eine andere Möglichkeit ist, daß die Agentur unter dem Preis liegen muß, den Du bereits als Angebot vorliegen hast. Was heißt das? Wenn Du Dir ein Angebot vom exklusivsten Bürodesigner der Stadt für Deine Einrichtung machen läßt, hat es die Agentur nicht schwer, preislich darunter zu liegen. Für Dein Vergleichsangebot wählst Du also eine möglichst niedrige Preiskategorie. Denn sonst fällt die Preisdifferenz zum Angebot der Agentur – und damit die fällige Provision – unangenehm hoch aus.

Trick

Tu Dich mit Gleichgesinnten zusammen, dann sparst Du Geld

Die Sache liegt doch auf der Hand: Je mehr Du einkaufst, desto mehr kannst Du den Preis nach unten drücken. Deshalb solltest Du Dich einmal in Deinem Geschäftsumfeld umschauen, ob es nicht ein paar Geschäftspartner gibt, die die gleichen Waren brauchen oder beim gleichen Lieferanten einkaufen. Wenn Ihr Euren Einkauf miteinander verbindet, habt Ihr eine sehr gute Verhandlungsposition. Das kann sich schon bei Kleinigkeiten wie Fax- und Briefpapier lohnen.

227 Du kannst natürlich auch Deinen gesamten Warenbestand mit anderen gemeinsam einkaufen. Doch dann solltest Du eine Kooperation mit festen Regeln ins Leben rufen.

228 Die klassischen Verbindungen sind Einkaufsgenossenschaften. Du kannst einer bereits bestehenden beitreten oder aber eine eigene gründen. Informationen erhältst Du beim Zentralverband Gewerblicher Verbundgruppen e. V. (Vorgebirgsstr. 43, 53119 Bonn, Tel. 02 28/9 85 84-0) oder beim Bundesverband Materialwirtschaft, Einkauf und Logistik e. V. (Bolongarostr. 82, 65929 Frankfurt/Main, Tel. 0 69/3 08 38-0). Einkaufsgenossenschaften sind aber nur interessant, wenn Du langfristig und dauerhaft mit anderen zusammen Deinen Einkauf koordinieren willst.
Wenn Du nur hin und wieder mit anderen einkaufen willst, also keine langfristigen rechtlichen und finanziellen Bindungen eingehen willst, dann kannst Du Dich von Einkauf zu Einkauf neu entscheiden. Bei der Industrie- und Handelskammer, Deinem Fachverband oder der örtlichen Organisation der Gewerbetreibenden findest Du mit Sicherheit Interessenten für Dein Vorhaben.

Auktionen bieten Schnäppchenjägern tolle Chancen 229

Wenn Du nicht auf ein ganz bestimmtes Stück festgelegt bist, einen bestimmten Computertyp oder einen ganz bestimmten Schreibtisch, dann kannst Du bei einer Auktion mit ein bißchen Glück ein tolles Schnäppchen machen. Auktionshäuser gibt es in jeder größeren Stadt, auch die städtischen Pfandhäuser und ebenso das Finanzamt veranstalten regelmäßig Versteigerungen.
Wenn Du Glück hast und sich zufällig niemand für das Stück, das Dein Interesse erregt hat, interessiert, kannst Du es zum Mindestpreis mitnehmen. Ein Geschäftsmann aus Saarbrücken hat beispielsweise einen zwei Jahre alten Lieferwagen für 12 000 Mark ersteigert – und damit im Vergleich zu einem gleichwertigen Wagen vom Händler satte 15 000 Mark gespart.
Auktionstermine werden vier bis sechs Wochen vorher in der Tageszeitung angekündigt. Du kannst dann sofort bei der betreffenden Stelle anrufen und einen Katalog anfordern. So siehst Du auf einen Blick, ob die Versteigerung für Dich interessant ist. Große Auktionshäuser nehmen Dich auch gern in ihren Verteiler auf. Dann wirst Du automatisch informiert, wenn eine Versteigerung stattfindet.
Wenn Du im Katalog ein interessantes Objekt gefunden hast, etwa eine Maschine, dann ist es natürlich selbstverständlich, daß Du Dich vorher informierst, welchen Marktwert die Maschine hat und was sie Dich neu kosten würde.

Achtung: Ersteigerte Waren sind sogenannte Handkäufe. Außer bei groben Mängeln, die Du nicht sehen konntest, hast Du keine Chance, zu reklamieren. Du erhältst lediglich die Garantie, daß die Ware frei von Rechten Dritter ist.

Kaufe direkt ab Fabrik günstig ein 230

Oftmals kannst Du Dir den Umweg über den Handel sparen. Du kannst nämlich auch Einzelstücke direkt ab Fabrik kaufen. Viele Hersteller wollen auf diese Weise die Ware der letzten Saison oder leicht fehlerhafte Modelle loswerden. Dafür sind sie bereit, die Sachen für einen Bruchteil des Ladenpreises zu veräußern. Manche Hersteller verkaufen bei einem solchen Werksverkauf auch ihre gesamte Produktpalette zum Schleuderpreis. Beim Fabrikkauf sind Ersparnisse bis zu 70 Prozent drin. Adressen findest Du in sogenannten Einkaufsführern.

231 So drückst Du beim Einkaufen die Preise

Du hast kein Geld zu verschenken. Gib Dich deshalb nie sofort mit dem Preis zufrieden, den der Händler oder Fabrikant Dir vorschlägt. Du solltest zumindest den Versuch machen, zu verhandeln. In der Regel ist immer noch ein Nachlaß drin. So kannst Du noch die eine oder andere Mark sparen.

232 Wie hoch sind die Rabatte in den einzelnen Branchen?

Beim Einkauf gilt die Faustregel: Je höher die Handelsspanne, desto mehr Rabatt ist drin.
Was ist die Handelsspanne? Sie bestimmt den Gewinn und ist die Differenz zwischen Einkaufs- und Verkaufspreis. Kauft ein Händler beispielsweise eine Kleinmaschine für 1000 Mark und verkauft sie für 1700 Mark, ergibt sich eine Handelsspanne von 41,2 Prozent (700 Mark Gewinn, bezogen auf den Gesamtpreis von 1700 Mark = 41,2 Prozent). Wenn der Einkaufspreis zur Rechengrundlage gemacht wird, spricht man vom Aufschlag des Händlers, hier 70 Prozent (700 Mark Gewinn, bezogen auf den Einkaufspreis von 1000 Mark).

Durchschnittlicher Handelsrabatt

Branche	West	Ost
Lebensmittel	19,3	17,3
Textil, insgesamt	37,9	35,1
Herrenoberbekleidung (Haka)	40,3	35,1
Damenoberbekeidung (DOB)	36,0	32,5
Wäsche, Miederwaren, Badeartikel	40,4	40,0
Schuhe	37,1	35,0
Möbel	30,4	30,9
Glas, Porzellan, Keramik	37,0	35,8
Eisenwaren und Hausrat, insgesamt	28,0	27,4

Branche	West	Ost
Haus- und Küchengeräte	32,7	31,3
Haushaltstechnik	30,1	25,3
Baubeschläge, Werkzeug	25,5	26,9
Beleuchtung, Elektro	34,5	33,1
Radio- und Fernsehtechnik	31,3	26,3
Tapeten, Bodenbeläge, Farben	39,3	38,4
Parfümerie-Einzelhandel	35,6	34,2
Buchhandel (feste Endpreise)	40,0	40,0
Lederwaren	42,1	34,8
Fotoartikel	37,2	35,7
Uhren, Juwelen, Schmuck	41,4	37,9
Zweiradhandel	29,1	26,2
Sportartikel	33,4	32,9
Computer, Büroartikel	36,6	30,0

(Quelle: Hauptverband des Deutschen Einzelhandels)

Merke: Nicht Du, sondern der Markt bestimmt, was für einen Preis Du für Deine Produkte oder Dienstleistungen nehmen kannst. Konsequenz: Informiere Dich über die Preise anderer oder hol Dir über eine andere Adresse das Angebot eines Mitkonkurrenten ein. 233

Vorsicht: Weitverbreitet bei vielen Lieferanten ist die perfide Methode, die Preise versteckt zu steigern. Entweder verwendet der Hersteller einfach billigere Materialien, oder aber er beschneidet den Service zum gleichen Preis. Prüfe deshalb bei jeder Rechnung, ob sich nicht vielleicht irgendwo ein indirekter Preisaufschlag versteckt. 234

Die folgende Checkliste hilft Dir dabei:
- Verwendet der Lieferant billigere Vorprodukte?
- Berechnet er Serviceleistungen, die früher kostenlos waren?
- Ist die Liefermenge tatsächlich korrekt?
- Sind Skonti und Zahlungsfristen verändert?
- Hat sich die Mindestliefermenge erhöht?

Eine beliebte Finte, die Preise nach oben zu schrauben, ist auch der Vorwand der **steigenden Lohnkosten.** Doch laß Dir hier nichts vormachen. Für fast jede Branche gibt es Richtwerte, wie hoch der Lohnanteil 235 bei der Produktpreiskalkulation ist. Am besten erkundigst Du Dich vorher – etwa beim jeweiligen Fachverband –, welche Löhne in der jeweiligen Branche üblich sind. Wenn Du so gewappnet in die Preisverhandlung gehst, hast Du die besten Karten.

236 Termintreue ist etwas Schönes. Aber mancher Lieferant tut gern zuviel des Guten und liefert die Ware früher als angefordert. Schön, denkst Du. Aber die Sache hat einen Haken: Der scheinbar so freundliche und zuverlässige Geschäftspartner will natürlich auch sein Geld früher haben. Wenn Du die Ware früher zahlst, als Du sie eigentlich brauchst, bindest Du also unnötig Kapital. Achte deshalb genau darauf, ob Deine Lieferungen pünktlich eintreffen.

Trick

Zeige jedem,
daß Du stets auf dem Kien bist!

237 **Eine alte Kaufmannsregel lautet: Wenn Dein Lieferant über einen Zeitraum von vier Wochen mehr als eine Woche zu früh geliefert hat, mußt Du reagieren und energisch auf Abhilfe bestehen.**

GUTER RAT: Willst Du erfolgreich sein, so geh auf kleinste Wünsche Deiner Kunden ein. Schalte schnell bei neuen Entwicklungen. Lege Dir deshalb – auch wenn es günstiger im Preis ist – kein großes Lager an, sonst sitzt Du bald auf Ladenhütern. Lerne vom Geschäft oder Tun Deines Kunden mehr zu verstehen, als er selbst weiß.

Sei für ein Feilschen nicht zu vornehm!

238 **Die Kunst des Feilschens will gelernt sein. Viel zu viele Geschäftsleute finden sich brav und still mit vorgegebenen Preisen ab. Und wenn sie dann doch den Versuch starten, noch ein bißchen am Preis zu rütteln, stellen sie sich ungeschickt an. Verhandlungsprofis lenken gern ab, kämpfen quasi auf Nebenkriegsschauplätzen, und ehe Du Dich ver-**

siehst, verhandeln sie mit Dir über irgendeine Nebensächlichkeit, als ginge es um ihr Leben. Wenn es dann ans Eingemachte geht – sprich um den eigentlichen Verkaufspreis –, bist Du bereits fix und fertig mit den Nerven, und als weniger gewiefter Verhandler streichst Du die Segel.

Laß Dir deshalb sagen: Bevor Du Dich mit Einzelheiten beschäftigst, 239
verhandele zunächst den Basispreis. Wenn Du hier Deine Vorstellung durchgesetzt hast, kannst Du mit den Details loslegen – also über Mengenrabatte oder Lieferkonditionen feilschen. Natürlich mußt Du auch hier hart bleiben, damit Dir niemand hintenrum einen zu hohen Preis unterjubelt. Doch wenn Du Deinen Hauptverhandlungspunkt durchgedrückt hast, ist der Rest meist ein Klacks.

Der beste Zeitpunkt, Extraleistungen herauszuschlagen, ist direkt vor Vertragsabschluß. Dein Geschäftspartner wird Dir dann eher entgegenkommen, weil er das Geschäft unter Dach und Fach bringen und nicht riskieren will, daß Du im letzten Moment abspringst.

Großbetriebe sind deshalb unkreativer als Kleinbetriebe,
weil hier nicht versucht wird,
das nächste Problem durch Denken zu lösen,
sondern durch Einstellung eines neuen Mitarbeiters.

(Harald Jürgensen)

So klappt Deine Logistik 240

Eigentlich klingt es wie die selbstverständlichste Sache der Welt: Etwas dann zur Verfügung zu haben, wenn man es braucht. Leider ist das ganz und gar nicht selbstverständlich. Große Unternehmen stecken Millionen in eine computergesteuerte Logistikplanung. Damit gewährleisten sie, daß Material, Produktion und Versand als ganzheitliches System funktioniert. Einen Millionenaufwand kannst Du als Existenzgründer natürlich noch nicht treiben – aber ein wenig Überlegung und Vorausplanung bei Warenbeschaffung, Warenlagerung und Versand bewahrt Dich vor Produktions- und Lieferschwierigkeiten und verärgerten Kunden.

241 Lager: nicht zuviel und nicht zuwenig

Lagerhaltung hat den großen Vorteil, daß Du die Wünsche Deiner Kunden sofort und auf der Stelle befriedigen kannst – schließlich mußt Du die gewünschte Ware nur aus dem Lager holen. Auf der anderen Seite kostet Dich Lagerhaltung natürlich auch Geld: Miete, Bewachung, Versicherung und natürlich diejenigen Lagerbestände, die Du nicht loswirst. Im schlimmsten Fall bindet Dein Lager so viel Kapital, daß Dir die finanzielle Luft für Dein eigentliches Geschäft genommen wird. Deshalb einige Tips, wie Du Dein Lagermanagement optimierst.

242 Die Ist-Analyse

Viele kleine und mittelständische Unternehmer wissen gar nicht genau, welche und wie viele Waren sie gerade auf Lager haben. Drei einfache Fragen sind es, die Du Dir beantworten mußt, um zu wissen, ob Du Herr Deines Lagers bist: Was ist alles in meinem Lager drin? Was kostet mich das Lager pro Monat? Welchen Warenwert stellt mein Lager dar?
Jetzt mußt Du darangehen, Dein Lager auf Bestände durchzusieben, die mehr kosten, als ihre Lagerhaltung einbringt. Dazu mußt Du Dir die Mühe machen und alle Produkte, die Du auf Lager hältst, auflisten und ermitteln, wieviel Du von jeder Sorte pro Monat beziehungsweise pro Quartal benötigst. Danach teilst Du Deine Waren in drei Gruppen ein. Die erste Gruppe sind die Waren, die Du in größeren Mengen zu fixen Terminen beziehst, die zweite Gruppe sind kleinere Stückzahlen, die ebenfalls an festen Terminen angeliefert werden. Bei diesen beiden Gruppen lohnt es sich, mit dem Lieferanten einen »Just in time«-Lieferzeitpunkt zu vereinbaren: Du bekommst genau dann neue Ware, wenn Dein Lager so gut wie leer ist. Und wenn Du es noch erreichst, daß der Lieferant öfter, dafür aber mit kleineren Mengen kommt, kannst Du Deine Lagerfläche sogar noch verkleinern.
Die dritte Warengruppe, die Dein Lager enthält, sind die Produkte, die Du in kleinen Mengen und zu unregelmäßigen Terminen nachbestellst. Bei ihnen solltest Du überlegen, ob Du wirklich alle Produkte ständig auf Lager halten mußt oder ob Du Deinen Kunden bei solchen speziellen Wünschen nicht auch ein bis zwei Wochen Lieferzeit zumuten kannst.

Ganz brutal mußt Du mit solchen Beständen verfahren, die seit Monaten Deinen Lagerraum in Anspruch nehmen und sich überhaupt nicht verkaufen – die klassischen Lager- und Ladenhüter. Hier lohnt es sich mit Hinblick auf die Lagerkosten auch mal, den Bestand unter Einkaufspreis zu verscheuern oder als kleine Erfolgsprämie an die Mitarbeiter zu verschenken. Positiver Nebeneffekt: Deine Mitarbeiter freuen sich und sind motiviert, und Du bist die alten Kamellen los.
Und was machst Du mit dem Lagerraum, den Du auf diese Art und Weise eingespart hast? Zwei Möglichkeiten gibt es: Du erweiterst Deine Verkaufsräume auf Kosten des Lagers. Das geht natürlich nur, wenn Lager und Ladenlokal aneinanderstoßen. Oder aber Du teilst den Raum ab und vermietest ihn als Lager an andere Geschäfte weiter.

Auftragsabwicklung: Verliere keine Zeit 243

Woran Dich Dein Kunde nicht zuletzt mißt, ist der Ablauf einer Bestellung. Wie lange dauert eine Bestellung? Wie pünktlich kommt die Ware bei ihm an? Wie verhältst Du Dich, wenn sich die Lieferung verzögert? Deswegen muß der Auftragsabwicklung ein Hauptaugenmerk des Unternehmers gehören.
Damit Du Deine Aufträge wirklich zur Zufriedenheit der Kunden abwickeln kannst, mußt Du sorgfältig planen. Stelle zuerst einen Jahresplan auf, in den Du die ungefähren Zeitpunkte für immer wiederkehrende Aufträge oder anstehende Großaufträge vermerkst. Für jeden dieser fixen Jahrestermine planst Du auch direkt die benötigten Teile, Mitarbeiter und Deinen Zeitaufwand ein.
Weitaus feiner gestaltet sich dann Deine Monatsplanung, die Du mindestens eine Woche vor Monatsbeginn fertig haben solltest. In den Monatsplan gehören die detaillierten Daten für die entgegengenommenen Aufträge und Verpflichtungen, dazu Rückstände des Vormonats, die Du aufholen mußt; außerdem mußt Du vormerken, wenn Dir in diesem Monat Kapazitäten – also Maschinen oder Mitarbeiter – ausfallen.
Die jeweiligen Wochenpläne erhalten alle Deine leitenden Mitarbeiter – und sie haben Dir sofort Bericht zu erstatten, falls es aus ihrer Sicht

Fehlplanungen gegeben hat, so daß bestimmte Liefertermine nicht eingehalten werden können.
Ein Grund, warum es in vielen Firmen immer wieder zu Pannen bei der Auftragsbearbeitung kommt, ist schlechter Informationsfluß: Das Lager sagt nicht Bescheid, wenn dringend benötigte Einzelteile nicht eingetroffen sind; der Fuhrpark meldet nicht, daß in der kommenden Woche einer der beiden Lieferwagen in die Inspektion muß. Große Firmen reagieren auf solche Unzulänglichkeiten mit gravierenden Umorganisationen – etwa interne Bestellsysteme oder strategische Gruppenarbeit. Für Deinen Betrieb ist das Gott sei Dank noch eine Nummer zu groß – Du mußt Deine Mitarbeiter selber dazu anhalten, in Zusammenhängen zu denken. Sie sollen Pannen und Verzögerungen nicht vertuschen, sondern pragmatisch die Frage durchdenken: »Wen muß ich auf jeden Fall informieren, wenn ich nicht im Zeitplan bleiben kann?«

Trick

Bediene bei Reklamationen den reklamierenden Kunden zuallererst!

244 **Kannst Du die Zeit zwischen der ersten Anfrage und der Antwort, zwischen Auftrag und Lieferung, zwischen Nachfragen und Rückantwort wesentlich verkürzen, hebst Du Dich deutlich von der Masse ab und bist der Sieger. Zu einem solchen Laden kommen die Kunden gern wieder!**

Trick

Sei immer hellwach, mein Freund

245 Eine buddhistische Lehre lautet:
Sei stets achtsam bei allem, was Du tust.

Wie dringst Du per Telefon an höchste Stellen durch?

Wenn Du etwa eine fehlerhafte Lieferung reklamieren mußt oder schon 246
einmal versucht hast, in einem Großbetrieb (telefonisch) in die oberen Etagen vorzudringen, dann weißt Du, wie abwimmelnd Sekretärinnen sein können.
Was tust Du da? Erkundige Dich vor Deinem Anruf (Telefonzentrale, Nachschlagewerke) nach den Namen der höheren Gehaltsempfänger: zuständiger Ansprechpartner, sein Vorgesetzter und dessen Vorgesetzter. Versucht die säuselnde Stimme am Telefon, Dich abzuwimmeln, sage einfach: »Ich bin sicher, daß Herrn Ansprechpartners Vorgesetzter (Name) nicht mit dieser Bagatelle belästigt werden will, da er ja direkt gegenüber Herrn Oberboß (Name) verantwortlich ist . . .«

Du wirst sehen, das wirkt.

Du tust Deinem Kunden keinen Gefallen, wenn Du ihm zu Diensten bist.
Er tut Dir einen Gefallen, wenn er Dir die Chance gibt, dies für ihn zu tun.

Dreierlei Menschen haben kein Geld: die Verschwender, die Armen und die Geizigen.

(Peter Altenberg)

4. Controlling

Schau Dir selber auf die Finger 247

Genügend Kleingeld in der Kasse und ein erklecklicher Überschuß am Jahresende sind noch lange keine Garantie für ein gesundes Unternehmen. Du spielst mit vollem Einsatz, deshalb heißt es für Dich als Geschäftsmann: Halte das Risiko so klein wie möglich. Wer Warnzeichen im Betrieb nicht rechtzeitig erkennt, zahlt am Ende kräftig drauf.

Die Grundregeln der Kostenrechnung 248

Mit einer zuverlässigen Kostenrechnung behältst Du die Fäden in der Hand. Nur so kannst Du ständig jeden Bereich Deines Geschäfts kontrollieren und rechtzeitig gegensteuern. Die Kostenrechnung wurde ursprünglich der Preiskalkulation zugrunde gelegt und diente als Kontrollinstrument für die Wirtschaftlichkeit eines Betriebs.
Eine detaillierte Kostenrechnung kann jedoch noch viel mehr. Sie ist ein maßgebliches Kriterium für

- unternehmerische Grundsatzentscheidungen,
- Deine Preispolitik,
- Deine Vertriebspolitik, weil Du erkennen kannst, in welchen Bereichen Du am ertragreichsten arbeitest,
- die Ablaufplanung, da Du auf einen Blick siehst, wo die Kostenfresser sitzen.

249 Die einfache Kostenrechnung

Du mußt alle anfallenden Kosten fein säuberlich trennen, indem Du alle Einzelkosten auf verschiedene Kostenstellen verteilst.
Die Einzelkosten kannst Du direkt einzelnen Kostenstellen zuordnen. Die Gemeinkosten hingegen mußt Du je nach Verursachung umlegen.
Achtung: Bei der Aufstellung der Kostenarten mußt Du Deinen Unternehmerlohn, Mieten, Zinsen und Abschreibungen als kalkulatorische Größe berücksichtigen. Mit anderen Worten: Auch wenn die Geschäftsräume Dein Eigentum sind, mußt Du Miete als kalkulatorische Größe mit einbeziehen, um ein realistisches Bild zu bekommen.
Die Kostenentwicklung kannst Du kontrollieren, indem Du die tatsächlich entstandenen Kosten mit Deinen vorkalkulierten Plankosten vergleichst.
Es gibt mittlerweile spezielle EDV-Programme für die mittelständische Kostenrechnung. Auf Knopfdruck kannst Du so permanent Deine Kostenentwicklung kontrollieren.

»Ich bin so frei«, sagte der Markt
und erhöhte die Preise.

(Werner Schneider)

250 Preiskalkulation

Viele Geschäftsleute kalkulieren immer noch über den Daumen. Sie schlagen einfach auf den Einkaufspreis der Ware einen bestimmten Prozentsatz auf und fertig. Bei Handwerkern kommt zu Materialkosten noch der Arbeitslohn, und die Rechnung geht an den Kunden. Das Ergebnis: Viele Preise sind zu niedrig kalkuliert. Das gilt vor allem bei Sonderwünschen – einer speziellen Anfertigung, vorgezogener Lieferung oder Maßarbeiten.
Wer seine Preise über den Daumen kalkuliert, dem kann ein fettes Sümmchen durch die Lappen gehen.

Die einfache Preisformel lautet:
Preis = Selbstkosten + Gewinnzuschlag

So setzen sich Deine Selbstkosten zusammen 251

- Herstellungs-, Verwaltungs-, Vertriebskosten pro Stück;
- Einzelkosten für Löhne, Materialien, Produktionsanlagen, Werkstoffe;
- Sonderkosten aufgrund von Spezialwünschen;
- Gemeinkosten entsprechend ihrem Anteil am Produkt (unter Gemeinkosten versteht man alle Kosten, die nicht unmittelbar einem einzelnen Produkt zuzurechnen sind).

Die Selbstkosten sind Deine absolute Preisuntergrenze. Mit dieser Summe sind gerade mal die Kosten gedeckt.

So ermittelst Du den Gewinnzuschlag 252

Es gibt keine Faustregel für den Gewinnzuschlag. Du mußt mehrere Faktoren beachten. Zum einen mußt Du konkurrenzfähig bleiben. Wenn Du mit Deinem Zuschlag zu weit über den Preisen der anderen liegst, bleibt Dein Angebot ein Ladenhüter. Du brauchst auch ein bißchen Gespür dafür, wieviel die Kunden bereit sind für ein bestimmtes Produkt zu zahlen. Der Gewinnzuschlag muß außerdem etwas höher ausfallen, wenn Du durch Sonderleistungen oder Spezialanfertigungen Mehrkosten bei einem bestimmten Auftrag hast.
Hier einige Beispiele, die Mehrkosten schaffen und die Du unbedingt in Deiner Kalkulation berücksichtigen solltest.

Sechs typische Mehrkosten: 253

- Neukalkulation von Spezialwünschen,
- Suche nach neuen Lieferanten,
- kurzfristige Vergrößerung der Lagerkapazität,
- zusätzlicher Personalbedarf,
- Transportkosten,
- Erfassung der Auftragskosten.

Deckungsbeiträge 254

Es ist Dein größtes Interesse, Aufträge an Land zu ziehen. Gerade Jungunternehmer lehnen deshalb ungern neue Kunden ab. Der Blick auf steigende Umsatzzahlen gibt ihnen recht. Doch es lohnt sich, zweimal hinzuschauen. Hohe Umsätze sind nicht gleichzusetzen mit hohen Erträgen, sprich hohem Gewinn. Mancher Auftrag bringt Dir zwar ein gigantisches Umsatzplus, es kann aber sein, daß Du unterm Strich draufzahlst. Deshalb ist es wichtig, daß Du kontrollierst, in welchen Bereichen Deine Firma wirtschaftlich arbeitet und welche Aufträge sich wirklich gelohnt haben.

Beispiel: Ein gutes Jahr mit vollen Auftragsbüchern und dann das. Elektroinstallateur Ehrlich konnte es nicht fassen. Nach einem zufriedenstellenden ersten Geschäftsjahr schlug ihn die Bilanz des zweiten Jahres fast zu Boden. Trotz Auftragssteigerung und einem kräftigen Umsatzplus steuert Ehrlich auf die Verlustzone zu. Ehrlich wußte sich keinen Rat und schaltete einen Unternehmensberater ein. Der verschrieb ihm eine einfache, aber wirkungsvolle Therapie: die Deckungsbeitragsrechnung. Urplötzlich wurde Ehrlich klar, wo die Verlustbringer lagen. Bisher hatte er für seine Kalkulation die gesamten Kosten verwendet. Seit er seine Kostenrechnung exakt pro Baustelle und Auftrag aufschlüsselt, kann er genau sehen, an welchen Aufträgen er verdient und was schlicht und einfach unlukrativ für die Firma ist.

Und so wird es gemacht:

255 **1. Ermittle den Deckungsbeitrag**

Du ordnest zunächst jedem Produkt, das Du herstellst, oder jeder Leistung, die Du anbietest, alle variablen Kosten zu, die dabei entstehen. Variable Kosten sind zum Beispiel: Materialkosten für dieses eine Produkt oder diese eine Leistung, Fertigungslöhne usw. Die variablen Kosten ziehst Du vom Nettoerlös ab.

Beispiel:				
Produkt	1	2	3	Summe
Nettoerlös:	300 000	800 000	600 000	1 700 000
variable Kosten:	130 000	550 000	310 000	990 000
Deckungsbeitrag:	170 000	250 000	290 000	710 000

2. Stelle die allgemeine Ertragsstärke fest 256

Jetzt mußt Du das Produkt beziehungsweise die Leistung mit dem größten Anteil am Gesamterfolg der Firma ermitteln. Das geht so: Du mußt errechnen, wieviel Prozent der jeweilige Deckungsbeitrag vom gesamten Deckungsbeitrag (710 000) ausmacht.
In unserem Beispiel sähe das so aus:

Produkt	1	2	3
Anteil am Gesamterlös in %	23,9	35,2	40,9

Daraus ergibt sich folgende Rangfolge:
Produkt 1 steht an dritter Stelle, Produkt 2 an zweiter und Produkt 3 an erster Stelle.

3. Stelle die spezielle Ertragsstärke fest 257

Jetzt mußt Du nur noch wissen, wie groß die Ertragsstärke der einzelnen Produkte ist. Dazu berechnest Du den Prozentanteil des Deckungsbeitrags am jeweiligen Erlös.
Weiter in unserem Beispiel:

Produkt	1	2	3
Anteil am Erlös in %	56,7	31,3	48,3

Daraus ergibt sich folgende Rangfolge:
Produkt 1 steht an erster Stelle, Produkt 2 an dritter und Produkt 3 an zweiter Stelle.

4. Ermittle das Ergebnis 258

Du mußt Dich auf die Produkte und Leistungen mit den besten Rangplätzen konzentrieren (in diesem Fall Produkt 3), weil Du hiermit die höchsten Gewinne machst.
Merke Dir: Erst wenn die Summe aller Deckungsbeiträge Deine Fixkosten – also Löhne und Gehälter, Mieten, Verwaltung, Strom und Wasser, Versicherungen, EDV, Zinsen, Abschreibungen – übersteigt, machst Du Gewinne.

259 Die wichtigsten Kennzahlen

Ein paar einfache Zahlen können Dir sagen, wie leistungsstark Dein Betrieb ist. Mit Hilfe von Formeln kannst Du die wichtigsten Kennzahlen ermitteln. Diese Schlüsselzahlen kannst Du ohne großen Aufwand zusammenstellen.

260 Die Eigenkapitalrentabilität

Du hast die Wahl: Entweder Du steckst Dein Geld in Deinen Laden, oder Du investierst es anderweitig. Die Eigenkapitalrentabilität sagt Dir, wie sich die Investition in Dein Unternehmen auszahlt. Je höher sie über dem Zinssatz liegt, den Du alternativ auf dem Kapitalmarkt bekommen hättest, um so besser. Die Differenz zwischen Zinssatz und Eigenkapitalrentabilität wird auch als Risikoprämie bezeichnet.

Die Formel:
Eigenkapitalrentabilität = Gewinn × 100/Eigenkapital

261 Die Umsatzrentabilität

Diese Zahl sagt Dir, wieviel Prozent Deiner Einnahmen Du – nach Abzug aller Kosten – als Gewinn verbuchen kannst. Banken prüfen anhand dieser Formel häufig die Kreditwürdigkeit von Firmen. Die Umsatzrendite sagt viel über Dein Kostenmanagement aus. Je höher die Prozentzahl, desto besser hast Du Deine Kosten im Griff.

Die Formel:
Umsatzrentabilität = Gewinn × 100/Umsatz

Als Faustregel gilt: Liegst Du über 10 Prozent, läuft Dein Laden gut, bis 5 Prozent gibt es auch keine Probleme. Unter 5 Prozent hingegen machst Du etwas falsch, die Sache rentiert sich wirklich nicht.

262 Der Cash-flow

Der Cash-flow – zu deutsch Finanzmittelüberschuß – ist die wichtigste betriebliche Kennzahl. Er beinhaltet nicht nur den Gewinn, sondern auch andere freie Mittel für Investitionen oder Rücklagen. Je höher der Cash-flow, über desto mehr liquide Mittel kann Dein Unternehmen verfügen. Du mußt die Zahl natürlich immer in Relation zu Deinem Geschäft sehen. Ein Cash-flow von 10 000 ist für einen Kiosk eine Traumzahl. Ein Produktionsbetrieb dagegen hat damit schlechte Karten. Zumindest weißt Du jetzt, wovon Dein Bankberater spricht, wenn es um Cash-flow geht.

Die Formel:
Cash-flow = Gewinn + Abschreibungen

Return on Investment 263

Im Fachjargon auch kurz RoI genannt. Der RoI besagt, wieviel Gewinn das in die Firma investierte Kapital erwirtschaftet. Und zwar Eigen- und Fremdkapital. Die Zahl ist besonders wichtig, wenn Du Investoren suchst. Je höher der RoI, desto interessanter ist Deine Firma für Fremdinvestoren.

Die Formel:
RoI = Gewinn × 100 /Kapital

Der Lagerumschlag 264

Der Lagerumschlag besagt, wie lange Deine Ware im Lager bleibt, bis sie zum Kunden kommt. Hohe Umschlagzahlen bedeuten, daß Du eine geschickte Einkaufspolitik betreibst. Je höher der Lagerumschlag, desto geringer die Kapitalbindung, das Lagerrisiko und natürlich die Lagerkosten. Ein geringer Lagerumschlag signalisiert Handlungsbedarf: Raus mit den Ladenhütern und Produktpalette umstellen.

Die Formel:
Lagerumschlag = Umsatz ./. Warenbestand

Die Arbeitsproduktivität 265

Mit dieser Kennzahl kannst Du errechnen, wieviel Umsatz Du pro Mitarbeiter machst. Die Arbeitsproduktivität pro Mitarbeiter sagt Dir, ob Deine Angestellten ausgelastet sind oder nicht.

Die Formel:
Arbeitsproduktivität = Umsatz ./. Anzahl der Beschäftigten

266 Die Maschinennutzung

Diese Formel sagt Dir, wie gut Deine Maschinen ausgelastet sind. Häufige Reparaturen und Ausfallzeiten drücken die Auslastungszahl. Dadurch steigen natürlich auch Deine Kosten. Eine 100prozentige Auslastung kannst Du nicht erreichen, da jede Maschine mal gewartet oder repariert werden muß. Du solltest jedoch vor allem bei sehr teuren Maschinen den Auslastungsgrad im Auge behalten. Bei geringer Maschinennutzung solltest Du Dir eine Alternative überlegen – etwa Maschinenleasing.

Die Formel:
Maschinennutzung = Reale Laufzeit × 100 /Mögliche Laufzeit

Dein Kunde ist nur dann ein Dukatenesel, wenn Du ihn wie einen Menschen aus Fleisch und Blut behandelst.

267 Aus einem Interview in der Zeitschrift *impulse* mit dem Wirtschaftsexperten Minoru Tominage, das wir hier mit freundlicher Genehmigung abdrucken, kannst Du lernen:

»Jede zweite Mark wird verschwendet«
impulse: Wie erklären Sie das von Ihnen ausgemachte Desinteresse der Deutschen am eigenen Arbeitsplatz?
Tominaga: Die meisten haben doch gar keine Chance, eigene Ideen einzubringen. Außerdem bekommt ja jeder dasselbe Gehalt, egal ob er sich überdurchschnittlich engagiert oder gerade mal seine Pflicht tut.
impulse: Sind japanische Arbeiter denn motivierter, leisten sie deshalb mehr?
Tominaga: Eindeutig. Schon weil wir dieses scheinbar unausrottbare deutsche Dogma »Arbeiten ist Deine Pflicht. Denken verboten« nicht kennen. Dieses typisch deutsche Befehlsmanagement gibt es bei uns einfach nicht. Japanische Chefs sehen das Personal nicht nur als ausführendes Organ, und damit basta. Bei uns wird in den Unternehmen auch auf den Kopf der Leute, ihre Ideen, größter Wert gelegt.

impulse: Aber in Deutschland haben mittlerweile viele Firmen Quality Circles installiert …

Tominaga: In Deutschland organisiert der Vorgesetzte diese Arbeitsgemeinschaften und führt auch noch Regie. Da macht doch keiner der Leute richtig den Mund auf.

impulse: Stichwort Teamarbeit. Sind die Japaner in diesem Bereich etwa auch besser?

Tominaga: Eindeutig ja. Unter Team verstehen wir bei uns »sich gegenseitig helfen, sich ergänzen«, ähnlich wie bei einem Staffellauf. In Deutschland steht – genau wie beim Quality Circle – an der Spitze der Chef, der letztlich immer noch und immer wieder sagt, wo es langgeht. Regelrecht autoritär ist das.

impulse: Wie definieren Sie Kundenorientierung?

Tominaga: Daß der Kunde im Mittelpunkt aller Aktivitäten steht. Im wahrsten Sinne des Wortes. Wir erforschen seine Wünsche bis ins Detail und schneidern den innerbetrieblichen Ablauf dann auf diese Anforderungen zu. Lange Lieferzeiten, wie bei Ihnen, sind in der japanischen Automobilindustrie zum Beispiel völlig unbekannt.

impulse: Im Unterschied zu Deutschland, wo …

Tominaga: … der Produktionsablauf nur optimiert wird, um die Kosten zu senken. Kundenwünsche bleiben dabei völlig unberücksichtigt. Meistens jedenfalls.

impulse: Ist Kundenorientierung hierzulande nur ein reines Schlagwort?

Tominaga: Das ist leider so. Sehen Sie sich einmal die Überzahl der Verkäufer und Verkäuferinnen an: Als Ausländer registrieren Sie, und zwar flächendeckend, Gleichgültigkeit, Unlust, schlimmer noch: Erziehungsversuche am Kunden. Nach dem Motto »Also das oder das würde ich an Ihrer Stelle nicht tun …«. Das ganze Geld für Werbung und Verkaufsförderung könnten sich viele Unternehmen getrost sparen, weil ihre mißlaunigen Mitarbeiter Umsatz verhindern.

impulse: Ein Personalproblem mithin?

Tominaga: Auf keinen Fall. Die Chefs sind die Ursache. Sie haben die Leute falsch trainiert oder überhaupt nicht und sind nicht einmal jetzt bereit, dringend erforderliche Änderungen einzuführen.

268 Auf die Konjunktur in Deiner Firma kommt es an!

Und nicht auf die, von der gewöhnlich die Zeitungen schreiben.
So ist das nun mal – kleineren Unternehmen und Selbständigen wird nichts geschenkt. Du mußt selbst handeln. Hohe Steuerbelastungen, steigende Lohnnebenkosten, der Hang zu mehr Lohn und weniger Arbeit, das alles darf Dich nicht beirren. Subventionierung, direkten Zugang zum Kapitalmarkt, das erhalten meist nur die Großen. Die Kleinen müssen für den Erfolg tüchtig arbeiten und dabei immer ihren unternehmerischen Instinkt einsetzen. Das ist Grund genug für Dich, Dir einmal ernsthaft Gedanken über die Konjunktur Deines eigenen Betriebs zu machen. Im Gegensatz zur Konjunktur, die uns die Statistiker liefern, will die firmeneigene Konjunktur erarbeitet sein.

Konkret heißt das: **Marktanteile müssen gesichert und dazugewonnen werden. Und das muß sich auch im Gewinn niederschlagen, der nach Steuer bleibt.**
Sobald die Jahresendzahlen vom Steuerberater kommen (vielleicht auch schon von der eigenen Buchhaltung), geht's an die Bestandsaufnahme. Also: Haben Rationalisierungen gegriffen, oder gibt es noch einiges zu tun? Dann lote den Markt aus. Wie wird er sich entwickeln, und was werden die Kunden verlangen? Wo liegen die Stärken meines Betriebs, und wie kann ich existierende Gewinnposten ausbauen? Wo neue einführen? Ganz wichtig: Welche Preise können verlangt werden, und welche Leistungen werden dafür erwartet? Wie biete ich Leistungen zu annehmbaren Kosten an?

Preiserhöhungen sind nicht immer tabu. Damit sicherst Du zukünftige Einnahmen, die zur Verwirklichung von Neuem gebraucht werden. Zentrales Thema beim eigenen Konjunkturprogramm ist der Teil, der sich mit Neuem befaßt. Gefragt sind keine Traumtänzereien, sondern möglichst exakte Werte, die das Machbare umreißen. Wie das für die eigene Firma ausschaut, kann nur einer beantworten, nämlich der, der sie kennt. Das bist Du! Nur konkrete Pläne werden erfahrungsgemäß auch verwirklicht – daher: Welche Strategien müssen zum Beispiel im Vertrieb gefahren werden, wie führe ich sie konsequent ein und vor allem bis wann? Neue Produktionsverfahren werden für die Zukunft immer wichtiger. Rationalisierung, Computerisierung und Mechanisierung sichern Dir das Überleben in der Zukunft. Wer zu spät umsteigt, verpaßt den Anschluß.

Plane ein (kleines) Budget für das Ausprobieren von Neuem ein. Wenn Du Dich in der Krise auf Dein Kerngeschäft konzentriert hast, darfst Du bei wieder anziehender Konjunktur über den Tellerrand blicken und über sinnvolle Ergänzungen nachdenken. Nur wenn Du neue Wachstums- und Ertragschancen auslotest, bleibst Du auf Dauer oben. Dabei solltest Du immer die gleiche Vorsicht walten lassen wie bei der sprichwörtlichen Porzellankiste. Neue Betätigungsfelder bieten zwar Chancen auf Gewinn, aber zuallererst kosten sie Geld. Eine Möglichkeit ist, sich mit den Kunden über deren Vorstellungen und Pläne zu unterhalten. Denn: Gute Kunden sind auch Geschäftsfreunde!

Und welche Ergänzungen im Angebot sinnvoll sind, können sie oft besser beurteilen, als Du das selbst vermagst. Bei guten Kunden besteht nicht die Gefahr der Betriebsblindheit, und sie kennen Deine Konkurrenz aus dem Effeff. Damit vergleichen Deine Kunden ja ständig die Leistungen Deiner Firma. Warum also nicht einmal die guten Kunden im wahrsten Sinne des Wortes als »Geschäftsfreunde« ansprechen?

Ehrliche Antworten und kritische Beurteilung sind durchaus erwünscht: Was macht die Konkurrenz besser, wo hat man selbst einen Vorsprung? Wie sehen die Zahlen in der Branche aus, gibt es wacklige Kandidaten, die »branchenbekannt« sind? Oft erfährst Du dabei ganz beiläufig brisante Dinge. Bonität ist nun mal am Ende eines Abschwungs ein dringliches Gesprächsthema. Und die Marktinformationen direkt vom Abnehmer sind nicht die schlechtesten …

Auf der Gegenseite muß der Einkauf Tuchfühlung mit den Lieferanten halten. Wenn durch Umgestaltung von Liefermengen oder -zyklen gemeinsam Kosten gespart werden können, profitieren beide Seiten. Möglicherweise können freie Lagerkapazitäten sinnvoll ausgenutzt werden, um größere Mengen vorzuhalten. Fragen kostet auch hier nichts. Aus solchen Gesprächen ergeben sich regelmäßig Erkenntnisse für die zukünftige Produktions- und Absatzplanung. Die müssen dann nur noch von Dir umgesetzt werden.

Reich ist man erst dann, wenn man sich bei der
Bilanz um einige Millionen irren kann, ohne daß es auffällt.
(Paul Getty)

269 Controlling und Buchführung

Nutze Deine Buchführung und Bilanz – falls Du buchführungspflichtig bist – vor allem für Zwecke des Controllings. Die durch die Buchführung ohnehin erfaßten und klassifizierten Informationen über Dein Unternehmen sollten schon aus Wirtschaftlichkeitsgründen (Einmalerfassung und Mehrfachauswertung) nach Möglichkeit als Datenbasis (auch für intern orientierte Auswertungen) für Dein Rechnungswesen verwendet werden.

Doch zunächst einige grundlegende Hinweise zur Buchführung und Bilanz. (Ausführliches über Buchführung findest Du im Kapitel 7, Steuern.)

270 Die Bilanz

Bilanz – das kommt vom italienischen »Bilancia« = Waage. Die hervorstechendste Eigenschaft einer Bilanz ist die, daß sie immer ausgeglichen ist. Soll heißen, das linke Bein (Aktivseite) und das rechte Bein (Passivseite) sind stets gleich groß, ergeben also die gleiche Summe.

Aktivseite	DM	Passivseite	DM
Anlagevermögen		**Eigenkapital**	
Immobilien	120 000	Eigenkapital	100 000
Maschinen	30 000		
		Fremdkapital	
Umlaufvermögen		langfristige Schulden	120 000
Waren	60 000	kurzfristige Schulden	30 000
Forderungen	20 000		
Kontoguthaben	15 000		
Kasse	5 000		
Bilanzsumme	**250 000**	**Bilanzsumme**	**250 000**

Die Passivseite (rechts) zeigt an, wo Dein Betriebsvermögen herkommt. Es ist die Seite der Mittelherkunft. Die Firma hat 100 000 Mark Eigenkapital, 120 000 Mark langfristige Kredite und 30 000 Mark kurzfristige Kredite – insgesamt also 250 000 Mark.
Die Aktivseite hingegen zeigt die Mittelverwendung an – also das, was der Firmeninhaber mit dem Geld macht. Die obige Firma hat Immobilien im Wert von 120 000 Mark, Maschinen für 30 000 Mark, Waren im Wert von 60 000 Mark, Forderungen gegenüber der Kundschaft im Wert von 20 000 Mark, Bankguthaben von 15 000 Mark und einen Barbestand in der Kasse von 5000 Mark – Summa summarum ebenfalls 250 000 Mark.

Von der Bilanz zur Kontenrechnung 271

Das weitere Prozedere der ordnungsgemäßen Buchführung sei hier nur noch in knappen Worten erklärt:
Für jede einzelne Bilanzposition wird ein eigenes Konto aufgemacht. Auf diesen Konten werden alle Geschäftsvorfälle gebucht – und zwar nach dem Prinzip der doppelten Buchführung. Das heißt: Für jeden Zuwachs auf einem Konto muß es eine entgegengesetzte Buchung auf einem anderen Konto geben. Beispiel: Du kaufst einen neuen Lieferwagen im Wert von 40 000 Mark und bezahlst per Scheck. Dein Konto »Fuhrpark« erhöht sich um 40 000 Mark auf der Sollseite, dagegen buchst Du auf der Habenseite des Kontos »Bankguthaben« 40 000 Mark.
Zur Buchführung gehört auch die Gewinn- und Verlustrechnung. In der 272
Gewinn- und Verlustrechnung wird der Jahreserfolg nicht nur summarisch ermittelt, sondern auch aus den einzelnen Erträgen und Aufwendungen gezeigt, wie der Gewinn entstanden ist. Beispiel: Du verkaufst ein in Deinem Betrieb hergestelltes Erzeugnis. Die Ausgangsrechnung weist einen Betrag von 10 000 Mark aus. Dein Konto »Forderungen« erhöht sich um 10 000 Mark auf der Sollseite, dagegen buchst Du auf der Habenseite des Kontos »Verkaufserlöse« 10 000 Mark.
Diese Erfolgsrechnung offenbart die einzelnen Erfolgselemente. Sie hat für Dein Unternehmen einen größeren Erkenntniswert als die Bilanz, die neben dem vorhandenen Vermögen den Gewinn nur in einer

Summe angibt, ohne zu zeigen, aus welchen Erfolgsposten er entstanden ist.

273 Die so erstellte Bilanz und Gewinn- und Verlustrechnung ist für Zwecke des Controllings aufzubereiten. Zu diesem Zweck sind u. a. folgende Änderungen der Bilanz und Gewinn- und Verlustrechnung erforderlich:

- Die herkömmliche Gewinn- und Verlustrechnung muß in eine Erfolgsrechnung abgeändert werden, die die Gewinn- und Verlustsituation einzelner Produkte oder Waren zeigt.
- Die Bewertungsvorschriften der Finanzbuchhaltung sind im Hinblick auf die Kapital- und Substanzerhaltungskonzeption der Unternehmensplanung umzuwandeln.

274 Man spricht hier von sogenannten Planbilanzen und Plan-Gewinn-und-Verlust-Rechnungen.

Hier ein Beispiel, welche praktische Bedeutung eine solche, aus der normalen Bilanz entwickelte Planbilanz und Plan-Gewinn-und-Verlust-Rechnung für Dich haben kann:

Die handels- und steuerrechtlichen Rechnungslegungsvorschriften gehen von der Fiktion des konstanten Geldwerts aus. Für sie gilt der Grundsatz »Mark gleich Mark« (nominale Kapitalerhaltung). Verkaufst Du nun ein Produkt für 10 000 Mark mit einem Gewinn von 3000 Mark und steigen die Herstellungskosten um 1000 Mark, verliert Dein Unternehmen an Leistungsfähigkeit, weil auch der Teil des ursprünglichen Gewinns von 3000 Mark – nämlich 1000 Mark, den Du für die Finanzierung der erhöhten Herstellungskosten benötigst –, besteuert bzw. sogar ausgeschüttet wird. Die normale Bilanz und Gewinn- und Verlustrechnung zeigt eine solche Verminderung der Leistungsfähigkeit nicht an, jedoch eine für Controlling-Zwecke abgeänderte Bilanz und Gewinn- und Verlustrechnung.

GUTER RAT:
Deine Kunden hängen nicht von Dir als Unternehmer ab. Dein Unternehmen hängt einzig und allein von Deinen Kunden ab!

Exkurs: Abschreibungen 275

Als Unternehmer darfst Du abschreiben (als Schüler nicht ...). Abschreibung, das ist nichts anderes als die Wertminderung Deines Betriebsvermögens. Die mußt Du in der Bilanz ausweisen und kannst damit Deine Steuerschuld vermindern.

Wenn Du etwa einen neuen Firmenwagen kaufst, wirst Du am Jahresende in der Bilanz den Wert des Wagens – beispielsweise 30 000 Mark – voll angeben. Ein Jahr später, bei der nächsten Bilanzerstellung, ist der Wagen, der ja inzwischen fleißig für Deinen Betrieb gefahren ist, keine 30 000 Mark mehr wert, sondern nur noch 26 000 Mark – womit Du ihn auch in die Bilanz schreibst. Die 4000 Mark, die das Fahrzeug an Wert verloren hat, sind für Dich ein realer Verlust. Du kannst sie als Betriebsausgaben – oder Abschreibungen – von Deinem Gewinn abziehen und mußt dann weniger Steuern zahlen.

Das Finanzamt ist natürlich nicht gewillt, Dir jede Wertminderung ohne weiteres von der Steuerschuld abzuziehen. Deswegen gibt es gestrenge Regeln, wie welches Investitionsgut abzuschreiben ist und wie nicht:

- Güter, die nicht abnutzen, wie etwa Grundstücke, darfst Du nicht abschreiben.
- Güter, die erfahrungsgemäß nur ein Jahr halten, darfst Du im ersten Jahr zu 100 Prozent abschreiben.
- Güter, die weniger als 800 Mark gekostet haben, darfst Du ebenfalls im ersten Jahr voll als Ertragsminderung geltend machen.

Trick

Es gibt immer Auswege

Kostet ein Gerät, das Du kaufen möchtest, nur etwas mehr als 800 Mark, mußt du hart feilschen und den Preis unter die Abschreibungsgrenze drücken. Die angenehme Folge für Dich: Wie bereits oben erwähnt, kannst Du alle Investitionsgüter, die weniger als 800 Mark gekostet haben, direkt im ersten Jahr voll abschreiben – das drückt den steuerrelevanten Ertrag. 276

Falls der Händler sich gar nicht erweichen läßt, kannst Du mit einem Trick dennoch von der 800-Mark-Regel profitieren. Du bietest dem Händler an, noch ein zusätzliches, billigeres Gerät bei ihm zu kaufen. Dies aber nur unter der Bedingung, daß er den Gesamtkaufpreis aufsplittet – und zwar auf zwei Rechnungen, beide weniger als 800 Mark. Beispiel: Du erwirbst einen Kopierer für 1000 Mark und einen Tischrechner für 250 Mark. Auf der Rechnung erscheint der Kopierer aber mit 790 Mark und der Tischrechner mit 460 Mark. Du paßt Dich damit der Steuerungerechtigkeit an, daß die Freigrenze für kurzlebige Wirtschaftsgüter trotz Preiserhöhungen seit zig Jahren nie erhöht wurde.

277 So telefonierst Du preiswerter

Graue Wählscheibentelefone, monatelanges Warten auf einen Anschluß, unfreundliche Mitarbeiter und schlechter bis gar kein Service – die Zeiten, als die Deutsche Bundespost den Telefonmarkt als Monopolist beherrschte, sind Gott sei Dank vorbei. Heute geht es auf dem deutschen Telefonmarkt zu wie beim Schlußverkauf. Rund ein Dutzend privater Anbieter von Festnetzanschlüssen kämpfen mit dem Postnachfolger Telekom um die Privat- und Geschäftskunden.
Dir als Existenzgründer kann der Kampf der Telefonanbieter nur recht sein: Du hast die Wahl und kannst Dir das günstigste Unternehmen herauspicken. Doch Vorsicht: Die neue Angebotsvielfalt hat nicht nur Vorteile. Der Telefonmarkt ist zu einem wahren Tarifdschungel geworden. Damit Du die für Dich günstigste Telefonfirma herausfinden kannst, mußt Du einige wichtige Dinge beachten:

Call by Call: Wenn Du nur einzelne Gespräche über die Leitung eines anderen Anbieters führen willst, ohne gleich ganz zu wechseln, mußt Du dich zuvor bei der Info-Nummer des Anbieters anmelden. Bei manchen Anbietern reicht auch das erstmalige Wählen der Netzvorwahl. Das Unternehmen nimmt dann Deine Daten auf und schickt Dir die Vertragsunterlagen zu. Einige Wettbewerber verbuchen die Verbindung auch direkt über die Telefonrechnung Deines Hauptanschlusses. Dann entfällt Deine Anmeldung als Kunde.

Preselection: Willst Du dauerhaft der Deutschen Telekom den Rücken kehren, mußt Du Dich zunächst bei Deinem neuen Festnetzanbieter als Kunde registrieren lassen. Dann kündigt Dein neuer Anbieter den alten Vertrag mit der Telekom und übernimmt Deine Rufnummer in sein Netz. In der Regel dauert diese Prozedur rund einen Monat. Vorsicht: Derzeit ist noch nicht geklärt, ob die Telekom von Dir eine als Umschaltgebühr getarnte Strafprovision erheben darf.

Grundgebühren: Manche der neuen Telekom-Konkurrenten verlangen von ihren Preselection- und Call-by-Call-Kunden eine Grundgebühr oder monatliche Mindestgebühr. Das verteuert natürlich Deine Telefonrechnung erheblich – besonders, wenn Du in Deinem Geschäft nicht besonders viel telefonieren mußt und deswegen nicht immer die Grundgebühr überschreitest.

Abrechnung: Die Deutsche Telekom rechnet bislang die Gespräche taktweise ab. Exakter ist natürlich die sekundengenaue Abrechnung, die manche Konkurrenten anbieten. Doch Vorsicht: Einige der Unternehmen lassen sich diesen Sekundenservice besonders vergüten – entweder durch eine Extra-Pauschale oder einen höheren Tarif pro Gespräch.

Tarifwirrwar: Teuer hin oder her – an die guten alten Telekom-Tarife haben wir uns im Laufe der Jahre alle gewöhnt. Nun wartet aber jeder der neuen Anbieter mit einem eigenen Gebührenmodell auf. Hier mußt Du genau aufpassen. Denn: Wer beispielsweise wochentags die Telekom-Tarife deutlich unterbietet, kann am Wochenende oder abends plötzlich teurer sein als der Exmonopolist.

Merke: Die Tageszeitungen geben meist die Vorwahlnummern an, welche zu den einzelnen Tageszeiten die günstigsten Preise bieten.

Menschen, die übermäßig bescheiden sind,
haben auch keinen Mut, Geld zu verdienen.
(Alfred Kubel)

5. Finanzierung

278 Schaff Dir den optimalen Kapital-Mix

Ohne Moos nix los – was nützt Dir die beste Geschäftsidee, wenn Dir schon nach sechs Monaten das Geld ausgeht? Um auf Dauer erfolgreich zu sein, mußt Du den optimalen Mix zwischen Eigenkapital, Fremdkapital von der Bank und Fördergeldern der öffentlichen Hand finden. Begriffe wie »Liquiditätsplanung« und »Vorfälligkeitsentschädigung« dürfen für Dich kein Fachchinesisch sein – sonst läufst Du Gefahr, von Deinen Finanzierungspartnern über den Tisch gezogen zu werden. Doch keine Angst: Mit dem nötigen Basiswissen und einem vernünftigen Umgang mit dem Pekuniären wirst Du bei der Finanzierung Deiner Existenzgründung schon keinen Schiffbruch erleiden.

279 Wieviel Geld brauchst Du für Deine Firma wirklich?

Neun von zehn Firmengründern gehen mit einem schweren Handicap ins Rennen: Sie unterschätzen einfach ihren Finanzbedarf. Ein Fehler, der im nachhinein oft nicht mehr auszubügeln ist. Das Ende vom Lied: Zahlungsunfähigkeit, zu deutsch: Pleite.
Also: Plane genau, wann Du wieviel Geld für wie lange brauchst. Stelle einen genauen Liquiditätsplan für Dein Unternehmen auf. Unterscheide zwischen kurzfristigem und langfristigem Geldbedarf.

Was ist eigentlich Liquidität? 280

Ganz einfach: Es bedeutet nichts anderes, als jederzeit zahlungsfähig zu sein. Dabei ist es völlig egal, ob das Geld in Deiner Kasse Dir gehört oder von der Bank geliehen ist. Es kommt einzig darauf an, daß Du alle auf Dich zukommenden Rechnungen begleichen kannst.

Beispiel: Computerhändler Clebit macht übers Jahr einen guten Umsatz. Doch auf seinem Kontokorrentkonto geht es zu wie auf einer Achterbahn. Mal stehen dort 20 000 Mark für ein paar Wochen rum – ohne Zinsen zu bringen –, mal herrscht chronische Schwindsucht. Im August wird es dann plötzlich kritisch: Clebits Geschäft steckt im Sommerloch, und Rechnungen müssen dringend bezahlt werden. Als dann noch eine Umsatzsteuermahnung des Finanzamts über 9000 Mark ins Haus flattert, kann Clebit nicht mehr zahlen. Die Hausbank kriegt Wind von seinem Liquiditätsengpaß und kündigt prompt den Betriebsmittelkredit. Der Computerhändler steht vor dem Aus – und das trotz voller Auftragsbücher.

Halte die Liquiditätsfristen im Auge! 281

Das hat vielen Jungunternehmern schon das Genick gebrochen. Sie haben langfristige Investitionen mit günstigen kurzfristigen Krediten finanziert. Die traurige Folge: Die Kredite müssen getilgt werden, bevor sich die Investition rechnet.

Trick

Setze Kredite richtig ein

Behalte die goldene Finanzierungsregel im Hinterkopf: Anlagevermögen – also z. B. Gebäude oder Maschinen – sind entweder durch Eigenkapital oder langfristige Kredite zu finanzieren. 282

Die kurzfristigen Kredite dürfen andererseits niemals höher sein als das Umlaufvermögen, als Warenbestand oder Forderungen an Kunden. Logisch: Wenn Du der Bank mehr langfristiges Geld schuldest, als Du selber kurzfristig flüssigmachen kannst, ist das ein Grund für Deine baldige Zahlungsunfähigkeit.

283 Stelle einen Liquiditätsplan auf!

Dabei mußt Du generell zwischen kurzfristigem und langfristigem Geldbedarf unterscheiden. Dann kannst Du im zweiten Schritt planen, wo Du das Geld hernimmst.

Beispiel: So sieht ein einfacher Liquiditätsplan aus:

	DM	Deine Werte
Langfristiger Kapitalbedarf		
Betriebsausstattung	28 000	………
Maschinen, Geräte	110 000	………
Fahrzeuge	20 000	………
Material- und Warenlager	17 000	………
Grundstücke, Gebäude	0	………
gesamt	**175 000**	………
Kurz- und mittelfristiger Kapitalbedarf		
Personalkosten pro Jahr	75 000	………
Miete pro Jahr	50 000	………
Kreditzinsen pro Jahr	12 000	………
Privatentnahmen pro Jahr	50 000	………
gesamt pro Jahr	187 000	………
pro Tag	520	………
x durchschnittliche Dauer eines Kundenauftrags (z. B. Handwerk = 15 Tage)	**7 800**	………
Erwarteter Umsatz im ersten Jahr	300 000	………
Barverkäufe	100 000	………
Verkäufe mit Zahlungsziel	200 000	………
Zahlungszielverkäufe = 200 000 DM, dividiert durch 365 Jahrestage = 548 DM, multipliziert mit dem angenommenen Zahlungsziel des Unternehmens (hier 14 Tage), ergibt die Kapitalbindung	**7 672**	………
Addiert ergeben die drei Zwischensummen den echten Kapitalbedarf	**190 472**	………

Das ist der Kapitalbedarf der als Beispiel genommenen Firma für das erste Jahr. Trage Deine Kalkulationen in den Plan ein. Dann siehst Du, wieviel Geld Du für Deine eigene Firma brauchst.
Noch mal: Behalte die Fristen im Auge. Auf die Beispielsrechnung bezogen heißt das: 175 000 Mark mußt Du durch Eigenkapital oder langfristige Kredite finanzieren. 15 472 Mark kannst Du Dir kurzfristig borgen.

Halte Dir ein As in der Hinterhand 284

Gemäß der Regel »Wenn etwas schiefgehen kann, tut es das auch«, mußt Du damit rechnen, daß unerwartete Rechnungen immer dann eintreffen, wenn Dein Konto ohnehin gerade rote Zahlen schreibt. Baue für solche kurzfristigen Ernstfälle ein Geldpolster ein. Das kann beispielsweise eine Sonderüberziehungslinie auf Deinem Konto sein oder ein nicht ganz ausgeschöpfter Rahmen aus Deinem Betriebsmittelkredit. Auf jeden Fall ein Spielraum, der nur dafür da ist, wirklich kurzfristige Engpässe durchzustehen. Ist die Liquiditätskrise überwunden, wenn Deine Kunden also planmäßig ihre Rechnungen zahlen, dann ist Dein erster Weg zur Bank, wo Du Dein Notpolster wieder anlegst.

Sei mit Deinen eigenen Entnahmen maßvoll 285

Manche Jungunternehmer gönnen sich gleich im ersten Geschäftsjahr einen allzu kräftigen Schluck aus der Kassenpulle. Das strapaziert die Liquidität. Bedenke: Was nützt die repräsentative Mercedes-S-Klasse, wenn Du vier Wochen später keine flüssigen Mittel für anstehende Lieferantenrechnungen mehr hast?

Wenn man das Geld richtig behandelt, ist es wie ein folgsamer Hund, der einem nachläuft.

(Howard Hughes)

286 Eigenkapital – die gute Grundlage

Eigenes Geld in der Firma – je mehr, desto besser für Dich. Eigenkapital kostet Dich keine Zinsen, Du mußt es nicht zurückzahlen und Du bist niemandem darüber Rechenschaft schuldig. Mindestens 15 Prozent, besser noch 20 Prozent Deines gesamten Finanzbedarfs sollten Eigenkapital sein. Aber keine Angst: Das soll nicht heißen, daß Du wirklich 50 000 Mark in bar haben mußt, bevor es losgeht. Es gibt auch noch andere Möglichkeiten, die Eigenkapitaldecke Deiner Firma zu erweitern.

Beispiel: Existenzgründer Lehmann will Leuchtenfabrikant werden. Das Konzept ist da, das Know-how auch, nur am nötigen Eigenkapital hapert es. Hilfe bringt eine private Beteiligungsgesellschaft, die das Grundkapital der neugegründeten Lehmann GmbH um 50 Prozent aufstockt. Obendrein steht die Gesellschaft dem Existenzgründer noch bei Managementsfragen mit Rat und Tat zur Seite.

287 Was ist eigentlich eine Beteiligung?

Es gibt verschiedene Arten von Beteiligungsformen, die alle für Deine neue Firma interessant sein können. Die gängigste Variante ist die stille Beteiligung. Still heißt in diesem Fall: Ein Kapitalgeber schießt Geld in Deine Firma, ohne daß die Beteiligung nach außen hin – also für Geschäftspartner – erkennbar wird.

Suche bequeme Teilhaber, wenn Dein Geld nicht reicht!

Eine gute Idee für Deine Eltern oder Großeltern: Wenn sie Dir den Start ins Unternehmerleben erleichtern wollen, müssen sie Dir gar kein Geld schenken – sage ihnen, sie sollen einfach mit einer Kapitaleinlage Teilhaber an Deinem Geschäft werden.

Beteiligt sich der Investor auch an möglichen Firmenverlusten und am Firmenwert, dann zählt seine Kapitaleinlage zum Eigenkapital Deiner Firma. Der Vorteil für Dich liegt auf der Hand: Du mußt in schlechten Jahren keine Zinsen auf die stille Beteiligung zahlen. Außerdem erhöht das neue Eigenkapital Dein Kreditlimit bei der Bank.
Ein bißchen mehr in Richtung Darlehen geht die stille Beteiligung, wenn Du mit Deinem Geldgeber eine feste Ausschüttung oder eine Verzinsung auf seine Einlage ausmachst.
Will Dein Teilhaber hingegen nach außen hin sichtbar an Deinem Geschäft mitmachen, ist das eine sogenannte Privatplazierung, eine atypische stille Beteiligung. Dein neuer Partner trägt einen Teil des Geschäftsrisikos und profitiert – im Anteil seiner Einlage – vom Wachstum der Firma.

Deine potentiellen Teilhaber 288

Es gibt drei Gruppen von Kapitalgebern, die in Deine Firma als stille oder offene Gesellschafter einsteigen können.

Öffentliche Beteiligungsgesellschaften 289

Jedes Bundesland hat seine eigene Beteiligungsgesellschaft. Sie fördert die Bildung von Eigenkapital. Als hoffnungsvoller Existenzgründer findest Du hier offene Türen. Voraussetzung: Du kannst ein schlüssiges und erfolgversprechendes Firmenkonzept präsentieren. In der Regel steigt die öffentliche Beteiligungsgesellschaft als stiller Gesellschafter bei Dir ein. Vorteil: Niemand redet Dir in Dein Geschäft rein, denn ein stiller Gesellschafter hat ja nix zu sagen.

Als Kapitalverzinsung verlangen die Beteiligungsgesellschaften eine Gewinnbeteiligung plus eine Festverzinsung, die in aller Regel deutlich unter dem Zins für einen vergleichbaren Kredit liegt. Außerdem verzichten die öffentlichen Kapitalgeber auf bankübliche Sicherheiten. In der Regel mußt Du Dich verpflichten, die Beteiligungsgesellschaft in 10 bis 15 Jahren auszuzahlen.
Informationen über öffentliche Beteiligungen an Deiner Firma gibt es bei den Beteiligungsgesellschaften der Länder:

Baden-Württemberg, Tel. 07 11/1 64 56
Bayern, Tel. 0 89/2 16 50 (Regierung)
Berlin, Tel. 0 30/31 10 04-0
Brandenburg, Tel. 03 31/6 49 63-40
Hamburg, Tel. 0 40/61 17 00 21
Hessen, Tel. 06 11/7 74-0
Mecklenburg-Vorpommern, Tel. 03 85/34 04-0
Niedersachsen, Tel. 05 11/3 37 05-0
Nordrhein-Westfalen, Tel. 0 21 31/5 10 70
Rheinland-Pfalz, Tel. 0 61 31/98 54 30
Saarland, Tel. 06 81/30 33-0
Sachsen, Tel. 03 51/44 09-0
Sachsen-Anhalt, Tel. 03 91/5 31 16 30
Schleswig-Holstein, Tel. 04 31/9 00 03
Thüringen, Tel. 03 61/7 44 71 32

290 Kapitalbeteiligungsgesellschaften (KBG)

Das sind normalerweise Tochterunternehmen von Banken, Sparkassen oder Versicherungen. Anders als die öffentlichen Geldgeber verfolgen die KBG mit ihren Beteiligungen keinen gemeinnützigen Zweck. Sie wollen einen ordentlichen Schnitt machen.
Solche Beteiligungen kosten Dich deswegen erst einmal deutlich mehr an Zinsen beziehungsweise an Gewinnausschüttung. Manche KBG allerdings verlangen gar keine Ausschüttung, sondern spekulieren darauf, ihren Geschäftsanteil nach einigen Jahren mit Gewinn weiterverkaufen zu können. Weiterer Unterschied der privaten Geldgeber: Bei

ihnen kannst Du Dir umsonst oder wenigstens für billiges Geld Rat und Tat in unternehmerischen Fragen holen. In der Bundesrepublik gibt es derzeit rund 60 gewerbliche Kapitalbeteiligungsgesellschaften.
Adressen kannst Du bekommen beim:
Bundesverband Deutscher Kapitalbeteiligungsgesellschaften e. V. (Karolingerplatz 10–11, 14052 Berlin, Tel. 0 30/3 06 98 20)

Private Partner 291

Auch wenn es erst mal anrüchig aussieht: Eine Annonce in einer überregionalen Tageszeitung hat bei manchem Existenzgründer auf Kapitalsuche schon wahre Wunder gewirkt. Einen Versuch sollte Dir diese Methode allemal wert sein.

Beispiel: Möbel-Designer Munter will sich mit einem eigenen Betrieb selbständig machen und braucht noch 200 000 Mark Eigenkapital. Zwar steht er schon in Verhandlung mit der landeseigenen Mittelständischen Beteiligungsgesellschaft, doch nach dem Motto »Sicher ist sicher« schaltet er zwei Probeanzeigen in der FAZ und der Süddeutschen Zeitung. Und tatsächlich melden sich zwei Interessenten: Eine private Kapitalbeteiligungsgesellschaft und ein privater Investor bekunden Interesse, bei Munter als Gesellschafter einzusteigen.

Beim richtigen Text beißen die Geldgeber an

Auf jeden Fall mußt Du folgende Punkte in Deiner Annonce erwähnen: 292

- Zweck des Kapitalbedarfs – zum Beispiel »zur Wachstumsfinanzierung« oder »zur professionellen Geschäftserweiterung«.
- Mindestbeteiligung – ganz klar. Doch bedenke: Je niedriger der Betrag, um so mehr potentielle Geldgeber werden sich finden – aber um so höher wird Dein Verwaltungsaufwand und die Zahl der Partner, mit denen Du Dich beschäftigen mußt.
- Art der Beteiligung – willst Du im eigenen Haus das Sagen behalten, wirst Du in der Annonce eine »stille Beteiligung« erwähnen. Willst

Du einen Geschäftspartner, der außer Geld auch noch Know-how einbringen soll, mußt Du einen »aktiven Gesellschafter« suchen.

- Verzinsung – je höher, desto besser. Zinsen, die unter dem Niveau von festverzinslichen Wertpapieren liegen, also 6 bis 9 Prozent, locken keinen Hund vor die Tür. Vorsicht aber auch bei utopischen Zinsversprechungen: Ab 20 Prozent wird manch seriöser Kapitalgeber mißtrauisch.
- Laufzeit – unbedingt in die Anzeige schreiben, für wie lange Du das Geld in der Firma halten möchtest.
- Zusatzanreiz – eine Gewinnbeteiligung, auf die Kapitalverzinsung draufgesattelt, ist ein ansprechendes Bonbon, das vielleicht den einen oder anderen Anleger animiert, Deine Telefonnummer zu wählen.

293 Das wollen Deine potentiellen Partner von Dir wissen:

Niemand gibt sein Geld leichtfertig aus – wer bei Dir als Partner oder stiller Gesellschafter einsteigen will, wird Dich vorher einem hochnotpeinlichen Verhör unterziehen. Sei auf folgende Fragen vorbereitet:

- Was ist – in kurzen Worten – Deine Geschäftsidee?
- Wie soll der Gesellschaftsvertrag aussehen?
- Gibt es schon Bilanzen der vergangenen Jahre?
- Wie sieht die Erfolgsrechnung des laufenden Jahres aus?
- Wie sieht die Planung für die kommenden drei Jahre aus?
- Wie hoch ist die Kreditlinie der Firma bei der Hausbank?
- Wer sind die wichtigsten Lieferanten und Abnehmer?
- Hast Du eigene Patente oder Gebrauchsmuster angemeldet?

Die Hundehütte ist für den Hund,
der Aufsichtsrat ist für die Katz'.
(Hermann Abs)

Fremdkapital – Bewegungsfreiraum für Deine Firma 294

Kredit bekommt immer nur der, der ihn eigentlich gar nicht braucht – an dieser bitteren Wahrheit ist schon was dran: Problemlos an einen Bankkredit kommt man nur, wenn man genug Sicherheiten bieten kann. Genug Sicherheiten hat meist nur, wer eh schon reich genug ist. Aber keine Angst: Auch als Existenzgründer mit wenig oder gar keinen Sicherheiten kannst Du Deiner Hausbank schon die eine oder andere Mark aus den Rippen leiern. Hauptsache, Du kennst das kleine Einmaleins des Kreditgeschäfts.

Allgemeine Tips zur Kreditbeschaffung für Dich 295

Von der richtigen Kreditbeschaffung hängt häufig der Erfolg des Selbständigmachens ab. Nur allzugern wird von Dir, weil es am einfachsten ist, lediglich die altbewährte Hausbank als der richtige Ansprechpartner für die Kreditbeschaffung angesehen. Daß dieser Weg lediglich eine Alternative und häufig nicht einmal die beste darstellt, wird Dir leider erst dann klar, wenn es zu spät ist.
Wähle also die richtige Bank aus. Es gibt zum Beispiel:

- Geschäftsbanken
- Privatbanken
- Hypothekenbanken
- Verbraucher-(Kredit-)Banken
- Banken für bestimmte Berufsgruppen (Apotheker- und Ärztebank, Beamtenbank usw.)
- Regionalbanken.

Beginne damit, bei dem von Dir gewählten Kreditinstitut nach den Konditionen zu fragen, um eine weitere Vorauswahl zu treffen und Dir das günstigste Angebot auszusuchen.

Für die Kontaktaufnahme ist wichtig, daß Du innerhalb der Bank, Filiale oder Zweigstelle den richtigen Ansprechpartner findest.

Wisse: Der Zweigstellen- oder Filialleiter, häufig auch Direktor genannt, ist der nach außen hin für die Filiale insgesamt zuständige Ansprechpartner. Hierbei handelt es sich in aller Regel um eine Person, die aus dem Kreditgeschäft kommt. Das wäre der beste Mann für Dich. Der Stellvertreter des Filial- oder Zweigstellenleiters ist zwar organisatorisch der »2. Mann«, hier handelt es sich jedoch in aller Regel um eine Person, die sich im Wertpapiergeschäft auskennt. Eine solche Person ist mit dem Kreditgeschäft meistens weniger vertraut.

Dem zuständigen Mann legst Du dann eine Kurzkonzeption Deines Projekts vor, die nach Möglichkeit nicht mehr als zwei Seiten umfassen sollte. Denn Banker haben grundsätzlich wenig Zeit und wollen bei neuen Projekten zunächst nur einen Überblick darüber gewinnen, ob es sich überhaupt lohnt, sich mit Dir zu befassen, und ob sich daran für die Bank auch etwas verdienen läßt.

In Ergänzung dazu ist es sinnvoll, daß Du bei größeren Projekten Deinen bisherigen Werdegang und Deine bisherigen beruflichen Erfolge schilderst – am besten durch einen kurzen Lebenslauf.

Wichtig ist von Deiner Seite aus,

- daß ein klares Konzept vorliegt,
- daß dieses Konzept von Dir binnen kurzer Zeit vorgetragen wird,
- daß nach dem Kurzvortrag die entsprechenden Unterlagen überreicht werden,
- daß konkrete Vorstellungen über die Höhe der Investition, deren Dauer nebst Einzelheiten von Dir vorgetragen werden,
- daß mögliche Formen der Sicherheiten nach der Reihenfolge der höchsten Sicherheitsstufe vorgestellt werden,
- daß eine Liquiditätsrechnung überreicht wird,
- daß Du Deine Vermögensverhältnisse offenlegst,
- daß ein klarer zeitlicher Rahmen für die Projektrealisierung gegeben wird.

Merke: Das Interesse der Bank ist in allererster Linie darauf gerichtet, höchstmögliche Sicherheiten zu bekommen. Laß Dich da aber nicht über den Tisch ziehen.

Oft geht der Wunsch nach solchen Sicherheiten bei den Banken deutlich über das Ziel hinaus. Da werden vermögenslose Bürgen verpflichtet, die nie wieder eine Chance hätten, aus dieser Bürgschaft herauszukommen, da werden Existenzgründungskredite für junge Unternehmer mit Grundschulden abgesichert, die häufig das Doppelte oder gar das Dreifache des verauslagten Kredits nebst Zinsen und Kosten betragen.

Du mußt darauf achten,

- faire Konditionen im Hinblick auf Zins, Laufzeit, Kosten zu erlangen,
- die Höhe der Besicherung niedrig zu halten,
- Kündigungsmöglichkeiten genau festzulegen,
- die Kosten bzw. Möglichkeiten der vorzeitigen Tilgung, Ablösung und Umschuldung abzuklären und
- Flexibilität bei veränderten wirtschaftlichen Verhältnissen in die Vereinbarungen einzubauen.

Der richtige Kredit für den richtigen Zweck

Geld ist nicht gleich Geld – das gilt besonders für geliehenes Geld. Als 296
angehender Unternehmer mußt Du den Teil Deines Kapitalbedarfs, den Du nicht als Eigenkapital aufbringst, über Kredite finanzieren.

Beispiel: Der angehende Spediteur Schmalspur hat für seinen Betrieb in spe einen Finanzbedarf von 600 000 Mark für das erste Jahr ausgerechnet. 200 000 Mark kann er selber, zusammen mit einem Partner, aufbringen. Die restlichen 400 000 Mark sollen fremdfinanziert werden, 320 000 Mark langfristig, 80 000 Mark kurzfristig. Nach erfolgreicher Kreditverhandlung erklärt sich Schmalspurs Hausbank bereit, den langfristigen Investitionsbedarf über ein langfristiges Betriebsdarlehen, die kurzfristigen 80 000 Mark über eine Kreditlinie auf dem Kontokorrentkonto der Firma bereitzustellen.

297 Kredite zur Finanzierung von Investitionsgütern

Langfristige Investitionen in Maschinen, Fahrzeuge, Ausrüstung – im Buchhalterjargon Anlagevermögen genannt – finanzierst Du über einen langfristigen Betriebsmittelkredit. Deine Kalkulationsrechnung, die auch die Bank sehen will, muß glasklar ergeben: Die kreditfinanzierte Investition wirft nach Abzug aller Kosten sowie Deinem Gewinn noch genug ab, um den Kredit zu tilgen. Faustregel für die Laufzeit eines Betriebsmitteldarlehens: niemals länger als die steuerliche Abschreibungsdauer der Wirtschaftsgüter.
Bei längerfristigen Betriebsdarlehen sind die Banken inzwischen vorsichtig geworden – die Pleitewelle der vergangenen Jahre hat die Geldhäuser jede Menge Geld an Kreditausfällen gekostet. Eine Bankenumfrage hat ergeben, welche Branchen bei den Kreditsachbearbeitern auf der schwarzen Liste stehen. Im Bereich Produktion und Handel sind dies unter anderem Textil, Bekleidung, Nahrungsmittel und Möbel; im Dienstleistungssektor kommen besonders Gastronomie- und Speditionsbetriebe nur noch unter erschwerten Bedingungen an Betriebsdarlehen.

298 Kredite zum Erwerb von Grundstücken und Gebäuden

»Ist Mietezahlen etwa fortschrittlich?« – Die Werbebotschaft einer Bausparkasse gilt nicht nur für Privatleute.
Auch Du als Existenzgründer solltest ruhig einmal durchrechnen, ob es nicht günstiger kommt, die Geschäftsräume zu kaufen, statt Monat für Monat 20 Mark und mehr pro Quadratmeter an den Vermieter abzudrücken.
Bei der Kalkulation des Kreditbedarfs für die Immobilie darfst Du allerdings nicht vom reinen Kaufpreis ausgehen – das wäre fatal.

Die Gesamtkosten für ein Hypothekendarlehen setzen sich zusammen aus:

Kaufpreis der Immobilie
\+ Umbaukosten
\+ Maklerprovision (bis zu 7 Prozent vom Kaufpreis)

\+ Notar- und Gerichtskosten (etwa 1,5 Prozent vom Kaufpreis)
\+ Grunderwerbsteuer (3,5 Prozent vom Kaufpreis)
\+ Wertgutachten für die Bank (meist 0,2 bis 0,5 Prozent vom Kaufpreis)
\+ Umzugskosten
= Dein Kreditbedarf

Ein Ökonom ist jemand, der mehr vom Geld versteht als die Leute, die es haben.

(John Kenneth Galbraith)

Trick

Fall nicht auf Kredithaie herein!

Annette Rieding durchsucht den Briefumschlag. Ein Kreditvertrag über 40 000 Mark sollte darin sein. Doch in dem grauen Kuvert findet sie nur Formulare und unverbindliche Anträge – und dafür hat die promovierte Chemikerin 236 Mark Nachnahmegebühr bezahlt. Der Mann am Telefon hat sie hereingelegt. Die Annonce, die »Geld per Post« versprach, die Formulare, die sie ausfüllen mußte – alles Schwindel. Auf einen Kredithai mit irrsinnigen Zinsen wäre Annette Rieding sicherlich nicht hereingefallen. Aber heute läuft die Masche anders: Wer in Geldnot ist, wird geschröpft, ohne daß er auch nur eine müde Mark Kredit sieht. »Kapitalvermittlung« heißt das Geschäft, bei dem unseriöse Makler immer trickreicher abkassieren. Mal nehmen sie ein paar hundert Mark Vermittlungsgebühren, mal langen sie mit sechsstelligen Honoraren für sogenannte Wirtschaftsgutachten richtig hin. Nur der versprochene Kredit kommt nie zustande. (Aus *Die Zeit*) 299

Immobiliendarlehen gehören zu den Langläufern im Kreditgeschäft. 300
Meist geht erst nach 30 Jahren die letzte Mark Zinsen und Tilgung an die Bank. Die genaue Ausgestaltung des Immobilienkredits hängt zumeist davon ab, welche Sicherheiten Du anbietest, wie hoch das Zinsniveau ist und welche Steuervorteile Du ausnutzen kannst.

301 Beim **Bankdarlehen** zahlst Du von Anfang an Zinsen und Tilgung an die Bank zurück. Zu Anfang beanspruchen die Zinszahlungen den Löwenanteil der Rate – die Tilgung macht bei den ersten Raten nur 1 Prozent der Kreditsumme pro Jahr aus. Mit der Zeit sinkt aber der geschuldete Betrag und damit die fälligen Zinsen. Bei regelmäßigen Kreditraten steigt damit der Tilgungsanteil.

302 **Bauspardarlehen** sind staatlich gefördert und damit die günstigste Art, sich Baugeld zu leihen. Der Pferdefuß: Um ans günstige Geld ranzukommen, mußt Du einen zuteilungsreifen Bausparvertrag haben. Die Zuteilung ist von Deinen Sparleistungen und denen aller Bausparer der Bausparkasse abhängig. Die Wartezeit kann also Schwankungen unterworfen sein. Außerdem ist für die Zuteilung Voraussetzung, daß 40 Prozent der Bausparsumme angespart sind.

Trick

Vorsicht vor allzu hohen Bauspardarlehen

303 **Zwar sind die Darlehenszinsen relativ günstig, doch muß das Bauspardarlehen selbst innerhalb von 8 Jahren getilgt werden. Das bürdet Dir gerade in den ersten Jahren, wenn Du eh jeden Pfennig brauchst, enorm hohe Raten auf.**
Im übrigen bedenke bei Inanspruchnahme von Baudarlehen: Die günstigen Bausparzinsen erkaufst Du durch Zinsverzicht in der Ansparphase.

304 **Kombination von Darlehen mit einer parallel abgeschlossenen Lebensversicherung.** Das ist die dritte Variante zur Baufinanzierung. Der Trick: Du zahlst während der Kreditlaufzeit keine Tilgung, sondern nur die Zinsen; dafür fütterst Du gleichzeitig einen Lebensversicherungsvertrag. Mit der Auszahlung aus der Lebensversicherung zahlst Du dann auf einen Schlag die ganzen Bankschulden zurück. Gut für Dich, weil Erträge aus Lebensversicherungen mit einer Laufzeit von mehr als zwölf Jahren und einem Todesfallschutz von mindestens 60 Prozent steuerfrei sind.

Sorge vor!

Eine Lebensversicherung ist kein Sparvertrag – Du kannst nie ganz 305
sicher sein, wieviel am Ende rauskommt. Doch bis jetzt haben noch alle großen Gesellschaften Gewinnbeteiligungen ausgespuckt.

Wenn die Lebensversicherungen zukünftig besteuert werden sollten, schließt Du vielleicht besser eine solche im Ausland ab. Doch muß ich Dich darauf hinweisen, daß Du nach den Steuergesetzen trotzdem verpflichtet bist, sie im Besteuerungsfalle in Deiner Steuererklärung anzugeben – auch wenn Du die Renten oder Auszahlungen auf ein Konto im Ausland überweisen läßt.

Kredite zur Finanzierung des Umlaufvermögens 306

Dein kurzfristiger Finanzbedarf – etwa für Warenkäufe oder Dienstleistungen und auch für Löhne und Gehälter – wird von der Bank mit ebenfalls kurzfristigen Krediten finanziert.

Am gängigsten ist eine **Kontokorrentlinie** auf Deinem Firmenkonto. Im 307
Prinzip ist das nichts anderes als ein Dispokredit. Die Bank erlaubt Dir, Dein Geschäftskonto bis zu einer bestimmten Summe zu überziehen. Dafür zahlst Du dann einen vereinbarten Zinssatz.

Fixiere es in Deinem Gedächtnis: Kontoüberziehungen sind nur und 308
wirklich nur für Deinen kurzfristigen Geldbedarf gedacht. Kein vernünftiger Firmeninhaber wird einen neuen Lieferwagen oder den Umbau des Warenlagers über einen Kontokorrentkredit finanzieren – dazu ist diese Kreditart auf lange Sicht einfach zu teuer. Faustregel: Kannst Du das geliehene Geld nicht spätestens in sechs Monaten zurückzahlen, rede mit Deinem Firmenkundenberater bei der Bank über einen Betriebsmittelkredit.

Etwas aus der Mode gekommen ist der gute alte **Diskontkredit**. Seine 309
Funktionsweise: Du nimmst von Deinem Kunden, der Dir Geld schuldet, einen Wechsel an. Ein Wechsel, das ist ein Zahlungsversprechen über die geschuldete Summe. Weil Du aber nicht warten willst, bis der Wechsel fällig ist und Dein Kunde endlich zahlt – im Normalfall laufen

Wechsel bis zu drei Monaten –, nimmst Du bei der Bank einen Diskontkredit in Anspruch. Die Bank bekommt den Wechsel und Du die Wechselsumme abzüglich des Zinses, den die Bank für das Vorschießen verlangt – der sogenannte Diskont. Am Ende der Laufzeit legt die Bank den Wechsel bei Deinem Kunden zur Zahlung vor und erhält den vollen Betrag. Voilà.

310 Der Akzeptkredit: Schnäppchen für gute Bankkunden

Falls Du bei Deiner Hausbank als guter Kunde giltst, kannst Du bei kurzfristigem Liquiditätsbedarf eine Spielart des Diskontgeschäfts betreiben: den Akzeptkredit. Die Grundidee ist ganz einfach. Du stellst selber einen Wechsel über die benötigte Summe aus. Deine Hausbank kauft diesen Wechsel wie bei einem normalen Diskontgeschäft an – Du bekommst also die Summe minus Diskontsatz und einer sogenannten Akzeptprovision.

Am Ende der Wechsellaufzeit – höchstens drei Monate – zahlst Du der Bank den vollen Wechselbetrag zurück. Dein Vorteil: Der Diskont, der Zins also, den die Bank für das Wechselgeschäft verlangt, liegt deutlich unter dem Zins für einen kurzfristigen Betriebsmittelkredit.

Beispiel: Du brauchst 200 000 Mark für 60 Tage.

Akzeptkredit:	
Zinsen (Diskont) 6,5 Prozent p. a.	2167 Mark
Akzeptprovision 0,5 Prozent p. a.	167 Mark
Kosten insgesamt	2334 Mark
Betriebsmittelkredit	
Zinsen 9,5 Prozent p. a.	3167 Mark

Du siehst: Mit dem Akzeptkredit fährst Du um einiges günstiger. Der Haken an der Sache ist, daß die Bank Akzeptgeschäfte nur mit solchen Kunden betreibt, die eine 1A-Bonität haben. Aber Fragen kostet ja bekanntlich nichts. Und ganz nebenbei erfährst Du, wie Dich die Bankangestellten hinter ihrem stets freundlichen Lächeln wirklich einschätzen.

Die Kreditkosten 311

Umsonst ist nur der Tod. Je nach Art, Laufzeit, Besicherung, Rückzahlung und Höhe des Kredits langen die Banken unterschiedlich zu. Sehen wir uns die wichtigsten Begriffe aus dem variantenreichen Vokabular der Kreditsachbearbeiter an.

Variable Verzinsung – auch »b.a.w.-(bis auf weiteres) Satz« genannt: Das 312
bedeutet, daß die Bank den Nominalzinssatz für Deinen Kredit jederzeit der Marktlage anpassen kann. Für Dich ist das nur in einem einzigen Fall interessant: und zwar, wenn der Marktzins derartig hoch steht, daß er nach menschlichem Ermessen eigentlich nur noch sinken kann. Dann wird Dein Kredit plötzlich billiger. Im Normalfall aber: Finger weg von variablen Kreditzinsen! Das ist was für Zocker und nicht für Unternehmer, die auf die Mark genau ihre Kosten planen müssen. Ein steigender Zins kann nämlich Deinen Finanzbedarf völlig durcheinanderbringen – im schlimmsten Fall kommst Du in echte Liquiditätsprobleme.

Festzins: Das Gegenteil der »b.a.w.«-Zinsen. Für die gesamte Kredit- 313
laufzeit – oder zumindest für die nächsten fünf bis zehn Jahre – vereinbarst Du mit der Bank einen festen Zinssatz. Das gibt Planungssicherheit und sichert Dir einen ruhigen Schlaf.

Disagio/Damnum: Das ist der Abschlag des Auszahlungsbetrags für 314
Deinen Kredit. Beispiel: Ein Disagio von 2,5 Prozent auf einen Kredit über 200 000 Mark bedeutet, daß effektiv nur 195 000 Mark auf Dein Konto fließen, Du aber 200 000 Mark zurückzahlen mußt. Im Gegenzug senkt die Bank, die das Disagio kassiert, dafür den Kreditzins. Nominalzins und Disagio zusammen ergeben den Effektivzins.

Überziehungsprovision: Die wird fällig, wenn Du Dein Kreditlimit auf 315
dem Firmenkontokorrentkonto überschreitest. Solch eine ungenehmigte Überziehung gehört zu den kostspieligeren Vergnügungen: Manche Banken langen bei der Überziehungsprovision gleich mit 5 Prozent zu. Soll heißen: Für jede Mark über dem Limit zahlst Du anstatt vereinbarter 9,5 Prozent Zinsen plötzlich satte 14,5 Prozent.

Bereitstellungsprovision: Das sind die Kosten für einen Kredit, den Du 316
erst später in Anspruch nehmen willst. Hört sich nach Wegelagerei an,

ist aber allgemein üblich. Angenommen, Du vereinbarst im Januar mit Deiner Bank ein Darlehen von 100 000 Mark, das Du aber erst im Juli in Anspruch nehmen willst. Grund: Du rechnest mit steigenden Zinssätzen. Für die Bereitstellung des Darlehens bis zur Auszahlung berechnet die Bank Bereitstellungsprovision.

317 **Kreditprovision:** Hier handelt es sich um eine Art Bearbeitungsgebühr für den Kredit. Sie ergibt – genau wie das Disagio – zusammen mit dem Nominalzins den Effektivzins.

318 **Vorfälligkeitsentschädigung:** Eine solche kann die Bank von Dir verlangen, wenn Du einen Kredit vor der vereinbarten Vertragslaufzeit auf einen Schlag zurückzahlst. Begründung der Bank: Sie hat sich das Geld ja auch leihen müssen – und zwar für die gesamte Laufzeit. Der Vorfälligkeitsentschädigung kannst Du mit Sicherheit nur entgehen, wenn Du bei Kreditabschluß auf freie Tilgung pochst. Aber Vorsicht: Manche Bank läßt sich darauf erst gar nicht ein oder treibt den Zinssatz von Anfang an in die Höhe.

319 **Effektivzinssatz:** Das ist die für Dich entscheidende Größe bei jedem Kreditvergleich. Effektivzins, das ist der tatsächliche Zins, den Du pro Jahr – im Bankjargon »per anno« – für das geliehene Geld zahlen mußt, inklusive aller Kosten, Spesen, Provisionen, die Dir die Bank jetzt und in Zukunft noch abzuknöpfen gedenkt.

320 Die Sicherheiten

Kredit bekommen, ohne genügend Sicherheiten dafür zu bieten, das geht leider erst ab Milliardenbeträgen – siehe Jürgen Schneider. Du als Normalkunde mußt für jede Mark, die die Bank Dir pumpt, ein Pfand anbieten – dafür gibt's einige gängige Möglichkeiten.

321 **Grundschulden/Hypotheken:** Das sind Sicherheiten erster Klasse, die hat die Bank am liebsten. Die Abwicklung: Die Bank darf sich im Grundbuch als Hypothekengläubiger eintragen lassen. Und wenn Du Deinen Kreditverpflichtungen nicht mehr nachkommen kannst, nimmt die Bank Deine Immobilie als Pfand, das sie verwerten kann. Hypotheken werden in der Regel für langfristige Kredite – also Baugeld oder

Investitionsdarlehen – verlangt. Um ganz sicherzugehen, beleihen die Banken nie den vollen Wert der Immobilie, sondern nur meist zwischen 60 und 80 Prozent davon. Denn beim Verkauf des Hauses könnte ja wegen versteckter Schäden weniger herausspringen. Beispiel: Dein Häuschen mit Garten hat einen Wert von 500 000 Mark – die Bank beleiht es mit 60 Prozent und gibt Dir einen langfristigen Kredit über 300 000 Mark.

Lebensversicherungen: Auch immer gern als Sicherheit genommen. Das 322
Prinzip ist einfach: Du trittst der Bank die Ansprüche aus Deiner Kapitallebensversicherung ab. Wieviel die gerade wert ist, wie hoch die Sicherheit also ist, kannst Du erfahren, indem Du die Versicherung bittest, Dir den sogenannten Rückkaufwert mitzuteilen. Das ist die Summe Deiner Einzahlungen abzüglich der Verwaltungskosten der Versicherung.

Bausparverträge: Die kannst Du ebenfalls als Sicherheit an Deine Bank 323
abtreten. Auch hier kannst Du von Deiner Bausparkasse die momentan angesparte Summe plus Zinsen erfahren. Das ist dann der Betrag, den die Bank Dir als Kredit geben kann.

Festgelder, Sparbücher, Sparbriefe: Sie sind so gut wie bares Geld – 324
deswegen beleiht die Bank solche Anlagen in voller Höhe. Das heißt: Für 20 000 Mark Festgeld bekommst Du 20 000 Mark Kredit. Stellt sich natürlich die Frage, warum Du nicht einfach das Festgeld auflöst, statt ein viel teureres Darlehen aufzunehmen.

Festverzinsliche Wertpapiere: Das sind beispielsweise Bundesanleihen, 325
Anleihen von großen Unternehmen oder Obligationen von Post und Bahn. In der Regel beleiht die Bank solche Sicherheiten mit 75 Prozent des Kurswerts. Hier gilt allerdings: Erkundige Dich vorher beim Kreditsachbearbeiter. Anleihen von dubiosen Emittenten oder auch ausländische Anleihen werden nicht so hoch beliehen.

Aktien: Wie bei den Anleihen hängt die Beleihungsgrenze davon ab, wie 326
die Bank die Aktie beurteilt. Ein guter deutscher Standardwert wird normalerweise mit 50 Prozent des aktuellen Börsenkurses beliehen. Weniger bekannte oder ausländische Aktien werden als Kreditsicherheit niedriger bewertet.

327 **Optionsscheine** kannst Du als Sicherheit vergessen – die schwanken zu stark im Kurs, als daß eine Bank Dir darauf Kredit geben würde.

328 **Negativerklärung:** Die Negativerklärung setzt sozusagen auf die sonstigen Sicherheiten noch eine schuldrechtliche Verpflichtung drauf. Daß Du Dich nämlich insbesondere bei langfristigen Krediten gegenüber der Bank verpflichtest, alle oder bestimmte Vermögenswerte in Zukunft nicht zu veräußern, nicht zu belasten bzw. anderen Gläubigern keine entsprechenden Sicherheiten zu stellen, ohne das Einverständnis der Erstbank vorab zu erhalten.

Wisse: Eine beliebte Möglichkeit der Banken ist es, bei Schuldnern, von denen sie sich trennen möchte, zu untersuchen, ob eine Negativerklärung eventuell verletzt wurde. Ist dies der Fall, so neigen Banken häufig dazu, einen Vertrauensmißbrauch nach der Präambel der AGBs anzunehmen und damit das Kreditengagement entweder fristlos (meist unwirksam) oder aber fristgerecht zu kündigen. Bei solchen Vorgehensweisen kommst Du als Schuldner schnell in Schwierigkeiten, beispielsweise wird die Kreditkündigung und Fälligstellung der Schufa, Creditreform und Bürgel mitgeteilt. Deswegen: Sei vorsichtig bei Negativerklärungen!

329 Bei der Bewertung von Sicherheiten machen die Kreditinstitute Sicherheitsabschläge:

– bei Grundschulden:	20% des Verkehrswertes
– bei notierten Wertpapieren:	20% bei Renten
	40% bei Aktien
– bei nichtnotierten Wertpapieren:	25% vom Steuerkurswert
– Beteiligungen:	25% vom Vermögenswert
– Sparguthaben/Termineinlagen:	Kein Abschlag
– Bausparguthaben:	Ansparwert ohne Abschlag
– Lebensversicherungen:	Rückkaufswert ohne Abschlag
– Edelmetalle:	25% vom Metallwert.

Wichtig: Die Bank trägt praktisch in keinem einzigen Fall irgendwelche Kosten für die Bestellung von Sicherheiten.

330 **Nichts gegen Aktien als Geldanlage. Nur: Als Kreditsicherheit haben sie schon manchem das Genick gebrochen.**

Beispiel: Existenzgründer Ehrlich nimmt im August 1987 einen Kredit über 100 000 Mark bei seiner Bank auf. Als Sicherheit verpfändet er sein Aktiendepot, das einen Kurswert von 200 000 Mark hat. Beim Börsencrash im Oktober 1987 bekommt Ehrlich doppelt Probleme: Seine Aktien fallen ins Bodenlose – sein Depot ist plötzlich nur noch 120 000 Mark wert. Die Bank verlangt nun von Ehrlich, er müsse neue Sicherheiten für den Kredit beibringen. Als er das nicht kann, wird ihm kurzerhand der Kredit gekündigt.

Fazit: Wenn Du nur Aktien als Kreditsicherheiten stellen kannst, baust Du Deine Unternehmerexistenz auf wackligen Grund. Lieber also das Depot umschichten und einen Teil in konservative Anleihen anlegen. Das ist sicherer.

Wenn's der Hausbank zu heiß wird, hilft die Bürgschaftsbank 331

Da mag Deine Geschäftsidee noch so gut sein, Deine Gewinnprognosen glänzend und Dein Auftreten beim Kreditsachbearbeiter von aristokratischer Würde – kannst Du nicht genug Sicherheiten anbieten, rückt die Bank einfach keinen Kredit mehr raus. Jetzt nicht den Mut verlieren, sondern einen guten Bürgen finden.

Beispiel: Bäckermeister Brosam will mit eigener Backstube und Verkaufsladen nebst Stehcafé die heimatliche Fußgängerzone beleben und sich ein gewinnversprechendes Gewerbe aufbauen. Nur: 30 000 Mark Eigenkapital und sonst gar nix reichen der Sparkasse als Sicherheit für den gewünschten Betriebsmittelkredit von 240 000 Mark vorn und hinten nicht – obwohl der Kreditsachbearbeiter Brosams Idee durchaus für vielversprechend hält. Lösung: Die Sparkasse schaltet die Bürgschaftsbank ein, die nach gründlicher Prüfung von Brosams Geschäftsvorhaben eine Bürgschaft über 190 000 Mark übernimmt. Die Sparkasse ist zufrieden und zahlt den Kredit aus.

Bürgschaftsbanken verleihen zwar selber keine müde Mark, aber sie springen ein, wenn Deiner Hausbank das Kreditrisiko zu hoch wird. Ähnlich den öffentlichen Beteiligungsgesellschaften sind auch die Bürgschaftsbanken – Gesellschafter sind IHKs, Verbände und öffentliche Banken – daran interessiert, daß Handel und Wandel florieren.
Sie übernehmen sogenannte Ausfallbürgschaften. Das heißt, sie garantieren Deiner Hausbank, für Deinen Kredit geradezustehen, falls Du nicht mehr zahlen kannst. Existenzgründer werden von den Bürgschaftsbanken besonders gern gefördert. 1994 haben die Spezialinstitute Gründungskredite von insgesamt 1,2 Milliarden Mark abgesichert. Auch Deine Chancen für eine Bürgschaft stehen gar nicht schlecht: Die Bürgschaftsbanken geben erfahrungsgemäß bei neun von zehn Kreditanträgen ihren Segen.

332 Die fünf Schritte zum verbürgten Kredit

1. Deine Hausbank lehnt Deinen Kreditantrag zwar nicht grundsätzlich ab, will das Risiko aufgrund fehlender Sicherheit aber nicht allein tragen.
2. Entweder Deine Hausbank oder – falls die nicht auf die Idee kommt – Du selber wendest Dich an die zuständige Bürgschaftsbank und bittest um Vorabinformationen.
3. Zusammen mit Deiner Hausbank beantragst Du bei der Bürgschaftsbank eine Bürgschaft für Deinen Kredit. Für Dich heißt es jetzt: Karten auf den Tisch. Die Bürgschaftsbank prüft Deine Geschäftsidee, Deine Finanzsituation und nicht zuletzt, ob Du selber einen vertrauenswürdigen Eindruck machst. Aus Erfahrung kann ich Dir nur raten – selbst wenn es Dir zu dumm erscheint: Zieh Deinen besten Anzug und ein weißes Hemd mit Schlips an.
4. Zusammen mit der zuständigen IHK, Handwerkskammer oder dem ansässigen Fachverband prüft die Bürgschaftsbank jetzt die Erfolgsaussichten Deiner Investition.
5. Nach positivem Entscheid übergibt die Bürgschaftsbank die Bürgschaftsurkunde Deiner Hausbank. Das Geld kann fließen.

Die Kosten für eine solche Bürgschaft betragen: Einmalig zahlst Du Bearbeitungsgebühren von 0,75 bis 1 Prozent der Kreditsumme. Hinzu kommt eine jährliche Provision von ebenfalls 0,75 bis 1 Prozent des zu tilgenden Betrags. Bei der Frage der Laufzeit sind die Bürgschaftsbanken durchaus flexibel: Auch langfristige Investitionen von mehr als 20 Jahren kannst Du über eine Bürgschaftsbank absichern.

Die Bürgschaftsbanken (die offiziellen Bezeichnungen variieren von Bundesland zu Bundesland): 333

Baden-Württemberg, Tel. 07 11/1 64 56
Bayern, Handwerk: Tel. 0 89/54 58 57-0
Handel: Tel. 0 89/55 11 81 37
Hotels und Gaststätten: Tel. 0 89/21 24-0
Berlin, Tel. 0 30/31 10 04-0
Brandenburg, Tel. 03 31/6 49 63-0
Bremen, Tel. 04 21/32 12 09
Hamburg, Tel. 0 40/61 17 00-0
Hessen, Tel. 06 11/15 07-0
Mecklenburg-Vorpommern, Tel. 03 85/39 55 50
Niedersachsen, Tel. 05 11/3 37 05-0
Nordrhein-Westfalen, Tel. 0 21 31/1 07-0
Rheinland-Pfalz, Handwerk: Tel. 0 61 31/8 40 11 31
Handel: Tel. 0 61 31/98 50-0
Saarland, Tel. 06 81/30 33-0
Sachsen, Tel. 03 51/44 09-0
Sachsen-Anhalt, Tel. 03 91/73 75 20
Schleswig-Holstein, Tel. 04 31/59 38-0
Thüringen, Tel. 03 61/21 35-0

Der Kunde unterbricht Dich nicht in Deiner Arbeit, um Dich aufzuhalten. Er ist das Ziel Deines Selbständigseins!

Trick: Besser ist es, wenn Du keinen Canossagang zur Bank antreten mußt

334 Das Kapital hat in unserem Lande das Sagen und die Macht. Das ist nicht besonders schön, aber andere politische Systeme haben sich als noch schlechter erwiesen. Die Inanspruchnahme eines Kredits bewirkt aber auch das: Ein Fremder hat plötzlich Mitspracherecht in Deinem Laden. Und wehe Dir, wenn Du den Zins- und Tilgungsraten nicht nachkommst!

Stürze Dich nicht in das Dilemma, unter dem Druck einer Bank zu stehen, wenn Du mit Geld schlecht umgehen kannst.

Viele Existenzgründer oder Selbständige sehen erstmals in ihrem Leben durch einen hohen Kredit viel Geld auf ihrem Konto – und fangen gleich damit an, es mit vollen Händen wieder unters Volk zu bringen. Endlich kann man sich den ersehnten Wagen kaufen, endlich sich ein teures Büro einrichten, endlich der Freundin den Diamantring kaufen – doch das dicke Ende folgt auf dem Fuß.

Wenig fremdes Geld in der Tasche fördert das »Muß« in Dir, unbedingt Kunden zu gewinnen und Dich auf Trab zu bringen und zu halten. Lieber klein und bescheiden anfangen – aber das, was man hat, das gehört einem vom ersten Tag an voll und ganz!

Wann verjähren Forderungen? 335

Die kurzen Verjährungsfristen (2 bis 4 Jahre) beginnen erst **mit Ablauf des Jahres, in dem der Anspruch entstanden ist.**

Leistung	**Verjährt nach so vielen Jahren bei**	
	Privatpersonen	**Unternehmen**
Arzt-/Zahnarztbehandlung	2	–
Dienstleistungsvertrag	2	4
Gewerbsmäßige Vermietung beweglicher Sachen	2	2
Handwerkerleistung	2	4
Hotelkosten	2	2
Inserate	2	4
Kaufvertrag	2	4
Leasing/Mietkauf	2	2
Maklervertrag	2	2
Mitgliedsbeitrag	4	4
Pacht/Miete	4	4
Reparaturleistungen	2	4
Steuerberater-/Anwaltsgebühren	2	2
Strom, Gas, Wasser	2	4
Versicherungsvertrag	2	2
Warenlieferung	2	4
Werk-(Liefer-)Vertrag	2	4
Versicherungsvertrag	2	2
(Ausnahme: Lebensversicherung)	5	–
Zeitungs-/Zeitschriftenabos	4	4
Alle Forderungen, über die ein Gerichtstitel vorliegt	30	30

Kredit ist einerseits der Ruf, den man hat,
und andererseits das Geld, das man nicht hat.
(Michael Schiff)

336 Drei Wege, auch ohne Kredit an Geld zu kommen

Irgendwann ist auch das letzte Mittel ausgeschöpft, das letzte Mauseloch ausgenützt und der letzte Trumpf ausgespielt – ab dann erntest Du bei der Bank nur noch ein mildes Lächeln, wenn es um eine Erhöhung Deines Kreditspielraums geht. Doch es gibt auch Finanzierungsmöglichkeiten – wenn auch nur kurz- bis mittelfristig –, die Du nutzen kannst, ohne wie weiland König Heinrich IV. nach Canossa im Büßergewand zu Deiner Bank pilgern zu müssen.

337 Factoring – Sofortkasse bei Außenständen

Die Zahl der abgeschlossenen Aufträge sagt leider noch gar nichts darüber aus, wie es Deiner Firma wirklich geht. Denn: Nur ein zahlender Kunde ist ein guter Kunde. Und wenn neben den zweifelhaften Rechnungen noch Aufträge kommen, bei denen Du Deinem Kunden ein weiteres Zahlungsziel eingeräumt hast, ist plötzlich Ebbe in der Kasse.

Beispiel: Schneidermeister Scherflein kann sich zwar über mehrere Großaufträge für sein neues Geschäft freuen, leider kann er frühestens in sechs Monaten mit den ersten Zahlungseingängen rechnen – bis dahin droht jedoch schon die Pleite. Scherfleins Lösung: Er verkauft seine Forderungen an ein Factoring-Institut und bekommt den Großteil seines Geldes sofort gutgeschrieben. Die Liquidität ist gerettet.

Beim Factoring verkaufst Du also Deine sämtlichen Kundenforderungen an ein spezielles Factoring-Institut. Die Factoring-Bank schreibt Dir dann 80 bis 90 Prozent des Rechnungsbetrags sofort gut – den Rest gibt's, wenn Dein Kunde seine Rechnung bezahlt hat. Dafür kassiert die Factoring-Bank Vorschußzinsen plus Gebühren. Die Zinsen sind in etwa dieselben, die Du für einen Kontokorrentkredit bei Deiner Bank zahlst. Die Gebühren – zwischen 0,5 und 2 Prozent des gesamten Factoring-Umsatzes – richten sich danach, ob Du für die Factoring-Bank ein guter Kunde bist. Faustregel: Je höher der durchschnittliche Rechnungsbetrag, je geringer die Zahl Deiner Kunden und je kürzer das Zahlungsziel, desto geringer die Factoring-Gebühr.

Deine Vorteile: Jedes Geschäft wird für Dich zum Bargeschäft. Dadurch hast Du immer genug Bargeld in der Kasse und kannst Deinerseits beim Lieferanten Barzahlungsrabatte rausschinden. Außerdem sparst Du Dir und Deiner Firma jeglichen Aufwand in Sachen Debitorenbuchhaltung und das ganze Mahnwesen. Nicht zuletzt wird Deine Hausbank die prompten und regelmäßigen Zahlungseingänge auf Deinem Geschäftskonto honorieren und Dir als offensichtlich solventem Kunden den Kreditrahmen erhöhen.

Bedenke: Factoring gehört nicht unbedingt zu den billigen Arten, sich Geld zu beschaffen. Außerdem wird keine Factoring-Firma eine Partnerschaft mit Dir eingehen, wenn Du nur Einzelrechnungen – also pro Kunde nur eine Rechnung – präsentieren kannst und wenn Du mit Deinen Kunden Zahlungsziele von mehr als 180 Tagen vereinbart hast.

Stundung – billiges Geld von Deinen Lieferanten 338

Wer Dir etwas verkaufen möchte, wird in der Regel ein offenes Ohr für Deine Sonderwünsche haben. Allgemein üblich ist, daß Du, ohne zu fragen, Deine Rechnung erst am 30. Tag nach Lieferung zahlst – und zwar ohne zusätzliche Zinsen oder Gebühren. Über alles, was an Zahlungsaufschub darüber hinausgeht, mußt Du mit Deinem Lieferanten verhandeln.

Der Lieferantenkredit hat für Dich zwei Vorteile: Deine Hausbank, bei der im Zweifel Dein Kreditspielraum bereits ausgeschöpft ist, wird nicht eingeschaltet. Außerdem wird Dein Lieferant, der sich besser im Markt auskennt als Dein Kreditsachbearbeiter, eher einem Kredit zustimmen, weil er Dir und Deinem Geschäft vertraut.

339 Der kaufmännische Wechsel

Auch der wohlwollendste Lieferant wird Dir jedoch nicht nur wegen Deiner hübschen blauen Augen einen Kredit einräumen. Sicherheiten müssen sein. Hier bietet sich der kaufmännische Wechsel an. Die strengen Vorschriften des Wechselverkehrs garantieren dafür, daß Dein Lieferant oder seine Hausbank, bei der er den Wechsel zum Diskont einreichen wird, im Zweifelsfall schnell und unerbittlich das Geld bei Dir eintreiben können. Außerdem bleibt die Ware, die per Lieferantenkredit bezahlt worden ist, so lange im Besitz des Verkäufers, bis die Rechnung beglichen ist. Das ist ein sogenanntcr Eigentumsvorbehalt.

Trick

Überzieh Dein Konto besser nicht!

340 **Ein Wechselkredit ist in der Regel günstiger als eine Kontoüberziehung – der günstigste Diskontsatz, zu dem die Hausbank den Wechsel von Deinem Lieferanten ankauft, macht's möglich.**

341 Bartering – heißer Deal nur für Profis

Das ist wie vor 400 Jahren: Jemand will seinen Ochsen gegen eine Sense tauschen und sucht jemanden, der das mitmacht. Ware nicht gegen Geld, sondern gegen andere Ware – auf den ersten Blick erscheint das zugegebenermaßen reichlich umständlich. Aber bedenke: Wenn Du einen Kunden belieferst, dessen Zahlungsmoral in keinem guten Ruf steht – und das müssen nicht nur Geschäftspartner in Weißrußland oder Pakistan sein –, ist es durchaus vernünftig, statt Barzahlung mit zweifelhaftem Zahlungsziel einen Austausch von Waren zu vereinbaren. Im Geschäftsjargon werden solche Geschäfte Barter genannt.

Beispiel: Reifenhändler Ruppig knüpft auf einer Rußlandreise Kontakt zu einer Kupferhütte in Petersburg. Eine Lieferung von 2000 Lkw-Reifen wollen die russischen Kunden allerdings nicht in Cash, sondern mit Kupferrohren bezahlen. Ruppig vereinbart ein sogenanntes Advanced-Purchase-Geschäft: Die Russen liefern Kupferrohre an eine von Ruppig benannte Handelsfirma nach Deutschland. Vom Erlös erhält Ruppig den Rechnungsbetrag für seine Reifen ausbezahlt – die Ware geht Richtung Petersburg auf den Weg.

Generell gilt für Dich: Wenn nicht ein exorbitanter Gewinn für Dich rausspringt, laß die Finger von solchen Geschäften. Wenn Du dennoch mit Deinem Kunden einen Tauschhandel vereinbarst, solltest Du auf jeden Fall einen erfahrenen Bartering-Partner zwischenschalten. So verhinderst Du, daß Du vom fernen Tauschpartner völlig über den Tisch gezogen wirst.

Informationen übers Bartern 342
bekommst Du bei folgenden Organisationen:
Bundesverband des Deutschen Exporthandels e. V. (Gotenstr. 21, 20097 Hamburg, Tel. 0 40/23 60 16 25)
Bundesverband des Deutschen Groß- und Außenhandels (Bonner Talweg 57, 53113 Bonn, Tel. 02 28/2 60 04-0)
Verband Deutscher Maschinen- und Anlagenbau e. V. VDMA (Lyoner Str. 18, 60528 Frankfurt/Main, Tel. 0 69/66 03-0)
Außerdem bei Deiner zuständigen Industrie- und Handelskammer

Wann Leasing lohnt 343

Investieren ohne Kapitaleinsatz – das ist normalerweise nicht drin. Aber: Leasing macht's möglich. Laut einer ifo-Analyse finanzieren deutsche Unternehmer bereits zehn Prozent ihrer Investitionen über diese Schiene. Besonders beliebt bei den Leasing-Fans: Finanzierung von Firmenfuhrpark, Büroausstattung und Computerausrüstung. Auch beim Leasing gelten die alten Weisheiten »Gewußt wie« und »Drum prüfe, wer sich ewig bindet«.

Beispiel: Grafiker Gründlich will sich einen neuen Computerarbeitsplatz mit allem Drum und Dran zulegen – geschätzte Kosten: 40 000 Mark. Gründlichs Bank gibt ihm zu verstehen: Das Darlehen könnte er schon bekommen, nur wäre dann seine Kreditlinie vollkommen ausgeschöpft, und ein Liquiditätspolster in Form einer Kontokorrentlinie von 20 000 Mark sei ebenfalls nicht mehr drin. Gründlich entschließt sich, das Gerät über eine unabhängige Leasing-Firma zu leasen. Der Vertrag kommt zustande, Gründlich kann sich für die kommenden fünf Jahre auf feste Leasing-Raten einstellen. Außerdem hält er sich im Vertrag die Möglichkeit offen, die Computeranlage vor Vertragsende eventuell durch eine modernere zu ersetzen.

344 Die Leasing-Unternehmen

Die Auswahl aus den vielen unterschiedlichen Arten von Leasing-Gesellschaften und Leasing-Verträgen gleicht dem Stochern im Schnee nach einer verlorenen Uhr. Bei der Frage, mit wem Du Dich für ein Leasing-Geschäft zusammentust, mußt Du zuerst einmal drei Arten von Leasing-Unternehmen unterscheiden.

345 Unabhängige Gesellschaften

Sie gehören weder zu einer Bank noch zu einem Fabrikanten. Den Leasing-Vertrag kannst Du also als Kunde über ein Gerät Deiner Wahl abschließen. Das Unternehmen kauft dann das gewünschte Gerät und vermietet es zu den im Vertrag ausgehandelten Konditionen an Dich weiter. Doch Vorsicht: Auch scheinbar unabhängige Leasing-Gesellschaften können unter der Hand mit einem Gerätehersteller Umsatzprovisionen ausgehandelt haben und wollen Dir deswegen einen ganz bestimmten Vertrag aufdrücken.

Hersteller-Leasing-Unternehmen 346

Sie gehören, wie der Name schon sagt, zu einer bestimmten Firma – jeder Autohersteller etwa hat seine eigene Leasing-Gesellschaft. Den Gesellschaften geht es nicht in erster Linie darum, dicke Gewinne zu machen, sondern den Absatz der hauseigenen Produkte zu fördern. Mögliches Problem dabei für Dich: Einmal an einen Hersteller gebunden, wirst Du Probleme haben, Deine Investition mit einem Produkt eines anderen Fabrikanten zu erweitern oder zu modernisieren.

Bankeigene Leasing-Firmen 347

Bei ihnen kannst Du als Kunde einen sogenannten Rahmen-Leasing-Vertrag aufnehmen. Der bezieht sich nicht nur auf ein einzelnes Produkt, sondern etwa auf eine ganze Büroausstattung oder den gesamten Fuhrpark und alle Maschinen. Der »Zwei Fliegen mit einer Klappe«-Effekt: Durch den Großauftrag bekommst Du alles aus einer Hand und wirst gleichzeitig bei Deiner Bank ein gern gesehener Geschäftskunde.
Bedenke: Obwohl Leasing optisch gesehen erst mal teurer ist als die alternative Finanzierung über einen Bankkredit, hat der Dreh mit dem Mieten einiges für sich. Spätestens bei der Steuererklärung nämlich entwickelt Leasing einen ungeahnten Charme: den von erheblichem Steuergewinn. Viele Leasing-Gesellschaften bieten deswegen auch speziell zum Steuersparen maßgeschneiderte Verträge an. Das Rezept: Hohe Leasing-Raten, die als Betriebskosten den steuerpflichtigen Firmenertrag drücken. Das folgende Beispiel zeigt Dir, daß nicht nur Freiberufler hier sparen können, sondern auch die Gewerbesteuer zahlenden Unternehmer. Weil die Leasing-Schuld nicht wie ein Bankdarlehen die zu versteuernden Dauerschulden erhöht.
(Wodurch Dir mal wieder der ganze Wahnsinn und die Ungerechtigkeit von Steuergesetzen ins Gedächtnis gerufen wird, wonach einer noch mehr Steuern zahlen soll, nur weil er so schlecht dran ist, daß er Schulden machen mußte …)

348 **Leasing-Vergleichsrechnung: Die Steuer macht's**

	Bankkredit	**Leasing**
Maschinenpreis	500 000 DM	500 000 DM
Nominalzins	8,50 %	8,50%
Effektivzins	8,87 %	8,87%
Laufzeit	5 Jahre	5 Jahre
Monatsrate	10 258 DM	8 852 DM
Raten insgesamt	615 496 DM	531 134 DM
Restwert	0 DM	100 000 DM
Gesamtkosten	615 496 DM	631 134 DM
Gesamtkosten nach Steuern	**293 467 DM**	**289 270 DM**

Du siehst an diesem Rechenbeispiel: Leasing ist zwar nicht umwerfend günstiger als ein Bankkredit, jedoch schonst Du Deine Kreditlinie und damit Dein Liquiditätspolster.

349 Leasing – neun Tips und Warnungen

1. Vergleiche die Angebote

Klingt banal, aber wenn Du es nicht machst, zahlst Du ordentlich drauf. Bei vergleichbaren Leasing-Gütern kannst Du bei unterschiedlichen Leasing-Gesellschaften Unterschiede beim Effektivzins von sage und schreibe drei Prozentpunkten ausmachen.

2. Rechne einfach

Die einfachste Rechnung, ob sich Leasing für Dich lohnt, ist folgende ganz einfache Subtraktion: Ziehe von Deinem durch den Leasing-Vertrag erzielbaren Steuervorteil den Mehrpreis ab, den die Leasing-Gesellschaft Dir als Mehrpreis gegenüber einem Bankkredit reindrückt. Bleibt was über, lohnt sich das Leasing-Geschäft.

3. Frage nach dem richtigen Zins

Nominalzinsen nützen Dir zum Vergleichen gar nichts. Erst wenn die Leasing-Gesellschaft den Effektivzins – also den Preis für das Leasing-

Geschäft inklusive aller Provisionen und Spesen – rausrückt, kannst Du Vergleiche anstellen. Wer sich bei der Frage nach dem Effektivzins ziert, hat was zu verbergen. Finger weg!

4. Sichere Dich langfristig ab

Je länger der Leasing-Vertrag läuft, desto konkreter die Gefahr, daß im Konkursfall der Leasing-Firma Dein gemietetes Objekt der Konkursmasse zufällt und Dir im schlimmsten Fall einfach vom Hof gefahren wird. Deshalb: Im Leasing-Vertrag mußt Du unbedingt Dein Investitionsgut von der Konkursmasse trennen lassen.

5. Hohe Lebensdauer – niedrige Raten

Je länger ein geleastes Gut – etwa ein Auto oder eine Maschine – nach Ende der Leasing-Dauer noch seinen Dienst tut, desto höher sollte normalerweise die Anzahlung und desto niedriger bei einem guten Leasing-Vertrag die einzelnen Raten sein.

6. Kurze Lebensdauer – hohe Raten

Güter, die bereits nach einigen Jahren ihren Wert vollständig verloren haben – etwa Computer – sollten nach folgendem Muster geleast werden: Möglichst keine Anfangszahlung, festgelegte Laufzeit und die Leasing-Gesellschaft sollte sich vertraglich bereit erklären, die Entsorgung zu übernehmen.

7. Wann zahlst Du am besten Deine Raten?

Du kannst den Effektivzins Deines Leasing-Vertrags noch einmal minimieren, wenn Du Deine Raten jeweils zum Monats- oder Quartalsende überweist.

8. Versuche, Extras rauszuschlagen

Gute Kunden und Verhandlungskünstler können bei der Leasing-Gesellschaft noch das eine oder andere Bonbon herausschlagen. So ist es etwa durchaus Vereinbarungssache, ob Du das geleaste Objekt am Ende der vertraglichen Nutzungsdauer gegen einen geringen Restwert ganz übernehmen kannst.

9. Halte den Vertrag durch

Wenn Du während der Laufzeit Deinen Leasing-Vertrag ablösen möchtest, schlagen viele Leasing-Gesellschaften gnadenlos zu: Neben dem Restwert, der Summe der abgezinsten Raten, verlangen die Unternehmen nicht selten noch ihren entgangenen Zinsgewinn von Dir.

Trick

Denk auch an einen Dispo-Vertrag

350 **Wenn Du bei vielen verschiedenen Leasing-Gesellschaften viele unterschiedliche Leasing-Verträge zu unterschiedlichen Konditionen abschließt, verlierst Du irgendwann den Überblick. Und schlimmer noch: Für jeden einzelnen Leasing-Vertrag fallen Kosten und Gebühren an – das kann sich böse summieren.**

Die mögliche Lösung ist ein sogenannter **Dispo-Leasing-Vertrag**, der von einigen Gesellschaften angeboten wird. Der Trick: Du schließt einen einzigen Rahmenvertrag über eine bestimmte Summe – mindestens 50 000 Mark – mit der Gesellschaft ab. In den kommenden zwölf Monaten kannst Du dann leasen, was das Zeug hält – egal ob Auto, Computer oder Farbkopierer. Ähnlich wie bei einem Dispo-Kredit kannst Du in der vereinbarten Zeit die Leasing-Summe nach und nach ausschöpfen. Dein Vorteil: Du zahlst nur einmal Leasing-Gebühren auf die ganze Summe – und die sind 2 bis 5 Prozent günstiger als bei vergleichbaren Einzelverträgen.
Einziger Haken: Wenn Du innerhalb von zwölf Monaten Deine Leasing-Summe nicht ausschöpfst, mußt Du nachzahlen. Damit will die Leasing-Gesellschaft verhindern, daß Du den günstigen Rahmenvertrag abschließt und in Wirklichkeit nur ein oder zwei kleine Objekte leasen möchtest.
Fazit: Wenn Du Deinen gesamten Bedarf an Leasing-Gütern für das kommende Jahr planen kannst, ist Dispo-Leasing eine günstige Alternative.

Das einzige, was man ohne Geld
machen kann, sind Schulden.
(Heinz Schenk)

Wie Du Deine Außenstände eintreibst 351

Forderungsausfälle – das ist eigentlich eine viel zu nette Umschreibung 352
für das, was Dich in den Konkurs treiben kann. Zu deutsch: Dein Kunde rückt für eine Dienstleistung, die Du erbracht hast, oder eine Ware, die Du geliefert hast, keine müde Mark raus. Um insgesamt 18 Milliarden Mark an Rechnungsbeträgen mußten 1996 deutsche Unternehmen bangen. Besonders gefährdet vom Gespenst der Forderungsausfälle bist Du als Existenzgründer – schließlich kannst Du Dir gerade in den ersten Jahren Deine Kundschaft noch nicht aussuchen und kannst ordentliche Zahler nicht von den schwarzen Schafen unterscheiden.
Eine Möglichkeit für Dich ist, die Sache statt eines teuren Anwalts selbst in die Hand zu nehmen.
Erste Regel für Dein Forderungsmanagement: Schieße nicht mit Kanonen auf Spatzen! Wenn Du bei jeder verspäteten Rechnung die Gerichte in Bewegung setzt, hast Du bald mehr mit Deinen schwebenden Verfahren zu tun als mit Deinem eigentlichen Geschäftsbetrieb.

Trick

Was tun bei einem ungedeckten Scheck?

Das ärgert Dich gewaltig. Aber: Gibt Dir ein Kunde einen ungedeckten Scheck, so ist es gar nicht selbstverständlich, daß Du dann auch Strafanzeige wegen Betrugs gegen ihn stellen kannst. Du mußt nämlich beweisen, daß der Kunde vorsätzlich und mit Täuschungsabsicht gehandelt hat. Das wäre einfach, wenn er beispielsweise vorher von seiner Bank informiert worden ist, daß er nicht mehr genug Geld auf dem Konto hat und auch keinen Kredit erhält. Nur: Darüber gibt Dir keine Bank Auskunft. Deshalb: Erstatte nicht gleich Strafanzeige. Wenn sich

nämlich der Vorwurf als falsch herausstellt, bekommst Du vielleicht oben drauf noch eine Strafanzeige wegen falscher Anschuldigung vom Schuldner. Wenn Du das Strafrecht schon als Druckmittel benutzen willst, dann trage der Behörde am besten nur die Tatsachen vor und bitte um Prüfung. Die leitet dann gegebenenfalls das Strafverfahren ein. Am besten drohst Du Deinem Kunden trotzdem damit – wer weiß schon von den Dir hier geschilderten Interna.

353 Die häufigsten Ursachen für Pleiten

Merke: Unternehmer scheitern meistens an finanziellen Problemen.

Forderungsausfälle	78,4%
Zu wenig Eigenkapital	58,8%
Kreditprobleme	55,2%
Hohe Lohnnebenkosten	48,5%
Hohe Lohnkosten	44,1%
Kreditlinie gekürzt/gestrichen	43,8%
Hohe Finanzierungskosten	41,4%
Zu hohe Investitionen	35,5%
Schlechte Konjunktur	30,3%

(Quelle: Verband der Vereine Creditreform e. V.)

Trick

Gegen säumige Schuldner kannst Du nicht hart genug vorgehen!

354 **Ist Dein Schuldner ein im Handelsregister eingetragener Kaufmann oder eine GmbH, dann treibst Du am schnellsten Deine Forderungen ein, wenn Du, statt den Gerichtsweg zu beschreiten, nach Erlaß des Mahnbescheids ihn sofort mit einem Konkursantrag bedrohst.**

Bei einer GmbH ist übrigens der Konkursantrag vom Geschäftsführer bereits selber zu stellen, wenn zwar keine Überschuldung vorliegt, jedoch (auch kurzfristig) Zahlungsunfähigkeit wegen mangelnder Liquidität gegeben ist. Wird ein solcher Antrag nicht gestellt,

kann man dem Geschäftsführer bereits ein Konkursvergehen anhängen. Weil die Staatsanwaltschaft bei allen Konkursen ein Wörtchen mitredet, fürchtet jeder Geschäftsführer dergleichen wie der Teufel das Weihwasser.
Trick zum Vorbeugen des möglichen Konkurses eines Schuldners: Baue in Verträge nach Möglichkeit hohe Konventionalstrafen ein, falls nicht rechtzeitig gezahlt wird. Bei Sanierungsverhandlungen fällt so für Dich am meisten ab. Versuche auch, mit in den Gläubiger-Ausschuß zu kommen. Das bringt Dir einen Informationsvorsprung.

Merke Dir bei einer GmbH:
Glaube nicht, bei einem Konkurs Deinerseits käme keiner an Dein Privatvermögen heran!

Schreibe ordentliche Rechnungen aus 355

Das gehört auf jeden Fall auf eine kaufmännische Rechnung, die einem eventuellen Prozeß standhalten soll:

- Dein Briefkopf mit Adresse und Ansprechpartner,
- Kundennummer, Auftragsnummer, Rechnungsnummer,
- Bestelldatum, Produktangaben,
- Einzelpreis, Nettogesamtpreis, Mehrwertsteuer, Bruttogesamtpreis,
- letzter Zahltag,
- Deine Bankverbindung.

Wichtig: Um Deinen Schuldner in Zahlungsverzug zu setzen, reicht die Formulierung »Zahlung spätestens vier Wochen nach Erhalt der Rechnung« nicht aus. Du kannst ja nicht belegen, wann Dein Kunde die Rechnung wirklich erhalten hat. Notwendig ist also die Formulierung »Letzter Zahlungstermin: 31. März 1999«.

Trick

Was, wenn ein Schuldner Dich hängenläßt?

356 **Spar Dir schriftliche Mahnungen! Die werden auch meist einfach auf die Seite gelegt. Besser: Rufe den für die Zahlung Verantwortlichen an, wenn das Zahlungsziel überschritten ist. Frag ihn, ob Du heute oder morgen den Scheck abholen lassen könntest. Oder wann er ihn absenden würde.**

357 Locke mit Skonto

Viele Kunden werden schon von sich aus zu pünktlichen Zahlern, wenn Du ihnen dafür ein Bonbon versprichst – also einen Preisnachlaß. So eine Skontostaffel kann beispielsweise lauten: Bei Zahlung innerhalb von 10 Tagen 3 Prozent, innerhalb von 20 Tagen 2 Prozent und innerhalb von 30 Tagen ein Prozent Nachlaß.

Wichtig: Die verschiedenen Rechnungsbeträge abzüglich Skonto schreibst Du am besten zur Sicherheit noch mal in die Rechnung – nicht, daß einer Deiner Kunden der Prozentrechnung nicht mächtig ist und Dir zuviel abzieht.

Trick

Biete Deinen Kunden 54 Prozent Zinsen!

358 **Das ist ein wirkungsvoller Gag bei all Deinen ausgehenden Rechnungen. Statt der üblichen 3 Prozent Skonto bietest Du zwar das gleiche, aber aufregender an: einen effektiven Jahreszins von 54 Prozent bei Zahlung in 10 Tagen bzw. 30 Tagen netto.**
Kommt kein Scheck, weder nach 10 noch nach 30 Tagen, sparst Du Dir am besten die schriftliche Mahnung. Ruf den entsprechenden Mann im Schuldnerbetrieb an, der den Scheck auch unterschreibt. Und dann mach folgenden Vorschlag: »Sie können trotz der Verspätung die Ermäßigung abziehen, wenn ich Ihren Scheck noch heute oder morgen

gegen … Uhr bei Ihnen abholen (bzw. abholen lassen) kann.« Mit dieser Masche geht Dir so leicht kein Geld durch die Lappen!

Überweisung de luxe 359

Ein fix und fertig ausgefülltes Überweisungsformular, in das der Kunde nur noch seine Kontonummer und seine Unterschrift einfügen muß, kann für latent säumige Zahler ebenfalls ein Anreiz sein, schneller als gewöhnlich mit dem schuldigen Betrag rauszurücken.

Versuch's mit Zahlungseinzug 360

Falls Du Stammkunden hast, die regelmäßig Rechnungen bei Dir zu zahlen haben, empfiehlt es sich, mit ihnen Lastschrifteinzug zu vereinbaren. Dann kannst Du Lastschriften über die fälligen Beträge wie Schecks auf Dein Konto einreichen und Dir sofort gutschreiben lassen. Dein Kunde bekommt den Betrag dann zwei, drei Tage später von seinem Konto abgebucht.
Wichtig: So richtig sicher kannst Du Dir erst sechs Wochen nach dem Lastschrifteinzug sein. Bis dahin kann Dein Kunde nämlich jederzeit der Abbuchung widersprechen und sich das Geld – plus Bankgebühren – von Deinem Konto zurückholen.

Feine Kleidung Deines Kunden sagt nichts aus

Ein teures Auto, ein guter Anzug und eine Rolex am Arm – das alles 361
sagt leider noch nichts über die Bonität Deines Kunden aus. Bevor Du also einem Zahlungsziel zustimmst, mußt Du Deinem Kunden auf den Zahn fühlen. Das geht unter anderem mit einer Bankauskunft.
Jetzt glaubst Du, das geht gar nicht, weil in Deutschland das eherne Bankgeheimnis den Instituten verbietet, Zahlen, Daten und Fakten über ihre Kunden auszuplaudern. Richtig und falsch! Das Bankge-

heimnis bezieht sich in dieser strengen Ausprägung nur auf Privatkunden. Wenn Dein neuer Kunde Dir hingegen seine Kontoverbindung als Referenzadresse nennt – wenn er das nicht von sich aus tut, kannst Du natürlich auch freundlich, aber nachdrücklich darum bitten –, darfst Du bei seiner Hausbank eine Auskunft über ihn einholen.
Natürlich wird die Bank Deines Kunden keine genauen Angaben wie Kontostände, Firmenumsätze, einzelne Zahlungsvorgänge oder die Höhe der in Anspruch genommenen Kredite verraten. Auf allgemeine Fragen bekommst Du aber schon eine Antwort: »Ist Herr Müller gut für einen Lieferantenkredit über 80 000 Mark?«; »Hat Herr Müller auf seinem Firmenkonto regelmäßige Eingänge?« Diese und ähnliche Auskünfte geben Dir zwar kein genaues Bild von Deinem Kunden, aber immerhin würde die Bank Dich warnen, wenn er ihrer Meinung nach kurz vor dem Offenbarungseid steht.

Pünktlich mahnen

362 Das A und O beim Eintreiben von Außenständen ist, daß Du Deinen Kunden ordnungsgemäß gemahnt hast. Für eine gewöhnliche Mahnung reicht ein Brief, für die letzte Mahnung sollte es schon ein Einschreibbrief sein. In ihr setzt Du Deinem Kunden eine letzte Frist, bis zu der er die Zahlung zu leisten hat. Wenn Du trotz drei bis vier Mahnungen plus Zahlungsaufforderung immer noch nicht zu Deinem Geld gekommen bist, gehst Du in die nächste Runde.

Trick

Werde mit Nassauern fertig!

Zahlungsunwillige, für welche Du Leistungen erbracht oder durch eine Prüfung Lohnsteuer nachzuzahlen hast, die es aber nicht für nötig halten, auch nach der dritten Mahnung endlich zu bezahlen, behandelst Du so: Beauftrage einen Anwalt, deren kommende Lohnsteuererstattungs-Ansprüche beim Finanzamt vorsorglich zu pfänden. Liegt die Pfändung vor, muß das Finanzamt sie auch vollstrecken.

Der Mahnbescheid – kleiner Schrieb, große Wirkung 363

Mahnbescheide – früher hatten sie den noch kräftigeren Namen »Zahlungsbefehl« – haben drei bestechende Vorteile: Sie sind einfach, kostengünstig und ausgesprochen effektvoll. Der Mahnbescheid ist im Prinzip nichts anderes als die gerichtlich durchgesetzte, allerletzte Zahlungsaufforderung – ohne Mitwirkung eines teuren Anwalts.
Bevor Du loslegst, mußt Du Dir allerdings ganz sicher sein, daß Deine Forderung gegen Deinen Kunden absolut hieb- und stichfest ist. Ansonsten kann es Dir durchaus passieren, daß das Gericht zu Deinen Ungunsten entscheidet und ziemliche Gerichtskosten auf Dich zukommen. Das gilt ebenfalls, wenn Du Dir zwar hundertprozentig sicher bist, daß Deine Forderung berechtigt ist, Du es aber im Ernstfall nicht beweisen kannst. Behauptet Dein Kunde etwa, niemals eine Vereinbarung mit Dir getroffen zu haben, mußt Du erst mal das Gegenteil beweisen.

Für fällige und beweisbare Forderungen kannst Du den Mahnbescheid 364
einsetzen. Ein Mahnbescheid ist ein amtliches Formular. Du bekommst es in Schreibwarenhandlungen. Und weil der Mahnbescheid so ein hochwichtiges Formular ist, mußt Du gewisse Formvorschriften beachten.

Trick

Die erste Mahnung darfst Du nicht berechnen!

Auch wenn Dich ein säumiger Zahler viel Arbeit kostet: Du darfst nicht 365
bei der ersten Mahnung gleich kassieren. Ein Zuschlag zum Rechnungsbetrag ist nur dann zulässig, wenn Du den Kunden vorher »in Verzug« gesetzt hast. Die verbreitete Praxis vieler Firmen, bei der ersten Mahnung 10 oder 20 Mark Mahngebühren zu berechnen, ist rechtswidrig (VII ZR 226/85).

Das muß unbedingt in den Mahnbescheid: 366

- Dein Name (oder der der Firma) und Deine Anschrift,
- vollständiger Name und Anschrift Deines Schuldners (bei einer

GmbH auch Name des Geschäftsführers). Das ist wirklich wichtig. Denn: Wenn das Gericht keine vollständige Anschrift des säumigen Zahlers hat – nur das Postfach etwa reicht nicht aus –, kann auch kein Gerichtsvollzieher den Mahnbescheid persönlich zustellen;

- die Höhe Deiner Geldforderung plus aller Nebenkosten;
- die Grundlage, aus der Du Deinen Anspruch geltend machst. Sie kann zum Beispiel heißen: »Warenlieferung gemäß Rechnung Nr. 6734 vom 17. 3. 99«;
- Deine Nebenkosten: Das können sowohl die Mahnkosten als auch Verzugszinsen auf Deine Forderung sein;
- das Amtsgericht, bei dem Du den Mahnbescheid beantragst. Das ist in jedem Fall das Amtsgericht, das für Deinen Wohn- oder Geschäftssitz zuständig ist. Aufgepaßt: In manchen Bundesländern ist das Mahnverfahren automatisiert – manche Gerichte sind zentral zuständig. Also: Vorher fragen, wohin mit dem Antrag;
- das Gericht, bei dem Du den säumigen Zahler verklagen möchtest, falls er trotz Mahnbescheids immer noch nicht zahlen will. Grundsätzlich ist das Gericht am Wohnort des Schuldners zuständig – bei Streitfällen unter 10 000 Mark das Amtsgericht, darüber das Landgericht. Geht es um Mietstreitigkeiten, ist immer das Amtsgericht gefordert;
- die Angabe, daß Deine Geldforderung nicht von einer Gegenleistung Deinerseits – etwa einer noch nicht erbrachten Dienstleistung – abhängig ist;
- schlußendlich Deine Unterschrift.

367 Hast Du den Mahnbescheid ausgefüllt, gibst Du ihn bei Deinem Amtsgericht ab. Oder Du schickst ihn zusammen mit einem Scheck über die Kosten (die stehen im Mahnbescheid) per Post ans Gericht. Das Gericht prüft nicht, ob Dein Anspruch berechtigt oder unberechtigt ist – es stellt den Bescheid lediglich Deinem Schuldner zu – per offizieller Postzustellungsurkunde –, das macht Eindruck. Im Mahnbescheid bekommt Dein Schuldner unmißverständlich mitgeteilt: Zahle Deine Schulden innerhalb von zwei Wochen oder erhebe Einspruch gegen den Bescheid – sonst kommt der Gerichtsvollzieher mit dem Kuckuck.

Nach dieser ultimativen Drohung hat der säumige Zahler drei Alternativen: Er zahlt an Dich und die Sache ist erledigt. Oder er legt beim Gericht Widerspruch ein und muß nun damit rechnen, daß Ihr Euch demnächst vor dem Kadi wiederseht. Rührt er sich gar nicht und läßt die 14 Tage ohne Reaktion verstreichen, hast Du freie Hand: Du kannst bei Deinem Amtsgericht einen Vollstreckungsbescheid beantragen und ihm den Gerichtsvollzieher auf den Hals schicken.

Trick

Das alles kann Dir die EDV an Arbeit abnehmen

1. Deine Mahnungen schreibt ein entsprechendes Computerprogramm selbsttätig aus. Merke: Du hast bei unbezahlt gebliebenen Rechnungen Außenstände, mit denen Du fällige Rechnungen Deiner Lieferanten oder die laufenden Kosten für Deinen Betrieb bezahlen kannst. Deshalb sorge für ein schnelles Mahnsystem! 368
2. Es druckt Forderungen an Deine Kunden automatisch aus. Du kannst Deine Rechnungen gleich den ausgefüllten Überweisungsformularen zufügen. Nur noch Kontonummer und Unterschrift muß Dein Kunde einfügen. So werden viele Rechnungen schneller bezahlt.
3. Schecks und Überweisungsformulare lassen sich mit einem PC ausfüllen und ausdrucken. Und dies sogar mit dem entsprechende Computerprogramm auf einen Knopfdruck.
4. Du kannst den Umsatz Deines Betriebs mit einem speziellen Programm laufend kontrollieren und damit jederzeit feststellen, wie sich Dein Geschäft entwickelt.
5. Lohnkosten, Sozialabgaben und Steuern Deiner Mitarbeiter – alles läuft über ein Computerprogramm. Alle Abzüge werden automatisch einbehalten und an die entsprechenden Stellen abgeführt.
6. Selbst ans Steuernzahlen wirst Du von einem Datenverarbeitungsprogramm erinnert. So gerätst Du auch beim Finanzamt nicht in Zahlungsverzug und bist als pünktlicher Steuerzahler geachtet.

369 Treibe Dein Geld aktiv ein

Trotz vollstreckbaren Titels mußt Du noch den einen oder anderen Kniff anwenden, um dem Gerichtsvollzieher ein wenig Dampf unter dem Hintern zu machen. Hat Dein Schuldner also auf den Mahnbescheid hin auch nicht bezahlt, dann mache den Vollstreckungsauftrag zum Absenden fertig.

Trick

Gib Vollstreckungsaufträge richtig ein!

370 In dem Vollstreckungsauftrag gibst Du auf einem Beiblatt dem Gerichtsvollzieher direkt den Auftrag, bei erfolgloser Pfändung in den Geschäftsräumen des Schuldners sich auch in dessen Privatwohnung umzuschauen. Das kann der Schuldner zwar verweigern, doch wenn Du den begründeten Verdacht hast, daß er pfändbare Vermögensgegenstände auf die Seite schafft, muß der Gerichtsvollzieher dem nachgehen. Der kann dann, auch ohne richterlichen Durchsuchungsbeschluß (trotz Weigerung des Schuldners) dessen Wohnung auf den Kopf stellen. (Täten's diese meist bequemen Beamten doch nur!)
Deshalb fordere den Gerichtsvollzieher ausdrücklich auf, sich auch noch an anderen Orten nach pfändbaren Vermögensgegenständen des Schuldners umzusehen. Das kann beispielsweise beim Arbeitgeber oder bei der Hausbank des Schuldners sein.

Und weil Du mit Deinem vollstreckbaren Titel nicht nur Vermögensgegenstände, sondern auch Forderungen des Schuldners gegen Dritte – etwa einen Kredit, den er einem Geschäftspartner gewährt hat – einkassieren darfst, solltest Du den Gerichtsvollzieher ebenfalls ausdrücklich darauf hinweisen, nach solchen Forderungen Ausschau zu halten.

Inkassounternehmen – die professionellen Geldeintreiber 371

Beispiel: Schreinermeister Strebsam baut für einen Kunden das gesamte Dachgeschoß seines Einfamilienhauses aus. Gesamtwert des Auftrags inklusive Material: 48 000 Mark. Als nach zwei Monaten immer noch kein Geld eintrifft, entschließt sich Strebsam, der mißtrauisch geworden ist, ein Inkassounternehmen zu beauftragen. Die Profis treiben Strebsams Geld zügig und korrekt ein – keine zwei Wochen später ist Strebsam wieder liquide.

Inkassounternehmen rücken Deinen zahlungsfaulen Kunden auf den Pelz – mit Routine und Hartnäckigkeit. Sie verschicken Mahnungen, führen Vergleichsgespräche, vereinbaren und überwachen Ratenzahlungen und klagen schlußendlich die fälligen Forderungen ein. Wenn gar nichts mehr hilft, schicken sie den Gerichtsvollzieher.
Dein Vorteil: Forderungen, die Du von den Profis eintreiben läßt, kosten Dich keine Zeit, Mühe und Nerven mehr. Doch mußt Du bei der Auswahl des richtigen Unternehmens mit Bedacht vorgehen, denn sonst handelst Du Dir mehr Ärger ein, als es die Sache vielleicht wert ist. Wie in jeder Branche gibt es nämlich auch bei den Schuldeneintreibern schwarze Schafe. Zwar werden Deinem Kunden in unseren Breitengraden nicht Arme und Beine gebrochen – auch wenn Du ihm dies insgeheim vielleicht wünschst –, doch gibt es auch andere Methoden. Unstatthaft ist beispielsweise die Masche einiger Inkassobetriebe, ihre Opfer von einem sogenannten »schwarzen Mann« verfolgen zu lassen. Dieser auffällig mit schwarzem Mantel, Regenschirm und Melone ausstaffierte Herr beschattet säumige Zahler schweigsam auf Schritt und Tritt – quasi als wandelndes Zeichen ihrer Insolvenz.

So findest Du den richtigen Inkasso-Dienstleister 372

- Dein Inkassobüro sollte auf jeden Fall Mitglied im Bundesverband Deutscher Inkassounternehmen (BDIU) sein. Alle Mitglieder des Verbands haben sich nämlich verpflichtet, bestimmte allgemein anerkannte Richtlinien bei der Arbeit einzuhalten. Adressen von geeigneten Büros gibt es beim BDIU (Brennerstr. 76, 20099 Hamburg, Tel. 0 40/28 08 26-0) und bei Deiner IHK oder Handwerkskammer.

- Prüfe das Unternehmen, das Du im Auge hast. Das geht am besten, indem Du Dir ein oder zwei Referenzkunden nennen läßt und Dich mit einem kurzen Anruf über deren Erfahrungen mit dem Inkassobüro informierst.
- Sichere Dir bei Deinem Inkassobeauftragten ein Mitspracherecht, wenn es darum geht, mit welcher Taktik Dein Kunde zum Zahlen gebracht werden soll. So kannst Du verhindern, daß ein guter Kunde, der vielleicht nur vorübergehend in Zahlungsschwierigkeiten geraten ist, durch ruppige Inkassomethoden ein für allemal vergrault wird.
- Vereinbare Deinen Kostenanteil am Inkasso im voraus, und zwar auf Heller und Pfennig. Laß Dich nicht mit dem Verweis auf die Inkasso-Gebührenordnung abspeisen. Die richtet sich zwar nach der Gebührenordnung für Rechtsanwälte, ist aber im Einzelfall frei vereinbar. Feilschen lohnt sich!

Das kosten die Inkassoprofis

373 Die Kosten fürs Inkasso mußt zum Teil Du zahlen, zum Teil Dein zahlungsscheuer Kunde. Im Erfolgsfall – also wenn tatsächlich Geld fließt – mußt Du an das Inkassounternehmen eine Erfolgsprovision zahlen. Die richtet sich nach der Höhe des einzutreibenden Betrags. Des weiteren können eventuell anfallende Gerichtskosten auf Dich zukommen – und zwar dann, wenn das Inkassounternehmen vor den Kadi gezogen ist und sich herausstellt, daß Deine Forderung unberechtigt ist.

Wie bei allen Dienstleistungen gilt auch beim Inkasso: Vergleichen lohnt. Bis zu 400 Prozent Preisunterschied zwischen den verschiedenen Inkassobüros sind wohl Argument genug, oder?

Mach lieber einen Bogen um jedes Gericht!

Sind Forderungen gegen Deine Kunden strittig, dann zieh nicht wegen jeder Kleinigkeit vor Gericht. Glaub mir: Du zahlst am Ende nur drauf. Immer wieder bewahrheitet sich: »Ein karger Vergleich ist besser als ein fetter Prozeß.« 374

Nutze die Schufa-Auskunft 375

Damit Du keine böse Überraschung erleben mußt, solltest Du bei großen Aufträgen immer die Bonität Deiner Kunden prüfen. Die Grundregel dabei lautet: Je größer das Auftragsvolumen, um so umfangreicher sollten die Informationen sein, die Du einholen mußt.

Wie Du faule Kunden richtig und zeitig orten kannst, zeige ich Dir hier. Du kannst nämlich Informationen über Schulden und Zahlungsmoral Deiner Kunden bei der Schutzgemeinschaft für allgemeine Kreditsicherung (Schufa) abfragen. Die Schufa speichert auch Informationen über Unternehmer, etwa wenn sie private Kredite aufnehmen oder wenn persönliche Bürgschaften ins Spiel kommen.

In den Computern der Schufa sind Millionen von Daten gesammelt, die Auskunft über die Kreditfähigkeit jedes einzelnen geben.

Wie kommt die Schufa an all diese Daten, fragst Du jetzt sicherlich?

Bei der Kontoeröffnung, beim Kreditantrag oder dem Leasing-Vertrag, immer muß der Antragsteller sein Einverständnis geben, daß die Daten an die Schufa weitergeleitet werden.

Nachfragen bei der Schufa dürfen allerdings nur Unternehmen, die Geld- oder Warenkredite vergeben, also Banken, Kaufhäuser oder Versandhändler.

Wie kommst Du nun an die Schufa-Daten? Nun, das ist ganz einfach. Jeder kann nämlich eine Selbstauskunft bei der Schufa beantragen. Das kostet 15 Mark, dafür liefert die Schufa einen Bericht, welche Angaben gespeichert sind, wer diese Daten gemeldet hat und wer innerhalb der letzten zwölf Monate nachgefragt hat.

Wenn Du Dir über die Bonität Deines Kunden nicht ganz im klaren bist, bitte ihn, eine Selbstauskunft bei der Schufa einzuholen und sie Dir zu zeigen. Das ist im Geschäftsleben durchaus üblich. Es braucht Dir also nicht peinlich zu sein, wenn Du um eine Schufa-Auskunft bittest.

Sensible Daten zu Betriebs-, Vermögens- und Familienverhältnissen bekommst Du außerdem bei den gewerblichen Wirtschaftsauskunfteien. Die drei bekanntesten sind Creditreform in Neuss, Schimmelpfennig in Frankfurt und Bürgel in Aachen.

376 Hier zeige ich Dir jetzt, wie Du die Auskünfte richtig deutest:

»Für den angefragten Betrag halten wir die Firma unbedenklich gut.«

Eine positivere Einschätzung wirst du wohl nicht bekommen.

»Verbindlichkeiten in der angefragten Höhe sind schon vorgekommen und eingelöst worden.«

Der Betrag, den Du einforderst, ist nicht ungewöhnlich. Die Auskunftei will sich aber nicht festlegen.

»Nach unseren Beobachtungen sind die eingegangenen Verpflichtungen bisher erfüllt worden.«

Das ist ein versteckter Hinweis auf andere Bankverbindungen. Du solltest weitere Auskünfte einholen.

»Es ist nichts Nachteiliges bekannt.«

Das ist eine Standardformulierung, die gerade noch positiv zu bewerten ist, aber auch nicht ganz ernst genommen werden kann.

»Es werden längere Zahlungsziele beansprucht, bisher eingegangene Verpflichtungen wurden eingelöst, eine Geschäftsbeziehung ist zulässig.«

Du kannst zwar Geschäfte mit diesem Kunden machen, solltest aber die Außenstände genau beobachten.

»Die Lieferanten berichten von einer schleppenden Zahlungsweise und erheblichen Zielüberschreitungen.«

Hier mußt Du aufpassen. Bei Lieferungen auf Kredit solltest Du Dir unbedingt eine zusätzliche Sicherheit geben lassen. Etwa die Eintragung einer Grundschuld.

»Unsere Inkassoabteilung ist mehrfach mit Einziehungsverfahren beschäftigt gewesen.«

Hier gilt: Leistung nur gegen Vorkasse.

»In den letzten Monaten mußten mehrfach Schecks zurückgegeben werden, es gab Wechselproteste.«

Finger weg. Leistung nur gegen Bares.

»Gerichtliche Maßnahmen sind eingeleitet worden, es liegen Pfändungen vor, es wurde eine eidesstattliche Erklärung abgegeben.«

Dazu muß ich Dir als erfolgreichem Jungunternehmer wohl nichts mehr sagen.

Vorbilder sind ein kurzer Weg,
der schnell zum Ziele führt.
(Bernhard M. Baruch)

377 Wie Du öffentliche Töpfe anzapfst

Vater Staat mag Menschen, die sich was trauen – und nicht nur der. Auch die Bundesländer und die EU meinen es gut mit Existenzgründern. Eigenkapitalhilfen, Bürgschaften, verbilligte Kredite, Darlehen ohne Sicherheiten – die Fördertöpfe, die Du für Deine Unternehmung in Anspruch nehmen kannst, sind wohlgefüllt. Doch bei mehr als 800 unterschiedlichen Förderprogrammen verliert man schnell den Überblick. Die Gefahr ist groß, daß Du die passende Förderung nicht, falsch oder zu spät beantragst. Nur mit der richtigen Beratung und gutem Timing holst Du Dir den optimalen Förderungsmix.

Beispiel: Programmierer Penibel hat das Angestelltenleben satt und plant den eigenen Software-Entwicklungsbetrieb speziell für Speditionsunternehmen. Außer der erfolgversprechenden Idee und seinem Know-how hat Penibel allerdings nur 30 000 Mark an Eigenkapital. Beim Sondierungsgespräch mit der Hausbank wird jedoch schnell klar: Penibel kann aus öffentlichen Töpfen noch einen ganzen Batzen Fördermittel bekommen: 150 000 Mark an Eigenkapitalhilfe von der Deutschen Ausgleichsbank, hinzu noch ein ERP-Existenzgründerdarlehen über 80 000 Mark – beides zu Konditionen weit unterhalb der marktüblichen Zinsen. Penibel ist entzückt – er kann den Betrieb gründen.

378 Wer fördert Dich?

Öffentliche Fördermaßnahmen in der Bundesrepublik sind Sache von Bund, Ländern sowie der EU. Gefördert werden im wesentlichen kleine und mittelständische Betriebe. Für Existenzgründer wie Dich gibt es

eine ganze Reihe eigener Programme. Darüber hinaus kann aber auch ein spezielles Technologieprogramm – etwa Immissionsschutz oder Personennahverkehr – für Deinen Betrieb von Interesse sein.
Die Fördergelder von Bund und Ländern werden meist nicht von den Behörden selbst ausgeschüttet, sondern von sogenannten Spezialkreditinstituten. Auf Bundesebene sind das die Kreditanstalt für Wiederaufbau (KfW) in Frankfurt und die Deutsche Ausgleichsbank (DtA-Bank) in Frankfurt.
In der Regel mußt Du Deine Anträge aber nicht direkt bei den Förderstellen abgeben, sondern Du stellst sie über Deine Hausbank.

Viel besser ist es, Großes zu wagen und wenn es sein muß, auch Fehlschläge zu erleiden, als zu den armseligen Gemütern zu zählen, die weder große Freude noch großes Leid empfinden, weil sie in dem grauen Zwielicht leben, das weder Sieg noch Niederlage kennt.
(Theodore Roosevelt)

Kleines Fördereinmaleins

Erste goldene Regel, um im Dschungel der Fördergelder nicht verlorenzugehen: Besorge Dir professionelle Hilfe bei der Auswahl der Förderprogramme und bei der Antragstellung. Erste Anlaufstelle für Dich ist Deine Hausbank. Die meisten Banken haben sich schon seit langem darauf spezialisiert, Existenzgründer auch in Sachen öffentlicher Förderung zu beraten.
Dafür haben die Kreditinstitute gleich zwei gute Gründe: Zum einen stellen die Förderinstitutionen bei manchen Programmen lediglich Kreditbürgschaften – das eigentliche Darlehen nimmst Du dann trotzdem bei der Bank auf. Die freut sich: Sie hat den Zinsgewinn und kein Risiko. Zum anderen beraten die Banken hoffnungsvolle Existenzgründer wie Dich gern, weil Du ja später einmal ein solventer Großkunde werden kannst, mit dem man noch das ein oder andere Bankgeschäft abschließen könnte.
Kurzum: Die Banken haben erkannt, daß sich eine kompetente Förderungsberatung auszahlt. Nur zwei Beispiele von vielen: Die Dresdner

Bank gibt eine ständig aktualisierte Loseblattsammlung heraus mit dem Titel: »Die wichtigsten überregionalen Fördermaßnahmen für die gewerbliche Wirtschaft in Deutschland.« Mehr Aufwand treibt der Branchenprimus Deutsche Bank: In der Datenbank DB-Select sind knapp 900 Fördermaßnahmen von Bund, Ländern und EU mit allen wichtigen Informationen betreffs Konditionen, Antragsvoraussetzungen, Ansprechpartnern usw. Mit dieser Datenbank – andere Banken haben ähnliche Software im Angebot – kannst Du Deine ganz persönliche Kombination von Förderprogrammen ermitteln.

Trick

Beantrage die Fördergelder früh genug!

379 **Die meisten öffentlichen Fördergelder mußt Du beantragen, bevor Du Dein Investitionsvorhaben beginnst.**

Beispiel: Friseurmeister Flink hat endlich den passenden Salon in bester Fußgängerzonenlage gefunden und den Mietvertrag direkt unterschrieben. Auch die Bestellung für die komplette Ladeneinrichtung läuft bereits. Erst im dritten Schritt erkundigt sich Flink bei seiner Hausbank nach öffentlichen Fördergeldern für Existenzgründer und muß erfahren, daß er durch Mietvertrag und Bestellung der Geräte bereits wesentliche finanzielle Bindungen eingegangen ist. Damit ist der Anspruch auf die besten Programme aus dem Förderpaket für Existenzgründer leider verwirkt.

Also ganz, ganz wichtig: Der Gang zur Bank und das Gespräch mit dem Kreditberater über die richtigen Förderprogramme gehört zu Deinen ersten Schritten bei der Existenzgründung.

»Wer schreibt, der bleibt.«

Schreibe also Deinen Finanzplan nieder: 380
Prüfe genau Deine finanziellen Möglichkeiten, bevor Du den ersten Schritt in die Selbständigkeit wagst. Trage deshalb die einzelnen Beträge in die dafür vorgesehene Spalte ein. Sind Dir keine genauen Zahlen bekannt, solltest Du Dich bei der Berufskammer nach Erfahrungswerten erkundigen.

Und so sieht ein Finanzplan aus: 381

Dein Kapitalbedarf	**in Mark**
Grundstück	
Gebäude	
Umbaumaßnahmen	
Maschinen, Geräte	
Geschäfts- bzw. Ladeneinrichtung	
Fahrzeuge	
Reserve für Folge-Investitionen und Unvorhergesehenes	
Roh-, Hilfs- und Betriebsstoffe	
unfertige Erzeugnisse bzw. Leistungen	
fertige Erzeugnisse und Waren	
Forderungen/Außenstände	
Reserve für besondere Belastungen in der Anlaufphase	
Summe	
Gründungskosten	
Beratungen	
Anmeldungen/Genehmigungen	
Eintrag ins Handelsregister	
Notar	
Summe	
Kapitaldienst (Tilgung)	
Zins- und Tilgungskosten	
Privatentnahmen	
Kapitalbedarf	

Dein Gewinnplan	in Mark
erwarteter Umsatz	
./. Wareneinsatz	
= **Rohgewinn I**	
./. Personalkosten	
– Löhne und Gehälter	
– Weihnachtsgeld	
– Urlaubsgeld	
– vermögenswirksame Leistungen	
= **Rohgewinn II**	
./. Sachgemeinkosten	
– Miete, Pacht, Heizung	
– Gas, Wasser, Strom	
– Steuern, Versicherungen, Beiträge	
– Fahrzeugkosten	
– Werbungs-, Reisekosten, Präsentation	
– Instandhaltung, Maschinen, Geräte	
– Bürobedarf, Telefon	
– Steuerberater, Buchführung	
– Zinsausgaben	
– Abschreibungen	
= **Jahresüberschuß**	

Frage Dich: Reicht das für meine privaten Ausgaben? Und für Investitionen?

Steuern auf das Einkommen	
Krankenversicherung	
Rentenversicherung	
Lebensversicherung	
private Miete	
Lebensunterhalt	
sonstige private Ausgaben	
Gesamt	

Förderprogramme speziell für Existenzgründer 382

DtA-Existenzgründungsprogramm 383

- Kredit mit 10 Jahren Laufzeit, davon 2 Jahre tilgungsfrei
- Höchstbetrag 4 Millionen Mark
- 75 Prozent Finanzierungsanteil
- Informationen bei: Deutsche Ausgleichsbank, Tel. 02 28/8 31-25 62

ERP-Existenzgründungsdarlehen 384

Konditionen für Westdeutschland
- Kredit mit 10 Jahren Laufzeit (bei Bauvorhaben 15 Jahre)
- maximal 3 tilgungsfreie Jahre
- Höchstbetrag 1 Million Mark
- 50 Prozent Finanzierungsanteil

Konditionen für Ostdeutschland
- Kredit mit 15 Jahren Laufzeit (bei Bauvorhaben 20 Jahre)
- maximal 5 tilgungsfreie Jahre
- Höchstbetrag 2 Millionen Mark
- Informationen bei: Deutsche Ausgleichsbank, Tel. 02 28/8 31-25 62

Eigenkapitalhilfe 385

- Laufzeit 20 Jahre, davon 10 Jahre tilgungsfrei
- Höchstbetrag 700 000 Mark
- Informationen bei: Deutsche Ausgleichsbank, Tel. 02 28/8 31-25 62

KfW-Mittelstandsprogramm 386

- Laufzeit maximal 10 Jahre, davon maximal 2 Jahre tilgungsfrei
- Höchstbetrag 10 Millionen Mark
- Finanzierungsanteil maximal 75 Prozent
- Informationen bei: Kreditanstalt für Wiederaufbau, Tel. 0 30/2 02 64-1 92

387 **Existenzgründungsberatung**

- Zuschuß von maximal 60 Prozent einer Existenzgründungsberatung
- Höchstbetrag 3000 Mark
- Informationen bei: Bundesministerium für Wirtschaft, Tel. 030/20149

388 Was sagen die hohen Herren zu den Förderungsmitteln?
Das Eigenkapitalhilfeprogramm – geschaffen für finanzschwache Gründer mit einer guten Geschäftsidee – wurde von der Bundesregierung mit gerade mal 1,3 Milliarden Mark abgespeist. Der dahinsiechende Steinkohlebergbau hingegen verschlag rund 10 Milliarden Mark.
Aber nicht einmal die bestehenden, karg bemessenen Förderangebote werden voll genutzt. »Unsere Töpfe sind nie leer«, sagt Rüdiger Schiller, Direktor der Deutschen Ausgleichsbank in Bonn, die die Gründerkredite verwaltet. Nur 17 Prozent aller förderungswürdigen Jungunternehmen erhalten staatliche Hilfe, so das Ergebnis einer Münchner Studie, die 30000 Firmengründungen untersuchte.
Du als Gründer kommst an den Kreditinstituten leider nicht vorbei. Ohne Hausbank gibt es keine Fördermittel. Für die Geldhäuser ist die Weiterleitung von staatlichen Darlehen jedoch ein Zuschußgeschäft. Die meisten Institute sind reine Sicherheitenbeleiher. »Wenn das so bleibt, wird es nie eine Gründerwelle geben«, sagt Udo Reifner, Direktor des Hamburger Instituts für Finanzdienstleistungen.
»Von Kunden, die bei uns anfragen, hören wir, daß die Banken manchmal eine enorme Phantasie entwickeln, um keine Fördermittel einsetzen zu müssen. Sie sagen etwa, die Fördertöpfe seien leer. Oder sie behaupten, es gebe monatelange Bearbeitungszeiten. Tatsächlich beträgt die Durchlaufzeit bei der Deutschen Ausgleichsbank etwa für ERP-Darlehen vier Tage, für das Eigenkapitalhilfeprogramm drei Wochen. Die Gründer müssen in Finanzierungsfragen mehr Eigeninitiative zeigen. Wer sich selbständig machen will, muß sich informieren.«

TIP: Laß Dich nicht abzocken! 389

Ein Arzt wollte für seine Arztpraxis staatliche Mittel in Anspruch nehmen. Hätte er sich mal dieses Buch angeschafft! So aber beauftragte er einen Unternehmensberater damit, solche Förderhilfen zu besorgen. Der Berater stellte einen Antrag an die Behörde und fügte Unterlagen bei. Für diese Tätigkeit berechnete er ein Honorar von über 20 000 Mark. Der Arzt erhielt trotzdem keine Unterstützung, da nach den geltenden Investitionsbestimmungen für Ärzte überhaupt keine Fördermittel vorgesehen waren. Der Arzt wollte daraufhin das Honorar zurück und zog vor Gericht, als der schlechte Ratgeber das Geld nicht herausrücken wollte.
Das Oberlandesgericht Hamm konnte sich ebenfalls nicht für das sinnlose Honorar begeistern und verurteilte den Unternehmensberater zur Rückzahlung (Az: 19 U 173/96). Der Berater habe seinen Auftrag überhaupt nicht erfüllen können, die Beschaffung der Fördermittel sei von vornherein unmöglich gewesen. Der zwischen ihm und dem Arzt geschlossene Vertrag sei daher unwirksam, weil er eine unmögliche Leistung zum Vertragsinhalt gehabt habe. Da der Arzt das Honorar ohne gültigen Vertrag gezahlt habe, müsse es ihm der Berater zurückerstatten. Doch beim »Berater« war nichts zu holen – so waren die 20 000 Mark für den Arzt verloren.

Guter Rat: Es geht allen immer nur ums Geld. Kläre also vorher genau, was eine Sache kosten soll. Und sichere Dich ab, was die Zahlungsfähigkeit Deiner Kunden betrifft. Die Zahlungsmoral ist sehr schlecht bei uns.

TIP: Porto sparen

Beobachte doch mal, wie oft Du abends 20 Briefe oder noch mehr Post 390
trägst! Ab dem 26. Brief lohnt sich bereits die Infopost. Du zahlst nur 47 Pfennig Porto bei gleich schneller Lieferung. Na, was sagst Du dazu?! Einzige Voraussetzung ist, daß der Empfänger des Schreibens nicht

handgeschrieben ist und die Briefe nach Postleitzahl vorgeordnet werden. Hier reicht es aber, wenn es dieselbe Stadt ist; straßenweise absortieren ist nicht nötig. Auch Rechnungen und Rezepte können so verschickt werden, weil der Brief ja verschlossen abgegeben wird. (Der Text kann im Inhalt variieren, er muß nur standardisiert sein.)

GUTER RAT: Stemple groß auf diese Umschläge Deinen Absender drauf, damit Neugierde geweckt wird und der Brief beim Empfänger nicht in den Reklamepapierkorb wandert!

391 Pflege den richtigen Umgang mit der Bank

Banken, so eine weitverbreitete Ansicht, sind Institute, die bei schönem Wetter Regenschirme ausleihen und sie, sobald die ersten Tropfen fallen, wieder einsammeln. Manch ein Existenzgründer würde heute noch seinen Betrieb führen, wenn seine Hausbank ihm nicht übereilt den Geldhahn zugedreht hätte. Wenn's an Geld in der Kasse mangelt, dann kann ein gelungenes Verhandlungsgespräch Gold wert sein – und nicht nur dann. Kontogebühren, Kreditkonditionen, Serviceleistungen – das alles kannst Du optimieren, wenn Du mit Deiner Bank richtig redest.

Beispiel: Mechaniker Munter versteht die Welt nicht mehr. Obwohl er sich mit seiner Reparaturwerkstatt für amerikanische Importautos schon seit zwei Jahren auf solidem Wachstumskurs befindet, verweigert ihm seine Hausbank urplötzlich einen Überbrückungskredit für einen kurzfristigen Liquiditätsengpaß. Und das, obwohl seine Firma erst kürzlich einen Wartungsvertrag über einen ganzen Firmenfuhrpark erhalten hat. Nach ergebnislosen Verhandlungen sieht Munter keine andere Alternative, als seine langjährige Bankverbindung zu wechseln.

Kreditverhandlung: Hart und kompetent 392

Das Angebot unterschiedlichster Bankkredite kann auf Dich als Firmenkunde erdrückend wirken. Doch das hat auch seine Vorteile: Je nach Zinssituation – und auf jede Hochzinsphase folgt garantiert wieder eine Zeit niedriger Zinsen – kannst Du bei der Kreditverhandlung auf ein optimales Angebot pochen.

Trick

Die Geheimsprache der Bank

393

Das schreibt sie	Das meint sie
Langjährige Geschäftsverbindung	Sehr guter Kunde
Geordnete finanzielle Verhältnisse	Sehr guter Kunde
Der Kunde genießt einen guten Ruf	Sehr guter Kunde
Wir stehen mit zum Teil abgesicherten Krediten zur Verfügung	Die Bank besteht nicht auf Extrasicherheit für jeden Kredit (hat Vertrauen)
Wir stehen mit Kredit auf voll abgesicherter Basis zur Verfügung	Von uns gibt es nur Kredit, wenn Sicherheiten geboten werden.
Die bisherigen Verpflichtungen wurden erfüllt	Bisher wurde bezahlt, aber für die Zukunft wagen wir keine Prognose
Zur Zeit können wir uns kein Bild über die Verhältnisse machen	Die Finanzlage ist verworren; selbst die Bank blickt nicht mehr durch
Leider können wir kein Urteil abgeben	Die Bank hat starke Zweifel, daß der Kunde zahlungsfähig bleibt
Wir sind über die augenblickliche Finanzlage nicht informiert	Beim Kunden herrscht finanzielles Chaos. Bankrott droht

Trick

Bleibe Sieger!

**Vereinbare bei hohen Zinsen niedrige Laufzeiten und niedrige Kredit- 394
summen – umgekehrt bei niedrigen Zinsen ein hohes Darlehen, das**

möglichst lange festgeschrieben ist. Lerne, Deine Finanzierungswünsche an den Kapitalmarkt anzupassen – dann gehst Du aus dem Gespräch mit Deinem Firmenkundenberater als Sieger hervor und nicht die Bank.

Erfahrung ist der Name,
den der Mensch seinen Irrtümern gibt.
(Oscar Wilde)

395 Sieben Tips für den besseren Darlehensabschluß

1. Schaffe Vertrauen

Bau-Bankrotteur Dr. Schneider hatte es raus: Bis kurz vor dem finanziellen Desaster seines Unternehmens galt er bei seinen Banken als Musterkunde, der immer korrekt und pünktlich zahlte und auf Wunsch gern und bereitwillig Sicherheiten gab. Du siehst, auch mit schlechten Karten kannst Du bei Deiner Bank ein angesehener Kunde werden. Und dazu mußt Du nicht einmal falsche Angaben machen wie der Jongleur Schneider.

Trick

Laß die Bank nicht uninformiert!

396 **Informiere die Bank von Dir aus ab und zu über aktuelle Entwicklungen Deines Unternehmens. Wenige zutrauliche Zeilen reichen – »man kennt sich schließlich«. Halte alle Zahlungstermine pünktlich ein, wenn die Bank mit im Spiel ist.**

2. Sei gut vorbereitet

Nichts ist unangenehmer, als wenn Du beim Kreditgespräch wichtige Unterlagen, die Deine Bank auf jeden Fall sehen will, nicht präsentieren kannst. Also: Überlege, was für die Präsentation Deines Investitionsvorhabens wichtig sein könnte. Prospekte der neuen Maschine; Produktionsprogramm; Kosten-Nutzen-Rechnung; Marktanalyse; Absatzprognose usw. – all dies in sauberen Kopien am besten in einer Dokumentenmappe für den Kreditsachbearbeiter zusammengefaßt, und die Schlacht ist bereits halb gewonnen.

3. Bei Gefahr: Lege gleich die Karten auf den Tisch

Trotz sorgfältigster Liquiditätsplanung kann es auch dem besten Unternehmer passieren, daß die Kasse plötzlich leer ist und größere Rechnungen anstehen. Wenn Du jetzt sofort Deine Bank in Kenntnis setzt, daß unter Umständen ein Engpaß ansteht, ziehst Du das Kreditinstitut frühzeitig ins Vertrauen – das trägt Früchte bei der dann nötigen Verhandlung über einen Überbrückungskredit.

4. Warte nicht, bis es zu spät ist

Das Gegenteil von Tip Nummer 3 versuchen viele Unternehmer: Sie stecken bei Zahlungsschwierigkeiten den Kopf so lange in den Sand, bis die Bank merkt, daß die kurzfristige Liquidität der Firma anscheinend arg strapaziert ist. Wer beispielsweise unangemeldet sein Kontokorrentkonto überzieht, riskiert, daß die Bank verständlicherweise sauer reagiert und alle Privat- und Geschäftskonten gnadenlos kündigt.

5. Triff die richtige Wahl

Bei ganz kurzen Kreditlaufzeiten – als Faustregel gelten sechs Monate – kann es sich durchaus rechnen, bei der Verhandlung einen vermeintlich teureren Kontokorrentkredit anzustreben als einen Betriebsmittelkredit. Denn: Zwar hat der Betriebsmittelkredit einen niedrigeren Zinssatz, dafür rechnet die Bank meist eine Bearbeitungsgebühr obendrauf – das kann bei kurzer Laufzeit zu einem höheren Effektivzins als auf dem Kontokorrentkonto führen.

6. Paß bei den Zinsen gut auf

Ist das Zinsniveau hoch, mußt Du bei der Kreditverhandlung auf einen Abschluß mit variablem Zins hinarbeiten. Folge: Der Zins für Deinen

Kredit sinkt, wenn der Kapitalmarktzins runtergeht. Dann natürlich muß Dein Bestreben sein, den niedrigen Zins festzuschreiben.

7. Halt Dich zurück beim Sicherheitengeben

Ganz klar: Am liebsten will Deine Hausbank für einen 20 000-Mark-Kredit eine Grundschuld, Dein Wertpapierdepot und obendrein noch den Fahrzeugbrief Deines Privatwagens im Wert von insgesamt 100 000 Mark als Sicherheit. Dein Interesse bei der Kreditverhandlung muß aber genau im Gegenteil liegen – geize mit Deinen Sicherheiten, wo Du nur kannst. Denn: Auch wenn Dein Kreditsachbearbeiter es noch sosehr bestreitet, welche Sicherheiten für welchen Kredit gestellt werden müssen, das ist Verhandlungssache. Dein hehres Verhandlungsziel – auch wenn Du es nicht vollständig erreichen wirst – muß lauten: Sowenig Sicherheiten wie möglich; die besten Sicherheiten, etwa Hypotheken, gibst Du deshalb zuletzt aus der Hand; erstklassige Sicherheiten rückst Du nur gegen bessere Kreditkonditionen heraus.

Trick

Wie kommst Du bei Zahlungsverzug bei der Bank am besten weg?

397 **Wichtig ist, daß Du die Bank niemals vor vollendete Tatsachen stellst, sondern sie stets als aktiven Partner einbindest.**
Es ist sinnvoll, die Bank unaufgefordert und in bestimmten Abständen regelmäßig zu informieren, beispielsweise unter Übersendung einer Einnahmen-Ausgaben-Aufstellung, einer Zwischenbilanz bzw. eines Zwischenberichts.

Diese Unterrichtungen sollen den wirtschaftlichen Erfolg des Projektes dokumentieren, und zwar nach Möglichkeit durch das Zahlenwerk eines unabhängigen Wirtschaftsprüfers.

398 Wenn Du Dein Projekt laufend überwachst, wirst Du stets frühzeitig erkennen können, ob es Probleme im Hinblick auf die wirtschaftliche

Durchführung geben kann. In solchen Fällen mußt Du aktiv versuchen, diese Probleme zu beseitigen. Und bereits dann die Bank davon informieren, daß möglicherweise eine Rate, die zur Zahlung ansteht, nicht pünktlich, nicht in voller Höhe oder erst zu einem späteren Zeitpunkt gezahlt werden könnte. Dazu dient am besten eine persönliche Kontaktaufnahme.

Bei einem solchen persönlichen Gespräch sollte sinnvollerweise Dein Steuerberater dabeisein, der unter Darlegung der Gründe vorträgt, warum und wann der Zahlungsverzug drohen könnte.

Ein beliebtes Mittel, um Zahlungsverzug zu überbrücken oder um vorübergehende Liquiditätsschwierigkeiten zu beseitigen, sind die sogenannten Zwischenfinanzierungen – meist kurzlaufende, recht teure Kredite, die dann später von langfristig laufenden Krediten abgelöst werden und die die vorübergehende Liquiditätskrise beseitigen sollen.

In der letzten Stufe einer Krise kommt es zur Sicherheitenverwertung durch die Bank. Danach bleiben Dir nur noch Ansprüche auf Schadenersatz übrig.

Bei der Sicherheitenverwertung richtet sich das Vorgehen der Bank nach den allgemeinen Regeln, die im Rahmen der AGBs festgeschrieben sind. Darin heißt es (Nr. 20 der AGBs):

»Kommt ein Kunde seinen Verbindlichkeiten bei der Fälligkeit nicht nach, so ist die Bank befugt, die Sicherheiten ohne gerichtliches Verfahren unter tunlichster Rücksichtnahme auf den Kunden zu beliebiger Zeit an einem ihr geeignet erscheinenden Ort auf einmal oder nach und nach zu verwerten. Unter mehreren Sicherheiten hat die Bank die Wahl. Sie darf zunächst aus dem sonstigen Vermögen des Kunden Befriedigung suchen. Über den Erlös wird die Bank dem Kunden eine Gutschrift erteilen, die als Rechnung für die Lieferung des Sicherungsgutes gilt und den Voraussetzungen des Umsatzsteuerrechts entspricht.«

Einer Androhung der Verwertung, der Einhaltung einer Frist und der Ausbedingung sofortiger Barzahlung des Kaufpreises bedarf es nicht. Eine Abweichung von der regelmäßigen Art des Pfandverkaufs kann nicht verlangt werden. Die Bank wird nach Möglichkeit Art, Ort und Zeit der Verwertung mitteilen, sofern nicht die Benachrichtigung untunlich ist.

Weiter heißt es in den Allgemeinen Geschäftsbedingungen, daß Pfän-

der, die einen Börsen- oder Marktpreis haben, von der Bank durch öffentliche Versteigerung verwertet werden. Auch darf die Bank ihre als Pfand haftenden Forderungen, Grund- und Rentenschulden schon vor Fälligkeit ihrer Forderung kündigen und einziehen, wenn dies zur Erhaltung der Sicherheit erforderlich ist.
Das ist schlimm für Dich: Die Bank muß die Sicherheitenverwertung noch nicht einmal ankündigen. Sie kann sie nach Belieben durchführen. In jedem Fall ist die Störung des »besonderen Vertrauensverhältnisses« nach der Vorbemerkung der Allgemeinen Geschäftsbedingungen stets ein entsprechender Kündigungsgrund, der sogar zur fristlosen Kündigung berechtigt.

GUTER RAT: Provoziere keine Kündigung seitens der Bank. Halte Dir nach Möglichkeit noch akzeptable Sicherheiten (zum Beispiel eine noch nicht abgetretene Lebensversicherung) in petto. Bleibe mit der Bank auch in der Krise im Dialog.

Trick

Gläubiger und Schuldnertrick

Mit raffinierten Methoden arbeiten Gläubiger und Finanzamt, wenn sie feststellen wollen, ob ein Schuldner ein noch unbekanntes Konto bei der Bank oder Sparkasse unterhält. Sie gehen einfach in das Bankinstitut und geben vor, eine Einzahlung für den besagten Herrn machen zu wollen. Man habe nur die Kontonummer vergessen. Ein Anruf in der Hauptstelle macht mitunter den Unkundigen wissend. Das bislang noch unbekannte Konto kann gepfändet werden. Kluge Schuldner wissen dies und errichten ihre versteckten Konten bei kleinen Raiffeisenbanken auf dem Lande und nicht bei Großbanken mit Zentralkartei. Die rechtlich selbständigen Raiffeisenbanken melden ihre Kontoinhaber nicht an ihre Zentralbanken, und ein Gläubiger muß dann schon lange suchen, bevor er an das richtige Institut gerät.

Umschulden: raus aus den teuren Krediten 399

Nichts ist ärgerlicher, als vor ein paar Jahren einen teuren Festzinskredit mit langer Laufzeit abgeschlossen zu haben und nun zähneknirschend mit ansehen zu müssen, wie der Kapitalmarktzins immer weiter gen Talsohle strebt. Das kann Dir als Häuslebauer ebenso passieren wie als Unternehmer, der einen langfristigen Betriebsmittelkredit mit ewig gleich hohen Zinsen am Bein hat.
Ganz klar: Ab einer gewissen Differenz zwischen dem Marktzins und Deinem fixen Kreditzins ist für Dich die Schmerzgrenze erreicht – Du mußt raus aus dem teuren Kredit und auf einen neuen, preisgünstigeren umschulden. Doch das ist einfacher gesagt als getan, denn: Deine Bank ist alles andere als glücklich, wenn Du trotz fester Laufzeitvereinbarung plötzlich den Kredit kündigen willst. Schließlich, so die Argumentation der Kreditgeber, habe man sich das Geld ja ebenfalls für die vereinbarte Laufzeit besorgen müssen – zu ebenfalls teuren Zinsen.
Aus diesem Grund verlangt die Bank eine Entschädigung für den entgangenen Zinsgewinn. Das klingt nach Abzockerei, ist aber leider Gottes völlig legal. Für Dich heißt das: Erst wenn sich ein neuer, kostengünstiger Kredit trotz Entschädigungszahlung für die Ablösung des teuren Darlehens lohnt, solltest Du umschulden.

Faustregel: Je länger die Restlaufzeit Deines Kreditvertrags, um so geringer die Chance, daß Du bei einer Umschuldung ein Geschäft machst, denn die Entschädigungszahlung an die Bank wächst mit der Anzahl der Restlaufjahre.

Trick

Wie Du mit der Bank beim Thema Umschuldung erfolgreich verhandelst

Wenn Du Deiner Bank anbietest, einen neuen langfristigen Kreditvertrag – zum niedrigeren Zins natürlich – wieder bei ihr abzuschließen, kann die verlockende Aussicht des Anschlußgeschäfts dazu führen, daß die Bank in Sachen Entschädigungszahlung mit sich reden läßt. 400
Trotzdem mußt Du auf jeden Fall die Ochsentour bei mindestens fünf

Konkurrenzinstituten machen und nach Konditionen für einen langfristigen Neukredit fragen. Hierbei ist es besonders wichtig: Laß Dir die Konditionsangebote schriftlich geben – nichts ist schlimmer, als wenn die A-Bank von ihrem Kreditangebot plötzlich nichts mehr wissen will, obwohl Du Deinen Kredit bei der B-Bank aufgrund des besseren Angebots bereits gekündigt hast.
Wenn Du mit Deiner Hausbank über eine interne Umschuldung verhandelst, kannst Du als kleines Druckmittel ruhig mal darauf hinweisen: Wenn Du den Kredit vorzeitig ablöst, mußt Du zwar Entschädigung an die Bank zahlen, hast aber umgekehrt Anspruch darauf, das eventuell gezahlte Disagio anteilig zurückerstattet zu bekommen.

401 Was verlangt die Bank für Sicherheiten?

Mit der Anforderung dieser Sicherheiten mußt Du bei Investitionsvorhaben rechnen, wenn über Bankkredit finanziert wird:

Investition	Sicherheit
Betriebsmittel (bei Kontokorrenten)	blanko, ggf. Forderungsabtretungen und Bürgschaften
Kauf eines teuren technischen Geräts oder Praxisfahrzeugs	Sicherungsübereignung, d. h., Du darfst das Gerät nutzen, aber bis es abbezahlt ist, bleibt die Bank formale Eigentümerin
Neugründung/Erwerb einer Praxis	Abtretung der Ansprüche aus – Privatliquidation – Kassenhonoraren – Lebensversicherungen Sicherungsübereignung der Investitionsgegenstände Bürgschaft des Ehegatten
Kauf Praxisgrundstück oder Bau Praxishaus	Eintragung einer Grundschuld, ggf. Bürgschaft des Ehegatten

Trick

Beschwere Dich richtig!

Hast Du Gründe, Dich über die persönliche Behandlung bei Deiner Hausbank zu beschweren, so wisse: Es nützt herzlich wenig, Dein Leid dem Mond zu klagen. Es gilt die Faustregel: Schriftlich und möglichst weit oben beschweren. 402

Richte Deinen Beschwerdebrief also generell an den Vorstand der Bank. Schildere sachlich, daß und warum Du als Kunde der Bank unzufrieden bist. Solch eine Beschwerde nimmt – meist mit »Bitte um Stellungnahme« und dem Namenskürzel des Vorstands – den direkten Weg zum Filialleiter und von dort zu Deinem Firmenkundenbetreuer. Dort hinterläßt Dein Brief meist einen wirksamen Eindruck, und Du wirst beim nächsten Besuch sicherlich ein wenig freundlicher behandelt.

Kontokorrentkonto: Zahle keinen Pfennig zuviel 403

Eigentlich ist es ganz und gar unglaublich: Viele Unternehmer feilschen bis zur letzten Mark mit ihren Lieferanten, wenn es um Rabatt und Skonto geht – die vierteljährliche Kontoabrechnung, in der sich die Bank stellenweise horrende Gebühren per Lastschrift direkt vom Kundenkonto einverleibt, wird hingenommen wie eine gottgegebene Plage. Damit fängst Du erst gar nicht an: Auch die Höhe der Kontogebühren ist absolute Verhandlungssache. Ob Du nun eine gewisse Anzahl von Freibuchungen pro Quartal rausschindest oder ein paar Prozent Habenverzinsung – wichtig ist: Deine Bank spürt, daß Du durchaus nicht gewillt bist, jede Willkür in Sachen Gebühren hinzunehmen.

Schau, was die anderen Banken bieten 404

Zugegeben: Ein Kostenvergleich zwischen den Kontokorrentgebühren zweier Banken ist mühsam und aufwendig. Aber es lohnt. Also: Überprüfe, welche Buchungen und welche Geschäftsvorfälle auf Deinem Konto besonders häufig vorkommen. Dann suchst Du gezielt nach einer Bank, die auf diesen Gebieten besonders günstig ist.

Nun hast Du die Wahl. Alternative A: Du wechselst wirklich Deine Bankverbindung und nimmst eine Menge Verwaltungsaufwand dafür in Kauf. Besser ist Alternative B: Du reibst Deiner Hausbank die günstigeren Konditionen der Konkurrenz unter die Nase und versuchst, für Dein Konto den einen oder anderen Vorteil rauszuhandeln.

Trick

Richte ab sofort ein reines Betriebskontokorrentkonto ein!

405 **Auch wenn Du das Zwei-Konten-Modell nicht aufnimmst: Alles, was Deinen neuen (oder alten) Betrieb betrifft, sollte nur über ein Konto laufen. Wie ist das, wenn bei einem gemeinsamen Privat- und Betriebskonto alles zusammenfließt und auch noch die Ehefrau darin mitmischt? Da wird z. B. mal schnell das Geld für die Klassenfahrt des Sohnes überwiesen oder Bargeld abgehoben. Der Kollege reicht die Kontoauszüge unvollständig ein, kennzeichnet Scheckzahlungen nicht und beantwortet mehrere Fragen zur Buchhaltung mit mehrmonatiger Verzögerung. Oft ist nicht mehr festzustellen, wofür eine Barabhebung verwandt worden ist. Dr. Teuer weiß genau, daß er seinen drei Helferinnen zum Geburtstag immer was geschenkt hat, aber wo die dazugehörige Quittung ist, bleibt im dunkeln. Das führt nicht nur zu teuren Rückfragen, die Geschenke können zudem nicht mal als Betriebskosten abgesetzt werden.**
Du erkennst: Nur Nachteile!

406 **Probleme des Zwei-Konten-Modells**

Wehre Dich gegen ein unfreiwilliges Zwei-Konten-Modell. Für Steuerfüchse ist es ein sattsam bekannter Trick: Zwei Kontokorrentkonten für eine Firma – auf dem einen gehen die Zahlungseingänge ein, das andere ist mit einem Kontokorrentkredit belastet und steht laufend im Debit. Der Kniff: Die Sollzinsen wirken sich steuermindernd auf den Unternehmensertrag aus.
Nun sind manche Banken allerdings der Meinung, sie könnten Dir solch eine Lösung zwangsweise aufdrücken: Ein Konto für die Zahlungseingänge, eins bleibt als Kreditkonto im Soll stehen – angeblich

aus »buchungstechnischen Gründen«. Hier mußt Du bei der Verhandlung mit Deinem Firmenkundenberater entweder durchsetzen, daß Zahlungseingänge und Kontokorrentkredit über ein und dasselbe Konto verrechnet werden – oder aber, daß Du auf Dein Guthabenkonto wenigstens einen erhöhten Habenzinssatz erhältst.

Kontoabrechnung und Wertstellung – modernes Raubrittertum 407

Kontokorrentkonten werden in der Regel vierteljährlich abgerechnet – das heißt, Gebühren und Sollzinsen werden abgezogen. Banken hingegen, die Dir eine monatliche Abrechnungsweise vorschlagen, wollen Dich schlicht und einfach über den Tisch ziehen. Denn: Jede neue Belastung verzinst sich ja von Stund' an mit – übers Jahr gesehen kommt dadurch ein für die Bank ansehnlicher Nebengewinn durch den Zinseszinseffekt zustande.
Ebenfalls beliebt bei manchen Kreditinstituten ist die Praxis, Zinsgewinne durch das Hinauszögern von Gutschriften zu erwirtschaften – sogenannte Valutenschieberei. Die Praxis ist ganz einfach: Belastungen – etwa Lastschriften, Barauszahlungen usw. – werden von Deinem Konto sofort abgezogen, während Einzahlungen, Überweisungseingänge oder Scheckeinreichungen erst mit mehrtägiger Verspätung gutgeschrieben werden. Nach neuester Rechtsprechung ist dieses Verfahren allerdings unzulässig. Leider ist die Beweisführung für Dich in diesem Fall äußerst schwierig – die Bank kann sich immer mit Verzögerungen im Buchungssystem rausreden. Aber: Wenn eine inländische Überweisung von Deinem Kunden zu Dir länger als fünf Tage unterwegs ist, ist irgendwas faul.

Trick

Ausländische Konten

Bei Konten im Ausland ist immer eine dort heimische Bank vorzuziehen und nicht die Filiale einer deutschen Bank. Die bisherigen Vorgänge und Erfahrungen mit einer deutschen Steuerfahndung beweisen dies eindrucksvoll! 408

Kontrolle ist besser

409 Nur ein extrem vertrauensseliger oder extrem fahrlässiger Bankkunde prüft seine Kontoauszüge nicht nach. Da Du weder zur einen noch zur anderen Gruppe gehörst, heißt es für Dich: Mindestens einmal pro Woche solltest Du die Auszüge durchschauen und alle Belastungen auf ihre Richtigkeit überprüfen. Das soll nun nicht heißen, daß Deine Bank Dir absichtlich Phantasiebeträge von Deinem Konto klaut – aber wo gearbeitet wird, werden Fehler gemacht, und selbst der allmächtige Buchungscomputer kann mal einen schlechten Tag erwischen und eine Lastschrift in die falschen Bahnen lenken.
Wenn so etwas passiert ist – keine Panik. Generell hast Du sechs Wochen Zeit, um gegen Buchungen auf Deinem Konto Widerspruch einzulegen. Die Bank ist dann verpflichtet, den angerichteten Schaden wiedergutzumachen – also: den Betrag gutzuschreiben und alle eventuell entstandenen Zinsverluste auszugleichen.

Trick

**Wähle
die preiswerte Postbank!**

410 **Viele Banken sind heute immer noch nicht so weit wie die Postbank, die neben jeden gebuchten Betrag exakt hinzufügt, um was es sich dabei handelt. Oft begnügen sie sich mit dem Wort »lt. Auftrag«, »Umbuchung« oder ähnlichem. Da ist es – auch für Deine eigene Buchführung – schon gut, wenn Du gleich bei Erhalt des Auszugs neben jeden Posten schreibst, um was es sich bei der Zahlung jeweils handelt.
Wenn's Dir zu lästig wird und Du die Bank nicht dazu kriegst, wechsle zur Postbank. Die ist zudem noch konkurrenzlos günstig bei den Gebühren.**

411 **Wie machst Du Deinen Überweisungen Dampf?**

Trotz aller Mühe kann es doch schon mal passieren, daß Du schlicht und einfach vergißt, eine bestimmte Rechnung zu bezahlen. Das kann fatale Folgen haben: entgangener Skonto, Verzugszinsen – wenn es dick kommt, Schadenersatzforderungen Deines Lieferanten. Richtig kritisch kann es auch bei einem Grundstücksgeschäft werden. Wenn da Dein Geld nicht bis zum Tag X auf dem Notarkonto gelandet ist, kann der ganze Deal in letzter Sekunde noch platzen. Es heißt also für Dich: Das Geld in affenartiger Geschwindigkeit von A nach B überweisen.

Werktags zwischen 9 und 16 Uhr ist das kein so großes Problem: Du kannst bei Deiner Bank einfach eine telegrafische Überweisung auf den Weg geben. Die kostet rund 30 Mark – dafür ist das Geld, wenn es bis 13 Uhr auf den Weg gebracht ist, mit Sicherheit am selben Tag noch auf dem Empfängerkonto. Zusätzlich mußt Du Deine Bank anweisen, den Zahlungseingang bei der Empfängerbank anzukündigen – zu »avisieren«. Die ruft dann beim Empfänger des Gelds an und unterrichtet ihn über die Gutschrift.

Wenn der Empfänger Deiner verschwitzten Rechnung im Ausland sitzt, ist das prinzipiell auch kein Problem. Eine telegrafische Überweisung ins Ausland kommt am gleichen Tag bei der Empfängerbank an, falls Du sie bis 12 Uhr auf den Weg gibst. Parallel dazu solltest Du auf jeden Fall noch den Zahlungsempfänger per Fax informieren – wer weiß, ob's die ausländische Bank tut.

Schwieriger wird's mit dem eiligen Geld, wenn es außerhalb der Banköffnungszeiten den Besitzer wechseln soll. Einzige Lösung in diesem Fall: Du mußt den Betrag über die Deutsche Verkehrs-Bank überweisen – die sitzt in allen großen deutschen Bahnhöfen und hat auch am Wochenende meist bis spätabends auf. Dort zahlst Du das Geld bar ein, und ein paar Minuten später kann Dein Geschäftspartner es – ebenfalls bar – an einer anderen Verkehrs-Bank-Filiale abholen. Dieses Spiel funktioniert weltweit, da die Verkehrs-Bank über ein Netz von Partnerinstituten rund um den Globus verfügt. Einziger Nachteil: Das eilige Geld per Bahnhofsbank ist nicht billig – rund fünf Prozent Provision.

Weißt Du, was das Umleitungsverbot bedeutet?

412 Ärgerlich, aber schon vorgekommen: Die Bank schreibt eine Überweisung, die für einen Kunden eintrifft, nicht auf dem Konto gut, das auf dem Überweisungsträger angegeben ist. Statt dessen wird das Geld auf ein anderes Konto des Kunden, das vielleicht gerade im Minus steht, geleitet. Die Banken berufen sich bei diesem selbständigen Jongliergeschäft auf die sogenannte Fakultativklausel, die auf Überweisungsträgern eingedruckt ist. Neben dem Feld für die Kontonummer des Empfängers steht oft der Passus »oder auf ein anderes Konto des Empfängers«. Durch diesen Zusatz fühlen sich viele Banken berechtigt, die Geldeingänge nach ihrem Gutdünken auf ein anderes Konto des Empfängers zu buchen.
Zu Unrecht, wie eine Entscheidung des Bundesgerichtshofs eindeutig festlegte. Die Banken sind bei der Ausführung eines Überweisungsauftrags verpflichtet, auf das angegebene Konto zu überweisen.

413 So lernst Du Deine Kreditwürdigkeit besser kennen

Vor jedem Auftrag mußt Du Dich fragen: Kann mein Besteller auch bezahlen? Dabei mußt Du sogar die Frage nach der pünktlichen Zahlung stellen. Gegen Forderungsausfälle gibt es leider kein Allheilmittel und auch kein Traumrezept. Und als Geschäftsmann kann man nicht grundsätzlich Vorkasse verlangen, wenn man sich seine besten Kunden nicht vergraulen will. Von den Creditreform-Vereinen, die pro Jahr über 6 Millionen Handelsauskünfte erteilen, liegt jetzt eine interne Checkliste vor. Anhand dieses Fragenkatalogs kannst Du Deine Geschäftspartner besser beurteilen, Dir aber auch selbst ein Bild machen, was die Auskunfteien möglicherweise über Dich verbreiten.

Mach dieses ernste Spiel mit. Beantworte die Fragen ehrlich. Je mehr Punkte Du Deinem eigenen oder einem fremden Unternehmen gibst, desto schriller rasselt für Banken und Lieferanten die Alarmglocke. So entdeckst Du eigene Schwachstellen.

Merke: Alle folgenden Fragen tangieren die Kreditwürdigkeit oder Zahlungsfähigkeit einer Firma.

Hier nun die Kriterien mit der jeweiligen Punktzahl:

1. Ist die Fluktuation im Management hoch?
   ja: 2 – sehr hoch: 4
2. Sind Mitarbeiter des Unternehmens im letzten Halbjahr vorzeitig in den Ruhestand versetzt bzw. ist ein Einstellungsstopp vorgenommen worden?
   ja: 2 – in größerem Ausmaß: 4
3. Wurde im letzten Halbjahr Kurzarbeit durchgeführt?
   ja: 2 – in größerem Ausmaß: 4
4. Ist die Stornierung bereits erteilter Investitionsaufträge bzw. die Streichung geplanter Investitionsvorhaben bekannt geworden?
   ja: 2 – in größerem Umfang: 4
5. Kann die Produktqualität der erstellten (gehandelten) Erzeugnisse als unterdurchschnittlich bezeichnet werden?
   ja: 2 – sehr schlecht: 4
6. Stellt das Unternehmen wenige (gleichartige) Produkte her?
   ja: 2 – nur ein Produkt: 4
7. Verfügt das Unternehmen zur Zeit über Leerkapazitäten (Angebote zur Vermietung von Lagerhallen oder zur Übernahme von Fremdarbeiten) bzw. wird die Kapazität bereits durch Fremdarbeiten ausgelastet?
   ja: 2 – schon seit längerer Zeit: 4
8. Wurden im letzten halben Jahr Betriebsteile stillgelegt?
   ja: 2 – mehr als 20 Prozent der ursprünglichen Kapazität: 4
9. Ist der Betrieb auf der Abnehmerseite an wenige Kunden gebunden?
   ja: 2 – an sehr wenige Abnehmer: 4
10. Haben sich die Sonderangebote des Unternehmens in letzter Zeit gehäuft?
    ja: 2 – in sehr hohem Maße: 4
11. Gewährt das Unternehmen in letzter Zeit – im Gegensatz zu sonstigen Gepflogenheiten – hohe Preisnachlässe?
    ja: 2 – übertriebene Nachlässe: 4

12. Beauftragt das Unternehmen Sie in letzter Zeit häufig mit sehr dringlichen Bestellungen bzw. werden sehr kleine Lieferungen bestellt?
ja: 2 – sehr häufig: 4
13. Weisen unregelmäßige Bestellungen (saisonale Schwankungen müssen hierbei berücksichtigt werden) in letzter Zeit darauf hin, daß das Unternehmen von verschiedenen Lieferanten bezieht?
ja: 2 – in hohem Maße: 4
14. Reklamiert der Betrieb in den letzten Monaten anomal häufig Ihre Lieferungen?
ja: 2 – extrem häufig: 4
15. Wurde die Belieferung des Unternehmens durch gute Mitanbieter gestoppt?
ja: 2 – von einem großen Teil der Mitanbieter: 4
16. Ist der Zeitpunkt der Bilanzaufstellung unter Berücksichtigung der Branchengepflogenheiten als pünktlich zu bezeichnen?
ja: 2 – extremer Zeitraum zwischen Bilanzstichtag und Bilanzerstellung: 4
17. Ist das Unternehmen zur Offenlegung seiner Verhältnisse bereit?
Nein: 2
18. Hat sich die Bankverbindung des Betriebs kürzlich geändert, ohne daß der Firmensitz verlegt wurde?
ja: 2
19. Ist der Firmensitz in letzter Zeit geändert bzw. ist eine Umgründung vorgenommen worden?
ja: 2
20. Ist das Unternehmen finanziell abhängig?
ja: 2 – völlig: 4
21. Wurde Ihnen im letzten halben Jahr seitens des Unternehmens ein Angebot zur Umwandlung von Warenverbindlichkeiten in Darlehen oder Gesellschaftsanteile gemacht?
ja: 2 – mehrmals: 4
22. Wird die Skontierungsmöglichkeit in letzter Zeit nicht mehr ausgenutzt, obwohl das früher der Fall war?
ja: 2

23. Hat das Unternehmen in letzter Zeit eine Änderung seiner Zahlungsart vorgenommen, z. B. von Barzahlung oder Überweisung auf Scheck- oder Wechselhergabe?
ja: 4
24. Werden in letzter Zeit die dem Unternehmen eingeräumten Zahlungsziele überschritten?
ja: 4 – entweder anzahl-, zeit- oder mengenmäßig in großem Umfang: 8
25. Muß in der letzten Zeit (auch von anderen) verstärkt gemahnt werden?
ja: 4 – häufig: 8
26. Waren in letzter Zeit Anzeichen für einen wesentlich höheren Kreditbedarf des Unternehmens festzustellen?
ja: 6
27. Wurden in letzter Zeit fällige Verbindlichkeiten prolongiert bzw. Wechsel nach Zielablauf gegeben?
ja: 6 – für alle Verbindlichkeiten oder erst nach Aufforderung: 10
28. Wurden in letzter Zeit Scheckrückgaben bekannt?
ja: 8 – häufig: 12
29. Sind Wechselproteste vorgekommen?
ja: 10 – häufig: 15
30. Sind in letzter Zeit darüber hinaus irgendwelche Zahlungsklagen gegen das Unternehmen erfolgt?
ja: 15 – mehrere: 20

Und wie ziehst Du Dich aus der Patsche, wenn Du kurz vor der Pleite stehst? 414

Vor allem brauchst Du dann Geld, wenn Du noch eine Chance haben willst, weiterzumachen. Wie löschst Du den schwelenden Brand am ehesten? So:

– Indem Du alle Verwandten abklapperst und sie um eine Geldspritze bittest. (Hast Du Dich ihnen gegenüber früher als zuverlässig erwiesen, wird man Dich nicht so schnell abwimmeln.)
– Bitte die Bank um einen Aufstockungskredit.

- Mach preiswerte Aktions- und Sonderverkäufe.
- Stoß überflüssige Bestände ab.
- Gib Deine Forderungen an ein Inkasso-Unternehmen zum schnellen Einzug oder verkaufe sie an eine Factoring-Gesellschaft.
- Zahle statt mittels Überweisung durch Scheck.
- Übergib mit dem Lieferschein auch gleich die Rechnung.
- Bearbeite sogleich jede Reklamation. (Durch Einwände suchen die Kunden oft die Zahlung rauszuschieben.)
- Beantrage Steuerstundung oder Erlaß.
- Suche einen Teilhaber.
- Fordere Anzahlungen, wo das drin ist.

415 **Bei einer brenzligen Situation hast Du diese Sondermöglichkeiten:**

1. Laß die Tilgung laufender Kredite vorübergehend aussetzen.
2. Versuche von der Bank die Freigabe bisheriger Sicherheiten zu erhalten. Damit kannst Du womöglich bei anderen Banken Kredit bekommen.
3. Verhandle über zusätzliche Kredite. Biete eine Ausfallbürgschaft der Bürgschaftsbank an.
4. Schlage geringere Kreditzinsen vor: Die Bank hat nichts davon, hohe Zinsen zu fordern, wenn sie die nicht eintreiben kann.
5. Laß Bankdarlehen in Beteiligungskapital umwandeln. Dann sind weder Zinsen noch Tilgung fällig.
6. Bitte die Bank um einen Darlehensverzicht. Unterschreibe einen Besserungsschein, der Dich verpflichtet, das Darlehen erst in besseren Zeiten zurückzuzahlen.

So gehst Du beim Arbeitsamt mit der Existenzgründung vor 416

Schule, Ausbildung oder Studium und dann ab in die Selbständigkeit – so sieht der Lebenslauf vieler Existenzgründer aus. Andere Jungunternehmer hingegen haben den Schritt zum eigenen Betrieb ganz und gar nicht freiwillig gemacht. Sie standen vorher jahrelang in Lohn und Brot und verloren dann plötzlich ihren Job – Selbständigkeit aus der Not heraus. Hier hilft neben den üblichen Förderinstitutionen auch das Arbeitsamt beim Aufbau der eigenen Existenz.

Beispiel: Sekretärin Siegrid Süßlich bekommt nach 24jähriger Tätigkeit von ihrem Betrieb die Kündigung – konjunkturbedingt, wie es heißt. Siegrid Süßlich ist sich im klaren, daß sie im Alter von 52 Jahren keine guten Chancen auf eine neue Stellung hat. Sie faßt den Entschluß, ein eigenes Schreibbüro zu eröffnen und für mehrere Auftraggeber als externes Sekretariat zu arbeiten. Durch einen Bekannten erfährt sie, daß sie in der ersten Zeit finanziell durchaus nicht auf sich allein gestellt ist, sondern Anspruch auf Unterstützung von ihrem örtlichen Arbeitsamt hat.

Überbrückungsgeld – Anschubhilfe fürs Unternehmerleben 417

Job verloren und nun ab ins Unternehmerdasein – das liebt Vater Staat. Logisch: Wer sich selbständig macht, für den muß die Bundesanstalt für Arbeit nicht jahrelang Arbeitslosengeld und Arbeitslosenhilfe zahlen. Deswegen gibt's für Existenzgründer sogenanntes Überbrückungsgeld – sozusagen als Anschubfinanzierung.

Was bekommst Du?

26 Wochen lang zahlt das Arbeitsamt Arbeitslosengeld oder Arbeitslo- 418
senhilfe – je nachdem, worauf Du noch Anspruch hast. Darüber hinaus

bekommst Du ein Drittel Deiner Kosten für Rentenversicherung und Krankenversicherung als Zuschuß. Fürs erste halbe Jahr als Selbständiger ist das eine willkommene Hilfe.

419 **Wie sind die Voraussetzungen?**

Zwei – ausgesprochen niedrige – Hürden mußt Du nehmen, um an die Starthilfe vom Arbeitsamt zu kommen: Zum einen verlangt der Gesetzgeber, daß Du vor dem Start ins Unternehmerleben mindestens vier Wochen lang Arbeitslosengeld bezogen hast. Das läßt sich mit vorausschauender Planung leicht bewerkstelligen. Zum anderen will Dein Arbeitsamt ein Gutachten einer »sachkundigen Stelle zur Tragfähigkeit Deiner Existenzgründung« sehen. Im Zweifelsfall kannst Du bei Deiner IHK ein solches Gutachten bekommen.

420 Bei »Nebeneinkommen« fließt Arbeitslosengeld

Als Existenzgründer wirst Du kaum ab dem ersten Monat ein ausreichendes Einkommen erzielen. Da kann es sinnvoll sein, Deine neue Tätigkeit vorerst als Nebenerwerb laufen zu lassen und beim Arbeitsamt weiterhin als arbeitslos geführt zu werden.
Hört sich komisch an, macht aber durchaus Sinn. Denn: Du erhältst Dein volles Arbeitslosengeld – von dem Du zwar Deine Einkünfte abziehen mußt – über den ganz normalen Bewilligungszeitraum hinweg. Und wenn es mit der Existenzgründung nicht klappt, kannst Du bis zu zwei Jahren nach dem Start in die Selbständigkeit wieder Dein ganz normales Arbeitslosengeld beziehen.

421 Zwei Voraussetzungen mußt Du erfüllen, um beim Arbeitsamt als »selbständiger Arbeitsloser« zu gelten:

1. 18-Stunden-Regel

Deine »Nebentätigkeit« darf nicht mehr als 18 Stunden pro Woche in Anspruch nehmen. Das hört sich – gerade in der Gründungsphase Deines Betriebs – unrealistisch wenig an. Doch bedenke: Zu Anfang werden Dir die Kunden nicht gerade die Tür einrennen – also weniger Arbeitsaufwand als erwartet. Und wenn Du dann noch alle Zeiten für Konzeption, Planung, Pausen und Privatvergnügen abziehst, kommst

Du mit ein bißchen gutem Willen ganz sicher unter die magische 18-Stunden-Grenze.

2. Immer auf Abruf bereit sein

In den Augen des Arbeitsamts bist Du arbeitslos – und wie alle Arbeitslosen mußt Du dem Arbeitsmarkt zu Verfügung stehen, sprich ständig erreichbar sein.

Trick

Erreichbar sein als Arbeitsloser

Das bist Du, wenn Du unter Deiner Adresse täglich Post vom Arbeitsamt empfangen kannst. Du mußt also nicht ständig zu Hause rumsitzen. 422

So überzeugst Du das Arbeitsamt 423

Deine Argumentation gegenüber der Behörde muß stichhaltig sein, damit Du auch den unwilligsten Beamten dazu bekommst, das Modell »selbständige Arbeitslosigkeit« mitzumachen.

1. Dein Hauptargument muß sein: Du weißt noch nicht hundertprozentig, ob sich Deine Existenzgründung auch wirklich als Haupteinnahmequelle rechnet. Aus diesem Grund möchtest Du Dein Geschäft erst einmal als Nebenverdienst laufen lassen.
2. Du mußt dem Arbeitsamt monatlich eine Abrechnung über Deine Nebeneinkünfte einreichen. Diese Abrechnung richtet sich nicht nach den wirklichen Einnahmen, sondern nach den gearbeiteten Stunden, multipliziert mit einem branchenüblichen Stundensatz. Von diesen monatlichen Nebeneinkünften kannst Du die Investitionen für Deine Nebentätigkeit abziehen. Als da wären: Büromiete, Fahrzeugkosten, Kosten für Büroausstattung, Telefon- und Faxkosten, Werbekosten. Die Differenz ergibt Deinen monatlichen Netto-Nebenverdienst. Damit nicht genug, denn vom Netto-Nebeneinkommen darfst Du noch einen Freibetrag von rund 130 Mark im Monat abziehen.

4. Das Arbeitsamt zieht nun 50 Prozent Deines errechneten Einkommens vom Arbeitslosengeld, das Dir ohne Nebentätigkeit zustünde, wieder ab.

Merke: Das Arbeitsamt reagiert ausgesprochen dünnhäutig, wenn Du mehr kassierst, als Dir zusteht. Bei sogenannten einfachen Überzahlungen – Du hast etwa durch Deine Nebentätigkeit mehr verdient, als Dir zusteht – kommst Du noch relativ billig mit rund 100 Mark Bußgeld davon.
Richtig ungemütlich werden die Damen und Herren vom Arbeitsamt dagegen, wenn Du eine selbständige Tätigkeit beginnst, dies aber nicht sofort dem Finanzamt meldest. Dann mußt Du nicht nur das zu Unrecht kassierte Arbeitslosengeld zurückzahlen, sondern auch noch ein Bußgeld von bis zu einem Fünftel des überbezahlten Betrags löhnen.

Verträge werden von Juristen für Juristen gemacht, damit die Leute sogleich merken, daß sie ohne Juristen nicht auskommen.

(Markus M. Rommer)

6. Recht

Die optimalen Verträge 424

Ein guter Rechtsrat sei soviel wert wie ein guter Aktientip, heißt es. Zu Recht: Als Selbständiger mußt Du ständig vertragliche Bindungen eingehen – sei es bei der Gründung Deiner Firma, sei es bei der Einstellung Deiner Mitarbeiter. Ein falsches Wort, eine vergessene Klausel, und schon hast Du die allergrößten Probleme. Wenn Du Dir bei Vertragsgestaltungen nicht selber ein Bein stellen willst, solltest Du das juristische Einmaleins für Existenzgründer beherrschen.

Merke vorab zu Deinen Verträgen 425

Unser Rechtssystem wird beherrscht von dem Grundsatz »Pacta sunt servanda«, d. h., einmal geschlossene Verträge sind einzuhalten. Nur in besonders schützenswerten Rechtsbeziehungen hat der Gesetzgeber Ausnahmen geschaffen, so beim Verhältnis Arbeitnehmer/Arbeitgeber oder Vermieter/Wohnungsmieter (sog. Kündigungsschutzgesetze). Hinsichtlich der gewerblichen Mietverhältnisse gibt es solche Schutzbestimmungen nicht, so daß man im wesentlichen dem zwischen den Parteien geschlossenen Vertragswerk zu folgen hat.

Kein Geschäft ohne Vertrag 426

Als Unternehmer kommst Du an Verträgen nicht vorbei. Vom Arbeitsvertrag mit Deinen Angestellten über den Darlehensvertrag mit der Bank bis zum Werkvertrag mit Handwerkern sind sie ein wesentlicher Bestandteil des Geschäftsalltags. Verträge bieten Dir Sicherheit, sie bergen aber auch Risiken. Deine Unterschrift bindet Dich, deshalb solltest Du bei deren Abschluß keinesfalls nachlässig sein.

Beispiel: Wilhelm Wuttke will eine Herrenboutique eröffnen. Nach langem Suchen hat er endlich das ideale Ladenlokal in einem Geschäftshaus gefunden. Zentrale Lage, große Schaufenster, und mit 50 Quadratmetern hat der Laden genau die richtige Größe. Das eine oder andere muß noch renoviert werden, die Wände müssen gestrichen werden, in den Toilettenräumen fehlen noch ein paar Kacheln. »Lassen Sie uns bei einem Bier die Sache dingfest machen«, meint der Vermieter Herbert Herrlich. Er erzählt, es gäbe ja viele Interessenten, aber Wilhelm sei ihm so sympathisch, daß er den Zuschlag erhalte. Wilhelm ist begeistert, daß er endlich das Richtige gefunden hat, und unterschreibt. Der Mietvertrag läuft über fünf Jahre. Die notwendigen Renovierungsarbeiten will Herrlich ausführen. Das sei ja selbstverständlich und überdies Ehrensache für einen Vermieter und brauche vertraglich nicht festgelegt zu werden.
Am nächsten Tag stellt Wilhelm sich seinen Mitmietern vor. Was er da zu hören bekommt, gefällt ihm gar nicht. Die Räume seien feucht, Wasserschäden würden seit Monaten nicht behoben. Ein Großteil der Mieter des Geschäftshauses verkehre mit Vermieter Herrlich nur noch per Anwalt.
Wilhelm wird die Sache zu heiß. Und tatsächlich, Herrlich will plötzlich von den vor dem Einzug von Wilhelm auf seine Kosten zu erledigenden Renovierungsarbeiten nichts mehr wissen. Das stände schließlich nicht im Vertrag. Wuttke habe die Räume im jetzigen Zustand angemietet. Und im Mietvertag stehe zudem: Die Räumlichkeiten werden vom Mieter übernommen wie gesehen. Basta.
Pech für Wilhelm Wuttke. Bei einem Mietvertrag gilt nur, was tatsächlich auf dem Papier steht.

427 Prinzipiell gilt in Deutschland Vertragsfreiheit. Das heißt: Du kannst Verträge abschließen, mit wem Du willst und wie Du willst. Voraussetzung: Dein Partner ist geschäftsfähig. Personen unter 7 Jahren sind geschäftsunfähig. Ihre Willenserklärungen sind nichtig. Personen zwi-

schen 7 und 18 Jahren sind beschränkt geschäftsfähig. Um ein rechtskräftiges Geschäft abzuschließen, brauchen sie die ausdrückliche Genehmigung des Erziehungsberechtigten. Erst mit Vollendung des 18. Lebensjahres tritt die unbeschränkte Geschäftsfähigkeit ein.

Beispiel: Der 12jährige Felix wünscht sich ein neues Fahrrad. Beim Fahrradhändler Felge bestellt er sich ein nagelneues Mountainbike mit vielen Extras. Felge ordert und montiert das neue Rad. Als der Vater des kleinen Felix die Rechnung über 2500 Mark bekommt, weigert er sich zu zahlen. Er bringt das fertig montierte Fahrrad zurück und erklärt, er habe nie die Erlaubnis zum Kauf gegeben und genehmige den Kauf auch nachträglich nicht. Felix ist noch nicht volljährig. Folglich ist der Vertrag ungültig. Felge muß das Mountainbike wieder zurücknehmen.

Bedenke: Verträge verpflichten. Wenn Du Dir nicht sicher bist, halte Dir 428
immer ein Türchen offen. Zum Beispiel durch eine Ausschlußklausel. Bei einem Kauf- oder Liefervertrag etwa kannst Du folgende Formulierungen wählen: »Preise freibleibend« oder »Lieferung solange der Vorrat reicht«.

Diese Masche ist unbezahlbar für Dich

**Baue in Vereinbarungen – wenn Du kannst – eine Vertragsstrafe ein! 429
Halte dies möglichst in allen wichtigen Verträgen so, wenn das zu Deinem Vorteil gereicht. Besonders aber versäume es nicht, sie in Arbeitsverträge mit Deinen Angestellten zu erwähnen! Du kannst also – wer weiß das schon! – die Bindung eines Mitarbeiters an Deinen Betrieb per Vertragsstrafe absichern. Als Arbeitgeber darfst Du in Arbeitsverträge eine Klausel einbauen, wonach der Mitarbeiter eine Vertragsstrafe von etwa einem Monatsgehalt an den Chef entrichten muß, wenn er vorzeitig seinen Arbeitsplatz aufgibt. Abgesegnet hat dies das Kasseler Bundesarbeitsgericht in folgendem Urteil: Aktenzeichen AZR 470/92.**

Man muß im Leben für seine Erfahrung bezahlen.
Wenn man Glück hat, bekommt man Rabatt.
(Oskar Kokoschka)

Was Du als Unternehmer unbedingt wissen mußt

Wenn Du ein Brötchen über die Ladentheke reichst, hast Du nicht einfach ein Brötchen verkauft – Du hast praktisch ein Rechtsgeschäft abgeschlossen. Für alle Belange im Geschäftsalltag gibt es strenge gesetzliche Bestimmungen – vom Angebot über Reklamationen bis zum Verzug. Das meiste läuft auf Kulanzbasis. Trotzdem solltest Du die gesetzlichen Bestimmungen kennen.

430 Reklamationen, Ratenkäufe, Garantien – was Du versprichst, mußt Du halten

»Garantiert ein Jahr haltbar«, »Bei Nichtgefallen Geld zurück«: Wenn Du so etwas Deinen Kunden versprichst, mußt Du dafür auch geradestehen. Dein Kunde kann nicht nur verlangen, daß die Ware 100prozentig in Ordnung ist. Bei Mängeln – wenn also Fehler auftauchen – kann er im Zweifelsfall sogar Schadensersatz fordern.

Beispiel: Heinz Fröhlich verkauft in seiner Herrenboutique »Schön und Chic« einen roten Pullover an Martin Eitel. Er sichert dem Kunden zu, daß der Pullover farbecht ist und beim Waschen ganz bestimmt nicht abfärbt. Eitel wäscht den Pullover und färbt eine ganze Waschmaschinenladung rosa. Eitel kann nicht nur das Geld für den Pullover zurückverlangen. Er kann darüber hinaus auch Schadensersatz für die beschädigten Kleidungsstücke verlangen.

Aber: Du mußt nur für Garantien einstehen, die Du selbst gegeben hast. Für Garantien, die der Hersteller der Waren gibt, mußt Du dagegen nicht haften.
Wenn der Pullover von Martin Eitel ein Schild des Herstellers enthält, das die Farbechtheit garantiert, bist Du trotzdem nicht ganz aus dem Schneider. Als Verkäufer kannst Du Deine Gewährleistungspflicht aber nie ganz ausschließen. Du kannst lediglich den Kunden bitten, sich mit seinem Problem zunächst an den Hersteller zu wenden. Ein guter Geschäftsmann aber nimmt seinem Kunden diese Arbeit ab …

Auszeichnungsfehler – nur der wahre Wert gilt 431

Das kann jedem passieren: Ein Artikel ist falsch ausgezeichnet. Der Kunde beharrt stur und steif darauf, nur den Preis zu zahlen, der auf dem Schild steht. Das kann Dir egal sein, denn der Preis auf dem Schild ist völlig unverbindlich. Du kannst ihn jederzeit korrigieren. Erst wenn die Ware tatsächlich – zum niedrigen Preis – über den Ladentisch gegangen ist, kannst Du nicht mehr zurück. Das bereits abgewickelte Geschäft kannst Du in so einem Fall nur noch rückgängig machen, wenn der Auszeichnungsfehler offensichtlich ist. Zum Beispiel, wenn ein Komma verrutscht ist und der tolle Modell-Mantel von Deiner Verkäuferin für 85,– Mark verkauft wurde statt für 850 Mark.

Reklamationen – Kulanz zahlt sich aus 432

Wenn Du ein fehlerhaftes Produkt verkaufst, kann Dein Kunde innerhalb von sechs Monaten seine sogenannten **Gewährleistungsrechte** geltend machen. Das heißt: Er kann den Kaufpreis zurückverlangen (die sogenannte »Wandlung«), eine Preisreduzierung durchdrücken (»Minderung«) oder einen fehlerfreien Ersatz fordern, sofern es sich nicht um ein Einzelstück handelt. Die Sechs-Monate-Frist kannst Du übrigens nicht verkürzen!
Aber: Der Schaden muß bereits bei Lieferung der Ware vorgelegen haben. Und das muß Dein Kunde Dir glaubhaft nachweisen können. Im Zweifelsfall solltest Du Dich aber kulant zeigen, sonst bist Du Deinen Kundenstamm schnell los.

433 Ratenkäufe – Regeln beachten

Wenn Du Geschäfte machen willst, mußt Du Deinen Kunden hin und wieder ein bißchen entgegenkommen. Deshalb bieten die meisten Händler bei größeren Summen auch Ratenzahlung an.
Achtung: Wenn Du Deinen Kunden Ratenzahlungen einräumst, mußt Du das Verbraucherkreditgesetz im Auge behalten. Im Einzelfall mußt Du nämlich die Ratenzahlung schriftlich vereinbaren. Auch für Haustürgeschäfte gelten Sonderregelungen. Hier hat der Kunde auf jeden Fall eine Woche Widerrufsrecht.

434 Übersteigt der Barzahlungspreis 400 Mark oder zahlt der Kunde mehr als drei Monate in mindestens drei Etappen (also beispielsweise eine Anzahlung plus zwei Raten), mußt Du einen **Ratenzahlungsvertrag** vereinbaren.

Das muß im Ratenzahlungsvertrag stehen:

- die Höhe der einzelnen Rate,
- der Barzahlungspreis,
- die vereinbarten Abzahlungstermine.

Die Vordrucke dafür gibt's bei der Industrie- und Handelskammer oder im Handel. Du kannst sie aber auch von einem Kollegen kopieren. Im Buchhandel gibt es auch Bücher mit entsprechenden Vertragsmustern.

435 So machst Du Dir Deine eigenen Allgemeinen Geschäftsbedingungen

Das berühmte Kleingedruckte im Kaufvertrag kann für Deine Geschäfte wesentlich sein. Mit den Allgemeinen Geschäftsbedingungen, kurz AGB genannt, kannst Du exakt auf Deine Bedürfnisse zugeschnittene Regelungen treffen. Was Du darin festschreibst, mußt Du nicht noch einmal gesondert mit Deinen Kunden verhandeln. Es gibt keine vorgeschriebene Form für die Allgemeinen Geschäftsbedingungen. In der Regel stehen sie auf der Rückseite von Lieferscheinen oder Kaufverträgen. Du kannst sie Deinem Kunden aber auch gesondert in die Hand drücken.

Die AGB geben Dir zwar die Möglichkeit, Deine Geschäftsbeziehungen prinzipiell auf Deine Bedürfnisse zuzuschneiden. Doch Deine **Gestaltungsfreiheit** hat ihre Grenzen: Du darfst natürlich nicht gegen geltendes Recht verstoßen oder Deinen Kunden unlautere Vertragsklauseln unterjubeln. Damit kommst Du – zu Recht – nicht durch. Sinn und Zweck der AGB ist es, bestimmte Regeln für den generellen Geschäftsverkehr festzulegen. Du mußt sie dann nicht extra mit jedem Kunden neu verhandeln. 436

Zwei Punkte sind also wesentlich: Du mußt auf die AGB hinweisen. Und Du darfst die Rechte Deines Vertragspartners nicht allzusehr einschränken.

Beispiel: Heizungsbauer Helmut Hitzig ist es einfach leid. Bei jeder Rechnung die gleiche Diskussion, die gleiche langwierige Verhandlung.

Für sehr weite Anfahrtswege hat Hitzig nämlich Fahrtkosten berechnet. Doch diese Kunden haben das nicht ohne Widerstand hingenommen. Hitzig fühlte sich natürlich im Recht, doch der Blick ins Gesetzbuch hat nicht weitergeholfen. Über Fahrtkosten steht im Bürgerlichen Gesetzbuch nämlich nichts drin. Hitzig suchte schließlich bei seiner zuständigen Handwerkskammer Rat. Und bekam auch prompt Hilfe. Die Lösung war denkbar einfach: Wenn die Abrechnung von Fahrtkosten in den Allgemeinen Geschäftsbedingungen vorgesehen ist, muß der Kunde zahlen.

Hitzigs Auftragsbestätigungen tragen jetzt den entsprechenden Zusatz: »Es gelten die rückseitig aufgeführten Allgemeinen Geschäftsbedingungen.« Dort ist auch eine Klausel zur Abrechnung von Fahrtkosten aufgeführt. Hitzig kann seine Kunden jetzt getrost darauf hinweisen.

AGB im Eigenentwurf

Der Entwurf von AGB im Eigenbau ist äußerst kompliziert und sollte deshalb nur von einem kompetenten Juristen vorgenommen werden. Natürlich hast Du den Vorteil, daß die AGB dann auf Dein Unternehmen maßgeschneidert sind. Doch Du solltest Deinen Entwurf auf jeden Fall von einer Industrie- und Handelskammer gegenlesen lassen, falls er sich wesentlich von anderen unterscheidet.
Besser: Fast alle Branchen- und Berufsverbände haben für ihre Mitglieder AGB entworfen. Der Vorteil: Diese Konfektionsware ist meistens hieb- und stichfest. Wenn es doch einmal Ärger geben sollte und ein Kunde klagt gegen die AGB, hilft auf jeden Fall der jeweilige Verband.

Trick

Laß Profis ran, wenn Du unsicher bist!

Wenn Du beratend – etwa als PR-Spezialist – tätig bist oder mit Deiner Leistung aus dem üblichen Rahmen fällst, solltest Du Dir auf jeden Fall notwendige Klauseln von einem Profi maßschneidern lassen.

437 Die wichtigsten Regeln aus dem Handelsrecht

Kaufleute haben ihre eigenen Sitten und Gebräuche. Handelsbräuche – über Jahrhunderte entstanden und überliefert – haben sich auch im Gesetz niedergeschlagen. Während das Bürgerliche Gesetzbuch Geschäfte von Privatleuten regelt, gelten die Bestimmungen des Handelsrechts ausschließlich unter Geschäftsleuten. Das Regelwerk (Handelsgesetzbuch = HGB) ist sehr kompliziert und selbst für Juristen teilweise schwer verständlich. Trotzdem hat Unkenntnis in diesem Bereich schwerwiegende Konsequenzen.

Beispiel: Guido Krapfen ist Besitzer einer Großbäckerei. Er beliefert zahlreiche Lebensmittelmärkte mit Rosinenbrötchen. Die Rosinen bezieht er von einem Großhändler aus Hamburg. Eine frisch eingetroffene Lieferung nimmt er auf Lager. Als er – zwei Wochen später – die Rosinen für eine neue Backmischung verwendet, passiert es. Nachdem bereits mehrere Partien Brötchen gebacken und verpackt sind, bemerkt Krapfen, daß ein Großteil der gelieferten Rosinen ungenießbar ist. Umgehend ruft er seinen Geschäftspartner in Hamburg an. Krapfen verlangt eine neue, tadellose Lieferung und Schadensersatz für seine Aufwendungen. Doch sein Hamburger Lieferant winkt ab und verweist auf das Handelsgesetzbuch: Die Ware sei bereits vor zwei Wochen geliefert worden, und Krapfen habe die Rosinen gesehen, geprüft und angenommen. Spätere Reklamationen seien nicht möglich.
Krapfen ist stinksauer, muß aber nachgeben, da unter Kaufleuten besondere Regeln gelten: Die Ware muß bei Lieferung umgehend geprüft werden. Eventuelle Mängel müssen sofort angezeigt werden. Ist die Ware erst einmal angenommen, gilt sie als geprüft und akzeptiert.

Worin sich Kaufleute von Privatleuten unterscheiden 438

Mündliche Verträge 439

Der berühmte Handschlag ist unter Kaufleuten verbindlich. Prinzipiell gelten mündliche Absprachen – auch in Fällen, in denen für Privatpersonen die Schriftform zwingend ist, wie zum Beispiel bei Bürgschaften.

Auftragsannahme 440

Privatkunden können ein Angebot einfach ignorieren. Anders ist das unter Kaufleuten. Ein Auftrag gilt hier als angenommen, wenn Du nicht ausdrücklich ablehnst.

441 Reklamationen

Kaufleute müssen eingehende Waren sofort prüfen. Spätere Reklamationen sind ausgeschlossen. Ausnahme: Der Mangel konnte selbst bei genauer Prüfung nicht erkannt werden.

442 Fixgeschäft

Bestellst Du als Kaufmann Ware zu einem festen Termin, und Dein Geschäftspartner liefert nicht, so mußt Du die Ware nicht mehr annehmen. Der andere muß natürlich auch nicht mehr liefern. Außer Du weist ihn ausdrücklich darauf hin, daß Du die Ware noch möchtest.

443 Fälligkeiten

Kaufleute können Verzugszinsen verlangen (mindestens 4 Prozent), sobald eine Forderung fällig wird. Bei Privatleuten werden Verzugszinsen in der Regel erst nach der ersten Mahnung verlangt.

444 Verjährung

Unter Kaufleuten verjähren Ansprüche erst nach vier Jahren. Wenn Privatleute Geschäfte machen, sind es nur zwei Jahre.

445 Kaufmann ist nicht gleich Kaufmann

Ob und welche Regeln des Handelsrechts für Dich gelten, hängt davon ab, was für ein Kaufmann Du bist. Das Handelsgesetzbuch kennt nämlich mehrere Arten von Kaufleuten.

Hier die wichtigsten Unterscheidungen:

446 Vollkaufmann

Als Vollkaufmann gilt, wer einen kaufmännisch eingerichteten Betrieb hat – er muß beispielsweise Bilanzen erstellen – und im Handelsregister eingetragen ist. Für den Vollkaufmann gelten alle Vorschriften des HGB.

Mußkaufmann 447

Als Mußkaufmann gilt jeder Gewerbetreibende – unabhängig von der Eintragung im Handelsregister –, der ein sogenanntes Grundhandelsgeschäft betreibt.
Als Grundhandelsgeschäfte gelten die Anschaffung und der Verkauf von Waren, Bearbeitung und Verarbeitung fremder Waren, Bank- und Versicherungsgeschäfte, Speditions- und Maklergeschäfte. Handwerker sind keine Mußkaufleute!

Sollkaufmann 448

Als Sollkaufleute gelten alle, die zwar kein Handelsgewerbe betreiben, aber aufgrund der Betriebsgröße »einen in kaufmännischer Weise« geführten Betrieb haben. Im Gegensatz zum Mußkaufmann erlangt der Sollkaufmann erst durch die Eintragung ins Handelsregister Kaufmannseigenschaften.

Kannkaufmann 449

Als Kannkaufmann gilt, wer erst durch die Eintragung ins Handelsregister zum Vollkaufmann wird – im Gegensatz zum Muß- und Sollkaufmann sich aber nicht eintragen lassen muß.

Minderkaufmann 450

Als Minderkaufmänner gelten alle Kleingewerbetreibende, deren Gewerbebetriebe keinen »in kaufmännischer Weise eingerichteten Geschäftsbetrieb« erfordern. Bestimmte Vorschriften des HGB greifen bei Minderkaufleuten nicht. Es besteht beispielsweise keine Buchführungspflicht. Außerdem können Minderkaufleute sich nicht ins Handelsregister eintragen lassen.

Scheinkaufmann 451

Als Scheinkaufmann gilt, wer im Rechtsverkehr als Vollkaufmann auftritt, aber keiner ist.

Die meisten Regeln des Handelsgesetzbuchs gelten für alle Kaufleute – für Vollkaufleute (Muß-, Kann-, Sollkaufleute) wie für Minderkaufleute. Bis auf wenige Ausnahmen:

1. Alle Vollkaufleute müssen ins Handelsregister eingetragen sein.
2. Vollkaufleute sind zur sorgfältigen und nachvollziehbaren Buchführung verpflichtet.
3. Der Vollkaufmann muß nach jedem Geschäftsjahr einen Jahresabschluß erstellen. Er besteht aus der Bilanz und einer Gewinn- und Verlustrechnung.
4. Bei Vertragsstrafen gibt es für Vollkaufleute kein Limit. Im Gegensatz dazu kann bei Privatleuten der Grundsatz der Verhältnismäßigkeit geltend gemacht werden.
5. Vollkaufleute bürgen per Handschlag. Es ist keine schriftliche Bürgschaftserklärung erforderlich.

Trick

Halte die Augen offen!

452 **Das Geld liegt auf der Straße. Du mußt es nur aufheben – lassen!**

Ein junger Chemiker durchquerte in Texas ein Ölfeld und bemerkte dabei einen Arbeiter, der an einer Ölpumpe schabte und Pumpenwachs entfernte. Es verstopfte die Pumpen. Aber immer wieder mußte man es entfernen und teuer entsorgen. Der Arbeiter »Aber wenn sich die Arbeiter verletzen oder verbrennen, dann kommen sie hergelaufen und schmieren die Wunden damit ein. Es wirkt Wunder.«

Angeregt durch diese Mitteilung arbeitete Chesebrough, unser junger Chemiker, Monate, ehe es ihm gelang, das »Pumpenstangenwachs« direkt vom Rohöl zu extrahieren.

Dann versuchte er die Wirkung des von ihm entwickelten Gelees als Versuchskaninchen an sich selbst. Er fügte sich Schnitt-, Kratz- und Brandwunden zu, ebenso Säureverletzungen, und behandelte sie mit seiner Schmiere. In der Tat: Sie ließ alle Verletzungen in unglaublich kurzer Zeit verheilen.

Sodann gab er dem Zeug den wohlklingenden Namen »Vaseline« und ließ es als Warenschutzzeichen eintragen. Hierauf verteilte er kostenlos Hunderte Schächtelchen seiner »Vaseline« an Handwerker, Ärzte, Apotheker und an wissenschaftliche Gesellschaften. Er erhielt zwar höfliche Bestätigungsschreiben und zahlreiche Ansuchen um weitere Gratisproben, aber sonst tat sich nicht viel.
Unverdrossen beschaffte er sich ein Pferd mit Wagen, füllte einige tausend Ein-Unzen-Tiegelchen (ca. 25 g) mit seiner blassen Creme und verteilte dieselben abermals kostenlos an alle Leute, denen er bei seiner Fahrt durch den Staat New York begegnete, suchte alle Farmer am Wege auf und legte deren Frauen die heilsame Wirkung seines Gelees besonders ans Herz. Er besuchte auch alle Drogerien im durchreisten Gebiet, um diesselben auf die durch seine Gratismuster zu erwartende Nachfrage vorzubereiten.
Endlich war er erfolgreich mit seiner Ausdauer. Und zwar so, daß er alsbald zwölf Wagengespanne mit der von ihm erzeugten Vaseline unterwegs hatte. Heute verkauft seine Firma über siebzig Millionen Tiegel im Jahr, denn im Laufe der Zeit haben sich neben der medizinischen noch über tausend andere Gebrauchsanwendungen für Vaseline ergeben (Quelle: Washington Post, 17. 8. 1932).
Übrigens: Vaseline hat natürlich nicht die geringste Heilwirkung – aber es tat gut, etwas so Weiches über seine Verletzungen zu geben, dem zudem noch so ein besänftigender Name zu eigen war. Würde er damals verkauft haben wollen, was wirklich heilt, nämlich Heilerde, man hätte ihn lauthals ausgelacht.

Die beste Rechtsform für Deinen Betrieb 453

Die Rechtsform ist das Kleid Deines Unternehmens. Wähle sie deshalb sorgfältig. Denn von ihr hängt nicht nur das äußere Erscheinungsbild ab. Sie bestimmt, wieviel Geld Du ans Finanzamt berappen mußt, und ganz wichtig – wie weit Du haftest.
In Deutschland gibt es etwa zehn verschiedene Rechtsformen, zwischen denen Du wählen kannst. Von der unkomplizierten Einzelfirma bis zur GmbH & Co KG.

Die richtige Wahl

Welche Rechtsform Du für Deine Firma wählst, das hängt im wesentlichen von folgenden Punkten ab:

- Willst Du Dein Geschäft allein oder mit anderen zusammen betreiben?
- Sind Deine Partner bloße Geldgeber oder aktive Mitunternehmer?

Ganz wichtig sind auch die Haftungsfragen:

- Hast Du Dich etwa gegenüber Banken und Lieferanten persönlich verbürgt?
- Wie hoch ist in Deinem Metier das Haftungsrisiko?

454 Die wichtigsten Rechtsformen und alles, was Du darüber wissen mußt

Die Firma, das bin ich

455 Die einfachste Art, ein Unternehmen zu gründen: Einfach ein Geschäft eröffnen, und schon bist Du **Einzelunternehmer.**

Als Einzelunternehmer bist Du Dein eigener Herr. Niemand kann Dir etwas vorschreiben, und Du kannst Deinen Laden führen, wie es Dir gefällt. Du mußt keine Formalitäten einhalten (erst ab einer bestimmten Größe – sprich Umsatz und Mitarbeiterzahl – mußt Du Dich ins Handelsregister eintragen lassen), und Du brauchst auch kein Stammkapital.

Aber Achtung: Wenn etwas schiefgeht, haftest Du mit Deinem gesamten Privatvermögen.

GUTER RAT: Kleinunternehmer und Freiberufler sind mit dieser Einfachvariante für den Anfang gut bedient. Die Vorteile anderer Rechtsformen lassen sich oft erst bei höheren Gewinnen voll ausschöpfen.

Die einfache Partnerschaft – drum prüfe, wer sich ewig bindet

Sobald Du Dich mit einem oder mehreren Partnern zusammentust, seid Ihr automatisch eine **Gesellschaft bürgerlichen Rechts** – auch kurz GbR oder BGB-Gesellschaft genannt. 456

Alle Partner sind hierbei gleichberechtigt – das heißt: Beschlüsse müssen einstimmig gefaßt werden, und die Gesellschaft kann auch nur gemeinsam nach außen vertreten werden. In einem speziellen Gesellschaftervertrag kannst Du natürlich auch Sonderregeln vereinbaren.

Die BGB-Gesellschaft hat einen großen Vorteil: Du brauchst keinen Pfennig Stammkapital. Sie ist also ideal für alle Freiberufler, die sich zusammentun. Wisse aber:

Die BGB-Gesellschaft hat einen Haken. Alle Partner haften mit ihrem gesamten Privatvermögen. Baut Dein Partner Mist, dann bist Du im Zweifelsfall dran und mußt zahlen. Und zwar für die gesamte Schuld. Du kannst Dich also nicht auf Deinen 50- oder 30prozentigen Anteil an der Firma zurückziehen.

Denk daran: Trau, schau, wem.

Ein Beispiel für Deinen BGB-Gesellschaftsvertrag 457
(BGB-Gesellschaft für ein minderkaufmännisches Geschäft)

Frau Gretel Schlau, wohnhaft in ..., und Herr Max Reich, wohnhaft in ..., schließen sich zu einer Gesellschaft des bürgerlichen Rechts zusammen, um gemeinsam ein Modegeschäft unter der Bezeichnung »Neuer Chic« zu führen.

§ 1 Ort der Geschäftstätigkeit

Das Geschäft soll in ... betrieben werden, wo sich auch die Ladenräume befinden, die den Sitz der Gesellschaft bilden.

§ 2 Kapitalausstattung

Das aufzubringende Startkapital für die Gesellschaft beträgt ... DM, in Worten ... Deutsche Mark.

Darauf leisten Frau Gretel Schlau eine Einlage in Höhe von ... DM, Herr Max Reich eine Einlage in Höhe von ... DM. Diese Beträge können auch ratenweise erbracht werden, sofern dadurch die Zahlungsfähigkeit der Gesellschaft nicht gefährdet wird.

(**Achtung:** Soll ein Grundstück eingebracht werden, ist eine notarielle Beurkundung notwendig.)

§ 3 Vertretung der Gesellschaft und deren Einschränkungen

Jeder Gesellschafter vertritt die Gesellschaft allein. Einzelne Geschäfte mit einem Volumen von mehr als 5000 DM können nur gemeinsam abgeschlossen werden. Diese Einschränkung ist den Geschäftspartnern vor Geschäftsabschlüssen mitzuteilen.

§ 4 Konkurrenzklausel

Jeder Gesellschafter verpflichtet sich, seine gesamte Arbeitskraft der Gesellschaft zu widmen. Über eventuelle Nebentätigkeiten ist der andere Gesellschafter unverzüglich zu unterrichten.

§ 5 Wirtschaftsjahr

Das Wirtschaftsjahr stimmt mit dem Kalenderjahr überein. Dabei kann das erste Wirtschaftsjahr ein Rumpfwirtschaftsjahr von weniger als zwölf Monaten sein.

§ 6 Jahresabschluß und Gewinnverteilung

Der Jahresabschluß ist nach handelsrechtlichen und steuerrechtlichen Grundsätzen zu erstellen. Der sich dabei ergebende Gewinn oder Verlust ist nach Köpfen zu verteilen. Bei der Entnahme von Gewinnen sind die Belange der Gesellschaft zu berücksichtigen. Das schließt ein, daß Gewinnteile auch darlehensweise der Gesellschaft zur Verfügung zu stellen sind. Die Bedingungen sind in einem besonderen Vertrag zu regeln.

§ 7 Auflösung der Gesellschaft

Die Gesellschaft wird in der Weise aufgelöst, daß entweder beide Gesellschafter die Liquidation vornehmen oder ein Gesellschafter im Einvernehmen mit dem verbleibenden Gesellschafter seinen Anteil an einen Dritten verkauft.

Es ist auch einem Gesellschafter gestattet, den Anteil des ausscheidenden Gesellschafters zu übernehmen und das Unternehmen als Einzelfirma fortzusetzen. Letzteres gilt besonders dann, wenn über das Vermögen eines Gesellschafters das gerichtliche Vergleichs- oder Konkursverfahren eröffnet wird.

§ 8 Zwangsauflösung der Gesellschaft

Bei der Zwangsauflösung der Gesellschaft hat der ausscheidende Gesellschafter lediglich Anspruch auf sein Kapitalkonto am Tag des Ausscheidens. Auf die Feststellung und Ausschüttung der stillen Reserven besteht kein Anspruch.

§ 9 Salvatorische Klausel

Sollte eine Bestimmung dieses Vertrags mit gesetzlichen Vorschriften nicht übereinstimmen, so ist diese Bestimmung so auszulegen, daß der vereinbarte Zweck weitestgehend erreicht wird.

. . . , den

Unterschrift Unterschrift

GmbH – die Gesellschaft mit Netz und doppeltem Boden?

Es ist nicht alles Gold, was glänzt. Hier ist der Name Programm. **Die** 458
Gesellschaft mit beschränkter Haftung ist die risikoärmste Gesellschaftsform. Und so sieht sie aus:

Du schließt Dich mit einem oder mehreren Gesellschaftern zusammen. Dann müßt Ihr einen Geschäftsführer bestimmen, der das Sagen hat. So will es das Gesetz. Für eine GmbH müßt Ihr aber Startkapital mitbringen. Mindestens 50 000 Mark braucht Ihr für die Einlage. Ihr müßt den Betrag

aber nicht bar auf den Tisch legen. Als Einlage gelten auch Sachwerte – also der Firmenwagen, Maschinen oder die Büroeinrichtung. Der Riesenvorteil der GmbH: Alle Gesellschafter haften nur in Höhe der Einlage. Dein Privatvermögen bleibt also auf jeden Fall unberührt, wenn mal etwas schiefgeht. Außerdem gibt es viele interessante Steuertricks. Du kannst auch eine Ein-Mann-GmbH gründen. Du bist Chef im eigenen Haus und quasi bei Dir selbst als Geschäftsführer angestellt.
Nachteil: Das Gründungsprozedere ist ziemlich aufwendig. Und auch die Haftungsbeschränkung hat ihre Tücken. Denn die Geldgeber kennen die Haftungsbeschränkung natürlich auch. Bei der Kreditvergabe verlangen die Banken deshalb in der Regel auch private Sicherheiten, sobald das Volumen über 50000 Mark hinausgeht.

459 GmbH-Vertragsmuster

Frau Gretel Schlau, wohnhaft in … und Herr Max Reich, wohnhaft in … erklären vor dem unterzeichnenden Notar … Urkundenrolle Nr. … die Gründung einer Gesellschaft mit beschränkter Haftung.

§ 1 Sitz der Gesellschaft

Die Gesellschaft hat ihren Sitz in …
Die Gesellschaft betreibt den Handel mit Bekleidungen aller Art. Die Gesellschaft kann Zweigniederlassungen errichten, sich an anderen Firmen oder Gesellschaften beteiligen oder deren Geschäftsführung übernehmen.

§ 2 Name der Firma

Der Name der Firma lautet: »Neuer Chic – Reich und Schlau« Bekleidungsgesellschaft mit beschränkter Haftung.

§ 3 Gezeichnetes Kapital

Das gezeichnete Kapital der Gesellschaft wird auf 200000 DM festgesetzt. Darauf übernehmen Frau Gretel Schlau 100000 DM und Herr Max Reich 100000 DM.
Die Gesellschafter versichern zugleich, daß ein Viertel des gezeichneten Kapitals zur unbeschränkten Haftung der Gesellschaft bereitsteht.

§ 4 Wirtschaftsjahr

Das Wirtschaftsjahr beginnt am 1. Februar und endet am 31. Januar.

§ 5 Geschäftsführung und Vertretung

Zu den ersten Geschäftsführern der Gesellschaft werden Frau Gretel Schlau und Herr Max Reich bestellt. Sie vertreten die Gesellschaft gemeinsam.

Sollen weitere Geschäftsführer bestellt werden, so vertreten jeweils zwei von ihnen die Gesellschaft gemeinsam.

Die arbeitsrechtlichen Bestimmungen sind in einem gesonderten Vertrag zu vereinbaren.

§ 6 Gesellschafterversammlung

Über wichtige Entscheidungen ist eine Gesellschafterversammlung abzuhalten und das Ergebnis zu protokollieren. Wichtige Entscheidungen sind:

1) ...

2) ...

Die Einberufung erfolgt mit der Bekanntgabe der zu beschließenden Punkte in einer Tagesordnung. Dies muß zwei Wochen vor der Abhaltung der Versammlung mittels eingeschriebenem Brief geschehen.

§ 7 Beschlußfassung

Abgestimmt wird mit einfacher Mehrheit. Dabei gewähren je 100 DM gezeichneten Kapitals eine Stimme. Bei Stimmengleichheit gilt der Antrag als abgelehnt.

§ 8 Feststellung das Jahresabschlusses, Entlastung der Geschäftsführer

Die Gesellschafterversammlung hat auch über die Feststellung des Jahresabschlusses, die Gewinnverwendung und die Entlastung der Geschäftsführer zu beschließen. Dazu haben die Geschäftsführer einen nach handelsrechtlichen Grundsätzen zu erstellenden Jahresabschluß vorzulegen.

§ 9 Übertragung von Gesellschaftsanteilen

Die Gesellschaftsanteile können nur mit Zustimmung der anderen Gesellschafter zum Ende eines Wirtschaftsjahres übertragen werden. Diese Übertragung muß der Gesellschaft mit eingeschriebenem Brief mindestens sechs Monate zuvor angezeigt werden.

§ 10 Einziehung von Gesellschaftsanteilen
Die Gesellschafter können auch die Einziehung von Gesellschaftsanteilen beschließen. Dies gilt besonders dann, wenn über das Vermögen eines Gesellschafters das gerichtliche Vergleichs- oder das Konkursverfahren eröffnet wurde. In diesem Fall hat der betroffene Gesellschafter kein Stimmrecht mehr, um sich gegen die Einziehung zu wehren.

§ 11 Liquidation der Gesellschaft
Wird die Gesellschaft durch Liquidation beendet, so ist aus den Reihen der Gesellschafter ein Liquidator zu bestellen. Dieser hat das Geschäftsvermögen zu veräußern, die Gläubiger zu befriedigen und den verbleibenden Überschuß entsprechend der Höhe der zuletzt von den Gesellschaftern gehaltenen Beteiligung zu verteilen.

§ 12 Salvatorische Klausel
Sollte eine Bestimmung dieses Vertrags mit gesetzlichen Vorschriften nicht übereinstimmen, so ist diese Bestimmung so auszulegen, daß der vereinbarte Zweck weitestgehend erreicht wird.

Nachdem Du mit Deinen Geschäftspartnern einen Gesellschaftsvertrag oder eine Satzung – das ist das gleiche – aufgestellt hast, muß das Papier von allen Gründungsmitgliedern unterschrieben und von einem Notar beurkundet werden. Erst dann gilt der Vertrag als geschlossen. Jetzt mußt Du die Gesellschaft beim Handelsregister anmelden. Das befindet sich übrigens beim jeweiligen Amtsgericht. Die GmbH entsteht mit der Eintragung ins Handelsregister!
Neben dem Vertrag muß sichergestellt sein, daß von den Gesellschaftern mindestens einer Stammanteile einbezahlt hat.
In letzter Zeit hat die Justiz die GmbH schärfer im Visier. Bei den geringsten Unregelmäßigkeiten wird der Geschäftsführer dennoch mit seinem Privatvermögen haftbar gemacht. Viele überschreiben es deshalb vorsichtshalber ihrer Frau.

Zur Verständigung zweier Geschäftspartner genügt es, daß sie das Allerschlimmste voneinander annehmen.

(Adolf Nowaczynski)

OHG – die klassische Kaufmannsehe

Die große Schwester der BGB-Gesellschaft ist die **offene Handelsgesellschaft (OHG)**. Sie ist die große alte Dame unter den Rechtsformen. Bei Einsteigern ist sie allerdings die Ausnahme. Der Grund: Gesellschaftszweck ist der Betrieb eines vollkaufmännischen Handelsgewerbes mehrerer Personen unter gemeinschaftlicher Firma. Das setzt eine gewisse Größenordnung voraus. Die OHG genießt aber ein sehr hohes Ansehen bei Kreditinstituten und Banken, da Mitglieder mit ihrem gesamten Vermögen haften. 460

Beispiel: Die beiden Brüder Paul und Uwe Käfer gründen eine Personengesellschaft, deren Zweck der Handel mit Audi- und VW-Jahreswagen ist. Sie rechnen mit einem Gesamtumsatz von jährlich 3 Millionen Mark. Die Gesellschaft betreibt aufgrund ihrer Größe ein vollkaufmännisches Handelsgewerbe. Gesellschaftsform ist somit die der OHG, da sie in das Handelsregister eingetragen werden muß.

KG – ein ungleiches Paar

Ein Mittelding zwischen OHG und GmbH ist die **Kommanditgesellschaft (KG)**. Wenn Du fremdes Kapital in Deine Firma einbringen willst – oder kannst –, bietet sich die KG an. 461

Die KG besteht aus zwei unterschiedlich haftenden Gesellschaftergruppen: den Komplementären und den Kommanditisten. In der KG führst Du als Komplementär allein die Geschäfte. Du hast das alleinige Entscheidungsrecht, haftest aber auch mit Deinem Privatvermögen. Die Kommanditisten schießen Dir Kapital zu, halten sich aber im großen und ganzen aus der Geschäftsführung raus. Dafür haften sie auch nur in Höhe ihrer Einlage. 462

Die KG ist besonders gut geeignet, wenn sich beispielsweise Angehörige an Deiner Firma beteiligen wollen.

463 Die GmbH & Co KG

Hinter dem Wortungetüm verbirgt sich eine einfache KG. Mit einer Besonderheit: Der Komplementär – also derjenige, der leitet und haftet – ist eine GmbH. Dadurch kannst Du die Haftung quasi durch die Hintertür beschränken.
Die Gesellschafter der GmbH sind meistens die Kommanditisten der KG. Ansonsten bist Du mit der Gestaltung Deiner Firma völlig frei. Die Höhe der Fremdeinlagen, die Entscheidungsbefugnisse und natürlich auch die Beteiligung am Gewinn kannst Du frei gestalten.
Die GmbH & Co KG ist ideal für Dich, wenn Du eine KG führen möchtest, aber nicht das hohe Haftungsrisiko eingehen willst.

464 Freiberufler

Wenn Du als Freiberufler arbeitest, mußt Du in puncto Rechtsform ein paar Sonderregeln beachten. Insbesondere, wenn Du mit anderen Freiberuflern als gleichberechtigten Partnern zusammenarbeiten willst. Der Gesetzgeber hat in § 18 Einkommensteuergesetz genau festgelegt, wer überhaupt zur Gruppe der Freiberufler gehört.
Das sind beispielsweise:
- Ärzte
- Steuerberater
- Wirtschaftsprüfer
- Unternehmensberater
- Ingenieure
- Journalisten
- Sachverständige
- Fotografen
- Dolmetscher
- Grafiker
- Anwälte
- Künstler

Folgende Zusammenschlüsse sind üblich 465

1. Die Sozietät 466

Die klassische Kooperationsform für Dich als Freiberufler ist die Sozietät. Sie ist nichts anderes als eine BGB-Gesellschaft. Du arbeitest mit Deinen Partnern auf gemeinsame Rechnung, und später teilt Ihr den Gewinn.

2. Die Bürogemeinschaft 467

Noch einfacher ist die Bürogemeinschaft organisiert. Du mietest mit Gleichgesinnten ein gemeinsames Büro, Ihr teilt Euch die Anschaffung von Computer, Fax und Kopierer und das Personal. Ansonsten arbeitest Du aber unabhängig. Auch die Bürogemeinschaft ist rechtlich eine BGB-Gesellschaft.

3. Die Partnerschaftsgesellschaft 468

Seit 1. Juli 1995 gibt es diese spezielle Rechtsform für Freiberufler. Sie ähnelt der OHG. Zugelassen sind aber nur Freiberufler (keine Gewerbetreibenden). Als Partner haftest Du mit Deinem Privatvermögen. Die Gesellschaft wird beim Amtsgericht in ein sogenanntes Partnerschaftsregister eingetragen. Damit stellt sie eine eigene Rechtsperson dar und kann zum Beispiel Immobilien erwerben.

Beispiel: Architekt Bernd Baumeister hat fünf Jahre in einem großen Architekturbüro gearbeitet. Jetzt will er sich endlich selbständig machen. Doch aus seiner Berufspraxis weiß er: An die großen Aufträge kommt ein Einzelkämpfer selten. Also beschließt er, sich mit einem Bauplaner und einem befreundeten Statiker zusammenzuschließen. Als Partnerschaftsgesellschaft können die drei unter einem Namen firmieren und ihre Dienste als Paket anbieten.

So gründest Du eine Partnerschaftsgesellschaft (PG) 469

Um eine PG zu gründen, genügt ein einfacher Vertrag. Er muß nicht – wie etwa ein GmbH-Vertrag – notariell beurkundet werden.

Folgende Punkte darin sind allerdings unabdingbar:

- Name,
- Sitz,
- Tätigkeitsgebiet der Partnerschaft,
- Name, Wohnsitz und Beruf der jeweiligen Partner.

Haftung bei der Personengesellschaft (PG)

Bei der PG haftet jeder Partner mit seinem Privatvermögen. Du kannst das Haftungsrisiko jedoch umgehen. Und zwar so, daß Du die Allgemeinen Geschäftsbedingungen in den Vertrag mit aufnimmst und dort festlegst, daß nur der Partner haftet, der die Entscheidung darüber traf, die zum Verlust führte, und das Geschäft verantwortete.

470 **Vorteile der PG:**

- Für eine Partnerschaftsgesellschaft benötigst Du im Unterschied zur GmbH kein Mindestkapital.
- Das Gründungsprozedere ist weniger aufwendig als bei der GmbH. Ein einfacher Vertrag – ohne notarielle Beurkundung – genügt.
- Der Aufwand für die Buchhaltung ist relativ gering. Du unterliegst mit Deiner Partnerschaftsgesellschaft nämlich nicht der Buchführungs- und Bilanzierungspflicht.
- Du mußt weder Körperschafts- noch Gewerbesteuer zahlen.

471 **Nachteil der PG:**

Wenn die Partnerschaft pleite geht, haften Du und Deine Partner mit Eurem jeweiligen Privatvermögen. Es ist nicht möglich, das Risiko generell zu beschränken.

472 **Beachte:** Die Partnerschaftsgesellschaft kann sich mit eigenem Namen präsentieren. Der Name muß den Nachnamen mindestens eines Partners, alle vertretenen Berufe und den Zusatz »Partnerschaft« oder »und Partner« enthalten.

Beispiele:
Schlau, Reich Partnerschaft, Rechtsanwälte und Steuerberater
Klug und Partner, Rechtsanwälte und Steuerberater

Vertragsmuster Partnerschaftsgesellschaft 473

§ 1 Name
Der Name der Partnerschaft lautet:
Schlau, Reich Partnerschaft, Rechtsanwälte und Steuerberater.

§ 2 Sitz der Gesellschaft
Die Gesellschaft hat ihren Sitz in …

§ 3 Rechtsform
Die Gesellschaft ist eine Partnerschaft im Sinne des Partnerschaftsgesellschaftsgesetzes.

§ 4 Gegenstand und Zweck der Partnerschaft
Gegenstand und Zweck der Partnerschaft ist die gemeinschaftliche Berufsausübung der Partner als Rechtsanwälte und Steuerberater.

§ 5 Einlagen und Partnerschaftsvermögen
Jeder Partner ist zur Hälfte am Partnerschaftsvermögen beteiligt.

§ 6 Wirtschaftsjahr
Das Wirtschaftsjahr beginnt am 20. Februar und endet am 19. Februar.

§ 7 Dauer und Kündigung
Die Partnerschaft wird auf unbestimmte Zeit eingegangen. Sie beginnt mit Eintragung in das Partnerschaftsregister. Jeder Partner kann die Partnerschaft mit einer Frist von sechs Monaten kündigen.

§ 8 Kunden
Alle Partner bringen ihre bisherigen Kunden in die Partnerschaft ein.

§ 9 Geschäftsführung und Vertretung
Zur Geschäftsführung ist jeder Partner berechtigt.
Die Betreuung der Kunden erfolgt selbständig und eigenverantwortlich durch den jeweiligen Partner, sofern die Partner nichts anderes beschließen.

§ 10 Haftung
Die Partnerschaft beschränkt die persönliche Haftung der einzelnen Partner für Ansprüche aus Schäden wegen fehlerhafter Berufsausübung unter Verwendung von Allgemeinen Geschäftsbedingungen auf denjenigen Partner, der die berufliche Leistung zu erbringen oder zu leiten hat.
Im Innenverhältnis gilt für Haftungsfälle das Verursacherprinzip.

§ 11 Gewinn- und Verlustverteilung
Alle Einnahmen der Partner aus der gemeinsamen Tätigkeit sind Einnahmen der Partnerschaft; ebenso sind alle Ausgaben als Betriebsausgaben der Partnerschaft zu behandeln.
An Überschüssen und Verlusten sind die Partner jeweils zur Hälfte beteiligt.

§ 12 Entnahmen
Jeder Partner ist berechtigt, zu Lasten seines Gewinnanteils im laufenden Wirtschaftsjahr insgesamt einen Betrag von … DM des im abgelaufenen Wirtschaftsjahr auf ihn entfallenden Gewinns zu entnehmen.

§ 13 Salvatorische Klausel
Sollte eine Bestimmung dieses Vertrags mit gesetzlichen Vorschriften nicht übereinstimmen, so ist diese Bestimmung so auszulegen, daß der vereinbarte Zweck weitestgehend erreicht wird.

So schneiderst Du Arbeitsverträge nach Maß 474

Der Arbeitsvertrag per Handschlag war bis vor ein paar Jahren völlig normal. Heute können alle Arbeitnehmer einen schriftlichen Arbeitsvertrag verlangen.

Ausgenommen sind lediglich kurzfristig Beschäftigte mit nicht mehr als zwei Monaten oder insgesamt 50 Arbeitstagen pro Jahr. Das gleiche gilt für alle, die auf weniger als 400 Arbeitsstunden kommen oder privat im Haushalt beschäftigt sind. (Beim Ehepartner solltest Du wegen der Steuer allerdings nie auf einen Vertrag verzichten!)
Der Arbeitsvertrag schützt aber nicht nur Deine Angestellten. Auch Du kannst die Chance nutzen, Dir Deine eigenen Rechte schwarz auf weiß zu sichern.

Hier eine Aufstellung mit allem, was drinstehen muß: 475

- **Namen und Anschriften** der Vertragspartner: Also Deine Firma und der Name Deines Angestellten.
- **Beginn und Ende** des Arbeitsverhältnisses. Das Ende betrifft nur befristete Arbeitsverhältnisse.

GUTER RAT: Nenne stets das exakte Datum des letzten Arbeitstags. Etwa: Das Vertragsverhältnis endet am 31. 12. 2001. Nicht: Der Vertrag endet nach 18 Monaten. Die Handhabung des Vertrags wird durch exakte Datumsangaben wesentlich vereinfacht.

- **Arbeitsort**

Der Gesetzgeber verlangt eine genaue Ortsangabe, wo Du Deinen Mitarbeiter einsetzen willst. Außendiensttätigkeiten müssen übrigens extra genannt werden.

- **Arbeitsbeschreibung**

Der Vertrag muß eine Berufsbezeichnung (Grafiker, Verkäufer) oder eine Tätigkeitsbeschreibung (Lagerarbeiten) enthalten.

Achtung: Wenn Du Deine Angestellten bei Bedarf auch für andere Arbeiten einsetzen willst, muß das ausdrücklich im Vertrag stehen (»... kann bei Bedarf auch für andere Tätigkeiten wie Sortierarbeiten eingesetzt werden«).

- **Bezahlung**

Wenn Du exakt nach Tarif bezahlst, genügt ein einfacher Hinweis auf »die einschlägigen Tarifvereinbarungen«. Ansonsten gilt: Alle Bezüge einschließlich Zulagen, Prämien und sonstigen Lohn- und Gehaltszulagen müssen exakt benannt und aufgeschlüsselt sein. Gleiches gilt für eine Gewinnbeteiligung.

- **Arbeitszeit**

Es genügt ein einfacher Hinweis auf den Tarifvertrag.

- **Urlaub**

Der gesetzliche Mindesturlaub beträgt 18 Tage. Wenn Du nicht mehr gewähren willst, mußt Du nur auf das Bundesurlaubsgesetz, ansonsten auf die Betriebs- bzw. Tarifvereinbarung hinweisen oder aber den frei ausgehandelten Urlaub benennen.

- **Kündigungsfristen**

Hier gilt das gleiche wie beim Urlaub. Entweder Du beziehst Dich auf bestehende Tarifverträge oder nennst Eure individuell ausgehandelte Frist. Üblich sechs Wochen zum Quartalsende.

- **Tarifverträge**

Du mußt nicht alle Tarifbestimmungen einzeln aufführen. Auch hier reicht ein Hinweis auf die zur Zeit gültigen Vereinbarungen. Außer natürlich, Du willst mit Deinem Angestellten ausdrücklich etwas anderes vereinbaren.

476 Darauf mußt Du achten, wenn Du Gratifikationen zahlst

Gratifikationen sind eine Anerkennung an Deine Mitarbeiter für besondere Leistungen. Du zahlst sie freiwillig zum regulären Lohn. Doch nicht immer läuft alles supergut. Vielleicht hast Du auch mal einen Grund, die Sonderzulage zu streichen. Vielleicht ist das Geschäft nicht so gut und es bleibt kein Überschuß, Dein Angestellter kündigt vorzeitig, oder Du hast keinen Grund, Dich großzügig zu zeigen.

GUTER RAT: Folgende **Klausel im Vertrag** sichert Dir das Recht, auch mal den Rotstift anzulegen.
»Gratifikationen zu bestimmten Anlässen (Weihnachten, Urlaub) sind einmalige, jederzeit widerrufliche Leistungen. Ein Anspruch des Arbeitnehmers besteht auch nach wiederholter Gewährung nicht.«

- Du kannst als Arbeitgeber die Zahlung einer Gratifikation davon abhängig machen, daß Dein Angestellter auch im nächsten Jahr eine gewisse Zeit im Betrieb arbeitet. Dann mußt Du aber einen ausdrücklichen Rückzahlungsvorbehalt in den Vertrag schreiben.
  Aber bedenke: Du kannst eine Rückzahlung nur verlangen, wenn die Gratifikation höher als 200 Mark war.
  Kündigt Dein Angestellter vor Ablauf des Jahres, so verfällt sein Anspruch auf eine Gratifikation. Du mußt nicht einmal anteilig zahlen.

Beispiel: Du hast mit Peter Schlau eine Weihnachtsgratifikation von einem Monatsgehalt vertraglich vereinbart. Den Betrag zahlst Du jeweils mit dem Novembergehalt aus. Schlau kündigt zum 30. November. In diesem Fall muß Schlau Dir die Summe zurückzahlen. Außer Du hast vertraglich etwas anderes vereinbart.

477 So sollte Dein Arbeitsvertragsmuster für eine Normalbeschäftigung aussehen

Zwischen der Firma ...
nachfolgend »Firma« genannt,
und Herrn/Frau ...
nachfolgend »Arbeitnehmer« genannt,
wird folgender Anstellungsvertrag geschlossen:

1. Der Arbeitnehmer wird als ... eingestellt. Die Firma darf dem Arbeitnehmer auch eine andere zumutbare Tätigkeit zuweisen, die der Qualifikation und den Fähigkeiten des Arbeitnehmers entspricht. Das Arbeitsverhältnis beginnt am ... und läuft auf unbestimmte Zeit.
2. Für das Arbeitsverhältnis wird die Geltung der jeweils gültigen Tarifverträge vereinbart, soweit keine sonstigen abweichenden Vereinbarungen getroffen sind.
3. Die ersten drei Monate des Arbeitsverhältnisses gelten als Probezeit. Während der Probezeit kann der Vertrag mit einer Frist von einem Monat gekündigt werden.
4. Der Arbeitnehmer erhält eine monatliche Vergütung von DM ... Die regelmäßige Arbeitszeit richtet sich nach den tariflichen Vereinbarungen.
5. Überstunden: Der Arbeitnehmer ist verpflichtet, auf Anordnung bei betrieblichem Bedarf Überstunden zu leisten. Wenn die Überstunden nicht als Freizeit ausgeglichen werden, sind sie gemäß dem durchschnittlichen Stundenlohn zuzüglich eines Zuschlags von ... Prozent abzugelten.
6. Urlaub: Der Arbeitnehmer erhält jährlich ... Arbeitstage Urlaub.
7. Zusatzleistungen: Der Arbeitnehmer erhält eine Weihnachtsgratifikation in Höhe von DM ... Die Weihnachtsgratifikation ist eine freiwillige Leistung. Sie kann jederzeit für die Zukunft widerrufen werden.
8. Kündigung: Das Arbeitsverhältnis kann mit einer Frist von 6 Wochen zum Quartalsende gekündigt werden. Die Kündigung hat schriftlich zu erfolgen.

Ort, Datum
[Unterschrift der Firma Unterschrift des Arbeitnehmers]

Arbeitsvertragsmuster für geringfügig Beschäftigte 478

Arbeitsvertrag

Zwischen der Firma …
(im folgenden »Firma«)
und Frau/Herrn …
(im folgenden »Arbeitnehmer«)
wird folgendes vereinbart:

§ 1 Beginn des Arbeitsverhältnisses/Tätigkeit

Frau/Herr … wird mit Wirkung ab dem …
als … eingestellt.

§ 2 Arbeitszeit

Die regelmäßige Arbeitszeit beträgt 14,5 Wochenstunden an … Tagen zu je … Stunden, und zwar jeweils am … und am …

§ 3 Vergütung

Der Arbeitnehmer erhält eine monatliche Vergütung von 630 DM. Die Vergütung ist jeweils am Monatsende fällig und wird auf ein der Firma anzugebendes Konto angewiesen.

§ 4 Urlaub

Der Arbeitnehmer hat Anspruch auf … Werktage Urlaub. Die Dauer des Urlaubs ist mit der Firma abzustimmen.

§ 5 Arbeitsverhinderung

Im Falle einer krankheitsbedingten oder aus sonstigen Gründen veranlaßten Arbeitsverhinderung hat der Arbeitnehmer die Firma unverzüglich zu informieren. Bei Arbeitsunfähigkeit infolge Erkrankung ist der Firma innerhalb von drei Tagen ab Beginn der Arbeitsunfähigkeit eine ärztliche Bescheinigung über die Dauer der voraussichtlichen Arbeitsunfähigkeit vorzulegen.

§ 6 Verschwiegenheitspflicht
Der Arbeitnehmer wird über alle betrieblichen Angelegenheiten, die ihm im Rahmen oder aus Anlaß seiner Tätigkeit in der Firma bekannt geworden sind, auch nach seinem Ausscheiden Stillschweigen bewahren.

§ 7 Weitere Beschäftigungen
Der Arbeitnehmer versichert, keiner weiteren Beschäftigung nachzugehen. Er verpflichtet sich, jede weitere Aufnahme einer Beschäftigung der Firma unverzüglich mitzuteilen. Bei Verletzung der Anzeigepflicht erklärt sich der Arbeitnehmer bereit, etwaige vom Sozialversicherungsträger nachgeforderte Beträge der Firma zu erstatten.

§ 8 Ausschlußklausel/Zeugnis
Ansprüche aus dem Arbeitsverhältnis muß der Arbeitnehmer spätestens innerhalb eines Monats nach Beendigung schriftlich geltend machen. Andernfalls sind sie verwirkt.
Nach Beendigung der Beschäftigung erhält der Arbeitnehmer ein Zeugnis, aus dem sich Art und Dauer der Beschäftigung sowie (falls gewünscht) eine Beurteilung von Führung und Leistung des Arbeitnehmers ergeben.

§ 9 Nebenabreden
Nebenabreden und Änderungen des Vertrags bedürfen zu ihrer Rechtswirksamkeit der Schriftform.
Dieses Formerfordernis kann weder mündlich noch stillschweigend aufgehoben oder außer Kraft gesetzt werden.
Eine etwaige Unwirksamkeit einzelner Vertragsbestimmungen berührt die Wirksamkeit der übrigen Bestimmungen nicht.

…, den …

(für die Firma) (Arbeitnehmer)

Merke dazu:

479 Zu § 1: Auch bei geringfügig Beschäftigten empfiehlt sich eine genaue Beschreibung der auszuübenden Tätigkeit, gegebenenfalls in einer gesonderten Stellenbeschreibung. Letztere ist insbesondere bei umfangreicheren Aufgabengebieten sinnvoll.

Jeder Chef muß mit Angestellten rechnen,
auf die er nicht zählen kann.
(Hanns-Hermann Kersten)

So stimmst Du Dein Personal auf Deinen Bedarf ab 480

Als Jungunternehmer ist es für Dich besonders wichtig, die laufenden Fixkosten erst mal gering zu halten. Vor allem, wenn Deine Auftragslage stark schwankt, können Personalkosten kräftig zu Buche schlagen. Am besten arbeitest Du deshalb am Anfang mit einer kleinen Stammannschaft und einer zeitflexiblen Truppe. So kannst Du die Lohnkosten niedrig halten. Es gibt verschiedene Möglichkeiten, in Stoßzeiten zusätzlich mit Teilzeitkräften, Aushilfen und Zeitverträgen zu arbeiten. Darauf mußt Du besonders achten, wenn Du die Lohnnebenkosten gering halten willst.

Aushilfsarbeitsvertrag
Zwischen
der Fa. ...
und
Herrn/Frau ...
wird folgender Aushilfsvertrag geschlossen:

1. Frau/Herr ... wird vom ... bis zum ... als Aushilfsarbeitskraft eingestellt. Das Arbeitsverhältnis endet nach Ablauf der Frist. Eine Kündigung wird nicht mehr gesondert ausgesprochen.
2. Der Grund für die Befristung und der Grund für das Arbeitsverhältnis ist

☐ Krankheit eines Arbeitnehmers
☐ Inventararbeiten
☐ Umzug
☐ Erhöhter Arbeitsanfall wegen ...

3. Der Arbeitnehmer ist verpflichtet, alle ihm zugewiesenen Arbeiten zu verrichten, gleich ob diese ihm zumutbar sind oder nicht.
4. Der Arbeitnehmer erhält eine Vergütung in Höhe von ... DM
   ☐ pro Stunde
   ☐ pro Tag
   ☐ pro Woche
   ☐ pro Monat, zahlbar immer zum Ende der o. a. Abschnitte.
   Die Arbeitszeit beträgt wöchentlich
   ☐ 35
   ☐ 42
   ☐ 48
   ☐ ... Stunden.
5. Das Arbeitsverhältnis ist von jeder Arbeitsvertragspartei unter Einhaltung einer Kündigungsfrist von ... Tagen ordentlich kündbar. Das Recht zur außerordentlichen Kündigung bleibt hiervon für den Arbeitgeber unberührt. Ein Urlaubsanspruch steht dem Arbeitnehmer zu, wenn das Arbeitsverhältnis länger als sechs Monate dauert.
6. Im übrigen gelten
   ☐ die tarifvertraglichen Bestimmungen des MTV in der jeweils gültigen Fassung
   ☐ die gesetzlichen Bestimmungen.
7. Änderungen und Ergänzungen dieses Vertrags bedürfen der Schriftform.
8. Sonstiges:
   ☐ Der Arbeitnehmer sagt zu, keine weitere berufliche Tätigkeit neben dieser hier auszuüben.
   ☐ ...

..., den ...

(Arbeitgeber) (Arbeitnehmer)

Trick

Stelle nur die besten Kräfte ein!

Faule Klopse ermittelst Du durch folgende Fragen: 481

- Welche Aspekte Ihrer letzten Stellung gefielen Ihnen am besten? (Woran denkt der Bewerber? Mehr an sein Wohl oder an das der Firma?)
- Warum sind Sie nicht mehr in Ihrer letzten Stellung? (Müssen Kollegen, Vorgesetzte oder »widrige Umstände« herhalten?)
- Wenn Sie Ihrem letzten Vorgesetzten einen einzigen Vorschlag machen sollten, was würden Sie ihm raten? (Bei Ich-weiß-nicht-Antworten kannst Du den Bewerber gleich vergessen.)
- Was haben Sie in Ihrer letzten Stellung erreicht, auf das Sie besonders stolz sind? (Verminderte Arbeitszeit? Oder eine Problemlösung?)
- Für welchen Ausrutscher in Ihrer letzten Firma schämen Sie sich am meisten? (Kann der Bewerber etwas einsetzen?)
- Beschreiben Sie mir den besten Vorgesetzten, den Sie je hatten, und den schlechtesten. (Kann er sachlich denken oder nimmt er alles persönlich?)
- Berichten Sie mir kurz über alle Höhen und Tiefen Ihres Gesundheitszustands der letzten Jahre. (Das vermeidet die Antwort »Bestens«.)
- Was ist Ihre größte Stärke im Berufsleben? (Die Antwort muß auf die Anforderung im neuen Job passen.)
- Welche Dinge würden Sie an einem Arbeitsplatz am meisten stören? (Wird er sich damit hervortun oder will er arbeiten?)

Teilzeitkräfte einstellen 482

Das ist die ideale Lösung, wenn der Arbeitsplatz von vornherein keine volle Kraft trägt. Du kannst einen Standardvertrag abschließen mit einer entsprechenden Klausel, wieviel Stunden Deine Teilzeitkraft arbeiten soll. Grundsätzlich sind Teilzeitkräfte steuer- und sozialversicherungspflichtig. Beträgt deren Arbeitsentgelt nicht mehr als 630 DM, so gelten besondere Regeln, mit denen der Fiskus den kleinen fleißigen Leuten vor lauter Geldgier das Arbeiten und ihr kleines Zubrot vermiesen will. Fordere dazu die letzten diesbezüglichen, vom Bürokratenwahnsinn befallenen Bestimmungen beim Finamzamt und von den Sozialversicherungskassen (AOK, BEK usw.) an.

483 Subunternehmer mit Arbeiten beauftragen

Wenn Du Subunternehmer beauftragst:
Beachte die folgenden Unterschiede genauestens und richte Dich danach. Sonst wertet die Krankenkasse die Subunternehmereigenschaft als ein Scheinarbeitsverhältnis.
Das unterscheidet den Arbeitnehmer vom freien Mitarbeiter:

Das spricht für einen

Arbeitnehmerstatus	Selbstständigenstatus
• Eine starke Weisungsgebundenheit.	• Es besteht keine oder geringe Fachaufsicht.
• Eine fest vereinbarte Arbeitszeit.	• Freie Arbeitszeiten sind vereinbart. Die Leistung ist ortsunabhängig.
• Ein fester Arbeitsort.	• Die Leistung ist unabhängig von fremden Mitteln, von eigenen Arbeitsmitteln und/oder Kapital.
• Das stetige Angewiesensein auf die Organisation des Auftraggebers.	• Es ist eine Tätigkeit für mehrere Auftraggeber möglich.
• Eine enge Zusammenarbeit mit anderen Mitarbeitern ist erforderlich.	• Die Vergütung richtet sich nach Zeit oder Erfolg.
• Die gesamte Arbeitskraft ist für den Auftraggeber einzusetzen; es wird ein festes Gehalt gezahlt	• Das Entgelt wird ausschließlich leistungsbezogen bezahlt
• Die Überstunden werden abgerechnet.	• Der Auftragnehmer steht für eine eigenständige Versicherung (Kranken-, Pflege-, Renten- und Arbeitslosen-) sowie Steuerzahlung.
• Eine Lohnfortzahlung bei Urlaub oder Krankheit ist vereinbart.	• Er stellt seine Leistungen in Rechnung.

Aushilfen einstellen 484

Hierzu ist ein neues, schärferes Gesetz ergangen, das aber wieder geändert werden soll, da man damit bereits viel Porzellan zerschlagen hat.

Merke: Alles, was Bürokraten und Politiker zur Regulierung der Wirtschaft und des freien Unternehmertums vom Zaum lassen, wirkt sich vernichtend auf Arbeitslust und Einsatzwillen der Selbständigen aus.

Wenn Not am Mann ist, kannst Du Aushilfen einstellen. Die arbeiten dann nur für eine befristete Zeit – für ein bestimmtes Projekt oder einen besonderen Auftrag. Und es genügt ein mündlicher Arbeitsvertrag.

Steuerregel:
Du mußt einen Pauschalbetrag von 25 Prozent abführen. Aber: Die Aushilfe darf im Monat nicht mehr als 18 Tage hintereinander arbeiten. Der Höchstverdienst pro Tag darf im Schnitt 120 Mark nicht überschreiten.

GUTER RAT: Wenn Du Deine Teilzeitkräfte offiziell anstellst, kannst Du eine Lohnsteuerkarte verlangen. Bei Aushilfen und Teilzeitkräften mit geringem Einkommen ist die Steuerkarte im Vergleich zum Pauschalbetrag in der Regel günstiger, denn dann fällt für diese Beschäftigten oft überhaupt keine Lohnsteuer an.

Wie sieht es mit der Sozialversicherung aus? 485

Wenn Du jemanden einstellst, der innerhalb von 12 Monaten für höchstens zwei Monate in Deiner Firma arbeitet (oder 50 Arbeitstage), spielt auch der Verdienst keine Rolle. Sozialabgaben werden dann nicht fällig.

Die Gerichte sind Selbständigen nicht hold

486 **Kein Wunder: Richter sind ja selbst Arbeitnehmer.**
Krankheit ist nichts Erfreuliches – für alle Beteiligten. Deine Mitarbeiter leiden körperlich, Du leidest finanziell, wenn sie krank werden. Abgesehen von der ausgefallenen Arbeitszeit mußt Du brav den Lohn weiterzahlen – bis zu sechs Wochen lang. Das kann gewaltig ins Geld gehen, besonders, wenn Du noch eine kostenintensive Aushilfe einstellen mußt.

487 Für kleine Betriebe hat das Lohnfortzahlungsgesetz allerdings eine Härteklausel parat. Unter bestimmten Voraussetzungen erhältst Du einen Großteil der gezahlten Lohnkosten zurück.

Wichtig ist: Als kleine Betriebe gelten Unternehmen, die nicht mehr als 20 Angestellte, Teilzeitkräfte und geringfügig Beschäftigte haben. Zuständig für das Ausgleichsverfahren sind die Orts- und Innungskrankenkassen. Meist werden die Kassen von sich aus tätig und schreiben Dich an, ob Du am Umlageverfahren teilnehmen möchtest. Dann zahlst Du einen bestimmten, je nach Krankenkasse unterschiedlichen Prozentsatz (zwischen 2 und 4 Prozent) von dem Arbeitslohn, den Du auszahlst, in den Topf ein.
Wird nun ein Arbeitnehmer krank, und Du mußt den Lohn weiterzahlen, so erhältst Du gegen Vorlage der Arbeitsunfähigkeitsbescheinigung und des Zahlungsnachweises etwa 80 Prozent der Lohnsumme und Deinen Arbeitgeberanteil zurück.

Apropos Krankengeld: Es klingt zwar wie ein schlechter Witz, kann aber leider bittere Realität für Dich werden. Beispiel: Ein Mitarbeiter, der wegen eines Hüftbruchs bereits sechs Wochen krank war und von Dir weiter bezahlt wurde, schickt Dir am Ende der sechsten Woche ein neues Attest vom Arzt. Krankheitsursache diesmal: Kreislaufbeschwerden wegen der langen Ruhezeit.
Knallhart hat das Bundesarbeitsgericht gegen die Arbeitgeber entschieden: Bei zwei unterschiedlichen Krankheitsursachen sind auch zweimal

sechs Wochen Lohnfortzahlung fällig. Hoffentlich bist Du über den Ausgleichstopf der Krankenkassen für Lohnfortzahlung abgesichert (siehe oben).

Trick

Wie man in den Wald ruft …

- Benutze stets das Wörtchen »wir«, wenn Du mit Deinen Mitarbeitern sprichst.
- Denke daran, daß Du für alle Mitarbeiter stets ansprechbar und erreichbar bist.
- Teile Deinen Angestellten betriebliche Änderungen möglichst direkt und nicht durch Rundschreiben mit.
- Frage Deine Mitarbeiter bei beabsichtigten Änderungen stets nach deren Meinung.

Auf diesen Personalbogen solltest Du vor einer Einstellung nicht ver- 488
zichten:

Personalbogen

1. Name: ....
2. Vorname: ....
3. Geschlecht: ☐ männlich ☐ weiblich
4. Geburtsname: ....
5. Geburtstag: ....
6. Geburtsort: ....
7. Wohnort: ....
8. Straße: ....
9. Telefon/Telefax ....
10. Familienstand: ☐ ledig ☐ verheiratet ☐ geschieden ☐ verwitwet
11. seit: ....
12. Name des Ehegatten: ....
13. Name der Kinder: ....

14. (1) ... geb.: . . . .
15. (2) ... geb.: . . . .
16. (3) ... geb.: . . . .
17. Staatsangehörigkeit: . . . .
18. Aufenthaltserlaubnis bis: . . . .
19. Arbeitserlaubnis bis: . . . .
20. Bei welcher Versicherung krankenversichert? . . . .
21. Bei welcher Versicherung rentenversichert? . . . .
22. Erhalten Sie bereits eine Rente oder Pension? ☐ Ja ☐ nein
23. Falls ja, Art der Rente: . . . .
Frühestmöglicher Eintrittstermin: . . . .
Wie hat das bisherige Arbeitsverhältnis geendet?
Arbeitgeberkündigung? ☐ Ja ☐ Nein
Arbeitnehmerkündigung: ☐ Aufhebungsvertrag
☐ Ablauf der Befristung
☐ . . . .
Name und Adresse des bisherigen Arbeitgebers:
Letzter Stundenlohn/Monatslohn/Gehalt: ... DM
Urlaubsgeldhöhe: ... DM
Weihnachtsgeld/Sonderzahlung/13. und/oder 14. Monatsgehalt: ... DM
Sonstige Prämien/Beteiligungen: . . . . DM
Bisherige Spesensätze: . . . . DM

Schulbildung

1. Grundschule: . . . .
von ... bis ... Abgangsklasse . . . .
2. Hauptschule: . . . .
von ... bis ... Abschluß . . . .
3. Mittelschule/Realschule: . . . .
von ... bis ... Abschluß . . . .
4. Oberschule/Gymnasium: . . . .
von ... bis ... Abschluß . . . .
5. Fachhochschule: . . . .
von ... bis ... Abschluß . . . .

Sonstige Ausbildung

1. Fremdsprachen: . . . .
   . . . .
   . . . .
2. Besuchte Fortbildungsveranstaltungen: . . . .
   . . . .
   . . . .
3. Wehrdienst/Zivildienst:
   von ... bis ...
4. Einberufung wird erwartet zum: . . . .
5. Sonstige Kenntnisse: . . . .
   . . . .

Bisherige Tätigkeit

1. Von ... bis ... als . . . .
   bei Firma . . . .
2. Von ... bis ... als . . . .
   bei Firma . . . .

Fragen zur gesundheitlichen Eignung

1. Sind Sie anerkannter Schwerbehinderter oder Gleichgestellter? . . . .
   Falls ja, Grad der Behinderung: . . .
2. Leiden Sie an chronischen oder ansteckenden Krankheiten? . . . .
   . . . .
3. Sind Sie wegen Krankheiten arbeitsunfähig oder werden es voraussichtlich bei Dienstantritt sein? . . . .
4. Ist eine Kur bewilligt? . . . .
5. Haben Sie Krankheiten mit Auswirkungen auf Ihre gesundheitliche Eignung für die angestrebte Position? . . . .
6. Sind Sie mit einer Einstellungsuntersuchung einverstanden? . . . .
7. Entbinden Sie den untersuchenden Arzt von der Schweigepflicht? . . . .
8. Sind Sie schwanger? . . . .

9. Rauchen Sie? . . . .
10. Sind Sie Alkoholiker? . . . .

Fragen zur persönlichen Eignung

1. Unterliegen Sie einem Wettbewerbsverbot? ☐ Ja ☐ Nein
   Falls ja, Art und Umfang: . . . .
2. Betreiben Sie eine Konkurrenztätigkeit? ☐ Ja ☐ Nein
   Falls ja, Art und Umfang: . . . .
3. Haben Sie Ihre derzeitigen Bezüge an Dritte abgetreten?
   ☐ Ja ☐ Nein
   Falls ja, Art und an wen? . . . .
4. Haben Sie in den letzten drei Jahren eine eidesstattliche Versicherung abgegeben oder wurde gegen Sie ein Haftbefehl erlassen? . . .
5. Sind Sie vorbestraft? ☐ Ja ☐ Nein
   Falls ja, weshalb? . . . .
6. Läuft gegen Sie derzeit ein (oder mehrere) Ermittlungsverfahren?
   ☐ Ja ☐ Nein
   Falls ja, weshalb wird gegen Sie ermittelt?

Ich versichere, die obigen Angaben wahrheitsgemäß gemacht zu haben. Mir ist bekannt, daß im Fall einer unwahren Angabe oder des Verschweigens wesentlicher Tatsachen der Arbeitsvertrag angefochten oder außerordentlich gekündigt werden kann.

. . . ., den . . . .

. . . .

Unterschrift

Merke: Einige Fragen sind nicht statthaft – aber stellen kannst Du sie ja trotzdem …

Behördengänge – ein Wegweiser 489

Merke: Der Amtsschimmel bewegt sich nur im lahmen Schritt. Trab oder Galopp kennt er nicht.

Jetzt ist es soweit: Dein Konzept steht, die Finanzierung ist gesichert, Du hast Dich für eine bestimmte Rechtsform entschieden, das Kind hat bereits einen Namen, die Räume sind angemietet, die Ware bestellt, die Werbung läuft ebenfalls. Eigentlich müßtest Du nur noch die Ladentür aufsperren oder den Betrieb eröffnen. Vorher mußt Du aber noch zu einigen Behörden marschieren. Keine Sorge, das Anmeldungsprozedere ist unkompliziert.

Das brauchst Du an Papierkram

Gewerbeschein 490

Der Gewerbeschein öffnet Dir die Tür zur Welt der Selbständigen. Ohne einen Gewerbeschein darf in der Bundesrepublik niemand ein Geschäft betreiben. Je nach Organisation der zuständigen Behörde mußt Du zum Gewerbeamt oder der Gewerbemeldestelle des Ordnungsamts gehen.
Du mußt auf jeden Fall persönlich erscheinen. Gegen eine geringe Gebühr kriegst Du dort Deinen Gewerbeschein. Deine Daten werden von dort aus automatisch an das Finanzamt, die Industrie- und Handelskammer bzw. die Handwerkskammer und das Gewerbeaufsichtsamt weitergeleitet. Diese Wege werden Dir also abgenommen. Das war's schon. Jetzt kannst Du loslegen.

Betriebsstätten-Nummer 491

Diese Kennziffer brauchst Du für die monatlichen Abrechnungen der Sozialbeiträge. Sie wird vom Arbeitsamt vergeben. Einfach mit dem Gewerbeschein hingehen genügt.

Berufsgenossenschaft 492

Wenn Du ein Unternehmen gründest, mußt Du das auch der zuständigen Berufsgenossenschaft melden (bis spätestens eine Woche nach Eröffnung). Die Adresse der Berufsgenossenschaft, die für Dich zuständig ist, erhältst Du beim:

Hauptverband der gewerblichen Berufsgenossenschaften (Alte Heerstr. 111, 53754 St. Augustin, Tel.: 0 22 41/2 31-01).

Vorsicht: Zwar bekommt Deine zuständige Berufsgenossenschaft meist 493
eine Kopie Deiner Gewerbeanmeldung – damit ist Deine Anmeldepflicht aber noch nicht erledigt. Wenn Du hier schlampst, ist unter Umständen eine teure Überraschung fällig: Fehlende Anmeldung und dadurch auch fehlende Beiträge ahndet die Berufsgenossenschaft mit einer Beitragsnachforderung – das ist klar, denn schließlich sind Deine Mitarbeiter ja auch seit Beginn Deines Geschäftsbetriebs unfallversichert –, und obendrein blüht Dir im schlimmsten Fall noch ein Bußgeld, das sich gewaschen hat.
Apropos Berufsgenossenschaft: Generell sind Deine Arbeitnehmer zwar unfallversichert. Das gilt aber nicht, wenn sie während der Arbeitszeit zum Arzt laufen. Haben sie auf dem Hin- oder Rückweg einen Unfall, zahlt die Berufsgenossenschaft keinen Pfennig. Das gilt nicht, wenn Du sie als ihr Arbeitgeber ausdrücklich beurlaubt hast. Dann mußt Du nicht dafür aufkommen.

Sozialversicherungsausweis 494

Seit dem 31. 12. 1995 erhalten alle Beschäftigten einen Sozialversicherungsausweis von der Rentenversicherung. Angestellte und Arbeiter auf dem Bau, in der Gebäudereinigung sowie im Messebau – Gewerbe, bei denen Schwarzarbeit an der Tagesordnung ist – müssen bei der Arbeit den Ausweis bei sich führen. Werden sie ohne Ausweis erwischt, wartet auch auf den Arbeitgeber eine saftige Geldbuße. Für Dich als Arbeitgeber bedeutet das Ausweissystem aber noch mehr: Du mußt Dir

von jedem neuen Mitarbeiter den Ausweis vorlegen lassen. Das ist enorm wichtig, denn falls Dein Mitarbeiter neben seinem Job bei Dir noch Arbeitslosengeld, Krankengeld oder Sozialhilfe kassiert, dann mußt unter Umständen auch Du zahlen. Andersherum hast Du auch das Recht, von Deinem Mitarbeiter den Ausweis zu verlangen, wenn Du ihm bei Krankheit sein Gehalt weiterzahlst.
Bei geringfügig Beschäftigten mußt Du den Ausweis sogar bei Dir deponieren – das verhindert, daß Du in Haftung genommen wirst, wenn der Mitarbeiter mehrere sozialversicherungsfreie Tätigkeiten ausübt.

Krankenkasse 495

Wenn Du festangestellte Mitarbeiter hast, mußt Du sie bis spätestens zwei Wochen nach Arbeitsbeginn bei ihrer Krankenkasse anmelden. Du mußt einfach das entsprechende Formular aus dem Sozialversicherungsnachweisheft dorthin schicken. Die Daten werden automatisch an das Arbeitsamt – für die Arbeitslosenversicherung – und die Rentenversicherung weitergegeben.

Handelsregister 496

Falls Du Dich für eine anmeldepflichtige Rechtsform entschieden hast – GmbH, KG oder OHG –, mußt Du Deine Firma ins Handelsregister eintragen lassen. Das kannst Du beim zuständigen Amtsgericht machen. In der Regel erledigt aber der Notar, der den Vertrag beglaubigt hat, die Anmeldung.

Sonderregeln für Freiberufler 497

Als Freiberufler brauchst Du keinen Gewerbeschein. Du mußt lediglich bei Deinem Finanzamt eine Steuernummer beantragen. Dazu genügt ein formloser Brief.
Für bestimmte Freiberufler – Architekten, Anwälte, Ärzte, Notare und Steuerberater – gibt es Standesorganisationen: die jeweiligen Kam-

mern, die strenge Regeln haben. Wer sich in diesen Berufsfeldern selbständig macht, muß Mitglied werden und bestimmte Voraussetzungen erfüllen. Nimm deshalb rechtzeitig Kontakt zu der jeweiligen Vereinigung auf. Dort wirst Du auch fachkundig beraten.

498 Sonderregeln für spezielle Berufsgruppen

In bestimmten Fällen brauchst Du Sondergenehmigungen. Etwa, wenn Du ein Lebensmittelgeschäft, einen Supermarkt oder eine Apotheke eröffnen willst. Meistens mußt Du dann eine amtsärztliche Bescheinigung vorlegen. Nähere Auskünfte erhältst Du beim Gewerbeamt.

499 Gleiches gilt für **Gastwirte**. Wenn Du in die Gastronomie gehen willst, mußt Du zusätzlich drei Bestätigungen bringen. Und zwar: einen Schrieb vom Gewerbeaufsichtsamt, der besagt, daß die Räumlichkeiten für ein Lokal geeignet sind. Weiterhin brauchst Du ein polizeiliches Führungszeugnis. Außerdem mußt Du nachweisen, daß Du an einem Seminar über Hygiene und den Umgang mit Lebensmitteln bei der Industrie- und Handelskammer teilgenommen hast.

500 Sonderregeln für Handwerker

Einen Handwerksbetrieb darfst Du nur eröffnen, wenn Du als Meister in der Handwerksrolle eingetragen bist. Du kannst diese Bestimmung umgehen, wenn Du:
- einen Meister einstellst oder
- ein Diplom einer Hoch- oder Fachhochschule in der entsprechenden Fachrichtung plus drei Jahre Berufspraxis nachweisen kannst.

Suche Teilhaber ...

Wer solche Kleinanzeigen aufgibt, sucht keine Teilhaber, sondern Dumme, die seinen konkursreifen Betrieb pro forma aufpäppeln – während der alte Unternehmer das Geld zum Großteil für sich einstreicht. Wer will schon einem wildfremden Menschen gut sein?

Die Maklertätigkeit 501

Wenn Du Dich als Makler und Wohnungsvermittler selbständig machen willst, so brauchst Du außer der Gewerbebescheinigung eine besondere Erlaubnis (nach § 34 der Gewerbeordnung). Darin heißt es: »Wer als Makler den Abschluß von Grundstücksverkäufen, Wohnraumvermietung und Vermietung von Gewerberaum, wer als Anlageberater Verträge über den Erwerb von Investmentanteilen, Vermögensanlagen und Kapitalbeteiligungen vermittelt oder wer als Bauträger Bauvorhaben vorbereitet und durchführt (und dabei Geld der späteren Eigentümer oder Mieter verwendet), muß nachweisen, daß er persönlich zuverlässig ist und in geordneten wirtschaftlichen Verhältnissen lebt.«
Leider öffnen diese Bestimmungen den Betrügern hier weit das Tor – aber Du fällst ja wohl nicht mehr auf diese herein.

Der Handelsvertreter

Wenn Du Dich als freier Handelsvertreter selbständig machen willst, 502
mußt Du zur Gewerbebescheinigung noch eine Reisegewerbekarte haben.

Taxifahrer

Taxifahrer unterliegen ebenfalls besonderen Bestimmungen. Da darfst 503
Du nicht einfach ein Taxi-Unternehmen oder einen Kurierdienst auf-

machen. Hier mußt Du, um die Erlaubnis zur Personenbeförderung zu bekommen, die Fahrzeuge auflisten, mit denen Du Deine Firma bestücken willst. Zudem ist ein Nachweis nötig, mit dem Dir das Finanzamt steuerliche Zuverlässigkeit bescheinigt. Weiter ist ein gutes persönliches Führungszeugnis erforderlich, und zusätzlich müssen Krankenkasse wie auch Berufsgenossenschaft bescheinigen, daß Du ordnungsgemäß bisher alle Beiträge bezahlt hast. Für die Erlaubnis zum Güterverkehr mußt Du die persönliche und wirtschaftliche Eignung nachweisen. Das Prozedere dazu teilt Dir die Behörde mit.

Wehr Dich gegen die Abmahnvereine

Als jungem Unternehmer passiert Dir das schnell: Du hast eine etwas zu forsche Werbungsanzeige aufgegeben, und schon kreuzen Vereinshaie auf, um von Dir Schweigegelder wegen »Verstoßes gegen lauteren Wettbewerb« zu kassieren. Und für die Kosten des Abmahnbriefes verlangen sie Rechtsanwaltskosten, daß Dir nur so die Ohren schlakkern. Wehr Dich dagegen!

504 **Heute hast Du mehr Chancen, bei Gericht gut wegzukommen. Hier ein Urteil, das Dir weiterhilft: Das Oberlandesgericht Karlsruhe (AZ: 6 U 35/85) erklärte: Wenn ein auf dem betreffenden Wirtschaftssektor relativ kleiner Gewerbetreibender in 180 Fällen gegen unlautere Werbung vorgehe, durch die er nicht oder jedenfalls nicht spürbar berührt sei, liege die Annahme nahe, er benutze seine gegebene Mitbewerbereigenschaft nur formal zur Verfolgung wettbewerbswidriger und gesetzeswidriger Zwecke. Wenn hinzukommt, daß sein Anwalt regionale Zeitungen nach Gesetzesverstößen durchforstet, liegt es auf der Hand, daß es beiden nicht um die Wahrung des Wettbewerbs, sondern um das Kassieren von Vertragsstrafen bzw. Gebühren geht.**

Zeit ist Geld

Solange Du noch keinen automatischen Freistempler für das Erledigen 505
Deines Postausgangs besitzt, ist das Bekleben der jetzt vielfältig anfallenden Briefe sehr lästig und zeitraubend. Und oft genug kleben dann die Briefmarken auch noch aneinander.
Die wenigsten wissen, daß es letztere auch gerollt in kleinen, praktischen Pappschachteln zu kaufen gibt – abgepackt zu 100, 200 oder 500 Stück.
Die zieht man bequem heraus, und schon sind die Briefe schnellstens frankiert, und das mühselige Abtrennen der Umrandungen und Marken entfällt.

Für Bürokraten sind gewöhnliche Menschen oft nur der letzte Dreck

30 Jahre lang steht ein Zeitungskiosk an der Hamburger Reeperbahn. 506
Jetzt weigert sich die Behörde, die Genehmigung zu verlängern. Der Kiosk passe nicht mehr ins Stadtbild, heißt es von den Bürokraten, die sich bekanntlich allein für das Höchste und Beste bei uns ansehen. Die abwertend über diese bescheidene Existenz urteilen, da würden doch nur »Geschäfte gemacht«. So, als ob das eine Sünde wäre. Die alte Kiosk-Besitzerin ist verzweifelt, ihre Kunden und Lieferanten sind empört, aber was nutzt dies gegen die Sturheit und Hartherzigkeit der sich mit ihren Gemeinheiten stets durchsetzen wollenden Betonköpfe? Was beweist: Bürokraten gängeln und terrorisieren uns, wie es ihnen paßt. Und dafür und für ihr Drohnendasein kriegen sie von uns Bürgern Höchstgehälter geschenkt! Dies fürs Fast-nichts-Tun, für ihr ständiges Uns-die-Lust-am-Arbeiten-Nehmen und das Zerstören kleiner Existenzen. Die zu allem Überfluß noch Unkündbaren wissen genau: Ihnen kann keiner was. Wie sehr sie unser Geld auch verschleudern und verschludern und wie viele Lasten sie uns auch durch ihre bürokrati-

schen Regelungen aufladen: Die sitzen fest wie die fetten Maden im Speck.

Deshalb wird es höchste Zeit, daß wir uns wehren. Wehren mit aller Macht und allen uns zur Verfügung stehenden Mitteln – bis an die äußerste Grenze der Legalität. Vor allem: zurückschlagen! Und die von ihnen betriebenen Hinterhältigkeiten in die Medien bringen. Mit vollem Namen der Sturköpfe und der Behörden, wo sie beschäftigt sind. Dieses grauenvolle Heer anonymer Graumäuse sollten wir mit Eingaben, Beschwerden, Einsprüchen und Klagen zudecken. Damit ihnen die Lust vergeht, die hart arbeitenden Bürger zu piesacken, zu kujonieren und ihnen beständig neue, immer verrücktere Auflagen zu machen.

Damit sie bei Dir sehen: Der läßt sich nichts gefallen. Der wehrt sich! Und das tue so, daß sie das von ihnen am meisten Gefürchtete zu erwarten haben: Arbeit. Spicke Deine Schreiben mit so vielen Fremdwörtern, daß sie ständig zum Duden greifen müssen. Setz Deine Phantasie ein. Bring auch das vor, was weniger Chancen hat – Hauptsache, die gehen ein wie Primelchen mit ihren Bevormundungen und ihrem Knüppel-zwischen-die-Beine-Werfen. Kämpfe gegen die geringste Ablehnung: Fühle Dich bei allem in Deinen Dir so schön vom Grundgesetz zugesicherten Rechten (über die sich diese Bürokratenkaste ständig hinwegsetzt) tangiert, verletzt und angegriffen. Nimm Prozeßkostenhilfe in Anspruch, nerve sie mit Telefonaten – aber bleibe (das ist ihre furchtbarste Masche bei all ihren Gehässigkeiten) stets so scheißfreundlich wie sie. Auch wenn Du Dir völlig berechtigt mit Schimpfkanonaden mal Luft machen möchtest.

Traurig, traurig, daß man als Autor so etwas schreiben muß. Wann werden endlich einmal die Konsequenzen gezogen? Wann wird diese ganze Beamtenherrlichkeit abgeschafft mit all ihren Privilegien und ihrer Macht? Wann wird das Grundgesetz wirklich verwirklicht? Wann werden die Bürokraten den Bürgern als Diener des Volkes endlich gleichgestellt und zu 80 Prozent entlassen? (Selbst dann sind es immer noch zu viele!) Wann wird deren Schreckensherrschaft endlich aufgehoben?

Auf daß ihnen die Menschen und deren schwereres Arbeitsleben – dem sie sich auf unsere Kosten weitgehend entzogen haben – nicht mehr so völlig egal sind?! Unsere Chancen? Gleich Null. 80% unserer Abgeordneten sind Funktionäre und Beamte …

Wie wäre es mit einem Handwerksbetrieb? 507

Du möchtest schnell ein Handwerksgeschäft aufmachen – hast aber keinen Meisterbrief?

Dazu mußt Du wissen, was die Bestimmungen sagen. Ein Handwerksbetrieb muß sein:

1. ein selbständiger Betrieb,
2. eine gewerbliche Tätigkeit und
3. ein stehendes Gewerbe, welches
4. handwerksmäßig betrieben wird.
5. Handwerk ist eine vollständige Tätigkeit nach Anlage A der Handwerksordnung. Das bedeutet:

Nur ein Gewerbe, welches in dieser Anlage A aufgeführt ist, kann ein Handwerk sein.

Gewerbe können aber auch handwerksähnlich betrieben werden. Wofür man dann keinen Meisterbrief braucht.
Und hier liegt Deine Chance, ein Unternehmen bzw. einen selbständigen Betrieb zu eröffnen, ohne daß Du zuvor eine Meisterprüfung dafür ablegen mußt.
Und das sind diese handwerksähnlichen Gewerbe:

Baugewerbe

- Gerüstbauer (Aufstellen und Vermieten von Holz-, Stahl- und Leichtmetallgerüsten)
- Bautentrocknungsgewerbe
- Bodenleger (Verlegen von Linoleum-, Kunststoff- und Gummiböden)
- Asphaltierer (ohne Straßenbau)
- Fuger (im Hochbau)
- Holz- und Bautenschutzgewerbe (Mauerschutz und Holzimprägnierung in Gebäuden)
- Rammgewerbe (Einrammen von Pfählen im Wasserbau)
- Betonbohrer und -schneider
- Theater- und Ausstattungsmaler

Metallgewerbe

- Herstellung von Drahtgestellen für Dekorationszwecke in Sonderanfertigung
- Metallschleifer und Metallpolierer
- Metallsägen-Schärfer
- Tankschutzbetriebe (Korrosionsschutz von Öltanks für Feuerungsanlagen ohne chemische Verfahren)
- Fahrzeugverwerter
- Rohr- und Kanalreiniger
- Kabelverleger im Hochbau (ohne Anschlußarbeiten)

Holzgewerbe

- Holzschuhmacher
- Holzblockmacher
- Daubenhauer
- Holz-Leitermacher (Sonderanfertigung)
- Muldenhauer
- Holzreifenmacher
- Holzschindelmacher
- Einbau von genormten Baufertigteilen (z. B. Fenster, Türen, Zargen, Regale)

Gruppe der Bekleidungs-, Textil- und Ledergewerbe

- Bügelanstalten für Herren-Oberbekleidung
- Dekorationsnäher (ohne Schaufensterdekoration)
- Fleckteppichhersteller
- Klöppler
- Theaterkostümnäher
- Plisseebrenner
- Posamentierer
- Stoffmaler
- Handapparate-Stricker
- Textil-Handdrucker
- Kunststopfer
- Flickschneider

Nahrungsmittelgewerbe

- Innerei-Fleischer (Kuttler)
- Speiseeishersteller (mit Vertrieb von Speiseeis mit üblichem Zubehör)
- Fleischzerleger, Ausbeiner

Gewerbe für Gesundheits- und Körperpflege sowie der chemischen und Reinigungsgewerbe

- Appreteure, Dekorateure
- Schnellreiniger
- Teppichreiniger
- Getränkeleitungsreiniger
- Schönheitspfleger
- Maskenbildner

Sonstige Gewerbe

- Bestattungsgewerbe
- Lampenschirmhersteller (Sonderanfertigung)
- Klavierstimmer
- Theaterplastiker
- Requisiteure

Die Ablegung der Meisterprüfung ist, wenn es sich um kein Handwerk handelt, keine gesetzliche Verpflichtung. Jetzt weißt Du also, warum Du zum Backen von einfachen Brötchen einen Meister brauchst, aber zum schwierigen Backen einer Lammkeule in feinster Provence-Gewürzsoßenkombination nicht. Nun weißt Du, warum Du Fleisch ohne eine Meisterprüfung *zerlegen*, es aber nicht *verkaufen* darfst, ohne eine Meisterprüfung zu haben. Und Du begreifst, warum Du ohne Meisterbrief Kunststoffplatten *verlegen* darfst, aber fürs Fliesenverlegen einen haben mußt. Alles klar?

Merke: Auch wenn ein Gewerbe als Vollhandwerk verzeichnet ist, so bedeutet das noch nicht, daß Du allein deshalb einen Meister haben mußt. Du mußt erst prüfen, ob Deine Tätigkeiten hinreichend genau dem aufgeführten Gewerbe entspricht.

Entscheidend dafür ist, ob es sich um wesentliche Tätigkeiten des handwerksfähigen Gewerbes handelt, die diesem sein eigentliches Gepräge geben.
Dabei genügt es allerdings schon, wenn Du auch nur eine der wesentlichen Tätigkeiten handwerksmäßig ausübst. Auch dann, wenn Du dies nur in geringem Umfang tust.
Als wesentlich gelten jedoch nur schwierige Tätigkeiten aus dem Kernbereich eines typischen Handwerksbetriebs. Zerlegst Du also die wesentlichen Tätigkeiten in einfache Arbeitsschritte, so kann die Eintragungspflicht entfallen. Es kann sich z. B. um einen Industriebetrieb handeln und nicht mehr um einen Handwerksbetrieb. Und einen Industriebetrieb darfst Du gründen – ohne jeden Nachweis der Befähigung.
Tja – so verrückt ist das alles! So könnte es sich aber auch um eine einfache Tätigkeit handeln, die minderhandwerklich ausgeübt werden kann. Oder die einem handwerksähnlichen Gewerbe zuzurechnen ist. Wie etwa eine Schuhbar oder das Einsetzen industriell vorgefertigter Normfenster.
Hinzu kommt: Der Betrieb muß handwerksmäßig betrieben werden. Dazu kommt es auf den Schwierigkeitsgrad der durchgeführten Tätigkeiten an.

Das dient zur Abgrenzung:
- umfassende Ausbildung der Arbeitskräfte (Planstellen)
- Art und Ausmaß der Arbeitsteilung (stark, dann Industriecharakter)
- Einfluß des Betriebsinhabers auf die Arbeit (nur wenig, dann ist's kein Handwerk)
- Größe des Betriebes, Höhe des Umsatzes und des investierten Kapitals, Anzahl der Beschäftigten (hohe Anzahl: kein Handwerk!)
- Einzelfertigung oder Fertigung großer Serien
- Maschineneinsatz und die Art der verwendeten Maschinen (viele, dann Industriebetrieb)

TIP: So kannst Du ohne Meisterprüfung in die Handwerksrolle eingetragen werden: 508

- Versuche, Dich so vom Vollhandwerk abzugrenzen, daß Du rechtlich nicht mehr als Handwerker giltst.
- Versuche, über einen höherwertigen Beruf reinzukommen.

Wenn Du z. B. Du ein Architekt bist, der von der Hochschule kommt, dann wirst Du mit Deinem Diplom als Zimmermann in die Handwerksrolle eingetragen, wenn Du auch selbst Zimmerer warst oder als solcher drei Jahre praktisch gearbeitet hast.

TIP: Bemüh Dich um eine Ausnahmebewilligung 509

So kannst Du ebenfalls in die Handwerksrolle gelangen. Allen fachlich qualifizierten Berufsbewerbern soll damit ein Weg zur Selbständigkeit eröffnet werden, wenn sie die Meisterprüfung nicht abgelegt haben. Diese Ausnahmebewilligung kommt für alle in Frage, die als Unselbständige im Handwerk oder in der Industrie in entsprechenden verantwortlichen Stellungen tätig gewesen sind. Oder die einen anderen Ausbildungsgang als Lehrzeit unter Gesellenprüfung und Gesellenzeit hinter sich gebracht haben.

Merke:

– Es muß ein Ausnahmefall vorliegen. Der liegt vor, wenn die Meisterprüfung eine unzumutbare Belastung für Dich wäre.
– Du mußt die notwendigen Kenntnisse und Fertigkeiten nachweisen.

Um keinen Ausnahmefall handelt es sich, wenn Du Deinen Betrieb ohne Eintragung in die Handwerksrolle bereits begonnen hast, wenn allgemeine wirtschaftliche oder familiäre Schwierigkeiten aufgetreten sind. Weiter beim Ausscheiden eines angestellten Betriebsleiters, bei Arbeitslosigkeit, bei der Beschränkung auf ein Teilhandwerk, bei Prüfungsängsten, bei Erkrankung der Ehefrau, bei Sprachschwierigkeiten usw.

Das Bundesverfassungsgericht läßt in seinem Handwerksbeschluß als Ausnahme zu: Wenn ein Berufsbewerber für den Unterhalt von Angehörigen aufkommen muß und deswegen nicht imstande ist, den Zeit- und Geldaufwand für den Besuch von Meisterkursen zu tragen. Oder wenn das vorgerückte Alter des Berufsanwärters einer Meisterprüfung unangemessen entgegensteht. Weitere positive Beispiele von Ausnahmefällen:
Wenn sich eine besonders günstige Gelegenheit für den Übernahmezeitpunkt aus triftigen Gründen nicht verschieben läßt; die Chance, eine Dauerstellung als Betriebsleiter zu bekommen; bereits vorhandener hoher Leistungsstand, so daß eine nochmalige Prüfung in Form der Meisterprüfung unzumutbar ist.
Die Bestimmungen sagen weiter:
Die Ausnahmebewilligung kann unter Auflagen oder Bedingungen oder befristet erteilt und auf einen wesentlichen Teil der Tätigkeiten beschränkt werden, die zu einem in der Anlage A zu diesem Gesetz aufgeführten Gewerbe gehören. In diesem Fall genügt der Nachweis der hierfür erforderlichen Kenntnisse und Fertigkeiten.
So ist es durchaus drin, daß die Ausnahmebewilligung befristet wird und mit der Bedingung versehen ist, daß Du innerhalb von einigen Jahren die Meisterprüfung nachmachst. Auch kann dieselbe vorschreiben, daß Du nur bestimmte Teiltätigkeiten des Handwerks unbefristet ausüben darfst. Das könnte Dir ja auch reichen.

510 TIP: Wenn alle Stricke reißen, stell einen Betriebsleiter ein

Dazu heißt es:
Eine juristische Person (z. B. eine GmbH) wird in die Handwerksrolle eingetragen, wenn der Betriebsleiter die Voraussetzungen für die Eintragung in die Handwerksrolle erfüllt. Eine Personengesellschaft wird in die Handwerksrolle eingetragen, wenn für die technische Leitung ein persönlich haftender Gesellschafter verantwortlich ist, der die Voraussetzungen für die Eintragung erfüllt.

Und da ist noch ein Weg offen für den einzelnen:

Wer ein Handwerk betreibt, wird mit einem anderen, damit wirtschaftlich im Zusammenhang stehenden Gewerbe in die Handwerksrolle eingetragen, wenn der Betriebsleiter für dieses Gewerbe die Voraussetzungen für die Eintragung in die Handwerksrolle erfüllt.
Der Betriebsleiter muß Einflußmöglichkeit und gegenüber den Gesellschaftern ein fachliches Weisungsrecht besitzen. Und auch tatsächliche Einwirkungsmöglichkeiten haben. Er muß jederzeit und ohne gefährlichen Zeitverlust zur Verfügung stehen. Bloße Nachkontrolle oder gelegentliches Eingreifen wird nicht als Leitung angesehen. Er muß auch ausreichend anwesend sein.
Er darf weiterhin keine Erwerbsunfähigkeitsrente beziehen oder aus Gründen seiner Leistungsfähigkeit zuvor die Löschung aus der Handwerksrolle beantragt haben. Klar, daß er einen Beschäftigungsvertrag hat und ein angemessenes Gehalt erhält.

Gib an, Künstler zu sein

Als Künstler bist Du kein Gewerbetreibender und brauchst keinen 511
Meisterbrief. Das gilt auch dann, wenn es sich um ein dem Handwerk ähnliches Tun handelt. Wie z. B. bei einem
- Goldschmied
- Holzbildhauer
- Steinbildhauer
- Keramiker
- Fotograf

Es werden dabei untersucht:

Betriebsinhaberbezogene Merkmale:

- Ausbildung und Berufsabschluß (Lehre oder Kunsthochschule)
- Werdegang
- persönliche Anlage und Begabung

– öffentliche Auszeichnungen
– Mitgliedschaft in einem künstlerischen Berufsverband

Betriebsbezogene Merkmale

– technische Ausstattung (Atelier oder Maschinenpark)
– Art der Mitarbeiter
– Auftragsarbeit (z. B. mit starken Vorgaben, die die künstlerische Freiheit einschränken)
– Vertriebsart (Galerien oder Boutiquen)

Produkt- und ergebnisbezogene Merkmale:

– künstlerische Bewertung (Widerspiegelung individueller Anschauungsweise und Gestaltungskraft des Schaffenden)
– Einzelstücke oder Mehrfachprodukte
– Gebrauchswert

512 TIP: Werde doch Bio-Landwirt oder betreibe Gartenbau!

Bei den Bauern, Forstwirten, Weinbauern, Gartenbauern, Obstbauern, Gemüsebauern, Baumschulen oder der Tierzucht handelt es sich wie bei der Kunst nicht um ein Handwerk. Es ist von gewissen Ausnahmen, wie z. B. reinen Tiermastbetrieben abgesehen, eine nichtgewerbliche Tätigkeit. Du darfst also Landwirt auch ohne Berufsausbildung und ohne Nachweis Deiner Eignung dafür sein.

Trick

Besonders Gartenbauer, die Gartenanlagen errichten, sind heute meist ausgebucht

Viele Gutbetuchte waren inzwischen so klug, sich aus den stinkenden und lärmenden Städten aufs Land zurückzuziehen und sich dort ein friedliches und ruhiges Leben zu gönnen.
Im Grünen leben – wie herrlich! Im Grünen arbeiten – wie befriedigend,

gesund und wohltuend! Was sagen die Chinesen? Willst Du einen Tag glücklich sein, mach einen Waldspaziergang. Willst Du eine Woche glücklich sein, schlachte ein Schwein. Willst Du ein Jahr glücklich sein, heirate ein junges Mädchen. Willst Du ein Leben glücklich sein, werde Gärtner.

TIP: Daß Du für einen kleinen Industriebetrieb keinen Meisterbrief brauchst, ist selbstverständlich

Um einen Industriebetrieb handelt es sich, wenn im wirtschaftlichen 513
Gesamtbild des Betriebs die Elemente einer industriellen die einer handwerksmäßigen Betriebsweise überwiegen. Entscheidend ist das wirtschaftliche Gesamtbild des Einzelfalls.

TIP: Klar, daß auch kleine Krauter nicht handwerksrollenpflichtig sind

Für ein sogenanntes Minderhandwerk ist wegen des geringen Schwie- 514
rigkeitsgrades ein Meisterbrief nicht nötig. Die Ausführung einfacher Arbeiten darf ohne Befähigungsnachweis erfolgen. Einfach sind Tätigkeiten, die im ersten Lehrjahr erlernt werden. Ebenfalls zum kleingewerblichen Teil gehören Tätigkeiten mittleren Schwierigkeitsgrades, für die zumindest eine Ausbildungsdauer von bis zu 24 Monaten kennzeichnend ist. Befaßt Du Dich als Kleingewerbetreibender aber auch nur in geringem Umfang mit einer vollhandwerklichen Tätigkeit, so wirst Du dadurch jedoch zum Vollhandwerker! Dann kann Dir zwar nicht die völlige Einstellung des Betriebes aufgegeben, aber die fraglichen vollhandwerklichen Tätigkeiten können Dir untersagt werden.

Das ist noch Kleingewerbe:
- Büroreinigung nach Hausfrauenart
- Expreß-Schuhbar
- Montage von Rolläden und Jalousien

Doch hier handelt es sich schon um Vollhandwerk:
- Gebäudereiniger
- Schuhmacher
- Rolladen- und Jalousienbauer
- Bäcker

515 TIP: Auch Reisegewerbetreibende und Markthändler brauchen keinen Meisterbrief

Das aber verlangt man als Reisegewerbetreibender von Dir:
1. Du mußt gewerbsmäßig tätig sein. Künstlerische Tätigkeiten können z. B. nicht im Reisegewerbe betrieben werden.
2. Du mußt ohne vorhergehende Bestellung tätig werden.
3. Du mußt außerhalb Deiner gewerblichen Niederlassung Deine Waren oder Leistungen anbieten.
4. Du mußt eine Reisegewerbekarte haben.
5. Du mußt als Reisegewerbetreibender in eigener Person Waren oder Leistungen anbieten.
6. Im Reisegewerbe darfst Du nicht handeln mit Brillen und Augengläsern, mit Edelmetallen (Ausnahme silberüberzogene Waren), Edelsteinen und Perlen wie auch synthetischen Steinen.

Von der Kirchensteuer, die ich zahle,
könnte ich mir einen eigenen Pastor halten.
(Loriot)

7. Steuern

Keine Mark zuviel ans Finanzamt 516

Als Existenzgründer hast Du alle Hände voll zu tun. Du mußt ständig für Deine Kunden dasein, den Laden in Schuß halten und gerade am Anfang mit spitzem Bleistift rechnen. Und dann hält auch noch der Staat die Hand auf. Politiker aller Couleur werden zwar nicht müde, zu betonen, wie wichtig Unternehmer und Selbständige für die Wirtschaft sind. Trotzdem ist in keinem Land die Unternehmensbesteuerung und die der freien Berufe so hoch wie in der Bundesrepublik. Bei Einsteigern wenigstens kennt das Finanzamt in den ersten Jahren des Selbständigseins Gnade. Allerdings, wenn Du zu Anfang die falsche Steuerstrategie einschlägst, kann Dich das viel von Deinem sauer verdienten Geld kosten.

Das Wichtigste in Kürze

Kein Mensch verlangt von Dir, daß Du mit Wortungetümen wie »Scheidungsfolgekosten«, »Pauschalisierungsgrenzen« oder »Reihengeschäfte« auf vertrautem Fuße stehen sollst. Um die entscheidenden Sachverhalte und Wirkungsmechanismen des deutschen Steuerdschungels zu begreifen, solltest Du Dir aber auf jeden Fall einen Ruck geben, um über das Wichtigste bei der Steuer informiert zu sein.

517 Mehrwertsteuer

Die Steuer, die uns alle am meisten trifft, ist die Mehrwertsteuer, im Volksmund auch Umsatzsteuer genannt. Du zahlst sie mit jedem Brötchen, jeder Zeitung, mit allem, was Du kaufst. Mit dieser Steuer holt sich der Staat einen fetten Anteil vom Wert aller Waren und Dienstleistungen.
Du als Unternehmer mußt diese Steuer auf jede Rechnung draufschlagen, die Deine Kunden zahlen. Diese Mehreinnahme – je nach Gegenstand und Produkt beträgt die Steuer noch entweder 7 oder 16 Prozent – schuldest Du dem Finanzamt. Die Mehrwertsteuer, die Du an Lieferanten gezahlt hast, kannst Du – als sogenannte Vorsteuer – von Deiner eingenommenen Umsatzsteuer abziehen.

Merke:
Bei Rechnungsbeträgen bis 200 Mark ist die Angabe des darin enthaltenen Umsatzsteuerbetrags nicht erforderlich. Außerdem brauchen der Zeitpunkt der Leistung sowie Name und Anschrift des Käufers nicht angegeben zu werden. Erforderlich sind aber Name und Anschrift des Verkäufers, Menge und Bezeichnung der gelieferten Ware bzw. der sonstigen Leistung, Endsumme inklusive Steuerbetrag und der Steuersatz in Ziffern. Ein Vermerk wie: »Betrag enthält den gültigen Steuersatz« genügt bei diesen Kleinbetragsrechnungen leider nicht. Eine völlig sinnlose Bestimmung! Aber Du weißt ja: Diese Bürokratenhengste wollen den für ihre Gehälter und feinen Pensionen schaffenden Bürgern nur unnütze Arbeit machen. Damit wir merken, daß ihnen auch mal etwas – meist allerdings nur Dummes – einfällt.

Werde einfach Kleinunternehmer!

Als kluger Steuerzahler wirst Du weiter denken. Besonders beim Stichwort Umsatzsteuer. Warum? Weil Du mit Paragraph 19 des Umsatzsteuergesetzes (UStG) die Chance hast, von der bald mal wieder fälligen Erhöhung der Mehrwertsteuersätze sogar zu profitieren. Die Devise lautet: »Unternehmer werden.« Und sei es im Nebenerwerb. Ich hoffe, du bist dazu bereits auf dem besten Weg! 518

Die auszuweidende Gesetzesbestimmung heißt »Besteuerung der Kleinunternehmer«.

Als Kleinunternehmer gilt jeder, der im vorangegangenen Jahr als Unternehmer nicht mehr als 32 500 Mark Umsatz einschließlich Umsatzsteuer verbuchte und im laufenden Jahr voraussichtlich nicht mehr als 100 000 Mark Umsatz erreichen wird.

Das Bonbon: Diese sogenannten Kleinunternehmer dürfen die gesamte Umsatzsteuer, die sie von ihren Abnehmern bekommen, für sich behalten.

Und müssen davon keine müde Mark ans Finanzamt überweisen, wie das die anderen »größeren Unternehmer« tun müssen.

Damit das funktioniert, kommt es auf zwei Punkte an:

Du mußt als Unternehmer wirklich diese Umsatzsteuer einnehmen.

Und: Damit die Umsatzsteuer in Deiner Kasse bleibt, muß der Umsatz sich in den genannten Grenzen halten. Bei der Obergrenze für Kleinunternehmer (100 000 Mark) kommt es auf das Wort »voraussichtlich« im Paragraphen 19 UStG an. Darunter versteht das Finanzamt die Situation zu Beginn des Jahres. Wenn später die Geschäfte besser laufen, als vorherzusehen war, darf der Umsatz nach den Richtlinien der Finanzverwaltung auch etwas über 100 000 Mark liegen, ohne daß Du deshalb die Umsatzsteuer doch wieder abführen müßtest. Aber sei vorsichtig: Eben um den Begriff »etwas über der Grenze« könnte es Disput mit den Finanzbeamten geben.

Diese Kriterien müssen nicht immer zur selben Zeit vorliegen, damit 519
aus Dir als Nebenerwerbstätigem ein Unternehmer wird. Laut Bundes-

finanzhof ist vielmehr das Gesamtbild der Verhältnisse entscheidend. So hatte dieses höchste Gericht kürzlich darüber zu entscheiden, ob der Verkauf von Jahreswagen durch den Arbeitnehmer eines Automobilwerks eine Unternehmertätigkeit darstelle. Den mit Werksrabatt gekauften Wagen hatte ein Monteur an seinen Steuerberater weiterverkauft – zuzüglich Mehrwertsteuer. In den Genuß der Privilegien für Kleinunternehmer kam der Mann trotzdem nicht. Begründung der Richter: Wer nur einmal alle 18 Monate an den Markt gehe, werde damit nicht intensiv genug tätig, um als Unternehmer im Sinne des Umsatzsteuergesetzes zu gelten.
Du wirst Dich also für Deine evtl. beabsichtigte Nebenerwerbstätigkeit entsprechend einstellen können.

520 **Da gibt's übrigens eine gute Hilfe fürs Selbständigmachen. Wer sich für den Gründerwettbewerb »StartUp« interessiert, der kann sich schon registrieren lassen. Er wird dann rechtzeitig über Termine und die genauen Teilnahmebedingungen informiert.**
Postadresse: »StartUp«, 20444 Hamburg.
Internetadresse: *http://www.stern.de/startup*

521 Einkommensteuer

Als Unternehmer mußt Du Einkommensteuer zahlen. Die Grundlage dafür ist Dein Gewinn. Davon kannst Du als Sonderausgabe noch ein paar Aufwendungen abziehen, wie beispielsweise die Kosten für Deine Vorsorge, Verluste aus früheren Jahren, Spenden und außergewöhnliche Belastungen. Du mußt Vorauszahlungen dafür vierteljährlich zum 10. 3., 10. 6., 10. 9. und 10. 12. leisten.

522 Fünf Tips für den Anfang

Bevor Du eine schlüssige Steuerstrategie entwerfen kannst, erst einmal ein paar wichtige Tips vorneweg.

1. Kurz nachdem Du Dein Gewerbe bei der Kommune angemeldet 523
hast, bekommst Du vom Finanzamt einen Betriebsfragebogen. Die

Finanzbehörde will zunächst einmal wissen, ob sie Steuervorauszahlungen von Dir erwarten kann. In den ersten drei bis vier Jahren kannst Du das Finanzamt problemlos vertrösten. Du mußt einfach nur die Frage nach dem erwarteten Gewinn möglichst zurückhaltend beantworten. Da Du als Neugründer mit Anlaufverlusten rechnen kannst, kannst Du als Gewinn einfach Null angeben.

2. Als Kleinunternehmer oder Freiberufler kannst Du zu Beginn den 524
bürokratischen Aufwand noch sehr gering halten. Wenn Du
   - nicht mehr als 48 000 Mark Gewinn im Jahr machst,
   - der Umsatz im Jahr 500 000 Mark nicht übersteigt
   - und Dein Betriebsvermögen nicht mehr als 125 000 Mark ausmacht,

   mußt Du keine aufwendige Bilanz erstellen. Es genügt eine einfache Einnahme-Überschußrechnung. Du mußt nur Deine Einnahmen und Ausgaben nach Gruppen – Personal, Waren, Bürokosten, Fahrkosten usw. – aufteilen. Die Differenz fällt dann als Gewinn oder Verlust heraus. Mein Tip: Auch wenn Du obige Grenzen überschreitest: Mach von Dir aus keine Bilanz. Laß Dich dazu vom Finanzamt mahnen. Das fällt denen dort höchstens nach einigen Jahren auf – die Du auf diese Art gewonnen hast.
3. Wenn Du zuviel Vorsteuer geleistet hast (Vorsteuer ist die Umsatz- 525
steuer, die Du an Lieferanten zahlst), kannst Du die relativ problemlos vom Finanzamt zurückholen. Bereits Deine Umsatzsteuer-Voranmeldung gilt automatisch als Antrag auf Rückerstattung. Die Finanzämter zahlen diese Summe meist sehr zügig zurück. Einen Teil der fälligen Umsatzsteuer kannst Du auch zur Zahlung aufschieben lassen. Das geht, wenn Du weniger als 250 000 Mark umsetzt. Dann mußt Du nämlich erst die Umsatzsteuer abführen, wenn Dein Kunde bezahlt hat und das Geld in Deiner Kasse gelandet ist.
4. Wenn es sehr knapp in Deiner Kasse aussieht, beantrage sofort beim 526
Finanzamt Stundung Deiner Steuerschuld. Du brauchst Dein Geld nötiger für Lieferantenrechnungen und um Deinen Laden in Schwung zu halten als dieser verschwendungssüchtige Staat. Übrigens: Du hast einen Rechtsanspruch auf Stundung, laß Dich auf keinen Fall abwimmeln.

527 5. Ein Fahrtenbuch ist bares Geld wert. Das bißchen Aufwand lohnt sich gerade für Dich als Einsteiger. Denn je geringer die Zahl der Privatkilometer ist, die Du zurücklegst, desto weniger Steuern darf Dir das Finanzamt für die Privatnutzung Deines Wagens in Rechnung stellen. Es ist wichtig, daß Du den privaten Nutzungsanteil so gering wie möglich hältst. Das Finanzamt schlägt den Privatanteil nicht nur dem Gewinn zu, was Deine Einkommensteuer beeinflußt. So ganz nebenbei mußt Du für diesen »Eigenverbrauch« auch noch Umsatzsteuer zahlen. Ohne Fahrtenbuch setzt das Finanzamt Deine Privatnutzung einfach mit 12 Prozent des Neupreises Deines Autos fest. Für Dich als Existenzgründer ist das viel zuviel. Denn Du bist ja besonders viel unterwegs.

528 **Kosten für einen Unfall mit dem Privatwagen** lassen sich steuerlich meist nicht absetzen (außer, das Ereignis findet auf der Fahrt zum Betrieb statt). **TIP:** Wenn das Malheur dir als Chef oder Deinen mitarbeitenden Angehörigen auf einer Dienstfahrt passiert, dann laß Dein Unternehmen den Schaden übernehmen, und Du setzt ihn als Betriebsausgabe ab (Taxi-, Abschlepp- und Telefonkosten nicht vergessen).

529 Steuervergünstigungen

Neben der Verpflichtung zum Steuerzahlen hast Du auch das Recht, Steuervergünstigungen in Anspruch zu nehmen. Die Steuervergünstigungen werden nicht aus Gnade und Barmherzigkeit gewährt, sondern stehen Dir gesetzmäßig zu. Steuervergünstigungen holst Du dadurch heraus, daß Du sie geltend machst.

Folgende Steuervergünstigungen kannst Du geltend machen, wenn Du selbständig bist:

- Abzug aller betrieblichen Ausgaben;
- Verschiebung der Einnahmen in das Folgejahr (bei Überschußrechnung z. B. einfach die Rechnung später ausstellen);
- vertragliche Abmachungen, z. B. Arbeitsverträge mit Angehörigen;
- Rechtsformänderungen des Unternehmens, Auswerten der wichtigsten diesbezüglichen Gesetzeslücken.

Die Jahres-(Abschnitts-)Besteuerung und die Einkommensteuerprogression 530

Der Staat gesteht es inzwischen selbst: Die Einkommenbesteuerung wirkt leistungshemmend, denn höhere Leistung und höheres Einkommen machen sich nicht mehr bezahlt. Die Folgen: Lustlosigkeit bei den Unternehmern, Abwandern der Spitzenverdiener wie in die Steueroase Monaco oder nach Übersee.

Wisse: Deine Einkommensteuer wird nach dem Einkommen veranlagt, das Du in einem Kalenderjahr bezogen hast. Wenn Dein Einkommen starken Schwankungen unterliegt, wie das bei Selbständigen häufig der Fall ist, schlägt in einem Jahr mit hohen Einkünften die Steuerprogression erbarmungslos zu. Du kannst der Steuerprogression zwar die Schärfe nehmen; ganz ausweichen kannst Du ihr nicht. Steuerprogression meint: Es gibt keinen gleichbleibenden prozentualen Steuersatz wie bei der Mehrwertsteuer, sondern die abzuführenden Prozente wachsen mit der Höhe Deines Jahreseinkommens.

Deshalb mußt Du Schwankungen in der Höhe Deiner Einkünfte, die ganz natürlich und nicht auszuschließen sind, durch kluges Verhalten ausgleichen: So kannst Du beispielsweise zur Verminderung von Einkünften Einnahmen in das nächste Jahr verlagern oder Ausgaben, die erst im nächsten Jahr anstehen, durch Vorauszahlung im gegenwärtigen Jahr zum Abzug bringen.

Mehr Tricks dazu und zu vielem anderen findest Du in den »1000 ganz legalen Steuertricks« des Verfassers.

Gleiche Deine Jahreseinkommen aneinander an

Schwankt das Einkommen von Jahr zu Jahr erheblich, dann solltest Du 531
bestrebt sein, Dein Einkommen auf lange Sicht anzugleichen und dieser Einkommensegalisierung alle steuerlichen Erwägungen unterzuordnen.

Beispiel: Die Bochumer Autohändler Ferdi Flitzer und Rudi Rostig veranstalten alle zwei Jahre einen großen Automarkt, der weit über die Grenzen des Ruhrgebietes bekannt ist. Hier verkaufen sie einen Großteil ihrer Wagen und nehmen auch entsprechend den größten Teil ihres Gewinns ein.

Jahr	Einkommen		Steuer	
	Flitzer	Rostig	Flitzer	Rostig
1	45 000 DM	3 000 DM	9 546 DM	–
2	44 000 DM	3 000 DM	9 238 DM	–
3	46 000 DM	135 000 DM	9 841 DM	48 708 DM
4	47 000 DM	5 000 DM	10 156 DM	–
5	45 000 DM	81 000 DM	9 546 DM	22 397 DM
Summe	227 000 DM	227 000 DM	48 327 DM	71 105 DM

Das Beispiel zeigt Dir ganz deutlich, wie dramatisch sich Einkommensschwankungen auf Deine Steuerlast auswirken.
Beide Autohändler verdienen den größten Teil ihres Einkommens bei den großen Automärkten. Doch Flitzer zahlt in einem Zeitraum von fünf Jahren fast 23 000 Mark weniger Steuern als sein Kollege Rostig. Was macht Flitzer also anders als Rostig, damit sein Einkommen gleichmäßig über die Jahre verteilt ist?
Der Trick ist ganz einfach. Flitzer hat sich eine einfache Einnahmen-Ausgaben-Rechnung zugelegt, während Rostig eine ordentliche Buchführung hat. Der Unterschied: Bei der Einnahmen-Ausgaben-Rechnung wird nicht der Gewinn eines Jahres, sondern es werden die zugeflossenen Einnahmen abzüglich der entstandenen Ausgaben versteuert. Wie bekommt Flitzer die hohen Gewinnspitzen weg? fragst Du Dich jetzt. Das ist eine ganz einfache und legale Sache. Er dirigiert nämlich die Zahlungen so, daß sie sich gleichmäßig über die Jahre hin verteilen. Flitzer vereinbart geschickterweise mit seinen Kunden andere Zahlungsmethoden als Rostig. So läßt er sich beispielsweise Anzahlungen geben oder er schreibt die Rechnungen erst zu einem späteren, für ihn günstigeren Zeitpunkt aus.

Wenn Rostig nicht dem Beispiel seines pfiffigen Kollegen Flitzer folgen will, bleibt nur noch eine Möglichkeit: Er darf sein Hauptgeschäft nicht nur auf den großen Automärkten machen, sondern muß auch zwischendurch ein paar Mark einnehmen.

Unternehmensformen und steuerliche Belastung 532

Die steuerliche Belastung hängt stark von der Rechtsform ab, die Du für Deinen Betrieb gewählt hast. Nachfolgend ein kurzer Belastungsvergleich.
Die **OHG** und die **KG** selbst unterliegen weder der Einkommensteuer 533
noch der Körperschaftsteuer. Den Gesellschaftern wird der Jahresgewinn anteilig als gewerbliche Einkünfte zugerechnet, für die sie Einkommensteuer zu zahlen haben, wobei es ohne Bedeutung ist, ob Gewinne ausgeschüttet oder im Unternehmen belassen werden. Auch die Höhe der Entnahmen ist ohne Bedeutung.
Die **GmbH** unterliegt mit ihrem Einkommen der Körperschaftsteuer. 534
Der Körperschaftsteuersatz beträgt 45 Prozent. Er ermäßigt sich auf 30 Prozent für ausgeschüttete Gewinne. Für die Ausschüttungsbeträge (= Kapitaleinkünfte) zahlen die Gesellschafter Einkommensteuer, auf die aber die Körperschaftsteuer der Gesellschaft angerechnet wird. Die angerechnete Körperschaftsteuer beträgt immer 3/7 der Barausschüttung. Von dieser hat die Gesellschaft 25 Prozent Kapitalertragsteuer einzubehalten und abzuführen. Der Rest der Ausschüttung steht den Gesellschaftern unmittelbar zur Verfügung, weshalb man diesen Restbetrag als Nettoausschüttung bezeichnet. Die Barausschüttung plus angerechnete Körperschaftsteuer ist die sog. Bruttoausschüttung. Auch die Kapitalertragsteuer wird auf die Einkommensteuer der Gesellschafter angerechnet, vergleichbar mit einbehaltener Lohnsteuer oder einer Einkommensteuervorauszahlung.
Die Gesellschafter der GmbH können gleichzeitig Arbeitnehmer der Gesellschaft sein. Insoweit werden sie steuerlich wie fremde Arbeitnehmer behandelt. Die Gehälter der Gesellschafter sind Betriebsausgaben der Gesellschaft und vermindern den körperschaftsteuerpflichtigen

Gewinn. Außerdem können die Gesellschafter mit steuerlicher Wirkung an die GmbH Grundstücke vermieten. Die Mieten sind ebenfalls Betriebsausgaben. Der Abzug der Gehälter und der Mieten führt zu einer Entlastung bei der Gewerbesteuer, weshalb die GmbH meistens weniger mit Gewerbesteuer belastet ist als die OHG und die KG, bei denen Gehalts- und Mietverträge zwischen Gesellschaft und Gesellschaftern steuerlich nicht berücksichtigt werden (§ 15 EStG).

Wähle die steuerlich günstigste Unternehmensform

535 Hier ein Beispiel, anhand dessen Du die unterschiedliche Steuerbelastung bei den verschiedenen Unternehmenstypen erkennen kannst.

Die Eckdaten

An den Gesellschaften OHG, KG, GmbH 1 (ohne Ausschüttung), GmbH 2 (mit voller Gewinnausschüttung) sind die Gesellschafter A, B und C mit je einem Drittel gewinn- und kapitalmäßig beteiligt. A und B erhalten als tätige Gesellschafter vorab je 50 000 Mark Tätigkeitsvergütung, C hat der Gesellschaft ein ihm gehörendes Grundstück gegen eine Jahresmiete von 15 000 Mark zur Verfügung gestellt. C hat noch Kapitaleinkünfte aus privatem Kapitalvermögen von 35 000 Mark. Die Tätigkeitsvergütungen und die Mietzahlung an C haben den Gewinn von jährlich 300 000 Mark (vor Abzug der Gewerbesteuer, Hebesatz 350 Prozent) bereits gemindert.
Bei der Berechnung der Einkommensteuer wurden keine Steuervergünstigungen für Kinder berücksichtigt, aber Sonderausgaben in Höhe der Höchstbeträge. Es wurde die Splittingtabelle zugrunde gelegt.

Die Belastung in Prozent des tatsächlich erwirtschafteten Gewinns von 415 000 Mark

	Einzel-unternehmer	OHG	KG	GmbH 1	GmbH 2
Gewerbesteuer	11,5	11,5	11,5	11,0	11,0
Einkommensteuer	17,7	17,7	17,7	2,0	./. 0,5
Körperschaftsteuer	–	–	–	29,0	18,5
Summe	29,2	29,2	29,2	42,0	29,0

Bei einem **Einzelunternehmen** ergibt sich in etwa dieselbe Belastung in Prozent wie bei den Personengesellschaften OHG und KG, wenn der Gewinn des Einzelunternehmens nur ⅓ des Jahresgewinns der Gesellschaften zuzüglich Vorabvergütungen betragen hat (Gewinn 300 000 Mark + Vorabvergütung 115 000 Mark = 415 000 Mark, davon ⅓ = 139 000 Mark). 536

Bei diesem Belastungsvergleich liegen Einzelunternehmen und Personengesellschaften mit der GmbH fast gleich.

Das Ergebnis läßt sich zugunsten der GmbH 2 korrigieren, indem die Tätigkeitsvergütung und die Miete angehoben werden. Dadurch ließe sich die Gewerbesteuerbelastung und damit auch die Gesamtsteuerbelastung bei der GmbH wesentlich drücken.

Daß die Ausschüttungen zu sehr an der Kapitaldecke der GmbH zehren und zu Finanzproblemen führen, kann man verhindern, indem man sich des »Schütt aus hol zurück«-Verfahrens bedient. Dahinter verbirgt sich nichts anderes, als daß man die ausgeschütteten Gewinne der GmbH gleich wieder als Gesellschafterdarlehen zur Verfügung stellt. Beachte aber, daß man nicht beliebig an der Vergütungsschraube drehen kann. Die Schmerzgrenze des für Dich zuständigen Fiskalritters ist die Höhe der Vergütung, die ein Fremder für die gleichen Leistungen bekäme. Gehst Du mit Deinem Gehalt höher, bindet er Dir eine unter Umständen sehr teure verdeckte Gewinnausschüttung ans Bein.

Vor Steuern fliehen fast ebenso viele
Menschen ins Ausland wie vor Diktatoren.

(James Newman)

Die Gewerbesteuer 537

Die Gewerbesteuer ist eine Gemeindesteuer und wird auch von den Gemeinden erhoben. Weil die Gewerbesteuer nach dem gewerblichen Gewinn und nach dem Gewerbekapital berechnet wird, stellt das Finanzamt im Auftrag der Gemeinde anhand des von Dir erklärten Gewinns den sogenannten Gewerbesteuermeßbetrag fest. Auf der Grundlage dieses Meßbetrags berechnet die Gemeinde nach ihrem Hebesatz (das ist ein prozentualer Aufschlag) die Gewerbesteuer.

538 **GUTER RAT:** Es ist ein Riesenunterschied für die Berechnung der Gewerbesteuer, ob Du einen Betrieb oder deren zehn besitzt. Hast Du als Gewerbetreibender mehrere Betriebe, so ist jeder für sich zur Gewerbesteuer heranzuziehen. Auch wenn die Betriebe in der gleichen Gemeinde liegen sollten. Nimm an, Kfz-Elektriker Emsig will seinen Betrieb – der mit einem Gewerbeertrag von rund 35 000 Mark deutlich unter der Gewerbesteuerfreigrenze liegt – vergrößern und noch eine Lackiererei angliedern. Um mit der vergrößerten Firma – und dem zu erwartenden steigenden Gewinn – trotzdem keine Gewerbesteuer zahlen zu müssen, macht er die Lackiererei zu einer eigenständigen Firma. Inhaber wird Emsigs Sohn. Beide Betriebe bleiben jetzt weiterhin unter dem Freibetrag von 48 000 Mark für die Gewerbeertragsteuer – Emsig muß keine Mark an die Gemeinde zahlen.

539 **In der Tat:** Bis zu einem Gewerbeertrag von 48 000 Mark pro Betrieb fällt keine Gewerbesteuer an. Also ist es doch besser, wenn Du diesen Freibetrag zweimal in Anspruch nehmen kannst, als wenn er Dir nur einmal zugesprochen wird. Kannst Du Deinen Betrieb trennen, so daß beide Einzelfirmen nicht wesensverwandt sind, z. B. in eine Schreinerei und ein Bestattungsinstitut, dann kannst Du kräftig sparen:
Angenommen, Dein Gewinn beträgt 90 000 Mark für den Gesamtbetrieb, das Gewerbekapital 200 000 Mark, dann zahlst Du eine Gewerbesteuer von etwa 5900 Mark. Teilst Du das Unternehmen, und jeder Betriebsteil erwirtschaftet 45 000 DM, ergibt sich Null Mark Gewerbesteuer. Von dem Geld kannst Du jedes Jahr einen netten Urlaub machen.

Schulden sind Betriebskapital

540 Als Existenzgründer hast Du wahrscheinlich Schulden gemacht. Doch Achtung: Dauerschulden und die Zinsen, die Du abzahlst, werden – auch wenn es paradox klingt – bei der Gewerbesteuer dem Betriebskapital zugerechnet. Je mehr Schulden Du hast, desto mehr Gewerbesteuer mußt Du zahlen. Mit ein bißchen Phantasie kannst Du diesem Mißstand entgehen.

GUTER RAT: Vermeide ein Dauerminus. Du zahlst Deine Verpflichtungen beim Wareneinkauf nicht mehr durch zwangsläufiges Überziehen Deines Kontos mittels Scheck, sondern – wenn irgend möglich – mit einem Wechsel. Folge: Dein Konto gerät nicht ins Minus, und Du läufst nicht Gefahr, für Dauerschulden (alle Kredite, die länger als ein Jahr laufen) Gewerbekapitalsteuer berappen zu müssen.

Achte außerdem darauf, daß Dein Kontokorrentkredit an mindestens acht Tagen im Wirtschaftsjahr ausgeglichen ist. Warum das? Nun, wenn Du Dauerschulden hast, dann lösen sie Hinzurechnungen aus. Schulden sind dann Dauerschulden, wenn sie nicht binnen zwölf Monaten getilgt werden. Deshalb rechnen Wechselschulden nur selten zu ihnen.

Zwei-Konten-Modell 541

Wer sagt eigentlich, daß Du nur *ein* Kontokorrentkonto führen mußt? Um endlich von der unseligen Hinzurechnung von Dauerschuldzinsen und Dauerschulden herunterzukommen, solltest Du Dir schleunigst bei einer anderen Bank noch ein zweites Kontokorrentkonto zulegen. Der Rest ist kinderleicht. Du mußt nur noch dafür sorgen, daß jedes Deiner Konten über das Jahr gesehen an mindestens 8 Tagen im Plus gestanden hat, und schon sind die Zurechnungen hinfällig.
Du wirst also einfach eine Zeitlang alle Einnahmen auf das Konto 1 leiten und von Konto 2 die Ausgaben bezahlen. Nachdem Du so Konto 1 für 8 Tage ins Plus gehievt hast, drehst Du den Spieß um und machst das gleiche Spielchen mit Konto 2 noch einmal. Warst Du auch hier 8 Tage aus den Miesen, bist Du mit der Dich viel Steuergeld kostenden Versteuerung von Dauerschulden und Dauerschuldzinsen aus dem Schneider.

542

GUTER RAT: Drückt Dich als gut verdienender Selbständiger die Gewerbesteuer zu stark, dann erwirb – wenn es geht – Maschinen oder Kraftfahrzeuge mittels Leasing! Die Leasingraten sind nämlich sofort voll als Betriebsausgaben absetzbar! Statt einer Finanzierung durch einen Bankkredit verschaffst Du Dir so erhebliche steuerliche Vorteile.

Am Regenbogen muß man nicht
Wäsche aufhängen wollen.
(Ambrose Bierce)

543 Deine Buchhaltung: Überschußrechnung oder Bilanz?

544 Nur als Vollkaufmann mußt Du eine Bilanz vorlegen, deren Erstellung für Dich vielleicht zu schwierig und vom Steuerberater gefertigt zu teuer ist.

Mein Rat:

545 Mache zunächst einmal eine normale Überschußrechnung. Wie das genau geht, siehst Du im folgenden. Das Finanzamt muß Dich nämlich ausdrücklich zur Bilanzierung aufgefordert haben, wenn es das will. Freiberufler brauchen nicht zu bilanzieren, wenn sie nicht wollen. Bei ihnen genügt ein einfaches Aufzeichnen der Einnahmen und Ausgaben. Eben eine einfache Überschußrechnung.

546 Warum Du als Freiberufler nicht bilanzieren solltest

»So dumm wird wohl keiner sein, zu bilanzieren, wenn er nicht unbedingt muß!« Warum das?

1. Das Erstellen einer Bilanz ist sehr aufwendig.
2. Mit der Überschußrechnung kannst Du die Höhe des Gewinns ebenfalls beeinflussen: Indem Du Einnahmen in das nächste Jahr verlagerst – eben später die Rechnungen schreiben oder Schecks später abrufen – und Ausgaben in das gegenwärtige Jahr vorziehst, z. B. durch Vorauszahlungen. Ziel muß dabei immer sein, große Schwankungen beim Gewinn zu vermeiden.

Du solltest auch keine Verluste ausweisen. Zwar kannst Du Verluste, die nicht mit anderen positiven Einkünften ausgeglichen worden sind, in einem anderen Jahr abziehen. Da der Verlustvortrag bzw. der Verlustrücktrag aber bereits bei der Berechnung des Einkommens nach den

Sonderausgaben und außergewöhnlichen Belastungen abgezogen wird, geht Dir in dem Abzugsjahr der Grundfreibetrag von 13 499 Mark bzw. als Verheirateter von 26 999 Mark und, soweit Du Kinder hast, auch der Kinderfreibetrag von 6912 Mark und eventuell sogar der Haushaltsfreibetrag von 5616 Mark verloren.

Was heißt das genau?

Angenommen, Dein Geschäftsjahr ist schlecht gelaufen und Du hast 547
Verlust gemacht. Den kannst Du selbstverständlich mit positiven Einkünften dieses Jahres aufrechnen, sofern Du welche hast. Das Finanzamt nennt so etwas Verlustausgleich, also den Ausgleich von positiven und negativen Einkünften desselben Jahres.

Sind keine positiven Einkünfte vorhanden, oder ist der Verlust höher 548
als die positiven Einkünfte, ergibt sich insgesamt gesehen ein Verlust, den Du jetzt mit den positiven Einkünften der beiden Vorjahre aufrechnen kannst. Das Finanzamt nennt so etwas Verlustrücktrag, also den Rücktrag nicht ausgeglichener Verluste des Vorjahrs.

Aber paß auf: Ist der Verlust sehr hoch, und bleiben deshalb noch 549
Verluste übrig, die nicht mit Vorjahrseinkünften ausglichen werden konnten, dann kann der Rest mit Einkünften künftiger Jahre aufgerechnet werden (Verlustvortrag). Das hört sich alles recht fair an. Und trotzdem liegen hier viele Fallstricke.

Denn: Verlustvortrag und Verlustrücktrag werden vom Finanzamt immer so hoch vorgenommen, daß überhaupt keine Einkünfte mehr übrigbleiben.

Im Grunde genommen bedeutet das für Dich, daß das Finanzamt viel mehr an Verlusten abzieht, als Du eigentlich benötigst, um auf eine Steuer von Null zu kommen. Der auf diese Weise zuviel verbrauchte Verlust geht völlig ins Leere und steht Dir in späteren Jahren nicht mehr als Abzugsbetrag zur Verfügung.

550 Eine wirksame Gegenstrategie

Es ist mehr als ärgerlich, wenn Dein Verlust zwangsweise zunächst in den beiden Jahren vor der Verlustentstehung abgezogen wurde. Vor allem, wenn Du dort ein sehr niedriges Einkommen hattest oder Deine Steuer z. B. durch Steuerermäßigungen wie das Baukindergeld schon auf Null heruntergedrückt war.

Trick

Geschickt Anträge stellen

Will Dich das Finanzamt auf diese Weise veranlagen, stellst Du folgenden Antrag:
Der Verlust soll nicht in die alten Jahre zurückgetragen werden, sondern im Steuerbescheid notiert und erst in den kommenden Jahren – in denen Du (hoffentlich) dicke Gewinne machst – abgezogen werden.
Dieses Wahlrecht steht Dir für alle Verluste zu. Von diesem Rat solltest Du unbedingt auch dann Gebrauch machen, wenn Du Dich als bisheriger Angestellter mit mittlerem Gehalt selbständig gemacht hast und nach Anlaufverlusten im ersten Jahr Deiner Selbständigkeit klotzige Gewinne machst. Wegen der Steuerprogression sparst Du statt z. B. 25 Prozent in den Angestelltenjahren durch die Verschiebung des Verlustausgleichs in die Jahre der Selbständigkeit 40 bis 50 Prozent an Steuern.
Wenn Du in den beiden letzten Jahren vor dem Verlustjahr ein hohes zu versteuerndes Einkommen gehabt hast, empfiehlt es sich, einen Verlustrücktrag vorzunehmen.

GUTER RAT: Der Fiskus zieht Verluste ab, bis sich für das Rücktragsjahr ein Einkommen von null Mark ergibt, und das, obwohl in den drei Vorjahren Erwerbsbezüge in folgender Höhe steuerfrei waren:
1. Jahr: 10 529/21 059 Mark (ledig/verheiratet)
2. Jahr: 11 069/22 139 Mark (ledig/verheiratet)
3. Jahr: 11 555/23 111 Mark (ledig/verheiratet)

Damit das Finanzamt also nicht mehr Verluste in den alten Jahren abzieht, als Du brauchst, um auf Null zu kommen, läßt Du Dir ausrechnen, wie hoch der Rücktrag sein muß, damit sich keine Steuer mehr für Dich ergibt. Auf eben diesen Betrag begrenzt Du dann Deinen Verlustrücktrag. Damit schlägst Du zwei Fliegen mit einer Klappe: Du erhältst erstens eine Steuererstattung und damit Liquidität, die Du gerade im Anfangsstadium Deiner Selbständigkeit dringend benötigst, und zweitens verschenkst Du von Deinem Verlustvortrag keinen Pfennig, den Du in den kommenden Jahren steuermindernd geltend machen kannst.

Guter Rat für Freiberufler: Als Freiberufler solltest Du dann bilanzieren, wenn sich mit der Überschußrechnung ein Verlust, mit der Bilanzierung aber ein – wenn auch bescheidener – Gewinn ergibt, der den Grundfreibetrag und ggfs. Kinderfreibeträge und Haushaltsfreibetrag abdeckt. 551
Diese Lage tritt oft im ersten und zweiten Jahr der Selbständigkeit ein, weil die Betriebsausgaben von Anfang an entstehen und auch bezahlt werden müssen, die Betriebseinnahmen aber erst mit zeitlicher Verzögerung hereinkommen. Das führt mit der Überschußrechnung rechnerisch zu Verlusten.
Bei Bilanzierung wird aber durch Ansatz der Honorarforderungen meist schon im ersten Jahr ein Gewinn verzeichnet. Später, wenn alles in geregelten Bahnen läuft, gehst Du dann selbstverständlich wieder zur Überschußrechnung über.

Beispiel: PR-Berater Rudolf Redsam war lange Jahre erfolgreich in einer großen Agentur beschäftigt. Jetzt hat er sich selbständig gemacht. Er ist nicht nur ein Werbeprofi, auch die Grundzüge des Handelsrechts sind ihm ein Begriff. Daher weiß er auch, daß er als Freiberufler keine Bilanz aufstellen muß. Redsam macht es trotzdem. Warum? Das zeigt Dir die folgende Rechnung, in der aufgeführt ist, wie sich im ersten Jahr eine Überschußrechnung im Unterschied zur Bilanzierung auswirkt.

Einahme-Überschußrechnung

	Jahr 0 mit Rücktrag	Jahr 1 mit Rücktrag
Praxisergebnis	0	– 36 000
Arbeitseinkünfte	50 000	0
Summe Einkünfte	50 000	– 36 000
Sonderausgaben	– 14 000	– 14 000
Zwischensumme	+ 36 000	– 50 000
Verlustrücktrag	– 36 000	–
Einkommen	0	– 50 000
Grundfreibetrag	– 11 232	– 11 232
best. Einkommen	– 11 232	– 6 232
Einkommensteuer	0	0

Bilanzierung

	Jahr 0 ohne Rücktrag	Jahr 1 ohne Rücktrag
Agenturergebnis	0	+ 24 000
Arbeitseinkünfte	+ 50 000	0
Summe Einkünfte	50 000	+ 24 000
Sonderausgaben	– 14 000	– 14 000
Zwischensumme	+ 36 000	+ 10 000
Verlustrücktrag	0	0
Einkommen	+ 36 000	+ 10 000
Grundfreibetrag	– 11 232	– 11 232
best. Einkommen	+ 24 768	– 1 232
Einkommensteuer	**4 994**	0

Was Dir diese Rechnung sagt:

- In der Einnahme-Überschußrechnung macht die Agentur von Redsam im 1. Jahr Verluste, durch die die Grundfreibeträge für die Jahre 0 und 1 von jeweils 11 232 Mark aufgezehrt werden. Damit gehen ihm insgesamt Freibeträge von 22 464 Mark verloren.
- Durch die Bilanzierung im ersten Jahr sind bei Redsam zukünftige Einnahmen (Forderungen abzgl. Verbindlichkeiten) in Höhe von 50 000 Mark vorgezogen worden. Wenn unterstellt wird, daß in Zukunft einmal in der Progressionsspitze der Gewinn mit 50 Prozent versteuert wird, ergibt sich dadurch eine Steuerersparnis von rund

25 000 Mark. Dieser Ersparnis steht zunächst ein Steuermehraufwand für die Jahre 0 und 1 von 4994 Mark gegenüber. Die endgültige Ersparnis beträgt somit rund 20 000 Mark.

Die Einnahme-Überschußrechnung 552

Viele Kleinunternehmer haben Manschetten vor der Buchführung und glauben, nicht allein damit fertigzuwerden.
Davor brauchst Du wirklich keine Bange zu haben. In den Anfangsjahren brauchst Du keinen teuren Steuerberater und Buchführer. Mit den Büchern des Verfassers kommst Du viel besser zurecht, wie der aus seiner langen Erfahrung heraus weiß. Mehr als die folgenden Seiten brauchst Du gar nicht zu wissen – alles andere kann Dich nur verwirren.

Das Zu- und Abflußprinzip 553

Bei der Überschußrechnung sind die Betriebseinnahmen in dem Kalenderjahr anzusetzen, in dem sie zugeflossen, und die Betriebsausgaben in dem Kalenderjahr abzusetzen, in dem sie geleistet worden sind; das gilt auch für Vorschüsse, Teil- und Abschlagszahlungen. Diese Regelung gilt prinzipiell und wird deshalb als »Zu- und Abflußprinzip« bezeichnet.

Abschreibungen 554

Anlagegüter mit einer Nutzungsdauer von mehr als einem Jahr, wie zum Beispiel Fahrzeuge, Einrichtungsgegenstände und Maschinen, kannst Du nicht sofort voll mit ihrem Anschaffungspreis absetzen. Vielmehr mußt Du die Anschaffungskosten auf die Nutzungsdauer verteilen. Betriebsausgabe ist hier nur die Absetzung für Abnutzung, auch Abschreibung genannt. Das machst Du so: Die Nutzungsdauer für die Anlagegüter wird von Dir geschätzt. Dabei ist die Art des Anlageguts und die Nutzung zu berücksichtigen. Eine Ausnahme von der Absetzung für Abnutzung bilden Anlagegüter mit Anschaffungskosten – ohne Umsatzsteuer – bis 800 Mark. Diese sogenannten Geringwertigen Wirtschaftsgüter kannst Du im Jahr der Anschaffung in voller Höhe als Betriebsausgaben absetzen.
Steuerpflichtiger Gewinn ist der Überschuß der Betriebseinnahmen 555
über die Betriebsausgaben. Den Gewinn berechnest Du durch einen Jahresabschluß.

Sind die Ausgaben höher als die Einnahmen, entsteht beim Abschluß ein Verlust. Den Gewinn oder den Verlust erklärst Du dem Finanzamt in der Anlage GSE zur Einkommensteuererklärung und fügst Deine Abschlußrechnung bei.
Die Aufzeichnungen und die Abschlußrechnung mußt Du 10 Jahre und die Belege 7 Jahre aufbewahren.

So fertigst Du die Abschlußrechnung

556 Deine Betriebseinnahmen teilst Du auf in Einnahmen aus den regulären Geschäften und aus den Hilfsgeschäften (z. B. einem Autoverkauf) – jeweils ohne Umsatzsteuer. Die vereinnahmte Umsatzsteuer, die Du Deinen Kunden in Rechnung gestellt hast, gibst Du getrennt an. Nur so kann der Finanzbeamte (und Du!) die für ihn obligatorische Gewinnverprobung und die Umsatzsteuerverprobung durchführen. Du fragst Dich sicher, wieso Du dem Finanzamt Dein Betriebsergebnis so mundgerecht servieren sollst. Nun, Du tust es auch für Dich.

Trick

Gib dem Finanzamt Contra

557 **Auch Du solltest spätestens am Jahresende nachprüfen können, wie Du gewirtschaftet hast (und ob mögliche Schwarz- und Ohne-Rechnung-Geschäfte dem Finanzamt auffallen könnten oder nicht). Deshalb ist auch für Dich eine Verprobung des erzielten Gewinns mehr als wichtig. Um was es sich dabei im einzelnen handelt (z. B. ob Du mit Deiner Warenkalkulation richtiglagst) und wie Du bei Einwendungen des Dir den Gewinn erhöhen wollenden Finanzamts am erfolgversprechendsten Contra geben kannst, das vermittelt Dir mein Buch »Wenn der Betriebsprüfer kommt«. Wer sein Unternehmen schon länger führt, sollte sich über die Möglichkeiten bei »Ohne-Rechnung-Geschäften« und einer Gegenstrategie eingehend informieren. Auch hier ist die beste Hilfe in meinem Buch »1000 Tips und Tricks bei Schwarzgeld und Steuerfahndung« zu finden.**

558 Wie Deine Abschlußrechnung in etwa aussehen könnte, zeigt folgendes Beispiel:

EDV-Berater Redlich
Abschlußrechnung und Rentabilitätsvorschau

Betriebseinnahmen		**Deine voraussichtlichen Zahlen**	**Beispiel**
Umsatz		....	150 000 DM
./. Wareneinsatz		....	80 000 DM
= Rohgewinn 1		....	70 000 DM
./. Personalkosten		....	50 000 DM
= Rohgewinn 2		....	20 000 DM
Einnahmen aus Dienstleistungen		....	33 005 DM
Einnahmen aus Hilfsgeschäften:		....	
Pkw-Verkauf		....	12 500 DM
EDV-Hardware		....	1 750 DM
vereinnahmte Umsatzsteuer 15%		....	7 088 DM
vom Finanzamt erstattete Vorsteuer		....	1 704 DM
Summe der Betriebseinnahmen		....	**56 047 DM**
Betriebsausgaben			
gezahlte Umsatzsteuer (Vorsteuer)		....	8 914 DM
Verpflegungsmehraufwand bei Geschäftsreisen		....	868 DM
Bewirtungen und Geschenke		....	163 DM
Kfz-Kosten			
Betriebskosten und Reparaturen		....	4 529 DM
Abschreibung lt. Anlageverzeichnis		....	16 700 DM
Summe der Kfz-Kosten	21 229 DM		
./. Privatanteil 30%	6 368 DM	....	14 861 DM
Porto		....	182 DM
Telefon	3 784 DM		
./. Privatanteil	500 DM	....	3 284 DM
Fachliteratur, Fachzeitschriften		....	934 DM
Bürobedarf		....	813 DM
Berufsgenossenschaft		....	119 DM
Büroraumkosten für häusliches Arbeitszimmer			
Gesamtkosten der Wohnung (Miete, Strom, andere Nebenkosten) 14 329 DM davon 20% Büroanteil		....	3 009 DM
Büroeinrichtung geringwertige Anlagegüter		....	2 966 DM
Büroeinrichtung Abschreibung lt. Anlageverzeichnis		....	5 800 DM
Summe der Betriebsausgaben		....	**63 142 DM**
Gewinn (76 047 DM ./. 40 053 DM) =		....	**12 905 DM**

559 Auf der Seite der Betriebsausgaben

Die von Dir an Lieferanten und Dienstleister gezahlte Vorsteuer weist Du gesondert aus. Auch bei den gemischten Kosten wie Kfz-, Telefon- und Raumkosten kommst Du dem bearbeitenden Beamten entgegen, indem Du den von Dir angesetzten Privatanteil dafür am Ende des Jahres ausweist.

560 Für die laufenden Aufzeichnungen besorgst Du Dir aus einem Laden für Bürobedarf eine Spaltenkladde, auch Journal oder Geschäftsbuch genannt.
Im Geschäftsbuch kannst Du alle Einnahmen und Ausgaben aufzeichnen. Hierzu sind bereits spezielle Spalten eingerichtet, die Du nur noch ausfüllen mußt. Es gibt auch einfach zu handhabende EDV-Programme speziell für die Buchführung. Dann mußt Du die Zahlen nur noch in den Computer tippen.

Die Spalten Deiner Buchführungskladde tragen (von links nach rechts) z. B. folgende Bezeichnungen:

1. Beleg Nr.
2. Tag
3. Vorgang
4. Einnahme/Betrag
5. Nettoeinnahme
6. MWSt
7. Brutto
8. Vorsteuer
9. Betrag Ausgabe
10. Privat
11. Kfz-Kosten
12. Telefon
13. Porto
14. Büro, usw.

561 Lerne, die besten Abschreibungsarten für Dich zu finden

Die Abschreibung kannst Du zunächst nur vornehmen, wenn Dir das Wirtschaftsgut zivilrechtlich auch gehört. Oder es Dir wegen besonderer Umstände zumindest steuerlich als wirtschaftliches Eigentum zugerechnet wird. Gehört ein Gegenstand oder ein Gebäude, das Du für Deinen Betrieb oder Deinen Beruf nutzt, ganz oder zum Teil Deiner Ehefrau, hast Du zwei Möglichkeiten:

1. Einfach ist die Sache für Dich, wenn Deine Gattin zwar Miteigentümerin ist, jedoch keine nennenswerten Einkünfte hat. Wenn Du deshalb sowieso die gesamten Kosten, z. B. die Baukosten für Euer Haus getragen hast, in dem sich auch Dein Laden oder Deine Praxis befindet, kannst Du die Abschreibung in voller Höhe als Betriebsausgabe absetzen. Den Anteil, der rechnerisch auf Deine Frau entfällt, setzt Du in Deiner Steuererklärung dabei unter der schönen Bezeichnung **Drittaufwand** ab.

2. Hat Deine bessere Hälfte dagegen ihren Anteil am Kaufpreis oder den Herstellungskosten selbst bezahlt, hilft ein einfacher Mietvertrag, mit dem Du von Deiner Frau ihren Kaufpreisanteil an den von Dir betrieblich genutzten Räumen bezahlst. Sie hat dadurch Einkünfte aus Vermietung und Verpachtung, kann andererseits aber auch die Abschreibung geltend machen. Da Du die gezahlte Miete als Betriebsausgabe einfügen kannst, bleibt es per saldo dabei, daß Ihr in Eurer gemeinsamen Steuererklärung die Abschreibung in voller Höhe absetzen könnt.

Was bedeutet der Teilwert? 562

Du kannst nicht nur die von Dir neu gekauften Gegenstände abschreiben. Auch für Sachen, die Dir schon jahrelang gehören und die Du neuerdings für Dein Unternehmen einsetzt, kannst Du Abschreibung geltend machen. Man spricht hier von der Einlage eines privaten Gegenstands in den Betrieb. Anzusetzen ist eine solche Einlage mit dem sog. Teilwert. Das ist der aktuelle Wert im Zeitpunkt der erstmaligen betrieblichen Verwendung. Die Abschreibung ergibt sich aus diesem (im Zweifel zu schätzenden) Teilwert und der angenommenen Restnutzungsdauer des Gegenstands.

So nimmst Du die lineare Abschreibung vor 563

Die Abschreibung beginnt immer mit der Anschaffung, d. h. wenn das Wirtschaftsgut geliefert worden ist. Für bewegliche Gegenstände bei Anschaffung bzw. Herstellung im Laufe des Kalenderjahrs kannst Du

vom Anschaffungsbetrag für jeden angefangenen Monat 1/12 der vollen Jahresabschreibung ansetzen. Die volle Jahresabschreibung errechnet sich aus der Formel: Anschaffungsbetrag/Jahre der Nutzungsdauer. Beispiel: Eine Drehmaschine, Anschaffungswert 120 000 Mark, Abschreibungsdauer acht Jahre, jährliche Abschreibung 12,5 Prozent, also 15 000 Mark. Abschreibung für einen Monat : 12 = 1250,– Mark
Bei Kauf am 31. 3. des Jahres: x 9 = 11 250,– Mark.

TIP Nutze die Vereinfachungsregelung

564 Eine Vereinfachungsregelung gilt für bewegliche Wirtschaftsgüter wie Maschinen, Inventar, Kraftfahrzeuge usw.
Danach kannst Du im ersten Jahr der Anschaffung bzw. Herstellung
– bis zum 1. 7. die volle,
– nach dem 30. 6. die halbe
Jahresabschreibung absetzen.

Beispiel: Du kaufst am 15. 4. für 60 000 Mark einen neuen Wagen, dessen Nutzungsdauer 5 Jahre beträgt. Die volle Jahresabschreibung beträgt also 12 000 Mark
Du kannst nun wählen, ob Du 9/12 von 12 000 Mark = 9000 Mark oder lt. Vereinfachungsregel 100 Prozent von 12 000 Mark = 12 000 Mark absetzt.
Für die Drehmaschine wären das dann 7500 Mark.

565 Die Abschreibung wird entsprechend der Nutzungsdauer des Gegenstands in gleichbleibenden Jahresbeträgen berücksichtigt. Die Nutzungsdauer ist natürlich nicht gleich der tatsächlichen Lebensdauer des Gegenstands. Du legst vielmehr die Zeit zugrunde, die Du die Sache vermutlich nutzen wirst. Die Dauer mußt Du im Einzelfall schätzen.

Trick

Hohe Abschreibungen gleich niedriger Gewinn

So lautet die allgemein vertretene Ansicht. Da Du aber stets für Dich persönlich überprüfst, was da so hingeredet wird, schaltest Du richtig, wenn Du Dir sagst: Ich werde den Teufel tun und eine hohe Abschreibung in den ersten Unternehmensjahren anstreben. Denn ich habe meist noch so wenig Umsatz, daß ich kaum Gewinne machen werde und damit auch keine Steuern zu zahlen habe. Wenn also Ausgaben den Gewinn mindern, ohne steuerliche Vorteile zu erbringen, verzichte ich lieber jetzt darauf und verschiebe sie in die späteren, hoffentlich gewinnträchtigeren Jahre.
Ergo: Setz die Nutzungsdauer also für längere Jahre an.

Sonderfall Schichtarbeit 566

Wenn bei Dir aber rund um die Uhr in Schichtbetrieb gearbeitet wird, ergibt sich zwangsläufig ein höherer Verschleiß. Du wirst als umsichtiger Kaufmann deshalb natürlich einen kräftigen Zuschlag bei den Abschreibungssätzen machen, sofern Du hohe Gewinne erzielst. Das Finanzamt erkennt solche Zuschläge an, wenn sie im Zweischichtenbetrieb nicht über 20 Prozent und im Dreischichtenbetrieb nicht über 33,33 Prozent liegen.

Degressive Abschreibung 567

Außer bei Gebäuden kannst Du auch bei betrieblich genutzten beweglichen Wirtschaftsgütern die Abschreibung degressiv vornehmen, d. h. mit einem festen v.-H.-Satz vom jeweiligen Restbuchwert. Der v.-H.-Satz darf höchstens das Dreifache des linearen AfA (Absetzung für Abschreibung)-Satzes betragen. Dein Vorteil liegt vor allem in den ersten Jahren der Nutzungsdauer neu beschaffter Wirtschaftsgüter. Hier sind die Abschreibungen gegenüber der linearen Abschreibung wesentlich höher, während sie zum Ende der Nutzungsdauer niedriger sind. Dieser Effekt ergibt sich dadurch, daß Du das Anlagegut mit einem jährlich gleichbleibenden Prozentsatz abschreiben darfst.

Beispiel: Du erwirbst eine Fräsmaschine für 40 000 DM. Bei degressiver Abschreibung über zehn Jahre ergibt sich bei einem maximalen Abschreibungssatz von 30 Prozent p. a. folgende Staffel:

1. Jahr:	12 000,-- DM	(30 Prozent von 40 000,-- DM)
2. Jahr:	8400,-- DM	(30 Prozent von 28 000,-- DM)
3. Jahr:	5880,-- DM	(30 Prozent von 19 600,-- DM)
4. Jahr:	4116,-- DM	(30 Prozent von 13 720,-- DM)
5. Jahr:	2881,20 DM	(30 Prozent von 9 604,-- DM)
6. Jahr:	2016,84 DM	(30 Prozent von 6 722,80 DM)
7. Jahr:	1411,79 DM	(30 Prozent von 4 705,96 DM)

…

Die degressive Abschreibung lohnt sich allerdings nur bei einer Nutzungsdauer von über vier Jahren. Mit ihrer Hilfe kannst Du z. B. eine Maschine mit einer zehnjährigen Nutzungsdauer bereits in den ersten beiden Jahren über 50 Prozent abschreiben.
Merke aber: Der Höchstsatz der degressiven Abschreibung darf nur dreimal so hoch sein wie der lineare Abschreibungssatz und in der Spitze nicht mehr als 30 Prozent betragen.
Erkenne: Sinn macht das nur, wenn Du später, so hoffe ich doch für Dich, einmal fette Gewinne erzielst.

568 Die Vorteile beim Variieren mit den Abschreibungen

Die degressive Abschreibung ist nur in den ersten Jahren günstiger. Ich rate Dir daher, nach ein paar Jahren zur linearen Abschreibung zu wechseln, wenn sich herausstellt, daß Du damit besserfährst. Gegen einen Wechsel der Abschreibungsmethode von der degressiven zur linearen Abschreibung können die Fiskalvertreter nichts einwenden. Denn ein solcher ist nach § 7 Abs. 3 S. 1 EStG jederzeit möglich. Allerdings ist ein Wechsel von der linearen Abschreibung zur degressiven nicht zulässig. Wenn du den Wechsel vollzogen hast, wird der verbliebene Restbuchwert gleichmäßig auf die restliche Nutzungsdauer verteilt.

Beispiel: Du erwirbst eine Fräsmaschine für 40 000 Mark. Bei degressiver Abschreibung über fünf Jahre und anschließender linearer Abschreibung über weitere fünf Jahre ergibt sich folgende Staffel:

1. Jahr:	12 000,-- DM	(30 Prozent von 40 000,-- DM)
2. Jahr:	8 400,-- DM	(30 Prozent von 28 000,-- DM)
3. Jahr:	5 880,-- DM	(30 Prozent von 19 600,-- DM)
4. Jahr:	4 116,-- DM	(30 Prozent von 13 720,-- DM)
5. Jahr:	2 881,20 DM	(30 Prozent von 9 604,-- DM)
6.–10. Jahr:	1 344,56 DM	(1/5 von 6 722,80 DM)

Steuerliche Ansparabschreibungen für kleine und mittlere Betriebe und Freiberufler 569

Mit Hilfe der sogenannten Ansparabschreibungen (§7 g Abs. 3 EStG) kannst Du Abschreibungen schon in Jahren absetzen, in denen Du den betroffenen Gegenstand noch gar nicht gekauft hast. Das funktioniert, indem Du in Deiner Bilanz in Höhe der im ersten Jahr der Anschaffung höchstmöglichen Abschreibung eine gewinnmindernde Rücklage ausweist.

Diese Ansparabschreibungen sind nur für die geplante Anschaffung von Wirtschaftsgütern möglich, für die auch grundsätzlich die Sonderabschreibung für kleine und mittlere Betriebe in Betracht kommt. Sie müssen also

- neu sein,
- beweglich und
- zum Anlagevermögen Deines Betriebes gehören.

Als kleiner oder mittlerer Betrieb geht Dein Unternehmen durch, wenn das Betriebsvermögen am Ende des Jahres vor der Inanspruchnahme der Ansparabschreibung nicht mehr als 300 000 DM beträgt.

Wichtiger Hinweis:

Damit Du von der Ansparabschreibung profitierst, muß das später erworbene Wirtschaftsgut nicht auf Dauer im Betriebsvermögen bleiben. Ebensowenig ist es erforderlich, daß Du es fast ausschließlich betrieblich nutzt. Ansparabschreibungen kannst Du deshalb z. B. auch für den geplanten Kauf eines neuen Betriebs-Pkw absetzen.

Beispiel: Angenommen, Du willst einen neuen Firmen-Pkw kaufen. Das Auto wird schon wie das Vorgängermodell zu etwa 30 Prozent privat genutzt. Für den voraussichtlichen Pkw-Kauf in diesem Jahr ist bereits zwei Jahre vorher eine Ansparabschreibung möglich. Du kannst Deinen Gewinn durch die Ansparabschreibung maximal um 50 Prozent der voraussichtlichen Anschaffungskosten kürzen.

Trick

Abschreibung auf Zuruf

570 Bestimmte Nachweise mußt Du dem Finanzamt für den Abzug der Ansparabschreibung nicht liefern. Vor allem brauchst Du auch keinen detaillierten Investitionsplan. Es reicht völlig aus, wenn Du Angaben zu

- Art
- Zeitpunkt
- Höhe
- Ort

der Investition machst.

Du bekommst die Ansparabschreibung also praktisch auch dann, wenn Du später die Investition gar nicht durchführst. Es reicht also völlig, wenn Du Deine Investitionsabsicht auf einem – möglichst geduldigen – Stück Papier für das Finanzamt niederlegst.
Allerdings mußt Du in diesem Fall die Ansparrücklage spätestens nach

zwei Jahren gewinnerhöhend auflösen. Zusätzlich haben die Fiskalritter eine Verzinsung in Form eines Gewinnzuschlags für den Fall vorgesehen, daß eine Investition nicht oder nicht in geplanter Höhe tatsächlich erfolgt.

Beispiel: Du führst seit Jahren einen Gewerbebetrieb. Zum 31. 12. 1999 bildest Du eine Rücklage von 50 000 Mark mit dem Hinweis, daß Du Dir im Jahr 2001 für 100 000 Mark einen neuen Pkw kaufen willst. 2001 platzt der Kauf des neuen Autos.
Der Gewinnzuschlag im Jahr 2001 beträgt
50 000 Mark x 6% x 2 Jahre (2000, 2001) = 6000 Mark
Trotz des Gewinnzuschlags machst Du mit der Ansparabschreibung ein gutes Geschäft. Angenommen, Dein Spitzensteuersatz beträgt 1999 50 Prozent. Dann ergibt sich für Dich folgende Rechnung:

Gewinnminderung 1999 50 000 DM		
Steuerersparnis darauf 1999 50%		25 000 DM
Gewinn aus einer zinsgünstigen Anlage Deiner Ersparnis für 2 Jahre (Zinsen jeweils 5%)		2 500 DM
		27 500 DM
Gewinnerhöhung 2001 durch die Rücklagenauflösung	50 000 DM	
Gewinnzuschlag	6 000 DM	
Gewinnerhöhung	56 000 DM	
Steuererhöhung 2001 (Spitzensteuersatz lt. Reformplänen 39%)		21 840 DM
Dein Gewinn, ohne einen Pfennig zu investieren		5 560 DM

Sag selbst, ist das nicht ein Bombengeschäft?

GUTER RAT: Der Höchstbetrag für Deine Ansparabschreibung beträgt im Normalfall 300 000 Mark. Du kannst also für bis zu 600 000 Mark geplante Investitionen die Abschreibung um bis zu zwei Jahre vorziehen.

Riesengeschäft für Existenzgründer

571 **Viel besser fährst Du, wenn Du Dich einen Existenzgründer nennen kannst. Als solcher kannst Du nämlich die gewinnmindernde Rücklage fünf Jahre mit Dir herumschleppen und die Zinsvorteile aus Deiner vorgezogenen Abschreibung kassieren. Außerdem verdoppelt sich der Höchstbetrag für Deine Ansparabschreibung auf 600 000 Mark.**
Der Clou ist aber, daß Du Dir keinen Gewinnzuschlag ans Bein binden mußt, wenn Du trotz Ansparabschreibung nicht investierst.
Als Existenzgründer gehst Du beim Finanzamt übrigens durch, wenn Du innerhalb der letzten fünf Jahre vor der Eröffnung Deines Betriebs keinerlei Gewinneinkünfte hattest und auch nicht an einer Personengesellschaft oder Kapitalgesellschaft beteiligt warst.
Was Du im Extremfall daran verdienen kannst, siehst Du am folgenden

Beispiel: Angenommen, Dein Laden läuft schon nach kurzer Zeit mit dicken Gewinnen, von denen Dir der Fiskus am liebsten 53 Prozent abknöpfen möchte. Du legst dem Finanzamt eine wunderschöne Liste mit Maschinen, Fahrzeugen usw. vor, die Du über kurz oder lang neu anschaffen willst. Dabei warst Du nicht kleinlich, das Beste war gerade gut genug. Insgesamt kommst Du auf ein Investitionsvolumen von 1 200 000 Mark.
Am Jahresende gebildete Ansparrücklage 50 Prozent v. 1,2 Mio = 600 000 Mark

Steuerersparnis darauf bei 50% Steuersatz		300 000 DM
Gewinn aus einer zinsgünstigen Anlage Deiner Steuerersparnis für 5 Jahre (Zinsen jeweils 5%)		75 000 DM
		375 000 DM
Gewinnerhöhung 2003 durch die Rücklagenauflösung	600 000 DM	
Gewinnzuschlag	0 DM	
Gewinnerhöhung	600 000 DM	
Steuererhöhung 2003		300 000 DM
Dein Gewinn, ohne einen Pfennig zu investieren		75 000 DM

Natürlich kannst Du einen derart großen Reibach nur machen, wenn Du Krösus bist und über ein entsprechend hohes Einkommen verfügst. Aber auch als nicht ganz so reichlich gesegneter Selbständiger kannst Du mit etwas kleineren Beträgen immer noch völlig risikolos einen guten Happen von einigen tausend Mark machen.

Erst beim Abfassen der Einkommensteuererklärung
kommt man dahinter, wieviel Geld man sparen würde,
wenn man gar keines hätte.
(Fernandel)

Existenzgründer: Aufgepaßt!

Ein hartes Urteil für den Kläger. Dieser konnte seinen bisherigen Beruf nicht mehr ausüben und begann deshalb mit der Ausbildung zum Privatpiloten sowie zum Freiluftballonpiloten. Nach erfolgreicher Ausbildung erhielt er schließlich seine Lizenz, erwarb einen Heißluftballon, gründete einen Gewerbebetrieb und vermietete seinen Ballon als Werbefläche und zu Ausflügen. Die Kosten für seine Ausbildung machte er in voller Höhe als Betriebsausgaben geltend (sogenannte Anlaufkosten). Das Finanzamt setzte jedoch den Rotstift an und strich diese Aufwendungen in Höhe von immerhin beinahe 30 000 DM. Nach Ansicht des Finanzamts und des Finanzgerichts handelt es sich bei den Kosten um Ausbildungskosten, die lediglich mit einem Höchstbetrag von 1800 DM (bei einer auswärtigen Unterbringung 2400 DM) als Sonderausgaben abgezogen werden dürfen.

Wer sich selbständig machen will, für den muß nach diesem Urteil die logische Konsequenz heißen: *Zuerst das Gewerbe anmelden, mit der selbständigen Tätigkeit beginnen, also nach außen hin bereits als Unternehmer auftreten und dann nach und nach einzelne Ausbildungsabschnitte absolvieren.* In diesem Fall wären die Ausbildungskosten dann betrieblich veranlaßt, wobei ein Betriebsausgabenabzug in voller Höhe möglich wäre. Ein enormer Vorteil ist natürlich auch, daß man sich unter den geltenden Voraussetzungen auch die bezahlte Vorsteuer vom Finanzamt wieder zurückholen kann.

Vermeide es, selbst Geschenke zu machen!

572 **Für Geschenke an Geschäftsfreunde sind Deine steuerfreien Zuwendungen auf 75 Mark pro Jahr und pro Person begrenzt. Zusätzlich mußt Du diese Kosten auf einem gesonderten Konto aufzeichnen, damit die Beträge und die Empfänger jederzeit leicht festzustellen sind. Bei Sammelrechnungen mußt Du die einzelnen Empfänger vermerken, damit auch hier die Einhaltung der Höchstgrenze festgestellt werden kann.**

Übersteigen diese Geschenke (außer Versandkosten) nun die Grenze von 75 Mark, dann entfällt der Abzug als Betriebsausgaben gänzlich, es sei denn, daß Du die Versteuerung als geldwerten Vorteil zusätzlich übernimmst. Dies wird aber ein sehr kostspieliges Unterfangen, denn der Steuersatz kann fast 50 Prozent betragen. Der Kniff: Kaufe die Sachen als Betriebsausgabe ein, aber schenke nicht selbst, sondern laß sie von anderen Menschen schenken, etwa durch Deine Angestellten im Außendienst. (Hast Du keine, verleihst Du einem Deiner Bürohengste zusätzlich diesen Titel!) Jetzt muß das Finanzamt bei Deinen Mitarbeitern diese Beträge erst einmal finden und sich dann auch noch die Empfänger benennen lassen, ehe es auf Deine Geschäftsfreunde stößt.

Bis zu dem Betrag von 75 Mark werden von der Finanzverwaltung keine weiteren Nachforschungen angestellt. Handelt es sich dagegen um höhere Beträge, dann besteht die Gefahr, daß der Empfänger den Wert des empfangenen Geschenks als »geldwerten Vorteil« versteuern muß. Doch damit ist ja der eigentliche Sinn des Schenkens verfehlt.

Das Finanzamt kann über 75 Mark hinausgehende Geschenke nur dann bei Deinen Geschäftsfreunden versteuern, wenn es den Namen und die Anschrift des Empfängers kennt.

Hier bleibt es Dir überlassen, ob Du dieses Risiko mit der Verärgerung der Kunden oder Geschäftsfreunde eingehen willst. Oder ob Du lieber auf die steuermindernde Anerkennung dieser Beträge gänzlich verzichtest.

Profitiere von Verträgen mit Deinem Ehepartner 573

Viele Handwerksbetriebe und Existenzgründer kommen ohne die Mitarbeit des Ehepartners kaum zurecht. Ob er die Buchführung macht oder im Verkauf tätig ist – ein Arbeitsvertrag mit ihm lohnt sich. Er bringt dem Betrieb steuerliche Vorteile und sichert Deinen Ehepartner bei Alters- und Krankenversicherung kostengünstig ab.

Ehegattenarbeitsverträge – Was muß drinstehen? 574

Solche Verträge werden steuerlich anerkannt, denn sie sind grundsätzlich nicht anders zu beurteilen als Vertragsverhältnisse zwischen Fremden.
Die Folge: Zahlungen, die auf solchen Vertragsverhältnissen beruhen, sind Betriebsausgaben, weil sie betrieblich veranlaßt sind.
Aber: Wegen der engen persönlichen Beziehungen, in denen nahe Angehörige zueinander stehen, nimmt das Finanzamt diese Vertragsverhältnisse besonders scharf unter die Lupe. So müssen die Vereinbarungen klar und eindeutig und zudem schriftlich abgeschlossen und auch tatsächlich vollzogen sein.

Beispiel: Rosel Riemenschneider ist mit ihrem Chef verheiratet. Wie viele Ehefrauen packt sie im Stukkateurbetrieb ihres Mannes mit an. »Ohne sie läuft hier eigentlich nichts«, das sieht auch Rupert Riemenschneider so. Der Meister zahlt seiner Frau 30 000 Mark Gehalt im Jahr. Das kann er, wie die Gehälter der anderen Angestellten auch, natürlich vom Betriebsgewinn abziehen. Bei einem Jahresgewinn von 110 000 Mark macht das allein an Gewerbesteuerersparnis für Riemenschneider fast 4 000 Mark im Jahr aus. Gleichzeitig haben beide schon für die Zukunft vorgesorgt. Der Betrieb zahlt einen Teil der gesetzlichen Renten- und Krankenversicherung und sichert damit zumindest die Altersgrundversorgung von Rosel Riemenschneider.

Außerdem beträgt die Einkommensteuerersparnis auch noch mal rund 6000 Mark (angenommen 30 Prozent Steuersatz auf den Arbeitnehmer-Pauschbetrag von 2000 Mark, der den Bruttolohn mindert).

575 Der geringverdienende Ehepartner

Sollten allerdings keine Lohnnebenkosten durch Beiträge an die Sozialversicherung anfallen, weil Dein Betrieb es sich zu Anfang noch nicht leisten kann, schließt Du mit Deinem Ehepartner einen Arbeitsvertrag als Geringverdiener ab.
Um die Sozialversicherung zu umgehen, darf die monatliche Entlohnung aber 630 Mark nicht übersteigen.
Zugleich besteht dann die Möglichkeit, den Arbeitslohn ohne Vorlage der Lohnsteuerkarte pauschal mit 22,9 Prozent (Lohnsteuer, Kirchensteuer und Solidaritätszuschlag) zu versteuern. Damit ist die Versteuerung abgegolten, d. h., den Pauschallohn brauchst Du nicht mehr in der gemeinsamen Einkommensteuererklärung anzugeben.

Und so wird gerechnet:

Gehalt als Pauschalkraft monatlich	500,00 DM
+ Pauschalsteuer 22,9%	114,50 DM
Summe	614,50 DM
x 12 Monate	7 374,00 DM
Steuerersparnis bei 47% Steuersatz in der Spitze	3 466,00 DM
./. Aufwand an Pauschalsteuer	
114,50 DM x 12 Monate =	1 374,00 DM
Steuerersparnis	2 092,00 DM

576 Das prüft das Finanzamt

- Liegt eine Lohnsteuerkarte vor (pauschale Versteuerung ausgenommen), sind Lohnsteuer und Sozialversicherung in richtiger Höhe einbehalten und abgeführt worden?
- Konnte der Ehepartner wirklich über das Gehalt verfügen (§ 19 EStR)?

- Wurde die Auszahlung des Gehalts in bar – gegen Quittung – vorgenommen oder durch Überweisung auf ein Konto, das auf den Namen des Ehepartners lautet?

Trick

Das wird anerkannt

Das Arbeitsverhältnis wird aber auch noch anerkannt, wenn das Gehalt der Ehefrau zur Tilgung eines Bankdarlehens des Ehemanns verwendet wird. Oder wenn sie ihr Gehalt als Darlehen dem Betrieb zur Verfügung stellt. Dazu verlangt der Fiskus aber, daß ein ordentlicher Darlehensvertrag abgeschlossen wird.
Alle Verträge dafür findest Du – wasserdicht gemacht – in meinen »1000 ganz legalen Steuertricks«, dem »Großen Konz«.

Merke: Das Gehalt für die Mitarbeit Deines Ehepartners muß ange- 577
messen sein. Gib nie zu, daß dieser an unternehmerischen Entscheidungen beteiligt ist. Das Finanzamt sieht darin eine »mitunternehmerische« Tätigkeit und besteuert das Gehalt als vorweggenommenen Gewinn. Dadurch gehen Freibeträge und die Vorteile bei der Gewerbesteuer verloren. Deshalb gib im Anstellungsvertrag das Aufgabengebiet des Ehepartners genau an. (Willst Du Dich schützen, mit solchen und vielen anderen Spitzfindigkeiten von den Fiskalrittern später einmal hereingelegt zu werden, dann lies meine Bücher über Betriebsprüfung und über Schwarzgeld und Steuerfahndung.)
Wenn das Gehalt nach Tarif gezahlt wird, erkennt man es stets als angemessen an. (Sonderzahlungen hingegen nur, wenn auch die übrigen Beschäftigten sie erhalten haben.)

Noch einmal in Kürze 578

1. Verdienst

Lohn und Gehalt für den Ehepartner müssen nach den üblichen Sätzen bemessen sein. Sie dürfen also nicht höher sein als bei einem anderen Angestellten, der eine vergleichbare Arbeit verrichtet.

2. Zahlungen

Regelmäßigkeit ist oberstes Gebot. Auch wenn Du Dir das Geld wieder über eine Hintertür hereinholen solltest, mußt Du im gleichen Turnus zahlen wie bei Deinen anderen Angestellten.

3. Gehaltskonto

Dein Ehepartner braucht auf jeden Fall ein eigenes Gehaltskonto. Du darfst auf keinen Fall darüber verfügungsberechtigt sein.

4. Gleichbehandlung

Extras für den Ehepartner – etwa bei der Altersversorgung – erkennt das Finanzamt nicht an. Also weg damit.

579 Muster eines Ehegattenarbeitsvertrags

Arbeitsvertrag

Zwischen der Firma: *Name, komplette Anschrift*,
nachfolgend Firma genannt,
und: *Name, komplette Anschrift*, nachfolgend Mitarbeiter/in genannt, wird folgender Arbeitsvertrag geschlossen:

§ 1 Beginn des Arbeitsverhältnisses
Der Arbeitsvertrag hat ab *Datum* Gültigkeit.

§ 2 Ende des Arbeitsverhältnisses
Das Arbeitsverhältnis kann beiderseits jeweils zum Schluß eines Kalendervierteljahres/Kalendermonats unter Einhaltung einer Kündigungsfrist von *Anzahl* Monaten/Wochen gekündigt werden.

§ 3 Gegenstand der Arbeitsleistung
Der/die Mitarbeiter/in übernimmt folgende Arbeiten:
Stellenbeschreibung
Falls erforderlich, können dem/der Mitarbeiter/in auch andere als die vereinbarten Arbeiten übertragen werden.

§ 4 Arbeitszeit

Die regelmäßige Arbeitszeit beträgt wöchentlich *Anzahl* Stunden. Er/sie leistet die Arbeiten zu folgenden Zeiten:

Montags	von *Uhrzeit*	bis *Uhrzeit* Uhr
Dienstags	von *Uhrzeit*	bis *Uhrzeit* Uhr
Mittwochs	von *Uhrzeit*	bis *Uhrzeit* Uhr
Donnerstags	von *Uhrzeit*	bis *Uhrzeit* Uhr
Freitags	von *Uhrzeit*	bis *Uhrzeit* Uhr.

§ 5 Arbeitsvergütung

Der/die Mitarbeiter/in erhält eine monatliche Vergütung von *Betrag* DM.

§ 6 Besondere Entgelte

Außer dem in § 5 festgelegten Gehalt werden folgende zusätzliche Vergütungen gezahlt:

a) Eine umsatz-/gewinnabhängige Tantieme, die sich folgendermaßen errechnet: *Berechnung*.

b) Der/die Mitarbeiter/in erhält ohne Rechtsanspruch hierauf eine frei widerrufliche Weihnachtsgratifikation in Höhe von *Anteil in Prozent* eines Monatsgehalts von *Betrag* DM.

c) Der/die Mitarbeiter/in erhält alle sozialen Leistungen, die die Firma nach gesetzlichen Bestimmungen oder freiwillig ihren anderen Angestellten gewährt. Dies gilt besonders auch für Geburts- und Notstandsbeihilfen, für Leistungen aus der betrieblichen Unterstützungskasse und für die bei der Lebensversicherungsgesellschaft zugunsten der Betriebsangehörigen abgeschlossenen Zukunftssicherungsverträge.

§ 7 Urlaub

Der/die Mitarbeiter/in hat Anspruch auf einen bezahlten Urlaub von *Anzahl* Arbeitstagen.

§ 8 Gehaltsbezüge

Das Arbeitsentgelt unterliegt – nicht – der Lohnsteuer und der Sozialversicherungspflicht.

§ 9 Ersatzvorschriften

Auf diesen Vertrag finden die Vorschriften des BGB, des Handels- und Sozialrechts ergänzend Anwendung.

Wie Dein Ehepartner Steuern spart

580 Du kannst einen Teil des Gehalts Deines Ehepartners auch für eine Direktversicherung anlegen. Der gängige, weil steuerlich günstigste Jahresbeitrag beträgt zur Zeit 3408 Mark. Wird ein Teil des Gehalts Deines Ehepartners in dieser Höhe als Direktversicherung angelegt, dann beträgt die Steuerbelastung aus Lohnsteuer, Kirchensteuer und Solidaritätszuschlag dafür nur 22,9 Prozent = 780,43 Mark.
Aber: Der Beitrag zur Direktversicherung darf im Vergleich zum gesamten Arbeitslohn nicht zu hoch sein (nicht mehr als 30 Prozent des Arbeitslohns), und es müssen auch die anderen Arbeitnehmer entsprechend direktversichert sein. Falls Du solche beschäftigst.

581 Spezielle Spartricks, wenn Du eine GmbH gegründet hast

Du bist Geschäftsführer Deiner GmbH und damit Dein eigener Angestellter. Behandle Dich selbst – zumindest steuerrechtlich – wie jeden anderen Angestellten. Dann kannst Du nämlich bestimmte Ausgaben als Betriebsausgaben geltend machen, die Deine Gewerbesteuer senken.

Sparen ist auch Chefsache

- Wie jeder andere Arbeitnehmer auch kannst Du Dir als Chef einer GmbH natürlich alle Auslagen für den Betrieb erstatten lassen. Und zwar von Deiner eigenen Firma. Notiere also, was Du auslegst, wenn Du geschäftlich unterwegs bist, Kunden bewirtest oder von zu Hause aus für die Firma telefonierst.

582 • Jeder Arbeitnehmer kann zu bestimmten Anlässen **steuerfreie Leistungen** von seinem Betrieb einstreichen. Etwa 700 Mark Heiratsbeihilfe, 600 Mark zum zehnjährigen Jubiläum, Speisen und Getränke auf dem Betriebsfest für bis zu 200 Mark pro Person, Geburtstags-

geschenke für höchstens 60 Mark. Das kannst Du auch für Dich als GmbH-Geschäftsführer geltend machen.

- Kopple Dein Gehalt als GmbH-Geschäftsführer an den **Unternehmenserfolg**. Bei guten Umsätzen kann das einige Mark ausmachen. Und das Beste: Das Finanzamt muß die Regelung akzeptieren. Gleiches gilt für **Sonderzahlungen** wie Weihnachts- und Urlaubsgeld. Auch hier brauchst Du bei Deinem eigenen Gehalt nicht so sparsam zu sein. 583
- Jeder Angestellte kassiert fette **Zuschläge** für ungewöhnliche Arbeitszeiten – etwa bei Nachtschichten oder an Feiertagen. Das kannst Du als GmbH-Geschäftsführer auch geltend machen. Folgende Regeln gelten: Nacht- und Sonntagsarbeit 25 bis 50 Prozent steuerfreie Zuschläge. Feiertagsarbeit bringt sogar bis zu 150 Prozent Aufschlag steuerfrei (falls die Vergünstigungen die nächste Steuerreform überdauern). 584
- Versichere Dich über die Firma. Auch für Dich als Chef kann die Firma eine **Lebensversicherung** abschließen. Alle Beiträge, die die Firma für Dich abführt, müssen bis zu 3408 Mark im Jahr lediglich mit 20 Prozent versteuert werden. 585
- Ein besonderer Leckerbissen ist die **Betriebsrente**. Rückstellungen dafür sind nämlich Betriebsausgaben, für die das Finanzamt niemanden zur Kasse bitten kann. 586
- Außerdem darfst Du Dir einen **Firmenwagen** gönnen. Auch wenn der Laden gerade nicht so gut läuft. 587

Arbeitsvertrag für GmbH-Geschäftsführer 588

Damit das Finanzamt auch tatsächlich all die Betriebsausgaben akzeptiert, die Du als GmbH-Geschäftsführer verursachst, brauchst Du einen wasserdichten Arbeitsvertrag. Fünf Punkte müssen auf jeden Fall in Deinem GmbH-Geschäftsführervertrag stehen.

1. Alle Abmachungen sind schriftlich zu benennen

In Deinen Arbeitsvertrag gehört eine genaue Aufstellung aller Bezüge. Ganz wichtig: Du mußt die oben genannten Extras exakt benennen. Sonst macht Dir das Finanzamt später Ärger.

2. Deine Bezüge müssen regelmäßig gezahlt werden

Du bist zwar Chef, offiziell aber Angestellter Deiner GmbH. Deshalb mußt Du ein paar Formalien einhalten. Zum Beispiel regelmäßige Gehaltszahlungen. Auch wenn Dein Laden gerade ganz schlecht dasteht. Wenn Du auf Dein Gehalt verzichtest, zieht das Finanzamt den Sack zu.

GUTER RAT: Zahle Dir Dein Gehalt aus und lasse es gegebenenfalls dann später wieder als Darlehen in die Firma fließen.

3. Wahre die Verhältnismäßigkeit

Wie Du oben gesehen hast, kannst Du Dir die Nutzung eines Firmenwagens im Arbeitsvertrag zusichern. Aber hier lohnt vornehme Zurückhaltung. Gerade bei einer kleinen Ein-Mann-GmbH mit niedrigen Umsätzen wird das Finanzamt keinen Luxuswagen akzeptieren. Gleiches gilt für Dein Gehalt. Es sollte schon der wirtschaftlichen Lage Deiner Firma angemessen sein. Sonst ist der Ärger vorprogrammiert.

4. Sei vorsichtig bei Betriebsrenten

Die Betriebsrente macht zwar einen hübschen Batzen an Betriebsausgaben aus. Doch das Finanzamt geht davon aus, daß Du Dir diese Rente auch verdienen mußt. Am Anfang deshalb vielleicht etwas bescheidener auftreten.

5. Begrenze die Tantiemen

Wenn Du Dir eine erfolgsabhängige Tantieme gönnst, darf die höchstens 50 Prozent der Gesamtbezüge ausmachen (ohne den Anteil am Firmengewinn). Als Grund für zusätzliche Prämien erkennt das Finanzamt an: extremen Arbeitsaufwand, besondere Akquisitionserfolge, Erfindungen.

Welches Chefgehalt muß das Finanzamt anerkennen?

Je mehr Geld Du Dir als GmbH-Geschäftsführer als Gehalt und Tantieme überweisen läßt, desto niedriger fällt der offizielle gewerbesteuerpflichtige Firmengewinn aus. Und desto eher wittern Betriebsprüfer eine unzulässige Gewinnabschöpfung und fordern Gewerbesteuer nach. Gegen kleinliche Prüfer wehren sich Firmenchefs am besten mit den Gehaltsvergleichen renommierter Vergütungsberater. Wie viel GmbH-Geschäftsführer verschiedener Branchen und Betriebsgrößen an Festgehalt und Tantiemen im Durchschnitt verdienen, zeigt die folgende Tabelle. 589

Branche	**Jahresgehalt bei einem Umsatz**			
	bis 2,5 Mio. DM	bis 5 Mio. DM	bis 7,5 Mio. DM	bis 10 Mio. DM
Einzelhandel				
Auto	116 500	131 900	129 300	141 200
Bau-/Heimwerkermarkt	119 000	126 300	153 800	–
Bürobedarf	112 000	113 200	165 600	134 900
Computer	73 100	165 700	146 000	–
Foto	140 200	148 100	125 000	–
Lebensmittel	138 800	96 000	85 300	131 800
Möbel	95 000	143 500	143 700	210 200
Radio/Fernsehen	91 300	86 400	–	–
Sportartikel	73 700	102 100	149 800	203 000
Textil	99 400	158 500	161 800	190 800
Uhren, Schmuck	113 700	256 600	–	–

Branche	**Jahresgehalt bei einem Umsatz**			
	bis 5 Mio. DM	bis 10 Mio. DM	bis 20 Mio. DM	bis 80 Mio. DM
Industrie				
Brauerei	202 000	235 000	245 000	444 000
Eisen, Blech, Metallwaren	209 000	244 000	305 000	365 000
Eisen, Stahl	–	173 000	225 000	280 000
Elektro	236 000	268 000	292 000	409 000

Branche	Jahresgehalt bei einem Umsatz			
	bis 5 Mio. DM	bis 10 Mio. DM	bis 20 Mio. DM	bis 80 Mio. DM
Feinmechanik, Optik	219000	241000	334000	362000
Glas	190000	198000	276000	301000
Gummi, Asbest	184000	222000	292000	320000
Keramik, Porzellan	181000	211000	280000	314000
Maschinenbau	221000	257000	339000	375000
Mineralöl	–	–	352000	465000
Nahrung, Genuß	191000	234000	279000	336000
NE-Metalle	–	216000	274000	320000
Pharma	272000	280000	363000	397000
Steine, Erden	181000	203000	237000	310000
Textil, Bekleidung	181000	223000	249000	442000
Versorgung	144000	162000	207000	253000
Zellstoff, Papier, Holz	204000	221000	239000	308000
Zement	–	195000	245000	297000
Dienstleistungen				
Architekturbüro	140000	164000	196000	224000
Ingenieurbüro	184000	211000	222000	277000
Steuerberatung	239000	362000	423000	456000
Touristik	128000	221000	237000	277000
Unternehmensberatung	225000	382000	383000	397000
Verlag	129000	196000	244000	290000
Werbung	104000	227000	273000	276000
Wohnungswirtschaft	158000	197000	208000	282000
Zeitarbeit	166000	199000	261000	265000

(Quelle BBE Köln)

Merke: Zusätzlich zu Gehalt und Tantiemen erhalten 62 Prozent aller Geschäftsführer später eine Betriebsrente. Zudem fahren praktisch alle (94 Prozent) einen Firmenwagen.

Soviel dürfen Angehörige verdienen

590 Löhne und Gehälter für mitarbeitende Angehörige sind Betriebsausgaben und drücken die Gewerbesteuer. Obendrein werden später bei der

Einkommensteuerberechnung Werbungskostenpauschalen angerechnet. Aber: Die Steuerprüfer mutmaßen durchweg verdeckte Unterhaltszahlungen und streichen Gehälter zusammen oder torpedieren gar die gesamte Steuersparkonstruktion. Inklusive Altersversorgung, die der Betrieb etwa in Form der steuerlich günstigen Direktversicherung gewährt (20 Prozent Pauschalsteuer, höchstens 3408 Mark Jahresprämie). Gegen die Attacken des Finanzamts wehrst Du Dich am besten mit Gehaltsvergleichen spezialisierter Unternehmensberater. Wie viel Ehegatten und (volljährige) Unternehmerkinder im Durchschnitt verdienen dürfen, zeigt Dir die Tabelle. Wer seine Angehörigen höher bezahlt, muß belegen, daß die Gesamtvergütung angemessen ist. Das maximale Gehalt richtet sich danach, was die Firma anderen Mitarbeitern in vergleichbaren Positionen zahlt. Generell gilt: Besondere Berufserfahrung, Arbeitseinsatz und Vertrauensstellung des Angehörigen rechtfertigen einen Gehaltsbonus.

Durch die Aufwertung der Tätigkeit und Beförderung in eine gehobene Position können zum Beispiel dem Ehepartner auch alle Extras zugesagt werden, die bei leitenden Angestellten üblich sind – etwa Firmenwagen oder Tantiemen. Auch macht sich dann die Vereinbarung einer Altersversorgung langfristig bezahlt. Schöne Sache!

Der Betriebsprüfer darf den Abzug des Ehegattengehalts freilich nicht mehr – wie es bislang oft geschah – mit dem Argument verweigern, es fließe nicht auf ein separates Konto. Sofern der angestellte Ehegatte über das Konto auch allein verfügen kann, darf das Geld auf einem gemeinsamen Konto der Ehepartner landen (Bundesverfassungsgericht vom 7. November 1995, 2 BBvR 802/90). Denk aber an klare Verträge!

Hier gebe ich Dir eine Aufstellung darüber, was Ehegatten und Kindern durchschnittlich an Gehältern gezahlt wird. Richte Dich in etwa danach, damit Du nicht aus dem Rahmen fällst und immer sagen kannst: »Das ist üblich in diesem unserem Lande, also stellen Sie sich nicht so an und stimmen Sie dem Abzug zu.«

Branche	Ehegatten		Kinder	
	Monatsgehalt	Jahresgehalt mit Extras	Monatsgehalt	Jahresgehalt mit Extras
Einzelhandel				
Apotheke	4 300	57 600	3 600	47 300
Baby-/Kinderausstattung	5 800	81 000	–	–
Baumarkt	3 600	48 600	3 600	44 900
Blumen	5 600	72 000	4 400	57 600
Buchhandel	–	–	4 000	51 100
Computer	4 000	51 200	4 400	52 800
Damenoberbekleidung	5 800	78 100	4 900	61 100
Drogerie, Parfümerie	4 400	62 600	5 100	68 900
Eisenwaren, Hausrat	3 700	47 700	3 500	44 100
Elektro	2 500	31 500	3 100	38 500
Foto	2 600	34 500	5 200	102 500
Herren-/Kinderbekleidung	5 400	73 100	7 600	115 700
Hörgeräte, Optik	3 900	47 500	5 200	79 700
Kaufhaus	10 000	119 900	4 300	54 400
Lebensmittel	4 300	53 600	6 500	76 400
Lederwaren	3 400	46 900	3 200	37 800
Möbel	4 100	56 200	4 600	76 300
Musik	1 200	18 200	–	–
Papier, Schreibwaren	4 300	53 700	6 200	85 100
Radio, Fernsehen	3 000	37 800	3 200	40 700
Spielwaren	4 700	70 400	2 700	34 800
Sportartikel	3 900	51 500	3 400	45 100
Schuhe	3 800	48 700	3 400	47 700
Tabakwaren	3 600	44 600	3 000	36 000
Tapeten, Farben	5 500	72 000	4 300	55 300
Teppiche, Gardinen	5 700	74 500	4 100	53 700
Textil	5 200	73 400	4 500	66 900
Uhren, Schmuck	3 900	50 800	4 100	56 700
Zoo	3 300	41 100	4 100	53 300

Branche	Ehegatten		Kinder	
	Monats-gehalt	Jahres-gehalt mit Extras	Monats-gehalt	Jahres-gehalt mit Extras
Handwerk				
Bäckerei	3000	37500	2900	38800
Bau	4100	61200	5100	87600
Elektroinstallation	3400	42700	4400	57200
Friseur	3300	40400	1700	20400
Garten/Landschaftsbau	4700	57400	5000	72500
Gas, Sanitär, Heizung	3500	44500	3800	50600
Kfz	4000	53100	3400	45700
Maler	3700	46000	3000	36900
Metzger	2800	35300	3100	39700
Orthopäd. Technik	4300	59200	4900	69300
Raumausstattung	3700	50100	4200	56800
Reifenhandel	2800	34500	3800	48700
Schreinerei	4500	55900	1800	17000
Sicherheitstechnik	3700	54100	1600	37000
Zahntechnik	–	–	2100	27700
Dienstleistungen				
Gastronomie	2800	33700	2700	36000
Steuerberatung	2800	36700	3300	48400

(Quelle BBE Köln mit dankenswerter Genehmigung der Zeitschrift *impulse* 4/1996, die Du Dir als Selbständiger bzw. Newcomer zu beziehen leisten solltest.)

Sonderregeln für die Körperschaftsteuer bei der GmbH oder der KG 591

- Nicht ausgeschüttete Gewinne mußt Du bei der GmbH versteuern. Und zwar über die Körperschaftsteuer (das ist quasi die Einkommensteuer der GmbH). Der Steuersatz liegt bei 45 Prozent ab der ersten Mark.
- Wenn Du die Gewinne an die Gesellschafter ausschütten läßt, wer-

den zunächst mal 30 Prozent Körperschaftsteuer fällig (die werden aber später mit der Einkommensteuererklärung der Gesellschafter verrechnet).

Gewerbesteuer

- Die GmbH zahlt ab der ersten Mark Gewinn Gewerbesteuer. Es gibt also keinen Freibetrag von 48 000 Mark wie beim Einzelunternehmen.

592 Bewirtungskosten

Der Ärger mit den Bewirtungskosten geht nun in die zigste Runde. Schikanen über Schikanen: Wer nicht pingeligst nachweist, warum, wann und wo er gespeist hat, kann die Sache mit dem Spesenabzug vergessen. Doch wenn Du es richtig machst, kannst Du dem Finanzminister doch noch ein Schnippchen schlagen.

Damit Du nicht in Verlegenheit kommst, wenn es um Deine Bewirtungskosten geht

593 Kosten zur Bewirtung von Geschäftsfreunden in Deiner Wohnung brauchst Du erst gar nicht aufzuführen, die sind nämlich nicht abzugsfähig, es sei denn, Du kannst nachweisen, daß gesundheitliche Gründe oder Gründe der Geheimhaltung die Besprechung und Bewirtung in Deiner Wohnung erforderlich gemacht haben.
Die Bewirtungskosten wird Dir der Fiskus nur noch anerkennen, wenn Du eine entsprechende Rechnung der Gaststätte vorlegen kannst.
Damit Du nicht in eine Nachweisfalle tappst und Dir der Betriebsausgabenabzug für Deine Kundenbewirtung durch die Lappen geht, mußt Du unbedingt darauf achten, daß diese Bewirtungskosten in Deiner Buchführung gesondert angeführt sind und die Gaststättenrechnung folgende Angaben enthält.

Das muß draufstehen 594

- Name und Adresse der Gaststätte,
- Dein Name und Deine Adresse, außer bei Rechnungen bis 200 Mark,
- eine genaue Aufschlüsselung aller verzehrten Speisen und Getränke mit den jeweiligen Preisen. Die Angabe »Speisen und Getränke« allein reicht nicht, möglich sind aber Bezeichnungen wie »Menü 3«, »Tagesgericht« oder »Lunch-Büfett«,
- Ort und Zeitpunkt der Bewirtung,
- Anlaß der Bewirtung,
- Namen und Adressen aller Teilnehmer, also neben den bewirteten Personen auch Dein eigener Name,
- der Gesamtrechnungsbetrag mit gesondert ausgewiesener Umsatzsteuer.

Inzwischen werden nur noch Quittungen einer maschinellen oder elektronischen Registrierkasse anerkannt.
Trinkgelder müssen ebenfalls gesondert nachgewiesen werden. Zahlst Du mit Plastikgeld, reicht es aus, wenn Du die entsprechende Trinkgeldzeile auf dem Zahlungsbeleg ausfüllst. Ansonsten muß das Trinkgeld auf der Rechnung handschriftlich nachgetragen und vom Kellner durch seine Unterschrift bestätigt werden!

Trick

Sei clever . . .

. . . und feiere Deinen Geburtstag zunächst privat im kleinen Kreis mit Deinen Angehörigen, ohne den Abzug von Betriebsausgaben geltend zu machen. Wenn Du später zur Kontaktpflege Deine Geschäftsfreunde dazu einlädst, sind die Kosten dafür dann Betriebsausgaben, zumindest in Höhe von 80 Prozent. Liegt zwischen beiden Feiern eine Zeit von einem Monat, wird kein Prüfer einen Zusammenhang zwischen der zweiten Feier und Deinem Geburtstag annehmen. 595

596 **Bedenke:** Kosten für Bewirtung aus geschäftlichen Gründen dürfen nur zu 80 Prozent angesetzt werden. Das Finanzamt rechtfertigt diese Abzugsbeschränkung durch die Unterstellung, der Spesenabzug werde mißbräuchlich ausgenutzt. Es könnte beispielsweise sein, daß »zwischen befreundeten und durch Geschäftsbeziehungen verbundene Personen wechselseitige Bewirtungen« stattfänden.
Nach wie vor in voller Höhe sind Bewirtungskosten aus betrieblichem Anlaß – etwa im Rahmen eines Betriebsfests – uneingeschränkt abziehbar.
Aber: Zweifelt das Finanzamt an Deinen Angaben, so bist Du verpflichtet, die Anschriften der bewirteten Personen mitzuteilen. Doch bedenke: Wenn Du einen neuen, noch ganz frischen Geschäftskontakt nach seiner Adresse fragst, stößt Du ihn vielleicht vor den Kopf.

597 **GUTER RAT:** Splitte die Bewirtungskosten in Mietkosten und in Kosten für Speisen und Getränke auf. Das lohnt sich bei größeren Anlässen. Sage dem Wirt, er soll Dir für Speisen und Getränke Sonderkonditionen geben und für den Besprechungsraum Mietkosten in Rechnung stellen. Die Mietkosten setzt Du dann nicht zu 80 Prozent, sondern zu 100 Prozent ab.

598 Pkw-Kosten

Du kannst alle Kosten im Zusammenhang mit Deinem zum Betriebsvermögen gehörenden Pkw – das ist in der Regel dann der Fall, wenn er zu mehr als 50 Prozent betrieblich oder beruflich genutzt wird – als Betriebsausgaben absetzen. Zu den Kosten eines Pkws gehören die Benzinkosten, die Wartungs- und Reparaturkosten, die Kosten einer Garage am Wohnort, die Kraftfahrzeugsteuer, die Aufwendungen für die Halterhaftpflicht- und Fahrzeugversicherungen, die Abschreibung sowie die Zinsen für ein Anschaffungsdarlehen.

599 Die Abschreibung ist bei Pkws und Kombi-Fahrzeugen grundsätzlich mit fünf Jahren Nutzungsdauer zu bemessen (gleich 20 Prozent). Bei einer hohen Fahrleistung kann auch eine kürzere Nutzungsdauer an-

erkannt werden. Bei Pkws, die im Zeitpunkt der Anschaffung nicht neu gewesen sind, ist die entsprechende Restnutzungsdauer unter Berücksichtigung des Alters, der Beschaffenheit und des voraussichtlichen Einsatzes des Fahrzeugs zu schätzen.

Nutzt Du den Firmenwagen aber auch für private Fahrten – was regel- **600**
mäßig der Fall sein dürfte, wenn Du kein zweites Auto besitzt –, mußt Du zur Abgeltung der privaten Mitbenutzung des betrieblichen Pkws pauschal mit einem Prozent des Listenpreises versteuern. Dies gilt selbst dann, wenn der Pkw gebraucht gekauft wurde. Hinzu kommt für die Fahrten zwischen Wohnung und Betrieb die Differenz zwischen 0,03 Prozent des Listenpreises pro Entfernungskilometer und Monat und der Pauschale von 70 Pfennig je Entfernungskilometer. Da dies im Einzelfall sehr teuer für Dich werden kann, such Dir in meinem Buch »Der Kleine Konz« die ➤ Rz 640 ff. und im »Großen Konz« die ➤ Rz 565 ff. heraus und richte Dich danach.

GUTER RAT: Der pauschalen Versteuerung der privaten Nutzung **601**
Deines betrieblichen Pkws kannst Du entgehen, wenn Du ein Fahrtenbuch führst. Bei einer nur geringen privaten Nutzung des betrieblichen Pkws führt dies in der Regel zu einer niedrigeren Versteuerung der Privatnutzung. Nutzt Du beispielsweise den vorgenannten Firmenwagen mit einem Listenpreis von 49 500 Mark bei einer Gesamtkilometerzahl von 30 000 Kilometern diesen nur zu 10 Prozent privat, beträgt der zu versteuernde Privatanteil mit Fahrtenbuch nur 2160 Mark im Vergleich zur Pauschalversteuerung mit 6 198 Mark ohne Fahrtenbuch. Du siehst, die Mühe mit dem Fahrtenbuch lohnt sich.

Damit aber nicht genug des typisch deutschen steuerlichen Wahnsinnstreibens unserer Fiskalbürokratie: Du mußt auch noch für den entweder pauschal oder mit Hilfe des Fahrtenbuchs ermittelten privaten Nutzungswert Umsatzsteuer zahlen. Bei der pauschalen Ermittlung des privaten Nutzungswerts wird für umsatzsteuerliche Zwecke ein Abschlag von 20 Prozent vorgenommen.

Gegenwart: jener Abschnitt der Ewigkeit,
der das Reich der Enttäuschung
vom Reich der Hoffnung trennt.

(A. Bierce)

602 Auch Kleinvieh macht Mist

Es gibt kaum etwas, wofür Du keine Steuer zahlen mußt. Es gibt zum Glück aber auch viele Kniffe, wie Du die Last gering halten kannst. Gerade bei Kleinigkeiten neigst Du als vielbeschäftigter Geschäftsmann wahrscheinlich hin und wieder dazu, auf Kleinstbeträge zu verzichten.

603 Reisekosten

Bei Geschäftsreisen im Inland kannst Du nur noch pauschal für jeden Kalendertag, an dem Du von Deiner Wohnung und Deiner Firma abwesend bist, folgende Verpflegungspauschbeträge ansetzen:

- weniger als 14 Stunden, aber mindestens 8 Stunden — 10 Mark
- weniger als 24 Stunden, aber mindestens 14 Stunden — 20 Mark
- 24 Stunden — 46 Mark

Trick

Nimm Deinen Ehepartner mit auf die Geschäftsreise!

604 **Die Pauschsätze gelten auch bei der Mitnahme von Angehörigen, wenn dies aus betrieblichen Gründen nachgewiesenermaßen erforderlich ist. Das ist der Fall, wenn Dir der Ehepartner durch seine Mithilfe eine sonst erforderlich werdende Kraft einspart, also etwa notwendige Dienste als Chauffeur, Sekretär oder ähnliches leistet.**

605 Zu den Reisekosten gehören neben den Verpflegungsmehraufwendungen auch die Übernachtungskosten. Die Übernachtungskosten sind bei

Geschäftsreisen im Inland nur in der nachgewiesenen Höhe abzugsfähig. Der Ansatz von Pauschsätzen wie bei den Verpflegungsmehraufwendungen ist hier nicht möglich.

Trick

Privat übernachten

Wenn Du nicht im Hotel übernachtest, sondern bei Geschäftsfreunden oder bei Verwandten, kannst Du anstelle der sonst üblichen Übernachtungskosten Deine Aufwendungen für Gastgeschenke an die Ehefrau oder Kinder Deines Gastgebers als Betriebsausgaben absetzen. 606

Betriebliche Fahrten mit privatem Pkw 607

»Manchmal nehme ich für betriebliche Fahrten den privaten Pkw meiner Frau ...«

Du kannst auch diese Fahrten absetzen. Das geht ganz einfach. Du mußt 608 lediglich einen Reisekostennachweis führen. In den darin enthaltenen Abrechnungsformularen findest Du eine gesonderte Spalte für betriebliche Fahrten mit privatem Pkw, für die Du 0,52 Mark je gefahrenen Kilometer absetzen kannst.

In dem Pauschsatz von 0,52 Mark ist eine Vorsteuer von 5,7 Prozent enthalten. Die Vorsteuer ist bares Geld, das Dir mit der nächsten Voranmeldung vom Finanzamt erstattet wird.

Kannst Du Dich nicht für einen »Reisekostennachweis« erwärmen, so notiere zumindest die Fahrstrecke, damit Du am Jahresende einen Nachweis fürs Finanzamt hast, den Du dann geschätzt in Deinen Ausgaben anführst.

Auslandsreisen 609

Bei Auslandsreisen gelten höhere Sätze für Verpflegungsmehraufwand als bei Inlandsreisen. Bei Nachweis der Aufwendungen betragen die

Pausch- und Höchstbeträge je nach Reiseland zwischen 40 Mark (Indien) und 178 Mark (Island).

610 Wenn Du möchtest, daß Dein Auslandsaufenthalt als Geschäftsreise anerkannt wird, muß sie einen unmittelbaren betrieblichen Anlaß haben, seien es Besprechungen mit Geschäftsfreunden, Wareneinkäufe oder ähnliches. Das geht beim Finanzamt anstandslos durch. Anders ist das bei allgemeinen Informationsreisen, wo nur ein mittelbarer betrieblicher Anlaß vorliegt. Hier setzt Dein zuständiger Finanzbeamter sofort seinen Rotstift an. Sobald der Eindruck entsteht, daß Du auch privaten Interessen nachgegangen sein könntest, liegen für ihn gemischte Aufwendungen vor, die dann auch nicht mal zum Teil anerkannt werden. Du benötigst also für das Finanzamt Unterlagen, mit denen Du nachweisen kannst, daß bei der Reise eindeutig berufliche Aspekte im Vordergrund gestanden haben und Deine privaten Interessen von »untergeordneter Bedeutung« waren. Sie dürfen zeitanteilig gesehen höchstens 10 Prozent ausmachen.

Trick

Bei Tagungen und Fachkongressen . . .

611 **. . . erkennt das Finanzamt die Kosten nur an, wenn der Tagungsleiter per Stempel und Unterschrift an jedem Tag Deine Teilnahme testiert hat. Wenn Du keine Testate erhalten hast, dann hebe Deine eigenen Aufzeichnungen aus den Veranstaltungen als Nachweis Deiner Anwesenheit auf.**

Die Auslandsreise kann übrigens auch der Markterkundung oder der allgemeinen Information dienen. Wenn Du Dir schon im Reiseland die entsprechenden Notizen über Deine geschäftlichen Kontakte machst, werden sich hinterher keine Probleme ergeben.

Kommt es durch die Reise zur Gründung einer Filiale im Ausland, werden die Kosten meistens durch den Fiskus der Bundesrepublik gestrichen, denn Kosten für einen ausländischen Betrieb dürfen nach den Doppelbesteuerungsabkommen nicht dem inländischen Betrieb angelastet werden.

Die Abrechnungen über Geschäftsreisen ...

... müssen in Ordnung sein. Auch kleinere Beträge solltest Du mit aufführen, nach dem Motto: Kleinvieh macht auch Mist. Dabei solltest Du längere Geschäftsreisen einzeln abrechnen. Ansonsten je nach Bedarf; wenn Du viel unterwegs bist, einmal monatlich. Der Übersichtlichkeit halber: Klebe kleine Belege auf größere Bögen auf und, wenn Kopiergerät zur Hand, hefte die entsprechende Seite aus dem Fahrtenbuch gleich als Kopie mit dran. 612

Abschreibung ist die Kunst, morgen von dem zu leben, was man heute ausgegeben hat.

(Michael Schiff)

Und für die Zinsen zahlt der Fiskus 613

Private Schuldzinsen sind normalerweise nicht abzugsfähig. Doch es gibt einen Trick. Du kannst private Schuldzinsen als Betriebsausgaben abzugsfähig machen. Das geht mit dem Zwei-Konten-Modell. Willst Du private Schulden in Deinen Betrieb verlagern und dort die Zinsen absetzen, brauchst Du im Betrieb zwei Konten, ein Guthabenkonto A und ein Schuldkonto B. Auf dem Guthabenkonto A gehen sämtliche Tageseinnahmen ein, während alle Betriebsausgaben auf dem Schuldkonto B gebucht werden. Mit dem Guthaben auf dem Konto A kannst Du dann Deine privaten Schulden tilgen. Die Schuldzinsen für das Konto B sind als Betriebsausgaben absetzbar.

Angenommen, Du schuldest Deiner Expartnerin noch 120 000 Mark Zugewinnausgleich, den Du jährlich mit 20 000 Mark abzahlen kannst, zuzüglich 9 Prozent Zinsen für den Rest.
Mit Hilfe des Guthabens auf dem Konto A zahlst Du nun die Ausgleichsschuld in einer Summe zurück und hast damit diese Schuld in den Betrieb verlagert.

Sie liegt jetzt auf dem Schuldkonto B, und die Zinsen dafür sind als Betriebsausgaben abzugsfähig.
Du zeigst dem Finanzamt auch eine lange Nase, wenn Du die Privatschuld von 120000 Mark über Dein betriebliches Kontokorrentkonto tilgst. Zinsen für einen Kontokorrentkredit bilden zwar nur insoweit Betriebsausgaben, als sie durch Abbuchungen für betriebliche Zwecke verursacht worden sind. Die auf private Abbuchungen zurückzuführenden Zinsen sind also Privatentnahmen.
Es kann aber unterstellt werden, daß die auf dem Kontokorrentkonto eingehenden Betriebseinnahmen zunächst zur Abdeckung des privaten Kreditteils verwendet werden. Dies bedeutet für den obigen Fall: Nach Eingang von 120000 Mark Betriebseinnahmen gilt der private Kreditanteil als getilgt.
Besser ist es aber in jedem Fall, wenn Du vorausplanst und Dich bei der Finanzierung der 120000 Mark des Zwei-Konten-Modells bedienst und dabei folgende Ratschläge beherzigst (kein noch so findiger Fiskalritter kann Dir dann verwehren, die Zinsen als Betriebsausgaben abzusetzen):
Sorge für zwei völlig voneinander getrennte Konten. Vermeide auf jeden Fall, daß Deine Bank intern für die Berechnung der Kontokorrentzinsen das Schuldkonto und das Guthabenkonto zusammenrechnet.
»Ja, da wäre ich doch schön blöd! Für das Schuldkonto knöpft mir die Bank 14 Prozent Zinsen ab, während ich für das Guthabenkonto lächerliche 0,5 Prozent Zinsen erhalte«, sagst Du.
Stimmt – aber nur so erkennt das Finanzamt Dir Dein Zwei-Konten-Modell an, das Dir für Deine Mühe erhebliche Steuerersparnisse bringt. Dazu geb' ich Dir noch folgenden

Trick

Zu den Kontokorrentzinsen

614 **Damit in der Ansparphase die Kontokorrentzinsen nicht zu heftig drücken, räumst Du immer, wenn sich auf dem Guthabenkonto ein paar tausend Märker angesammelt haben, das Konto ab und legst das Geld privat als Festgeld oder anderweitig zinsgünstiger an.**

So setzt Du Wohnungszinsen indirekt ab 615

Mit Hilfe des Zwei-Konten-Modells kannst Du auch bei Hypothekenschulden kräftig Steuern sparen. Du verlagerst einfach Deine Hausfinanzierung in den Betrieb und drückst dem Finanzamt bis zum St.-Nimmerleins-Tag die Schuldzinsen dafür steuersparend als Betriebsausgabe aufs Auge.

Und so wird's gemacht

Zunächst richtest Du zwei Kontokorrentkonten bei Deiner Hausbank für den Betrieb ein. Von nun an läßt Du alle Betriebseinnahmen auf das Guthabenkonto laufen. Vom zweiten Kontokorrentkonto (Schuldkonto) bezahlst Du sämtliche betrieblichen Ausgaben. Dieses Spielchen treibst Du so lange, bis auf Deinem Guthabenkonto so viel Geld angesammelt ist, daß Du damit die Baukosten oder den Kaufpreis für Dein Eigenheim bezahlen kannst. Die Kontokorrentzinsen für das Schuldkonto muß das Finanzamt in vollem Umfang als Betriebsausgaben anerkennen, denn dieses Konto hast Du ja eindeutig und nachweisbar nur betrieblich genutzt.

Trick

Einer, der nicht zu empfehlen ist

Ein alter Radiergummi ist besser als jeder Steuerberater, so heißt es 616
flapsig in gewissen Branchen. Und: Wer Verkäufe erst gar nicht über die Kasse laufen läßt, kann sich sogar den Radiergummi ersparen. Als »Richtsatz« gilt dabei in Extremfällen »Fifty-fifty«. Ins normale Buchhalterdeutsch übersetzt heißt das: Der Wareneinkauf wird zur Hälfte offiziell (gegen Rechnung) und zur Hälfte inoffiziell (ohne Rechnung) vorgenommen. Auf der Verkaufsseite wird die Einnahme zur Hälfte gebucht und zur Hälfte »vergessen«. Ein Steuerberater: »So simpel kann Buchführung mit Höchststeuerersparnis sein.«

Das ist ein Hinweis aus dem »Finanzbrief« Karlsruhe. Als neuer Firmengründer hast Du solche Manipulationen einmal wegen geringen Anfangsgewinns nicht nötig, zum anderen macht das einen schlechten Eindruck auf Deine Geschäftspartner, wenn Du gleich zu Beginn Eurer Beziehung etwas schwarz machen willst.
Nutze zur Steuerersparnis lieber die Ratschläge aus dem »Großen Konz«.

617 **Merke:** Steuerfahndung droht. Und die ist stets besser im Bilde, als du glaubst. Woher kommt der Wissensvorsprung? Das Geheimnis löst sich einfach. Nur ist es den meisten nicht bewußt. Hier ein Schreiben des Finanzamts an eine Sparkasse:

»Im Ermittlungsverfahren gegen ... werden folgende Auskünfte bzw. Unterlagen benötigt:

1. Sämtliche Geschäftsbeziehungen (Konten, Depots, Sparbriefe, Zertifikate, Schließfächer usw.), die von dem Genannten seit ... unterhalten bzw. mitunterhalten werden oder wurden, mit Angabe von Art, Nummer, Inhaber, Gläubiger (bei Abweichung vom Inhaber), Beginn und gegebenenfalls Löschung.
2. Kontostände jeweils auf den 1. 1. ab ..., bei Sparkassenbriefen und Zertifikaten. Kopien der Kaufverträge und Gutschriftsanzeigen über Einlösungen, bei Depots. Kopien der Auszüge ab ...
3. Kapitalerträge (Zinsen, Dividenden usw.) ab ...
4. Fotokopien der Kontoführungsunterlagen (Eröffnungsanträge).
5. Kontoauszüge: Die Kontoauszüge sollen alle Geschäftsvorfälle (Lieferungen, Leistungen, Zahlungen), die Sie mit dem Obengenannten seit dem 1. 1. 1990 getätigt haben, umfassen und sämtliche Soll- und Habenumsätze enthalten. Des weiteren bitte ich um Kopien sämtlicher Unterlagen (z. B. Rechnungen, Abrechnungen, Gutschriften, Verträge, Schriftwechsel, Zahlungsbelege, Quittungen, Überweisungsträger usw.), die mit den Geschäftsvorfällen in Zusammenhang stehen.«

Betroffen sind alle Konten von Dir und alle Konten, über die Du verfügen kannst. Was das Finanzamt durch dieses ins einzelne gehende Auskunftsbegehren an die Sparkasse oder Bank erfährt, ist für Dich

kein Geheimnis. Denn in der fraglichen Zeit hast Du ja alle Geldbewegungen auf den abgefragten Konten selbst veranlaßt.
Woran Du allerdings damals überhaupt nicht dachtest, das war, daß alle Deine Kontobewegungen einmal aufgerollt werden könnten. Alle Schecks, jede Überweisung, sämtliche Kreditkartenabrechnungen sind festgehalten, Zahlungseingänge und Geldausgänge fein säuberlich aufgelistet – mit genauer Bezeichnung der Partner: Empfängername, Datum, Betrag, Verwendungszweck.
Der Informationsvorsprung des Finanzamts läßt sich somit leicht erklären. Es ist keine »Geheim-Organisation«. Alles war, veranlaßt durch Dich selbst, sorgfältig gespeichert worden und liegt nun in Form von Fotokopien vor. Jetzt gibt es natürlich keine Möglichkeit mehr, in der Vergangenheit dokumentierte Geschäftsvorfälle rückgängig zu machen. Denn:
Auch die privatesten Geldbewegungen müssen gegenüber dem Finanzamt begründet und bewiesen werden. Betroffene sind entrüstet, denn bisher dachten sie, man könne doch mit seinem versteuerten Geld machen, was man wolle. Letzteres ist völlig richtig. Bleibt nur die Frage, warum diese Steuerzahler mit ihrem Geld nicht tatsächlich das tun, was sie dürfen – alle privaten Dinge bar, bar und nochmals bar bezahlen. Das ist nämlich das gute Recht eines jeden Bürgers. Er darf völlig legal sein Geld für Barzahlungen verwenden. Dann gibt es keinen Wissensvorsprung Deines Gegenspielers, des Fiskalritters, und das peinliche Beibringen von Beweisen entfällt. Aber diese Barzahlungs-Alternativen machen sich die meisten Steuerzahler erst nach einer unangenehm verlaufenen Betriebsprüfung richtig klar. Deshalb informiere Dich vorher über alle Finanzamtsfallen, in die Du tappen kannst. Der Verfasser hat sie alle in seinem Buch »Tips und Tricks bei Steuerfahndung und Betriebsprüfung« aufgelistet. Da staunst Du Bauklötze, was Du alles noch nicht weißt. Und wie schnell es ohne dieses Wissen mit Dir den Bach runter gegangen wäre.
Trotz Steuerersparnis ist es natürlich Unsinn, wenn Du Dir auf Dauer die viel zu hohen Kontokorrentzinsen ans Bein bindest. Sobald alle Baurechnungen oder der Kaufpreis bezahlt sind, nimmst Du deshalb bei Deiner Bank einen langfristigen Betriebskredit mit wesentlich niedrigeren Zinsen als beim Kontokorrent auf und gleichst damit das

Schuldkonto aus. Da Du der Bank als Sicherheit für den Betriebskredit eine Hypothek auf Dein schuldenfreies Eigenheim anbieten kannst, dürfte es nicht schwer sein, für diesen Betriebskredit die gleichen Konditionen auszuhandeln wie für ein Baudarlehen.

618 Wenn Du bereits ein Haus besitzt

Mit ein wenig Phantasie profitierst Du auch vom Zwei-Konten-Modell, wenn Du schon Hauseigentümer bist. Der Trick funktioniert nämlich nicht nur beim Hausbau oder -kauf.
Du schuldest in diesem Fall einfach Deinen Hauskredit bei passender Gelegenheit um. Spare daher zunächst wie oben beschrieben die notwendigen Mittel im Betrieb auf dem Guthabenkonto an. Mit dem Geld tilgst Du dann Deinen Hauskredit. Als nächstes nimmst Du dann einen neuen Betriebskredit auf, um Dein überzogenes Schuldkontokorrentkonto auszugleichen, und schon hast Du auch in diesem Fall aus Deinem Hauskredit einen Betriebskredit gemacht und die nicht abzugsfähigen Schuldzinsen in absetzbare Betriebsausgaben umfunktioniert.

Achtung Fiskalfalle!

619 Du mußt bei solchen Umschuldungsdarlehen natürlich gut auf der Hut sein. Das Finanzamt versucht, Dir auch hier ein Bein zu stellen. Was wissen die Fiskalritter und Finanzrichter schon groß von der realen Arbeitswelt, und wie hart man da ran muß!
Für den Fall, daß Deine Geldentnahme aus dem Betrieb zur Tilgung Deines Hauskredits und die spätere Umschuldung des betrieblichen Schuldkontokorrents zeitlich zusammenfallen und betragsmäßig fast völlig übereinstimmen, werden Dir die Zinsen nicht als Betriebsausgaben anerkannt.

620 Was tun?

Du kannst diese Falle ganz einfach umgehen und selbstverständlich nicht das Geld bis zum Schluß auf dem Guthabenkonto im Betrieb stehenlassen und es auf einen Schlag entnehmen. Du umgehst den zeitlichen und betragsmäßigen Zusammenhang zwischen Entnahme und späterer Umschuldung Deines Kontokorrentkontos ganz einfach, indem Du schon in der Ansparphase nach und nach immer wieder einmal das betriebliche Guthabenkonto abräumst und das Geld zinsbringend auf einem privaten Konto anlegst.

Trick

Für Freiberufler
Auch Du kannst verlagern!

Auch als Freiberufler kannst Du Deine privaten Schulden in den 621
Betrieb verlagern. Du kannst beispielsweise Kreditzinsen für das private Darlehen für Dein Wohnmobil, Dein Segelboot oder die neue Wohnungseinrichtung von der Steuer absetzen. Um den etwas umständlichen Weg des Zwei-Konten-Modells kommst Du aber nicht herum, wenn Du beim Betriebsausgabenabzug für Deine Zinsen sichergehen willst. Wählst Du den einfachen Weg und räumst lediglich das Geld von Deinem betrieblichen Kontokorrentkonto ab, drehen Dir die Finanzbeamten garantiert einen Strick daraus und streichen den Zinsabzug ganz oder zum Teil mit der Begründung, Du hättest ein gemischtes Kontokorrentkonto, und die Zinsen hingen deshalb unmittelbar mit den Privatentnahmen zusammen.

Trick

Für Freiberufler:
Verschiebe Deine Ausgaben!

Als Freiberufler mit Überschußrechnung kannst Du am Jahresende 622
noch den Gewinn für das abgelaufene Jahr mindern, indem Du beispielsweise Deine Büromiete für einige Monate des nächsten Jahres im voraus zahlst. So könntest Du zum Beispiel die Miete für die Monate Januar bis Juni des nächsten Jahres von angenommenen 6 x 5000 Mark = 30 000 Mark am 28. 12. bezahlen. Folge: Die Miete für Februar bis Juni mindert den Gewinn des abgelaufenen Jahres um 25 000 Mark.

Lediglich die Miete für Januar rechnet nach einer Sonderregelung in § 11 EStG zum neuen Jahr. Die Mietvorauszahlung ist kein Mißbrauch nach § 42 AO, weil Du nur die technischen Möglichkeiten des Gesetzes ausnutzt. Das ist aber was ganz Legales!

Trick

Wähle ein kurzes Jahr

623 Wenn Dein Wirtschaftsjahr vom Kalenderjahr abweicht, kannst Du eine Steuerpause einlegen. Wie das geht?
Als Gewerbetreibender bilanzierst Du auf den 31. 12. Du kannst aber bei Deinem Finanzamt eine Umstellung des Wirtschaftsjahres auf ein vom Kalenderjahr abweichendes Jahr beantragen. Grund: Weil Du Inventurschwierigkeiten am Jahresende durch Hochsaison in Deiner Branche oder einfach witterungsbedingte Schwierigkeiten hast. Das reicht als Begründung für die Umstellung aus.
Der Bilanzgewinn wird immer in dem Kalenderjahr versteuert, in dem das Wirtschaftsjahr endet, also der Gewinn aus der Bilanz 31. 12. 2001 im Jahre 2001. Wenn Du ein abweichendes Wirtschaftsjahr wählst, z. B. vom 1. 4. bis zum 31. 3. eines jeden Jahrs, dann mußt Du nach dem 31. 12. 2001 ein sogenanntes Rumpfwirtschaftsjahr einschieben.
Dieses Rumpfwirtschaftsjahr hat dann z. B. nur drei Monate, weil es vom 1. 1. bis zum 31. 3. 2002 läuft. Also versteuerst Du 2002 nur den Gewinn von drei Monaten, weil nur dieses Wirtschaftsjahr 2002 endet. Das bewirkt ein Hinausschieben der Steuerzahlung.

Es ist das Schicksal des Genies, unverstanden zu sein.
Aber nicht jeder Unverstandene ist ein Genie.
(Ralph Waldo Emerson)

Was Du tun kannst, wenn der Prüfer des Finanzamts zu Dir kommt 624

Die steuerliche Betriebsprüfung trifft jeden Unternehmer mehr oder weniger häufig. Wappne Dich also, wenn das Finanzamt eine Prüfung ankündigt, denn es wäre schon ein kleines Wunder, wenn Du ungeschoren davonkommst. Denn in 95 Prozent aller Prüfungen ergeben sich Nachzahlungen.
In diesen Fällen mußt Du aufpassen, wenn Du den Pingeligkeitsfanatikern vom Finanzamt nicht ins Netz gehen willst:

Wenn sich aus Deinem Jahresabschluß ergibt, 625

- daß Deine privaten Entnahmen aus dem Geschäft ziemlich niedrig liegen und auch keine anderen Einkünfte angegeben sind, die das Defizit decken;
- daß Dein Lohn- und Materialaufwand plötzlich stark angestiegen ist, während Du mit dem Bau einer Privatvilla beschäftigt bist;
- daß Dein Personalaufwand und Deine Investitionen stark gestiegen, Dein Umsatz aber nicht mitgewachsen ist;
- daß Dein Roh- und Reingewinn von den amtlichen Richtsätzen ziemlich abweicht;
- daß du Darlehen von Angehörigen oder Verwandten bekommen oder hohe Einlagen in den Betrieb gemacht hast;
- daß Dein Roh- und Reingewinn gegenüber den Vorjahren stark schwankte oder vom Anlagevermögen oder dem Warenbestand hohe Sonderabschreibungen gemacht wurden;
- daß außerordentlich hohe Reparaturaufwendungen erfolgten, die möglicherweise aktivierungspflichtig sein könnten;
- daß ein Vergleich Deiner Vermögen zu Beginn der selbständigen

Tätigkeit (bzw. vom letzten Prüfungsjahr an) mit dem letzten Beobachtungsjahr einen ungeklärten Vermögenszuwachs ergibt, der vielleicht aus Ohne-Rechnung-Geschäften stammen könnte;
- daß trotz hoher Kundenanzahlungen keine oder nur geringe halbfertige Arbeiten aktiviert wurden;
- daß hohe Rückstellungen für Wechselobligo oder Delkredere erscheinen und für Garantieverpflichtungen, die nicht erklärbar sind.

Dann stehen die Fiskalritter nämlich schnell bei Dir auf der Matte ...

626 So kommst Du an der Betriebsprüfung vorbei

Enthalten Deine Steuerbescheide den Zusatz »Vorbehalt der Nachprüfung nach § 164 AO«, bist Du als kleiner Unternehmer steuerlich irgendwie aufgefallen, und es droht eine **Betriebsprüfung.** Meistens wartet das Finanzamt aber ab, bis drei Jahre unter »Vorbehalt der Nachprüfung« veranlagt sind, und ordnet erst dann eine Betriebsprüfung an, denn der normale Prüfungszeitraum umfaßt drei Jahre.

627 Was tun?

Ruhe bewahren. Nach dem ersten Bescheid mit »Vorbehalt der Nachprüfung« solltest Du herausfinden, was dem Finanzamt mißfallen hat. Dann gibst Du bei der nächsten Steuererklärung dazu eine **Begründung** ab, z. B. warum Dein Rohgewinn so niedrig ist oder warum ein Wohnmobil in Deinem Fahrzeugpark steckt. Wenn alles einleuchtend ist, sagt sich die Betriebsprüfungsstelle vielleicht: »Nichts zu holen« und streicht Dich vom Prüfungsplan.

628 Ob Deine Bemühungen gefruchtet haben, zeigt der nächste Bescheid. Enthält dieser und auch der darauffolgende Bescheid wieder den Zusatz »Vorbehalt der Nachprüfung«, bist Du bald reif, denn nun sind die Jahre für einen vollen – dreijährigen – Prüfungszeitraum zusammen. Ein Jahr kannst Du prüfungsfrei retten, wenn Du ganz schnell die Steuererklärung für das vierte Jahr abgibst. Dann wird dieses Jahr mitgeprüft und das erste Vorbehaltsjahr fällt aus der Prüfung raus. Denn der Prüfungszeitraum soll nicht über die letzten drei Jahre, für die Steuererklärungen abgegeben sind, hinausreichen.

Wenn der Prüfer vor der Tür steht

Flattert Dir eine »Prüfungsanordnung« ins Haus, kannst Du nur noch versuchen, den Schaden zu begrenzen. Du hast 14 Tage Zeit, Dich vorzubereiten. Denn so lange im voraus muß sich das Finanzamt anmelden. 629

Zunächst einmal: 630

- Erkunde die Schwachstellen der Prüfungsjahre, bereite Antworten und Argumente vor.
- Sichte alle Unterlagen und lege sie bereit; sortiere private Unterlagen aus.
- Stelle einen Raum für den Prüfer bzw. die Prüferin bereit.

Während der Prüfung:

- Erfrage die Dauer der Prüfung.
- Lege die Bücher und Belege nur jahrgangsweise vor und rücke nur das raus, was der Prüfer gerade braucht. Laß auf keinen Fall Selbstbedienung zu.
- Antworte verhalten auf alle Fragen des Prüfers. Am besten in diesem Sinne: »Weiß ich nicht genau, muß ich erst Mitarbeiter fragen …«
- Dulde keine Selbstbedienung beim Kopierer für die Prüfer! Halte alles, was kopiert wird, fest. Gegebenenfalls mußt Du den betreffenden Geschäftspartner informieren, damit er rechtzeitig Vorsorge treffen kann, weil der Prüfer ihn Betreffendes kopierte.
- Achte darauf, daß der Prüfer nur Fragen an die von Dir benannten Auskunftspersonen richtet. Laß keine Fragen an andere Mitarbeiter oder Deinen Ehepartner zu.
- Private Unterlagen brauchst Du nicht aufzubewahren und somit nicht vorzulegen; für sie besteht also keine Beschaffungspflicht.
- Sorge für ein gutes »Prüfungsklima«: Zeige Verständnis für die Prüferaufgabe und Kompromißbereitschaft; biete Kaffee und einen kleinen Imbiß an.
- Versehen darfst Du eingestehen, aber niemals krumme Sachen!

Hast Du wirklich mal ein krummes Ding gedreht und mußt befürchten, 631
daß der Prüfer Dir auf die Schliche kommt, hilft nur noch die Flucht

nach vorn: die Selbstanzeige – und zwar vor Prüfungsbeginn. Dann gehst Du wenigstens straffrei aus.
Dies sind nur ein paar wenige Tips von vielen anderen aus meinen Büchern »Wenn der Betriebsprüfer kommt« und »Tips und Tricks bei Steuerfahndung und Betriebsprüfung«.

632 Ein Fall aus der Praxis:

Um als wichtiger Zulieferant fürs neue Jahr berücksichtigt zu werden, sah sich der Chef einer Lieferfirma gezwungen, in den ersten Januartagen diskret einen Umschlag mit 50 000 Mark an einen Auftraggeber zu überreichen. Dieses Geld sammelte der Firmeninhaber durch eine einzige Abhebung von seinem Privatkonto. Er zahlte es also aus versteuertem Geld.
Dazu solltest Du wissen:
Bei Betriebsprüfungen werden automatisch die Privatentnahmen des Inhabers durchgesehen (es handelt sich ja um ein Konto in der Firmenbuchhaltung). Zeigt das Konto auffällig hohe Entnahmebeträge, kommt sehr schnell die Frage nach dem »Weshalb?« Mein Rat:

633 **Vermeide einmalig hohe private Entnahmen**
Da die Betriebsprüfer intensiv auch nach Kapitalerträgen forschen, ergibt sich bei Entnahmen (hier von 50 000 Mark oder mehr) sofort die Vermutung, daß dieses Geld ertragbringend, zum Beispiel in Wertpapieren, angelegt wurde. Oder auf ein Schwarzgeldkonto geflossen ist. Und damit steuerpflichtige Zinsen angefallen sind. Diese werden dann meist dem privaten Konto gutgeschrieben. Folge: Der Betriebsprüfer möchte Einblick in die privaten Kontoauszüge nehmen. Ist dort nichts zu finden, kommt automatisch die Frage, wo denn die 50 000 Mark geblieben sind und warum Du sie abgehoben hast.
Genau das ist der existenzgefährdende Knackpunkt. Fällt Dir keine bessere Erklärung als die simple Wahrheit ein, beginnt der steuerliche Teufelskreis. Der Prüfer muß von Amts wegen der Sache gründlichst (!) nachgehen. Er wird als erstes eine Kontrollmitteilung herausschreiben, weil der Empfänger der 50 000 Mark das Geld versteuern muß. Es gibt ja keine

Regel, die da besagt, daß »private Provisionen«, sprich Schmiergelder, nicht zu versteuern sind. Also wird der Prüfer vermutlich die Steuerfahndung einschalten, weil bei Geschäften per Briefumschlag von vornherein ein deutlicher Verdacht auf Nichtversteuerung gegeben ist. Ergebnis: Ist die amtliche Ermittlungsmaschinerie einmal angelaufen und wird der 50 000-Mark-Empfänger dann steuerstrafrechtlich verfolgt, so kann der Inhaber der Zulieferfirma praktisch sicher sein, daß im nächsten Jahr keine Aufträge mehr kommen. Mit Abschluß seiner Betriebsprüfung kann er quasi seinen Laden zumachen. Die (möglicherweise jahrelang funktionierende) Geschäftsverbindung ist kaputt.

Merke: Solche Zahlungen müssen, wenn irgend möglich, umgestellt werden. Da in dem praktischen Fall Auslandsgeschäfte hineinspielten, dürfte dies sogar möglich gewesen sein. Anstelle der »diskreten« Provision muß – eventuell im zuverlässigen Ausland – eine Servicefirma eingeschaltet werden, die gegen angemessene Provisionszahlung vermittelt. Vermutlich könnte die Zahlung dann sogar als offizielle Betriebsausgabe verbucht werden. Welche Beträge die ausländische Maklerfirma an Drittpersonen weitergibt (und wohin!), ist eine Frage, die den Zahlenden nicht mehr zu interessieren braucht. Er hat damit ja nichts zu tun. Um Mißverständnissen vorzubeugen: »Eigentlich« hätte der Unternehmer, der die Provision zahlte, die Beträge ja als Betriebsausgaben abziehen dürfen. Aber natürlich nur dann, wenn er den Empfänger benannt hätte. Durch das (richtige!) Einschalten einer Servicefirma kann er diesem Benennungs-Verlangen des § 160 Abgabenordnung nachkommen und hat doch nichts zu befürchten.

Trick

Wie kommst Du um eine Betriebsprüfung herum?

Zum Glück ist das Finanzamt wegen der dazu fehlenden höchstqualifizierten Kräfte noch nicht in der Lage, alle Klein- und Mittelunternehmen laufend zu prüfen. Damit Du trotzdem nicht zu denen zählen mußt, die bei einer Außenprüfung steuerlich zur Ader gelassen werden, solltest Du die folgenden sechs Ratschläge beachten! Eine Garantie, daß Du von 634 keiner Betriebsprüfung behelligt wirst, gibt es nicht. Aber mit Hilfe der folgenden Hinweise vergrößerst Du Deine Chance, einer Betriebsprüfung zu entgehen:

»Gehe nicht zu Deinem Fürst …«

Und selbst wenn Du gerufen wirst, vermeide es mittels einer Entschuldigung. Bitte stets um schriftliche Erledigung der Sache. Das Finanzamt muß Deinem Ersuchen folgen. Denke daran: Du bist einfach nicht versiert genug, um in Verhandlungen und bei Fangfragen die einzig richtigen Antworten geben zu können. Nur zu leicht rutschst Du auf die Liste »Zur Prüfung vorgemerkt«. Denn: Nicht immer wirkst Du auf andere Menschen so, wie Du zu wirken meinst oder beabsichtigst.

- Vermeide unbedingt Abweichungen in der Umsatzsteuer-Jahreserklärung von Deinen Voranmeldungen. Differenzen sind hier für einen Finanzbeamten besonders suspekt. Weiß der Teufel, warum.
- Komm Deinen Zahlungsverpflichtungen gegenüber dem Finanzamt stets pünktlich und vollständig nach. Andernfalls beantrage rechtzeitig Stundung. Nur wenig Wohlwollen ruft der Aktenvermerk »Unpünktlicher Steuerzahler« bei denen hervor, auf die es ankommt …
- Weise keine Einkommen aus, die laufend unter dem Existenzminimum liegen. Kein Finanzbeamter versteht, daß man auch ganz gut von Schulden leben kann, die man bei anderen macht. Nur Bauern, Marktleute und Newcomer in den ersten Jahren nach einer Betriebseröffnung genießen gewisse Narrenfreiheiten.
- Fülle Deine Steuererklärung sorgsam aus. Vermeide durch klare Angaben und Beifügen von Belegen »Erörterungen« des Amts. Nur zu leicht gerätst Du in eine Prüfung, weil sich ein Bearbeiter anders nicht durchzufinden weiß.
- Halte deutsche Beamte nicht durch zu ausführlichen Schriftwechsel von einem gemütlichen Arbeitsklima ab. Fasse möglichst viel vereinfachend zusammen, damit es dem Beamten leicht von der Hand geht. Kämpfe erst bei einer Prüfung, dann aber hart!

Spare Steuern wie die ganz Großen!

Wenn Maschinen und Anlagen mehr laufen als üblich, akzeptiert das 635
Finanzamt deutlich höhere Abschreibungen. Die dann den Gewinn und damit die Steuer mindern.

- **Schon wenn der Umsatz stockt oder die Kalkulation nicht aufgeht, darfst Du das Warenlager runterrechnen. Was bei einer Bilanzierung den Gewinn mindert.**
- **Sonderregel: Kleinere Firmen dürfen bei neuen Maschinen, Geräten und Fahrzeugen 20 Prozent der Kosten extra abschreiben.**
- **Gewähre Deinen Kunden eine Garantie auf Deine Lieferungen. Dann bist Du in der Lage, durch eine Rückstellung die Steuer zu verkürzen.**

In Italien gilt Steuerehrlichkeit
als milde Form des Schwachsinns.

(Dino Barluzzi)

Der richtige Umgang mit dem Finanzamt 636

Wie bei jeder Behörde gibt es beim Finanzamt einen ganzen Wust an Regelungen und Bestimmungen für den Umgang mit Steuerzahlern. Wenn Du erfolgreich operieren willst, mußt Du bestimmte Wege einhalten, sonst bekommst Du Probleme mit Deiner Steuererklärung.

Du mußt stets Beweise sammeln 637

Im Steuerrecht gilt der Grundsatz, daß derjenige den Beweis erbringen muß, der sich auf eine Begünstigung beruft. Das heißt, daß Du als Steuerzahler alles beweisen mußt. Sei es, daß Du Betriebsausgaben geltend machst, oder daß Du den Abzug von Sonderausgaben und außergewöhnlichen Belastungen begehrst.

Immer hast Du dafür zu sorgen, daß entsprechende Belege, Dokumente, Verträge usw. vorhanden sind, die Deinen Standpunkt untermauern. Deshalb tust Du gut daran, Dich rechtzeitig um Beweismittel zu kümmern und notfalls die Angaben durch eine »Versicherung an Eides Statt« zu erhärten, wenn keine anderen Beweismittel vorhanden sind. Doch da gibt es noch weitere Quellen, die Dir in einigen Fällen weiterhelfen können, z. B. Verfügungen der Finanzverwaltung, in denen es heißt, daß den Angaben der Steuerpflichtigen weitgehend Glauben zu schenken ist.

638 Guter Glaube: Auch ein Gebot für das Amt

Dieser gute Glaube an die Richtigkeit Deiner Angaben gilt vor allem dann, wenn aus der allgemeinen finanziellen und tatsächlichen Lebenssituation heraus Deine Angaben als sehr wahrscheinlich und damit als glaubhaft anzusehen sind.
Die Finanzverwaltung soll nämlich nur dann weitere Nachforschungen anstellen, wenn sich Zweifel aus Deinen Angaben aufdrängen. Das müßte z. B. bei von Dir angegebenen 370 Reisetagen im Jahr der Fall sein, oder auch dann, wenn Deine Kosten so hoch sind, daß für Deinen privaten Lebensunterhalt überhaupt keine Mittel mehr zur Verfügung standen.
In solchen Fällen mußt Du dann durch Kontoauszüge, Darlehensverträge usw. die Herkunft dieser Mittel nachweisen können und auch, daß Du tatsächlich noch Gelder für Deinen privaten Lebensunterhalt zur Verfügung hattest. Bloße Behauptungen reichen in solchen Fällen der Finanzverwaltung nicht aus.

639 Schuldscheine mußt Du Dir stets geben lassen und sie aufbewahren

Auch wenn Du privat Gelder geliehen hast, solltest Du Dir darüber entsprechende Schriftstücke anfertigen, um sie notfalls als Beweise vorlegen zu können. Vor allem wird dann das Finanzamt nachprüfen, ob die Kreditgeber tatsächlich finanziell in der Lage waren, Dir die

fraglichen Beträge ausleihen zu können. Es wird auch geprüft, ob bei der Vereinbarung eventueller Zinsen diese von den Empfängern tatsächlich versteuert wurden oder ob gar eine Schenkung anzunehmen ist, so daß Schenkungssteuer anfällt.
Fangen die Finanzbeamten erst einmal an zu bohren, dann tun sie dies besonders hartnäckig. Deshalb solltest Du vorher auf Heller und Pfennig Deine Rechnung aufmachen, ehe Du Dich aufs Glatteis begibst.
Sind die Beträge nachweisbar, dann brauchst Du auch keine Scheu zu haben, hier einen Rechtsstreit zu riskieren. Für Deine Privatsphäre bist Du nämlich nicht zu einer geschlossenen Buchführung oder gar zur lückenlosen Aufbewahrung sämtlicher Belege verpflichtet. Es genügt deshalb, wenn Du die Herkunft und die Bewegung größerer Beträge nachweisen kannst.

Halte Fristen ein 640

Neben den Aufzeichnungs- und Beweispflichten mußt Du die für das Finanzamt bestimmten Meldungen, Steuererklärungen usw. auch noch innerhalb gesetzlich festgelegter Fristen einreichen. Die Termine sollen einen reibungslosen Ablauf innerhalb der Finanzverwaltung sicherstellen.
Wenn Du also merkst, daß Du zu den vorgesehenen Stichtagen die Verpflichtung nicht erfüllen kannst, dann mußt Du rechtzeitig einen Antrag stellen, um diesen gesetzlichen Abgabetermin zu verschieben. Nur dadurch kannst Du einen Aufschub erhalten.
Selbst wenn Dir das Finanzamt eine Nachfrist zugesteht, innerhalb 641
derer Du diese Meldung oder Erklärung abgeben darfst, so ändert dies an der Überschreitung der gesetzlichen Frist nichts. Diese Tatsachen schaffst Du nicht mehr aus der Welt.
Das bedeutet aber, daß damit gleichzeitig gesetzlich angeordnete Zwangsfolgen eintreten. Wenn Du auch diese vermeiden willst, dann mußt Du zusätzlich beantragen, daß diese Zwangsfolgen für die Zeit der Fristüberschreitung ausgesetzt werden, sonst laufen sie unvermindert weiter.

So etwas gelingt Dir natürlich nur, wenn Fristverlängerungsanträge bei Dir die Ausnahme bilden und nicht regelmäßig vorkommen. In dem Fall, in dem Dich das Finanzamt als unpünktlichen Steuerzahler eingestuft hat, wirst Du kein Entgegenkommen erwarten können. Ein solcher Antrag könnte folgendermaßen aussehen:

642 **Antrag auf Fristenverlängerung**

Umsatzsteuervoranmeldung für ...
hier: Antrag auf Fristverlängerung

Sehr geehrte Damen und Herren,

wie sich erst heute herausstellte, kann ich durch einen Fehler in meiner Datenverarbeitung leider die steuerpflichtigen Umsätze nicht abrufen. Es sind dazu manuelle Feststellungen erforderlich, die ich nicht mehr bis zu dem gesetzlich vorgeschriebenen Termin fertigstellen kann. Ich bitte Sie daher, mir eine Nachfrist bis zum ... zuzugestehen. Als Abschlagszahlung erhalten Sie für die Umsatzsteuer einen Betrag in Höhe von ... DM, den ich mit der sich ergebenden tatsächlichen Steuerlast verrechnen werde.

Da ich bisher immer pünktlich meinen steuerlichen Pflichten nachgekommen bin, bitte ich Sie, von der Erhebung von Säumnis- oder Verspätungszuschlägen abzusehen.

Sollte ich bis zum ... nichts Gegenteiliges von Ihnen hören, so gehe ich davon aus, daß Sie diesem Antrag zustimmen werden.

Mit freundlichem Gruß

Max Schlau

Sonderregel: Dauerfristverlängerung 643

Für Dich als umsatzsteuerpflichtigen Unternehmer gibt es eine sogenannte **Dauerfristverlängerung**. Hierfür mußt Du 1/11 der Vorjahressteuer praktisch als zinsloses Darlehen dem Finanzamt vorauszahlen. Dafür gestattet Dir dann das Finanzamt, daß Du die laufenden Voranmeldungen regelmäßig einen Monat später abgeben kannst. Die Vorauszahlung wird mit der letzten Voranmeldung des Jahres verrechnet. Ein solches Verfahren lohnt sich aber nur dann, wenn Du regelmäßig organisatorisch nicht in der Lage bist, bis zum 10. des Folgemonats aus Deiner Buchhaltung die erforderlichen Zahlen zu erhalten.

Für andere Steuerarten gibt es kein vergleichbares Verfahren, deshalb 644
solltest Du bei anderen Steuern mit Deinem Fristverlängerungsantrag eine pauschale Abschlagszahlung (volle hundert Mark) entrichten. Mit der endgültigen Meldung oder Erklärung verrechnest Du dann diese Zahlung. Dieses Verfahren wird, wenn Du Dich rechtzeitig meldest, von den Finanzämtern widerspruchslos anerkannt.

Fristen für jährliche Steuererklärungen 645

Für die Abgabe von jährlichen Steuererklärungen mußt Du unterscheiden, um welche Art von Steuererklärung es sich dabei handelt. Beim Veranlagungsverfahren zur Einkommensteuer muß die Steuererklärung bis zum 31. 5. des folgenden Jahrs beim Finanzamt eingehen.

Der Abgabetermin kann aber aufgrund eines entsprechenden Antrags von Dir verlängert werden, und zwar bis zum 30. 9. des Folgejahrs problemlos, bis zum 28. 2. des darauffolgenden Jahrs bei Angabe triftiger Gründe.

Es kann Dir aber dann passieren, daß Du bei verspäteter Abgabe einen 646
Verspätungszuschlag zahlen mußt. Dieser Zuschlag kann sogar dann festgesetzt werden, wenn Dein Steuerbescheid einen Erstattungsbetrag ausweist. Hier hilft dann nur ein Erlaßantrag.

Den Verspätungszuschlag austricksen

647 **Zögere nicht, gegen jeden einzelnen Bescheid Einspruch einzubringen, der von den Angaben in Deinen Steuererklärungen abweicht. Du hast dafür jeweils einen Monat Zeit, und falls die Festsetzung ohne Rechtsbehelfsbelehrung erfolgt ist, sogar ein Jahr. Abgesehen davon kannst Du jederzeit Wiedereinsetzung in den vorigen Stand verlangen, wenn Du vor der Festsetzung nicht angehört worden bist, also rechtliches Gehör nicht gewährt wurde. Und das geschieht bei Verspätungszuschlägen fast nie, so daß Du auch noch nachträglich Einspruch einlegen kannst.**
Rückendeckung bekommst Du auch vom BFH dazu. In einem Urteil (Az: XIR73/94) stellt er nämlich klar, daß grundsätzlich Voranmeldungen und Jahressteuererklärungen zwei Paar Schuhe sind.

648 **Antrag auf Erlaß von Verspätungszuschlägen**

An das Finanzamt X-Stadt	Max Schlau 66666 Glückstadt

Steuer-Nr. ...
Einkommensteuerbescheid vom ...
hier: Festsetzung eines Verspätungszuschlags,
Erlaß aus Billigkeitsgründen

Sehr geehrte Damen und Herren,
in dem oben bezeichneten Steuerbescheid setzen Sie einen Verspätungszuschlag in Höhe von ... DM gegen mich fest.

Mir ist bekannt, daß dieses Druckmittel die rechtzeitige Abgabe von Steuererklärungen und damit einen reibungslosen Ablauf der Bearbeitung innerhalb der Finanzämter bewirken soll. Den steuerberatenden Berufen wird eine generelle Fristverlängerung bis Ende September des Folgejahrs eingeräumt. Darüber hinaus sind weitere Verlängerungen möglich. Damit steht fest, daß Fristverlängerungen nicht nur in Sonderfällen bewilligt werden. Ein Sonderfall liegt jedoch bei mir vor, denn ich habe bisher immer pünktlich meine Steuererklärung abgegeben und mich lediglich wegen ... in diesem Jahr verspätet.

a) Deshalb sehe ich in meinem Fall eine Ungleichbehandlung gegenüber anderen Steuerpflichtigen. Hinzu kommt, daß ich in meinem Schreiben vom ... eine Fristverlängerung zur Abgabe der Erklärung erbeten habe. Dieses Schreiben wurde bisher von Ihnen nicht beantwortet.

b) Der Steuerbescheid weist einen Erstattungsbetrag in Höhe von ... DM aus. Deshalb ist dem Fiskus kein Schaden entstanden.

Ich beantrage daher, den festgesetzten Versäumniszuschlag zu erlassen und mir einen entsprechenden Bescheid darüber zu erteilen.

Mit freundlichem Gruß

Max Schlau

Veranlagung unter dem Vorbehalt der Nachprüfung oder vorläufige Veranlagung 649

Das Finanzamt kann unter dem Vorbehalt der Nachprüfung oder auch vorläufig veranlagen, d. h. sich für später ein Türchen offenhalten, um die Steuer noch höher festzusetzen. Gründe dafür sind: eine bevorstehende Betriebsprüfung. Oder strittige Fragen, die noch nicht geklärt wurden. Oder Deine Angaben sind noch nicht vollständig. Weil Du noch an anderen Unternehmen beteiligt bist, so daß von hier noch Mitteilungen über weitere Einkünfte von Dir von einem anderen Finanzamt oder von einer anderen Stelle innerhalb des Finanzamts zu erwarten sind.
Bescheide mit dem Vorbehalt der Nachprüfung sind in vollem Umfang offen, d. h., in jeder Hinsicht änderbar. Vorläufige Steuerbescheide sind nur punktuell offen.
In dem vorläufigen Bescheid muß dann aber ausdrücklich darauf hingewiesen werden, welche einzelnen Besteuerungsgrundlagen vorläufig sind. Wenn Du darin also folgenden Satz findest: »DIESER BESCHEID ERGEHT VORLÄUFIG NACH § 165 Abs. 1 AO HIN-

SICHTLICH FOLGENDER SACHVERHALTE ...«, so mußt Du Deine Angaben in der Steuererklärung insgesamt nochmals überprüfen. Ist der Bescheid nämlich durch einen Hinweis auf die vorläufigen Sachverhalte eingeschränkt, dann kannst Du nach Eintritt der Bestandskraft (das ist einen Monat, nachdem Dir der Bescheid bekanntgegeben wurde) nur noch in diesen für vorläufig erklärten Punkten eigene Änderungswünsche vorbringen.

650 **Aber:** Innerhalb der Rechtsbehelfsfrist von vier Wochen können von Dir noch sämtliche Änderungen begehrt werden. Ist diese Frist aber abgelaufen, dann sind Änderungen zu Deinen Gunsten nicht mehr möglich. Du kannst lediglich Änderungswünsche des Finanzamts dadurch auf Null bringen, indem Du diesen die eigenen Fehler, die zu Deinen Gunsten sprechen, entgegensetzt.

651 Deine Einsprüche müssen pünktlich ankommen

Es spielt keine Rolle, wann Du Deinen Einspruch abschickst, sondern es kommt darauf an, daß dieses Schreiben spätestens am letzten Tag der Rechtsbehelfsfrist bei der zuständigen Behörde ankommt.
Die Rechtsbehelfsfrist beginnt nach Zugang des Steuerbescheids zu laufen. Steuerbescheide, die mit normaler Post versendet werden, gelten mit dem dritten Tag nach Aufgabe zur Post als zugegangen. Für die Aufgabe zur Post ist der Poststempelabdruck entscheidend. Und so mußt Du den Fristablauf feststellen:
Absendedatum lt. Poststempel 1. 4.; Zugang des Bescheids unterstellt am 4. 4.; Fristbeginn 5. 4., 0 Uhr, Fristende 4. 5., 24 Uhr. Also muß der Einspruch spätestens am 4. 5. um 24 Uhr im Briefkasten des Finanzamts liegen.

Trick

Vergiß keine Einspruchstermine!

652 **Deshalb lege möglichst bald nach Ankunft des Steuerbescheids vorsorglichen Einspruch ein. Diesen brauchst Du nicht zu begründen, und er kostet Dich lediglich ein zusätzliches Blatt Papier und eine Briefmar-**

ke. Später begründest Du ihn dann in aller Seelenruhe, wenn Du Zeit dafür gefunden hast.

Aber bewahre Dir unter allen Umständen von allen Schreiben des Amts den Briefumschlag auf. In nichts sind Behörden kleinlicher als in der Fristenwahrung.
Du mußt den Einspruch auch in einer solchen Weise bezeichnen, daß das Finanzamt darin einen Rechtsbehelf erkennt und damit etwas anfangen kann. So muß mindestens Dein Absender, Deine Steuernummer und die Bezeichnung und das Datum des Schriftstücks angegeben sein, welches Du damit angreifen willst. Zusätzlich sollte bei Steuerbescheiden die Steuerart und das betreffende Jahr angegeben sein, und das Schreiben muß von demjenigen unterschrieben sein, der von dem angegriffenen Verwaltungsakt betroffen ist. (Sehr wichtig, wenn Du einen Familienangehörigen vertrittst. Dazu brauchst Du eine Vollmacht.)

Ehepaare, aufgepaßt 653

Bei Eheleuten sollten beide Ehegatten unterschreiben. Dies ist sehr wichtig für ein sich eventuell anschließendes Verfahren vor einem Finanzgericht. Zu einem solchen Gerichtsverfahren wird nämlich nur derjenige als Kläger zugelassen, dessen Vorverfahren (so wird das Einspruchsverfahren bezeichnet) wenigstens teilweise erfolglos geblieben ist.
Führt bei Eheleuten nur ein Ehegatte allein das Einspruchsverfahren 654 durch, dann ist bei einem anschließenden Rechtsstreit auch nur dieser klagebefugt. Das kann aber dazu führen, daß dieser klagende Ehegatte vom Gericht abgewiesen werden muß, weil die strittigen Einkünfte beispielsweise dem nicht klagenden anderen Ehegatten allein zuzurechnen sind.
Das Finanzamt wird Dich auf solche Spitzfindigkeiten nicht hinweisen. So gerätst Du ahnungslos in einen Rechtsstreit, unterliegst schon aus formellen Gründen und mußt auch noch die Verfahrenskosten tragen. Deshalb müssen Eheleute das Vorverfahren immer gemeinsam durchführen. Es kostet auch nicht mehr. Es bleibt aber dadurch die Sicherheit, gemeinsam

klagebefugt zu sein, wenn es denn überhaupt so weit kommen sollte. Eheleute: Unterzeichnet also immer die Schreiben gemeinsam.

Nun kannst Du entweder in einem einzigen Schreiben den Einspruch erheben und gleich begründen. Du kannst die Begründung aber auch später an das Finanzamt schicken.

Ist der Einspruch rechtzeitig erhoben, dann gibt es für dieses Begründungsschreiben keine besondere Frist mehr zu beachten. Das Finanzamt kann Dich lediglich dazu auffordern, innerhalb eines bestimmten Zeitraums Deinen Einspruch zu erläutern oder zurückzunehmen. Tust Du das nicht, dann kann das Finanzamt Deinen Einspruch als unbegründet zurückweisen. Gegen diese Entscheidung ist dann nur noch Klage beim Finanzgericht möglich. Deshalb liegt es in Deinem eigenen Interesse, entweder eine weitere Nachfrist zu beantragen oder aber die gesetzte Frist einzuhalten und dem Finanzamt die fundierte Begründung Deines Einspruchs zu liefern.

655 Beim Finanzamt geht's nur ums Geld

656 Sind Steuerbeträge erst einmal festgesetzt, gleichgültig ob berechtigt oder nicht, dann mußt Du auch zahlen. Die Finanzbehörde hat eine eigene Zwangsvollstreckungsabteilung mit den rechtlichen Befugnissen von Gerichtsvollziehern (Vollstreckungsstelle). Wenn Du nicht zahlst, kann es unangenehm werden. Mit Pfändungen, Beschlagnahmungen, Zwangsversteigerungen oder Beantragung von Zwangshypotheken und sogar Konkursanträgen kann der Staat die Steuern von Dir eintreiben. Aus dieser Aufzählung, die noch lange nicht vollständig ist, wird Dir klar, daß Du in allen Fällen schnellstens tätig werden mußt, wenn Du eine festgesetzte Steuer nicht zahlen kannst oder willst. Sonst machen Dich bald die Kosten arm!

657 Du bist knapp bei Kasse?

Bei vorübergehenden finanziellen Engpässen reicht es aus, wenn Du der Finanzkasse für Deine Vorauszahlung ein Ratenzahlungsangebot für die rückständige Steuer in Form eines Stundungsantrags unterbrei-

test. Umsatz- und Lohnsteuer stundet Dir das Finanzamt nicht. Ohne einen Stundungsantrag entstehen bei verspäteter Zahlung happige Säumniszuschläge in Höhe von monatlich einem Prozent des rückständigen Betrags.
Kannst Du keine Raten zahlen, so versuche, mit einem Stundungsantrag eine längere zinslose Stundung zu erreichen. Nach dem Gesetz werden nämlich sämtliche verspäteten Zahlungen mit Stundungszinsen in Höhe von 0,5 Prozent pro Monat belastet. Aufs Jahr gesehen, kann das teuer werden.

Fällige Steuern und kein Geld da? Stundung!

Beantrage schnellstens Stundung. Wozu gibt es denn die Stundungs- 658
vorschriften in der Abgabenordnung?
»Das bringt bei mir nichts«, sagst Du. »Ich habe das früher schon mal versucht. Das Finanzamt meinte damals, ich hätte noch genug Kreditmöglichkeiten, und diese müßte ich erst ausschöpfen.«
Versuche es trotzdem: Du mußt Deinen Stundungsantrag zeitlich so stellen, daß ihn das Finanzamt erst **kurz vor** dem Zahlungstermin für Deine Steuern erhält. Das ist das ganze Geheimnis! Denn dadurch ist das Finanzamt rein zeitlich nicht mehr in der Lage, Deinen Stundungsantrag rechtzeitig, also noch vor Deinem Zahlungstermin, abzulehnen. So muß es Dir kulanterweise einen neuen Zahlungstermin geben.
Deswegen rate ich Dir, daß Du Deinen Stundungsantrag erst einen Tag vor dem Zahlungstermin dem Finanzamt zukommen läßt, denn dann kannst Du sicher sein, daß die Damen und Herren im Finanzamt erst nach dem Zahlungstermin auf Deinen Stundungsantrag reagieren und Dir einen **neuen, späteren Zahlungstermin** geben.
Der neue Zahlungstermin muß mindestens eine Woche nach Zugang des ablehnenden Stundungsbescheids liegen. Da wir alle wissen, wie langsam behördliche Mühlen mahlen, können also Wochen verstreichen, bis Du den ablehnenden Stundungsbescheid in Deinem Briefkasten findest. Dabei muß Dir, wie schon gesagt, eine neue Zahlungsfrist

nach dessen Zugang gegeben werden. An diese Frist schließt sich dann noch die allgemeine Schonfrist von 5 Tagen an.
Gesetzt den Fall, Du hast einen sehr ausführlichen Stundungsantrag gestellt, dann wird sich das Finanzamt damit auch entsprechend länger beschäftigen müssen. Du merkst also, wenn Dein Stundungsbegehren kurz vor Deinem Zahlungstag beim Finanzamt eingeht, können bis zu zwei Monate verstreichen, bis Du letztendlich zahlen mußt. Damit ist Dir doch echt geholfen, oder?
Du mußt aber damit rechnen, daß Dir der Computer des Finanzamts – rein automatisch – erst einmal Säumniszuschläge berechnet, weil er zum ersten Fälligkeitstermin Deine Steuerzahlung vermißt und er von Deinem Stundungsantrag ja noch nichts weiß. Stelle dann sofort einen Antrag auf Erlaß der Säumniszuschläge. Dem Antrag wird das Finanzamt ohne weiteres entsprechen, weil Säumniszuschläge nicht zu erheben sind, wenn »ein Stundungsantrag vor Fälligkeit gestellt und nach Fälligkeit abgelehnt wurde und der Steuerzahler die neue Zahlungsfrist eingehalten hat«. So der NRW Erlaß FinMin. vom 2. 1. 1984 – S 0480 – 1 – VA 1.
Der zweite positive Effekt des Zahlungsaufschubs, der sich durch Deinen Stundungsantrag ergibt, ist die Zinsersparnis. Bei einer Steuernachzahlung von angenommenen 15 000 Mark, die Du durch Deinen Stundungsantrag um nur zwei Monate verzögerst, sparst Du bei Sollzinsen von 10 Prozent allein 250 Mark.

659 **Säumniszuschläge** werden Dir berechnet, wenn Du mutwillig oder unbewußt Zahlungstermine verstreichen läßt, ohne einen vorherigen Stundungsantrag zu stellen. Damit soll Druck auf Dich ausgeübt werden, Dich zu einer pünktlichen Zahlungsweise anzuhalten. Deine Chancen stehen gut, wenn Du bisher regelmäßig Deinen Verpflichtungen gegenüber dem Finanzamt nachgekommen bist. Und Du deshalb Erlaß der Säumniszuschläge beantragst, weil Dir als bisher pünktlichem Steuerzahler ein einmaliges Versehen unterlaufen ist.
Achtung: Den zinslosen Aufschub bekommst Du sogar dann noch, wenn Du schon früher einmal Stundungsvereinbarungen mit dem Finanzamt getroffen und diese pünktlich eingehalten hast.

Zinsfestsetzung: Eine Kann-Bestimmung 660

Das Gesetz erlaubt es der Finanzverwaltung, keine Stundungszinsen festzusetzen – es handelt sich dabei um eine sogenannte »Kann«-Bestimmung. Zahlungsfristen sind oftmals sehr knapp bemessen. Deshalb kann es passieren, daß die Finanzkasse bereits der Vollstreckungsstelle Deine Rückstände gemeldet hat, nur weil Dein Schreiben zu spät bei dem zuständigen Sachbearbeiter ankam. Schiebe deshalb solche Anträge nicht auf die lange Bank.
Mach Dir auch in allen Fällen zu Deiner eigenen Sicherheit von Zahlungsvorgängen Kopien, die Du in einem speziellen Ordner aufbewahrst. Verwahre darin auch Duplikate von Fristverlängerungsanträgen, Stundungsanträgen, Aussetzungsanträgen usw.
Fertige zudem Aktennotizen an oder schicke dem Finanzamt kurze Bestätigungsschreiben, wenn Du telefonisch etwas vereinbart hast, und erfrage vor allen Dingen die Namen derjenigen Beamten, mit denen Du solche Abmachungen getroffen hast. Nur wenn Du lückenlos beweisen kannst, daß Du alles getan hast, um diese leidigen Pflichten zu erfüllen, um die Du hier in Deutschland nun mal nicht rumkommst, kannst Du auch in heiklen Situationen mit einem blauen Auge davonkommen.

Stundungsantrag 661

An das Finanzamt
Finanzkasse
66666 Glückstadt

Max Schlau
Steuer-Nummer …

Datum: …

Sehr geehrte Damen und Herren,
im Steuerbescheid vom … setzen Sie unwidersprochen eine Restzahlung in Höhe von … DM gegen mich fest.
Leider sind durch die nachfolgend geschilderten Ereignisse der letzten Zeit meine finanziellen Verhältnisse derart, daß ich diesen Betrag nicht auf einmal aufbringen kann.
Ich habe sämtliche Kreditmittel ausgeschöpft, wie Sie aus der beigefügten Bestätigung meiner Bank ersehen können. Bei den geschilderten Ereig-

nissen handelt es sich um vorübergehende Engpässe, die nicht vorhersehbar waren. Ich kann Ihnen daher nur folgendes Zahlungsangebot machen: ....
Ich werde bemüht sein, unter allen Umständen diese Ratenzahlungen einzuhalten, und bitte um einen entsprechenden Bescheid. Gleichzeitig bitte ich, von der Erhebung von Stundungszinsen aus den genannten Gründen abzusehen. Sollten Sie diesem Antrag nicht entsprechen wollen, bitte ich wenigstens um vorläufigen Vollstreckungsaufschub.

Mit freundlichem Gruß

Max Schlau

662 Erlaß von Säumniszuschlägen

An das Finanzamt
Finanzkasse
66666 Glückstadt

Max Schlau
Steuer-Nummer: ...

Datum: ...

Sehr geehrte Damen und Herren,
mit Ihrem Bescheid vom ... setzen Sie Säumniszuschläge wegen verspäteter Zahlung der ... steuer gegen mich fest. Bisher habe ich stets pünktlich meine Zahlungspflichten gegenüber dem Finanzamt erfüllt. Deshalb stelle ich den Antrag, mir die festgesetzten Säumniszuschläge aus Billigkeitsgründen zu erlassen.

Mit besten Grüßen

Max Schlau

Halte Dein Geld fest bis zum letzten Moment! Nutze die Schonfrist!

Wenn Steuern fällig werden, weil z. B. eine Abschlußzahlung oder eine 663
Vorauszahlung zu leisten ist, nutze die Schonfrist aus. Sie steht Dir nach § 240 Abgabenordnung zu. Die Schonfrist beträgt fünf Tage nach Fälligkeit. Wenn Du innerhalb der Schonfrist zahlst, entstehen keine Säumniszuschläge.
»Wann soll ich denn zahlen, am Anfang der Schonfrist, in der Mitte oder wann?« fragst Du.
Am Ende natürlich. Die Steuern müssen nur rechtzeitig, also noch innerhalb der Schonfrist, beim Finanzamt eingegangen sein. Zahlst Du mit Banküberweisung, mußt Du allerdings schon zwei bis drei Tage für den Zahlungsweg einkalkulieren. Bei Zahlung mit Scheck gibt es jedoch keine Schonfrist. Der Scheck muß also am letzten Tag der Fälligkeit beim Finanzamt eingegangen sein. Trotzdem kommst Du auch bei Zahlung mit Scheck zu einer Schonfrist, weil der Scheckbetrag erfahrungsgemäß erst mehrere Tage später von Deinem Konto abgebucht wird. **Also: Am besten, den Scheck am letzten Tag der Fälligkeit – nach Dienstschluß – in den Briefkasten des Finanzamts werfen.**

Eine Notlüge ist immer verzeihlich.
Wer aber ohne Zwang die Wahrheit sagt,
verdient keine Nachsicht.
(Karl Kraus)

Erlaß von Steuern 664

Falls es so eng bei Dir ist, daß eine Stundung völlig aussichtslos ist, weil Du auf absehbare Zeit Deinen finanziellen Verpflichtungen nicht nachkommen kannst, hilft nur noch ein Antrag auf abweichende Steuerfestsetzung oder ein Erlaßantrag. Mit einem solchen Antrag kann es Dir allerdings passieren, daß das Finanzamt ein Vermögensverzeichnis von Dir anfordert und die eidesstattliche Versicherung über dessen Vollständigkeit von Dir verlangt. Liegt dieses Verzeichnis bereits vor, weil Du es für den Prozeßkostenhilfeantrag benötigt hast, dann kannst Du darauf verweisen.

Für die Feststellung Deines vollständigen Vermögens hat das Finanzamt zwei Möglichkeiten, die für Dich völlig unterschiedliche Auswirkungen haben. Während die strengste Form eine Eintragung im Schuldnerregister und damit die Kreditunwürdigkeit bewirkt – was zum geschäftlichen Ruin führen kann –, führt die mildere Form nur zu einem besonders hohen Wahrheitsgehalt Deiner Aussage.
Nachteile können für Dich bei der zuletzt genannten Form nicht entstehen, weil diese Erklärung nicht über die Finanzamtsmauern hinausgelangt.
Deshalb solltest Du unbedingt auf diese mildere Form der Vermögensoffenbarung drängen, denn die Finanzverwaltung muß dann, wenn ihr mehrere Möglichkeiten zur Verfügung stehen, die für Dich als Steuerpflichtigen schonendste Möglichkeit wählen. So hat es die Abgabenordnung, unser steuerliches Grundgesetz, angeordnet, indem den Finanzbehörden anheimgestellt wird, von der eidesstattlichen Versicherung abzusehen und sich mit einem schlichten Vermögensverzeichnis zufriedenzugeben (§ 284 Abs. 2 AO).

Die folgenden Voraussetzungen mußt Du für einen Erlaß erfüllen

665 Sogenannte Erlaßwürdigkeit wird Dir nur zugestanden, wenn Deine Steuerschulden nicht aufgrund entdeckter Steuerstraftaten entstanden sind. Weiter mußt Du in der Vergangenheit Deinen steuerlichen Verpflichtungen pünktlich nachgekommen sein. Dazu gehört vor allem, daß Du Steuererklärungen und Steuervoranmeldungen rechtzeitig abgegeben und die sich daraus errechnenden Zahlungen pünktlich geleistet hast.
»Erlaßbedürftigkeit« ist anzunehmen, wenn Dir mit den verbliebenen Mitteln nur noch eine ganz bescheidene Lebensführung möglich ist. Sie kann Dir allerdings dann abgesprochen werden, wenn Du durch Alkoholismus, Spielsucht oder einen allgemein bekannten aufwendigen Lebenswandel selbst zur Verschlechterung Deiner Vermögensverhältnisse wesentlich beigetragen hast. Dies gilt auch, wenn Du Vermögen verschenkt hast und anschließend einen Steuererlaß wegen Vermögenslosigkeit begehrst. Der Gesetzgeber verlangt, daß Du zuerst alle eigenen Vermögenswerte einsetzen mußt, ehe ein Steuererlaß oder eine von der eigentlichen Steuer abweichende Steuerfestsetzung erfolgen kann.

Antrag auf Steuererlaß

666

An das Finanzamt
Finanzkasse
66666 Glückstadt

Max Schlau
Steuer-Nr. ...
Datum: ...

Antrag auf Erlaß der festgesetzten Steuer

Sehr geehrte Damen und Herren,

durch eine lange schwere Krankheit, deren Folgekosten ich weitgehend selbst zu tragen hatte, war ich gezwungen, vor fast einem Jahr mein Geschäft zu schließen. Es ist heute aufgrund meines Krankheitsbilds nicht absehbar, wann ich wieder meinen Geschäftsbetrieb eröffnen kann oder ob ich überhaupt jemals wieder dazu in der Lage sein werde.

Ich verfüge deshalb seit fast einem Jahr über keine laufenden Einkünfte mehr und lebe seitdem von meiner Substanz. Es sind mir nur noch meine Wohnung, mit den Ihnen aus der Steuerakte bekannten Belastungen, und geringes Barvermögen verblieben. Dieses reicht gerade aus, die bescheidene Lebensführung für meine Familie und mich für die nächsten neun Monate zu sichern. Wie es danach weitergeht, weiß ich noch nicht.

Aus diesen Gründen bin ich nicht in der Lage, in absehbarer Zeit die festgesetzten Steuern zu bezahlen. Ich stelle deshalb den Antrag, aus Billigkeitsgründen die mit Bescheid vom ... festgesetzten Steuern zu erlassen, da mir bei deren zwangsweiser Eintreibung nur noch der Gang zum Sozialamt übrig bliebe. Es kann nicht im Sinn des Steuerrechts sein, mir sämtliche Mittel zu entziehen und mich der Armut auszusetzen.

Für einen diesbezüglichen Bescheid wäre ich Ihnen sehr dankbar. Die dafür benötigten Nachweise wollen Sie bitte anfordern, da ich sämtliche Angaben durch Dokumente nachweisen kann.

Mit freundlichen Grüßen

Max Schlau

Wenn das Finanzamt zuviel von Dir verlangt

Die lächerlichste Unwichtigkeit wollen sie oft kleinlich von Dir nachgewiesen haben. In den Burgen und Zinnen derer vom hohen Kalkstein scheinen die leider nicht zu wissen, daß Du hart arbeiten mußt, um für sie und weitere sieben Millionen Bürokraten die Gehälter zu finanzieren. Was Dir diese elendige Bürokratie für Mühe und Zeitverlust bereitet, das scheint denen oft wurscht zu sein. Wehre Dich gegen unangemessene Zumutungen.

Hier hast Du einige gute Argumente für diese Fälle:

Einkommensteuer 2000/Steuer-Nummer ...
hier: Anforderung von ... Unterlagen

Sehr geehrte Damen und Herren,

gegen die Anordnung, die o. a. Unterlagen einzureichen, lege ich hiermit

BESCHWERDE

ein.

Begründung:

Alle zur Steuerfestsetzung erforderlichen Angaben sind in meiner Steuererklärung enthalten. Deren Richtigkeit habe ich mit meiner Unterschrift ausdrücklich bestätigt. Die Notwendigkeit der jetzt von Ihnen zusätzlich geforderten Unterlagen ist weder ersichtlich, noch wurde sie von Ihnen hinreichend begründet.

Grundsätzlich ist das Finanzamt gemäß § 88 der Abgabenordnung (AO) berechtigt, Art und Umfang der Ermittlungen zu bestimmen. Dabei muß die Finanzbehörde jedoch nach pflichtgemäßem Ermessen (§ 5 AO) entscheiden, ob ein Sachverhalt weiter erforscht wird und mit welchen Mitteln dies geschieht. Aus Ihrem oben genannten Schreiben ist nicht ersichtlich, inwieweit Sie Ihr Ermessen ausgeübt haben.

Der § 88 AO enthält keine Verpflichtung für das Finanzamt, jeden Sachverhalt erschöpfend und in jeder Hinsicht zu prüfen. Für den Regelfall soll vielmehr davon ausgegangen werden, daß die Angaben des Steuerpflichtigen in der Steuererklärung vollständig und richtig sind (BFH, BStBl 1969 II, S. 474). Das Finanzamt kann den Angaben in der Steuererklärung Glauben schenken, wenn nicht greifbare Umstände vorliegen, die darauf hindeuten, daß die Angaben falsch und unvollständig sind (BFH, BStBl 1979 II, S. 57).

Das Finanzamt hat die eingehenden Steuererklärungen zunächst einmal ohne Mißtrauen und Argwohn zu bearbeiten. Wenn es dennoch von seinem grundsätzlichen Recht auf weitere Ermittlungen Gebrauch macht, so muß es hierfür triftige und nachvollziehbare Gründe geben. Ansonsten besteht die Gefahr, daß ein Fall des Ermessensfehlgebrauchs vorliegt. Aus Ihrem Schreiben ist nicht ersichtlich, warum die in Rede stehenden Unterlagen angefordert werden.

In Ihrem Schreiben fordern Sie in äußerst großem Umfang Belege an. Hierzu verweise ich auf das Urteil des Bundesfinanzhofs vom 23. 10. 1990 (Az: VIII R 1/86). Danach muß die verlangte Auskunft zur Sachverhaltsaufklärung geeignet und notwendig, die Pflichterfüllung für den Betroffenen möglich und die Anspruchnahme erforderlich, verhältnismäßig und zumutbar sein. Ermittlungen »ins Blaue hinein« sind unzulässig. Aus Ihrem oben genannten Schreiben geht nicht hervor, inwieweit die Grundsätze des vorgenannten BFH-Urteils gewahrt wurden.

Die von Ihnen angeforderten Unterlagen sind – teilweise – zur Feststellung des für die Besteuerung relevanten Sachverhalts für die Festsetzung meiner persönlichen Besteuerung nicht erforderlich.
Dies gilt insbesondere für die folgenden Punkte: . . .

Ihr oben genanntes Schreiben ist daher nicht durch die §§ 88, 97 AO gedeckt.

Bei der Anforderung von Belegen hat sich das Finanzamt wie bei allen anderen hoheitlichen Maßnahmen zunächst auf die am wenigsten einschneidenden Maßnahmen zu beschränken. Mit dem oben genannten Schreiben fordern Sie jedoch sämtliche Unterlagen bezüglich ... an. Hierin liegt ein Verstoß gegen das verfassungsrechtlich garantierte Verbot übertriebener und unangemessener Beanspruchung des Steuerzahlers.

Das Vorlageersuchen bezieht sich auf Werbungskosten bzw. Betriebsausgaben. Diese Bereiche gehören jedoch nicht zu den steuerlichen Vergünstigungen i. S. d. § 97 Abs. 2 S. 2 AO, für die eine Einschränkung gemäß § 97 Abs. 2 S. 1 AO nicht gilt. Das Vorlageersuchen ist daher rechtswidrig, weil die Formulierung in § 97 Abs. 2 S. 1 AO als Mußvorschrift für die Behörde zu werten ist (Ermessensreduzierung auf Null, vgl. Tipke-Kruse Kommentar EStG § 97 Tz. 6).

Aufgrund des bisherigen Verfahrensablaufs ist nicht ganz auszuschließen, daß bei Ihrer umfangreichen Anforderung von … sachfremde Erwägungen eine Rolle spielten. In diesem Falle würde ein klarer Verstoß gegen die §§ 5, 88 AO vorliegen. Da Sie bisher nicht dargestellt haben, aus welchen Gründen der Sachverhalt weiter erforscht wird und warum Sie in diesem Umfange tätig werden, bitte ich Sie, dies im Beschwerdeverfahren ausdrücklich und ausführlich zu erläutern.

Bereits im Jahre … wurde der jetzt in Rede stehende Sachverhalt durch Sie umfangreich ermittelt. Ich verweise daher auf diesen Vorgang. Zwar sind Sie nach dem Grundsatz der Abschnittsbesteuerung berechtigt, in jedem Jahr eine erneute Prüfung anzustellen. Dies darf jedoch nicht dazu führen, daß ich als Steuerpflichtiger immer wieder mit den gleichen Beleganforderungen belastet werde. Soweit jetzt nach Sachverhalten gefragt wird, die bereits aus der Steuerakte ersichtlich sein müssen, ist Ihr Schreiben vom … nicht durch die §§ 5, 88, 97 AO gedeckt, da es keinen »zu ermittelnden Sachverhalt« mehr gibt.

Mit freundlichen Grüßen
Max Fintenreich

Hinweis: Es handelt sich hierbei um einzelne Textbausteine, die entsprechend dem Sachverhalt auszuwählen und durch eigenen Text entsprechend zu ergänzen sind.

Wie riet ich Dir, lieber Leser, doch bereits: Bepflastere diese Vollstrecker des keinem normalen Menschen mehr zumutbaren Steuerwahns mit solchen Eingaben voller Spitzfindigkeiten. Damit sie sich in den widerlichen Schlingpflanzen von Gesetzesidiotie hilflos verfangen und darin ersaufen. Und wenn nicht jeder einzelne Punkt des obigen Schreibens von den Fiskalrittern im einzelnen behandelt wird, so lasse nicht nach und verlange ausführliche Antwort und Begründung. Sie müssen ersticken in ihren Gesetzen, daß sie endlich durch einen Streik die diesen Terror verfassenden Politiker und Ministerialbürokraten zur Umkehr zwingen.

Diese Gewinne erwartet das Finanzamt 667

Mit der amtlichen Richtsatzsammlung forschen Finanzbeamte nach Schwarzumsätzen und versteckten Erträgen. Wenn Du unter den durchschnittlichen Gewinnen Deiner Branche bleibst, mußt Du mit unangenehmen Fragen und penibler Prüfung rechnen. Besser: vorher prüfen, ob Deine Zahlen denen der Richtsatzsammlung entsprechen. Wenn nicht, sprich sofort mit dem Steuerberater und belege die Ursachen für Abweichungen.

Branche/Umsatz	**REGION**					
	Nord		**West**		**Süd**	
	Roh-gewinn	Rein-gewinn	Roh-gewinn	Rein-gewinn	Roh-gewinn	Rein-gewinn
	in Prozent vom Umsatz					
Handwerk / Produktion						
Bäckerei						
bis 500 000 Mark	67	20	67	20	69[1]	20[1]
über 500 000 Mark	67	14	67	14	–	–
Bauunternehmen						
bis 350 000 Mark	63	32	63	32	63	32
350 001 bis 700 000 Mark	44	18	44	18	44	18
über 700 000 Mark	38	12	38	12	38	12
Dachdeckerei						
bis 400 000 Mark	47	22	47	22	47	19
über 400 000 Mark	38	14	38	14	38	14
Elektroinstallation						
bis 250 000 Mark	50	27	50	27	50	27
250 001 bis 500 000 Mark	42	20	42	20	42	20
über 500 000 Mark	37	15	37	15	37	15
Fliesen und Plattenleger						
bis 150 000 Mark	71	27	71	41	71	41
150 001 bis 300 000 Mark	54	29	54	29	54	29
über 300 000 Mark	41	17	41	17	41	17

* Die Texte zu den Fußnotenziffern 1 bis 7 finden Sie auf Seite 443

Branche/Umsatz	REGION					
	Nord		West		Süd	
	Roh-	Rein-	Roh-	Rein-	Roh-	Rein-
	gewinn		gewinn		gewinn	
	in Prozent vom Umsatz					
Gärtnerei	–	–	69	21	–	–
Heizungsinstallation						
bis 300 000 Mark	53	28	53	28	43[2]	22[2]
300 001 bis 600 000 Mark	41	19	41	19	34[3]	15[3]
über 600 000 Mark	35	14	35	14	–	–
Kfz-Lackiererei						
bis 300 000 Mark	–	–	63	24	63	24
300 001 bis 600 000 Mark	–	–	54	17	54	17
über 600 000 Mark	–	–	50	14	50	14
Kfz-Reparatur						
bis 200 000 Mark	54	25	54	25	54	25
über 200 000 Mark	42	16	25	16	42	16
Landschaftsgestaltung						
bis 400 000 Mark	58	25	58	25	57	26
über 400 000 Mark	48	15	25	15	46	17
Maler und Lackierer						
bis 100 000 Mark	79	50	79	50	77	50
100 001 bis 200 000 Mark	67	39	67	39	65	36
200 001 bis 400 000 Mark	53	25	53	25	55	27
über 400 000 Mark	46	18	46	18	49	20
Metzgerei	45	10	48	12	48	12
Optiker	63	21	63	21	63	21
Schlosser						
bis 200 000 Mark	62	32	62	32	67	35
200 001 bis 500 000 Mark	54	22	54	22	54	24
über 500 000 Mark	45	17	45	17	42	15
Schreinerei, Tischlerei						
bis 150 000 Mark	60	31	60	31	60	31
150 001 bis 300 000 Mark	47	21	47	21	47	21
über 300 000 Mark	40	15	40	15	40	15
Schuhmacher						
bis 100 000 Mark	79	50	79	50	79	50
100 001 bis 200 000 Mark	70	36	70	36	70	36
über 200 000 Mark	62	28	62	28	62	28
Steinbildhauerei						
bis 250 000 Mark	–	–	56	29	56	29
250 001 bis 500 000 Mark	60[2]	28[2]	48	19	48	22
über 500 000 Mark	49[3]	18[3]	44	19	44	19

Branche/Umsatz	**REGION**					
	Nord		**West**		**Süd**	
	Roh-	Rein-	Roh-	Rein-	Roh-	Rein-
	gewinn		gewinn		gewinn	
	in Prozent vom Umsatz					
Stukkateurgewerbe						
bis 200 000 Mark	72	42	72	42	72	42
200 001 bis 500 000 Mark	53	24	53	24	53	24
über 500 000 Mark	44	17	44	17	44	17
Zimmerei						
bis 250 000 Mark	57	29	57	29	57	29
250 001 bis 500 000 Mark	44	18	44	18	44	18
über 500 000 Mark	37	14	37	14	37	14
Handel						
Buchhandlung	29	9	29	9	29	9
Büroartikel	32	11	32	11	29	11
Drogerien						
bis 300 000 Mark	34	13	34	13	34	13
über 300 000 Mark	34	9	34	9	34	9
Eisenwaren (Einzelhandel)	–	–	40	13	40	13
Elektrogeräte (Einzelhandel)	39	13	39	13	39	13
Fahrrad- und Mopedeinzelhandel (Verkauf und Reparatur)	34	14	34	14	31	13
Fisch-Einzelhandel	41	15	41	15	–	–
Foto-Einzelhandel						
Anteil der Fotoarbeiten am Umsatz						
bis 40 Prozent	41	12	41	12	41	12
über 40 Prozent	47	14	47	14	47	14
Getränke-Einzelhandel	22	9	22	9	27	12
Handarbeitsbedarf (Einzelhandel)	43	11	43	11	40	13
Kfz-Zubehörhandel	–	–	31	9	31	9
Kunstgewerbe- und Geschenkartikel (Einzelhandel)	–	–	49	15	49	15
Lederwaren (Einzelhandel)	46	14	46	15	46	14
Tapeten, Farben, Fußbodenbeläge (Einzelhandel)						
bis 200 000 Mark	40	19	40	19	40	19
über 200 000 Mark	40	12	40	12	40	12

Branche/Umsatz	**REGION**					
	Nord		**West**		**Süd**	
	Roh- gewinn	Rein- gewinn	Roh- gewinn	Rein- gewinn	Roh- gewinn	Rein- gewinn
	in Prozent vom Umsatz					
Möbel	38	11	38	11	38	11
Lebensmittel	20	7	20	7	20	7
Obst, Gemüse	34	12	34	12	34	12
Parfümerie						
bis 300 000 Mark	44	16	44	16	44	16
über 300 000 Mark	44	9	44	9	44	9
Radio- und Fernsehgeräte	35	12	35	12	35	12
Reformwaren	32	9	32	9	32	9
Schreibwaren, Schul- und Büroartikel	32	11	32	11	29	11
Textilwaren, Oberbekleidung	40	13	40	13	40	13
Uhren, Schmuck	48	16	48	16	48	16
Zeitungen, Zeitschriften						
bis 60 Prozent Tabakwaren	18	8	18	8	21[4]	8[4]
über 60 Prozent Tabakwaren	15	6	15	6	–	–
Zoologischer Bedarf	–	–	43	13	43	13
Dienstleistungen						
Änderungsschneiderei	85	51	85	51	85	51
Café	68	14	68	14	70	14
Chemische Reinigung	–	23	–	23	–	26/18[5]
Druckerei						
bis 250 000 Mark	64	28	64	28	62	28
250 001 bis 500 000 Mark	51	18	51	18	54	21
über 500 000 Mark	47	13	47	13	47	16
Eisdielen	77	21	77	21	77	21
Fahrschulen						
bis 150 000 Mark	–	42	–	42	–	42
150 001 bis 300 000 Mark	–	37	–	37	–	37
über 300 000 Mark	–	29	–	29	–	29
Fotografen						
ohne Verkauf von Fotoartikeln	75	31	75	31	75	31
mit Verkauf von Fotoartikeln	66	21	66	21	66	21

Branche/Umsatz	**REGION**					
	Nord		**West**		**Süd**	
	Roh-	Rein-	Roh-	Rein-	Roh-	Rein-
	gewinn		gewinn		gewinn	
	in Prozent vom Umsatz					
Friseure						
bis 100 000 Mark	72	37	72	37	72	37
100 001 bis 200 000 Mark	59	27	59	27	59	27
über 200 000 Mark	54	21	54	21	54	21
Gebäudereinigung						
bis 150 000 Mark	85	54	85	54	85	54
150 001 bis 300 000 Mark	66	34	66	34	66	34
über 300 000 Mark	49	19	49	19	49	19
Imbiß	60	21	60	21	60	21
Pensionen						
mit Restaurant	83	19	80	19	–	15
nur Frühstück	–	26	–	24	–	27/20[5]
Raumausstatter						
bis 300 000 Mark	49	25	49	25	54[6]	31[6]
über 300 000 Mark	41	16	41	16	39[7]	16[7]
Speditionen						
bis 200 000 Mark	56	43	56	43	56	43
über 200 000 Mark	48	25	48	25	48	25
überwiegend Fernverkehr	41	20	41	20	41	20
Trinkhalle, Kiosk						
überwiegend Nahrungsmittel	–	–	–	–	31	13
überwiegend Zeitungen/Zeitschriften	–	–	–	–	21	8
Wäscherei						
bis 300 000 Mark	–	27	–	27	–	26
über 300 000 Mark	–	14	–	14	–	18

Die Angaben sind Durchschnittswerte in Prozent. Für **Ost** sind noch keine Richtsätze festgestellt. Die Sätze Nord können dafür dienen. **Nord:** Oberfinanzdirektionen Hannover, Hamburg, Bremen, Kiel. **West:** Oberfinanzdirektionen Köln, Düsseldorf und Münster. **Süd:** Oberfinanzdirektionen Stuttgart, Freiburg, Karlsruhe, München, Nürnberg, Frankfurt, Koblenz und Saarbrücken. **Rohgewinn** = Umsatz minus Materialeinsatz; **Reingewinn** = Gewinn vor Steuern.

[1] Keine Unterteilung nach Umsatzgrößen; [2] bis 400 000 Mark Umsatz; [3] über 400 000 Mark Umsatz; [4] überwiegend Verkauf von Zeitungen, Zeitschriften; [5] bis 200 000 Mark Umsatz/über 200 000 Mark Umsatz; [6] bis 250 000 Mark Umsatz; [7] über 250 000 Mark Umsatz. Strich (-): nicht erhoben; Orientierung an anderen Regionen.

(Quelle: amtliche Richtsatzsammlung)

668 Das sind Deine Argumente gegen mißtrauische Prüfer

Die sogenannte amtliche Gewinnrichtsatzsammlung ist die Bibel für den Betriebsprüfer. Allerdings schleppen die Kontrolleure mittlerweile keine übersichtlich gedruckten Nachschlagewerke mit sich herum, sondern arbeiten mit dem Laptop. Firmenchefs tun gut daran, rechtzeitig vor dem Besuch des Steuerprüfers ihre Gewinnquote mit der Zahl in der amtlichen Tabelle zu vergleichen. Am besten zusammen mit dem Steuerberater. Denn, was der Beamte selten verrät, der Gewinnsatz darf sehr wohl unter der amtlichen Richtzahl liegen – wenn es dafür plausible Gründe gibt.

669 Vorwurf: Firmen-Richtwerte klaffen auseinander

Gegenargument: Die allgemeine wirtschaftliche Lage ist schlecht. Und die amtlichen Richtsätze geben die aktuelle wirtschaftliche Lage nicht korrekt wieder. Immerhin sind die amtlichen Zahlen aus Prüfungen der Geschäftsjahre 1992/93 entstanden. Rat: mit Branchenzahlen der letzten Jahre kontern (liefern Verbände und Kammern).
Zusatz-Tip: Mit der Teilnahme an einem Branchenvergleich (zum Beispiel der Datev) verschafft sich die Firma zusätzliche Argumente für Abweichungen von den amtlichen Richtsätzen. Erfahrungsgemäß akzeptieren Prüfer spezielle Branchenvergleiche eher als pauschale Kennzahlen für Wirtschaftszweige (Handel, Handwerk, Industrie, Dienstleistung).

670 Vorwurf: Der Firmengewinn ist viel zu niedrig

Gegenargumente: Die Firma hat Fehler beim Einkauf gemacht – eine schlüssige Erklärung für schlechte Gewinne im Prüfungszeitraum. Auch Sonderverkäufe mit erheblich reduziertem Preis, eventuell sogar unter dem Einkaufspreis, muß der Prüfer als Beweis akzeptieren.

671 Vorwurf: Die Firma produziert zu hohe Kosten

Gegenargumente: Die Firma hat im geprüften Geschäftsjahr in Gebäude, Anlagen und Maschinen investiert, die Abschreibungen schlagen kräftig zu Buche, oder wegen drohender Garantieleistungen mußte das Unternehmen vorsichtshalber kostentreibende Rückstellungen in der Bilanz bilden.

Vorwurf: Die Preise sind zu knapp kalkuliert 672

Gegenargumente: Die Preise in der Branche sind in den letzten Monaten stetig gefallen. Um wettbewerbsfähig zu bleiben, mußte auch die Firma mit den Preisen deutlich runter. Damit dieses Argument zieht, unbedingt eigene Preisabzeichnungen, Änderungen auf Preislisten und Preise der Konkurrenz dokumentieren.

Vorwurf: Wertberichtigungen und Rückstellungen sind zu fett 673

Gegenargumente: Die Kunden zahlen schleppender als bisher, die Firma muß mit dem Ausfall von Forderungen rechnen. Deshalb ist das Aufstocken der pauschalen Wertberichtigung nötig. Außerdem hat die Firma Rückstellungen für Pensionszusagen an GmbH-Chef, mitarbeitende Familienangehörige und leitende Angestellte erstmals gebildet. Ebenso für Abfindungen an ausscheidende Mitarbeiter. Muß der Firmenchef Abteilungen oder Filialen schließen und Mitarbeiter kündigen, darf er entsprechende Rückstellungen für Abfindungen und Arbeitsgerichtsprozesse in die Bilanz einstellen. Beweis: Zahlungsziele, Forderungsausfälle und Inkassokosten nehmen seit Monaten stetig zu. Kein Unternehmer sollte sich von den amtlichen Richtsätzen einschüchtern lassen. Das versuchen die Prüfer allzugern. Mein Rat: Die Zahlen des Steuerprüfers mit plausiblen Erklärungen aushebeln.

Tip bei einem Diebstahl: 674

Wenn dreiste Langfinger während einer Privatreise teure Kameras, Pelzmäntel oder ganze Koffer mitgehen lassen, winkt das Finanzamt grundsätzlich ab. Da ist es vorteilhafter, wenn die wertvollen Gegenstände auf Geschäftsreisen abhanden kommen. Klar, daß die Firma das Diebesgut – als Betriebsausgabe – ersetzt oder der Bestohlene den Schaden als Werbungskosten geltend macht.
Der Unternehmer, der sein Wohnmobil als Betriebsausgabe absetzen will, wird beim Finanzamt Pech haben.
Besser: PC, Mobiltelefon und Kopierer einbauen, schon steht der Ummeldung zum »Büromobil« nichts mehr im Wege.

Was kostet Dich der Steuerberater?

675 **Üblich und auch von Gerichten bei Honorarstreit anerkannt ist der Mittelwert zwischen Mindest- und Höchstbetrag. Verlangt der Berater mehr, muß er dies gut begründen.**

Einkommen- oder Gewerbesteuererklärung

Einkommen/Gewerbeertrag	Honorar von/bis	Mittelwert
50 000	238/1425	832
100 000	354/2125	1240
250 000	488/2925	1707
500 000	704/4225	2465
750 000	800/4798	2799
1 000 000	865/5187	3026
2 000 000	1230/7380	4305
3 000 000	1630/9780	5705

Umsatzsteuererklärung

Jahresumsatz	Honorar von/bis	Mittelwert
250 000	113/ 678	396
500 000	164/ 982	573
750 000	200/1197	699
1 000 000	223/1336	780
2 500 000	319/1914	1117
5 000 000	410/2756	1583
10 000 000	623/3735	2179
30 000 000	1021/6127	3574

Körperschaftssteuererklärung (nur für GmbHs)

Einkommen	Honorar von/bis	Honorar Mittelwert
50 000	248/ 992	620
100 000	378/ 1512	945
250 000	528/ 2112	1320
500 000	728/ 2919	1819
750 000	827/ 3307	2067
1 000 000	926/ 3706	2316
2 000 000	1406/ 5626	3516
3 000 000	2846/11384	7115

Jahresabschluß (Bilanz und GuV-Rechnung)

Mittel-Bilanzsumme/Umsatz	Honorar von/bis	Honorar Mittelwert
100 000	399/ 1436	918
250 000	646/ 2325	1486
500 000	935/ 3366	2151
750 000	1140/ 4104	2622
1 000 000	1272/ 4579	2926
2 000 000	1720/ 6192	3956
5 000 000	2625/ 9450	6038
10 000 000	3557/12 805	8181

(Quelle: *impulse)*

Wenn Dir Dein Steuerberater die Buchführung machen soll, solltest Du vorher das Honorar mit ihm aushandeln. Er muß stets für deren Richtigkeit einstehen. Bei kleineren Betrieben oder Freiberuflern fallen etwa 1200 DM für die Buchführung an, bei mittleren geht es bis zum Dreifachen hoch.

Kein **GUTER RAT** möglich: »Für mich stellt sich immer die Frage, soll ich mir für meine Steuererklärung 'nen Steuerberater nehmen oder soll ich's selber machen?« Da gibt's kaum einen Unterschied: Machst Du es selbst, geht Dein Geld ans Finanzamt. Und wenn Dein Steuerberater es macht, kriegt er die Kohle.

Versicherungen arbeiten nach dem Eheprinzip: Großzügigkeit in der Offerte; im Schadensfall möglichst kleinlich.

(Oliver Hassencamp)

8. Vorsorge

Für alle Lebenslagen abgesichert 676

Als Unternehmer bist Du durchaus bereit, ein geschäftliches Risiko einzugehen. Das muß aber nicht heißen, daß Du Dich und Deinen Betrieb allen Unwägbarkeiten des Lebens schutzlos ausliefern sollst. Denn merke: Eine selbständige Existenz birgt zwar in der Regel größere Chancen auf Ertrag als das Dasein als Angestellter – im Gegenzug aber auch mehr Verlustrisiken. Als Selbständiger solltest Du auf alle Fälle Deinen Vermögensaufbau und Deine Alterssicherung selber in die Hand nehmen. Aus diesen Gründen gehört das Thema Vorsorge zu den entscheidenden Gesichtspunkten, die Du bei Deiner Existenzgründung berücksichtigen mußt.
Vorsorgen solltest Du vor allem, daß Du als Unternehmer nicht krank wirst. Da kann Dein Betrieb schnell über die Wupper gehen. Und ein Dickwanst als guter Geschäftsmann ist für die Kunden nicht denkbar.

Trick

Nie mehr krank und fett werden!

Erspare Dir die teuren Krankenkassenkosten in Zukunft! Wenn Du als junger Unternehmer im Aufbau plötzlich krank und arbeitsunfähig wirst, dann wirft Dich das weit zurück. Kriegst Du ein chronisches Leiden, kann es Deinen Konkurs und das Aus für Deinen Traum von Wohlstand sein. Darum sorge vor: Alles hängt ab von Deiner bleibenden Gesundheit! Sichere sie Dir für immer!

Das ist der wichtigste Tip dieses Buchs für Dich:
Der gemeinnützige BUND FÜR GESUNDHEIT e. V. in 52525 Heinsberg, Talstr. 36, sendet den in den Verein eintretenden Mitgliedern als 677

Mitgliedsleistung ohne zusätzliche Berechnung u. a. folgendes Werk zu: »URMEDIZIN besiegt Krebs, Rheuma, chronische Leiden und Fettsucht und hält Dich für immer fit, schlank und gesund.«
Das ist das große Buch der sanften, Klassischen Naturheilkunde, mit einem Sonderteil über die komplikationslose Naturgeburt mit allen erforderlichen Bildern und Anweisungen.
Ein Werk, das für Noch-Gesunde zur wirksamen Krankheitsverhütung aber noch wertvoller ist!
Dieses große Werk zu besitzen – das sollte Dir Dein Leben und Deine Gesundheit wert sein!
Weil die meisten – wegen der vom Finanzamt abgezogenen zumutbaren Belastung – keinerlei Krankheitskosten steuerermäßigend geltend machen können, will ich Dir hier einen Ausgleich schaffen und zeigen, wie Du Auslagen für Krankheiten ganz vermeidest. Damit Du es nicht mehr nötig hast, zu Ärzten zu gehen und in Krankenhäusern zu liegen. Da dem Verein die Werbung für dieses Buch verboten wurde und ihm eine nähere, ins einzelne gehende Aufklärung über die Wirkungsweise der URMEDIZIN untersagt wurde – wenn Du die mächtige Lobby der Schulmedizin kennst, weißt Du, warum! –, kann er Dir leider nicht wie bisher näheres Informationsmaterial darüber zukommen lassen.
Aus diesem Grunde übernehme ich hier als Verfasser für ihn das Wort und frage: Wie blind bist Du eigentlich? Würdest Du einen Klempner, der Dir bereits vor Beginn seiner Tätigkeit erklärt, einen Rohrbruch nicht flicken zu können, bei Dir herumwerkeln lassen? Und ihn auch noch fürstlich für sein Nichtkönnen bezahlen, wenn er das Loch im Rohr am Ende nur vergrößert?
»Niemals«, sagst Du.
So, so: Nach Meinung der Wissenschaftler sind z. B. Krebs und Rheuma nicht heilbar. **Und doch läßt vielleicht gerade Du Dich als chronisch oder unheilbar Leidender von den Medizinern behandeln. Obgleich sie ihre Unfähigkeit dazu vorher öffentlich erklärt haben. Oder von angeblichen Heilungsmöglichkeiten reden, wenn man sich als Kranker nur frühzeitig operieren, atombestrahlen oder kaputtchemotherapieren läßt.**
Ja, ist es denn nicht ein Widersinn sondergleichen, sich als unheilbar oder chronisch Kranker von Schulmedizinern behandeln zu lassen, die genau

wissen und es Dir auf Befragen sogar eingestehen, daß sie bei unheilbaren oder chronischen Krankheiten nicht helfen können? Die weder Krebs, Rheuma, Arthritis, Multiple Sklerose, Fettleibigkeit, Verstopfung, Asthma oder Diabetes – ja nicht einmal einen einfachen Schnupfen mit ihren körperschädigenden Medizinen zu heilen vermögen …

Alle arbeiten nach der gleichen Methode: Hilfe für den ersten Augenschein, scheinbare Besserung, dann wieder das alte, später noch schlimmere Leid. Du solltest eines längst wissen: Nur Du allein kannst Dir helfen! Du bist selbst verantwortlich für Deine Gesundheit – schiebe es nicht länger auf andere ab. Natürlich haben die Ärzte auch ihr Gutes – wenn sie z. B. Unfallopfer zusammenflicken, Löcher in den Zähnen und Totenscheine ausfüllen –, aber bei Krankheiten, besonders bei chronischen und unheilbaren, versagen ihre Methoden.

Und warum kann die bisherige Behandlung durch die Schulmedizin bei schweren Leiden nicht helfen?

- **Weil die Schulmediziner Krankheiten behandeln und nicht einen ganzen Menschen. Und sich nur darauf beschränken, bloße Krankheitswirkungen zu bekämpfen, nicht jedoch die wirklichen Ursachen des Leidens. Die aufzustöbern, dafür nehmen sie sich nicht die Zeit.**
- **Weil die Behandlungsformen der Schulmedizin vorsehen, Krankheiten zu bekämpfen. Mit Strahl und Stahl. Oder mit körperfremden, stets giftigen Stoffen, den chemischen Medikamenten. Da die Krankheit im Körper sitzt, wird dadurch der eigene Körper bekämpft!**
- **Weil die Ärzte, wie die meisten anderen Menschen auch, auf Profit bedacht und kaum daran interessiert sind, daß sich die Kranken selbst helfen. Das ist nur zu menschlich.**

»Rettung durch neue Technik bei Herzinfarkt!« – »Brustkrebs ist bald zu heilen – bei Mäusen hat neues Mittel bereits gewirkt.« – »Multiple Sklerose bald heilbar!« So lauten die Schlagzeilen. Nur zu gern wird der Eindruck erweckt, Gesundheit sei machbar.

Hoffnungen machen, das verkauft sich nun einmal besonders gut. Und obwohl wir es vom eigenen Leib her besser wissen, beeindrucken uns diese Töne derart stark, daß wir uns von übertriebenen Erwartungen leiten lassen und glauben, schon morgen könnten solche Wunder geschehen und übermorgen seien Kunstherzen über den Versandhandel bestellbar. So werden wir allmählich blind gegenüber der harten Wirklichkeit. Die aber sieht so aus: **Immer mehr Menschen leiden an chronischen Krankheiten, immer mehr sterben frühzeitig an Krebs – jetzt schon jeder dritte! –, an Herz- und Kreislaufleiden stirbt heute schon jeder zweite. Mehr und mehr jüngere Leute werden von Rheuma, Asthma, Heuschnupfen, Allergien und und und befallen.** 96 Prozent aller Menschen bei uns begeben sich ständig in ärztliche, 99% in zahnärztliche Behandlung. Es wird endlich Zeit, daß Du Dir als Kranker sagst:

Je mehr die Ärzte an mir rummachen, desto kränker werde ich. Die stopfen mich nur voll mit Chemie!

Erkennst Du nicht, wie diese Chemie langsam, aber sicher unsere ganze Erde vernichtet und Dich mit? Wie kannst Du nur glauben, chemische Medikamente und radioaktive Bestrahlungen seien gut für Dich? Denke endlich selbst!

Ob Migräne – Arthrose – Arthritis – Blutdruck – Fettsucht – Asthma – Magenleiden – Kreislauf – Herzleiden – Rheuma – Allergien – Neurodermitis – multiple Sklerose: Du wirst schnellstens wieder gesund durch eine Selbstbehandlung mit der Klassischen Naturheilkunde!

Wie lange willst Du das noch mitmachen?

- Wie lange willst Du Dich noch mit nicht heilenden, sondern nur mit schädigenden Medikamenten behandeln lassen?
- Wie lange willst Du Dich noch mit Chemiespritzen vollpumpen lassen?
- Wie lange willst Du Dich noch von gewebezerstörenden Bestrahlungen kaputtmachen lassen?

Wann ziehst Du endlich mal die Natur und deren sanfte Heilweisen in Dein Kalkül? Den Weg zu ihr macht Dir die Zeitschrift »Natürlich Leben« leichter, die Du als weitere Leistung des Vereins regelmäßig kostenfrei zugesandt erhältst. Und an deren Redaktion Du alle Fragen zur Gesundheit richten kannst. Und die werden Dir so eindeutig beantwortet, daß Du zukünftig Krankheiten vergessen kannst. Allerdings: Die Urthe-

rapie ist hart, die URMEDIZIN anfangs widerlich und schwer einzunehmen – nichts also für Leute, die ihr Kranksein hätscheln oder an Geistheiler, Chemiedreck und Wunder glauben, oder an die zwar laufend angekündigten, aber stets bodenlos enttäuschenden neuen Heilmittel der Schulmedizin. Zudem mußt Du Dir die URMEDIZIN jeden Tag frisch aufbereiten, damit die Wirkstoffe ihre volle Lebenskraft in Dir entfalten können! Du hast davon nur deshalb noch nichts gehört, weil diese Behandlungsart totgeschwiegen wird – würde sie doch zu vielen das große Geschäft mit der Krankheit verderben. Der Verein nimmt für die URMEDIZIN nämlich keinen Pfennig! Aber: Du bekommst durch die URMEDIZIN einen so unheimlichen Schub an Immunstärke in Deinen Körper, Deine Abwehrkräfte werden derart stimuliert und auf Höchststand gebracht, daß Du plötzlich nie gekannte, völlig neue Lebensgeister in Dir entdeckst! Und zum Zahnarzt mußt Du auch nicht mehr!
Lieber Leser, Du hast mich nun auf ein paar hundert Seiten als wohl ziemlich klar denkenden Autor erlebt. Und der sagt Dir nur noch eines zu diesem Thema:

Nirgendwo bekommst Du für Dein Geld eine wertvollere Gegenlei-

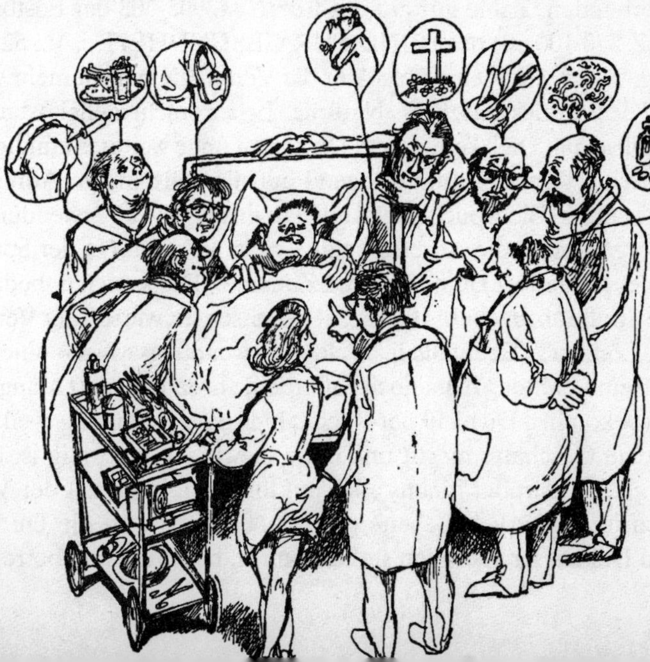

stung! Denn Du wirst nie mehr einen Arzt oder ein Krankenhaus wegen Deiner Krankheit nötig haben, wenn Du nicht wegen eines Unfalls dort eingeliefert wirst. Unschätzbar ist es aber, wenn Du das Buch liest, *bevor* Du an Krebs oder einem anderen Leiden erkrankst, operiert, bestrahlt oder mit Chemotherapie behandelt wirst.

Ich habe mich selbst von meinem schweren Krebsleiden ohne Medikamente, ohne Ärzte und ohne Operation mit Hilfe der Grundsätze dieses Buchs vor Jahren völlig geheilt und bin heute im Alter dank der URMEDIZIN noch topfit. Und frei von allen Beschwerden oder Altersleiden.

Zögere deshalb nicht länger. Jeder Tag ist wichtig für Dich! Das alles geht ohne lange Formalitäten. Aufnahmeanträge oder gesonderte Bestellschreiben sind nicht nötig. Laut Satzung gilt die Einzahlung des einmaligen Aufnahmebeitrags von 68 Mark und des ersten Jahresmitgliedsbeitrags von 60 Mark (zusammen 128 Mark) als Eintritt.

(Was ist das für eine gewinnbringende Ausgabe für Dich, wo Du nun gleich die hohen Krankenversicherungskosten sparst – denn aus der Versicherung kannst Du ab sofort austreten!)

Mit dieser Einzahlung ist gleichzeitig die umgehende Zusendung des Buches verbunden. Zahle nur auf das Konto 443905-503 der Postbank Köln (BLZ 370 100 50) des BUND FÜR GESUNDHEIT e. V., 52525 Heinsberg, Talstr. 36. Wenn Du später die Vereinsziele nicht mehr vertreten und die Vereinszeitschrift »Natürlich Leben« nicht mehr kostenlos erhalten willst, hält Dich keiner, und Du kannst ohne weiteres kündigen. Achte bei einer Überweisung dringend auf die vollständige Adresse! Schreibe sie nur in Blockbuchstaben und *nur* in das Feld »Verwendungszweck«, sonst kommt die Adresse beim Verein nicht an! (In der Spalte »Auftraggeber« genügt Dein Vor- und Zuname.) Denk auch unbedingt daran, die Straße anzugeben! 10 Prozent vergessen sie, wie soll der Verein da liefern können? (Ebenfalls ins Feld »Verwendungszweck« hinein!) Kündige Deine Zahlung nicht noch außerdem an, dann dauert's länger. Das Buch bekommst Du nicht per Nachnahme oder Rechnung, weil der Verein keine Geschäfte macht und ohne Gewinnabsicht tätig ist und seine Mitglieder darüber hinaus auch auf ihrem Heilweg mit der Vereinszeitschrift »Natürlich Leben« (ca. 50–60 Seiten), an die Du alle Fragen zu Deinen Krankheiten stellen kannst, begleiten und betreuen möchte. Für dringende Fälle hat er ein Beratungstelefon eingerichtet. (Bedenke hinsichtlich der Einzahlungshöhe, daß ein kleiner Verein kein großer Verlag ist, der wegen hoher Auflagen Bücher und Zeitschriften meist wesentlich günstiger drucken lassen kann. Was ist aber schon ein guter Hunderter, wenn er Dich von einem schweren Leiden befreit und Dir viele, viele Lebensjahre mit herrlich leichtem Wohlgefühl schenkt!)

GUTER RAT: Statt Chemie, Spritzen und Operation reine Natur! Diesen 678
unbezahlbaren Tip kriegst Du vorab: Mit zur URMEDIZIN gehört auch die Heilerde, von der die meisten Kranken noch nie etwas gehört haben. Doch sie leistet wahre Wunder! Vor allem entgiftet sie Deinen Körper – eine Voraussetzung auch für Dich, bevor Du mit der URMEDIZIN beginnst. So brauchst Du in vielen Fällen schon mal nicht die Medikamentengifte zu schlucken, die Dich mit ihren unzähligen und unberechenbaren, Dich schädigenden und Dein Immunsystem zerstörenden Nebenwirkungen kaputtmachen. Alle Adressen, wo Du die *richtige* sonnenbestrahlte Heilerde bekommst, findest Du in diesem Buch.

Besonders hilft sie bei Morbus Crohn, Colitis ulcerosa, Strahlungscolitis, Blähsucht, Akne, Allergien, Amalgam- und Quecksilbervergiftung (durch Zahnfüllungen usw.), Dermatitis, Eisenmangel, Gallerückfluß, Gastritis, Mundgeruch, Magengeschwüren, Zwölffingerdarmgeschwüren, nässenden Wunden, Sonnenbrand, Verdauungsbeschwerden, Sodbrennen, Verstopfung, Entzündungen aller Art im Körper.

Und wenn Du gesund geworden bist: Ich würde mich freuen, wenn Du mir über den Erfolg mit der Heilerde und der URMEDIZIN ein paar Worte schreiben würdest – auch einem Schriftsteller tut ein Lob gut, wenn er mitgeholfen hat, daß ein angeblich unheilbar Kranker durch die wahre Naturheilkunde in Form einer Urtherapie wieder völlig gesund wurde und es blieb.
Und gib an alle Schwerkranken, die Du kennst, diesen unbezahlbaren Tip weiter: Hier ist ein Weg, auf dem Du Dich wieder ganz gesund machen kannst.
Solltest Du aber dennoch glauben, ohne Arzt nicht auskommen zu können, so wende Dich wenigstens an einen, der wirklich sanft heilen

kann. (Merke: Hinter dem Schild »Naturheilverfahren« verbergen sich oft die schlimmsten Stümper!) Als Mitglied darf Dir der Verein die wenigen seriösen Ärzte und biologisch noch ohne Pfusch behandelnden Zahnärzte benennen.
Du erkennst, ich habe nicht zu viel gesagt: Die Krankenversicherung kannst Du jetzt sofort kündigen. Eine kleine, meist sehr billige Unfallversicherung genügt vollauf!

Trick

Triff auch Vorsorge gegen eine mögliche spätere Pleite

679 Wird ein großer Gläubiger von Dir zahlungsunfähig (denke immer an Dr. Schneider, der die Banken betrogen hat), dann verzichtet keiner Deiner Lieferanten deshalb auf seine Ansprüche an Dich. Du haftest dann, wenn Du keine GmbH hast, mit Deinem gesamten Privatvermögen (Wohnhaus, Sparguthaben usw.). Damit Du dann kein armer Schlucker wirst, folgender

GUTER RAT: Übertrage Dein Haus schenkungsweise unter dem Vorbehalt eines lebenslangen Wohnrechts auf Deine Eltern, Deinen Ehepartner, Deine Kinder oder sonstige Personen, zu denen Du absolutes Vertrauen hast. Deine Gläubiger kommen dann nicht an Dein Haus ran, wenn die Schenkung bezüglich der Ehefrau zwei Jahre und der übrigen Personen ein Jahr zurückliegt.

Trick

Laß Dich von Deiner Ehefrau nicht ausnehmen!

680 Oder umgekehrt: Ehescheidungen können mit ihren weitreichenden finanziellen Folgen jeden Selbständigen bis an den Rand des finanziellen Ruins bringen. Das gilt um so mehr, je höher die finanziellen Verpflichtungen sind, die noch zusätzlich zu den Finanzlasten aus der Ehescheidung, zum Beispiel für Fremdkredite zu Lasten des Betriebs,

eingegangen wurden. Am besten ist es daher, wenn Du vor der Eheschließung entsprechende Vorkehrungen triffst und einen notariellen Ehevertrag abschließt. Einen, der die finanziellen Belastungen für Dich im Falle einer Ehescheidung von vornherein begrenzt. Die bisher übliche Gütertrennung ist heute aus erbschafts- und schenkungsteuerlichen Gesichtspunkten nicht mehr zeitgemäß. Vielmehr bietet sich jetzt in den allermeisten Fällen die sog. modifizierte Zugewinngemeinschaft als optimaler Güterstand an. Damit kannst Du die ansonsten im Falle einer Ehescheidung obligatorische Teilung Deines Vermögens beschränken. Die diesbezügliche Klausel könnte in dem Ehevertrag wie folgt lauten: »Wird der Güterstand auf andere Weise als durch den Tod eines Ehegatten beendet, so findet kein Zugewinnausgleich statt. Dies gilt auch für den vorzeitigen Zugewinnausgleich bei Getrenntleben.«

Ob in einer bestehenden Ehe ein solcher Vertrag durchsetzbar ist, hängt von den Argumenten ab, die vorgetragen werden – im wesentlichen aber von der Bereitschaft des Ehepartners, hier mitzuwirken. Die psychologischen Hürden dürften dabei in den meisten Fällen höher liegen als die wirtschaftliche Einsicht. Denn wer vermutet in einer bis dato gut geführten Ehe nicht Verrat, wenn plötzlich eine Veränderung des Güterstands angestrebt wird. Wenn aber absehbar ist, daß Du mit Deinem Geschäft ein Vermögen machen wirst, dann scheue nicht den Versuch, einen nachträglichen Ehevertrag mit Deinem Partner durchzusetzen. Biete dann für den Fall einer Scheidung eine angemessene Abfindung an – die selbstverständlich niedriger liegt als bei einer hälftigen Teilung ohne Ehevertrag.

Trick

Solltest Du eine Scheidung androhen?

Ist Dein Ehepartner auch trotz angemessener Abfindung und Versor- 681
gung nicht bereit, einen Ehevertrag mit Dir abzuschließen, kannst Du als letztes Druckmittel mit der Scheidung drohen. Zwar findet dann eine Teilung des Vermögens statt, aber wenigstens zu einem Zeitpunkt, in dem Dein Vermögen noch nicht ganz so hoch ist wie bei einer möglichen Scheidung in zehn Jahren.

682 Der passende Versicherungsschutz auch als Vorsorge für Deine Firma

Du kannst Dich nicht restlos gegen alle Unbill des Schicksals versichern. Das ist weder praktikabel noch rentabel. Es kann Dich jedoch Deine Existenz kosten, wenn Du unterversichert bist. Also gilt es, den optimalen Versicherungsmix für Deine Firma zu ermitteln.

> **Beispiel:** Großbäcker Graubrot hat bei St. Florian keine guten Karten: Nach einem Kurzschluß brennt seine moderne Fertigungshalle bis auf die Grundmauern nieder. Graubrot sieht seine Existenz aber nicht gefährdet, denn schließlich zahlt seine Feuerversicherung prompt den Wert der Halle und aller Maschinen. Vorsichtige Schätzungen der Bauplaner ergeben jedoch, daß er frühestens in acht Monaten das nächste Brötchen verkaufen kann. Auf Graubrots Konto sieht es bald bedenklich aus – den regelmäßigen Abgängen stehen keine Einnahmen gegenüber. Eine sogenannte Betriebsunterbrechungs-Versicherung hat er leider nicht abgeschlossen. Nach sechs Monaten muß Graubrot Konkurs anmelden.

683 Gefahr erkannt – Gefahr gebannt

Bevor Du Dir überlegst, welche Versicherung Du für Deine Firma abschließt, mach Dir erst mal Gedanken darüber, welche Schäden überhaupt in Deinem Betrieb auftreten können und welche dieser Schäden für Dich existenzgefährdend werden, falls Du sie nicht versichert hast.

684 Das sind die möglichen Risiken für Deinen Betrieb

Gefahren für die Gebäude

- Feuer, Blitzschlag, Explosion
- Leitungswasser
- Sturm, Hagel

Gefahren für die Betriebseinrichtung

- Feuer, Explosion
- Vandalismus
- Leitungswasser
- Einbruchdiebstahl
- Glasbruch
- Sturm

Gefahren für den Warenbestand

- Feuer, Explosion
- Einbruchdiebstahl
- Leitungswasser
- Sturm
- Vandalismus
- Transport
- Verderb

GUTER RAT: Bevor Du unterschreibst, schau Dir das Kleingedruckte an! Alles will genauestens durchdacht und mit anderen Angeboten verglichen werden. Das lohnt: 50 Prozent Beitragsersparnis und viele Extras an Leistung sind drin! Achte ganz genau auf jeden Passus und vor allem auf die Risikobeschreibung!

Haftpflichtschäden

- aufgrund der Gründstückseigentümerhaftung
- oder Mieterhaftung
- durch Handlungen des Unternehmers und seiner Angestellten
- durch schadhafte Leistungen und Produkte
- aufgrund von Umweltverunreinigungen.

Schäden durch Unterbrechung des Geschäftsbetriebs

- entgangener Umsatz/Gewinn plus weiterlaufende Kosten
- Mehrkosten durch Produktion auf Ersatzmaschinen
- Mehrkosten durch den Fremdbezug von Waren

685 Grenze Deine Risiken ein

Überlege Dir, welche Risiken in Deinem Betrieb gar nicht auftreten – etwa weil Du gar kein Warenlager hast. Dann grenze alle Risiken ein, die Du mit vertretbarem Aufwand selber tragen kannst. Überlege beispielsweise, ob Du einen bestimmten Zweig Deiner Produktion, der zwingend eine teure Wasserschaden-Zusatzversicherung erfordert, überhaupt aufrechterhalten willst.
Ein Öltank auf Deinem Betriebsgelände ist eine potentielle Gefahrenquelle und macht ebenfalls eine teure Extraversicherung nötig. Rechne einmal durch, ob eine Umstellung auf Erdgas nicht auf lange Sicht günstiger für Dich kommt.

686 Die Grundversorgung

Wenn Du Risikobereiche derart aufgeschlüsselt hast, weißt Du, wogegen Du Dich und Deinen Betrieb zwingend versichern mußt. Zur notwendigen Versicherungs-Grundausstattung eines Unternehmens gehören in der Regel folgende Versicherungen:

687 Feuerversicherung

Sie ist für jeden Gewerbebetrieb unbedingt notwendig. Die Feuerversicherung deckt alle Schäden ab, die durch Brand, Explosion und Blitzschlag an Deinen Gebäuden, Deiner Betriebseinrichtung, Deinem Fuhrpark und Deinen Waren entstehen. Zusätzlich bezahlt die Assekuranz noch Kosten für die Lösch- und Aufräumarbeiten.

688 Leitungswasserversicherung

Sie bezahlt alle Schäden, die Dir durch Rohrbruch entstehen. Versichert sind Gebäude, Betriebseinrichtung und Waren. Die Leitungswasserversicherung zahlt auch bei Frostschäden, nicht jedoch bei Schäden durch Wasserdampf, Reinigungswasser und Sprinkleranlagen.

Sturmversicherung 689

Sie zahlt, wenn ein Sturm etwa das Dach abdeckt oder einen Baum umwirft, der die Fassade beschädigt. Aufpassen: Im Vertrag ist eine Mindeststurmstärke festgeschrieben, ab der die Versicherung zahlt. Die sollte nicht zu hoch sein – Windstärken von 10 und höher kommen in Deutschland so gut wie nicht vor. Folglich werden alle Sturmschäden meist doch an Dir hängenbleiben.

Einbruchdiebstahlversicherung 690

Versichert sind alle Waren und Wertgegenstände in Verkaufs-, Lager- und Büroräumen. Die Assekuranz zahlt, wenn die Gegenstände geklaut, beschädigt oder vollständig zerstört wurden. Außerdem werden Einbruchsschäden an Türen und Schlössern ersetzt.

Betriebsunterbrechungs-Versicherung 691

Diese Police gehört zu den wichtigsten! Sie ist meist an eine bestimmte Sachversicherung – etwa Feuer- oder Leitungswasserversicherung – gekoppelt. Die Versicherung wird tätig, wenn Dein Unternehmen aufgrund eines Versicherungsschadens eine Zwangspause einlegen muß und nicht produzieren kann.
Das ist etwa der Fall, wenn die Handwerker nach einem Wasserschaden Dein ganzes Büro auf den Kopf stellen und Du zwei Wochen lang nicht arbeiten kannst. In solchen Fällen ersetzt die Betriebsunterbrechungs-Versicherung die anfallenden Geschäftskosten und Deinen entgangenen Gewinn. Du wirst finanziell so gestellt, als wäre die Betriebsunterbrechung nie eingetreten.

Betriebshaftpflichtversicherung 692

Wer anderen direkt oder indirekt Schaden zufügt, muß dafür geradestehen – so lautet das Gesetz. Das gilt nicht nur für Privatleute – eine private Haftpflichtversicherung gehört zur persönlichen Mußausstattung –, sondern auch für Unternehmen. Die Betriebshaftpflichtversicherung zahlt, wenn Du als Unternehmer oder einer Deiner Angestellten während der betrieblichen Tätigkeit einem Dritten Schaden zufügst.

Beispiel: Der Gabelstaplerfahrer der Spedition Spurtreu paßt beim Rückwärtsfahren nicht auf und verletzt einen vorbeikommenden Kunden der Spedition. Dieser verklagt Spediteur Spurtreu als Firmeninhaber auf Schadenersatz – ein Fall für Spurtreus Betriebshaftpflicht, die die Sache regelt.

693 Produktionshaftpflichtversicherung

Bist Du Hersteller von Produkten, haftest Du auch für die Gefahren, die von Deiner Ware ausgehen. Die Produktionshaftpflichtversicherung ist eine Ergänzung der normalen betrieblichen Haftpflichtversicherung. Sie stellt Dein Unternehmen im vereinbarten Umfang von Schadenersatzansprüchen frei.

694 Umweltzusatzversicherungen

Sind auf Deinem Betriebsgelände besondere Umweltrisiken zu versichern – etwa ein großer Öltank, der im schlimmsten Fall Tausende Kubikmeter Erdreich verseuchen könnte –, reicht die normale Betriebshaftpflicht nicht aus. Dann solltest Du eine besondere Umweltzusatzversicherung abschließen.

695 Rechtsschutzversicherung

Mehr als eine Deckungssumme von 200 000 Mark schließe nicht ab. Sie schützt vor Rechtsstreitigkeiten mit Angestellten und bei Vergehen und Straftaten von Dir selbst.

Vorsicht vor Unterdeckung

696 Für alle Betriebsversicherungen gilt: Ihre Policen sind abhängig von bestimmten Größen. Das kann sein: Anzahl der Mitarbeiter, Größe des

Geländes, Wert der Waren und Betriebseinrichtung, Dein Jahresumsatz usw. Verändert sich Deine Vermögenssituation – wenn Du beispielsweise eine neue Maschine kaufst –, mußt Du dies der Versicherung mitteilen. Ansonsten wird im Schadensfall die Versicherung mit Recht monieren, daß Du unterversichert warst. Folge: Dein Versicherungsschutz wird gnadenlos zusammengestrichen.

Beispiel: Sanitärhändler Sorglos hat eine Feuerversicherung über 400000 Mark abgeschlossen. Im Laufe des Jahres erhöht sich sein Firmenwert jedoch auf 500000 Mark. Sorglos macht der Feuerversicherung keine Mitteilung, zahlt weiterhin die Prämie für die alte Summe. Als ein Feuer im Geschäft von Sorglos ausbricht – Schaden 300000 Mark –, macht ihm die Versicherung folgende unschöne Rechnung auf:

Versicherungssumme:	400000 Mark
Wert des Geschäfts:	500000 Mark
Unterversicherung:	20 Prozent
Schaden:	300000 Mark
Entschädigung:	240000 Mark
	(Schaden minus 20 Prozent)

Noch größere Vorsicht vor zuviel Versicherung! 697

Zahl Dich nicht doof und dusselig, weil Du meinst, Dich gegen alles und jedes versichern zu müssen. Laß Dir Angebote von verschiedenen Gesellschaften unterbreiten! Oder nimm Dir einen guten Versicherungsmakler! Preisgünstige Rahmenverträge bietet der Bund versicherter Unternehmer.

698 Werde nicht nachlässig

Bei den Ökonomen heißt das Phänomen »moral hazard«. Gemeint ist, daß derjenige, der eine Fahrradversicherung abgeschlossen hat, sein Fahrrad nicht mehr so akkurat ankettet wie vorher – die Versicherung wird im schlimmsten Fall schon zahlen, so denkt er meist. Solch eine Leichtsinnigkeit kannst Du Dir nicht leisten, es sei denn, Du willst riskieren, daß Deine Versicherung Dir wegen grober Fahrlässigkeit die Ersatzleistung verweigert. Also sorge trotz Versicherungsschutz auch weiterhin für größtmögliche Sicherheit in Deinem Betrieb. Denn wenn Deine Versicherung Dir das Gegenteil beweisen kann, hast Du schlechte Karten.

»Spare in der Zeit, dann hast Du in der Not«, sagte der Mann,
sparte in der Zeit, und als die Not kam, war er tot.
(Harald R. Sattler)

699 Deine persönliche Absicherung

Angestellte haben es leicht: Wer einen Arbeitsvertrag in der Tasche hat, ist zwangsweise gegen die größten privaten Risiken abgesichert. Das ist bequem, weil man sich fortan keine Sorgen mehr machen muß, bei Krankheit, im Alter oder bei Arbeitslosigkeit zusammen mit Weib und Kind am Bettelstab zu landen.
Als Selbständiger bist Du es gewohnt, Risiken abzuwägen und Entscheidungen für Dich selbst zu treffen. Also überläßt Vater Staat Dir auch weitgehend Deine private Vorsorge. Vorteil: Du hast die freie Auswahl und kannst Dir selbst Dein passendes Vorsorgepaket schnüren. Nachteil: Wer hier patzt, muß im Extremfall zum Sozialamt. Erkenne daher die Schwachstellen in Deinem privatem Absicherungskonzept und sorge mit der richtigen Police vor.

700 Krankenversicherung

Als Selbständiger kannst Du wählen, ob Du in der gesetzlichen Krankenversicherung bleiben oder ob Du Dich privat versichern möchtest.

Mit Halbwahrheiten von wegen »Privatpatienten zahlen mehr, dafür bekommen sie ein Krankenhauszimmer und Lachs zum Frühstück« ist Dir bei der schwerwiegenden Entscheidung für die richtige Krankenkasse nicht geholfen.

Was Du wissen mußt:

Gesetzliche Krankenversicherungen 701

Wenn Du als Existenzgründer vor Deinem Schritt ins Unternehmerleben in einer gesetzlichen Krankenkasse Mitglied warst, etwa der AOK oder der Barmer Ersatzkasse, darfst Du als Selbständiger weiterhin dabeibleiben – als freiwillig versichertes Mitglied. Das System der Gesetzlichen funktioniert nach dem Solidaritätsprinzip: Alle Mitglieder zahlen in den großen Topf, aus dem alle Ausgaben bezahlt werden. Bei der Bemessung der Beiträge spielen Alter, Geschlecht und Familienstand keine Rolle. Es zählt lediglich das Einkommen, von dem Du einen bestimmten Teil zahlen mußt.

Daß die Beiträge bei Mitgliedern mit hohen Einkommen nicht in den 702
Himmel steigen, dafür sorgt die Beitragsbemessungsgrenze: Wer mehr als diese verdient, muß für die darüberliegenden Beträge nichts mehr berappen.

Eines ist klar: Bei den Gesetzlichen liegt der Komfort auf einer deutlich 703
niedrigeren Stufe als bei den Privaten. Mehrbettzimmer im Krankenhaus, keine Heilpraktikerbehandlung, »Kassengestelle« vom Optiker – das mußt Du als freiwilliges Mitglied einer gesetzlichen Krankenkasse in Kauf nehmen. Ihren Charme entwickeln die Gesetzlichen auf einem anderen Gebiet: Deine Frau und Deine Kinder sind automatisch mitversichert – das kann bei einer Großfamilie ein echtes Argument für eine gesetzliche Krankenversicherung sein. Kassenpatienten bekommen überdies ab der sechsten Krankheitswoche den Verdienstausfall ersetzt – sogenanntes Krankengeld.

Wenn Du weiterhin Mitglied einer gesetzlichen Krankenkasse bleiben 704
möchtest, Dir aber doch ein wenig mehr Komfort behagt, kannst Du eine sogenannte private Zusatzversicherung abschließen. Damit wirst

Du im Krankenhaus behandelt wie ein Privatpatient – also garantierte Unterbringung im Einzel- oder Zweibettzimmer plus Chefarztbehandlung.

705 Private Krankenversicherungen

Arbeiten die gesetzlichen Krankenkassen nach dem Solidarprinzip, so haben sich die Privaten das Verursacherprinzip auf die Fahnen geschrieben – wer mehr kostet, muß auch mehr zahlen. Die Mitglieder werden nach Alter, Geschlecht und Gesundheitszustand unterschieden und in unterschiedliche Tarifgruppen aufgeteilt. Ein 25jähriger kerngesunder Mann, so die Erfahrung der Versicherer, wird selten krank und kostet dementsprechend weniger. Er wird in eine Tarifklasse mit eher niedrigem Beitrag eingestuft.

Ältere Versicherte dagegen werden von der Versicherung richtig zur Kasse gebeten. Die Taktik für Privatversicherte muß daher lauten: In der Jugend, wenn die Beiträge niedrig sind, Reserven ansammeln und im Alter damit die hohen Beiträge bezahlen. Oder den Trick von ➤ Rz 677 nutzen und mit der URMEDIZIN kein Krankheitsrisiko mehr eingehen. Und sich so eine Krankenversicherung ersparen.

706 In Sachen Tarif haben die Privaten gegenüber der gesetzlichen Konkurrenz einen echten Pluspunkt: Wie bei der Kaskoversicherung Deines Autos kannst Du auch bei der Krankenversicherung eine Selbstbeteiligung vereinbaren. Der Eigenanteil – beispielsweise 1500 Mark – ist die Summe, die Du pro Jahr für Krankenbehandlung bezahlst, bevor die Versicherung in die Pflicht genommen wird. Im Gegenzug reduziert die Gesellschaft Deine Police deutlich. Dein Vorteil liegt auf der Hand: In Jahren, in denen Du nicht krank wirst, zahlst Du lediglich den niedrigen Tarif.

Wo Licht ist, ist auch Schatten: Das marktwirtschaftliche System der Privaten läßt potentielle »Problemkunden« wie Kranke, Senioren und auch junge Frauen im Regen stehen – sie zahlen immens hohe Beiträge. Krankengeld zahlen die Privaten ebenfalls nicht – dafür brauchst Du eine Zusatzversicherung.

Die richtige Kasse für Dich 707

Welche Kasse für Dich nun letztendlich günstiger ist, hängt also von vielen Faktoren ab. Bist Du der Meinung, der Wechsel zu einer privaten Krankenkasse sei für Dich von Vorteil, laß Dich erst noch einmal von Deiner gesetzlichen Krankenkasse gründlich beraten. Ganz wichtig: Auf keinen Fall kündige bei der gesetzlichen Krankenkasse, bevor Du nicht den Anschlußvertrag der privaten Kasse in der Tasche hast.
Die Auswahl aus den unterschiedlichen privaten Krankenkassen ist auch eher knifflig. Erste Vergleichsgröße ist natürlich der Tarif, den Du in Deiner jeweiligen Tarifgruppe zu zahlen hättest. Aber Vorsicht vor Discount-Tarifen, mit denen manche Kassen den gesamten Markt unterbieten. Denn: Du willst von Deiner zukünftigen Kasse ja auch ordentliche Leistungen bekommen.

Drei Fragen helfen Dir meist weiter:
1. Zahlt die Kasse auch Arzt- und Heilpraktikerhonorare, die über der Gebührenordnung liegen?
2. Wieviel zahlt die Kasse bei Brillen, Hörgeräten und Kontaktlinsen dazu?
3. Was zahlt die Kasse bei zahn- und kieferorthopädischen Behandlungen dazu?

Krankentagegeldversicherung 708

Drei Wochen im Krankenhaus – das heißt für Dich als Existenzgründer: Drei Wochen keine Einnahmen. Diesem Risiko kannst Du mit einer Krankentagegeldversicherung begegnen. Dann zahlt die Versicherung den Verdienstausfall, den Du durch Deine erzwungene Untätigkeit erleidest. Die Zahlungen entsprechen in etwa Deinem entgangenem Nettoverdienst. Darum denke unbedingt daran, die Versicherungssumme regelmäßig Deinem – hoffentlich stetig wachsenden – Lebensstandard anzupassen.

GUTER RAT: Krankheit kann Dich als Selbständiger geschäftlich schwer zurückwerfen – bei längerer Dauer sogar ruinieren. Merke: Du darfst und kannst Dir kein Kranksein erlauben! Keine noch so gute Krankenversicherung schützt Dich davor.

709 Reicht die Pflegeversicherung?

Auch als Selbständiger hast Du keine Chance, der Pflegeversicherung zu entkommen. Ob freiwillig bei einer gesetzlichen Krankenkasse oder privat versichert – zahlen mußt Du auf jeden Fall. Die Höhe der Beiträge richtet sich, wie bei der Krankenversicherung, nach dem Bruttogehalt. Wer mehr als die Beitragsbemessungsgrundlage verdient, muß auf die darüber hinausgehenden Beträge keine Abgabe entrichten.
Doch bedenke: Auch die Pflegeversicherung zahlt nicht alles. Unterbringungs- und Verpflegungskosten eines Altenheims etwa mußt Du nach wie vor selber aufbringen. Das kann jeden Monat in die Tausende gehen. Für diesen Fall bieten verschiedene Versicherungen Extrapolicen an, die je nach Tarifvariante im Pflegefall ein zusätzliches Tagegeld von bis zu 100 Mark auszahlen.

710 Berufsunfähigkeitsversicherung

Man soll ja nicht den Teufel an die Wand malen, aber passieren kann immer was: Ein Unfall, eine schwere Krankheit mit Folgeschäden – und Du kannst nicht mehr arbeiten. Verlaß Dich nicht auf staatliche Unterstützung. Selbst wenn Du noch in die gesetzliche Rentenversicherung einbezahlst, erhältst Du als Selbständiger nur eine ausgesprochen schmale Versorgung. Sichere Dich mit einer Berufsunfähigkeitsversicherung ab.
Die Höhe der Beiträge richtet sich danach, wie hoch die eventuelle Rentenleistung sein soll – sie sollte mindestens Deine Lebenshaltungskosten abdecken – und ab welchem Invaliditätsgrad die Rente fällig wird.

Ganz wichtig: Wenn Du Dich gegen Berufsunfähigkeit richtig absichern möchtest, reicht eine Unfallversicherung nicht aus. Die zahlt – wie der Name schon sagt – nämlich nur, wenn Du wegen eines Unfalls nicht mehr arbeiten kannst. Im Krankheitsfall hingegen – etwa bei einem Schlaganfall – bekommst Du keinen Pfennig.

Laufe nicht herum und behaupte, die Welt schulde Dir den Lebensunterhalt. Sie ist Dir nichts schuldig. Sie war zuerst da.

(Mark Twain)

Genug Geld im Ruhestand 711

Im Alter kürzer mit dem guten Leben treten? – Schrecklicher Gedanke. Wer will schon Gefahr laufen, nach harter Arbeit im wohlverdienten Ruhestand plötzlich zu merken, daß das Geld nicht reicht? Hast Du erst einmal die Sechziger überschritten, ist es zu spät: Dann kannst Du die Höhe Deines Einkommens kaum mehr beeinflussen – den Grundstein dafür mußt Du in früheren Jahren legen.
Daß man mit der gesetzlichen Rentenversicherung allein keinesfalls in Ruhe alt werden kann, müßte inzwischen auch dem letzten klargeworden sein. Also: Erkenne Deine Versorgungslücken und baue von Anfang an fürs Alter vor.

Beispiel: Gebrauchtwagenhändler Gründlich will mit spätestens 65 seinen wohlverdienten Ruhestand antreten – die eine Hälfte des Jahres auf Mallorca, die andere Hälfte daheim. Dafür, so kalkuliert er, benötigt er mindestens 3500 Mark im Monat. Seine Bestandsaufnahme ergibt jedoch, daß er aus der gesetzlichen Rentenversicherung und einer abgeschlossenen Kapital-Lebensversicherung lediglich rund 2900 Mark zu erwarten hat. Gründlich entschließt sich, eine zusätzliche private Rentenversicherung abzuschließen, die ihm ab dem 65. Geburtstag monatlich 600 Mark auszahlt.

712 Erkenne vorzeitig Versorgungslücken bei Dir

Ein unbestimmtes Gefühl, daß das Geld im Alter eventuell nicht reichen könnte, ist nicht Grund genug, eine teure Versicherung abzuschließen. Du mußt auf Mark und Pfennig ermitteln, ob Deine Altersvorsorge schon für den angestrebten Lebensabend auf Mallorca reicht – oder ob Du mit Deinem derzeitigen Zuhause vorliebnehmen mußt.

So ermittelst Du Deine Versorgungslücke:

713 1. Was Du brauchst

Gewünschtes Einkommen im Ruhestand

Dein Einkommen im Alter muß nicht genauso hoch sein, wie es heute ist: Dein Haus ist abbezahlt, die Ausbildung der Kinder ist abgeschlossen. Faustregel: 80 bis 90 Prozent Deines jetzigen Nettoeinkommens reichen im Ruhestand. Doch bedenke: Natürlich ändert sich Dein Nettoeinkommen bis zum Ruhestand. Deswegen mußt Du alle paar Jahre die Bedarfsrechnung wiederholen. Schließlich willst Du ja Deinen aktuellen Lebensstandard sichern – nicht den von vor 30 Jahren!

2. Was Du bekommst

714 **Gesetzliche Rente**

Eines steht in Sachen Rentenanspruch fest: Nichts ist sicher. Immer weniger Beitragszahler müssen in Zukunft immer mehr Rentenempfänger finanzieren. Logische Folge: Trotz aller gegenteiligen Beteuerungen der Politik sind die Renten durchaus in Gefahr.

Nicht zuletzt deswegen ist es ausgesprochen schwierig, einen genauen Überblick zu bekommen, wieviel Geld Du bei gleichbleibenden Beitragszahlungen ab Deinem 65. Geburtstag monatlich von der Bundesversicherungsanstalt in Berlin wirklich bekommen wirst. Die Rentenbenachrichtigungen, die die Bundesversicherungsanstalt für Arbeit verschickt, kannst Du allerdings von Deinem Versicherungsmakler hochrechnen lassen. Dann erhältst Du einen ungefähren Richtwert.

Lebensversicherung 715

Wenn Du eine Lebensversicherung abgeschlossen hast, die zu Beginn Deines Ruhestands fällig wird, kannst Du das auf zweierlei Arten mit einrechnen: Entweder nur die geschätzten jährlichen Zinserträge (Faustregel: sechs Prozent) aus der Versicherungssumme, oder, wenn Du das ganze Geld aufzehren möchtest, ein Zwanzigstel der Versicherungssumme (Faustregel) als jährliches Einkommen.

Private Rentenversicherung 716

Regelmäßige, garantierte Erträge aus einer privaten Rentenversicherung kannst Du als feste Größe in Deine Rechnung mit einbeziehen.

Trick

Die Vorteile einer Schweizer Lebens- oder Kapitalversicherung

Wenn deutsche Versicherungsauszahlungen wegen der immer höher 717
werdenden Staatsverschuldung wahrscheinlich später mal versteuert werden, dann ist es schon zu überlegen, ob man sich nicht auch oder nur bei einer ausländischen Gesellschaft versichern läßt. Besonders in solchen Ländern, wo keine Währungsreform droht, wo – wie 1948 bei uns – die Versicherungen plötzlich nur noch mit 10 Prozent ihres Wertes ausbezahlt wurden und wo für Lebensversicherungen keine Steuerabzüge im Gespräch sind. Und denk auch an den Euro. Wenn dessen Kurs sinkt, behält der Schweizer Franken weiterhin seinen Wert, und Du bist fein raus.

»Ich höre aber von Freunden, die bei Versicherungsgesellschaften in Basel und Zürich ihr Geld für eine Police loswerden wollten, daß man sie dort kühl und höflich abgewiesen habe.« – Nun ja, so etwas muß man schon diskret anfangen. Zudem brauchst Du vor einem Abschluß beste persönliche Beratung. Damit halten sich die Gesellschaften nicht gern auf, zumal sich herausgestellt hat, daß 90 Prozent der Anfragenden am Ende doch nicht abschließen. Weil sie kleinlich auf ein paar Mark Mehrprofit bei einer deutschen Versicherung starren.

Falls Dich das Nachfolgende ernsthaft interessieren sollte, so magst Du Dich an meinen Vertrauensmann in der Schweiz per Brief mit Rückporto (drei internationale Antwortscheine) und der Bitte um Weiterleitung zwecks eines ausführlichen Angebots einer der besten und angesehensten Versicherungsgesellschaften der Schweiz nebst eingehender Beratung an folgende Kontaktadresse wenden:
IGZZN, Postfach 71, CH-7513 Silvaplana.
Gib dabei an: Geburtsdatum, gewünschte Versicherungsart, Versicherungssumme, Versicherungsdauer und alles, was aufgrund der folgenden Ausführungen für einen möglichen Abschluß wichtig ist.
Bist Du nicht flüssig genug, um zusätzlich eine schweizerische Lebensversicherung abzuschließen, dann stelle die währungsgefährdete deutsche ruhend. Decke den Risikoteil mit den gezahlten Prämien ab und zahle die Beiträge eventuell später an eine schweizerische Versicherung weiter.

Die Vorteile der sfr-Versicherungsanlage

- Schweizer Lebensversicherungen unterstehen einer strengen staatlichen Aufsicht.
- Die Kapitalanlagen werden in Schweizer Franken, der traditionell stärksten Weltwährung, gehalten. So auch die Versicherungsleistungen.
- Eine schweizerische Lebensversicherung kannst Du wie eine Bank benutzen: Bis zu 90 Prozent des Rückkaufswerts kannst Du jederzeit beleihen – und zwar am günstigsten direkt bei der Gesellschaft. Dabei sind die Zinssätze traditionell bedeutend niedriger als in der Bundesrepublik.
- Schweizerische Lebensversicherungen kennen ein einzigartiges Konkursprivileg: Sind Ehegatte oder Nachkommen begünstigt, so unterliegt der Versicherungsanspruch nicht einer Zwangsvollstreckung. Auch im Falle eines Konkurses gehen die Rechte automatisch auf die begünstigten Personen über. Dieses einzigartige Privileg kann Dir helfen, Dein Vermögen zu erhalten.
- Die Auszahlung der Versicherungsleistung erfolgt im Erlebens- wie im Todesfalle steuerfrei – mitsamt sämtlichen angesammelten Gewinnanteilen.

- Auch bei der Auszahlung der Versicherung besteht keine Meldepflicht an eine schweizerische oder ausländische Steuerbehörde.
- Bei der schweizerischen Lebensversicherung gibt es keine Quellensteuer. Du erhältst die Erträge ohne jeden Abzug, also steuerfrei. (Bankzinsen unterliegen dagegen einer 35prozentigen Quellensteuer.)
- Die steuerfreie Lebensversicherung rentiert mit fast 5 Prozent p. a. Eine andere Geldanlage, deren Erträge Du versteuern mußt, müßte also runde 10 Prozent pro Jahr einbringen, wenn Du nach Steuern dieselbe Nettoverzinsung erzielen wolltest. Und eine solche Geldanlage bei dieser einzigartigen Sicherheit gibt es nirgendwo.
- Die Versicherung zahlt Dir eine einmalige Kapitalsumme oder eine lebenslange Rente.
- Du kannst jederzeit (!) die Versicherungsgesellschaft anweisen, Dir Dein Guthaben in der Schweiz oder anderswo auszuzahlen.

Wisse: Das letzte wirkliche Schlupfloch, Dein Geld seriös und sicher in die Schweiz zu bringen und dort für Dich arbeiten zu lassen, das ist eine Schweizer Lebensversicherung.

Denke vor allem an die mögliche Pleitewährung Euro. Mit dem Schweizer Franken bist Du stets fein raus! Sichere rechtzeitig Dein sauer erarbeitetes Geld!

GUTER RAT: Wenn es Dir um eine ganz preiswerte Lebensversicherung geht: Die absolute Spitze in der Preisgünstigkeit hält die Phoenix in London. Ein Versicherungsschutz von 1 000 000 Mark kostet nur 2125 Mark (fünf Jahre), 2805 Mark (zehn Jahre) sowie 3205 Mark (zwölf Jahre).

Beispiel: eine gemischte Kapitalversicherung über jeweils sfr 100 000 Versicherungssumme. So sieht das Angebot der Schweiz in Jahresprämien aus:

Eintrittsalter	beabsichtigte Laufzeit = vorgesehene Beitragszahlung	Jahresprämie	voraussichtliche Auszahlung inkl. der steuerfreien Gewinnanteile
20	15	6032,90	131 295,–
20	30	2652,40	162 589,–
20	45	1678,10	193 883,–
30	15	6062,60	131 295,–
30	25	3371,70	152 178,–
30	35	2328,00	173 031,–
30	15	6192,90	131 295,–
40	25	3598,70	152 158,–
50	15	6576,60	131 295,–
50	20	5011,20	141 726,–
60	10	10694,40	160 864,–

GUTER RAT: Wenn Du in der Schweiz Dein Geld anlegen willst, dann nur bei den über alle Zweifel erhabenen Großbanken. Das sind die Kantonalbanken, die Schweizer Bankgesellschaft und die Schweizer Kreditbank.

Andere Einkünfte

Hierunter zählen alle anderen Einkommensarten wie Zinsen und Dividenden aus Kapitalvermögen und Mieten aus Immobilien.

718
3. Deine Versorgungslücke

Gewünschtes Einkommen im Ruhestand . . . .
./. Gesetzliche Rente . . . .
./. Lebensversicherung . . . .
./. private Rentenversicherung . . . .
./. andere Einkünfte . . . .
= Deine Versorgungslücke . . . .

In den meisten Fällen kommt hier unterm Strich ein positiver Betrag heraus. Das ist Deine Versorgungslücke, der Betrag also, für den Du noch Vorsorge treffen mußt.

Schließe Deine Versorgungslücke!

Es gibt mannigfache Wege, finanzielle Vorsorge für das Alter zu treffen. Sie unterscheiden sich in den Eckwerten: Sicherheit, Rendite, Verfügbarkeit, Kalkulierbarkeit, Steuerbehandlung.
Hier die wichtigsten Finanzpolster für den Ruhestand.

Trick

Vorsicht bei Goldkäufen und -verkäufen

Für alle Fälle ist zu raten, einen kleinen Vermögensteil in Gold anzulegen. Aber: Im Schnüffelbeamtenstaat Deutschland kannst Du es Dir nicht erlauben, größere Mengen an Gold zu kaufen oder zu verkaufen. In letzter Zeit schreiben die Bankenprüfer des Finanzamts sich die Anschriften dieser Leute heraus. Dann gibt es böse Nachforschungen darüber, woher Du das Geld zu dessen Kauf hattest usw.

Private Rentenversicherung 719

Arbeitet die öffentliche Rentenversicherung nach dem Solidaritätsprinzip – »Die Jungen zahlen für die Alten« –, dann halten es die privaten Rentenversicherer eher mit dem Einzelkämpferprinzip. Als Versicherter baust Du einen eigenen Kapitalstock auf; das Geld, das Du einzahlst, bekommst Du im Alter auf Heller und Pfennig wieder zurück – plus Zins und Zinseszins versteht sich.
Im Vertrag mit der Rentenversicherung vereinbarst Du den Zeitpunkt, ab dem Du Deine Rente beziehen möchtest, und die Höhe der monatlichen Raten, die Du zahlen willst. Die Versicherungsgesellschaft garantiert Dir eine Mindestrente, die Du ab Auszahlungszeitpunkt bis zum Ende Deines Lebens erhältst. Mindestrente – das heißt, die Versi-

cherung, die Deine eingezahlten Beträge auf dem Kapitalmarkt anlegt, wird Dir bei guter Ertragslage eine höhere Rente auszahlen. Wie für alle Anlagemodelle gilt auch hier: Je eher Du anfängst einzuzahlen, desto höher fällt später Deine Rente aus.

GUTER RAT: Bei einer Schweizer Rentenversicherung kannst Du auch einen größeren Einmalbetrag einzahlen, etwa aus einer Erbschaft oder einem Lottogewinn. Da fallen die späteren Rentenzahlungen besonders günstig aus.

Falls Du keine Sondervereinbarung getroffen hast, erlischt hier Dein Rentenanspruch mit Deinem Tod. Deine Angehörigen erhalten keine Leistungen.

720 **Sonderwunsch Dynamisierung:** Willst Du Dich vor Inflation schützen, kannst Du Deine Beiträge in die Rentenkasse dynamisieren, also anpassen lassen. Dann erhöhen sich Deine Zahlungen Jahr für Jahr um einen gewissen Prozentsatz. Resultat: Im Ruhestand bekommst Du mehr Rente.

721 **Sonderwunsch Angehörigenabsicherung:** Im Vertrag mit Deiner privaten Rentenversicherung kannst Du vereinbaren, daß bei Deinem Tod die eingezahlten Beiträge, die noch nicht als monatliche Rente an Dich ausgeschüttet worden sind, an Deine Hinterbliebenen fließen. Im Gegenzug dafür mußt Du eine etwas niedrigere Rente in Kauf nehmen.

722 **Sonderwunsch flexibler Startzeitpunkt:** Als Selbständiger hast Du wahrscheinlich Probleme, exakt zu planen, wann genau Du in den Ruhestand gehen möchtest. Eine flexible Police läßt Dir die Wahl: Du kannst einige Jahre vor dem vereinbarten Rentenbeginn die Auszahlungen beginnen lassen – in diesem Fall vermindert sich der monatliche Betrag natürlich. Ebenfalls hast Du die Möglichkeit, die Auszahlungen erst ein paar Jahre später zu starten und in dieser Zeit weiter Deine Beiträge zu zahlen – dann gibt es logischerweise mehr Rente.

Lebensversicherung 723

Wer sich zum 65. Geburtstag über einen Scheck in sechsstelliger Höhe freuen will, für den ist eine Lebensversicherung das richtige. Für die meisten Selbständigen ist eine Lebensversicherung als Standbein für das Alter ein absolutes Muß. Lebensversicherungen erfüllen zwei Aufgaben: Neben der Vermögensbildung bist Du beziehungsweise Deine Familie während der Vertragslaufzeit abgesichert. Soll heißen: Stirbst Du, bekommen Deine Angehörigen eine festgelegte Summe ausgezahlt.
Den Vorteil einer deutschen Lebensversicherung machte bisher nicht zuletzt ihre Steuerfreundlichkeit aus. Von Vater Staat als respektables Werkzeug zur Vermögensbildung angesehen, genoß die Kapital-Lebensversicherung weitgehend Schonung durch das Finanzamt. Konkret: Die Erträge – also das, was Dein eingezahltes Kapital im Laufe der Jahre für Dich erwirtschaftet – blieben einkommensteuerfrei. Voraussetzung: Der Versicherungsvertrag lief mindestens zwölf Jahre, und der Todesfallschutz ist auf wenigstens 60 Prozent der Beitragssumme festgelegt.
Das allerdings kann sich in Zukunft schnell ändern.
Wie bei der privaten Rentenversicherung kannst Du Dir auch bei einer Kapital-Lebensversicherung nie ganz sicher sein, wieviel Geld schlußendlich rausspringt. Denn auch hier werden die Prämien auf dem Kapitalmarkt angelegt – und der ist ja bekanntlich schlecht kalkulierbar. So teilen die Versicherungsgesellschaften die Versicherungssumme in eine vertraglich garantierte Ausschüttung und einen sogenannten Überschußanteil.
Die Kosten der Versicherung werden zu einem Großteil dadurch bestimmt, wie hoch die Summe sein soll, die im Todesfall an Deine Angehörigen ausgezahlt werden soll: Je höher der Schutz, desto höher die Prämie. Singles, die niemanden zu versorgen haben, wählen deswegen einen möglichst niedrigen Todesfallschutz – aber Vorsicht: Sinkt diese Absicherung unter 60 Prozent der eingezahlten Beiträge, sind die Steuervorteile nach den bisherigen Bestimmungen dahin.

Sonderwunsch Flexibilität: Speziell für Dich als Existenzgründer ist es 724
gerade in den ersten Jahren nicht einfach, jeden Monat noch ein paar

Hunderter für die Lebensversicherung lockerzumachen. Aus diesem Grund bieten einige Gesellschaften Policen mit steigenden Beiträgen an. In den ersten Jahren bleibt die Belastung erträglich, und später, wenn Du Dich konsolidiert hast, zahlst Du mehr in die Versicherung ein.

725 Lebensversicherung contra private Rentenversicherung

Rentenversicherung:

- sorgt für ein sicheres Einkommen im Alter;
- zahlt das Geld in regelmäßigen Raten aus;
- eignet sich für Ältere oder schwer erkrankte Versicherungsnehmer – für sie ist eine Kapital-Lebensversicherung wegen des hohen Todesfallrisikos zu teuer;
- eingezahlte Beiträge gehen im Todesfall an die Versicherung – falls vertraglich nicht anders geregelt.

726 **Lebensversicherung:**

- baut Vermögen für das Alter auf;
- sichert durch den Todesfallrisikoschutz die Angehörigen mit ab;
- ist unter bestimmten Voraussetzungen – zwölf Jahre Laufzeit und hohe Todesfallabsicherung – bisher ausgesprochen steuerattraktiv;
- zahlt in einer Summe aus; Problem der Anlage.

727 Andere Arten der Kapitalbildung

Neben den beiden klassischen Methoden der privaten Vorsorge – Kapital-Lebensversicherung und private Rentenversicherung – gibt es noch eine Vielzahl von Möglichkeiten, wie Du finanzielle Vorsorge fürs Alter treffen kannst. Damit kannst Du Deiner ganz persönlichen Ruhestandsplanung den letzten Schliff geben.

Spare in der Not, dann hast Du Zeit dazu.
(Michael Wayand)

Sparen 728

Festzinssparen, Bonussparen, Sparplan mit Versicherungsschutz, Sparbrief und nicht zuletzt das gute alte Sparbuch – egal, wie Du Dein Geld anlegst, merke Dir: Beim Sparen machst Du den schlechtesten und die Bank den besten Schnitt. Jeder Kundenberater wird Dir freudig einen langfristigen Sparvertrag – am besten bis in den Ruhestand – verkaufen, denn: Für keine andere Anlage muß die Bank derart wenig Zinsen zahlen.
Die Kreditinstitute verteidigen sich, indem sie an das Sicherheitsbedürfnis ihrer Kunden appellieren. Das stimmt: Sparen ist hundertprozentig sicher, was Du einzahlst, bekommst Du – plus der mickrigen Zinsen – auf Heller und Pfennig wieder zurück. Das ist bei der durchweg konservativen Anlagementalität der Deutschen immer noch das beste Verkaufsargument.
Du als Existenzgründer bist es jedoch gewohnt, ein kalkulierbares Risiko einzugehen, um größeren Ertrag zu erwirtschaften. Das soll nicht heißen, daß Du Dich auf Warentermingeschäfte mit Schweinehälften an der Chicagoer Börse stürzen sollst. Aber es gibt andere Wege, sicheres Vermögen für das Alter zu bilden, ohne der Bank via Sparvertrag billiges Geld in den Rachen zu werfen.

Festverzinsliche Wertpapiere 729

Anleihen, Bonds, Renten oder Obligationen: hinter all diesen Begriffen verbirgt sich jedoch dasselbe. Der Käufer der Papiere leiht dem Schuldner – das ist der, der die Festverzinslichen herausgibt – Geld. Dafür bekommt er Zinsen. Am Ende der Laufzeit der Anleihe bekommt der Anleger den Nennwert der Anleihe wieder zurückgezahlt.
Schuldverschreibungen von Banken, Großunternehmen und natürlich 730
vom Bund und den Ländern werfen im Gegensatz zu Sparanlagen einige Prozent mehr an Zinsen ab. Ob Du mit Bundesschatzbriefen allerdings völlig auf Nummer Sicher gehst, ist bei der wahnsinnigen Verschuldung der Bundesrepublik Deutschland zu bezweifeln.

Zusätzlich zu den Zinsen kannst Du als Obligationsanleger auch von Kurssteigerungen Deines Papiers profitieren. Und das funktioniert so: Wenn der Marktzins sinkt – das passiert zum Beispiel dann, wenn die Bundesbank Diskont- und Lombardzinsen herabsetzt –, dann steigen die Kurse der Anleihen. Das sieht zwar erst mal nicht so bombastisch aus, wenn die Anleihe von 101 auf 104 Prozent des Nennwerts steigt, kann aber schon ein paar Mark ausmachen:

Beispiel: Friedhelm Fröhlich kauft für 50 000 Mark 7,5-Prozent-Schuldverschreibungen der Mercator-Bank zum Kurs von 100 Prozent. Sechs Monate später ist der Kapitalmarktzins erheblich gesunken – Fröhlichs Papiere notieren nun mit 105,5 Prozent. Würde er jetzt verkaufen, bekäme Fröhlich einen Erlös von 52 750 Mark gutgeschrieben – plus der Zinsen für ein halbes Jahr (1875 Mark).

Selbstverständlich kann der Schuß mit den Kursveränderungen auch gewaltig nach hinten losgehen. Dazu muß der Kapitalmarktzins nur steigen – und schon notieren Deine Papiere plötzlich 3 Prozentpunkte unter dem Kaufkurs. Dieses Kursrisiko kannst Du aber umgehen. Wenn Du die Schuldverschreibungen nämlich so lange behältst, bis sie vom Schuldner zurückgezahlt werden, bekommst Du auf jeden Fall 100 Prozent des Nennwerts aufs Konto überwiesen.

Ein anderes, wenn auch eher geringes Risiko besteht darin, daß der Schuldner der Anleihe plötzlich pleite geht und dem Anleger das Geld nicht mehr zurückzahlen kann. Bei bekannten Papieren ist das zwar relativ selten – davon können sich die Anleger des 1995 pleite gegangenen niederländischen Flugzeugbauers Fokker leider auch nichts kaufen. Die sitzen nämlich auf ihren unbezahlten Schuldverschreibungen.

Ein besonderer Vorteil der Bundesschätzchen: Als Anleger kannst Du Deine Bundeswertpapiere von der Bundesschuldenverwaltung kosten- und gebührenfrei verwahren lassen. Den Antrag auf Eröffnung eines sogenannten Schuldbuchkontos gibt es bei Deiner Hausbank.

Aktien 731

Aktionäre sind dumm und unverschämt, heißt es. Dumm, weil sie Aktien kaufen, und unverschämt, weil sie noch Dividende haben wollen. Ganz so ist es natürlich nicht, allerdings scheinen in Deutschland zumindest viele Anleger diesen Spruch im Hinterkopf zu haben: Die Deutschen waren bislang nämlich ausgesprochene Aktienmuffel. Die Angst vor eventuellen Kursverlusten läßt viele die enormen Gewinnchancen, die in Aktien stecken, vergessen.
Für Deine Altersvorsorge ist es nun natürlich nicht unbedingt empfehlenswert, daß Du mit Deinem gesamten Kapital an der Aktienbörse zockst. 10 bis 20 Prozent des Gesamtportfolios kannst Du aber ruhig in Unternehmensanteile stecken. Das heißt aber nicht, daß Du von nun ab tagtäglich den Kursteil der Tageszeitung studieren, neu kaufen, abstoßen, zittern und bangen mußt.
Börsenguru André Kostolany hat einmal sein Rezept verraten, um auf lange Sicht mit Aktien reich zu werden: »Kaufen und vergessen.« Soll heißen: Auch wenn das Papier nicht sofort gewaltige Kursgewinne verspricht – in fünf oder zehn Jahren kann das schon ganz anders aussehen.

Was Du auf jeden Fall über Aktien wissen solltest:

Jeder Aktionär, also Besitzer von Aktien, ist Teilhaber am Grundkapital und damit Miteigentümer am Unternehmen. Das ist auch der gewaltige Unterschied zu den festverzinslichen Wertpapieren. Bei ihnen sind die Anleger Gläubiger des Unternehmens. Soll heißen: Der Aktionär hat im Gegensatz zum Besitzer von Obligationen keinen Anspruch darauf, das eingesetzte Geld vom Unternehmen wieder zurückgezahlt zu bekommen. Aktien können lediglich über die Börse wieder zu Geld gemacht werden.
Aktien bieten den Anlegern zweierlei Möglichkeiten, Geld zu verdienen. Zum einen die Dividendenausschüttung. Das ist der Anteil des Unternehmensgewinns, der pro Aktie ausgeschüttet wird. In guten Jahren bedeutet das für den Aktionär einen warmen Geldsegen – wenn es der Firma im abgeschlossenen Geschäftsjahr aber schlecht ergangen ist, muß sie auch keine Dividende zahlen.

Viel wichtiger als die Dividende – die selten mehr als 5 Prozent ausmacht – ist die Wertsteigerung der Aktie für den Anleger. Schreibt das Unternehmen fleißig schwarze Zahlen, wachsen Umsatz und Mitarbeiterzahlen, wird im Ausland expandiert, dann belohnt die Börse dies durch höhere Aktienkurse.

Beispiel: Friedhelm Fröhlich hat vor zehn Jahren Aktien der Globus AG gekauft, Kurswert damals 240 Mark. Heute verkauft er die Papiere zum stolzen Preis von 420 Mark. Hinzu kommen insgesamt 75 Mark, die Fröhlich an Dividenden kassiert hat. Resultat: Die langfristige Aktienstrategie hat sein Kapital mehr als verdoppelt.

732 Genußscheine

Genüsse sind eine ausgesprochen erfreuliche Zwitterkonstruktion zwischen Aktie und Anleihe. Es gibt sie in erstaunlicher Ausstattungsvielfalt. Anleger wie Du, die an einer sicheren Altersvorsorge interessiert sind, sollten sich an die rentenähnlichen Genußscheine halten. Das sind Papiere, die dem Anleger eine feste jährliche Ausschüttung in Prozent des Nennwerts garantieren. Diese Verzinsung – und das macht den Charme eines Genußscheins aus – liegt meist gut ein bis zwei Punkte über dem marktüblichen Zins.
Leider hat die Medaille auch eine unschöne Seite. Im Gegensatz zum Besitzer einer Anleihe ist der Genußscheininhaber auch an den Verlusten des Unternehmens beteiligt. Das heißt: Hatte die Firma ein schlechtes Jahr, fällt die Ausschüttung – genau wie die Dividende – einfach weg. Außerdem stehen die Inhaber von Genußscheinen im Falle eines Unternehmenszusammenbruchs ganz weit hinten in der Schlange der Gläubiger. Erst wenn der letzte Besitzer einer Anleihe und der letzte Darlehensgeber befriedigt von dannen zieht, dürfen auch die Besitzer von Genüssen versuchen, an Geld zu kommen.

Wertpapierfonds 733

Was Experten besser und kompetenter erledigen können, solltest Du auch von Experten für Dich machen lassen. Diese Strategie steckt hinter der Idee der Investmentfonds.
Das Prinzip ist ganz einfach: In einem Investmentfonds bündelt eine Kapitalanlagegesellschaft die Gelder vieler Anleger. Von diesem Fondskapital werden je nach Fondsstruktur Wertpapiere, Immobilien oder Beteiligungen gekauft. Die Fonds – also die Geldtöpfe – werden von professionellen Händlern verwaltet, die durch kluge Anlagestrategie sowie geschicktes Kaufen und Verkaufen meist eine ansehnliche Rendite erzielen. Welcher Fonds nun genau welche Werte kauft und was er in den vergangenen Jahren damit verdient hat, das kannst Du im Verkaufsprospekt erfahren.
Zum langfristigen Vermögensaufbau empfiehlt sich für Dich ein Fondssparplan. Das Prinzip: Du zahlst jeden Monat eine festgelegte Summe an die Investmentgesellschaft. Von dem Geld werden Anteile an einem von Dir bestimmten Fonds gekauft. Die Gewinne, die der Fonds erwirtschaftet, werden nicht an Dich ausgeschüttet, sondern direkt wieder für Dich in neuen Anteilen angelegt. Dabei bekommst Du einen speziellen Wiederanlagerabatt, der meist einige Prozentpunkte unter dem regulären Ausgabepreis der Fondsanteile liegt. Wenn Dein Sparplan fällig wird, werden alle angesammelten Anteile zum aktuellen Kurs verkauft, und das Geld bekommst Du auf Dein Konto überwiesen.
In was für einem Fonds Du Dein Geld anlegst, das ist Sache Deiner ganz persönlichen Risikomentalität: Aktienfonds können bei guter Börsenlage ansehnliche Gewinne erwirtschaften, in flauen Zeiten aber auch schon mal ein Drittel ihres Werts einbüßen. Rentenfonds hingegen legen in konservativen festverzinslichen Wertpapieren an – sie schwanken weniger im Kurs, werfen dafür in der Regel aber auch nicht so viel Rendite ab.

Dein Vorteil: Im Gegensatz zur direkten Anlage in Wertpapieren, wo Du Dich um den Kauf von neuen Papieren und die Anlage von ausgeschütteten Gewinnen selber kümmern mußt, geht bei einem Fondssparplan alles automatisch: Dein Geld wird in Wertpapieren angelegt, ohne daß Du Dich darum kümmern mußt.

Doch bedenke: Als langfristiges Mittel zur Kapitalbildung sind Wertpapierfonds ein probates Mittel – allerdings eignen sie sich nicht dazu, das schnelle Geld zu machen. Auf jeden Anteil, den Du kaufst, schlägt die Investmentgesellschaft einen sogenannten Ausgabeaufschlag auf – der kann bis zu 5 Prozent betragen. Diese Provision mußt Du erst wieder herauswirtschaften. Faustregel: Fünf Jahre mindestens solltest Du einen Fondsanteil schon im Depot halten, damit es sich richtig rentiert.

Noch mal zum Thema Risiko

734 Bei der Vermögensanlage gibt es eine ganz einfache Gleichung: Je sicherer Du Deinen Spargroschen anlegen willst, desto weniger Rendite erzielst Du. Je mehr Du bereit bist, ein Risiko einzugehen, also eventuell einen Teil oder gar Deine gesamte Einlage zu verlieren, desto höher wird die erwartete Rendite Deiner Anlage.

Beispiel: Volker Vorsicht will in Sachen Vermögensbildung auf Nummer Sicher gehen. Er kauft sich für 40 000 Mark fünfjährige Bundesobligationen, die Jahr für Jahr einen garantierten Zins von 6 Prozent ausschütten. In fünf Jahren, so weiß er jetzt schon, wird er all sein eingesetztes Geld zurückerhalten – plus 12 000 Mark Zinseinnahmen.
Matthias Mutig will sich mit mageren 6 Prozent nicht zufriedengeben. Er kauft für 40 000 Mark Aktien und hofft auf eine langfristige Wertsteigerung. Und in der Tat: Fünf Jahre später ist Mutigs Depot 70 000 Mark wert.
Zacharias Zocker scheut sich auch nicht vor den größten Risiken. Mit Warentermingeschäften und Optionsscheinen – so hofft er – will er in fünf Jahren aus 40 000 Mark ein halbe Millionen machen. Doch nach einigen Anfangserfolgen erleidet er im zweiten Jahr einen Totalverlust mit Optionen auf Schweinebäuche an der Chicagoer Terminbörse – die Alterssicherung ist dahin.

Die Risiken der Kapitalanlage 735

Je nach Art Deiner Anlage mußt Du darauf gefaßt sein, unterschiedliche Risiken auf Dich zu nehmen. Die folgende Auflistung zeigt Dir die häufigsten Risiken. Prüfe, welchen Risiken Deine Kapitalanlage unterworfen ist, und entscheide Dich, ob Du bereit bist, sie in Kauf zu nehmen.

Konjunkturrisiko 736

Die Gefahr, durch miese allgemeine Wirtschaftslage Kursverluste zu erleiden. Denn: Wenn's allen schlechtgeht, dann sinkt auch der Kurs Deiner Aktien.

Inflationsrisiko 737

Das ist die Gefahr, daß Deine Anlage durch die Geldentwertung schneller an Wert verliert, als sie durch die Rendite an Wert dazugewinnt. Einfachstes Beispiel für einen Inflationsverlust ist das gute alte Sparbuch: Wer hier sein sauer verdientes Geld zu 2,5 Prozent parkt, muß hoffen und beten, daß die Inflationsrate unter eben diesen 2,5 Prozent pro Jahr bleibt. Traurige Folge, wenn sie das nicht tut: Am Jahresende ist der Wert des Sparbuchs real gesunken.
Todsicher entkommt man dem Inflationsrisiko eigentlich nur durch zwei Strategien: Sachwerte kaufen (Immobilien, Gold, Antiquitäten); die werden durch Geldentwertung nicht betroffen.
Oder aber: ab mit dem Geld ins Ausland. Nur unterliegst Du bei einer Anlage in US-Dollar oder Schweizer Franken theoretisch auch einem Inflationsrisiko.

Länderrisiko 738

Das gibt es, wie der Name schon sagt, bei Auslandsanlagen – also etwa panamaische Goldminenaktien oder eine argentinische Staatsanleihe. Schlimm für den Anleger kann es allein schon deswegen werden, wenn der Staat von heute auf morgen seine Devisen bewirtschaftet und keine Zahlungen mehr ins Ausland zuläßt. Traurige Folge: Weder Zinsen

noch Dividenden noch Rückzahlungen treffen auf dem heimischen Konto ein.
Welches Land ein »guter« Schuldner ist und welches Land sich weigern könnte, seinen Verpflichtungen nachzukommen, das kannst auch Du als Laie relativ schnell herausfinden. Professionelle Risikobewerter – sogenannte Rating-Agenturen – geben allen Ländern Noten. Angefangen mit »A« (sehr gut) bis »C« (Finger weg!). Die aktuellen Rating-Listen hat jede Bank vorrätig.

739 Währungsrisiko

Eine Unwägbarkeit, die gerade bei ausländischen Anleihen gern übersehen wird. Was nützt denn beispielsweise eine 14,5prozentige Anleihe in australischen Dollar, wenn der Kurs der Mark zum Austral-Dollar während der Anlagezeit so stark sinkt, daß der Besitzer des Hochprozenters plötzlich weniger rausbekommt, als er vorher hatte?
Vor Wechselkursrisiken kann man sich nicht schützen. Daher sollte der Anteil von Wertpapieren in ausländischer Währung nur einen kleinen Teil der Altersvorsorge ausmachen. Wer dennoch auf ein ausländisches Investment nicht gänzlich verzichten möchte, kann alternativ auf sogenannte DM-Auslandsanleihen zurückgreifen. Das sind Obligationen, die von fremden Staaten auf dem internationalen Kapitalmarkt ausgegeben werden, und zwar in Mark.

740 Versicherungen richtig managen

»Mehr Markt« – das altbewährte Rezept für eine funktionierende Wirtschaft – hat (wenn auch mit Verspätung) Eingang in die deutsche Versicherungslandschaft gefunden. Nun gelten die EU-Richtlinien für die Liberalisierung des Versicherungswesens auch für die Bundesrepublik. Europäische Assekuranzen dürfen seitdem auf dem deutschen Markt anbieten. Wo ehedem der Staat die Bedingungen für Versicherungsbeträge kontrollierte, dürfen die Gesellschaften jetzt ihre Konditionen nach Lust und Laune festlegen.

Für Dich als Verbraucher ist mehr Marktwirtschaft im Versicherungsgeschäft von Vorteil – letztendlich werden sich die Leistungen verbessern. Doch aufgepaßt: Um aus dem unüberschaubaren Dschungel der Policen auszuwählen, brauchst Du Know-how und einen spitzen Bleistift – oder aber professionelle Hilfe.

Beispiel: Landschaftsgärtner Lieblich hat bei der Assekuranzia-Versicherung eine Krankentagegeld-Versicherung abgeschlossen. Bei Vertragsabschluß verspricht der Versicherungsvertreter Löblich, die kompletten Informationsunterlagen mit den genauen Versicherungsbedingungen zuzusenden. Als die drei Wochen später eintreffen, bemerkt Lieblich beim Studium des Kleingedruckten, daß die Versicherung erst ab dem 20. Krankenhaustag zu zahlen beginnt – für Lieblich unakzeptabel. Glücklicherweise weiß er, daß er gegen den Vertrag bis zwölf Monate nach Abschluß Widerspruch einlegen kann, wenn bei Abschluß keine vollständigen Informationsunterlagen vorlagen. Die Versicherung wird rückgängig gemacht, und Lieblich erhält die bereits gezahlten Prämien zurück.

Wie Dein Versicherungsvertrag aussehen muß 741

Der Versicherungsmarkt ist zwar komplizierter geworden, auf der anderen Seite aber hat der Gesetzgeber eine ganze Reihe von Regelungen zugunsten der Verbraucher erlassen, die von den Assekuranzen beachtet werden müssen. Tun sie dies nicht, sitzt Du als Versicherungsnehmer am längeren Hebel und kannst notfalls verlangen, daß Dein Vertrag rückgängig gemacht wird.

Der Versicherer ist gesetzlich verpflichtet, Dich vor Unterzeichnung des Vertrags genauestens über alle wichtigen Daten betreffs Deiner Neupolice aufzuklären, als da wären:

- Name und genaue Anschrift des Versicherers beziehungsweise seiner Niederlassung;
- Laufzeit des Versicherungsvertrags;

- Leistungen, die der Versicherer verspricht;
- Höhe der Versicherungsprämie plus Nebenkosten;
- Höchstdauer zwischen Antragstellung durch den Kunden und Annahme durch die Versicherung;
- Fristen und Bedingungen für den Vertragswiderruf;
- Anschrift der zuständigen Aufsichtsbehörde, an die Du Dich bei Beschwerden wenden kannst.

Wenn Du eine Kapital-Lebensversicherung abschließt, muß Dich die Gesellschaft vorher zusätzlich über drei wesentliche Punkte aufklären:

- wie sich der Rückkaufswert der Versicherung berechnet;
- wie die Überschußbeteiligung ausgewiesen wird;
- wie Deine Versicherung steuerlich absetzbar ist.

742 Wie Du aus ungeliebten Verträgen rauskommst

Otto Normalverbraucher genießt umfassenden Schutz vom Gesetzgeber, wenn die Gefahr droht, daß er von der Assekuranz abgezockt werden könnte.
Privatleute – und dazu gehörst Du auch, wenn es um Versicherungen Deiner persönlichen Vorsorge geht (etwa Lebens-, Kranken- oder private Rentenversicherung) – dürfen es sich generell bis 14 Tage nach Unterschreiben des Antrags noch anders überlegen und alles widerrufen. Der Vertrag ist dann null und nichtig. Für den Fall, daß Du im Antrag um sofortigen Versicherungsschutz gebeten hast – bei Haftpflicht oder Kfz ist das üblich –, mußt Du beim Widerruf für die Tage, die Du bereits versichert warst, zahlen.
Mit Deinen Firmenpolicen hast Du es nicht ganz so einfach. Von Selbständigen erwartet der Gesetzgeber, daß sie wissen, was sie tun – ein generelles Widerspruchsrecht hast Du etwa bei Deiner Betriebshaftpflichtversicherung nicht. Es gibt aber andere Möglichkeiten, den Vertrag doch noch zu kippen:
Hat das Versicherungsunternehmen Dich beispielsweise nicht ausreichend und termingerecht über alle wesentlichen Vertragsinhalte (siehe oben) informiert, kannst Du den Vertrag für null und nichtig erklären lassen.

Konkret: Bekommst Du wesentliche Informationen erst nach dem Vertragsabschluß – etwa zusammen mit der Police – zugeschickt, darfst Du bis 14 Tage nach Erhalt der Informationen den Vertrag widerrufen. Wenn Du bereits die Police zugeschickt bekommen hast, aber immer noch nicht alle wesentlichen Informationen, darfst Du bis maximal ein Jahr nach Vertragsabschluß den Vertrag rückgängig machen.

Beuge vor…

Um etwaigen Streitigkeiten mit der Versicherung vorzubeugen, solltest Du auf jeden Fall beweisen können, wann Du den schriftlichen Widerruf abgeschickt hast. Das geht am besten per Einschreiben mit Rückschein. 743

Zwei weitere Möglichkeiten hast Du noch, um außerordentlich, also ohne Einhaltung der vertraglich festgelegten Kündigungsfristen, aus Deinem Vertrag auszusteigen: Erhöht die Gesellschaft die Versicherungsprämie deutlich, darfst Du innerhalb eines Monats nach Wirksamwerden des Preisaufschlags kündigen – mit sofortiger Wirkung. Ebenfalls ein Grund zur Kündigung ist der Schadensfall. Dann kannst Du – aber natürlich auch Deine Versicherung – den Vertrag beenden. 744

Wo Du Deinem Ärger Luft machen kannst

Zoff mit der Versicherung? Dann mußt Du Dir Rat und Hilfe von unabhängigen Experten suchen. Im Zweifelsfall sind dies immer die Verbraucherverbände – auch in Deiner Stadt gibt es sicher eine Verbraucherzentrale. 745
Die Verbände, in denen sich die Versicherungsgesellschaften zusammengeschlossen haben, können Dir insofern helfen, als Du von ihnen allgemein anerkannte Verbandsbedingungen für Versicherungsverträge bekommen kannst. Ein Vergleich mit Deinem speziellen Versicherungsvertrag sagt Dir dann schnell, ob Dein Versicherer zu kräftig zulangt oder nicht.

Die Verbände:

Verband der Lebensversicherungs-Unternehmen e. V.
Friedrichstraße 191, 10117 Berlin, Tel. 0 30/2 20 50 00
Verband der Schadenversicherer e. V.
Brandensteinweg 4, 77972 Mahlberg, Tel. 0 78 22/99 94
Verband der privaten Krankenversicherung e. V.
Bayenthalgürtel 26, 50968 Köln, Tel. 02 21/3 76 62-0

746 Das **Bundesaufsichtsamt für das Versicherungswesen** (BAV) gehört zu den schweren Geschützen, die Du im Streit mit Deiner Assekuranz auffahren kannst. Die bekommt – gesetzt den Fall, daß Du im Recht bist – vom BAV einen ernsten und ausgesprochen wenig werbewirksamen Mahnbrief.

Bundesaufsichtsamt für das Versicherungswesen
Ludwigkirchplatz 3, 10719 Berlin, Tel. 0 30/88 93-0

747 Die passende Versicherung per Makler

Ein großes Angebot – wie etwa das auf dem deutschen Versicherungsmarkt – macht es für Dich nicht gerade zum Vergnügen, die richtige Wahl zu treffen. Schließlich hast Du ja noch etwas anderes zu tun, als Hunderte unterschiedlicher Policen zu vergleichen. Geh lieber nach der Devise »Was andere besser können, sollen auch andere für mich tun« und nimm die Dienste eines professionellen Versicherungsmaklers in Anspruch.
Achtung: Verwechsle nicht »Versicherungsmakler« mit »Versicherungsvertreter«. Der Vertreter vertritt – wie der Name schon sagt – meist nur eine oder wenige Gesellschaften. Wenn Du Dich von ihm beraten läßt, bekommst Du mit großer Wahrscheinlichkeit »alles aus einer Hand«, also alle Policen von einer Gesellschaft. Ob Du dann tatsächlich die kostengünstigste Lösung hast, ist eher zweifelhaft.
Der Makler hingegen muß keiner bestimmten Versicherungsgesell-

schaft die Treue halten. Er wird Dir für Dich und Deinen Betrieb ein passendes Leistungspaket aus unterschiedlichen Versicherungen schnüren. Das Ergebnis ist meist ein preisgünstigerer Schutz als bei einer »Alles-aus-einer-Hand-Lösung«.

Aber Vorsicht: Natürlich sollst Du – besonders beim ersten Geschäfts- 748
kontakt – Deinem Makler nicht blind vertrauen. Hat der nämlich unter der Hand einen besonderen Provisionsvertrag mit einer bestimmten Versicherung abgeschlossen, kannst Du sicher sein, bei wem Du die meisten Policen abschließen sollst. Für die Erstausstattung schadet es ganz und gar nicht, wenn Du mit den Vorschlägen Deines Maklers einen zweiten Makler konsultierst und um dessen Meinung fragst.
Einen geldwerten Vorteil bringt Dir ein Geschäft mit einem guten Makler auch deswegen, weil der Makler als Großauftraggeber bei den Versicherungsgesellschaften eine ganz andere Verhandlungsposition hat. Und gerade bei Firmenpolicen lassen viele Gesellschaften durchaus mit sich feilschen.
Ein guter Makler sondiert für Dich und Deine Firma nicht nur den Markt und handelt bessere Konditionen aus, er nimmt Dir auch einiges an Verwaltungsarbeit ab, die Du sonst mit Deinen Versicherungen hättest.
Die Risikoanalyse etwa, also die Bestandsaufnahme, welche Risiken Du abdecken mußt, kann der Makler schnell und kompetent mit Dir gemeinsam erledigen. Ebenso kann er Dir Tips geben, welche Risiken Du mit vertretbarem Aufwand durch Schadensverhütung selbst ausschalten kannst.
Ebenso wird er in regelmäßigen Abständen überprüfen, ob sich Deine Vermögenssituation geändert hat und Du plötzlich unterversichert bist. Das macht er natürlich nicht aus Freundlichkeit, sondern aus Eigeninteresse: Bei jedem neuen Abschluß kassiert er Provision von der Versicherung.
Bei der Auswahl des richtigen Versicherungsmaklers mußt Du einige wichtige Kriterien beachten: Die Maklerfirma sollte Mitglied eines Maklerverbands und im Handelsregister eingetragen sein. Ein guter Makler hat zufriedene Kunden und wird nichts dagegen haben, Dir einige Referenzadressen zu nennen, wo Du Dich über ihn erkundigen kannst.

Ein cleveres Versteck für Deine Wertsachen

749 **Fußleisten in Wohnungen und Büros sind so unauffällig, daß weder Dieb noch Einbrecher noch Steuerfahnder auf diesen Trichter kommen. Wie es geht? So: Entferne die Leiste, mache eine Loch in die Wand, stecke die Sachen in das Loch und die Fußleiste wieder davor. Paß auf, daß zwischen Wand und Leiste kein verräterischer Schlitz entsteht.**

Hier bekommst Du nun die tollsten und erfolgreichsten Gründungstips serviert, die Dir sonst kein Buch bietet!

Es gibt kein Geschäft, das so gemein wäre, daß nicht sofort ein anderer es macht, wenn man darauf verzichtet.

(Bertolt Brecht)

9. Praktische Tips, eine auf Dich zugeschnittene Existenz zu gründen

Um das passende Betätigungsfeld zu finden, braucht es Ideenreichtum und Pioniergeist. Du mußt die Chancen erkennen und sie auch nutzen. Als zukünftigem Existenzgründer sind Dir diese Eigenschaften wohl hoffentlich nicht fremd.

Auf den nächsten Seiten wirst Du viele Anregungen und Geschäftsideen finden, die Dir helfen werden, auch für Dich das Richtige zu finden.

Wie Du mit neuen Ideen erfolgreich wirst 750

Der einfachste Weg zum unternehmerischen Erfolg ist eine gute Idee, die eine Marktlücke ausfüllt.

Beispiel: Vor gut 15 Jahren kam die Firma Sony mit einem völlig neuen Unterhaltungselektronik-Gerät auf den europäischen Markt: dem Walkman. Die Idee, in der Straßenbahn, beim Joggen und auf der Sonnenbank Musik hören zu können, ohne die Mitmenschen zu stören, war genial und verkaufte sich blendend. Inzwischen sind alle Hersteller von Unterhaltungselektronik schon lange mit auf den Zug aufgesprungen. Aber in der ersten Zeit nach Einführung des neuen Produkts konnte Sony einen gewaltigen Monopolgewinn durch Innovation einstreichen.

Wie Du Deine Ideen zu Geld machst

Es muß ja nicht gleich ein Wasserstoffmotor oder ein lautloses Flugzeug sein – oft sind es die kleinen Ideen, die dem findigen Unternehmer den großen Erfolg bescheren. Und oft genug werden diese kleinen genialen Lösungen für die Tücken des Alltags auch noch aus dem puren Zufall heraus geboren. So auch bei der 3M-Company: Ein Mitarbeiter ärgerte sich, weil ihm immer wieder seine Notizzettel aus dem Kalender herausfielen. Kurzerhand beschichtete er den obersten Streifen der Zettel mit einem Abfallprodukt der hauseigenen Klebstofforschung. Dieser Kleber hatte die besondere Eigenschaft, überall zu haften und sich dennoch leicht wieder abzulösen. Und schon war die ebenso einfache wie geniale Idee der »Post-it®«-Notizzettel geboren – für 3M ein Umsatzrenner.
Doch was mußt Du tun, wenn Du eine solche Erfindung oder Entdeckung machst, der Du zutraust, daß sie sich auch gut verkaufen läßt? Eines ist so sicher wie das Amen in der Kirche: Wenn Du nur munter vor Dich hin produzierst und vermarktest, wird spätestens drei Monate später ein Konkurrent die Idee klauen und Dir Deinen Innovationsgewinn schmälern. Das ist leider völlig legal, alldieweil nur solche Erfindungen vor dem Abkupfern sicher sind, die Du hast schützen lassen. Wie das geht?

751 Wie erhältst Du das Alleinrecht für Deine Idee?

Das Patent schützt eine Idee, die auf erfinderischer Tätigkeit beruht. Es muß ein gewisser technischer Kniff bei Deinem neuen Produkt zu erkennen sein, bevor Du es eintragen lassen kannst. Ein Bleistift in einer neuen poppigen Farbe ist nicht patentwürdig, auch wenn es so etwas bislang noch nicht gab. Weitere Voraussetzung für eine Patenteintragung: Du darfst Deine Idee noch nicht veröffentlicht oder gar vermarktet haben.
Ein Patent solltest Du nur dann anmelden, wenn Du glaubst, damit auch wirklich wirtschaftlich erfolgreich zu sein. Denn: Billig ist so ein Patentschutz nicht. Rund 2500 Mark Kosten im Jahr mußt Du veranschlagen, damit Du eventuelle Ideenklauer auf Unterlassung und Schadenersatz verklagen kannst.

Gebrauchsmuster 752

Ein bißchen billiger, ein bißchen einfacher und ein bißchen schneller als das Patentverfahren – das ist das Gebrauchsmuster. Der gravierende Unterschied: Als Gebrauchsmuster kannst Du auch eine Produktweiterentwicklung anmelden – Patente dagegen müssen echte Neuheiten sein. Auch darfst Du das neue Produkt bereits bekanntgemacht haben, bevor Du es anmeldest. Das ist durchaus von Vorteil, denn: Oft erkennst Du erst durch die Reaktion der Medien und der ersten Käufer, ob Deine Idee ein echter Renner wird, der sich zu schützen lohnt. Auch das Gebrauchsmuster kostet eine Stange Geld, nämlich rund 1800 Mark pro Jahr.

Geschmacksmuster 753

Der Name täuscht: Geschmacksmuster, so verlangt das Patentamt, müssen etwas optisch Neues darstellen – eine neue Eissorte kann also nicht als Geschmacksmuster geschützt werden. Als Geschmacksmuster kannst Du also ein spezielles Produktdesign schützen lassen. Voraussetzung ist natürlich, das Design ist neu und hat eine gewisse »schöpferische Eigenart«. Ein Geschmacksmuster anzumelden kostet Dich 100 Mark plus 10 Mark pro Einzelobjekt, falls Du mehrere Muster auf einmal schützen lassen möchtest.

Wie Du Dir fremde Ideen nutzbar machst

Weltweit warten Millionen von Erfindungen nur darauf, endlich vermarktet zu werden. Die allermeisten Patente kannst Du ohne Gefahr für Dein Geschäft nutzen, denn: Nur ein Zwanzigstel ist wirklich geschützt. Beim Löwenanteil der Ideen, die in den Patentarchiven lagern, ist entweder die Schutzfrist abgelaufen, oder aber sie sind so eng formuliert, daß Du problemlos ein leicht verändertes Produkt auf Grundlage des Patents herstellen kannst, ohne in Teufels Küche zu kommen. 754

Sowohl das Deutsche als auch das Europäische Patentamt veröffentlichen regelmäßig eine aktuelle Zusammenstellung aller Patentschriften auf CD-ROM. Dieser Service ist allerdings für Dich als nicht professioneller Patentnutzer nicht ganz billig: Mindestens 5000 Mark mußt Du für ein Jahresabo hinblättern. Kostengünstiger fährst Du, wenn Du beim Europäischen Patentamt in Wien (Telefon: 00 43-1-5 21 26 40) eine Recherche zu Patentthemen, die Dich interessieren, in Auftrag gibst.

755 Wie Du Deine Idee vermarktest

Egal ob Du eine eigene Erfindung gemacht hast oder aber das Patent aus dem Archiv des Deutschen oder Europäischen Patentamts gewildert hast – wenn Du die Innovation nicht professionell vermarktest, nützt Dir das beste Produkt nichts. Wenn Du, was oft geschieht, Deine Innovation nicht selber produzieren und auf den Markt bringen möchtest, mußt Du Deine Idee an eine andere Firma verkaufen. Hierbei hast Du bessere Chancen, wenn Du folgende Tips beachtest.

Habe ich die beste Aufmachung für mein Angebot?

Auch wenn Du selber zutiefst vom Nutzen und vom Erfolg Deiner Innovation überzeugt bist, mußt Du im Gespräch mit einer zukünftigen Partnerfirma handfeste Argumente und schlagkräftige Beweise liefern. Am besten fertigst Du einen leicht verständlichen Prospekt, in dem Du alle Vorteile Deiner Idee auflistest. Gut ist auch immer ein Modell des neues Produkts, damit selbst der Laie sofort dessen Funktionsweise versteht.

Habe ich den richtigen Gesprächspartner gefunden?

Mit wem Du in der Firma sprichst, davon kann Erfolg oder Mißerfolg Deiner Mission abhängen. Obwohl es erst einmal widersinnig klingt: Sprich zuerst mit jemandem aus dem kaufmännischen Bereich – das sind zwar keine Experten für Deine Produktidee, dafür sind sie Werksfremden gegenüber aufgeschlossener als Mitarbeiter aus der firmeneigenen Produktentwicklung. Die sehen in Dir und Deiner Innovationsidee natürlich in erster Linie eine Konkurrenz und werden bestrebt sein, Dein Produkt schlechtzureden.

Kann ich hartnäckig genug bleiben?

Auch wenn es bei den ersten Firmenbesuchen Absagen für Deine Produktidee hagelt, solltest Du nicht das Handtuch werfen. Viele Produkte, die heute in allen Kaufhausregalen stehen, waren einmal verkannte Erfindungen, die zuerst keine Firma herstellen wollte.

100 Tips für Geschäftsideen 756

Die Gesellschaft ist im Wandel. Der Technikboom, wachsende Umweltprobleme, soziale Umwälzungen, extreme Veränderungen auch im Wirtschaftsleben. Der Tante-Emma-Laden an der Ecke existiert schon lange nicht mehr, dafür werden heute Dienstleistungen angeboten, die es vor 20 Jahren noch nicht gab, weil sie keiner brauchte, zum Beispiel Software-Berater oder Müllmanager. In einer Zeit, in der in jedem zweiten Haushalt ein Computer steht, hat sich die gesamte EDV-Branche zu einem wichtigen Wirtschaftsfaktor und Wachstumsmarkt entwickelt. Jeder Wandel, sei er gesellschaftlich oder wirtschaftlich, birgt auch Chancen, vor allem für Dich als Existenzgründer. Natürlich wird es wahrscheinlich immer Bäcker geben, die Brot backen, und Metzger, die ihre Wurst verkaufen. Doch neben diesen klassischen Berufsbildern gibt es heute unzählige neue, noch wenig bekannte Möglichkeiten, eine eigene Existenz aufzubauen. Und vor allem, damit mehr Geld zu verdienen.
Hier steckt ein großes wirtschaftliches Potential dahinter, und für Dich als Existenzgründer eine Möglichkeit mehr, Dir beispielsweise in diesem Bereich ein berufliches Standbein zu schaffen. Die Zahlen des Statistischen Bundesamts belegen es genau: In Deutschland gibt eine durchschnittliche Familie fast 16 Prozent ihres Jahreseinkommens für Freizeit und Hobby aus. Entsprechend gut sind Deine Marktchancen, wenn Du Dich in den Bereichen Freizeit und Sport selbständig machst.
Weitere Zahlen und Prognosen eröffnen Dir andere Geschäfts- und Betätigungsfelder: In 20 Jahren wird jeder vierte Bundesbürger älter als 60 Jahre sein. Doch dieses politische Problem birgt auch einen positiven Aspekt: Private Dienstleistungen im Gesundheits- und Pflegebereich

werden dann vielen Mensch Arbeit und Brot liefern. Da die Zahl der schweren Leiden und chronischen Krankheiten sowie die der alten und pflegebedürftigen Menschen rapide zunimmt, ist der Pflegebereich für alle medizinisch oder sozial Versierten eine lohnende Gelegenheit, sich selbständig zu machen.

Gleiches gilt für den Umweltschutz. Immer strengere Auflagen und Bestimmungen bieten auch im Bereich Ökologie gute Existenzchancen für Dienstleister und beratende Berufe. Viele Unternehmen sind bereits an einer EU-gültigen Zertifizierung ihrer Betriebsstätte interessiert – dazu brauchen sie fachkundige Beratung.

Zu hohe Lohnkosten beherrschen schon lange unsere wirtschaftspolitische Diskussion. Die Folge daraus ist, daß viele Betriebe sogenanntes Outsourcing betreiben. Was heißt das? Was andere besser und billiger produzieren, kaufen sie jetzt von außen ein, statt es wie früher selbst zu produzieren. Dadurch gehen im Betrieb natürlich Arbeitsplätze verloren. Was unsere Politiker, nie selbständig gewesen, nie begreifen. Aus engem Milieu kommend, sind sie nur von der Gier nach mehr Geld ergriffen, das sie den Fleißigen in diesem Land mit allen Mitteln entziehen wollen. Um es dann durch ihre Bürokratie und nie die Luft der Wirtschaft geatmet habende, unfähige Beamte verschludern und verschleudern zu lassen. Unser Volk und die Konkurrenzfähigkeit unserer Wirtschaft verlieren dabei. Doch noch kannst Du als Existenzgründer davon profitieren. Die sich verkleinernden Firmen werden dadurch auch zu Kunden für die selbständig Tätigen.

Trick

Ahme Erfolgreiches nach!

757 **Halt die Augen offen. Läßt sich einer mit einer neuen Geschäftsidee nieder und der Betrieb läuft bestens, dann mach's einfach nach. Es ist besser und vielversprechender, erst dann einzusteigen, wenn ein anderer bereits vormarschiert ist.**

Da der erste bereits viele Erfahrungen gewonnen hat, könnte er Dich allerdings – eröffnest Du Deinen imitierten Betrieb im gleichen Ort –

mit einem Preiskampf fertigmachen. Fängst Du Deinen Betrieb aber an einem anderen Ort an, so bist Du dort als Erster mit der neuen Idee und weißt, daß Du Dich auf ein bewährtes Unternehmenskonzept verlassen kannst.

Und nun zu den unschlagbaren Tips und Anregungen für einen erfolgreichen Schritt in Deine Selbständigkeit:

Agentur für Haushaltshilfen 758

Wenn beide Partner berufstätig sind, bleibt meist nur wenig Zeit für den Haushalt. Immer mehr Paare und auch immer mehr gutverdienende Singles sind daher durchaus bereit, einige hundert Mark pro Monat für

Schärfe auch Deinen Pflegekräften ein, freundlich gegenüber den Kunden zu sein.

eine Haushaltshilfe auszugeben, die leidige Pflichten wie Waschen, Putzen, Bügeln und den täglichen Einkauf erledigt. Doch bis die richtige »Perle« gefunden ist, dauert es meist lange. Gute Haushaltshilfen sind begehrt. Denn neben Sauberkeit und Zuverlässigkeit ist auch ein guter Leumund wichtig. Man will ja nicht jedem seine Wohnungsschlüssel geben. So ein Job ist eben Vertrauenssache, und da tun sich viele Auftraggeber schwer.
Deine Geschäftsidee: Du vermittelst gute und zuverlässige Haushaltshilfen. Die Arbeitskräfte besorgst Du Dir entweder durch Zeitungsinserate oder aber, indem Du bei Hauswirtschaftsschulen in Deinem Umkreis Aushänge machst. Wer eine Haushaltshilfe sucht, kann bei Dir dann aus einem großen Angebot auswählen. Außerdem sind alle Haushaltshilfen, die Du vermittelst, über Deine Firmenhaftpflicht versichert – für viele Haushalte ein zusätzlicher Anreiz, bei Dir zu buchen.
Für Deine Vermittlungsarbeit kassierst Du eine Provision bei Abschluß eines Vertrags sowie einen Prozentsatz des vereinbarten Stundenlohns.

759 Altkleider en gros sammeln

Auf dem Lande weniger, aber in kleinen Städtchen ist das sehr aussichtsreich: rote Beutel mit einem Zettel an die Haustüren zu legen, der etwa wie auf der folgenden Seite abgebildet aussehen kann und eine Altkleidersammlung ankündigt.
Um die Sachen wieder günstig zu verscherbeln, setzt Du Dich mit Hilfsorganisationen oder Veranstaltern und Marktverkäufern im Ausland zusammen und handelst die Preise aus.
Schon mit einem geliehenen Lastwagen kannst Du hier günstig einsteigen.

760 Ansage-Texter

Wer kennt sie nicht: die öden, immer gleichlautenden Ansagen auf den meisten Anrufbeantwortern? Meist animieren sie eher zum Auflegen denn zum Hinhören und Draufsprechen. Gerade Firmen, die mit ausgefallenen Produkten oder Dienstleistungen ihr Geld verdienen, können sich so etwas ganz und gar nicht leisten. Noch schlimmer als ein langweiliger Anrufbeantworterspruch ist allerdings ein gewollt origineller Text, der gar nicht lustig, sondern eher peinlich wirkt.

Deine Geschäftsidee: Du produzierst für Unternehmen und Privatleute individuelle Ansagetexte. Du machst Vorschläge für die Wortwahl, für die Musik und für eventuelle Geräuscheffekte. Ist der Kunde zufrieden, produzierst Du die Ansage in einem Tonstudio mit einem professionellen Sprecher. Je nach Arbeitsaufwand und gewünschter Länge der Ansage variiert die Rechnung, die Du dem Kunden bei Abnahme stellst.

Aquarium-Leasing **761**

Ein kluger Japaner bietet Fischbecken, stattet sie mit Tieren, Beleuchtung und Bepflanzung aus, füttert die Fische und sorgt für die Reinigung. Gegen eine Miete von 280 bis 700 Mark im Monat stellt er sie auf. Vor allem Restaurants, Büros, Praxen und Krankenhäuser nutzen den Service. Sein Jahresumsatz: mehrere Millionen Mark.

762 **Aufräumdienst**

Ordnung machen ist leicht, Ordnung halten dagegen schwer. Studien großer Unternehmensberatungen haben gezeigt: Jeder Mitarbeiter verbringt tagtäglich mindestens eine Stunde damit, Unterlagen zu suchen. Mit der Unordnung anderer kannst Du kräftig Geld verdienen. Vor allem bei mittelständischen Unternehmen haben die Leute oft keine Zeit, das Sekretariat vernünftig zu organisieren. Was hat das mit mir zu tun? denkst Du jetzt. Nun, ganz einfach, Du bietest den Firmen an, ihr Sekretariat aufzuräumen, Unterlagen zu sortieren, Ablagen zu organisieren. Alles, was Du brauchst, ist ein bißchen Organisationstalent. Tips für Deine neue Arbeit findest Du in diesem Buch im Kapitel 3 Büro-Organisation ➤ Rz 188. Im Buchhandel gibt es noch Spezielleres darüber.

763 **Ausschnittdienst**

In Kleinanzeigen verbirgt sich manches Schnäppchen, und der größte Teil der Arbeitsvermittlung läuft über Inserate. Doch wer schon einmal Samstag für Samstag den Stapel von zwei regionalen und vier überregionalen Zeitungen durchgeschaut hat, weiß, wie mühselig das ist.
Hier kannst Du Deine Dienste anbieten: Du fahndest auf Bestellung nach Inseraten und Anzeigen. Dabei kann der Kunde genaue Wünsche angeben, zum Beispiel nennt er Dir die wichtigsten Eckdaten, auf die Du achten mußt, wenn Du ein Stelleninserat für ihn suchst. Das könnte sein: Branche, Position, Bezahlung, Region oder Einstellungstermin.
Damit die Sache für Deine Kunden interessant ist, mußt Du natürlich mehr als die städtische Samstagszeitung bieten. Zu Deinem Sortiment sollten selbstverständlich alle überregionalen Zeitungen und die wichtigsten Regionalblätter gehören. So kannst Du auch ganz gezielte Recherchen für andere Orte anbieten. Der Vorteil bei dieser Geschäftsidee: Du kannst zu Hause arbeiten und mußt als Anfangsinvestition lediglich ein paar Zeitungen und Anzeigenblätter abonnieren.

764 **Automatenverkauf**

Die Grundidee ist nicht neu: Schon seit über hundert Jahren kann man sich Konsumgüter aus Automaten ziehen. Nach wie vor bleibt diese Art

des Verkaufs jedoch meist Süßigkeiten, Zigaretten und Kondomen vorbehalten. Zu Unrecht.

Deine Geschäftsidee: Es gibt weitaus mehr Waren, die sich durchaus für den Automatenverkauf eignen. In Japan zum Beispiel ist es durchaus üblich, Strumpfhosen oder Damenwäsche per Automat feilzubieten. Der Vorteil liegt auf der Hand: Keine Personalkosten, Verfügbarkeit rund um die Uhr, keine Kosten für den Geschäftsraum. Mit etwas Phantasie wirst Du sicher auch noch eine Menge weiterer Waren finden, die sich per Automat verkaufen lassen: Rasierklingen, Blumen, Toilettenartikel, haltbare Lebensmittel oder etwa Bücher, die den Lesern viele Vorteile bringen...

Trick

Supertrick für Versponnene und Nachdenkliche: werde Autor

Was? Das traust Du Dir nicht zu? Ja, wieso denn nicht? Wenn eine 765
Bäuerin Bestseller-Romane schreiben kann, und das bei ihrer vielen Arbeit auf dem Bauernhof, ja zum Teufel, dann wirst Du es doch wenigstens versuchen können, oder?

Warum haben die meisten Autoren keinen Erfolg?

Mehr als ein GUTER RAT:

Weil sie Egoisten sind und sich und ihr Buch wichtiger finden als ihre Leser.

Weil sie mit ihrem Wissen angeben wollen, statt sich zu fragen, ob es die Leute gebrauchen können.

Weil sie wie ein Pfau stolzieren und beeindrucken möchten mit komplizierten, verschachtelten Sätzen.

Weil sie Substanz durch hochtrabendes Geschwafel ersetzen.

Weil sie mit Fremdwörtern und englischem Wortgeklingel die Leser als dumm und sich selbst als furchtbar gebildet hinstellen.

Weil sie nur imponieren, aber nicht dem Leser dienen wollen.

Mach's den erfolgreichen Schriftstellern nach – das ist das einfachste. Etwa mir. (Haha!) Schreib einfach so, wie Dir der Schnabel gewachsen ist. Schreib also vielleicht auf Deinem Fachgebiet mal was Ähnliches. Doch überarbeite es ein paarmal, bevor Du es einem Verlag einreichst. Alles muß aus einem Guß sein. Tendierst du mehr zur Belletristik, dann solltest Du Deine Phantasie schulen. Ich setze allerdings voraus, daß Du Deutsch sicher beherrschst. Das ist gar nicht so selbstverständlich. Sogar 80 Prozent der Studenten von heute tun sich schwer damit. Vielleicht bringst Du auch kleine Arzt- oder Liebesromänchen fertig – der große Konsalik hat auch mal so angefangen … Stellst Du höhere Ansprüche an Dich, so schule Dich an guter Literatur, etwa an Thomas Mann, Hermann Hesse, Franz Kafka oder den amerikanischen Spitzenautoren.

Das ist eine feine Sache: Du gehst meiner (vielleicht auch Deiner) Lieblingsbeschäftigung nach, nämlich gute Bücher mit Genuß zu lesen, Respekt vor den schöpferischen Leistungen anderer zu gewinnen und dazu eine kostenlose Berufsausbildung in einem Aufwasch zu bekommen.

Vielleicht liest Du auch mal meinen GROSSEN GESUNDHEITS-KONZ – da kommen Dir so viele Ideen und Gedanken, daß Du vielleicht zu diesem immer aktueller werdenden Thema der alternativen Gesundheitslehre etwas zustande bringst. Du mußt ja nicht gerade 1474 Seiten wie ich damit füllen. Die Menschen haben von der Chemie die Nase voll. Sie wollen mehr darüber wissen, wie sie sich mit natürlichen Mitteln heilen können. Zu diesem Thema kannst Du mit kleinen Artikeln mal anfangen, wenn Du neue Erkenntnisse und Gedanken dazu anbieten kannst. Dann sende sie an die Redaktion der Zeitschrift »Natürlich Leben« (Talstr. 42 in 52525 Heinsberg). Wenn sie gut sind, veröffentlicht man sie. Du kannst Dir also so ein kleines Zubrot verdienen und kommst auf elegante Weise in diese Szene hinein. Aber Du mußt witzig schreiben – fades Zeug kriegen die Menschen heute genug zu lesen. Ebenfalls sind Ideen für Witze über das Gebiet ärztlicher, homöopathischer oder alternativer Behandlung oder gesunder Ernährung sehr willkommen. Die Zeichnungen werden dann von einem Karikaturisten gefertigt.

Babysitter-Agentur 766

Eltern – besonders, wenn beide Teile berufstätig sind – kennen das Problem zur Genüge. Vor jedem Theaterbesuch, vor jedem Einkaufsbummel und vor jeder Einladung zum Essen muß erst einmal ein Babysitter her. Und wenn der Betreuer absagen muß, dann fällt meist mangels Ersatz der kinderlose Abend ins Wasser.
Deine Geschäftsidee: Du verwaltest eine ganze Kartei von zuverlässigen Babysittern und kannst problemlos und schnell – auch innerhalb von zwei Stunden, wenn es sein muß – eine Betreuung organisieren. Deine Marktchance ist natürlich, daß noch lange nicht für jedes Kind ein Hortplatz zur Verfügung steht. Deswegen wirst Du in Deiner Region mit einer gutsortierten Kartei von Babysittern sicher genug zu tun haben. Deine Aufgabe ist es, den Kontakt zwischen Sitter und Eltern herzustellen, die Honorarabrechnungen zu erstellen und den Babysittern das Geld – abzüglich Deiner 15 Prozent Provision – auszuzahlen.
Natürlich wird das Geschäft nur dann florieren, wenn Du bei Deinen potentiellen Kunden, den Eltern, Vertrauen gewinnst. Das kannst Du, indem Du garantierst, daß Du nur qualifizierte Betreuer vermittelst, die auch ausreichend haftpflichtversichert sind.

767 **Ballgeschäft**

Sicher ist es Dir auch schon aufgefallen: Plötzlich tauchen Dinge auf, an deren Verwendung früher nie jemand gedacht hat. Ein gutes Beispiel dafür sind Sitzbälle. Vor ein paar Jahren wurden sie nur von Krankengymnasten zur Therapie benutzt, heute dagegen findet man sie in vielen Haushalten und sogar in Büros als normales Sitzmöbel. Auf der Büromesse Orgatec in Köln wurden ganze Konferenzsäle, ausgestattet nur mit Sitzbällen, vorgestellt.
Bis vor ein paar Monaten gab es in Deutschland nur ein einziges Fachgeschäft für Spiel- und Therapiebälle. Ein Berliner Geschäftsmann hat den Trend erkannt, die Idee aufgegriffen und ein Spezialgeschäft eröffnet. Sein Sortiment reicht vom Buchstabenball für Kleinkinder bis hin zum farblich dezenten Sitzball für die gute Stube. Inzwischen hat der Berliner einige Nachahmer gefunden. Im Geschäft mit den Bällen steckt aber noch einiges drin, der Markt ist längst nicht gesättigt. Besonders gute Chancen hat ein solcher Laden, wenn er in der Nähe eines Fitneß-Studios oder einer Massagepraxis liegt.

768 **Ballon-Touren**

Wer hat nicht schon einmal davon geträumt, in einem Ballon über Stadt und Land zu schweben? Für die Glücklichen, die einmal die Gelegenheit zu einem Ballon-Trip gehabt haben, bleibt dies ein unvergeßliches Erlebnis. Und die, die am Boden bleiben müssen, schauen garantiert neidvoll auf, sobald ein Ballon vorbeifliegt.
Deine Geschäftsidee: Du unternimmst Ballonfahrten für zahlende Gäste und nutzt den Ballon gleichzeitig als Werbeträger. In den USA sind solche Werbeflüge per Heißluftballon bereits Usus. Und Passagiere für eine Ballonfahrt finden sich leichter, als Du denkst: Kegelklubs, Firmen, die verdienten Mitarbeitern einen kleinen Bonus zukommen lassen wollen, Einkaufszentren, die eine Verlosung machen, oder auch einfach Einzelpersonen, die sich einmal den Traum vom Fliegen erfüllen wollen. Pro Passagier kannst Du mindestens 300 Mark verlangen. Hinzu kommt noch die Einnahme, wenn Du Deine Ballonhülle mit einem Werbeemblem versiehst.

Bewerbungshelfer 769

Auf dem Arbeitsmarkt wird es immer enger. Erfolg mit Bewerbungen hat, wer auffällt, zum Beispiel durch eine besonders witzige und einfallsreiche Bewerbung. Wer dagegen die Grundregeln des Bewerbungsschreibens verletzt, etwa einen unsauber ausgedruckten Zettel, womöglich noch mit Eselsohren, abgibt, der fällt mit Sicherheit durch das allererste Entscheidungsraster der Personalabteilungen.
Für ausgebildete Sekretärinnen und kreative Schreibkräfte liegt hier eine Chance, sich selbständig zu machen. Da viele Bewerber schon wegen schlechten Stils und mangelhafter Rechtschreibung scheitern, kannst Du Deine professionelle Hilfe offerieren. Du bietest damit mehr als eine einfache Schreibarbeit, denn Du formulierst auch die Bewerbung stilsicher und mit der richtigen Gewichtung. Dazu bedarf es natürlich auch einer gewissen Erfahrung. Du mußt also wissen, worauf es ankommt und mit welchen Argumenten sich Deine Kunden am besten verkaufen. Ehemalige Sekretärinnen bringen dieses Fachwissen in der Regel mit. Außer Know-how brauchst Du lediglich einen Computer mit einem hochwertigen Drucker und verschiedene Papier- sowie Umschlagsorten.

Bio-Boutique 770

Das wachsende Umweltbewußtsein hat auch im Freizeitverhalten der Deutschen Niederschlag gefunden. Schon bei Kleinigkeiten und Präsenten achten sie auf Umweltverträglichkeit. Und wer etwas auf sich und sein Umweltbewußtsein hält, verschenkt natürlich auch nur noch solche Sachen, die hundertprozentig öko-freundlich sind.
Wie kannst Du daraus Profit schlagen, fragst Du Dich? Ganz einfach: Mit einer speziellen Präsent-Boutique, die nur Bio-Artikel führt. Von der Energiesparlampe über das unbehandelte Holzspielzeug bis hin zu Naturkosmetika kannst Du ein Riesensortiment an Kleinigkeiten anbieten, die sich zum Verschenken eignen. Natürlich verpackst Du die Präsente auch für die Kundschaft – in Stoff und Jute. Die Idee der Bio-Geschenkläden kommt aus Amerika und ist dort sehr gut angekommen. Für eine Geschenk-Boutique brauchst Du allerdings unbedingt ein Ladenlokal in guter Innenstadtlage. Die Namen von Herstellern geeigneter Produkte bekommst Du von den großen Umweltverbänden.

771 Bio-Schreinerei

Alles springt heute auf Computertechnik an. Bei vielen Menschen kann man sogar von einer Computer-Sucht sprechen. Wenn Du das nicht mitmachen möchtest, wenn Du mehr für ein Arbeiten mit natürlichen Stoffen bist, so eröffne eine Bio-Schreinerei. Oder sattle auf diesen Beruf um. Leute, die gutsituiert sind, wenden sich immer mehr von den Kunststofferzeugnissen ab und Naturprodukten zu. Naturmöbel sind »in«. Darauf haben sich jedoch schon die großen Möbelfirmen eingestellt. Gegen die kannst Du preislich nicht ankommen. Deshalb spezialisiere Dich auf »Einbaumöbel ganz Natur«. Du glaubst ja nicht, wie viele Menschen es gibt, die in irgendeine Ecke noch gern Naturregale oder ein Schränkchen eingearbeitet hätten, selbst aber kein handwerkliches Geschick dazu besitzen. Denn: Wer ein bißchen gut betucht ist, der will keine mit Kunststoff beschichteten Holzfaserplatten bei sich haben, sondern Vollholz.
Jede Wette: Wenn Du anfangs in Villengegenden von Tür zu Tür gehst und nachfragst, ob im Haus noch kleine Schreinerarbeiten zu machen sind, wirst Du bei jedem Dritten einen Auftrag einheimsen. Später, wenn Du mal fester im Sattel sitzt, kannst Du dann Handzettel drucken und verteilen. Evtl. darin sogar ein oder zwei Fotos Deiner Arbeiten abbilden lassen, um den Leuten Geschmack zu machen. Klar, daß Du nur Gutbetuchte ins Auge faßt, die wissen, daß höchste Qualität ihren Preis hat.

772 Blaumannverleih

Korrekte Arbeitskleidung ist das A und O eines guten Geschäfts. Wer seine Mitarbeiter immer sauber und adrett sehen möchte, muß allerdings einiges in die Arbeitskleidung investieren. Ein Blaumann oder ein Kittel pro Person reicht da nicht aus. Denn das gute Stück soll ja weder verdreckt noch gestopft sein. Eine gute Gelegenheit, Deine Dienste anzubieten. Inzwischen ist es nämlich gerade bei kleineren Unternehmen durchaus üblich, die Arbeitskleidung zu mieten.
Deine Geschäftsidee: Du vermietest Blaumänner, Arbeitskittel, Schürzen und andere Arbeitskleidung und übernimmst regelmäßig die Rei-

nigung und Reparatur. Gegen eine Monatsgebühr hat Dein Kunde immer korrekte Arbeitstextilien auf Lager. Das Waschen, Trocknen und Bügeln mußt Du übrigens nicht selbst übernehmen. Du kannst auch mit einer Wäscherei zusammenarbeiten. Lieferanten von Arbeitskleidung findest Du am besten auf Textilmessen.

Bodyguard 773

Vielleicht bist Du ein kräftiger Burschc.
Vielleicht bist Du auch Sportler.
Vielleicht bist Du sogar ein Judo- oder Karatekämpfer.
»Erpressungen, Betrügereien, Mordanschläge – die Welt wird immer unsicherer. Es ist deshalb wichtig, daß es Sicherheitsdienste gibt; Sicherheitsdienste wie das BSN, welches keine Bodyguards mit dicken Muskeln heranzüchtet, sondern Leute, die ihr Handwerk beherrschen.« (BSN bedeutet: Baltic-Security-Network-Akademie.) So lautet eine Werbung.
Die BSN ist ein Institut am Timmendorfer Strand in Schleswig-Holstein. Sie schult die daran Interessierten zu Personenschützern aus. Ihre Ausbildungskonzepte: Rechtskunde- und Englischunterricht, psychologisches Training, Taktik- und Schießübungen und natürlich viel Sport und Disziplin.
Waffennarren und Rambos sind dort aber fehl am Platz.
Nach bestandener Prüfung kannst Du Dich selbständig machen und Deine Dienste hohen Herren/Damen zu hohen Preisen anbieten.

Box-Accessoires 774

Henry Maske war der Auslöser. Seitdem boomt das Geschäft um den Boxsport. Das ist eine gute Chance für Dich, in den Markt der Box- und Kampfsportartikel einzusteigen. Die Zahl dcr Anbieter ist noch sehr gering, insofern hast Du jetzt noch gute Umsatzchancen. Damit der Laden floriert, solltest Du ein komplettes Sortiment rund um den Kampfsport anbieten. Neben den Sport-Accessoires wie Boxhandschuhen, Bandagen und Schuhen gehören natürlich auch Videos und Literatur in Deine Regale.

Ein solches Fachgeschäft kann natürlich nur leiten, wer auch Begeisterung und Leidenschaft für die Sache mitbringt. Deine Kunden merken sofort, wenn Du keine Ahnung oder – schlimmer noch – eine starke Abneigung gegen jede Art von Prügelsport hast. Falls Du aber Kampfsportarten schätzt, kannst Du mit dieser Geschäftsidee gutes Geld verdienen. Wichtig ist auch die Lage des Geschäfts. Es muß nicht einmal die Innenstadt mit viel Laufkundschaft sein. Wichtig ist eher, daß Du die Nähe zu entsprechenden Sportschulen und Trainingsstätten hast. Kunden gewinnst Du am besten, wenn Du direkt die entsprechenden Vereine ansprichst.

775 Büro für Umsatzsteuer-Rückerstattung

In jedem europäischen Land gibt es eine Mehrwertsteuer. Überall aber andere Sätze. Und: Außer in Spanien und Luxemburg ist die Mehrwertsteuer nirgends so niedrig wie in Deutschland: 16 bzw. 7 Prozent. In Portugal etwa macht sie bis zu 30 Prozent aus, in Schweden und Dänemark auch immerhin 25 Prozent. Wer als Deutscher im Ausland einkauft, zahlt also viel höhere Steuersätze, als er von zu Hause gewohnt ist.

Wer sich bei der Heimreise an der Grenze die Ausfuhr ausländischer Einkäufe und deren gleichzeitige Einfuhr nach Deutschland bescheinigen läßt, hat Anspruch auf Rückerstattung der im Ausland gezahlten Mehrwertsteuer. Der muß dann allerdings deutsche Mehrwertsteuer nachzahlen. Da die mit 7 bzw. 16 Prozent aber auf jeden Fall niedriger ist, bleibt (außer bei Einkäufen in Spanien oder Luxemburg) ein garantierter Differenzgewinn. Beispiel: Kauf eines 50 000-Mark-Autos in Dänemark. Beim Import dieses Wagens nach Deutschland müssen nur 5625 Mark Mehrwertsteuer nachgezahlt werden. Differenzgewinn: 6875 Mark. Die Erstattung und Nachversteuerung für ungeübte Gelegenheitsimporteure ist aufwendig. Denn sie ist mit dem Ausfüllen amtlicher Formulare und entsprechender Korrespondenz mit den zentralen Erstattungsbehörden in den einzelnen Ländern verbunden.

Hier schaltet sich ein Büro für Umsatzsteuer-Rückerstattung ein, das seinen Kunden den europaweiten Behördenkram abnimmt. Die Adressen der jeweiligen Erstattungsstellen erfährst Du vom Finanzamt.

Praktikabel ist eine Vereinbarung, wonach 50 Prozent der Erstattung Dir als Honorar zustehen.

Büroreinigung 776

Geht es um eine saubere Arbeitsstätte, reichen Putzlappen und Staubsauger oft nicht aus. In vielen deutschen Büros bedarf es inzwischen eines regelrechten Spezialisten-Teams, um die notwendige Hygiene aufrechtzuerhalten. Grund: Neben Böden, Tischen und Möbeln machen vor allem technische Geräte die deutsche Bürolandschaft aus. Und dort lauern im Zweifel mehr Bakterien als anderswo: Auf schmuddeligen Computergehäusen, in verstaubten Gebläsen, auf verschmutzten Bildschirmen und in vollgekrümelten Tastaturen.

Deine Geschäftsidee: Du bietest einen Reinigungsservice an, der sich ganz besonders der technischen Büroausstattung annimmt. Du schließt mit Deinen Vertragspartnern ein Service-Abkommen, durch das Du Dich verpflichtest, alle zwei Monate die gesamte Bürotechnik zu desinfizieren. Die Kunden zahlen Dir dafür je nach Aufwand ein entsprechendes Honorar.

777 Büro-Service

Viele kleine Firmen können sich kein eigenes Sekretariat leisten. Dennoch brauchen sie eine kompetente Anlaufstelle, wo die Kunden anrufen und Termine vereinbaren können. Diese Anlaufstelle muß werktags von morgens bis abends besetzt sein. Gerade das stellt viele Handwerker und andere Unternehmer, die viel außer Haus arbeiten, vor unlösbare Probleme. Außerdem muß auch bei kleinen Firmen eine Menge Schriftkram erledigt werden.

Deine Geschäftsidee: Du bietest einen kompletten Büroservice an – und zwar für mehrere Firmen. Das funktioniert so: Jede Firma bekommt in Deinem Büro einen eigenen Telefonanschluß, unter dem die Kunden anrufen können. Je nachdem, welcher Apparat klingelt, weißt Du, welche Firma Du gerade vertrittst. Daneben bietest Du noch Auftragsarbeiten wie das Erledigen von Geschäftskorrespondenz oder das Versenden von Werbebriefen an.

Deine Kunden – die einzelnen Firmen also – zahlen für den Büroservice eine monatliche Pauschale. Hinzu kommen die Auftragsarbeiten, die Du gesondert in Rechnung stellst.

778 Café-Shop

Wie so viele erfolgreiche Geschäftsideen kommt auch diese aus Amerika: der Café-Shop. Spezielle Kaffeeläden sind in den USA eingeschlagen wie eine Bombe. In New York sieht man sie an fast jeder Ecke – und immer vollbesetzt. Dabei ist das Geschäftsprinzip eigentlich ganz simpel: Im Grunde genommen ist das nämlich nichts anderes als die gute alte Kaffeerösterei – aber eben ein kleines bißchen mehr. Im Ausschank sind alle erdenklichen Kaffeesorten, und zum Verkaufssortiment gehören natürlich auch Tassen, Becher, Gebäck und Gewürze.

Um Dich von den herkömmlichen Lebensmittelläden abzuheben, mußt Du außergewöhnliche Kaffeesorten anbieten. Davon gibt es nicht viele, denkst Du? Weit gefehlt. Geh beispielsweise mal ins Berliner Kaufhaus des Westens (KaDeWe) und zähle die in der Feinschmeckerabteilung feilgebotenen Kaffeesorten!

Daß der Laden läuft, das hängt vor allem von zwei Dingen ab: Du mußt ein Ladenlokal in zentraler Lage haben, da solche Geschäfte viel von Laufkundschaft leben. Ansonsten entscheidet das richtige Marketing über den Unternehmenserfolg. Der Laden muß ansprechend gestaltet sein und zum Kaffeetrinken einladen. Dazu reichen bereits ein paar Stehtische, aber gemütlich muß es sein. Damit Deine Kunden merken, daß es bei Dir etwas Besonderes gibt, mußt Du Informationszettel zu den verschiedenen Kaffeesorten aushängen. Eine gut gestaltete Karte und wechselnde Plakate im Schaufenster können schon viel Aufmerksamkeit auf Dein Geschäft ziehen.

Car-Sharing 779

Autovermietungen gibt es schon lange. Neu ist allerdings die Idee, sich ein Auto mit mehreren Leuten dauerhaft zu teilen. Ein Angebot, das gut ankommt. Gerade in Zeiten von wachsendem Umweltbewußtsein und – nicht zu vergessen – steigenden Kosten fürs Autofahren. Das Konzept sieht folgendermaßen aus: Als Anbieter stellst Du für mehrere Personen ein Auto zur Verfügung. Die Kunden zahlen Dir eine pauschale Grundgebühr von etwa 1200 Mark, einen Monatsbeitrag und Kilometergeld. Wenn sie nun ein Auto brauchen, rufen sie in Deinem Büro an. Du vermerkst Termin und voraussichtliche Nutzungsdauer und sagst den Kunden, wann und wo sie den Wagen abholen können.
Bisher ist diese Geschäftsidee nur in Großstädten verwirklicht worden. Tatsächlich macht das Car-Sharing auch eher in Ballungsräumen Sinn, denn auf dem Land sind die Leute eher dauerhaft auf ein eigenes Auto angewiesen.
Als potentielle Kunden für Dein Car-Sharing-Geschäft kommen übrigens auch Firmen in Betracht, denen der Unterhalt mehrerer Fahrzeuge zu teuer ist, die aber hin und wieder für ihre Mitarbeiter Autos brauchen. Damit sich die Sache lohnt, brauchst Du mindestens zehn Fahrzeuge unterschiedlicher Modelle in Deinem Fuhrpark. Außerdem brauchst Du mehrere Stellplätze, auf denen Deine Kunden die Wagen parken können. Die Einstiegsinvestitionen sind beim Car-Sharing recht hoch. Mit 500 000 Mark mußt Du schon rechnen. Du kannst allerdings auch Rabatte bei Autoherstellern raushandeln. Wer sich für das Car-Sharing entscheidet, sollte wenigstens mit den Grundbegriffen der Automechanik vertraut sein.

Der Vorteil bei diesem Geschäft: Du kannst die Autos kaufen, nachdem Du Deine Kunden akquiriert hast. Dadurch bleibt das Risiko kalkulierbar.

780 CD-ROM-Kataloge

Unternehmen, die einen Großteil ihrer Produkte nicht über Zweigstellen oder Filialen, sondern per Katalog vertreiben, sind darauf angewiesen, ihre Kunden mit den Darstellungen im Katalog zu überzeugen. Manche Unternehmen haben den Trend der Zeit erkannt und bieten ihre Produkte nicht mehr auf dem Papier feil, sondern via Bildschirm – per CD-ROM. Die Idee ist vielversprechend, denn ein Großteil der heutigen Computer besitzt ein Laufwerk für Compact-Discs.
Deine Geschäftsidee: Gerade kleinen und mittelständischen Firmen erscheint die Produktion einer Katalog-CD als zu kompliziert. Du bietest ihnen die Produktion als Full-Service an. Vom Entwurf über Bilderstellung, Programmierung bis zum Brennen der CDs. Das ist weitaus unkomplizierter, als es auf den ersten Blick erscheint.
Was Du brauchst, sind ein Computer mit genügend Arbeitsspeicher für eine CD-Produktion sowie die entsprechende Software. Die CD selber wird ähnlich wie ein ganz normaler Papier-Katalog geplant. Darüber hinaus müssen Fotos und – falls der Kunde es wünscht – kleine Filmsequenzen eingespielt, Texte erfaßt und Grafiken eingescannt werden. Die eigentliche Produktion – das »Brennen« der CD also – gibst Du evt. bei einer entsprechenden Fachfirma in Auftrag., wenn Du die Anlage dafür nicht selbst besorgst. Du berechnest Deinem Kunden die Gesamtkosten für eine vorher vereinbarte Auflage – plus Deine Provision.

781 China -Restaurant

Tu das Außergewöhnliche! Wie hier der Chinese CHANG in der Holzgasse in Siegburg. Der keine Sorge haben muß, daß sein Geschäft nicht bestens läuft. Denn gegessen wird immer!
Der schlaue Chinakoch hat sich darüber hinaus gesagt: »Mehr wie satt essen kann sich keiner!«
Und die meisten Eßlokale – es sei denn, man ißt in ausgesprochenen

Feinschmeckerlokalen oder 5-Sterne-Hotels – reichen so viel auf einem Teller, daß jeder normale Esser davon satt wird. Und wenn mal ein Nachschlag gefordert wird, dann sind das höchstens ein paar Kartoffeln, etwas Reis oder Gemüse.

Also, sagte sich Herr Chang, was kann mir da viel passieren, wenn ich damit werbe: »Hier kann jeder essen, soviel er will und was er will – für 25 Mark!« Das ist ein unglaublicher Gag – aber in Wirklichkeit verdient der kluge Chinese wegen des leicht angehobenen Durchschnittspreises sehr gut daran. Und das, obschon die Menschen glauben, sie bekommen hier etwas geschenkt. Und Du glaubst gar nicht, wie schnell sich das rumspricht – da ist überhaupt kein Werbeeinsatz zusätzlich nötig, wenn Du auf die Qualität des Essens achtest, das in nebeneinanderstehenden Warmhalte-Behältern angeboten wird.

GUTER RAT: Die Getränke bietest Du alle ein paar Groschen teurer an. Das merkt kaum einer! Und vergiß nicht, genügend Gewürzstreuer mit durstmachenden Inhalten aufzustellen, damit die Leute tüchtig Durst bekommen. Denn der Clou ist der: Am meisten wird an den Getränken verdient! Aufschläge von 200 bis 500 Prozent!

Warum denkst Du denn, daß Dich jeder Kellner fragt, kaum daß Du einen warmen Hintern bekommen hast: »Was darf ich Ihnen zu trinken bringen?«

Computer-Animations-Designer 782

Da bringst Du gezeichnete Tiere zum Laufen oder läßt den Kids lange Nasen wachsen. Mit dem Rechner bringst du die tollsten Tricks zustande. Filme und Fotos lassen sich hier nach Belieben verändern. Was Du dafür mitbringen mußt, ist ein Grafikdesign-Studium oder die Kenntnis mehrerer Programmiersprachen und eine schöpferische Ader. Für Dein eigenes Arbeiten kannst Du ein Filmstudio mieten.

783 **Computerschule für Kids**

In den USA gibt es sie schon seit mehr als zehn Jahren: Computerschulen speziell für Kinder. In Deutschland hat das Konzept erst wenige Nachahmer gefunden, wenngleich sehr gute Erfolgschancen in diesem Angebot liegen. Das amerikanische Konzept sieht so aus: 4- bis 13jährige werden spielerisch an den Umgang mit Computern gewöhnt. Dazu gibt es spezielle Lernprogramme für die Jüngsten. Die Kinder können dort alles rund um den Computer lernen. Die Geschäftsidee ist deswegen so erfolgversprechend, weil inzwischen in jedem vierten deutschen Privathaushalt ein Computer steht. Im Jahr 2000 wird es jeder zweite Haushalt sein, und die Nutzergruppen werden immer jünger.
Zur Verwirklichung dieser Geschäftsidee brauchst Du natürlich das entsprechende Know-how und ein Händchen für den Umgang mit den Kids. Falls Du das nicht mitbringst, kannst Du auch stundenweise Informatikstudenten einstellen. Die jungen Leute kommen meist gut mit Kindern zurecht. Neben geeigneten Räumen brauchst Du noch 10 bis 15 PCs.

Datenbank-Detektei **784**

Unsere Gesellschaft lebt von Informationen. Auch in der Wirtschaft ist ohne Aktualität nichts mehr zu machen. Viele Unternehmen brauchen deshalb ständig Daten über die Akzeptanz ihrer Waren, über Käuferverhalten und vieles mehr. Auch Wissenschaftler und Journalisten sind oft auf schnelle und aktuelle Informationen aus Datenbanken angewiesen. Doch nur die wenigsten kennen sich in den über 5000 Datenbanken, die es inzwischen weltweit gibt, gut aus. Neben dem notwendigen Know-how fehlt auch die Zeit, nach den gesuchten Informationen zu fahnden. Immer mehr Unternehmen und Redaktionen kaufen deshalb diese Leistung ein. Eine Riesenchance für sogenannte Datenbank-Detektive.
Deine Geschäftsidee: Du fahndest nach den gewünschten Informationen und gibst sie gegen eine Gebühr an Deine Kunden weiter. Der Vorteil bei diesem Geschäft: Du kannst auch von zu Hause aus arbeiten. Alles, was Du brauchst, ist ein Internet-tauglicher Computer, eine ISDN-Leitung für die schnelle Datenübertragung und natürlich entsprechend gute EDV-Kenntnisse. Kunden findest Du über Inserate in Branchen- und Verbandszeitungen.

Im Leben hat man die Wahl,
entweder mit der Masse mitzulaufen
oder vor ihr davonzulaufen.

(Evelyn Waugh)

Datenträgerlager **785**

Die Zeiten bedruckten Papiers sind fast vorbei. Es gibt kaum noch ein Unternehmen, das alle Vorgänge in den guten alten Aktenordnern aufbewahrt oder gar über ein Archiv verfügt, in dem man richtig blättern kann. Statt dessen haben Computer und entsprechend Disketten als Datenträger Einzug in die Welt der Archivare gehalten. Obwohl alles auf kleinen Disketten gespeichert ist, sind die Daten nicht unwichtig. Auch wenn selten jemand in alten Vorgängen kramt, der permanente Zugang muß doch gesichert sein. Durch flache Lagerung, Computerviren oder falsche Handhabung können Disketten und Bänder Schaden nehmen. Sie sind dann unbrauchbar. Für viele Unternehmen ist es deshalb wichtig, die Datenträger kompetent von einem externen Spezialisten lagern zu lassen.

Deine Geschäftsidee: Du bietest Deinen Kunden an, ihre Datenträger zu lagern und auf Abruf ins Haus zu liefern. Dazu brauchst Du Räume mit entsprechenden sicherheitstechnischen Vorkehrungen und natürlich einen einwandfreien Leumund, da die Aufbewahrung Vertrauenssache ist.

786 Dekorationsservice

Wer ein gutes Auge und Geschmack hat, kann damit leicht seinen Lebensunterhalt verdienen und zwar als freischaffender Dekorateur. Zum Kundenstamm gehören nicht nur Geschäfte mit Schaufensterflächen, sondern auch Privathaushalte, die Du bei der Wohnungseinrichtung berätst. Eine weitere potentielle Einnahmequelle für Dich ist die professionelle Dekoration von Partys. Auch hier gehören Privat- und Geschäftsleute zu Deinen Kunden. In den USA ist diese Geschäftsidee sehr erfolgreich. Gute Chancen haben vor allem Leute, die in größeren Städten mit entsprechend großem Einzugsgebiet wohnen.

Grundvoraussetzung ist neben ästhetischem Gespür und Interesse an Architektur und Inneneinrichtung natürlich auch eine gehörige Portion handwerkliches Geschick und auch Einfallsreichtum, da Dekorateure sehr oft improvisieren müssen. Wenn das Geschäft gut läuft, hast Du Expansionschancen, indem Du zusätzlich Dekomaterial verkaufst.

Dessous-Heimservice – was für sich selbständig machen wollende Damen 787

Sportliche Bodys, raffinierte BHs, bunte Spitzenhöschen – schöne Dessous kauft jede Frau gern, aber stickige Umkleidekabinen und Hetze mögen die wenigsten. Die Lösung bringt der Dessous-Heimservice. Hier besucht die Beraterin mit ihrer Kollektion die Kundinnen zu Hause und hilft in entspannter Atmosphäre bei der Auswahl.
So funktioniert's: Sechs bis acht Frauen werden eingeladen, und die Beraterin zeigt ihnen in aller Ruhe die Kollektion.
Franchise-Vertrag, Reisegewerbeschein und ein Auto solltest Du dazu haben. Und schlank sein dazu (➤ Rz 677)

Diätberatung 788

Weit mehr als die Hälfte aller Deutschen ist zu dick. Diäten – von obskur bis vernünftig – füllen seitenweise vor allem Frauenmagazine. Weight Watchers hat diesen Markt schon vor vielen Jahren in Amerika für sich entdeckt. Auch in Deutschland hat das organisierte Abnehmen Fuß gefaßt.
Kein Grund, sich nicht auch auf diesem Markt selbständig zu machen. Es gibt gleich mehrere Möglichkeiten: Die Minimal-Variante ist eine einfache Diätberatung. Du entwickelst einen genau ausgeklügelten Eß- und Diätplan für Deine Kunden, nach dem sie dann abnehmen können. Wenn Du Dein Geschäft auf halbwegs sicheren Beinen stehen hast, kannst Du expandieren und Dein Angebot um Diätkochschulungen erweitern. Selbst in Kleinstädten kannst Du damit gute Umsätze erzielen. Wie Du Orangenhaut und Speckröllchen für immer bei Dir wegbekommst, siehe ➤ Rz 677.

Discount-Bestatter 789

Wenn es um normale Möbel geht, hat der Verbraucher schon seit langem die Wahl zwischen teuren Massivobjekten aus edlen Hölzern oder preiswerten, furnierten und nicht sehr haltbaren Produkten aus dem Möbelmarkt. Hart rechnen, vergleichen und kalkulieren ist bei jedem Möbelkauf Pflichtübung. Nur wenn die Pietät ins Spiel kommt, wird der Preis

plötzlich zur untergeordneten Größe. Särge sind heute zumeist immer noch Massivholzungetüme, verziert mit handgeschmiedeten Metallbeschlägen und ausgeschlagen mit Samt und Seide. Kaum ein trauernder Hinterbliebener wagt es, nach Billigvarianten zu fragen.
Deine Geschäftsidee: Du bietest alles für ein preiswertes Begräbnis an. Ein findiger französischer Geschäftsmann hat es bereits vorgemacht: Seine Ladenkette – oft spöttisch als »Ikea für Särge« bezeichnet – hat nicht nur in Frankreich, sondern auch schon in Belgien und in der Schweiz Erfolg. Angeboten werden nicht nur Särge, sondern alles, was man für ein würdiges Begräbnis braucht: Grabschmuck, Kränze, Urnen, Kerzen und ähnliches. Alles deutlich billiger als bei der gediegenen Konkurrenz.

790 Drucker-Schnelldienst

Wenn im Büro der Drucker ausfällt, ist das zumindest für kleine Betriebe, die nicht ausreichend Ersatzgeräte zur Verfügung haben, eine mittlere Katastrophe. Der normale Weg ist nun, den Drucker beim Händler abzugeben, der ihn dann an den Hersteller schickt. Resultat: Wenn der Händler nicht kulanterweise ein Ersatzgerät zur Verfügung stellt, ist für die nächsten 14 Tage Schluß mit Drucken.
Deine Geschäftsidee: Du kommst als Drucker-Techniker auf Abruf ins Haus und reparierst die Hardware schnell und ohne viel Verwaltungsaufwand. Viele Firmen werden es sich genau überlegen, ob sie die eventuell vorhandene Garantie des Druckers in Anspruch nehmen und das Gerät dafür einschicken lassen oder aber ob sie Dich für Deinen Sofortdienst bezahlen und dafür noch am selben Tag, spätestens jedoch am folgenden Tag wieder Geschäftsbriefe und Rechnungen ausdrucken können.

791 EDV-Dienstleistung

Ob Handwerksbetrieb, Partyservice oder Kosmetikstudio – viele kleinere Firmen können sich keine eigene Buchhaltungskraft leisten. Trotzdem muß der lästige Papierkram (z. B. Rechnungen, Steuern, Gehälter) natürlich ordnungsgemäß und pünktlich abgewickelt werden, damit es keinen Ärger mit dem Finanzamt oder mit Lieferanten gibt. Das er-

ledigt die externe Buchhalterin mit ihrem EDV-Komplettservice. Sie holt beim Auftraggeber nach Absprache die erforderlichen Unterlagen und bearbeitet zu Hause die Vorgänge am PC.
Dazu ist nötig: Gewerbeschein; Franchise-Vertrag; Abschluß als Steuerfachgehilfin oder in einem kaufmännischen Beruf; mindestens drei Jahre Berufspraxis.
Die helfen Dir: beispielsweise JE Franchise, McData, Mottmannstr. 5. 53842 Troisdorf, Tel. 0 22 41/95 18 80. Dieser Franchise-Geber liefert ein komplettes Werbekonzept.

Einkaufshelfer **792**

Das Problem: Einkaufen – besonders auf Vorrat – ist oft körperliche Schwerstarbeit. Wenn man da kein Auto hat, sich lieber für umweltfreundliche Glasverpackungen entscheidet und womöglich nicht mehr zu den Jüngsten gehört, dann können selbst ein paar hundert Meter zu weit sein. Vielleicht liegt die Wohnung auch noch im vierten Stock, und das Haus hat keinen Aufzug? Manchmal hat man Glück, und ein Supermarktangestellter hat die Zeit und die Freundlichkeit, die schweren Tüten zu bringen. Aber das ist die Ausnahme: Verlassen kann man sich darauf nicht. Und wer bringt die leeren Flaschen dann zurück?
Die Lösung: Als junger, kräftiger Mensch übernimmst Du das Schleppen. Und wenn das Vertrauen der Kundschaft erst einmal erworben ist, vielleicht sogar den ganzen Einkauf. Noch Jüngere müssen allerdings mindestens neun Jahre zur Schule gegangen, also 14 oder 15 Jahre alt sein; andernfalls ist der Nebenjob Kinderarbeit und vom Gesetz verboten. Doch wer prüft das schon!
Dein Unternehmenskonzept: Erst einmal muß der Service in der Nachbarschaft möglichst bekannt werden. Also: einen Hinweis auf die Anschlagtafel im Supermarkt, Handzettel in die Briefkästen, eine Anzeige im Stadtteilblatt. Vielleicht kann man sich mit dem Getränkehändler verständigen, und er empfiehlt Dich Deinen Kunden. Denkbar sind auch feste Einsatzzeiten und -orte, zum Beispiel Samstag vormittag am nächsten Supermarkt.
Startkapital: Zeit und gestählte Muskeln. Wer sie nicht hat, holt sie sich im Fitneß-Studio.

Monni je nach Gewicht, Entfernung und Treppen. Charme und Einsatzfreudigkeit bringt Trinkgeld!. Wer Getränke liefert, wird aber kaum mehr als zwei bis drei Mark pro Kasten verlangen können – zu dem Preis kann man nämlich auch beim professionellen Zusteller bestellen.

793 Elektronikschrott-Entsorger

Vorbei sind die Zeiten, in denen man ausgediente Kühlschränke oder Herde einfach auf den Müll warf – heute muß fachgerecht recycelt werden. Aufwendiger noch als die weiße Ware ist Computerschrott bei der Vermüllung: Die Gehäuse, die Platinen, die Kabel und die Chips – alles ist mit unterschiedlichen Schwermetallen und Schadstoffen belastet, die natürlich auch auf unterschiedlichen Sondermüll gehören.
Deine Geschäftsidee: Du bietest Firmen und Händlern Deine Dienste als professioneller Computerentsorger. Von den Herstellern der Geräte besorgst Du Dir die Baupläne und weißt so bei jedem zur Entsorgung entgegengenommenen Gerät, welche Teile aus welchen Materialien bestehen. Die einzelnen Komponenten gibst Du dann an die entsprechenden Schadstoffdeponien weiter. Für Deine Dienste verlangst Du von Deinen Auftraggebern pro Computer eine bestimmte Gebühr – abhängig von Art und Bauweise des Geräts.

794 Entsorgungsfachmann

Mit wachsendem Müllproblem wächst auch die Menge des Mülls, der nicht mehr so einfach in die Tonne geworfen oder auf die Kippe gebracht werden darf. Krankenhäuser, Altenheime, Arztpraxen und Apotheken – sie alle müssen ihren Sondermüll umständlich trennen und entsorgen.
Deine Geschäftsidee: Du bietest einen Müll-Rundumservice an. Du stellst bei Deinen Kunden spezielle Container auf. Je mehr Arten Sondermüll anfallen, um so mehr Container müssen her. Du sorgst für regelmäßige Leerung und bringst den Müll zu einer entsprechenden Sonderdeponie.
Zusätzlicher Geschäftsanreiz neben dem reinen Lohn für die Entsorgung: Dadurch, daß Du große Mengen Müll zu entsorgen hast, kannst

Du mit den Deponien Sonderkonditionen vereinbaren. Oder aber es lohnt sich, den Müll zu weiter entfernten, günstigeren Deponien zu bringen. Die Spannen zwischen normalen Deponiepreisen und Deinen Sonderkonditionen gibst Du teils an Deine Kunden weiter, teils mehren sie Deinen Gewinn.

Erfinde eine rote Cola! 795

Die Naturwelle rollt, die Menschen wollen weg von der sie vergiftenden Chemie, von den chemischen Medikamenten der Schulmedizin und all den die Erde verseuchenden Pestiziden, Herbiziden, Fungiziden. Auch in Coca- oder Pepsi-Cola stecken naturfremde Stoffe. Es müssen eine Menge sein, das kann man schmecken, und bis heute geben diese Weltkonzerne die Zusammensetzung ihrer Gesöffe nicht an. Eine Marktlücke wäre da ein Naturgetränk, vielleicht eines mit Waldmeister-Geschmack, das Du Natura-Cola nennst. Hergestellt aus Fruchtextrakten. Hauptsächlich aus einem Zitronen- und Orangenmix. Unter Verwendung ausgepreßter, naturbelassener Zitronen- und Apfelsinenschalen, die eine leichte Bitterkeit einbringen, ähnlich einem Schweppes-Drink. Dazu viel prickelnde Kohlensäure, angeboten in einem birnenförmigen Fläschchen.
»Ach, das wird doch kein Geschäft. Die Marktführer Sprite, Fanta, Cola haben da schon längst alle Plätze belegt«, sagst Du.
Panta rei, alles fließt, lieber Leser, die zündende Idee ist hier: kein Chemiezucker, der die Menschen fett, dick und krank macht, der ihnen die Zähne zerstört und langsam ihre Knochen auflöst. Eine Pulle voller Vitamine und wertvoller Mineralien! Das sind einmalige Verkaufsargumente, meinst Du nicht auch?
Aber es muß ja nicht unbedingt die Naturwelle sein, auf der Du reitest, streng Dein Gehirnschmalz mal ein bißchen an. In Peru ist einer auf die Idee gekommen, sogar ein Nationalgetränk zu erfinden. Seine Cola war gelb. Seine unbezahlbare Idee: der Name, den er ihr gab – Inca Kola.
»Unser Inca Kola«, erklärte der nicht-peruanische (!) Erfinder Lindley, »ist nicht dieses fremdländische Zeug, sondern etwas Urperuanisches mit dem Namen unserer stolzen Vorfahren, der Inkas.«
Das Geheimnis der Brause war nichts anderes als eine Mischung von

Früchte-Essenzen, das ihres Erfolgs die auf flammendem Nationalismus aufbauende Werbung: »Inca Kola schmeckt nach Peru« und »Inca Kola gehört nur uns«, lauteten zwei der griffigsten Slogans. Seine Lkws ließ Isaac Lindley, ein Verkaufsgenie, rotweiß in den Landesfarben lackieren. Auf jede leergetrunkene Coca-Cola-Flasche kommen heute in Peru zwei Flaschen Inca Kola.
Mach's nach! Isaac Lindley besaß keinerlei Fachkenntnisse: Er war ein armer jüdischer Schneider in Peru.

796 **Erfindungen verbessern**

Da gab es z. B. diese alten Metall-Druckstempel, die einmal recht teuer und zum anderen unschön und zu groß waren. Ein Österreicher hat sich drangemacht, sie klein und fein in Kunststoff herzustellen.
Eine neue Drehtechnik der Stempelunterseite, eine neue, schicke Form, und schon war der Konkurrent weg vom Fenster. Als Warengebrauchsmuster angemeldet, hat er nun die Nase vorn.
So sah das Stempelchen aus, als es aus einem Kunststoffherstellbetrieb kam, so die Rückseite der Verpackung:

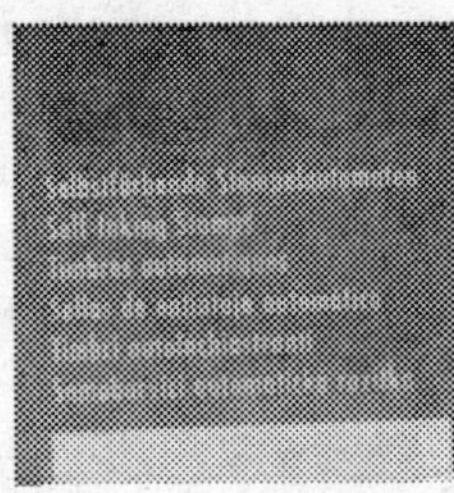

Die Bürofachgeschäfte rissen sich darum, weil sie das praktische Dingelchen im Gegensatz zum alten, schwerfälligen Gerät viel billiger anbieten und deshalb besser verkaufen konnten.

P. S.: Ich habe selbst auf diese Weise auch schon einige Erfindungen und Verbesserungen ausgetüftelt, die mir nette Sümmchen nebenbei eingebracht haben …

GUTER RAT: Wenn Du jetzt noch daran gehst, aktiv zu denken, wie ich es Dir empfohlen habe, dann wirst Du Dir überlegen, wem so ein Stempel zum Vorteil sein könnte. Und Du wirst darauf stoßen, daß es Tausende Vereine gibt, die gern nach außen offiziell wirken und sich etwas größer herausputzen möchten, als sie sind.
Denen bietest Du an, für sie einen Stempel zu entwerfen, der ihr Ansehen erhöht und gleichzeitig mitgliederfördernd wirkt. Das kannst Du alles selbst mit dem PC hinkriegen und den Ausdruck dann in eine Stempelfertigungsanstalt geben. Das Gummiteilchen klebst Du in den Stempel ein, und fertig ist die Laube. Du kannst dafür etwa 200 bis 300 DM verlangen.

Hier hast Du ein Muster dafür:

Event-Marketing 797

Event-Marketing (oder zu deutsch: Ereignis-Marketing) ist längst keine Domäne der großen Unternehmen mehr. Auch kleine und mittlere Unternehmen versuchen inzwischen, auf diese Weise Kunden zu gewinnen und ihren Bekanntheitsgrad zu steigern. Doch in der Regel fehlt ihnen das organisatorische Know-how.
Deine Geschäftsidee: Du organisierst die komplette Event-Kampagne. Zunächst entwickelst Du für Deinen Kunden ein Konzept, das zum Laden paßt. Wenn die passende Idee gefunden ist, organisierst Du den gesamten Ablauf, zum Beispiel Autogrammstunden, Show-Einlagen, Hüpfburgen oder Bungee-Springen. Kunden findest Du über Inserate in den IHK-Blättern. Voraussetzung für diesen Job ist Organisationstalent. Der Vorteil: Da Du nur makelnd tätig bist, hast Du außer der Werbung keine Anfangsinvestitionen.

798 Exklusiv-Service

Wenn schon, denn schon – nach diesem Motto organisieren viele Firmen Tagungen, Kongresse, Konferenzen und Presseveranstaltungen. Für ein nachhaltig positives Image lassen die Unternehmen gern ein paar Mark mehr für Unterkunft, Bewirtung und Rahmenprogramm springen. Dadurch hat sich bei Konferenz- und Tagungsteilnehmern – insbesondere, wenn dies potentielle Kunden sind – eine gewisse Erwartungshaltung eingebürgert. Und wenn das versprochene Exklusiv-Ereignis dann die eine oder andere Schwachstelle aufweist, geht der Schuß ganz schnell nach hinten los, und das Firmenimage ist dahin.
Deine Geschäftsidee: Du organisierst Tagungen, die von vorn bis hinten das Attribut »exklusiv« verdienen. Angefangen vom Limousinen-Service ab Flughafen über die stilgerechte Unterkunft – alternativ zum Vier-Sterne- Hotel kann es auch ruhig die Ritterburg oder der Luxusliner im Hafen sein – bis hin zur erstklassigen Bewirtung vor, während und nach der Tagung. Darüber hinaus bietest Du ein attraktives Rahmenprogramm für die Begleitung der Tagungsteilnehmer an. Der gemeinsame abendliche Besuch in einer Szenekneipe oder in einem exotischen Nightclub der gehobenen Ansprüche läßt das Tagungseinerlei dann vollends vergessen.
Du recherchierst für den jeweiligen Tagungsort die jeweiligen Möglichkeiten, bietest den Firmen dann ein Gesamtkonzept an und stellst – nachdem alles vorzüglich geklappt hat – Deine Provision in Rechnung. Hier ein paar exklusive Lokalitäten, die Du an betuchte Kunden vermitteln kannst: Die Große Orangerie im Schloß Charlottenburg (Fassungsvermögen: 1000 Personen) ist ab 20 000 Mark pro Abend zu haben; den Rathauskeller im Frankfurter Römer (Fassungsvermögen: 200 Personen) gibt es ab 3000 Mark und das Erotic Art Museum in Hamburg (Fassungsvermögen: 500 Personen) öffnet für 8000 Mark pro Abend seine Pforten für geschlossene Gesellschaften.

799 Externer Rechnungsprüfer

Einzelverwendungsnachweise der Telekom, seitenlange Abrechnungen der Gas- und Wasserwerke, verschlungene Skontostaffeln der Lieferanten – wer mit Zahlenkolonnen auf Kriegsfuß steht, für den sind lange

Abrechnungen oft ein Greuel. Doch bei der einfachen Prüfung auf Richtigkeit des Rechnungsbetrags kann man oft durch kluges Hinundherschieben von Zahlungen und Terminen noch die eine oder andere Mark herausschinden. Nur: Wer setzt sich schon hin und prüft haarklein nach, ob tatsächlich alle Tarife stimmen?
Du natürlich, und zwar für Geld. Diese besonders pfiffige Geschäftsidee kommt aus Amerika. Professionelle Rechnungsfahnder suchen nach Fehlern in Rechnungen. Das hört sich kurios an. Doch für große Unternehmen ist die Inanspruchnahme dieses Service durchaus interessant. Zudem wächst die Nachfrage nach solchen Dienstleistungen, weil viele Unternehmen ihre Verwaltungen abbauen.
Als Einsteiger mußt Du über kaufmännische Kenntnisse verfügen, und vor allem mußt Du Dich gut im Dschungel der Sonderkonditionen und Tarife auskennen. Als Honorar verlangst Du die Hälfte des Betrags, den Du für Deinen Kunden rausgeschlagen hast.

Fahr-Service **800**

Diese pfiffige Idee eines jungen Frankfurter Unternehmers bietet sich zum Nachmachen an: ein Fahrdienst für Nachtschwärmer. Das Problem kennt jeder: Man hat in der Kneipe mal wieder über die Stränge geschlagen, statt der zwei Bierchen sind es doch sieben geworden. Fahren ist auf keinen Fall mehr drin. Und vor der Tür steht das Auto. Es bleibt also nur die Möglichkeit, aufs Taxi umzusteigen, um sicher nach Hause zu kommen. Nur das Auto muß am nächsten Tag irgendwie her.
Genau hier liegt die Idee des jungen Frankfurters. Er schickt seine Mitarbeiter auf Winzig-Mopeds zum Kunden. Diese kleinen Zweiräder kann man zusammenklappen und einfach im Kofferraum verstauen. Die Kunden werden dann im eigenen Wagen nach Hause kutschiert. Am Ziel angekommen, klappt der Chauffeur sein Moped wieder aus und fährt zurück zur Zentrale.
Wer sich mit einem Nachtschwärmer-Service selbständig machen will, braucht einige Mopeds und eine Telefonanlage, über die die Fahrer dirigiert werden. Werbung machst Du am besten per Handzettel in Kneipen oder mit Plakaten, die Du in den Vergnügungsvierteln Deiner Stadt aufhängst.

801 **Fakten sammeln**

Eine Geschäftsidee, die vor allem seit der Wiedervereinigung zieht: Trotz aller Bemühungen sind bei vielen Grundstücken und Häusern immer noch Eigentumsfragen offen. Traurige Folge: Der Besitz kann nicht verkauft, saniert oder anderweitig verwendet werden. Bis vor ein paar Jahren war es so, daß in solchen Streitfällen Ansprüche auf Immobilien einfach beim Grundbuchamt angemeldet werden konnten. Die Beamten waren dafür zuständig, den Anspruch zu prüfen. Das ist jetzt anders. Wer Ansprüche auf ein Grundstück oder Haus geltend macht, muß seine Rechte an der Immobilie selbst nachweisen. Für den Normalbürger ist es fast unmöglich, sich durch alle Grundbücher und Dokumente zu wühlen. Die Arbeit erfordert Sachkenntnis und vor allem Zeit.
Wenn Du ein Händchen fürs Recherchieren hast, ist diese Geschäftsidee ideal für Dich. Dein Verdienst besteht in einer Provision – beispielsweise 5 Prozent des Immobilienwerts. Deine Leistung bietest Du am besten per Zeitungsinserat an. Die Anfangsinvestitionen sind gleich null. Diesen Service kannst Du auch erweitern, indem Du in allen Verwaltungsfragen für Deine Kunden Informationen beschaffst.

802 **Ferien-Tierbetreuer**

In Kleinanzeigen wirbst Du für einen Tierdienst, der sich der Hunde, Katzen und Kanarienvögel annimmt, die im Urlaub zu Hause zurückgelassen werden müssen. Garantiere beste und individuelle Betreuung – auch bei verwöhntesten Beppos, Mizis unnd Hänschens.
Wenn Du einen vertrauenerweckenden Eindruck machst, werden Dir viele sogar ihre Wohnungsschlüssel überlassen. Sonst solltest Du schon eine größere Wohnung und eine geruchsunempfindliche Nase besitzen, wenn Du die Tiere zu Dir nach Hause nehmen willst. Goldfische und Katzen halte tunlichst getrennt voneinander!

803 **Film- und Video-Editor**

Diese Leute lassen sich Rohfilme von den Herstellern geben und bearbeiten sie von Video- und Magnetbändern am Computer. Als Freischaffende/r mußt Du Dich bei Filmproduktionsfirmen oder TV-Anstalten vorstellen und Dich um entsprechende Aufträge bemühen. Monatlich sind 8000–10 000 Mark zu verdienen.

Firmenbroschüren 804

Jedes Unternehmen, das etwas auf sich hält, läßt alle paar Jahre eine neue Firmenbroschüre produzieren. Inhalt: Firmenporträt, Produktpalette, Umweltengagement, Auslandsaktivitäten und so weiter. Diese Broschüre – mit Vorliebe auf Hochglanzpapier gedruckt – wird Kunden und Interessenten auf Messen, Ausstellungen und bei Geschäftsbesuchen überreicht. Journalisten wird gern neben einer Pressemitteilung noch eine Firmenbroschüre zugeschickt.
Deine Geschäftsidee: Du bietest kleinen und mittleren Unternehmen an, die sich keine eigene Presse- und Werbeabteilung leisten können, eine Firmenbroschüre für sie zu produzieren. Dein Angebot beinhaltet alle notwendigen Arbeitsschritte: Konzeptionsplanung mit dem Chef, Recherche in den verschiedenen Abteilungen, Erstellung von Produktfotos, Firmenbildern, Luftaufnahmen und Porträts, Erstellung der Texte, Lektorat, Layout, Belichtung und Druck. Das soll aber nicht heißen, daß Du auf sämtlichen Gebieten selber tätig werden mußt.
Natürlich beauftragst Du Experten: für die Fotos einen Industriefotografen, für die Texte einen oder mehrere freie Journalisten, und das Layout besorgt ein freier Grafiker. Du kalkulierst die Gesamtkosten und berechnest dem Unternehmen einen Preis pro Broschüre – bei einer garantierten Abnahme von x-tausend Stück.

Firmenmäntel verkaufen 805

Wer ein neues Geschäft plant, gründet oft eine Gesellschaft zur Haftungsbegrenzung. Eine Gesellschaft mit beschränkter Haftung (GmbH) etwa oder eine Aktiengesellschaft (AG). Allerdings: Es kann viele Monate dauern, bis alles ordnungsgemäß im Handelsregister beim Amtsgericht eingetragen ist. Währenddessen muß der Unternehmer zum Firmennamen den Zusatz »i. G.« – in Gründung – tragen. Ein Zusatz, der potentielle Kunden oft abschreckt. Und bis zur vollständi-

gen Eintragung der neuen Firma ins Handelsregister muß der Unternehmer auch noch selbst voll haften.
Wer dagegen einen vorgegründeten und schon eingetragenen Firmenmantel erwirbt, umgeht die lästige Warterei und das oft kundenverschreckende »i. G.«. Und muß derweilen auch nicht mit seinem persönlichen Vermögen haften. Gründe Du eine Kapitalgesellschaft vor und verkaufe sie später mit gutem Gewinn. Es ist nämlich zulässig, Firmen auf Vorrat zu gründen. Diese warten dann, ohne daß sie ihre Geschäftstätigkeit sofort aufnehmen müssen, auf eilige Käufer.
Mindestens 3000 Mark Verkaufsprovision für einen GmbH-Mantel und 10000 Mark für einen AG-Mantel sind angemessen, bescheren dem Verkäufer ein gutes Einkommen und sind ein Klacks für den Käufer, gemessen an den für ihn damit verbundenen Vorteilen.
An Kunden kommst Du durch Kleinanzeigen im *Handelsblatt* und der *FAZ*.

806 Firmenpräsentationen

Gerade kleine und mittlere Firmen legen ihren ganzen Ehrgeiz in die Produkte und Dienstleistungen, haben dann aber nur noch wenig Kapazitäten für eine gute Präsentation beim Kunden. Und gerade darauf legen viele meist besonderen Wert.
Deine Geschäftsidee: Du bringst für Deine Kunden ihr Angebot, Zahlen, Daten und Fakten in Form, Du fertigst Folien für eine flüssige Darstellung am Tageslichtprojektor an und stellst Mappen mit den Kerninformationen des Angebots zusammen. Darüber hinaus schulst Du das Verkaufspersonal, wie man eine überzeugende Präsentation beim Kunden durchzieht.
Als Sonderservice bereitest Du auch für Firmen ihren Messeauftritt vor: je nach Wunsch als informative oder als amüsante Darstellung.

807 Fitneß für Dicke

Fitneß-Studios gibt es an fast jeder Ecke. Dort trainieren Sportler und bereits muskulöse Bodybuilder ihre Körper. Aber diejenigen, die es tatsächlich brauchen, sieht man selten: nämlich Dicke. Der Grund:

Vielen Übergewichtigen ist es unangenehm, sich zwischen so vielen gutgebauten Luxuskörpern zu tummeln. Wenn Du Dich mit Deinem Studio aber genau auf diese Klientel konzentrierst, hast Du gute Chancen. Am besten sprichst Du in Deiner Werbung ganz gezielt Übergewichtige an. Du mußt natürlich auch speziell auf diese Gruppe abgestimmte Trainingsprogramme ausarbeiten. Denn Dicke sind längst nicht so fit und sportlich wie ihre schlanken Zeitgenossen. Ergänzend kannst Du auch noch eine Ernährungsberatung anbieten. (➤ Rz 677 und 785)

Fitneß-Partys **808**

Fitneß-Studios sind stets bemüht, den Kontakt zu den Mitgliedern zu festigen und so etwas wie ein Gemeinschafts- und Vereinsgefühl zu erzeugen. Das geht am besten mit Festen und Partys, die man in unregelmäßigen Abständen für die Mitglieder organisiert. Nur ist nicht jeder, der ein Fitneß-Studio leiten kann, auch gleichzeitig ein perfekter Organisator dafür. Und wenn solch eine Gemeinschaftsparty erst einmal ins Wasser gefallen ist, leidet das Renommee des Studios.
Deine Geschäftsidee: Du organisierst Partys speziell für Fitneß-Studios. Du sorgst für Verstärkeranlage, Disco-Beleuchtung, Büfett und Cocktailbar. Du verwandelst die Trainingsräume in einen Partykeller. Natürlich sorgst Du auch für ein entsprechendes Unterhaltungsprogramm. Das besteht zum einen aus themengerechten Show-Einlagen – etwa Aerobic-Dance oder Kraftakrobatik – und zum anderen aus den allseits beliebten Party-Spielchen. Schließlich sollen sich die Klubmitglieder ja kennenlernen. Deine Provision berechnest Du je nach Arbeitsaufwand und benötigtem Material.

Freizeitbörse **809**

Immer mehr jüngere Frauen und Männer leben als Singles. Meist sind sie beruflich stark eingespannt, haben viele Termine und wenig Zeit. Es fällt ihnen (aber auch Paaren und Nur-Hausfrauen) manchmal schwer, Tennis-, Squash- oder Badmintonpartner zu finden. Als Betreiberin einer Partnersportzentrale bringst Du Sportbegeisterte und

solche, die es werden wollen, zusammen. In einer Datenbank sammelst Du die Adressen und Interessen von Gleichgesinnten, stimmst Sportarten, Treffpunkte und Termine ab. Bei guter Resonanz kann die Zentrale ihren Service auf diverse Freizeitaktivitäten (z. B. essen gehen, Konzert- und Kinobesuche, Kurzreisen und gemeinsame Ausflüge) ausweiten.
Was Du dazu tun mußt: Anzeigen schalten und Zeitungsartikel lancieren, Handzettel drucken und verteilen, Plakate in Schulen, Unis, Kneipen und im Supermarkt aufhängen.

810 Frühstücks-Service

Das Mittagessen auf Rädern gibt es schon lange. Doch ans Frühstück oder den kleinen Imbiß zwischendurch hat noch kaum jemand gedacht. Ein solcher Lieferservice ist eine echte Marktlücke. Für viele Arbeitnehmer stellt sich nämlich tagtäglich das gleiche Problem: Das Unternehmen hat keine Kantine, und in der nächsten Nähe gibt es keine Geschäfte oder Imbißbuden, an denen man sich versorgen kann. Mobile Händler, die morgens belegte Brötchen und Milch und mittags Sandwiches oder Kuchen bringen, können bei diesen Firmen einen beachtlichen Umsatz machen. Als Anbieter brauchst Du lediglich ein Lieferfahrzeug und ein Handy, um immer erreichbar zu sein. Mehr nicht. Deinen Service kannst Du per Rundschreiben, Handzettel oder Aushang am schwarzen Brett der Unternehmen bekanntmachen.

Ganzjähriger Flohmarkt 811

Flohmärkte sind immer ein beliebter Publikumsmagnet. Was spricht dagegen, den guten alten Trödelladen wieder aufleben zu lassen? Bei unseren Nachbarn in Frankreich ist das völlig normal. In Deutschland hingegen ist dieser Markt eher von extrem hochpreisigen Antiquitätenhändlern besetzt. Dabei ist ein Dauerflohmarkt ideal für Möbel, Elektro- und Haushaltsgeräte der mittleren und kleinen Preisklasse. Alles, was Du dazu brauchst, ist ein entsprechend großer Raum oder ein Platz in gut erreichbarer Lage. Sowie ein sicheres Gefühl dafür, welche Händler Du an Land ziehen mußt, um Deinen Dauerflohmarkt für die Leute interessant zu machen.

Geburtstags-Service 812

McDonald's hat es vorgemacht. Der Hamburgerbrater stellt Räume speziell für Kindergeburtstage zur Verfügung. In Großstädten sind sie oft auf Wochen ausgebucht. Für viele Eltern kommt das Angebot gerade recht. Denn: Nicht jeder hat eine entsprechend große Wohnung, um Kindergeburtstage feiern zu können. Manchen Eltern ist der Trubel auch einfach zuviel Belastung fürs ohnehin schon überstrapazierte Nervenkostüm, oder aber sie fürchten sich – nicht ohne Berechtigung – vor Schokoladenflecken auf dem neuen weißen Sofa.
Eine Kölner Unternehmerin hat das auf eine gute Idee gebracht. Sie organisiert Kindergeburtstage in einem eigens dafür eingerichteten Ladenlokal. Das Angebot ist gut eingeschlagen. Die Geschäftsfrau ist auf Wochen ausgebucht und überlegt bereits, eine Filiale zu eröffnen. Neben einem geeigneten Raum mit Kochmöglichkeit für die Verköstigung sollte das Ganze natürlich kindergerecht sein.
Diese Geschäftsidee ist ideal für alle, die in der Kinderbetreuung tätig waren, etwa Erzieherinnen. Für einen Nachmittag mit zehn Kindern inklusive Verköstigung kannst Du 500 Mark verlangen. Das ist ein lukratives Geschäft. Du brauchst dazu allerdings eine Genehmigung vom Jugendamt; wenn Du Essen und Trinken anbietest, auch vom Gesundheitsamt. Neben der Raummiete mußt Du anfangs schon ein bißchen was in Innenausstattung und Spielzeug investieren. Mit etwa 30 000 Mark Startkapital kannst Du bereits ein Geburtstagslokal mit allen Schikanen bieten.

813 Geräteverleih

Noch eine Geschäftsidee, die vom Heimwerkertrend lebt. Daß Selbermachen in ist, zeigt allein die Flut von Baumärkten. Doch wer hat schon für jeden Fall das richtige Werkzeug im Haus? Wenn es mal mehr als eine Bohrmaschine sein soll, sieht es in deutschen Handwerkerkellern eher trist aus.
Deine Geschäftsidee: Du verleihst Werkzeug. Gerade Spezialgeräte wie Elektrohobel, Fräsen, Heißluftgebläse, große Sägen und Verlängerungskabel sind den meisten Heimwerkern zu teuer, um sie fürs einmalige Renovieren anzuschaffen. Wenn Du diese Geräte tageweise vermietest, hast Du Dir eine solide Einnahmequelle geschaffen. Bis die Werkzeuge ihren Geist aufgeben, kannst Du sie meist mehrere Jahre vermieten. Den Kaufpreis hast Du dagegen schon nach schätzungsweise acht bis zehn Vermietungen wieder drin. Ein idealer Standort für ein solches Geschäft ist die Nähe eines Baumarkts.

814 Geschenkberater

Jedes Jahr um die Weihnachtszeit bricht in vielen Firmen das große Rätselraten aus: Was erhalten die Geschäftskunden als kleines Aufmerksamkeitsgeschenk? Was bekommen gute Kunden als wertvolles Präsent für die langjährige Zusammenarbeit?
Deine Geschäftsidee: Du bietest Firmen Deine Dienste bei der Auswahl und beim Kauf der Werbegeschenke an. Die Firmen nennen Dir die Namen der Kunden, deren Bedeutung und Vorlieben. Du recherchierst in Designer-Geschenkläden, in Geschenkkatalogen und direkt bei Herstellern von Geschenkartikeln. Dann unterbreitest Du Deinen Auftraggebern Vorschläge mit Preiskalkulationen – inklusive Verpackung und Versand, den Du auf Wunsch gleich mitorganisierst.
Deine Provision machst Du von der Vielfalt der Geschenke, Deinem Arbeitsaufwand und dem Gesamtumfang des Auftrags abhängig.

815 Geschenkkorb-Service

Hochzeiten, Jubiläen, Geburtstage und Geburten – das alles sind willkommene Anlässe für Geschenkkörbe. Allerdings zeugt es von wenig

Einfallsreichtum, mit einem vorbereiteten Geschenkkorb vom Feinkostladen oder aus dem Warenhaus aufzuwarten. Die Zeiten, in denen man sich Lebensmittel geschenkt hat – und aus denen bestehen herkömmliche Geschenkkörbe zumeist immer noch – sind vorbei. Die wenigsten Leute freuen sich noch wirklich über Schnecken aus der Dose, ein Pfund Kaffee, Cocktailkirschen oder Gänseleberpastete.
Deine Geschäftsidee: Du stellst, je nach Anlaß und zu beschenkender Person, individuelle, einfallsreiche und ausgefallene Geschenkkörbe zusammen. Der Geschenkkorb zur Geburt eines Kindes etwa enthält neben Holzspielzeug, Babykosmetik und einer bunten Krabbeldecke vielleicht auch noch einen versilberten Bilderrahmen für die ersten Fotos vom Sprößling. Je genauer Deine Auftraggeber Dir sagen, welche Eigenarten und Vorlieben der zu Beschenkende hat, um so besser kannst Du dem Korb eine ganz persönliche Note verleihen. Deine Provision richtet sich nach Deinem Zeitaufwand und dem Warenwert des Korbs.

Geschenke-Service 816

Was tun, wenn die Tante Geburtstag, man selbst aber gerade keine Zeit zum Gratulieren hat? Die konventionelle Methode: Ein Blumenstrauß, mit Fleurop verschickt, wird pünktlich geliefert und verbreitet Freude.
Deine Geschäftsidee: Der verhinderte Gratulant bestellt in Deinem Geschenkartikelladen persönlich oder telefonisch – beispielsweise von der Geschäftsreise aus – ein hübsches Präsent. Du kannst ihn kompetenter beraten, welches Geschenk für die Tante am besten passen würde. Schön verpackt und mit einem netten Gruß des Neffen versehen, wird das Geschenk von Dir am Geburtstagsmorgen an die Tante ausgeliefert – mit dieser Überraschung stichst Du garantiert jeden Fleurop-Strauß aus.
Dein Service eignet sich insbesondere für Leute, die am entsprechenden Termin verhindert sind. Auch Firmen, die ihre Mitarbeiter zu den Geburtstagen und zu Jubiläen beschenken, werden dankbar sein, wenn Du ihnen anbietest, die Termine zu verwalten und die Schenkerei vom Aussuchen und Einpacken bis hin zum Abliefern zu übernehmen.

817 Go-Kart-Bahn

Spätestens seit Michael Schumacher sind die Deutschen im Geschwindigkeitsrausch. Das neueste Freizeitvergnügen nennt sich Hallen-Go-Kart: Eine eingezäunte und gut abgesicherte Rennstrecke in einer alten Lagerhalle ist der Schauplatz – die Miniflitzer bringen gut und gern 50 Stundenkilometer auf die Piste. Bislang gibt es erst knapp 50 Bahnen in Deutschland, die allesamt gute Umsätze machen. Eine gutbesuchte Go-Kart-Bahn bringt mehr als 3 Millionen Mark Jahresumsatz.
Die Erstausstattung kostet etwa 200 000 Mark. Bedingung ist aber zuallererst die richtige Räumlichkeit. Du brauchst richtig viel Platz, und am besten liegt die Go-Kart-Bahn auch nicht direkt in einem Wohngebiet, weil die Dinger ordentlich Krach machen. Am besten eignen sich ehemalige Fabrik- oder Lagerhallen. Da zur Zeit in vielen Gewerbegebieten Immobilien leer stehen, sind die Chancen günstig, preiswert eine Halle anzumieten. Informationen über Go-Kart-Hersteller und Bahnen gibt der Deutsche Motorsport-Verband in Frankfurt.

818 Handwerker-Vermittlung

Zehn Grad minus, und die Heizung tut's nicht mehr; die Badewanne ist leck; und Kachel für Kachel verabschiedet sich von der Wand ... Wo kriegt man schnell einen Spezialisten her? Der Handwerker-Vermittler hat Maler, Elektriker, Fliesenleger usw. in seiner Kartei, die ohne lange Wartezeiten einsatzbereit sind. Der Service koordiniert die Aufgaben und schickt je nach Auftrag einen oder mehrere seiner Fachleute zum Kunden.
Knüpfe Kontakte zu Handwerkern über das Branchenbuch; schalte Kleinanzeigen; trage Deine Firma ins Branchenbuch ein.

819 Handwerk im Abo

Diese Geschäftsidee für Handwerker hat in Frankreich großen Erfolg. Handwerker vom Schlosser bis zum Schreiner bieten ihre Leistungen im Abonnement an. Sie verlangen eine monatliche Pauschale. Dafür können die Kunden regelmäßig ihre Dienste für Reparaturen und Beratungen in Anspruch nehmen. Damit sich die Sache lohnt, wird vorher vertraglich festgelegt, welche Leistungen dazugehören und wie lange Du maximal im Monat bei Deinen Kunden tätig bist.

Handwerkshilfe verkaufen 820

Handwerker sind teuer, also versuchen sich viele in Heimarbeit. Baumärkte mit Do-it-yourself-Angeboten florieren. Doch ein Problem bleibt: Viele Heimwerker sind zwar willens, haben aber wenig oder gar keine Ahnung, wenn es ums Verlegen von Rohren, Fliesen oder die Wärme-Isolierung geht. Und in den großen Baumärkten gibt es auch kaum noch Fachberatung. Traurige Folge: Der Heimwerker bastelt ambitioniert, aber dilettantisch, und muß nachher für teures Geld dennoch eine Fachkraft kommen lassen – doppeltes Geld für die gleiche Arbeit also.
Für Handwerker bietet sich hier ein lukratives Geschäft. Anstatt Deine Arbeitsdienste anzubieten, verkaufst Du Dein Know-how als Handwerker und machst Dich als Selbstbauberater selbständig. Die Zahl Deiner potentiellen Kunden ist riesig und wächst ständig. Du kommst für ein vereinbartes Honorar bei Deinen Kunden vorbei und hilfst bei der Planung und beim Einkauf. Außerdem stehst Du bei dringenden Problemen während des eigentlichen Heimwerkelns als SOS-Service zur Verfügung. Als Berater mußt Du lediglich in Kleinanzeigen investieren. Um das Geschäft abzurunden, kannst Du nebenbei noch Werkzeuge vermieten.

Hausmeister-Service 821

Das Hausmeisterdasein hat heutzutage nichts mehr damit zu tun, in einem grauen Kittel herumzulaufen und die Bewohner aufzufordern, die Schuhe abzustreifen. Gerade für große Bürohäuser werden Hausmeister gesucht, die eine technische Rundumbetreuung anbieten.
Deine Geschäftsidee: Du offerierst Eigentümern von Bürogebäuden einen Rundum-Pflege- und Wartungsvertrag. Der beinhaltet Betreuung der Büros, Wartung von Lüftung, Heizung, Aufzügen, Sicherheits-

und Kommunikationstechnik. Keine Angst: Das heißt nicht, daß Du auf allen Gebieten ein absoluter Fachmann sein mußt. Du beauftragst für die jeweiligen Aufgaben Fachbetriebe. Für den Hausbesitzer und die Büromieter bist jedoch Du der Ansprechpartner – und das sieben Tage die Woche. Alle Mieter wissen es zu schätzen, wenn es bei Problemen jedweder Art nur eine Kontaktperson gibt, die sich sofort und kompetent der Mißstände annimmt.

822 Hochzeits-Service

Die Zeiten werden wieder romantischer. Was früher kurz und nüchtern auf dem Standesamt abgewickelt wurde, wird heute wieder mit großem Pomp gefeiert. Heiraten ist wieder in. Und der schönste Tag im Leben soll natürlich etwas Besonderes sein. Doch viele Brautpaare haben keine Erfahrung mit der Organisation großer Feste.
Deine Geschäftsidee: Du organisierst Hochzeiten. Wenn Du dabei mit etwas Besonderem aufwarten kannst, wird sich der Service bald herumsprechen. Denn gerade, wenn es ums Heiraten geht, greifen die Leute gern etwas tiefer in die Tasche. Schließlich wollen sie es – so hoffen sie – ja nur einmal im Leben tun. Am besten lieferst Du Fix-und-fertig-Paketlösungen, die sich dann individuell erweitern und verändern lassen. Zu Deinem Angebot gehören die Hochzeitskutsche, der schnittige Sportwagen oder der edle Oldtimer für die Fahrt in die Kirche; außerdem das Festzelt, der rustikale Rittersaal oder das exklusive Schloßrestaurant. Du sorgst für das Unterhaltungsprogramm, von der volkstümlichen Bauernhochzeit bis zur Erlebnishochzeit mit Fallschirmsprung und Gauklern. Der Vorteil bei diesem Geschäft: Du brauchst lediglich Organisationstalent und ein paar Mark für die Anfangswerbung. Sonst hast Du keine Investitionen, weil Du natürlich alles, was Du brauchst, selber mietest.

823 Hometrainer

In den USA wächst die Zahl der Fitneßtrainer, die ihre Kunden zu Hause besuchen und betreuen. Eine Welle, die auch nach Deutschland schwappen wird. Vielen ist nämlich der Gang ins Fitneß-Studio zu umständlich oder schlicht unangenehm. Also bestellen sie einen Trainer

nach Hause, der ein individuelles Sportprogramm entwickelt und die Übungen mit den Kunden zusammen macht.
Voraussetzung für den Job ist natürlich absolute körperliche Fitneß. Zudem brauchst Du eine Grundausstattung an Fitneßgeräten wie Hanteln, Springseile, transportable Stairmaster und Trimmräder. Außerdem brauchst Du medizinische Grundkenntnisse, um die Belastbarkeit Deiner Kunden richtig einschätzen zu können. Du kannst Dein Angebot auch mit Sportschulungen verbinden, indem Du Kurse und Beratungen anbietest und Deinen Kunden Sportprogramme maßschneiderst – etwa zur Gewichtsreduzierung oder Rehabilitation. Bei Deiner Rundumbetreuung richtest Du Dich natürlich nach den individuellen Kundenwünschen und machst Programme für die jeweils gewünschte Sportart – ob Schwimmen, Laufen oder Gymnastik.

Ideengeber **824**

Gags und witzige Sprüche – die Hersteller von Fernsehfilmen oder -Shows brauchen sie wie tägliches Brot. Was etwa Harald Schmidt so lässig von sich gibt, das stammt meist nicht von ihm, sondern von Ideen-Austüftlern im Hintergrund. Vielleicht besitzt Du viel Phantasie und vermagst trockene Meldungen aus Politik, Wirtschaft und dem Tagesgeschehen durch gute Kombinationsgabe in einen sarkastischen oder witzigen Satz zu bringen. Sammle mal das, worüber die Menschen im Fernsehen lachen, und dann versuche Dich mal dran. Hier wird bestens bezahlt. Besonders für Einfälle zu »Danke – Anke«. Aber auch Prominente brauchen immer wieder pfiffige Ideen, um populär zu bleiben.
Als eine kleine Schneiderin einem unbekannten Starlet vorschlug, ihr Kleid aufzuschlitzen und es mit großen Sicherheitsnadeln so zusammenzuhalten, daß viel nackte Haut zu bewundern war, wußte nach einer kleinen Gala die ganze Welt, wer Liz Hurley war. Natürlich war dafür eine reizvolle schlanke Figur die Voraussetzung, daß die Pressefotografen nicht genug Aufnahmen von ihr schießen konnten, um die sich später Magazine und Zeitschriften rissen. Wie Du zu einer schlanken und attraktiven sportlichen Figur kommst, das sage ich Dir unter ➤ Rz 677. Das ist die beste Voraussetzung dafür, Erfolg zu haben.

825 **Info-Broker**

Als solcher nutzt Du weltweit das Internet und die etwa 9000 Datenbanken, um für potente Auftraggeber schnellstmöglich Informationen und Daten zu finden oder Wissensfragen zu beantworten. Da will z. B. einer wissen, wo die meisten Kosmetika verkauft werden oder wer konkave Nagelfeilen oder pfiffige und seriös aussehende Schlüsselanhänger herstellt. Oder welchen Umsatz ein neuer PC erzielt. Oder ich als Verfasser will wissen, welches die leistungsstärkste Schweizer Lebensversicherung ist. Gut ist es da, wenn Du ein Aufbaustudium dafür an der Uni Konstanz hinter Dir hast. Oder ein As im Computerbereich bist. Als selbständiger Info-Broker kannst du pro Recherche bis zu 1000 Mark fordern.

826 **Infodienst**

Zieh einen Informationsdienst auf! Such Dir einen Leserkreis, für den es noch keinen Infodienst gibt (z. B. »Duplex – vertrauliche Mitteilungen für Bisexuelle«, »Okkulta – Blätter der Grenzwissenschaften«) oder mach den etablierten Diensten Konkurrenz.
Das beispielsweise kannst Du anbieten:
Brauchst Du einen Paß aus Costa Rica …
… oder einen Führerschein aus Indien, einen Doktor-(Professor-)Grad made in USA, eine Aufenthaltsgenehmigung für die steuermilde Schweiz, eine Briefkastenfirma in Panama, einen Adelsbrief aus San Marino, einen Konsultitel aus Monaco, eine Fernscheidung aus der Dominikanischen Republik, ein Kfz-Steuer-freies Autonummernschild aus Andorra, eine um 80 Prozent billigere Krankenversicherung aus Italien, eine Zweitstaatsbürgerschaft aus Honduras, einen 2,2%-Zins-Kredit aus dem Libanon, einen Numerus-clausus-freien Studienplatz für Deinen Filius in Deutschland? Oder möchtest Du einen heißen Tip, wie Du Dich sofort ohne einen Pfennig Eigengeld selbständig machen und in kürzester Zeit die erste Million verdienen kannst? Interessiert Dich ein diskretes Nummernkonto im Schwarzgeld-Paradies Kleinwalsertal, eine garantiert pfändungssichere Geldanlage in Antiquitäten, Brillanten, Immobilien oder eine Juso-freie Zukunft in der sonnigen Karibik?

Vielleicht spähst Du aber lieber eine konkurrenzfreie Nische aus. Achte bei der Suche darauf, wie viele Leute sich voraussichtlich für Deinen Dienst interessieren könnten. Ein in der Schweiz erscheinender Brief ausschließlich über Gold scheiterte, weil das Thema Gold allein einfach zu wenig Leute anzog.

Andererseits: Wenn sich Dein Brief an einen zu großen Interessentenkreis wendet, kann es auch wieder falsch sein. So mußte ein Ende der siebziger Jahre mit viel Vorschußlorbeeren angekündigter »Fitneß-Brief« sein Erscheinen bald wieder einstellen, obwohl Fitsein und Gesundheit doch eigentlich jeden Menschen angehen. Aber offenbar jeden auf spezielle Art – der eine muß auf sein Gewicht achten, ein anderer hat's mit Diabetes, ein dritter leidet an Krebs oder zumindest an Krebsphobie. Was nicht der Fall wäre, würde er das Gesundheitsbuch des BUND FÜR GESUNDHEIT zur Vorsorge bei sich im Hause haben (➤ Rz 677). Wahrscheinlich wären ein »Spezialdienst für die schlanke Linie«, ein »Kurier für Zuckerkranke« und ein »Kampf-dem-Krebs-Brief« jeder für sich allein von mehr Erfolg gekrönt gewesen. Hier hast Du ein paar Anregungen für weitere Marktlücken unter Berücksichtigung des oben Gesagten:

- »Der Maklerbrief – Vertrauliche Informationen für makelnde Berufe«. Zielgruppen: Immobilien-, Finanz- und Ehemakler im deutschsprachigen Raum. Thematik: Juristische Tips für Makler (Grundsatzurteile usw.), Steuerrecht, Standesrecht (Warum darf ein RDM-Makler trotz hoher Aufwendungen bei Nichtzustandekommen eines Kaufabschlusses keine Gebühren nehmen?), politische Tendenzen (Maklerfeindlichkeit linker Kreise), Verbandsquerelen (Wie sich RDM und VDM hinter den Kulissen bekämpfen), Tratsch aus der Maklerbranche usw.
- »Droschkenpost – Branchenmitteilungen für das Mietwagengewerbe«. Leser also: Taxi- und Mietwagenunternehmer, -fahrer, -verbände. Themen: Tricks und Tips (Welche Lokale zahlen Schlepperhonorar?), Juristisches, Taxibörse (Was kostet eine Taxilizenz in Hamburg?), Polemik (Wann endlich Todesstrafe für Taximörder? Oder: Warum noch keine Lynchjustiz für aufmüpfige Fahrgäste?), das Neueste vom permanenten Konkurrenzkampf zwischen Taxis und Mietwagen und natürlich Insidergerüchte.

- »Zweites Bein – Exklusivkorrespondenz für Auslandsorientierte«. Inhalt: weltweite Reise-, Langzeiturlaubs- und Auswanderungshinweise; Investmentmöglichkeiten ohne Grenzen, Quellen für Blitzeinbürgerung und/oder Zweitpaß sowie entsprechende Preisvergleiche; Auslieferungsbedingungen international. Jedoch: Olle Kamellen darfst Du hier nicht bringen, da das gleiche Thema auch von Allround-Infobriefen immer mal wieder beackert wird. Der kreative Nachrichtenbeschaffer freilich wird stets sein Lesepublikum haben.
- »Deutscher Studienplatz-Tauschdienst«. Zu Behandelndes: Rechtsprechung in Sachen Studienplatz, Erfahrungsaustausch betr. Spezialanwälte. Vor allem aber: Studienplatzgesuche, -angebote und -tauschwünsche. Hintergrund: Alljährlich werden zigtausend Studienplätze in Deutschland neu gesucht, Tausende getauscht und einige wenige gegen Cash verkauft. In den Anzeigenspalten der

> Studienplatztausch
> Su. Mü. Med. 3. Vorkl. Biete Würzb. +
> Wertausgleich. Tel.: . . . . . .

  Tageszeitungen gehen solche Inserate häufig unter, oder allzu eindeutige Formulierungen (»Verkaufe meinen Medizin-Studienplatz in München an den Meistbietenden«) werden von pingeligen Anzeigenleitern nicht angenommen. Ein Fachblatt ausschließlich als Studienplatzbörse wäre die Lösung. Bitte keine Skrupel: Gerade die Väter notendurchschnittsschwacher Möchtegern-Studiker verfügen über ausreichend Knete, um auch saftige Abogebühren zu bezahlen!
- »Der Strich – erster und einziger Fachbrief des ältesten Gewerbes der Welt.« *(Pecunia non olet!)* Die Leser: Prostis, Intimmasseusen, Zuhälter, Besitzer und Pächter einschlägiger Betriebe. Und – last not least – lüsterne Normalbürger, die gern mal hinter die Kulissen schauen. Und Hausbesitzer, die an Fotomodelle Wohnungen vermieten. Das sollte u. a. drinstehen: Rechtsberatung (Wieviel Miete darf/soll ich meinen Damen abnehmen? Lohnt ein Prozeß gegen die Gesundheitsbehörde?), Insider-Gewäsch (Achtung, Springmesser-

Ede ist sein Pferdchen abgehauen, für Wiederbeschaffung werden 50 Kilo bezahlt), Kontaktanzeigen. Sehr wichtig auch: Geldanlage- und Steuerratschläge.

Ferner: »Mitfahrer International« (Pkw-, Lkw-, Flug- und Schiff-Mitfahrerangebote sowie Gesuche); »Laufsteg & Kamera« (Lesestoff für Möchtegern-Models); »Herpes-Partner« (Kontaktvermittlung von Herpesinfizierten – Idee aus den USA); »Risikokapital-Dienst« (Beteiligungs-Börse); »Akademiker-Digest« (Prof.-Nachweis an ausländischen Unis).
Der Verfasser hat obige Tips aus dem Buch von Gerhard Kurtz hier stilgerecht zubereitet:
»Millionär per Post« aus Kurtz Successors (Geschäftsführung) BCM 3557, London WC 1N 3XX. Wer nähere Einzelheiten zu diesem Tip wissen will und wie man Versandhandelsexperte werden kann, der fordere von dort ein Info an.

Internet-Café 827

Alle reden über das Netz der Netze, das Internet. Viele würden das sogenannte Netzsurfen auch gern ausprobieren, doch dazu fehlt es ihnen an technischen Möglichkeiten und natürlich an Erfahrung. Internet-Cafés schließen diese Lücke. Hier können Besucher bei einer Tasse Kaffee oder einem Glas Bier gemütlich am Bildschirm sitzen und unter fachkundiger Leitung durchs Internet surfen.
In einigen Großstädten gibt es – meist in Uninähe – schon solche Angebote. Da das Internet aber mittlerweile nicht nur Computerfreaks mit Informatik-Ambitionen, sondern auch Otto Normalverbraucher interessiert, hat ein solches Café auch in jeder Kleinstadt beste Erfolgschancen. Der Schwerpunkt liegt dabei weniger auf der gastronomischen Seite. Es reicht oft, wenn Du Getränke und ein paar Kleinigkeiten zum Essen anbietest. Wichtig sind die richtige Ausstattung mit Computern und genügend Anschlüsse an das Netz, damit auch mehrere Kunden auf einmal surfen können.
Abgerechnet wird im 10-Minuten-Takt. Der Kunde zahlt für jede angefangene Zeiteinheit, ähnlich wie in einem Parkhaus. Du kannst auch

eine Pauschale verlangen. Voraussetzung ist allerdings, daß Du Dich selber mit dem Internet auskennst. Falls dem nicht so ist, solltest Du auf jeden Fall eine entsprechende Fachkraft einstellen. Versuch es mal beim Studenten-Service. Junginformatiker leisten gute und billige Dienste. Neben einem Ladenlokal brauchst Du etwa fünf Computer. Mindestinvestition für die Hardware: 20000 Mark.

828 Intranet-Designer

Heutzutage arbeitet jede Firma, jedes Unternehmen mit vernetzten Computersystemen. Also: Überall, wo mehr als zwei Computer stehen, wartet Arbeit auf Dich. Du richtest für Unternehmen Netzwerke ein, installierst die entsprechende Software, hilfst natürlich, das Netzwerk up to date zu halten, und schulst die Mitarbeiter. Du mußt alle Betriebssysteme aus dem Effeff kennen, außerdem Datenbankprogrammierung beherrschen und auch etwas von Informationslogistik verstehen.

829 ISDN-Software-Entwickler

Telefonieren hat heute nichts mehr mit den guten alten Fernsprechern zu tun. Die Superleitung ISDN muß es schon sein. Aber wie so oft, bringen Neuerungen auch Probleme. Rede mit Deinen Freunden und Bekannten, die auf ISDN umgestellt haben, und Du wirst sehen, daß jeder kleine Schwierigkeiten damit hat. Die Anlagen sind nämlich gar nicht so leicht zu durchschauen. Insbesondere große Unternehmen, die große Telefonanlagen auf ISDN umstellen, kommen ohne kompetente Beratung nicht aus. Das ist eine gute Existenzgründungsschance für alle, die sich mit Kommunikationstechnologie auskennen. Außerdem brauchst Du einen guten Marktüberblick über alle technischen Angebote von der ISDN-Anlage bis zum Endgerät. Für Deine Kunden schneiderst Du dann Konzepte nach Maß.
Die Anfangsinvestitionen sind fast null. Alles, was Du brauchst, ist ein Telefon und ein bißchen Werbung in den regionalen Medien.

Kinderbedarfsartikel aus zweiter Hand 830

Kinder kosten Geld. Junge Familien können ein Lied davon singen. Entsprechend oft werden die Kindersachen weitergereicht, an Freunde und Bekannte, Nachbarn und Kollegen. Der private Tauschhandel floriert, doch längst bekommt nicht jeder, was er braucht. Wer mit einem professionell aufgezogenen Secondhand-Laden für Kinderklamotten Tauschlücken schließt, hat gute Geschäftschancen. Neben Jäckchen und Stramplern sollte das Sortiment auch Kinderbedarf wie Kinderautositze, Laufställe, Kinderwagen, Kinderstühle und Wickelkommoden beinhalten. Auch für die Kleinsten gibt es inzwischen Designer-Klamotten. Diese teuren Einzelteile finden via Secondhand besonders guten Absatz. Du solltest also auf jeden Fall darauf achten, daß Du außergewöhnliche Stücke anbietest.
Als Einsteiger bietet Dir die Idee eines solchen Secondhand-Shops den Vorteil, daß Du mit geringem Startkapital auskommst. Denn: Teure Einzelstücke – etwa die besagten Designer-Klamotten – kaufst Du nicht sofort, sondern nimmst sie in Kommission. So gehst Du keine größere finanzielle Verpflichtung ein.

Kinderbetreuungsstation 831

Ob es sich um einen kurzfristigen Geschäftstermin handelt, der plötzlich wahrzunehmen ist, oder ob ein Babysitter plötzlich absagt: Wo bekommen Eltern jetzt auf die Schnelle einen verläßlichen Aufpasser für den Nachwuchs her? Die Kinderbetreuungsstation vermittelt – nicht nur für Notfälle – erprobte Fachkräfte. Variante eins: Kontakt zu privaten Kunden, also Eltern, die sporadisch einen Babysitter suchen. Eine zweite Variante ist die Vermittlung von Kindergartenplätzen oder Tagesmüttern an Firmen, die für ihre Mitarbeiter auf der Suche sind. Das Ganze funktioniert wie ein Klub: Die Kunden (Eltern bzw. Firmen) zahlen einen Jahresbeitrag und nehmen die Vermittlung in Anspruch, sooft sie wollen. Eine der Hauptaufgaben ist jedoch der Aufbau eines »Babysitter-Pools« – Betreuer, die langfristig mitarbeiten. Von ihnen erhält man dann eine Provision auf Stundenbasis.
Wie Du an Aufträge rankommst: Aushänge in Kindergärten, bei Kin-

derärzten, Fachgeschäften für Kinderbekleidung; größere Unternehmen anschreiben.

832 Kindernachtstätte

Wenn Eltern mal wieder richtig ausgehen oder bis spät in die Nacht arbeiten, dann müssen oft Großeltern oder gute Freunde einspringen. Doch was, wenn diese nicht in der gleichen Stadt wohnen oder keine Zeit haben? Dann hilft die Kindernachtbetreuerin – die Alternative zur Kindertagesstätte: Hier übernachten die Kids, bis die Eltern sie am nächsten Morgen wieder abholen. Vorlesen, spielen, Kinderlieblingsspeisen kochen – ein Allround-Service, ideal für alle, die selbst Kinder haben.
Du brauchst dazu: Gewerbeschein; große Wohnung; Spaß am Umgang mit Kindern. Ab drei Kindern: Pflegeerlaubnis vom Jugendamt, polizeiliches Führungszeugnis. Spielzeug; Kinderbetten; kindgerechte Snacks. Frage beim Jugendamt nach. Dort gibt es auch Informationsseminare für Kinderpflege. Außerdem: Aushänge in Kindergärten, Schulen, bei Kinderärzten, in Kinderboutiquen usw.

833 Koch-Service

Aus einer persönlichen Leidenschaft kannst Du auch ein gutes Geschäft machen: Indem Du Deine Kochkunst vermietest. Im Gegensatz zum üblichen Party-Service kommt der Mietkoch ins Haus des Auftraggebers – sei es nun ein Privathaushalt oder ein Unternehmen – und kocht für die Gäste. Mietköche werden vor allem bei Geschäftsleuten immer beliebter, die ihre Geschäftskunden in häuslicher Atmosphäre verköstigen wollen. Aber auch für die kleine Privatparty mit ein paar Freunden wird diese ausgefallene Variante der Bewirtung immer beliebter.
Voraussetzung: Zum einen mußt Du natürlich wirklich gut kochen können. Außerdem fällt meistens auch die Bedienung am Tisch in Deinen Aufgabenbereich. Also brauchst Du auch gute Umgangsformen und ein geschicktes Kellner-Händchen. Du mußt Dich für diese Tätigkeit beim Gewerbeamt anmelden und brauchst ein Zeugnis des Gesundheitsamts. Der Vorteil dieser Geschäftsidee: Du hast praktisch keine Anfangsinvestitionen.

Koffergeschäfte 834

»Gut beraten – zu Hause gekauft« – nach dieser Methode machen reisende Außendienstler ihren Gewinn. Sie verkaufen im Auftrag von Handelsfirmen auf eigene Rechnung Produkte aller Art.
Deine Geschäftsidee: Wenn Du gut mit Menschen umgehen, im Gespräch überzeugend Deine Argumente vertreten und den Nutzen eines Produkts herausstellen kannst, ohne daß sich dies nach plattem Anpreisen anhört, dann wirst Du Dich als selbständiger reisender Verkäufer sicher gut etablieren. Handelsfirmen und Hersteller suchen immer händeringend gute Außendienstverkäufer. Viele Firmen bieten Newcomern erst einmal eine kostenlose Schulung in Sachen Verkaufsgespräch an. Informationen, welche Betriebe Verkäufer für welche Bezirke suchen und welche Waren an den Mann gebracht werden sollen, gibt es bei Deiner zuständigen Industrie- und Handelskammer.

Kofferverleih 835

Die Idee kommt aus Japan: Koffer nicht kaufen, sondern pumpen. Auf den ersten Blick scheint das recht kurios. Doch bei näherem Hinsehen spricht nichts dagegen, daß sich dieses Geschäft auch in Deutschland durchsetzen wird. Immer mehr Bundesbürger geben immer mehr Geld für ihren Urlaub aus. Und wer hat schon für jede Gelegenheit den passenden Koffer? Eine Neuanschaffung etwa von flugtauglichen Gepäckstücken kann die Urlaubskasse extrem belasten. Wer Eindruck schinden will, reist auch gern mit einem passenden Kofferensemble. Und wer nicht oft mit der feinen Geschäftsgarderobe verreist, für den ist die dauerhafte Anschaffung eines sogenannten Kleidersacks nicht sinnvoll.
Grundvoraussetzung für ein florierendes Verleihgeschäft ist eine wirklich gute Ausstattung mit Koffern jeglicher Größe und Couleur. Mit anderen Worten: Du mußt schon etwas in die Erstausstattung investieren. Als Standort eignet sich besonders gut die Nähe eines Reisebüros.

836 Krawattenladen

Als Franchise-Geschäft unter dem Namen Tie-Rack gibt es Spezialgeschäfte für Krawatten schon seit einiger Zeit – und das mit großem Erfolg. Doch auch der ganz individuelle Krawattenladen hat Konjunktur. Exklusive Einzelstücke, handbemalt oder bestickt, finden reißenden Absatz. Wer modisch kreativ ist, Seidenmalerei beherrscht und dazu noch genug guten Geschmack hat, um auch Krawatten fremder Hersteller stilsicher einzukaufen, kann damit gutes Geld verdienen. Sei es mit einem eigenen Laden oder als Zulieferer von exklusiven Herrenboutiquen. Ganz wichtig ist hier der Standort – denn nicht jedes Käuferpublikum ist bereit, mehr als 50 Mark für eine Krawatte hinzulegen. Es sollte schon eine Stadt mit modebewußtem Publikum sein, das großen Wert auf individuelle und hochwertige Kleidung legt.

837 Künstler in Sachen Papierschneiden

Trick

Der Supertrick
für scharf Hinschauende

Ungeahnte Geldschwemme durch künstlerisches Arbeiten! Für diesen Klasse-Job mußt Du allerdings ein paar Monate fleißig üben. Dafür wirst Du aber mit viel Freude und einer Höchst-Stundenvergütung belohnt. Paß gut auf: Du schneidest Dir zuerst einmal alte Zeitungen in Postkartengröße aus und legst Dir ein paar große Stapel davon auf den Tisch. In einem Messer- und Scherenfachgeschäft – evtl. auch in einer guten Drogerie – erwirbst Du eine erstklassige Solinger Schere, deren Schenkel eine Länge von etwa 10 cm besitzen.

Und nun kann's losgehen:
Als Rechtshänder setzt Du neben Dich ein Profilbild Deiner Partnerin, rechts liegt das Zeitungspapier griffbereit. Und nun ziehst Du davon Blatt für Blatt ab, um das Profil auf dem Foto in das Papier zu schneiden. Am Hals der Dame unten fängst Du an. Das Papier dreht sich dabei mehr als die Schere! Verzweifle nicht, wenn Du in den ersten Tagen nur

so was wie verbeulte Coladosen- oder verlaufene Camembert-Profile hinzauberst. Übung macht den Meister! Dann nimmst Du Dir nach und nach die Gesichter Deines Kindes und Deiner Eltern vor.
Ich selbst schaffte es schon nach sieben Wochen des Übens ganz leidlich – nur am Nacken hinten auf gleiche Höhe des Kinns anzukommen, damit hab' ich noch Schwierigkeiten. Du siehst: Du mußt kein professioneller Porträtmaler sein – Du mußt nur üben, üben, üben. Du hast da vielleicht auch mehr Zeit dafür als ich, weil Du nicht ständig Bücher verbessern mußt. Hier einige Anregungen aus der Zeit meines Hobbys als Scherenschneider:

So, und nun wird's ernst, wenn Du das Gefühl hast, ich bring' eine ziemlich genaue Ähnlichkeit des Fotos oder des lebenden Modells zustande. Wichtig: Schneide immer die Augenwimpern als eine schmale Lippe zurecht, auch wenn das Vorbild kleine, nicht sehbare besitzt. Das bringt Leben herein! Und Brillenbügel und -gläser müssen als schmale weiße Schnitte erscheinen. In alten Liederbüchern oder dergleichen findest Du genügend Anregungen. Kauf Dir in einem Schreibwaren- oder Hobbybedarf-Geschäft 2000 Bogen schwarzes 70-g-Papier, DIN A5, und zwar einmal gefalzt. Dann kannst du mit einem Schnitt gleich zwei Scherenschnitte auf einmal fertigen. Nimm Schere und ein paar Bögen mit, wenn Du zu Partys oder zu Freunden und Bekannten gehst. Bald wirst Du dort Hahn im Korb sein oder viel Gelächter ernten, wenn Deine Scherenschnittprofile mehr Vogel- und Hasenköpfen als den Leuten gleichen.
Fällt deren Urteil über Deine Scherenschnittkünste aber positiv aus, dann begib Dich mit einem kleinen Klapptisch bewaffnet auf Flohmärkte, Jahrmärkte, Messeveranstaltungen oder in Kaufhäuser. Wo Du natürlich vorher die Veranstalter oder Chefs fragen wirst, ob man es Dir erlaube, dort zum Spaß der Besucher Deine Kunst zu zeigen. Ja, so wirst Du es machen, denn nun bist Du in der Tat zum Künstler emporgewachsen.
Ist doch wunderbar, oder? Und das nur durch dieses Buch hier, welches Dich nicht mal einen Zwanziger gekostet hat. Und den holst Du Dir doppelt und dreifach zurück, wenn Du Dir auch noch meine Steuertricks zulegst und Dich vor den Racheengeln des Finanzamts – Betriebsprüfung und Steuerfahndung – schützt. Und Dich darüber informierst, bevor sie bei Dir auf der Matte stehen.

GUTER RAT: Eh ich's vergesse: Wenn Du mit Deiner Kunst unters Volk gehst, brauchst Du noch leichte, aufklappbare Papptaschen, in welche Du die zwei Scherenschnitte wie in einen kleinen Rahmen einschieben kannst. Worin längliche Ellipsen ausgestanzt sind, was dem Schnitt dann eine nostalgische Wirkung gibt. Und so die Zwanziger dafür nur so ans Fließen bringt, die Du den Kunden dafür abnimmst …

Läuft das erst einmal, kannst Du Dir auch kleine Holz- und Goldrähmchen besorgen – wofür den Porträtierten ein Fünfziger nicht zuviel ist. Wenn Du gleich eine ganze Familie zusammen »profilieren« willst, klebst Du die einzeln gefertigten Schnitte mit kleinem Abstand nebeneinander. Willst Du mehr über die Technik wissen, so besorge Dir das preiswerte Büchlein »Schön geschnitten« beim Frech Verlag oder das teurere »Scherenschnitte, Schattenbilder, Porträts« vom Bruckmann Verlag.

Und wenn Dir das nicht gelingt: Von Abbildungen etwas nachzuzeichnen geht einfacher. Auf die Haut der Spleenigen, die sich tätowieren lassen wollen. Ist ja mal wieder »in« …

Lackpflege für Nobelkarossen 838

Das Auto ist und bleibt des Deutschen liebstes Kind. Vor allem Nobelkarossen erfreuen sich wachsender Beliebtheit. In mancher Garage verbergen sich wahre Schmuckstücke, vom schnittigen Ferrari über den edlen Jaguar bis zum Rolls-Royce. Ein echter Autoliebhaber will seinem guten Stück auch die beste Pflege angedeihen lassen.
Deshalb schreiben Spezialisten für Lack- und Autopflege seit Jahren solide Umsatzzahlen. Sie bieten Spezialbehandlungen für den Lack an, reinigen schonend Polster und polieren die Chromteile. Die Politur ist selbstverständlich auf die alten Lacke abgestimmt. Kunden für einen solchen Service finden sich per Inserat oder Handzettel in Villengegenden. Aber auch Autohändler, die sich auf Edelfahrzeuge spezialisiert haben, nehmen einen solchen Dienst von Dir gern in Anspruch.

Ladeneröffnung – wer gehört zu wem? 839

Die scheinbare Vielfalt täuscht: In Wirklichkeit gehören die vielen Super- und Baumärkte, Discounter und Warenhäuser zu einer kleinen Vereinigung mächtiger Handelsgruppen. Du erkennst: Im Lebensmittelhandel hast Du keine Chance.

Handelsgruppe	**Warenhäuser**	**Verbrauchermärkte**	**Supermärkte**	**Discountmärkte**	**Baumärkte**
Metro/Asko	Real, massa, Huma, Kaufhof, Horten, Kaufhalle	Meister, Primus, Extra, Kaufhalle	Schätzlein, Comet	Tip	Praktiker
Rewe	Toom, Jumbo	Eins A, Globus, Rewe Center, Minimal	HL, Düsseldorfer Supermarkt, Stüssgen, R-Kauf, Kontra, Direkt	Penny, Netto	Toom, Jumbo, Groka
Edeka	Kaufmarkt, Marktkauf, Big, Zentralkauf, Ceka	1a Discount, E-Center, Edeka, Super 2000, neukauf, Dixi, Helco	Helco, Allfrisch, Condi, Nanz, Edeka aktiv, Delta, Ideal	Preisgut, Preisfuchs, NP-Markt, Treff	Herkules, Dixi
Aldi	–	–	–	Aldi	–
Karstadt/ Hertie	Karstadt, Hertie, KaDeWe, Alsterhaus, Bilka	–	–	–	–
Tengelmann	Magnet, Rudis Mini-Kaufhaus	Magnet, Grosso	Gubi, Kaiser's, Accos, Tengelmann	Plus, LeDi, Mini Discount, Rudis Reste Rampe	OBI
Lidl & Schwarz	Kaufland	Concord, Handelshof	–	Lidl	Hauser
Spar	Interspar, HZ Einkaufszentrum	Eurospar, Attracta, Franka, Interkauf	Spar, Frischmarkt, Bolle	Netto, Bonus, prima, Kodi	–

(Quelle: *DM*)

840 Lampenladen

Marktforschungsinstitute erforschen jedes Jahr, was sich besonders gut verkauft. Die Ergebnisse sagen Dir, womit Du in den nächsten Jahren gut Geld verdienen kannst. Besonders große Wachstumschancen sagen Marktforscher dem Leuchten- und Lampenhandel voraus. Modernes

Design und viele technische Neuerungen rund ums Lichtmachen machen den Lampenhandel sehr lukrativ. Vor allem, wenn Du auf edles Design und Halogen setzt, hast Du gute Karten. Du brauchst für ein florierendes Geschäft auf jeden Fall ein Ladenlokal in guter Lage mit besten Dekorationsmöglichkeiten. Auf den großen Lampenmessen in Frankfurt und Hannover findest Du viele Hersteller, die ungewöhnliche und neue Produkte für diese Branche anbieten.

Lastenräder-Konstrukteur 841

Fahrradfahren ist in – nicht nur im Freizeitbereich, wo Mountainbikes und Citybikes Verkaufsschlager sind. Auch viele Geschäftsleute haben inzwischen erkannt, daß sich in der Innenstadt leichte Waren weitaus besser mit dem Drahtesel als mit dem Lieferwagen von A nach B transportieren lassen. Leider ist aber nicht jedes Rad für den Transport von Lasten geeignet.
Deine Geschäftsidee: Du produzierst und verkaufst spezielle Lastenräder. Dreirädrige Lastenräder etwa, die mit einem speziellen Container ausgerüstet sind, können durchaus ein Gewicht von 100 Kilo transportieren. Etwas schneller und wendiger, dafür nicht ganz so belastbar, sind die zweirädrigen Modelle, ähnlich denen, die die Post benutzt. Deine potentiellen Kunden – und dies sind vor allem Geschäftsleute, die regelmäßig Waren im Stadtgebiet ausliefern – kannst Du mit einer Wirtschaftlichkeitsrechnung überzeugen: Was kostet ein Firmenwagen inklusive aller Nebenkosten, und was kostet im Vergleich der Lastendrahtesel?

Leasing Secondhand 842

In Deutschland ist die Idee noch neu. Eigentlich ein Wunder, daß nicht früher jemand darauf gekommen ist, denn dieses Geschäft bietet beste Perspektiven: Der Gebrauchthandel mit ausgedienten Leasing-Objekten. Die Computer, Maschinen und Telefonanlagen aus abgelaufenen oder geplatzten Leasing-Verträgen sind in der Regel völlig intakt. Nach einer Reinigung und Wartung lassen sie sich wieder mit gutem Gewinn veräußern. Potentielle Kunden wirst Du dafür leicht finden, weil nicht jeder immer das neueste Modell eines Computers oder einer Maschine braucht, die Geräte gegenüber Neuware aber sehr preisgünstig sind. Lieferantenadressen bekommst Du beim Bundesverband Deutscher Leasing-Gesellschaften (Heilsbachstr. 32, 53123 Bonn, Tel. 02 28/64 88 00).

843 **Logohandel**

Ein ideales Sprungbrett für freie Grafiker ist der Handel mit Firmenlogos. Viele kleine Unternehmen verzichten auf ihr persönliches Markenzeichen, weil es ihnen zu teuer ist, ein Grafikstudio mit dem Entwurf eines Logos zu beauftragen. Hier steckt für Dich als möglicher Grafiker (oder Nachahmer) eine gute Möglichkeit, Dich selbständig zu machen. Du bietest individuelle Firmenlogos an. Dein Angebot ist dabei speziell auf kleine und mittlere Unternehmen zugeschnitten. Als Anfangsinvestition reicht schon ein Computer mit einem guten Grafikprogramm. Das besonders Pfiffige an dieser Idee: es ergeben sich oft größere Nachfolgeaufträge. Wer einmal mit Deinen Diensten zufrieden war, wird sicher gern wiederkommen.

844 **Märchenerzähler**

Der Mietzauberer für den Kindergeburtstag gehört fast schon zum Standardrepertoire jeder Kinderparty. Aus Holland kommt jetzt eine andere Geschäftsidee: der professionelle Märchenerzähler. Es hört sich kurios an, doch der Erzähldienst läuft in den Niederlanden bestens. Umgerechnet verlangt der Märchenonkel auf Abruf pro Geschichte 180 Mark. Wenn Du Geschick beim Erzählen hast, kannst Du diese Geschäftsidee einfach und problemlos ausprobieren, weil sie auch als Nebenjob zu machen ist. Du mußt lediglich Geld für Anzeigen ausgeben. Mit etwas Glück und Geschick

geht es Dir wie Ab Kok, dem Märchenonkel aus dem Land der Windmühlen: Er hat zunächst nur in seiner Freizeit am Wochenende seine Erzähldienste angeboten. Inzwischen lebt er von dem ungewöhnlichen Job ganz gut.

Massagedienst in der Mittagspause **845**

Büroalltag schlägt auf die Gesundheit. Termindruck, angespanntes Sitzen, stundenlanges Starren auf den Computer, schweres Kantinenessen oder hastiger Imbiß – zweistellige Millionenbeträge gehen der deutschen Wirtschaft jährlich verloren, weil die Belastungen am Arbeitsplatz krank machen. Am meisten leidet der Rücken, aber auch Atemnot, Kopfschmerzen, Schlaflosigkeit und Eßstörungen sind die Folgen der täglichen Strapaze.
Die Lösung: Entspannung als Gesundheitsvorsorge in der Mittags- oder sonstigen Arbeitspause (Massage, Meditation, Atemtechnik, Haltungstraining – und das ganz bequem am Arbeitsplatz).
Dein Unternehmenskonzept: Du bietest Deine Dienste als Heilpraktiker, Masseur, Jogalehrer o. ä. direkt in der Firma an. Viele Unternehmen haben inzwischen erkannt, daß es sich lohnt, in Gesundheit und Wohlbefinden der Mitarbeiter zu investieren, und sind wahrscheinlich

bereit, einen Teil des Honorars zu übernehmen. Wo es auf Kreativität ankommt (in Werbeagenturen u. ä.), müßte Dein Angebot eigentlich besonders gefragt sein – Verkrampfungen blockieren Ideen.
Die Einkommensaussichten hängen natürlich stark davon ab, wie viele »Mittagspausen« Du an einem Tag schaffst, also wie flexibel die Firmen beim Einräumen von Erholungspausen sind. (Aber vielleicht kannst Du bald einen fleißigen Ausländer als Aushilfe dazuholen.)
Das Honorar orientiert sich daran, wieviel die entsprechende Leistung in einer privaten Praxis kostet.
Startkapital: Werbe- und Ausrüstungskosten; Masseure müssen ein paar hundert Mark in einen zusammenklappbaren Massagestuhl oder -tisch investieren.

846 **Mediendesigner**

Wann hast Du zuletzt eine Werbeanzeige gesehen, auf der nicht der Zusatz stand: »Besuchen Sie uns auf unserer Homepage«? Sogar Privatleute leisten sich den persönlichen Internetauftritt. Aber die vielen bunten Seiten muß schließlich irgend jemand gestalten. Als freier Mediendesigner wirst Du alle Hände voll zu tun haben. Du organisierst den gesamten Internetauftritt für Deine Kunden. Das beginnt beim grafischen Entwurf der Seite bis hin zur Bereitstellung im Netz.
Dazu mußt Du kein Allround-Genie sein. Du mußt lediglich die Fäden zusammenhalten und die Arbeit von freien Grafikern, Textern und Programmieren zusammenzufügen. Das Geschäftspotential für Mediendesigner ist riesig.

Medikamenten-Service **847**

Jeder kennt das Problem: Man schleppt sich sterbenskrank zum Arzt und muß dann mit dem Rezept zur Apotheke laufen, wo man mit Glück das Medikament sofort bekommt. Meist jedoch muß der Apotheker bestellen, und man muß trotz Krankheit den Weg ein zweites Mal auf sich nehmen.
Deine Geschäftsidee: Du machst einen Medikamenten-Kurierdienst auf. In Arztpraxen und in Apotheken hängst Du Dein Angebot aus. Das Prozedere: Der Patient läßt beim Arzt das Rezept – Du holst es von dort ab (von anderen auch) und besorgst das Medikament, was Du dann umgehend beim Kranken zu Hause ablieferst. Zweite Möglichkeit: Der Apotheker, der das gewünschte Medikament für den Kunden erst bestellen muß, bietet ihm an, die Arznei zu ihm nach Hause zu schikken – mit Deinem Kurierdienst natürlich. Resultat für den Kunden: Er bekommt in jedem Fall das gewünschte Medikament nach Hause geliefert – und das noch am gleichen Tag. Um Diskretion zu gewährleisten, übernimmst Du die Medikamente vom Apotheker in einem versiegelten Beutel und lieferst sie auch so beim Kunden ab.
Dein Verdienst besteht in einer Lieferprovision, die je nach Wegstrecke und Zeitaufwand variiert.

Mietspielzeug **848**

Die Geschäftsidee kommt aus der Schweiz und hat dort großen Erfolg. Sogenannte Ludotheken verleihen Kinderspielzeug von einfachen Legosteinen, Schaukelpferden, Gartenwippen, Modelleisenbahnen bis hin zur Barbie-Ausstattung. Du kannst Deinen Kundenkreis erweitern, wenn Du auch Gesellschaftsspiele für Erwachsene anbietest. So etwas kommt gut an, da die Spiele verhältnismäßig teuer sind und manch einer die relativ kostspielige Anschaffung für einen Spielabend scheut. Bei der Zusammenstellung des Ladenbestands kannst Du eine Menge Geld sparen, wenn Du Testexemplare verlangst.

849 Mitwohnzentrale

In wenigen Wochen fängt der Job an, und noch immer ist keine Wohnung in der neuen Stadt gefunden? Kein Grund zur Panik – wer vorübergehend eine Unterkunft braucht, kann sich an eine Mitwohnzentrale wenden. Sie vermittelt Zimmer, Apartments, Wohnungen und Häuser auf Zeit und sammelt in ihrer Datenbank Hauptmieter oder Eigentümer, die Wohnraum gegen Mietbeteiligung für Wochen, Monate oder sogar Jahre zur Verfügung stellen.
Nötig sind: Gewerbeschein; Maklererlaubnis (beim Kreisverwaltungsamt beantragen); Fachwissen über den Wohnungs- und Vermietungsmarkt; Organisationstalent; kaufmännische Kenntnisse.

850 Möbelverleih

Existenzgründer schaffen sich – wenn sie klug sind – in der Startphase nur das Nötigste an. Die Büro- und Geschäftsausstattung deckt gerade den Grundbedarf. Aber hin und wieder brauchen sie dann doch einen zusätzlichen Schreibtisch für eine Aushilfskraft, mehrere Stühle und einen Konferenztisch für die Besprechung mit einem Kunden oder einen Tageslichtprojektor für eine Präsentation. Für eine einzige Gelegenheit ist die Neuanschaffung zu teuer und einfach unrentabel.
Wenn Du solche Büromöbel verleihst, hast Du gute Umsatzchancen. Gegen eine Mietgebühr stellst Du die entsprechenden Möbel für einen vereinbarten Zeitraum zur Verfügung. Du kannst Dich mit Deinem Angebot auch an Messeaussteller wenden, die in der Regel ihr Mobiliar mieten. Selbstverständlich kannst Du keine alten und abgenutzten Möbel bei Deinen Kunden aufstellen. Du brauchst zum Einstieg also schon ein paar wirklich schicke Büromöbel. Entsprechend mußt Du Deine Anfangsinvestition kalkulieren. Dafür kannst Du Dir einen Geschäftsraum sparen. Du brauchst lediglich ein Lager, zur Abwicklung reicht ein kleines Büro.

851 Mobile Aktenvernichtung

In der mobilen Aktenvernichtung stecken gleich zwei Einnahmequellen. Das Konzept sieht folgendermaßen aus: Direkt vor Ort beim Kunden werden die Akten mit einem leistungsstarken mobilen Reißwolf

vernichtet. Die meisten Unternehmen verfügen nämlich nur über kleine Büroreißwölfe, die allenfalls für einzelne Aktenstücke geeignet sind. Doch mehrmals im Jahr laufen Aufbewahrungsfristen für Geschäftspapiere ab. Dann stehen große Aktenberge zur Vernichtung an, die möglichst schnell zu Papierschnipseln gemacht werden sollen.
Für die Firmen lohnt es sich, Deinen Service in Anspruch zu nehmen, weil sie durch die Aktenvernichtung Stauraum sparen und außerdem nicht extra eine Arbeitskraft abstellen müssen, die den ganzen Tag den hauseigenen Reißwolf füttert. Die Papierreste, die Du entsorgst, kannst Du auch gleich wieder in bare Münze verwandeln, wenn Du sie an einen Altpapierverwerter verkaufst.

Mobiler Imbißwagen 852

Wenn Du Dir nicht zu fein dazu bist, kannst Du Millionär damit werden. Wer Gutes anbietet, zu dem laufen die Kunden von weither. Und wenn Du dann noch auf das Anbieten der nach Chemie und scharfem Essig schmekkenden Beilagen wie Gurken-, Bohnen-, Fleisch- oder Kartoffelsalat aus der Fabrikherstellung verzichtest, dann sollst Du mal sehen, was Du verdienen kannst! Wenn Du nämlich statt dessen etwas aus eigener Herstellung anbietest. Wie z. B. einen mit kleinen gebratenen Speckwürfelchen, feinen Gewürzen und Gurkenscheibchen angemachten Kartoffelsalat. Oder die guten alten, richtig dikken Reibekuchen, in gutem Öl gebacken, in denen viel kleingeschnittene Zwiebel und kein Mehl drin ist. Oder richtige dicke französische Bouletten (Frikadellen, Klopse und wie sie sonst noch genannt werden), die nicht so pappig wie McDonald's-Hamburger schmecken. Die mit viel, viel Zwiebeln, einem Hauch von Muskat und trockenen Brötchen aufgelockert sind. Läuft das bei dir, dann kannst Du bald doppelt soviel backen: indem Du in einen zweiten Wagen (oder festen Stand) eine Angestellte reinsetzt.

853 Nachhilfegeber per Internet

Solange Latein und Mathematik an Schulen unterrichtet wird, gibt es auch Schüler, die Fünfen nach Hause bringen. Dann muß ein Nachhilfelehrer her, damit der Nachwuchs doch noch Abitur machen kann. In der Schusseligkeit der anderen liegt Dein Erfolg. Biete Nachhilfeunterricht per Internet an. Mit Deinem Nachhilfeschüler kommunizierst Du online. Du kannst Dir beispielsweise seine Hausaufgaben per E-Mail schicken lassen und sie korrigiert wieder zurückschicken, Aufgaben stellen oder sogar Vokabeln abfragen.
Mit dem Nachhilfeunterricht per Internet kannst Du schon einen Jahresumsatz von 70 000 bis 80 000 Mark machen. Die Kosten sind dagegen zu vernachlässigen – schließlich fallen die Online-Gebühren laufend.

854 Nähschule

Es gibt kaum eine Frauenzeitschrift, die keinen ausführlichen Nähteil hat. Doch längst nicht jede Frau kommt auch gut mit Nadel und Faden zurecht. Den guten alten Handarbeitsunterricht gibt es nicht mehr. Was tun?
Genau – eine Nähschule gründen. Eine Kölner Schneiderin hat mit dieser Idee großen Erfolg gehabt. Unter den fachkundigen Augen der ausgebildeten Schneiderin können Interessenten ihre eigenen Kreationen zusammensticheln, von der einfachen Schürze bis zum ausgefallenen Abendkleid. Dieses Angebot eignet sich auch wunderbar als Zusatzofferte für Boutiquebesitzerinnen. Als Anfangsausrüstung brauchst Du lediglich einen Raum, das kann auch ein Zimmer neben Deinem Ladenlokal sein, oder Dein Geschäft, wenn es groß genug ist, und ein paar Nähmaschinen.

855 Naturkosmetik zum Selbermachen

Jean Pütz hat vor mehreren Jahren in seiner Hobbytheksendung Naturkosmetik zum Selbermachen vorgestellt. Seitdem greifen immer mehr Verbraucherinnen zu Mörser und Spachtel und rühren sich ihre Cremes selber an. Firmen wie Spinnrad und Colimex haben rechtzeitig den neuen Trend erkannt und sind in das Geschäft mit Rohstoffen für

Naturkosmetik eingestiegen. Doch immer noch bietet diese Branche gute Wachstumschancen. Neben den Grundstoffen für die Kosmetika kann das Verkaufssortiment auch um das notwendige Handwerkszeug wie Spachtel, Rührer, Töpfe und Tiegel erweitert werden.
Eine Variante dieser wirklich guten Geschäftsidee ist der Handel mit selbstgemachten Kosmetika. Du kannst Deinen Kunden beispielsweise anbieten, speziell auf ihren Hauttyp abgestimmte, individuelle Cremes herzustellen. Wenn das Ganze auch noch nett verpackt ist, steht Deinem Geschäftserfolg nichts mehr im Weg. Voraussetzung sind natürlich Kenntnisse im Kosmetikbereich. Wer unerfahren ist, kann sich auch in Seminaren schlau machen, die häufig von Volkshochschulen angeboten werden.
Die notwendigen Anfangsinvestitionen variieren stark und hängen davon ab, ob Du Dich auf Versandhandel, auf Türverkauf oder aber auf Ladenverkauf spezialisieren willst. Beim Ladenverkauf brauchst Du weniger in Deinen Warenbestand als in ein ansprechendes Ladenlokal in guter Lage zu investieren. Gründest Du hingegen einen Versandhandel, mußt Du schon größere Vorräte an Rohstoffen anschaffen, um einen guten Preis rausschlagen zu können.

Naturtextilien **856**

Eine Marktlücke für Existenzgründer mit einem Sinn für Mode sind Fachgeschäfte für Naturtextilien. Der Grund: Die Zahl der Allergiker steigt rapide. Immer mehr Menschen achten deshalb auch bei ihrer Kleidung darauf, daß sie schadstofffrei ist. In Hamburg und Berlin gibt es bereits derartig spezialisierte Boutiquen.

Neben Kleidung kannst

Du auch pflanzlich gegerbtes Leder, Schmuck für Allergiker und die entsprechende Literatur in Dein Sortiment aufnehmen. Wenn Du Dein Geschäft in einer guten Lage eröffnest und Du am Anfang ein bißchen wirbst, kannst Du locker Monatsumsätze von 35 000 Mark und mehr machen. Informationen und Adressen der Hersteller von Naturtextilien bekommst Du in Stuttgart beim Arbeitskreis Naturtextilien (Haussmannstr. 1, 70188 Stuttgart, Tel. 07 11/23 27 52).

857 Netzbroker – Finanzberatung per Internet

Zwei Trends lassen sich in den letzten Monaten beobachten: Immer mehr Leute wickeln ihre Geschäfte per Internet ab. Und immer mehr Leute kaufen Aktien oder investieren in Fonds. Biete solchen Leuten eine Finanzberatung per Internet an. Der Vorteil für Deine Kunden: Sie können zu jeder Tages- und Nachtzeit Deinen Service in Anspruch nehmen. Mit diesem Angebot bist Du fast unschlagbar. Das ganze funktioniert so: Du brauchst zunächst mal eine vernünftige Homepage. Dort bietest Du Informationen zu aktuellen Finanzmarktprodukten. Deine Infos sind natürlich verschlüsselt. Du mußt Dir von Deinem Provider eine Registrierseite einrichten lassen. Deine Kunden können sich dort eintragen und bekommen gegen Zahlung ein Paßwort. Mit diesem Paßwort können sie die guten Tips, die Du zusammengestellt hast, abrufen. Der Vorteil: Die Startinvestitionen sind gering. Du brauchst einen Computer. Der kostet Dich etwa 2000–3000 Mark. Deine Homepage kostet im Monat etwa 300 Mark. Natürlich mußt Du auch in Zeitungen werben. Ich brauche nicht zu erwähnen, daß Du Dich in Finanzdingen auskennen mußt, wenn Du als Finanzberater arbeiten willst. Denn nur mit seriösen und glaubwürdigen Tips wirst Du auf Dauer Kunden halten.

858 Öko-Audit-Berater

Seit Anfang 1995 ist die EU-Verordnung zu Umweltmanagement und Betriebsprüfung für gewerbliche Unternehmen in Kraft. Langfristiges Ziel der Verordnung: Durch standardisierte Abläufe im Betrieb soll die Umweltbelastung durch das produzierende Gewerbe gesenkt werden.

Derzeit ist das sogenannte Öko-Audit zwar noch keine Pflicht, aber viele Unternehmen unterziehen sich dennoch dem Prüfverfahren. Grund: Konsequent angewandt sparen die Öko-Audit-Verordnungen durchaus Kosten im Betrieb, und außerdem läßt sich mit dem werbewirksamen Siegel aus Brüssel das Firmenimage gewaltig aufpolieren.
Deine Geschäftsidee: Du fungierst als professioneller Öko-Audit-Berater. Du organisierst für interessierte Firmen das gesamte Verfahren. Du erfaßt die Betriebsabläufe, erstellst Mängellisten, formulierst die Umweltziele des Betriebs und entwirfst langfristige Strategien. Du sorgst durch Informationsveranstaltungen dafür, daß die Belegschaft aktiv an der Verwirklichung der Umweltziele mitarbeitet. Zu guter Letzt formulierst Du für den Betrieb noch die abschließende Umwelterklärung. Krönender Abschluß Deiner Beratertätigkeit und zugleich der Zeitpunkt, an dem Du Deine Honorarrechnung stellst, ist die Verleihung des Umweltsiegels an den betreuten Betrieb.

Online-Anzeigenblatt 859

Vor einigen Jahrzehnten kamen in Deutschland die ersten Anzeigenblätter auf den Markt, und sie waren die Geschäftsidee schlechthin. Wer damals eingestiegen ist, konnte sich eine goldene Nase verdienen. Jetzt kannst Du mit dem elektronischen Pendant im Internet Geld verdienen. Du bietest einfach ein Anzeigenblatt im Internet an. Darin wird der Internetsurfer über Angebote von Firmen, Händlern und Dienstleistern an seinem Wohnort informiert.
Deine Seite finanzierst Du über Werbeanzeigen. In den USA machen Internetanzeigenblätter heute schon einen Umsatz zwischen 150 000 und 1,7 Millionen Mark. Die Gewinnmarge liegt bei mindestens 20 Prozent.

Park-Service 860

Parkplätze sind ein ausgesprochen knappes Gut geworden. Besonders in den Zentren unserer Großstädte heißt es immer öfter: Nichts geht mehr. Gerade exklusive Geschäfte in besten Lagen leiden darunter, daß die betuchte Kundschaft nicht einfach mit dem Auto vorfahren kann.

Deine Geschäftsidee: Du besorgst für die Kundschaft Deiner Auftraggeber das Parken. Fährt ein Auto vor einem von Dir betreuten Geschäft vor, wartet bereits einer Deiner Mitarbeiter – am besten eine preiswerte studentische Aushilfskraft –, übernimmt die Schlüssel und fährt den Wagen in das nächste Parkhaus. Hat der Kunde seine Einkäufe erledigt, genügt ein kurzer Anruf, und fünf Minuten später wartet sein Auto vor der Tür. Selbstverständlich sind alle Deine Fahrer versichert.
Deine Geschäftskunden sind die Ladenbesitzer, die ihren Kunden einen besonderen Service bieten wollen. Du vereinbarst mit ihnen eine Tagesprovision – und schon ist die noble Kundschaft die Parkprobleme los.

861 PC-Gerätehandel

Der Wandel zur Kommunikationsgesellschaft hat gerade erst begonnen, immer neue Techniken der privaten und geschäftlichen Nachrichtenübermittlung verändern unser Leben.
Aber: Wer in der Vergangenheit auf die damit verbundenen Chancen setzte, machte meist nur negative Erfahrungen. Zahlreiche Einzelunternehmer haben bereits wieder aufgegeben. Sie wurden durch Dumping-Preise teilweise in Konkurs getrieben.

862 Pizza-Taxi

Ein Pizza-Service ohne Restaurant gilt juristisch nicht als Gaststätte. Das heißt: Pizza-Dienste sind Gewerbebetriebe, brauchen keine Gaststätten-Konzession. Sie sind zudem nicht ans Ladenschlußgesetz gebunden.
Als Anfangsinvestition sind etwa 50 000 Mark nötig, z. B. für einen Pizzaofen (ca. 4000 Mark), einen Garniertisch (ab 2000 Mark), einen Teigkneter (etwa 2000 Mark), ein Kühlhaus (6000–9000 Mark) und Umbauten, Werbung usw. Gewinn fällt aber erst ab 20 000 Mark Umsatz/Monat an. Das heißt: Wenn Du pro Kunde 20 Mark umsetzt, braucht Dein Unternehmen jeden Tag etwa 40 Kunden bei einer Sechs-Tage-Woche. Immer häufiger setzen sich hier aber Franchising-Syste-

me durch. Die Investition liegt bei 90 000 Mark. Dafür gibt's modernste Geräte, professionelle Werbung durch den Lizenzgeber. Die monatliche Gebühr beträgt 4,5 Prozent des Umsatzes.

Pizza-Taxi Deluxe 863

Wer keine Lust zum Kochen hat, für den genügt ein kurzer Anruf – und eine halbe Stunde später wird eine Pizza oder eine Portion Nudeln oder ein Schälchen Nasi Goreng ins Haus geliefert. Traurig sieht es hingegen immer noch dann aus, wenn der Sinn nicht nach den üblichen Pizza-Flitzer-Gerichten steht, sondern nach einem medium gebratenen Filet aus dem Steakhaus oder einer Portion Muscheln aus dem französischen Restaurant.
Deine Geschäftsidee: Du bietest einen telefonischen Bring-Service für alle Restaurants Deiner Stadt an. Du besorgst Dir sämtliche Speisekarten, streichst diejenigen Gerichte heraus, die absolut nicht transportfähig sind – Flambiertes etwa – und verteilst dieses Kartenwerk an die Haushalte. Wer nun Samstag abend Lust auf ein Sieben-Gänge-Menü hat, ruft bei Dir an. Du orderst das Gewünschte dann im entsprechenden Restaurant, holst es ab und bringst es zum Kunden. Dafür verlangst Du eine feste Bring-Gebühr – und bekommst obendrein noch Trinkgeld.

Plakate kleben 864

Neu errichtete Bauzäune, Mauern auf Privatgrundstücken oder Schutzplanen an Gerüsten eignen sich gut als Werbefläche für Plakate. Geld für Werbung ist immer da!
Wenn Du mit offenen Augen herumgehst, entdeckst Du viele ungenutzte Plakatier-Flächen. Als Akquisiteur suchst Du entweder die Baufirma auf (bei geschlossenen Holzzäunen) oder den Grundstückseigentümer (bei Wänden und Mauern auf Privatgelände) und schließt einen Vertrag ab (Art der Plakatfläche, Größe, Dauer der Vermietung, Preis). Danach läßt Du den Vertrag bei der Stadt genehmigen. (Ausnahme: Vorübergehend angebrachte Werbung mit einem erkennbaren Zweck braucht keine Genehmigung, wie beispielsweise Weihnachtswerbung vor Geschäften.)

Fülle bei der Lokalbaukommission ein Formblatt aus und reiche Lagepläne, Skizzen und Fotos der Plakatflächen ein.
Wisse: Keine Chance hast Du bei öffentlichen Flächen, denn dort ist die Deutsche Städte-Reklame GmbH (SR) zuständig. Keine Genehmigung gibt es bei denkmalgeschützten Gebäuden, bei Plakatwänden, die sich nicht ins Straßenbild einfügen, wenn sich Anwohner über eine »störende Häufung« beklagen könnten sowie in reinen Wohngebieten. Die Sachbearbeiter klären für Dich beim Kreisverwaltungsreferat, ob die Plakate den Verkehr stören könnten. Als Auftraggeber könntest Du Konzert- und Dia-Show-Veranstalter ansprechen sowie Geschäfte der Umgebung.
Zirkus-Vorführungen werden »traditionell« ohne Genehmigung angekündigt. Wildes Plakatieren, gerade kleinerer Formate, ist gang und gäbe. Vorsicht: Es kann Ärger geben. Von der Ohrfeige vom Polier, der tagsüber den Zaun im Auge behält, bis zu einer Klage wegen Sachbeschädigung. Doch da beispielsweise in München (mit 7000 großflächigen Plakatwänden) nur zwei Sachbearbeiter zuständig sind, kommen die Plakatierer fast immer ungeschoren davon. Prozesse werden manchmal wegen Geringfügigkeit eingestellt.

865 Preisagentur

Wer etwas kaufen will, muß sich erst einmal einen Marktüberblick verschaffen. Was kostet das Produkt beim Händler A, was kostet es beim Händler B – spätestens aber beim vierten bis fünften Händler wird der Normalverbraucher es meistens leid und kauft das bis dahin günstigste Angebot.
Deine Geschäftsidee: Du nimmst den Verbrauchern das leidige Preisabfragen ab und ermittelst für die von ihnen gewünschte Ware das günstigste Angebot. Das Prozedere ist einfach. Der Kunde ruft bei Deiner Agentur an, nennt Dir das Produkt, das er erwerben möchte, und das preiswerteste Angebot eines Händlers, das er bekommen hat. Nun beginnt Deine Arbeit: Du recherchierst bei Herstellern, Groß- und Einzelhändlern und versuchst, einen günstigeren Preis herauszuschlagen. Von dem Preisvorteil, den Du für Deinen Kunden herausholst, bekommst Du einen gewissen Prozentsatz.

Preisagenturen können im Gegensatz zu Einzelverbrauchern oft besser verhandeln, weil sie quasi als Großkunden auftreten. Also sind Händler öfter bereit, noch einmal fünf Prozent herunterzugehen, wenn Du in Aussicht stellst, beim nächsten Kunden wieder anzurufen.
Du kannst Deinen Service entweder für alle Arten von Waren anbieten oder aber Dich auf bestimmte Produktgruppen spezialisieren: Pauschalreisen, Autos, Computer oder Unterhaltungselektronik.

Private Kinderspielplätze **866**

Rund 4 Dollar kostet der Eintritt in die »Discovery Zone« im texanischen Fort Worth. In der riesigen Halle erwartet Eltern und Kinder eine überwachte Spielwelt mit allen nur erdenklichen Geräten und jede Menge Platz zum Toben. Auch in anderen US-Städten boomen die Geschäfte mit dem Spieltrieb der Kinder.

Privater Umzugs-Service **867**

Kisten packen, Regale auseinanderbauen, Möbel von A nach B fahren, Umzugskartons in die neue Wohnung schleppen, Schränke aufbauen … Wer haßt Umzüge nicht? Die ganze lästige Organisation übernimmt

der Umzugs-Service. Er mietet den Lkw, wickelt die vorübergehende Einlagerung von Möbeln ab, vermittelt Möbelpacker und Fahrer und sorgt dafür, daß alles heil ankommt. Selbst die Putzfrau, die die alte Wohnung für die perfekte Übergabe säubert, wird vom Umzugs-Service gebucht – kurz, der Auftraggeber braucht sich um nichts mehr zu kümmern.

868 **Privatlehrer/Privatlehrerin – ein feiner Job!**

Mach Dich als Privatlehrer/in selbständig. Voraussetzung: Du bist ein gepflegter, einigermaßen passabler Mensch. Vielleicht sogar ein guter Tänzer? Leider nicht? Ja, was heißt das denn? Das Tanzen ist doch wirklich einfach zu lernen! Und wie Dein Körper schlank, gelenkig und leichtfüßig wird, das ersiehst Du schnellstens aus dem Buch, das Dir unter ➤ Rz 681 von mir ans Herz gelegt wird. Da es ein besseres und wichtigeres Werk für Deine Ambitionen z. Z. für Dich nicht gibt, das Dich klarsichtig macht und voller Energie füllt, kannst Du darauf einfach nicht verzichten. Und dann gibst Du entsprechende Kleinanzeigen in den Zeitungen Deiner Umgebung auf. Was meinst Du, wie viele einsame Menschen gern tanzen? Du kannst als Privattanzlehrer/in in ein Tanzlokal mit ihnen oder auch einfach zu ihnen nach Hause gehen. Recorder und die geeigneten Musikkassetten sind die einzige geringe Investition, die Du zu machen hast! Aber komm nicht in Versuchung, dem Finanzamt Deine Einnahmen zu verschweigen, weil das wegen des völlig privaten Charakters der Tätigkeit den Fiskalrittern nie auffallen wird. Sei steuerehrlich! Der Autor muß es auch sein – denn Du kannst Dir ja denken, wie die hinter ihm her sind.
Hier hab' ich Dir eine echte, bislang völlig unbekannte Marktlücke aufgetan! Mit der Du sicher kein Millionär wirst, aber ein äußerst amüsantes und feines Leben führen kannst! Und das Ganze eignet sich auch bestens als Nebenjob.
Du siehst: Einen KONZ im Hause zu haben, das lohnt sich immer!

869 **Profi-Drucker am PC**

Selbst durchschnittliche und billige Textverarbeitungsprogramme bieten heute – was Schrifttypen, Layout, Grafik und Kolorierung anlangt –

Standards, die in vollem Umfang nur teuerste Drucker in der 15 000-Mark-aufwärts-Klasse wirklich optisch umsetzen können. Jeder durchschnittliche PC-Nutzer könnte also problemlos viel höherwertige Drucksachen herstellen, wenn sein regulärer Drucker die PC-Vorgaben nur voll und ganz umsetzen könnte.
Die Anschaffung eines entsprechenden Printers nur für die gelegentlichen Bedürfnisse eines durchschnittlichen PC-Nutzers rentiert sich nicht; wohl aber die Anschaffung für alle gelegentlichen Druckarbeiten eines größeren Kundenkreises. So gehst Du vor: Die Kunden liefern ihre am eigenen PC erarbeiteten fertigen Druckvorlagen via Diskette oder Datenleitung an. In vereinbarter Auflage werden sie dann auf dem Hochleistungsprinter ausgedruckt.
Der PC-Druck eignet sich vor allem für den nebenberuflichen Einstieg und den langsamen Ausbau der Dienstleistung zum Haupterwerb.

Radfremdenführer **870**

Radfahren ist in. Ob jung oder alt, inzwischen gehört das Pedaletreten zu den beliebtesten Freizeitbeschäftigungen der Deutschen. Wenn Du in einer landschaftlich reizvollen Gegend wohnst, kannst Du Dich in diesem Bereich als Fremdenführer selbständig machen.
Deine Geschäftsidee: Du bietest organisierte Radtouren in Deiner Umgebung an. Zum Angebot gehört auch ein Radverleih. Grundvoraussetzung für dieses Geschäft sind körperliche Fitneß, da Du ja in die Pedale treten mußt, gute Ortskenntnis und Organisationstalent. Du mußt Dich auch auf ungewöhnliche Arbeitszeiten einstellen. Dein Hauptgeschäft läuft an Wochenenden und Feiertagen. Dafür kannst Du während der Woche etwas kürzertreten. Dein Angebot machst Du über die örtlichen Fremdenverkehrsämter publik.

Redner-Service **871**

Ob Hochzeit, runder Geburtstag oder Dienstjubiläum – zu vielen Festen gehört eine Rede einfach dazu. Professionelle Redner oder Redenschreiber können daraus leicht Kapital schlagen und sich eine eigene Existenz aufbauen. Immer gefragter sind auch freie Redner für Beerdi-

gungen. Zu einem solchen Job gehört allerdings sehr viel Einfühlungsvermögen und Formulierungssicherheit. Eine Geschäftsidee, die sich vor allem in Großstädten gut verkaufen läßt.
Auch hier: Biete das Besondere! Frage vorher die Hinterbliebenen, wie Du erscheinen sollst. Im schwarzen Anzug, in Jeans, als Priester verkleidet (ist nicht strafbar) oder als Kapitän …

872 Regalbau

Jeder Möbeldiscounter verkauft Regale, die einfach nur zusammengesteckt werden müssen. Doch oft passen die Fertigteile dann doch nicht richtig in die Wohnung der Käufer. Und wer hat beim Aufstellen und genauen Einpassen eines Billigregals schwedischen Fabrikats nicht schon einmal die Nerven verloren? Die meisten Schreiner rümpfen die Nase, wenn sie zu Hilfe gerufen werden, und ein Maßregal ist sehr teuer. Eine deutlich preisgünstigere Lösung kannst Du bieten, indem Du einen speziellen Regalbau-Service anbietest. Bislang gibt es solche Geschäfte nur in einigen Großstädten in der Bundesrepublik. In England hat diese Idee schon mehr Nachahmer gefunden.
Das Neue an Deinem Angebot: Du bietest die günstigen Fertigregale

zum Kauf, veränderst sie aber genau nach den Wünschen Deiner Kunden. Das können andere Zuschnitte sein oder eine andere Farbe. Selbstverständlich gehört auch die Montage mit zu Deinem Angebot. Diese Geschäftsidee ist natürlich nur etwas für Leute mit handwerklichem Geschick, besser noch mit einer entsprechenden Ausbildung. Die Anfangsinvestitionen sind nicht zu hoch, da Du zunächst nur ein kleines Standardsortiment brauchst. Wichtig sind entsprechende Werkstatträume direkt beim Ladenlokal, damit Du die Kundenwünsche sofort bearbeiten kannst.

Reibekuchen-Pavillon 873

Im Rheinland sind alle verrückt danach: auf Reibekuchen, Reibeplätzchen, Plinsen, Rösti oder wie sie sonst noch heißen mögen. Aus nichts anderem als aus Kartoffeln, viel Zwiebeln und Salz in gutem Öl gebacken. In Köln sind die leckeren Gerüche aus den Bratküchen allesamt verschwunden, nachdem die Hersteller sich damit eine goldene Nase (meist am Finanzamt vorbei, wer will das schon kontrollieren?) verdient und ihre Geschäftslokale verkauft haben. Längst sitzen sie auf Mallorca und lassen den lieben Gott einen guten Mann sein.
Jeder echte Kölner bedauert es aus tiefstem Herzen. Nur einer hat sich der alten Tradition besonnen und einen eleganten Pavillon in Weiß und Gold vor dem Hauptbahnhof aufgestellt. (Der hatte richtig geahnt, was da für goldene Zeiten auf ihn zueilen!) Vier junge Mädchen kommen dort nicht mit, die leckeren (sie müssen 1½ cm dick und knusprig sein) Reibekuchen der ständigen Schlange vor ihnen zu verkaufen. Drei Stück für vier Mark, mit Apfelkompott 50 Pfennig mehr.

Denk an meinen Tip, Dich von Deinen Mitbewerbern erfolgreich zu unterscheiden und Dich auf die Wünsche Deiner Kunden einzustellen. Die süßen Sachsen etwa mögen ihre Plinsen lieber mit drübergestrichenem Rübenkraut. Die Berliner schätzen Kartoffelpuffer mit Ketchup und die Rheinländer mit einer halben Scheibe butterbestrichenem Schwarzbrot dazu. Die Kinder essen sie am liebsten mit Majo.
Also biete Deiner Kundschaft alle fünf Versionen an – was bislang noch niemand macht –, und schon bist Du unschlagbar für lange Zeit.
Natürlich müssen Deine Küchlein Qualität haben: Viel, viel Zwiebel drin, richtig gesalzen und außen kroß und innen hell und weich gebacken sein!
Wie wär's denn, wenn Du Dir auch einen ähnlichen, belebten Standort in anderen Großstädten aussuchst und einen ähnlichen kleinen Pavillon bei der Stadtverwaltung aufzumachen beantragst? Ein todsicheres Geschäft, wenn Du die Genehmigung dafür erhältst.
Beachte aber, daß im Rheinland der Klüngel herrscht. In München gibt's mehr Amigos … Mehr sag' ich dazu nicht.

874 Rent-a-Robe

Der Klassiker und Dauerbrenner unter den Existenzgründungsideen ist der Verleih von Kleidungsstücken. Es geht natürlich nicht um Jeans und T-Shirt, sondern um die noble Abendausstattung – das Ballkleid oder den Smoking. Der Verleih-Service bietet modebewußten Damen und Herren die Möglichkeit, sich zu jeder Gelegenheit passend zu kleiden. Schicke Kleider gibt es in speziellen Secondhand-Läden, Modeschauen verkaufen oft ihre Vorführmodelle zum Schleuderpreis, und auch aus Geschäftsaufgaben von Boutiquen kannst Du ebenfalls schöne Modelle ergattern. Selbstverständlich gehören auch die entsprechenden Accessoires wie extralange Handschuhe, Modeschmuck, Manschettenknöpfe und Schärpen in Dein Sortiment.

875 Scheren- und Messerschleifer

Das waren früher einmal die kleinsten und geringstgeachteten selbständigen Unternehmer, die mit ihren Karren durch die Straßen der Städte zogen. Dem Beruf gebe ich erneut Chancen, wenn er sich auf ländliche Gebiete beschränkt. Hier besitzen die meisten Bewohner noch Garten-

und Heckenscheren, die geschliffen werden wollen, stumpfe Spaten und Handsicheln oder Rasenmäher. Die Gerätschaften dazu sind bequem in einem Kombiwagen unterzubringen, mit dem Du dann durch die Lande kutschierst.

Schnäppchenmarkt für Mode **876**

Fabrikverkauf ist seit langem unter vielen Verbrauchern ein Geheimtip. Denn was die Werke ab Lager verkaufen, ist natürlich günstiger als im Laden.

Deine Geschäftsidee: Was der einzelne Käufer kann, kannst Du schon lange. Also deckst Du Dich beim preisgünstigen Verkauf direkt ab Fabriktor ein – und zwar mit Mode. In Japan funktioniert das Prinzip prächtig. Dort gibt es gut eingerichtete Modeläden – die gar nichts mit den hierzulande bekannten Resterampen gemein haben. Sie haben sich ausschließlich auf Fabrikware und Abverkäufe aus großen Geschäften, die die Lager für die neue Saison leeren wollen, spezialisiert. Resultat: Mode bester Qualität wird in Deinem Laden zu deutlich reduzierten Preisen angeboten.

Schreibdienst **877**

Wenn Du lange Manuskripte, knifflige Protokolle, vielspaltige Tabellen oder ganze Diplomarbeiten schnell und fehlerfrei abtippen kannst, bist Du hier genau richtig. Ein besonders bei großen Unternehmen gefragter Zusatzservice ist das Erstellen von Präsentationsunterlagen (z. B. Grafiken auf Folien oder Charts). Ebenfalls im Angebot des Schreib-

dienstes kann die Durchführung großer Werbeaussendungen sein (Serienbriefe schreiben, Umschläge adressieren usw.).
Du brauchst: Gewerbeschein; Erfahrungen als Sekretärin; Organisationstalent. Ausstattung: PC mit verschiedenen Textverarbeitungsprogrammen, Kopierer, Fax.
Ran also mit Aushängen in der Uni, in Einkaufszentren, schalte Kleinanzeigen, schreibe Firmen an, sende Angebote an Ärzte und Anwälte.

878 Secondhand-Baumarkt

Die Zeiten, als Altbauten bei der Renovierung mit Glasbausteinen, Metalltüren, Alufenstern, Styropordecken und PVC-Belägen verschandelt wurden, sind vorbei. Der Trend geht heute auf stilgerechtes Wiederherstellen der originalen Bausubstanz. Da werden wieder die alten Holztüren eingesetzt, Butzenscheiben statt Glasfronten filigran und mit viel Mühe maßgefertigt und Böden und Wände mit alten Steinkacheln verziert.
Hierin liegt eine gute Möglichkeit für Handwerker, mit Secondhand-Baumärkten Geld zu verdienen. In diesen Spezialbaumärkten bietest Du alles an, was zur authentischen Altbaurenovierung nötig ist. Das Material bekommst Du aus Altbauten, die zum Abriß bestimmt sind. Die Bauruinen sind oft wahre Fundgruben. Hier finden sich noch sehr häufig historische Raritäten oder einfach nur gutes, wiederverwertbares Material. Das gilt speziell für die neuen Länder oder Gegenden mit viel Altbaubestand.

879 Secondhand-Brillen

Dem reinen Zweckgebrauch als Sehhilfe ist die Brille längst schon entwachsen. Inzwischen sind Brillen Ausdruck modischer Individualität – je nach persönlichem Geschmack in Farbe und Form unterschiedlich, von brav über chic bis avantgardistisch-frech. Wie alle Gebrauchsgegenstände, die der Mode unterworfen sind, verlieren auch die modernen Brillen innerhalb weniger Jahre ihre Attraktivität. Eine neue muß her.
Deine Geschäftsidee: Du ziehst einen Secondhand-Handel mit Brillen

auf. Deine Käufer sind zum einen solche Verbraucher, die nicht 300 bis 500 Mark für eine neue Brille ausgeben wollen, aber dennoch kein offensichtlich billiges Kassengestell auf der Nase spazierentragen wollen. Zum anderen werden aber auch solche Konsumenten in Deinen Brillenshop kommen, die etwas ganz Individuelles suchen, was es beim normalen Optiker gar nicht zu kaufen gibt.
Die Secondhand-Gestelle kaufst Du entweder selber an, oder aber Du schließt ein Abkommen mit den Optikern Deiner Stadt: Die nehmen alte Brillen in Zahlung und geben sie – zuzüglich einer kleinen Provision – an Dich weiter.

Secondhand-Büroausstattung 880

Von insolventen Firmen profitiert ein junger Unternehmer in New York. Er kauft den Zahlungsunfähigen die Büroeinrichtung zu Mini-Preisen ab und verkauft Möbel, Computer und alles andere anschließend mit einem gehörigen Aufschlag weiter. Schon nach wenigen Monaten erwies sich die Geschäftsidee als Hit. Der pfiffige Geschäftsmann kann gar nicht schnell genug liefern.

Secondhand-Sportartikel 881

Jedes Jahr überrollt ein neuer Sporttrend das Land. Mal fährt jeder auf Skateboards, dann sind es Inline-skates, die jedes Kind haben muß, im Winter werden die alten Ski gegen Snowboards ausgetauscht, und das Fahrrad muß natürlich ein Mountainbike mit allem Drum und Dran sein. Die Sportgeräte und die dazugehörigen Accessoires sind aber nicht ganz billig. Die Käufergruppen sind dagegen meistens Kinder und Jugendliche.

Deine Geschäftsidee: Familien mit mehreren Kindern können es sich

selten leisten, jedes Jahr eine neue Ausrüstung anzuschaffen. Und auch interessierte Erwachsene, die den neuen Sport erst einmal ausprobieren wollen, sind selten bereit, viel Geld dafür hinzulegen. Wenn Du sportlich versiert bist, kannst Du mit Secondhand-Sportwaren ein Riesengeschäft machen. Dabei mußt Du Dich nicht auf Trendsportarten beschränken. Du kannst in Dein Sortiment alles mit aufnehmen, was sich verkaufen läßt, von der Tischtennisplatte bis zum Wanderstiefel.
Damit der Laden läuft, brauchst Du allerdings ein Ladenlokal in guter Lage, und natürlich darfst Du kein Sportmuffel sein.

882 Senioren-Call

Deutschland wird immer älter: Von Jahr zu Jahr steigt der Anteil der Senioren. Eine große Zahl älterer Menschen lebt inzwischen allein in ihren Wohnungen. Viele von ihnen sind hilfs- oder pflegebedürftig. Und sie leben in der Angst, daß ihnen in ihrer Wohnung etwas zustößt.
Deine Geschäftsidee: Du bietest einen kompletten Rundum-Notfall-Service für Senioren an. Deine Kunden bekommen an verschiedenen Punkten in der Wohnung Notrufmelder installiert, mit denen sie sofort Deine Zentrale erreichen können – die ist natürlich rund um die Uhr besetzt. Daneben hast Du alle relevanten Krankheitsdaten Deiner Kunden im Computer gespeichert und gibst sie im Notfall direkt an die Rettungswache weiter. Für Deine ständige Bereitschaft zahlen die Senioren eine bestimmte Monatspauschale.

883 Seniorenhotel

Alte Menschen werden mehr und mehr zu einer finanzkräftigen Käufergruppe. Werbung, Marketing und Produktdesign müssen sich darauf einstellen. Auch in der Hotellerie kann man seine Dienstleistungen noch durchaus für die Kundschaft jenseits der 65 optimieren.
Deine Geschäftsidee: Du eröffnest an einem Urlaubsort, der viel von älteren Leuten besucht wird – Mallorca, Meran, Amrum usw. –, ein spezielles Seniorenhotel. Alles in Deinem Haus ist abgestimmt auf die betagte Kundschaft: helleres Licht in den Zimmern, Haltegriffe im

Badezimmer, Notruftasten, Türöffnungen in Rollstuhlbreite und natürlich große, gut lesbare Wegweiser. Selbstverständlich ist auch Deine Küche auf den Geschmack der Senioren abgestimmt: Schonkost-Menüs, kein scharfes oder exotisch gewürztes Essen und selbstverständlich viel gute deutsche Hausmannskost.

Senioren-Service **884**

Alte Menschen können viele Dinge nicht mehr selbst erledigen und sind oft auf fremde Hilfe angewiesen. Der Seniorenbetreuer bietet ihnen einen Allround-Service. Er reicht vom Blumengießen über Einkaufen und Kochen bis hin zum Vorlesedienst. Dazu gehört auch die Pflege Bettlägeriger. Wenn nötig, putzt, wäscht und bügelt er auch für seine Kunden. Dazu: Behördengänge oder Begleitung zum Arzt.
Was Du brauchst: Gewerbeschein; bei größeren Entfernungen ein Auto; Ausbildung als Alten- oder Krankenpfleger; soziales Engagement; psychische und gesundheitliche Stabilität.

Seniorenwaren **885**

Es gibt kaum Geschäfte, die sich auf die Bedürfnisse der Senioren einstellen. Denn Senioren haben bestimmte Ansprüche an Waren, die sie kaufen wollen. Kleidung muß möglichst bequem sein, Lebensmittel müssen oft diätgerecht oder cholesterinarm sein. Zudem gehen alte Menschen ungern in die überfüllten und hektischen Kaufhäuser. Spezielle Seniorenläden haben deshalb gute Marktchancen. Bedingung: Das Geschäft muß gut erreichbar und sollte auch altengerecht eingerichtet sein, zum Beispiel mit Sitzmöglichkeiten zum Ausruhen.

Sicherheitsexperte **886**

Einbrüche gehören heutzutage zu den Straftaten, die schon gar nicht mehr in der Zeitung erwähnt werden – es sind einfach zu viele. Die Polizei verwaltet die einzelnen Delikte nur noch – verhindern kann sie schon lange nichts mehr. Das Geschäft mit der Angst vor Diebstahl boomt. Nicht nur bei Privathaushalten – auch bei Firmen.
Deine Geschäftsidee: Du bietest ein Rundum-Sicherheitspaket für

Händler und Hersteller von Waren an – also solche Unternehmer, die Produkte auf Lager halten. Dein Angebot umfaßt aber nicht nur den Verkauf von Schlössern, Alarmanlagen und Überwachungskameras – Dein Service fängt schon bei der Planung an. Du kommst in die Firmen, lokalisierst potentielle Schwachstellen und planst zusammen mit dem Chef ein komplettes Sicherheitssystem. Du lieferst, montierst und wartest die Anlagen, Du machst in regelmäßigen Abständen Tests und prüfst, ob der Kunde zusätzlich andere oder neue Sicherheitstechnik benötigt. Für dieses Gefühl der Rundum-Sicherheit bezahlt der Kunde neben Material- und Montagekosten einen festen monatlichen Betrag an Dich.

887 **Spätkiosk**

Lange Öffnungszeiten bringen Kunden. Das steht fest. In einigen deutschen Großstädten gehören Kioske zum alltäglichen Straßenbild. Sie haben meist bis 24 Uhr und länger geöffnet und alles mögliche in ihrem Sortiment: vom Vogelfutter über Getränke, Fertiggerichte, Zeitschriften, Toilettenartikel bis hin zur Klarsichtfolie.
Voraussetzung für den Betrieb eines Kiosks: Du mußt beim Ordnungsamt eine spezielle Konzession für den Nachtverkauf beantragen. Diese Geschäftsidee läßt sich gut in Wohnvierteln mit wenig Einkaufsmöglichkeiten verwirklichen. Auch in der Nähe einer Fabrik, in der Schichtarbeiter beschäftigt sind, oder in Gegenden, in denen viele Nachtschwärmer vorbeikommen, kannst Du mit einem Nachtkiosk gute Umsätze erzielen.

888 **Spezialtip für Gastronomen**
Diese Idee aus Amerika hört sich ein bißchen obskur an, doch ein Nürnberger Restaurantbesitzer hat sie getestet und war begeistert, weil es ihm viele Zusatzkunden gebracht hat. Es geht um eine eigene Speisekarte für Hunde. Waldi muß nicht mehr aus einem Aschenbecher sein Wasser schlabbern, sondern bekommt ein komplettes, tiergerechtes Mahl. Auf der »Doggy Card« bietest Du vier oder fünf

Varianten, beispielsweise Hundeflocken, eine Fleischmahlzeit, eine kleine Portion für kleine Hunde und eine Kombimahlzeit. Das Ganze läßt sich einfach ausprobieren: Du hängst die Hundekarte aus, kaufst ein paar Freßnäpfe und ein paar Dosen Hundefutter.

Spezialtip für Händler und Handwerker 889

Kleine Geschenke erhalten die Freundschaft. In Apotheken beispielsweise ist es durchaus üblich, daß zum Medikament auch noch ein kleines Geschenk gereicht wird – etwa eine Packung Papiertaschentücher, Hustenbonbons oder Schlüsselanhänger. Egal, welche Dienstleistung Du anbietest oder welches Produkt Du verkaufst, über ein kleines Präsent freuen sich alle Kunden. Es gibt Spezialkataloge, in denen Du solche Kundengeschenke in großen Stückzahlen mit guten Rabatten ordern kannst.
Wer Rohstoffe spart, hilft der Umwelt und dem eigenen Geldbeutel. Spartips in diesem Bereich kommen immer besonders gut an. Du kannst beispielsweise Deine Kunden mit Plakaten auf besonders sparsame Herstellungsverfahren oder Geräte aufmerksam machen. Der Kunde versteht das als Extradienstleistung; außerdem tut es Deinem Image gut.

890 Spielzeug zum Ausleihen

Gegen eine geringe Gebühr können Kinder und Erwachsene bei einer ehemaligen Hamburger Lehrerin Baukästen, Bücher und Gesellschaftsspiele ausleihen. Die Spielsachen kauft sie auf Flohmärkten oder direkt bei den Besitzern.
Biete dazu eine weitere Verbesserung an: Du fertigst laufend eine Liste aller vorhandenen Spielzeuge und verteilst in Deiner Umgebung Handzettel darüber. (»Rufen Sie kurz an, was Sie möchten – ich komme sofort und nehme evtl. Ihr Spielzeug in Zahlung!«)

891 Spül-Service

Abfallvermeidung ist heutzutage zur Selbstverständlichkeit geworden. Entsprechend verpönt sind auf großen Festen die früher allgegenwärtigen Plastikteller und Plastikbestecke. Doch wo gehobelt wird, da fallen Späne, oder anders ausgedrückt, wo gegessen und getrunken wird, bleibt eine Menge schmutziges Geschirr stehen. Inzwischen sind ein paar pfiffige Geschäftsleute auf den Dreh gekommen und vermieten oder betreiben sogenannte Spülmobile. Die transportablen Geräte können große Mengen Geschirr reinigen und überall eingesetzt werden. Eine solche Maschine kostet etwa 30 000 Mark.

892 Stilberatung

Paßt die orangefarbene Jacke zum blonden Haar, oder sollte sie besser grün sein? Das schwarze Hemd zum blauen Anzug? Ist der Hosenanzug zu sportlich für die Mittfünfzigerin, das Chanel-Kostüm vielleicht zu konservativ für eine junge Frau? Unwichtig, denkst Du vielleicht. Weit gefehlt: Umfragen haben ergeben, daß jede zweite Frau mit ihrer Art, sich zu kleiden, nicht hundertprozentig zufrieden ist. Und auch die Männer sehen sich inzwischen eher selbstkritisch. Jeder vierte würde seinen Typ gern verändern.
Hier bietet sich eine gute Geschäftsidee: die Stilberatung. Eine Kölnerin hat es vorgemacht. Die junge Frau berät Kunden, Männer wie Frauen, wenn es um Farben, Frisuren und den richtigen Kleidungsstil geht. Sie sagt, welche Schnitte besonders gut zu ihren Kunden passen

oder welche Haarfarbe individueller wirkt. Solche Beratungen kommen vor allem bei gehobenen Einkommensklassen gut an. Alles, was Du dazu brauchst, sind sicherer Geschmack und Einfühlungsvermögen, da die Stilberatung ein sehr sensibler Bereich ist.

Striptease-Staubwischen 893

Besuche das Arbeitsamt und sprich in der Abteilung für Frauen nette Mädchen an. Du kannst auch eine entsprechende Kleinanzeige aufgeben. Mach ihnen klar, Du habest ihnen einen lukrativen Job als Raumpflegerin anzubieten. Müde machen müßten sie sich allerdings dabei nicht – Deinen Kunden (meist impotente alte Singles) käme es mehr auf die Freude an ihrer Schönheit an. Zu Intimitäten käme es nicht, die würden vertraglich ausgeschlossen. Bei herumliegenden Packungen Viagra sei allerdings Vorsicht geboten.

Merke: Deine zukünftige Kundschaft bevorzugt schlanke und hübsche Damen sehr jungen Alters … Melden sich auf Deine Anzeige hübsche, aber zu vollschlanke Damen, so verweise sie auf die ➤ Rz 672 dieses Buches. Hiernach können sie für immer schlank werden.

Stromsparberatung 894

Mit geschicktem Strom-Management lassen sich in Haushalt und Industrie bis zu 40 Prozent Strom sparen. Allein diese Tatsache eröffnet Spezialisten auf diesem Gebiet ein breites Einsatzfeld mit guten Umsatzchancen. Wer sich mit Physik und Elektrotechnik auskennt oder vielleicht einen

Meisterbrief als Elektriker hat, kann sich schnell mit der Materie vertraut machen. Du spürst dann bei Firmen und Unternehmen die Stromfresser auf und entwickelst Konzepte für weniger Verbrauch und effektivere Nutzung von Energie. Zur Verwirklichung dieser Idee brauchst Du auf jeden Fall fundiertes Fachwissen. Die Investition in ein Seminar oder eine gute Ausbildung in diesem Bereich lohnt sich aber auf jeden Fall, da Energiesparen nicht nur aus Kostengründen das Thema der nächsten Jahrzehnte sein wird. Engegen kommt dem die Konkurrenz der verschiedenen Anbieter von Elektrizität.

Trick

Ein guter Einstieg ins Selbständigsein: Subunternehmer werden

895 **Mach Dich auch als einfacher Arbeiter selbständig!**

Nimm mal an, Du bist Kranführer, der mit einem Arbeitsvertrag etwa auf 3000 Mark im Monat kommt; dann kannst Du als Unternehmer leicht doppelt soviel kassieren. Für den Auftraggeber lohnt sich das trotzdem: Er braucht seinerseits keine Sozialabgaben abzuführen, Urlaub zu gewähren, kein Urlaubs- und Weihnachtsgeld zu zahlen. Und er kann – um im Beispiel zu bleiben – von heute auf morgen auf Deine Dienste als Kranführer verzichten, wenn mal keine Aufträge vorliegen. Für Unternehmer gibt es ja keinen Kündigungsschutz. Aber was macht das schon? Verdienst Du mal nichts, meldest Du Dich bei der Sozialhilfe und läßt Dir Unterstützung zahlen, dann kommst Du so auch über die Runden.

Eine kurze Anmeldung beim Ordnungsamt genügt – und schon bist Du selbständig. Nur mußt Du bestreiten, ein Handwerk auszuüben. (Siehe dazu die näheren Ausführungen in den »1000 ganz legalen Steuertricks.«) Dazu hier die Darstellungen zum »Scheinarbeitsverhältnis«.

896 **Supermarkt auf Rädern**

Die Einkaufszentren auf der grünen Wiese vor der Stadt haben Konjunktur. Kehrseite der Medaille: In vielen Wohngegenden gibt es keine Lebensmittelgeschäfte mehr. Wer auch nur die geringste Kleinigkeit braucht, muß in die nächstgrößere Stadt fahren oder zum weit entfernten Einkaufszentrum. Das bringt dem guten alten Supermarkt auf Rädern wieder Aufschwung. Gerade in ländlichen Regionen mit schlechten Nahverkehrsverbindungen wird dieses Angebot gern und häufig angenommen. Wer mehrmals die Woche frische Lebensmittel des täglichen Bedarfs liefert, hat sich schnell eine Stammkundschaft gesichert. Für den Supermarkt auf Rädern wirbst Du am besten per Handzettel oder mit kleinen Inseraten in der Regionalzeitung.

Systemberater für Computerkäufer 897

Der PC-Markt boomt, und täglich flattern bunte Broschüren mit neuen Angeboten ins Haus. Wer sich einen Computer kaufen will, hat die Qual der Wahl: Soll es ein tragbarer Computer (Laptop) samt Modem sein oder lieber ein PC als Desktop auf dem Schreibtisch? Reicht ein simples Textverarbeitungsprogramm, und welches Betriebssystem ist nötig? Fragen über Fragen. Als Systemberater hilfst Du künftigen PC-Benutzern in Privathaushalten und Firmen aus der Klemme. Du empfiehlst Computer, Zusatzgeräte und Programme und suchst günstige Angebote von Händlern. Bei Dir leiht man sich Testgeräte und -programme aus, damit die Kunden ausprobieren können, ob sie mit PC und Software zurechtkommen.
Voraussetzung: Gewerbeschein; Auto; gute Computerkenntnisse (z. B. durch Kurse an einer Computerschule oder an der VHS).
Kundensuche: Anzeigen schalten; Aushänge in Einkaufszentren, Bildungseinrichtungen usw.

Tagesmutter 898

Viele Mütter wollen nach der Babypause wieder in ihren Beruf zurückkehren. Doch wer paßt auf den Nachwuchs auf? Kindergartenplätze sind rar. Hat man endlich einen ergattert, lassen sich die Öffnungszeiten nicht mit den Bürostunden vereinbaren. Eine Alternative ist die Tagesmutter: Sie betreut die Kinder im eigenen Haushalt – entweder in Teilzeit oder während der ganzen Arbeitswoche. Ideal für Frauen, die gern mit Kindern umgehen, belastbar sind und vielleicht selbst ein oder zwei Sprößlinge haben.

Du benötigst: Gewerbeschein; bei mehr als drei Kindern Pflegeerlaubnis vom Jugendamt. Empfehlenswert: Haftpflichtversicherung abschließen (für Kinder unter sechs Jahren haftet die Tagesmutter).
Deine Ausstattung sollte sein: Komplett eingerichtetes Kinderzimmer (mit Betten, Wickelkommode, Laufstall); Spielzeug usw.
Je nach Betreuungsdauer können 400 bis 1000 Mark pro Kind monatlich verlangt werden. Auch gut geeignet für einen Teilzeitstart. Wie Du rankommst? Beim Jugendamt nach Adressen fragen (dort gibt es auch kostenlose Informationsveranstaltungen und Kurse); Aushänge in Supermärkten, Kinderboutiquen und bei Kinderärzten.

899 Tauch-Fachhandel

Was früher einem exklusiven Kreis von gutbetuchten Individualisten vorbehalten war, ist heute zum Breitensport avanciert: Sporttauchen. Malediven, Ägypten, Israel, Malta oder Kreta – überall lockt das Unterwasservergnügen zu bezahlbaren Tarifen. Viele Touristen denken nach den ersten Schnuppertauchgängen bereits daran, im nächsten Urlaub mit eigener Ausrüstung unter Wasser zu gehen. 200 Millionen Mark geben deutsche Hobbytaucher pro Jahr für ihren Sport aus.
Deine Geschäftsidee: Immer noch gibt es auch in Großstädten nur eine Handvoll Geschäfte für Tauchsportartikel. Wenn Du Dich also auf Preßluftflaschen, Lungenautomaten, Bleigurte und Schnorchel spezialisierst, kannst Du mit einem guten Umsatz rechnen. Die Hersteller der Artikel, Deine Lieferanten also, lernst Du auf den großen Wassersportausstellungen kennen – wie etwa der »boot« in Düsseldorf.
Neben dem reinen Material vertreibst Du in Deinem Tauch-Shop noch Lernvideos, vermittelst Kontakte zu Tauchschulen – die im Gegenzug natürlich auch ihre Schüler zu Dir zum Einkaufen schicken. Außerdem bietest Du in Kooperation mit Reiseveranstaltern spezielle Tauchreisen an.

900 Tauschhandel

»Einem geschenkten Gaul schaut man nicht ins Maul«, sagt ein Sprichwort. Recht so, man tauscht ihn einfach um. Mit dieser Idee hat ein pfiffiger Jungunternehmer im Taunus einen Riesenerfolg erzielt. Die Idee bietet sich zum Nachmachen an. Das Prinzip ist ganz einfach: Du

tauschst in Deinem Laden alle möglichen Sachen einfach gegen andere aus Deinem Warenbestand ein. Pro Tausch verlangst Du natürlich eine Provision. Je nach Güteklasse des Artikels solltest Du sie unterschiedlich hoch bemessen. Und Kunden, die gerade nichts Passendes in Deinem Laden finden, das sie gern für das mitgebrachte Tauschobjekt haben möchten, bekommen einfach einen Gutschein, den sie jederzeit in Deinem Laden gegen neu eingetroffene Ware einlösen können.
Der Vorteil dieser Geschäftsidee liegt auf der Hand. Du brauchst keine besonderen Vorkenntnisse, lediglich ein genügend großes Ladenlokal. Kunden gewinnst Du über Handzettel und Kleinanzeigen. Wühlmärkte sind zur Zeit voll im Trend, die Kundschaft wird Dir wahrscheinlich die Tür einrennen.

Ticketbroker 901

Kartenvorverkauf lohnt sich. Wer will schon gern an der Opern-Abendkasse erfahren, daß das Stück bereits lange ausverkauft ist? Doch die Idee mit den Veranstaltungstickets läßt sich noch weiter ausbauen – und zwar global.
Deine Geschäftsidee: In Deiner Ticket-Agentur können die Kunden Karten für jegliche Veranstaltung auf der ganzen Welt kaufen. Das Wimbledon-Endspiel, ein Michael-Jackson-Konzert in Rio, die Eröffnungsveranstaltung für die Olympiade in Sydney oder »Aida« in Verona. Du beschaffst Tickets für Einzelreisende oder buchst auch ganze Kontingente für Verkehrsvereine oder Reisebüros. Du bietest Deine exklusiven Tickets auch Unternehmen an, die damit verdiente Mitarbeiter belohnen oder wichtige Kunden beschenken können. Am Verkauf machst Du zum einen Gewinn durch den Vorverkaufsaufschlag – zum anderen wird natürlich kein Kunde etwas dagegen haben, einen Extra-Aufschlag für Deine Extra-Veranstaltungstickets zu zahlen.

Umzugs-Service für Unternehmen 902

Wenn eine Firma ihren Standort verlegt, zieht dies einen ganzen Rattenschwanz von Arbeit nach sich, mit dem die Mitarbeiter neben dem normalen Alltagsgeschäft oft schlicht und einfach überfordert sind.

Deine Geschäftsidee: Du übernimmst für Unternehmen, die umziehen oder die Abteilungen auslagern, den gesamten Verwaltungsaufwand rund um die Standortverlagerung. Das beinhaltet die Organisation des Möbel- und Materialtransports. Außerdem kümmerst Du Dich um temporäre Unterkünfte für die Mitarbeiter und deren Familien und besorgst Angebote für Wohnungen und Häuser. Du erledigst so weit wie möglich die notwendigen Behördengänge für die Mitarbeiter. Du kümmerst Dich um Kindergartenplätze und besorgst Informationen über die ansässigen Schulen. Und natürlich bekommen alle Mitarbeiter eine Liste mit den Freizeitmöglichkeiten am Ort.

903 Urlaubsvertretung

Viele kleine Einzelhändler, die allein oder zusammen mit der Ehefrau im Laden stehen, machen gar keinen Urlaub, oder aber sie schließen ihr Geschäft einfach für zwei Wochen. Das ist die denkbar ungünstigste Lösung, denn in dieser Zeit fällt natürlich der gesamte Umsatz und damit auch der Gewinn flach.
Deine Geschäftsidee: Du vermittelst Urlaubs- und Krankheitsvertretungen für Einzelhändler und Handwerksbetriebe. Du suchst bei Firmen, die noch Kapazitäten frei haben, kompetente Kräfte, die in der Lage sind, ein Geschäft einige Wochen weiterzuführen. Aus dieser Kartei vermittelst Du auf Anfrage dann Vertretungen. Neben einfachen Einzelhandelskaufleuten unterhältst Du in Deiner Kartei auch Spezialisten etwa für Apotheken, Sanitärfachgeschäfte, Fischgeschäfte oder Elektronikgeschäfte.
Deine Vermittlungsprovision richtet sich nach der Länge der Geschäftsvertretung und der erforderlichen Ausbildung der Vertretungskraft.

904 Versanddienst

Viele große Unternehmen lagern ihre Versandabteilungen aus und benutzen Versanddienste. Wer professionelles Verpacken und Verschicken von Waren und Geschenken sowie Eintüten von Werbeprospekten anbietet, hat eine sichere Einnahmequelle. Auch kleineren Firmen kannst Du Deine Dienste anbieten. Denn meistens fehlt ihnen das Personal, und der Aufbau einer eigenen Versandabteilung lohnt sich nicht. Als Einsteiger brauchst Du nicht allzuviel Geld. Ein Telefon und Verpackungsmaterial genügen schon. Du brauchst allerdings einen Lagerraum, wo Du die Waren Deiner Kunden deponierst. Wie bei allen Dienstleistungen machst Du am ehesten das Rennen, wenn Du etwas Besonderes bietest. Dein Verpackungsservice sollte sich also vom Packpapierbraun abheben. Du kannst Deinen Kunden beispielsweise originelle Verpackungen vorschlagen, die zum jeweiligen Firmenimage passen. Da Du ja hauptsächlich Geschäftskunden bedienst, kannst Du auch ganz gezielt akquirieren. Am besten machst Du das per Mailing.

Vinotheken 905

Das ist eine Mischung zwischen Kneipen-Treff und Weinhandlung. Neben einem gut ausgewählten Sortiment an Weinen bietest Du auch einen kleinen Imbiß und natürlich Deinen Hauswein an. Solche Läden leben in erster Linie von ihrer Atmosphäre. Es darf ruhig etwas zünftiger sein, mit einfachen Holztischen und Bänken oder Stehtischen. In guter Lage entwickeln sich solche Vinotheken schnell zum Publikumsmagnet. Voraussetzung ist natürlich, daß Du Dich wirklich gut mit Wein auskennst.

Visum-Beschaffer 906

Viele Geschäftsreisende und viele Urlauber kennen die Situation: Zwei Tage vor Abflug fällt ihnen siedendheiß ein, daß sie für das jeweilige Land ja ein Visum brauchen. Es folgt ein hektischer Kampf um den begehrten Stempel: Das zuständige Konsulat muß ausfindig gemacht, der zuständige Beamte gefunden und von der Dringlichkeit der Angelegenheit überzeugt werden. Oft ist es ein Nervenkrieg bis zur letzten Minute, bis das Visum endlich da ist – und nicht wenige Reisen sind wegen des fehlenden Stempels schon ins Wasser gefallen.
Deine Geschäftsidee: Du spezialisierst Dich darauf, in kürzester Zeit Visa zu beschaffen. Du weißt genau, welche Anlaufstelle und welcher Sachbearbeiter in welchem Konsulat schnell arbeitet. Du machst Dich mit den entsprechenden Konsulatsangestellten bekannt – kleine Ge-

schenke helfen vielleicht auch weiter. Mit diesem »Know-how« kannst Du dann innerhalb von ein bis zwei Tagen Visa für die meisten Länder beschaffen. Je nach Schwierigkeit des zu beschaffenden Visums und nach Deinem Zeitaufwand berechnest Du Deine Provision. Für Deinen Dienst machst Du Werbung in Reisebüros, auf Bahnhöfen und an Flughäfen.

907 Wahrsagen

Mach Dich astrologie- oder handlesekundig! Jetzt bist Du platt! Daß der Konz sich zu solch zweifelhaften Ratschlägen hergibt. Nun hör mal erst zu:
Du glaubst vielleicht, hier etwas Unseriöses zu tun. Aber Geldverdienen ist nichts Unseriöses – es sei denn, man betrügt andere zu ihrem Nachteil. Das aber tust Du selbst bei solch einer zweifelhaften Tätigkeit wie dem Wahrsagen nicht.
Wer an Astrologie- und Handlesen glaubt, hört von Dir für seine Zukunft oder über seinen Charakter etwas Positives. Er empfindet Freude darüber, Du schenkst ihm neuen Lebensmut. Du nimmst ihm seine Depressionen und machst ihn wieder zu einem aktiven Menschen.

Den Hunderter, den er bei Dir läßt, kannst Du mit gutem Gewissen als Seelenarzt einstecken. Zumal Du Dein Brot nicht geschenkt erhältst. Schließlich gehört eine ganze Portion Studium dazu, diese von der Wissenschaft zur Zeit nicht anerkannten Wissensgebiete (vor 300 Jahren waren sie's noch!) gründlich zu beherrschen. Ob Du Dir nun neben Deinem augenblicklichen Beruf mit dem Ziel, Dich später damit auf beglückende und befriedigende Weise, ohne großen Kapitalbedarf dafür, einmal selbständig zu machen, oder als Arbeitsloser diesen »Heilberuf« mit viel freier Zeit zur Brust nimmst – das ist Dein eigener Entschluß. Finde heraus, ob Dir so etwas liegt. Es gibt kaum etwas Schöneres und Befriedigenderes, als wenn sich ein Hobby mit dem Beruf geschickt verbinden läßt.
Und das will ich Dir auch noch sagen: An der Astrologie ist was dran! Auch wenn es von den Eierköpfen immer nur vernichtende Kritiken gibt. Es ist nämlich auch eine Erfahrungswissenschaft!

Web-Master **908**

Als solcher bietest Du im Auftrag von Firmen sog. Web-Sites an. Das sind Infos auf einzelnen Seiten, die ständig auf neuesten Stand zu bringen sind. Kontakte zu Programmierern, Kunden und den Netzanbietern sind erforderlich und wichtig. Wer Informatik studiert hat und was vom Programmieren versteht, besitzt beste Voraussetzungen, sich hier selbständig und das große Geld zu machen.

Werbe- und Medienvorlagen-Hersteller **909**

Das ist die Mischung aus einer Reprofachkraft, einem Typografen und einem Grafiker, der Hard- und Software aus dem Effeff kennengelernt hat. Viel Zeichentalent ist nötig. Klugerweise läßt Du Dich dazu erst mal vom Arbeitsamt kostenlos umschulen. Da der Bedarf an diesen Leuten groß ist, fällt es Dir später leicht, Dich auf diesem Gebiet selbständig zu machen. Auch als TV-Designer.

910 **Wunsch-Musik**

Individuell zusammengestellte CDs sind in Japan zur Zeit der Renner. Die Sache ist ganz einfach: Dein Kunde kann bei Dir seine persönliche CD mit einer persönlichen Liederauswahl zusammenstellen. Alles, was Du brauchst, ist ein Musikarchiv und einen CD-Brenner. Du kannst das Ganze in einem Ladenlokal betreiben oder auch als Versandhandel. Der Kunde schickt Dir dann seine Liste mit Liederwünschen. Du brennst den Sound auf die CD-Rohlinge, versiehst sie mit einem peppigen Cover – und ab die Post. Du kannst natürlich auch vorgefertigte Pakete anbieten. Zum Beispiel spezielle Songs für eine Hochzeit, für Karneval, die Studienabschlußfete ... Deiner Phantasie sind keine Grenzen gesetzt. Doch Achtung: Wenn Du Musiktitel gewerblich vertreibst, mußt Du GEMA-Gebühren zahlen und vorher die Rechte dafür erwerben. Die Adresse findest Du im Anhang.

911 **Zahnbürstenladen**

In Holland ist es der absolute Renner. Hier gibt es Zahnbürsten vom einfachen Standardmodell für 3,50 Mark bis hin zum Designermodell für 28 Mark, Bürsten mit Plastikborsten oder Naturhaar, in grellem Pink oder aus Chrom. Zugpferde des Sortiments sind natürlich die ausgefallenen Modelle. Speziell für Kinder gibt es alle bekannten Comicfiguren von Asterix bis Snoopy als Mundpflegegerät. Am besten setzt Du auf zwei Verkaufsschlager: die originellen Bürsten als Geschenkidee und gleichzeitig Zahn- und Mundpflegeartikel, die es in den Regalen der Drogerie-Discounter nicht gibt. Etwa Zahnseiden in verschiedenen Stärken, Mundduschen, elektrische Zahnbürsten, medizinische Mundwässer, Zahnsalz und Spezialpasten.
Doch was nützen die besten Mundpflegemittel, wenn der Kunde nicht weiß, was er damit anstellen soll? Also veranstaltest Du für Deine Kunden regelmäßig Mundpflegeseminare. Viele Zahnärzte werden dankbar sein und ihre Patienten zu Dir schicken, statt ihnen selber den ungeliebten Zahnputzunterricht zu erteilen. Darüber hinaus bietest Du den Grundschuldirektoren in Deiner Stadt an, ein- oder zweimal im Jahr Zahnputzunterricht für die Schulanfänger zu geben.

Zauberhändler 912

Jonglieren, Gaukeln und Zaubern sind als Freizeitbeschäftigung absolut im Trend. Nicht nur Kinder, sondern auch viele Erwachsene haben Spaß daran, sich mit Bällen, Reifen und Keulen als Jongleur zu versuchen, die Kunst des Feuerspuckens zu erlernen oder Freunde und Bekannte mit kleinen Zaubertricks zu verblüffen. Inzwischen haben sich in vielen Städten schon richtige Treffpunkte für Freizeitgaukler herausgebildet, wo man gemeinsam übt und sich gegenseitig die neusten Tricks vorführt.

Deine Geschäftsidee: Du bietest in einem Spezialgeschäft alles an, was man als Hobby-Gaukler so braucht – von den sandgefüllten Jonglierbällen über Kaninchen-Versteck-Kästen bis hin zu Till-Eulenspiegel-Kappen. Neben dem guten Sortiment kannst Du darüber hinaus noch preiswerte Kurse für angehende Jongleure oder Zauberer anbieten. Damit steigerst Du die Nachfrage nach Deinen Artikeln.

GUTER RAT für alle Tüftler: Hier zeige ich Dir drei Möglichkeiten dazu auf, über deren Lösung Du nachsinnen magst. Solltest Du sie gefunden haben, so verrate sie keiner Menschenseele und melde sie sofort bei den Patentämtern im In- und Ausland – und schon wirst Du in Kürze mehrfacher Millionär sein:

- Ein Mittel, das abgestorbene Haare wieder zu neuem Leben erweckt und kräftigen Haarwuchs erzeugt.
- Ein Scheibenwischer für Autos, der dem Fahrer nicht vor der Nase tanzt.
- Eine Therapie, welche dem Schnupfen binnen ein paar Stunden den Garaus macht.

913 Reich werden mit dem lautlosen Staubsauger!

Immer wieder fallen einem neue, einfache Erfindungen auf, von denen Du Dir sagst: »Verdammt noch mal, auf die Idee hätte ich eigentlich auch kommen können!« Mir als Schreibmaschinenvielschreiber ging das so, als Tip-Ex erfunden wurde. Jetzt wieder out, aber sein Erfinder ist inzwischen steinreich und lebt in einer wunderbaren Villa auf den Bahamas – und das völlig steuerfrei. Seit vielen Jahren. Sei nicht neidisch auf ihn – Du brauchst es ihm ja nur in ähnlicher Weise nachzumachen. Sei auch nicht verärgert darüber, wie Dir die in den Hintern des Staats kriechenden Journalisten weisgemacht haben, wegen solcher Leute, die sich der deutschen Wahnsinnsbesteuerung entzogen haben, müßtest Du als kleiner Mann jetzt mehr Steuern zahlen. Hier spricht nur der blanke Haß: Weil sie selbst es nicht ebenfalls fertiggebracht haben, so viel zu verdienen, um sich ihre heimlichen Wünsche erfüllen zu können, reden sie jetzt dem Steuerterror der Finanz das Wort. Bedenke: Alles Geld, was dem Staat rechtmäßig vorenthalten wird, können unsere Beamten mit ihrer Verschwendungssucht und ihren Fehlplanungen schon mal nicht zum Fenster rauswerfen.
Um Dich mit dem Ertrag Deiner Erfindung vom Steuerterrorland Deutschland abzusetzen, mußt Du allerdings schon eine bombige Erfindung machen: wie etwa den lautlosen Staubsauger. (Ich suche stets schnellstens das Weite, wenn ich meinen Schatz mit dem Sauger nahen sehe ...) Erst dann ist eine Vermarktung der Erfindung leicht und mit Erfolg durchzusetzen. Wenn man Dich am Ende nicht doch noch hereinlegt und Dich um die Früchte Deiner Mühen bringt. Neben den Warenterminhändlern findest Du auf diesem Gebiet noch schlimmere Bauernfänger als in der Politik. Nochmals: Mach Dir die Regel des Buddhismus zu eigen: **Sei achtsam in allem, was Du tust!**
Der Tip-Ex-Erfinder wurde nur deshalb steinreich, weil er sein Patent selbst (zuerst ganz im geheimen) vermarktete. Er mietete eine kleine leerstehende Klitsche zur Herstellung, verbesserte seine weiße Paste immer mehr, suchte Vertreter im Ausland und schrieb dann mit einem Schlag alle Bürogeschäfte und Büroversandhändler an. So konnte ihm kein Betrüger zuvorkommen!

Drei pfiffige Ideen, die bereits ein Knüller wurden

Feuerteufel im Wohnzimmer 914

Mit der unternehmerischen Selbständigkeit hatten Andreas K. und Markus K. eigentlich gar nichts am Hut: Als Requisiteure am Bielefelder Stadttheater waren sie unter anderem zuständig für Feuer und Raucheffekte auf der Bühne. Heute gehören die beiden und ihr Team zu den ersten Adressen in Deutschland, wenn es um Feuerwerke, TV-Actionaufnahmen und Effekte geht. Die Spezialität der beiden feuerbegeisterten Unternehmer ist das Innenraumfeuerwerk: Funkensprühende Kometen und flammende Säulen auf der Bühne, ohne daß das Publikum dabei in Gefahr gerät – das haben Andreas K. und Markus K. in ihrer Stadttheaterzeit von der Pike auf gelernt. Der Erfolg: Unternehmensgiganten wie BMW, Bertelsmann oder Bayer verpflichten die Bielefelder bei Jubiläen, Produktpräsentationen und Betriebsfeiern. Und wenn zum Höhepunkt des Abends Funkenblitze über die Bühne zucken, Glitterregen herniederprasselt und Leuchtsterne durch die Halle schwirren, dann sind die beiden Feuerteufel in ihrem Element.
Als weiteres Umsatzstandbein handelt die junge Firma noch mit dem Handwerkszeug der Effekt-Pyromanen. Selbst Feuerwehr und Polizei gehören zu den Stammkunden, denn wenn bei Übungen und Vorführungen den Beamten Böller und Raketen um die Ohren fliegen, dann soll alles sicher sein.

Kartuschen-Doktor 915

Kopiergeräte und moderne Laserdrucker bestechen durch Geschwindigkeit und hohe Auflösung – haben aber auch so ihre Tücken. Ist die Tonerkartusche leer, heißt es: Toner nachfüllen – die Gefahr von dauerhaften schwarzen Flecken auf dem Hemd ist gewaltig. Die zweite Möglichkeit ist, die Kartusche komplett auszuwechseln. Viele Hersteller sind schon dazu übergegangen, nicht nachfüllbare Wegwerfkartuschen in ihre Geräte einzubauen. Der Neupreis einer solchen Kartusche liegt oft unverschämt hoch.
Diesen Mißstand hat Christof S. erkannt und geschickt eine Geschäftsgrundlage für sich daraus geschaffen. Der junge Münsteraner holt die

leeren Toner-Kartuschen sämtlicher Drucker- und Kopiererfabrikate aus den Büros ab und füllt sie in der heimischen Werkstatt wieder auf. Für diesen Service nimmt Christof S. rund 50 Mark weniger, als eine neue Kartusche kosten würde. Daneben bekommen Büros, die sich der Dienste des Kartuschen-Doktors bedienen, noch einen kostenlosen Funktionscheck des Geräts – bei anstehenden Reparaturen ergibt sich so auch das eine oder andere Anschlußgeschäft.
Bei der Kundenakquisition ist für Christof S. das Telefon die Hauptwaffe. Mit dem ebenso einfachen wie wirkungsvollen Begrüßungsspruch »Wollen Sie 50 Mark verdienen?« zieht er sicher so manchen Kunden für seine Firma an Land.

916 Klinik für Golfschläger

Obwohl es nicht so aussieht: Golf ist ein ausgesprochen brutaler Sport. Zwar sind bei den Spielern selbst Verletzungen selten, dafür gehen pro Golfsaison Tausende von Schlägern zu Bruch. Die andauernde hohe Belastung beim Schlag läßt die Verbindungsstelle zwischen Stiel und Schlagfläche immer wieder entzweigehen.
Diese leidvolle Erfahrung machte auch Horst H. Der passionierte Golfer hat schon auf Hunderten von Grüns in Europa und Übersee gespielt – und überall kannte man das Problem: den immensen Verschleiß an teuren Golfschlägern. Horst H. hatte die zündende Geschäftsidee: Kaputte Golfschläger muß man nicht wegwerfen, sondern reparieren. Und schon war das Konzept für Deutschlands erste Klinik für Golfschläger geboren.
Der findige Geschäftsgründer begann in europäischen Golfklubs die Werbetrommel zu rühren, verteilte auf der Düsseldorfer Golfmesse Informationsmaterial, knüpfte Kontakte zu den Herstellern von Golfschlägern.
Daneben war er ständig auf Suche nach einem Kreditgeber, denn die Werkstatteinrichtung und die Ersatzteile kosteten eine runde halbe Million Mark. Doch kein Firmenkundenbetreuer glaubte an einen Geschäftserfolg für den hochspezialisierten Reparaturbetrieb. Doch dann half der Zufall: Horst H. unterbreitete seine Geschäftsidee einem Bankdirektor, der selbst aktiver Golfer war und auch schon leidvolle

Erfahrungen mit Schlägerbruch gemacht hatte. Der Kredit konnte fließen.
Inzwischen ist die Golfklinik in Fischenich bei Köln zu einer anerkannten Adresse im weltweiten Golfsport geworden. Klubs, Trainer und Privatleute aus der ganzen Welt schicken ihre zerbrochenen Schläger zur Reparatur dorthin. Dank des umfangreichen Ersatzteillagers kann der Schläger meist schon nach einigen Tagen fast wie neu zurückgeschickt werden. Inzwischen wurde schon eine ganze Reihe von Nachahmerbetrieben gegründet. Für Horst H. kein Grund zur Besorgnis: »Der Golfsport ist im Aufwind – da gibt es genug Arbeit für alle.«

Tip für den Fall, daß Du wegen Konkursvergehen im Knast landest

Der Insasse wußte, daß die gesamte Sträflingspost zensiert wurde. In 917
einem Brief fragte ihn seine Frau, wann sie die Kartoffeln im Schrebergarten pflanzen solle. Er schrieb zurück: »Daß Du mir auf keinen Fall den Garten umgräbst! Ich habe dort meine Knarren verbuddelt.«
Ein paar Tage später schrieb seine Frau: »Sechs Beamte waren hier und haben jeden Quadratzentimeter Garten umgewühlt.«
Postwendend schrieb er ihr: »Na prima, jetzt rein mit den Kartoffeln!«

Wisse:

Es sind diese arrogante deutsche Beamtenschaft und der staatliche Steuerterror, die unserer Wirtschaft mehr und mehr die Konkurrenzfähigkeit nehmen.
Obwohl wir Millionen Arbeitslose haben, kommen unsere Bauern mit den deutschen Hilfskräften nicht aus. Sie brauchen Ausländer, vor allem aus Polen. Die sind nicht zu satt und faul wie unsere Arbeitslosen, die stechen im Akkord. »Ich kann doch meine Ernte nicht verfaulen lassen«, klagte ein Bauer. Er hatte zwar bei den Behörden um Erntehelfer nachgefragt, aber die Bürokraten konnten niemanden schicken.

Und wenn doch jemand – eher unfreiwillig – kam, dann hatte er es im Kreuz und zog wieder von dannen. Spargelstechen ist Knochenarbeit. Dafür schickte das Arbeitsamt ihm andere Leute auf den Hals: Kontrolleure. Denn für die Beschäftigung von Ausländern gibt es Quoten. Was drüber geht, geht nicht. Da gibt's dann Straf- und Bußgelder. Diese Kontrolleure holen zwar keinen einzigen Spargel aus der Scholle, aber das ist ja für die Bürokraten auch nicht das Thema.

Anscheinend weiß nur der Bauer, daß die Spargelernte ein Saisongeschäft ist. Man kann Spargel nicht wie Akten hin- und herschieben. Diese deutsche Regulierungswut hat schon viele Unternehmer veranlaßt, ins Ausland auszuweichen.

Diese verbissene Korrektheit, mit der einem Bauern gezeigt werden soll, was eine behördliche Harke ist! Und kein Chef weit und breit, der Verantwortung übernimmt, der in diesem konkreten Fall sagt, jetzt Schluß mit dem Unsinn.

Es war der deutsche Theologe und Politiker Eugen Gerstenmaier, dem vor drei Jahrzehnten diese Pointe einfiel: »Spargel und Menschen haben ein gemeinsames Schicksal: Sobald einer den Kopf hochreckt, wird er abgestochen.«

Das große Kotzen kann einen ankommen, wenn man so etwas liest. Doch solche Meldungen stellen ja bloß die Spitze eines Eisbergs dar, wie diese Bürokratie die Wirtschaft unseres Volkes erstickt. Ehe hier bei uns ein größeres Fabrikgebäude entsteht, hat der Unternehmer 158 Meter an Formularen auszufüllen und die unmöglichsten Nachweise und Papiere zu erbringen. Dann dauert es noch immer Jahre bis zur Genehmigung. Amerika – Du hast es besser: In den USA steht die Fabrik bereits neun Monate nach der behördlichen Baubeantragung auf der Wiese. Nach drei Monaten ist der Antrag durch, nach sechs Monaten stehen die Hallen und Bürogebäude da. Halte das hier den Beamten immer wieder vor: daß Du es eilig hast. Bleibe aber immer nett und höflich, sonst dauert es noch länger ...

Übernimm eine bestehende Firma 918

Bis zum Jahre 2005 suchen 200 000 mittelständische Unternehmer einen Nachfolger, weil sie sich aus Altersgründen von ihren Geschäften zurückziehen wollen. Da steckt eine große Chance für Dich drin! Ist doch klar: Einen eingeführten Betrieb mußt Du nur noch am Laufen halten. Damit man Dich aber nicht über den Tisch zieht, solltest Du auf alle Fälle einen Wirtschaftsprüfer oder zumindest einen versierten Steuerberater dazu nehmen, der die Buchführung, die Bilanzen und Steuererklärungen prüft. Und der Dir sagt, ob Du ein lebensfähiges Unternehmen vor Dir hast oder 'ne Bauchlandung machen wirst. Zu klären hast Du auch den guten Ruf der zum Verkauf stehenden Firma.
Und: Halt Augen und Ohren offen. Sind die Maschinen okay, sind die Computer nicht veraltet? Was ist in nächster Zeit zu investieren? Wie ist die Erbfolge geregelt? Und dann schließ im Übernahmevertrag auf jeden Fall die Haftung für alte Schulden des Unternehmens aus! Falls Du einen solchen ergattern kannst.

Das Anforderungsprofil: Unternehmertalent und Führungserfahrung, überdurchschnittliche Fachkenntnisse, Branchen- und Markt-Know-how – und natürlich Eigenkapital. Faustregel: 15 bis 20 Prozent vom Kaufpreis. Wichtigste Erfolgsvoraussetzungen: Geduld und gründliche Vorbereitung. Der Firmeninhaber wird Dich (zu Deinem Vorteil) vor allem darauf abchecken, ob Du als Kandidat mit Deinen Erfahrungen und Kenntnissen zum Unternehmen paßt. Dann will er wissen, welche Markt- und Branchenkenntnisse Du besitzt, die sich in eine erfolgversprechende Zukunftsstrategie für das Unternehmen umsetzen lassen. Und: Besitzt das zu übernehmende Unternehmen mit Dir bessere Ertragsaussichten – und warum?
Wenn sich der alte Chef schwertut, kannst Du ihm vorschlagen, vorerst nur einen »Beratervertrag« mit Dir abzuschließen, indem Deine Befugnisse und Tätigkeiten genau festgelegt sind.

GUTER RAT: Neue Chefs, die sofort alles ändern wollen, laufen vor die Wand. Wichtigste Regel im Umgang mit den neuen Mitarbeitern: Vertrauen gewinnen. Die Führungsmannschaft muß vom ersten Tag an in die neue Strategie eingebunden werden. Nur so läßt sich deren Motivation sicher.
In der *FAZ* und der *SZ* findest Du die meisten Angebote zu Firmenverkäufen.

919 Entdecke die Marktlücke!

Was tun, wenn es keinen festen Job gibt und man dennoch in seinem erlernten Metier bleiben will?
Ganz einfach: Man schafft sich seinen eigenen Arbeitsplatz. Gunhild Flöter hat den Sprung vor vier Jahren gewagt. Als ihre befristete Stelle im Museum auslief, begann sie, als selbständige Kunsthistorikerin Ausstellungen zu konzipieren und für Zeitungen Kunstrezensionen zu schreiben.
Dabei fiel ihr auf, daß es in Berlin zwar unzählige Museumsführer und Ausstellungskataloge gab, aber keinen Wegweiser durch die rund 300 Galerien der Hauptstadt. Die Kunsthistorikerin hatte eine Marktlücke entdeckt: der erste Schritt zur Unternehmerin. Gemeinsam mit einem Freund gründete sie einen Verlag, der sich auf Kunstbände spezialisierte.
Die Berlinerin ist eine von schätzungsweise 200 000 Deutschen, die sich im vergangenen Jahr selbständig gemacht haben. Der Vorstandssprecher der Deutschen Ausgleichsbank (der wichtigste staatliche Finanzier neuer Unternehmen) spricht bereits von einem »Gründungsfieber«. Die Zahl der im vergangenen Jahr von der Ausgleichsbank geförderten Unternehmensneulinge hat sich inzwischen mehr als verdoppelt. *(Die Zeit,* 25. 3. 1999/14) »Aber viele scheitern, weil ihnen das kaufmännische Know-how fehlt«, sagt Andreas Bissendorf von der Investitionsbank Berlin, einem der Ausrichter des Businessplan-Wettbewerbs.
Gerade wenn es am Anfang gut läuft, verlieren die Jungunternehmer

allzu leicht die Risiken aus dem Blick: Ein Auftraggeber zahlt nicht pünktlich, ein kleiner Fehler führt zu größeren Ausfallzahlungen, die Ferienzeit sorgt für einige Wochen Auftragsflaute – und schon wird es eng.
Deshalb: Spare am Anfang an allen Ecken und Enden. Und such Rat, wenn Du mal trotz meines Buches nicht weiter weißt.

In der Startphase stehen jungen Gründern viele Beratungsstellen zur Verfügung. Die Gemeindebehörden geben Dir Auskunft darüber.
Und merke:
Nur wer von seinem Produkt hundertprozentig überzeugt ist, kann andere überzeugen und neue Kunden gewinnen.
Nachts im Bett kommen einem die besten Gedanken. Hab immer einen Notizblock schreibbereit auf dem Nachtisch liegen.

Franz Konz entdeckte in jungen Jahren diese Marktlücke: Die Schreiber steuerlicher Ratgeber schrieben nur leicht abgewandelt im abgeklatschten Stil der Steuergesetze und im schwer verständlichen Behördendeutsch. Ähnlich den steiftrockenen Erläuterungen, die den Steuererklärungen beigegeben werden. Da kam ihm die Idee, zur Erleichterung der Steuerzahler ein Buch zu schreiben, das leicht zu lesen war und die trockene Steuermaterie den Lesern durch eine flotte Erzählform schmackhaft macht. Und dazu pfiffige Tricks herauszutüfteln, die dem Leser zusätzliche Steuererstattungen erbrachten.
Durch besonders starkes Einstellen auf seine Kunden – die Leserschaft – bewirkte er bald so eine große Mundpropaganda, daß immer mehr das Buch kaufen wollten. Inzwischen sind davon zusammen mit dem Arbeitsbuch »Der Kleine Konz« über sechs Millionen über die Buchhandelstheken gewandert.
Du erkennst: Die Vorteile, die Du Deiner Kundschaft verschaffst, fallen auf Dich zurück.

900 Millionen abgezockt

920 Es war ein heißer Tip. »Die Stadtsparkasse in Halle an der Saale vergibt günstige Kredite – ohne Prüfung!« Zwei Kölner zapften die Quelle sofort an. Peter Wilhelm Sch. (55) und Rechtsanwalt Bernd W. (49) zockten mit ihrem Riesen-Coup insgesamt 900 Millionen Mark ab.
Der Trick der beiden, den sie seit 1990 erfolgreich anwendeten: Um an die günstigen Kredite der Stadtsparkasse zu kommen, gründeten sie die Kreditvermittlungsfirma »WITACO«. Dann ließen sie von Freunden und Bekannten weitere Firmen ins Handelsregister eintragen – unter ihnen Versicherungsbetrüger und Bankrotteure.
Im dunklen Anzügen, im Jaguar oder Mercedes 500 SEL fuhren Peter Wilhelm Sch. und Bernd W. bei der Sparkasse vor, beantragten mit geschönten Bilanzen Kredite für diese Schwindelfirmen.
Großzügig vermittelten die beiden auch Kredite an Firmen, die kurz vor der Pleite standen. Das Geld verschwand in dunklen Kanälen. Die Vorwürfe der Staatsanwaltschaft: Das betrügerische Duo zockte zusätzlich Honorare für angebliche Beraterverträge ab – in einem Fall 487 000 Mark für einen 40-Millionen-Kredit. Dazu kassierten sie noch eine Vermittlungsgebühr von 491 000 Mark.

Nun, dieser Trick soll Dir nicht als Beispiel dienen, es diesen beiden nachzumachen und eine kriminelle Zukunft einzuleiten. Doch lernen kannst Du gleichwohl daraus:

- Wie man kommt gegangen (und gefahren!), so wird man auch empfangen. Eindruck schinden muß gar nicht so kostspielig sein. So teuer ist ein Mercedes als Leihwagen auch nicht …
- Sofort schalten und kombinieren, wenn etwas Günstiges angeboten wird. Besonders von Behörden. Und deren Beamten, die ebenfalls gern die Hände aufhalten. Konsumption und Korruption blühen immer mehr bei uns.

Anhang

Adressen, die Du kennen solltest

Beratung zur Gründung

Man muß nicht alles wissen – man muß nur wissen, wen man fragen kann. Die Bundesrepublik Deutschland hat ein ausgesprochen dichtes Netz von Wirtschaftsverbänden und -vereinen. Zusammen mit den öffentlichen Behörden und Beratungsstellen ergibt das ein leistungsfähiges System von Experten, das Du für Deine Existenzgründung nutzen kannst.

AOK-Bundesverband
Kortrijker Straße 1
53177 Bonn
Tel. 022 8/8 43-0

Arbeitsgemeinschaft Förderung Partnerschaft in der Wirtschaft
Landgraf-Karl-Straße 2
34131 Kassel
Tel. 05 61/3 60 44

Arbeitsgemeinschaft Selbständiger Unternehmer e. V. (ASU)
Mainzer Straße 238
53179 Bonn
Tel. 02 28/9 54 59-0

Ausstellungs- und Messe-Ausschuß der Deutschen Wirtschaft e. V. (AUMA)
Lindenstraße 8
50674 Köln
Tel. 02 21/2 09 07-0

Bundesverband der Selbständigen – Deutscher Gewerbeverband e. V.
Platz vor dem Neuen Tor 4
10115 Berlin
Tel. 0 30/28 04 91-0
Fax 030/28 04 91-11
e-mail bds-dgv@t-online.de

Bundesministerium der Finanzen
Graurheindorfer Straße 108
53117 Bonn
Tel. 02 28/6 82-0

Bundesministerium für Bildung, Wissenschaft, Forschung
und Technologie
Villemombler Straße 76
53123 Bonn
Tel. 02 28/6 15-0

Bundesministerium für Wirtschaft
Villemombler Straße 76
53123 Bonn
Tel. 02 28/6 15-0

Bundesamt für Wirtschaft (Zuschuß für Existenzgründungsberatung)
Frankfurter Straße 29–31
65760 Eschborn
Tel. 0 61 96/4 04-0

Bundesrechtsanwaltskammer
Joachimstraße 1
53113 Bonn
Tel. 02 28/91 18 60

Bundessteuerberaterkammer
Poppelsdorfer Allee 24
53115 Bonn
Tel. 02 28/72 63 90

Bundesverband Junger Unternehmer
Unternehmer der ASU
Mainzer Straße 238
53179 Bonn
Tel. 02 28/9 54 59-0

Bundesverband der Wirtschaftsberater
Lerchenweg 14
53909 Zülpich
Tel. 0 22 52/8 13 61

Bundesverband Güterkraftverkehr und Logistik (BGL) e.V.
Breitenbachstraße 1
60487 Frankfurt/Main
Tel. 0 69/79 19-0

Bundesverband Deutscher Unternehmensberater (BDU)
Friedrich-Wilhelm-Straße 2
53113 Bonn
Tel. 02 28/91 61-0

Bundesverband Junger Unternehmer der ASU
Mainzer Straße 238
53179 Bonn
Tel. 02 28/9 54 59-0

Bundesverband mittelständische Wirtschaft –
Unternehmerverband
Deutschlands e. V.
Berliner Freiheit 36
53111 Bonn
Tel. 02 28/6 04 77-0

Bundesvereinigung der Deutschen Arbeitgeberverbände e. V.
Gustav-Heinemann-Ufer 72
50968 Köln
Tel. 02 21/37 95-0

Bund versicherter Unternehmer
(BvU)
Kühnhausen 1
92331 Parsberg
Tel. 0 94 92/94 08 0

Bund versicherter Unternehmer
(BvU)
Geschäftsstelle Regensburg
Kirchstraße 1
93092 Barbing
Tel. 0 94 01/5 17 40

Deutsche Ausgleichsbank
53170 Bonn
Tel. 02 28/8 31-0

Deutscher Franchise-Verband e. V.
Paul-Heyse-Straße 33
80336 München
Tel. 0 89/53 07 14-0

Deutscher Industrie- und Handelstag (DIHT)
Adenauerallee 148
53113 Bonn
Tel. 02 28/1 04-0

Deutsches Patent- und Markenamt
80297 München
Tel. 0 89/21 95-0

Deutscher Steuerberaterverband
Bertha-von-Suttner-Platz 6
53111 Bonn
Tel. 02 28/9 85 94 50

GEMA Gesellschaft für musikalische Aufführungs- und mechanische Vervielfältigungsrechte
Bayreuther Straße 37
10787 Berlin
Tel. 0 30/2 12 45-00
Fax 0 30/2 12 45-950

Dr. Frank Grätz Vergütungsberatung
Dietrich-von-Dorentrop-Straße 2 A
51429 Bergisch Gladbach
Tel. 0 22 04/8 17 46

Hauptverband der gewerblichen Berufsgenossenschaften
Alte Heerstraße 111
53757 Sankt Augustin
Tel. 0 22 41/23 10-1

Interhoga – Gesellschaft zur Förderung des deutschen Hotel- und Gaststättengewerbes mbH
Kronprinzenstraße 46
53173 Bonn
Tel. 02 28/8 20 08-0

Kreditanstalt für Wiederaufbau (KfW)
Palmengartenstraße 5–9
60325 Frankfurt/Main
Tel. 0 69/74 31-0

Leitstelle für Gewerbeförderungsmittel des Bundes
Gothaer Allee 2
50969 Köln
Tel. 02 21/36 25 17

Rationalisierungskuratorium der Deutschen Wirtschaft
Düsseldorfer Straße 40
65760 Eschborn
Tel. 0 61 96/49 51

Statistisches Bundesamt
Gustav-Stresemann-Ring 11
65189 Wiesbaden
Tel. 06 11/7 51
Fax 06 11/72 40 00

Verband der Angestellten- und Arbeiterersatzkassen
Frankfurter Straße 84
53721 Siegburg
Tel. 0 22 41/1 08-1

Verband Deutscher Rentenversicherungsträger
Eysseneckstraße 55
60322 Frankfurt/Main
Tel. 0 69/15 22-0

Verband deutscher Unternehmerinnen e. V.
Gustav-Heinemann-Ufer 94
50968 Köln
Tel. 02 21/37 50 74

Vereinigung Mittelständischer Unternehmer e. V.
Elisabethstraße 34
80796 München
Tel. 0 89/33 41 85

Wirtschaftsauskunftei Ecu Data (Namensrecherche)
Hans-Soldan-Stiftung
Bocholter Straße 259
45356 Essen
Tel. 02 01/8 61 23 06

Wirtschaftsjunioren Deutschland
Adenauerallee 148
53113 Bonn
Tel. 02 28/1 04-514

Zentralverband des Deutschen Handwerks (ZDH)
Mohrenstraße 20–21
10117 Berlin
Tel. 0 30/2 06 19-0

TIP Dein Ehrgeiz frißt Dich auf?

Klar: Jeder, der sich 'ne eigene Existenz gründet, hat 'ne Menge Ehrgeiz. Und das ist gut so, wenn Du anderen zeigen willst, daß Du was drauf hast. 921
Aber: Du darfst Dich davon nicht auffressen lassen. Du mußt Dir auch Freiräume für Dich persönlich lassen! Hörst Du, Du mußt! Was hast Du von einem gutgehenden Laden, wenn Du zu einem Wrack wirst! Einmal auf Urlaub verzichten – okay. Aber dann brauchst Du auch wieder Entspannung. Am allerbesten dazu ist der Sport geeignet: Bewegung bringt die meiste Freude!

Beratung für die Gründungsfinanzierung

Bundesministerium für Wirtschaft + Technologie
Villemombler Straße 76
53123 Bonn
Tel. 02 28/6 15-0

Die Auskunfteien Bürgel und Schimmelpfennig gibt es in jeder größeren deutschen Stadt. Eine Adressenliste bekommst Du beispielsweise bei:

Bürgel Wirtschaftsinformationen GmbH & Co KG
Hohenzollernring 31–35
50672 Köln
Tel. und Fax 02 21/2 57 89 25

A. A. Auskunft-Agentur und Detektei Max Schimmelpfennig GmbH
Kufsteiner Straße 10
10825 Berlin
0 30/85 79 00-0

Bundesamt für Wirtschaft
Frankfurter Straße 29–31
65760 Eschborn
Tel. 0 61 96/4 04-1

Kreditanstalt für Wiederaufbau (KfW)
Palmengartenstraße 5–9
60325 Frankfurt/M.
Tel. 0 69/7 43 10

Deutsche Ausgleichsbank
53170 Bonn
Tel. 02 28/8 31-0

Verband der Bürgschaftsbanken
Kapuzinerstraße 8
53111 Bonn
Tel. 02 28/9 76 88 86

Bundesverband Deutscher Kapitalbeteiligungsgesellschaften
Karolingerplatz 10–11
14052 Berlin
Tel. 0 30/3 06 98 20

Bundesministerium der Finanzen
Graurheindorfer Straße 108
53117 Bonn
Tel. 02 28/6 82-0

Auskunftseinholung zur Kreditwürdigkeit von Geschäftspartnern

Bundes-Schufa, Vereinigung der deutschen Schutzgemeinschaften
für allgemeine Kreditsicherung
Kronprinzenstraße 28
65185 Wiesbaden
Tel. 06 11/3 95 98-0
Auskünfte über eine Schufa-Stelle in Ihrer Nähe erteilt Ihnen Ihre Bank.

Verband der Vereine Creditreform e. V.
Hellersbergstraße 12
41460 Neuss
Tel. 0 21 31/1 09-0

Berufsverbände

Fachverbände für den Handel

Bundesverband des Deutschen Groß- und Außenhandels
Bonner Talweg 57
53113 Bonn
Tel. 02 28/2 60 04-0

Hauptverband des Deutschen Einzelhandels
Gothaer Allee 2
50969 Köln
Tel. 02 21/9 36 55 02

Beratung für die Beantragung öffentlicher Mittel (Beratungshilfen)

IHK-Gesellschaft zur Förderung der Außenwirtschaft
und der Unternehmensführung mbH
Schönholzer Straße 10/11
13187 Berlin
Tel. 0 30/4 88 06-21 20

Zentralverband des Deutschen Handwerks
Mohrenstraße 20–21
10117 Berlin
Tel. 0 30/2 06 19-0
Fax 030/2 06 19-4 60

Förderungsgesellschaft des BDS-DGV mbH
für die gewerbliche Wirtschaft und Freie Berufe
August-Bier-Straße 18
53129 Bonn
Tel. 02 28/21 00 33

Bundesbetriebsberatungsstelle
für den Deutschen Groß- und Außenhandel GmbH
Bonner Talweg 57
53113 Bonn
Tel. 02 28/2 60 04 43

Leitstelle für die Gewerbeförderungsmittel des Bundes
Gothaer Allee 2
50969 Köln
Tel. 02 21/36 25 17

Bundesverband Güterkraftverkehr und Logistik
Breitenbachstraße 1
60487 Frankfurt/Main
Tel. 0 69/79 19-0

Interhoga Gesellschaft zur Förderung des Deutschen Hotel- und Gaststättengewerbes
Postfach 20 04 55
53134 Bonn
Tel. 02 28/82 00 80

Bundesanstalt für Landwirtschaft und Ernährung
Adickesallee 40
60322 Frankfurt/M.
Tel. 069/15 64-0

Trick

Übe Dich in kreativem Denken

Kreative denken ständig intensiv über sich selbst nach. In Tage- oder 922
Notizbüchern legen sie immer wieder Rechenschaft ab über ihre Entwicklung. Picasso brachte es auf über 200 Skizzenbücher. Dann kennen Kreative ihre Stärken und Schwächen genau. Also konzentrieren sie sich auf ihre Stärken und suchen sich ein Gebiet, auf dem sie diese voll ausleben können. Außerdem sind Kreative extrem hartnäckig. Sie lassen sich auch durch persönliche Probleme oder Niederlagen nicht von ihrer Mission abbringen. Beethoven zum Beispiel litt unter Taubheit und Depressionen – trotzdem komponierte er wunderbare Sinfonien.

Literaturempfehlungen

Taschenbuch des öffentlichen Lebens, Festland Verlag

Franz Konz, *1000 ganz legale Steuertricks*, Knaur Verlag

–, *Tips und Tricks bei Steuerfahndung und Betriebsführung,* Wirtschaftsverlag Langen Müller, Hardcover – solltest Du unbedingt lesen

–, *Wenn der Betriebsprüfer kommt*, Ullstein Verlag, Taschenbuch

Reinhard K. Sprenger, *Mythos Motivation – Wege aus der Sackgasse,* Campus Verlag

Die Bibel für den zukünftigen Millionär ...

... gibt ein alter Schriftstellerkollege von mir und unglaublich kreativer praktischer Vorteileanbieter heraus. Einer, der bestens darüber orientiert ist, wie man mit neuen Ideen zu Geld kommt, es für immer behält und es zu einem Vermögen bringt. (Seine Versandhandelsideen sind einmalig!) Früher wurde er vom Staat deswegen verfolgt, noch heute zieht er es vor, im Ausland zu leben. Es ist der frühere *DM*-Redakteur Gerhard Kurtz – ich kann Dir alles von ihm empfehlen. Wenn Du seine Infos anforderst: Kurtz Successors (Geschäftsführung), BCM 3557, London WC 1N 3XX. 9.

Stichwortverzeichnis

Die Zahlen hinter den Wörtern bezeichnen die Randziffern ➤ Rz

L